Ernst Kutsch
Kleine Schriften zum Alten Testament

Ernst Kutsch

Kleine Schriften zum Alten Testament

Zum 65. Geburtstag
herausgegeben von
Ludwig Schmidt und Karl Eberlein

Walter de Gruyter · Berlin · New York
1986

Beiheft zur Zeitschrift für die alttestamentliche Wissenschaft
Herausgegeben von Otto Kaiser
168

Gedruckt auf säurefreiem Papier
(alterungsbeständig — pH 7, neutral)

CIP-Kurztitelaufnahme der Deutschen Bibliothek

Kutsch, Ernst:
Kleine Schriften zum Alten Testament : zum 65. Geburtstag / Ernst Kutsch. Hrsg. von Ludwig Schmidt u. Karl Eberlein. — Berlin ; New York : de Gruyter, 1986.
(Beiheft zur Zeitschrift für die alttestamentliche Wissenschaft ; 168)
ISBN 3-11-010316-8
NE: Kutsch, Ernst: [Sammlung]; GT

© Copyright 1986 by Walter de Gruyter & Co., Berlin 30.
Printed in Germany — Alle Rechte des Nachdrucks, einschließlich des Rechts der Herstellung von Photokopien — auch auszugsweise — vorbehalten.
Satz und Druck: Arthur Collignon GmbH, Berlin 30
Bindearbeiten: Lüderitz & Bauer, Berlin 61

Zum Geleit

Am 17. Juni 1986 begeht Ernst Kutsch seinen 65. Geburtstag. Mit einer Sammlung seiner kleineren Schriften möchten wir ihn als Kollege und als langjähriger Assistent zu seinem Ehrentag grüßen und ihm für die gute Zusammenarbeit danken. Wir wünschen ihm für sich und seine weitere wissenschaftliche Arbeit Gottes Segen.

Ernst Kutsch ist vor allem durch seine Forschungen zu $b^e rit$ einem breiteren Kreis bekannt geworden. Da sie in den Monographien »Verheißung und Gesetz«, BZAW 131, 1973; »Neues Testament – Neuer Bund?«, 1978, und in dem Artikel »Bund«, TRE VII, 1981, 397–410, weitgehend enthalten sind, wurden sie nicht in diesen Sammelband aufgenommen. Er enthält wichtige Arbeiten zu anderen Gebieten, aus denen deutlich wird, in welcher Breite sich Ernst Kutsch mit der Exegese des Alten Testaments beschäftigt. Da sie verstreut in Zeitschriften und Sammelbänden erschienen sind, sind sie heute oft nur schwer zugänglich. Sie werden hier, abgesehen von der Korrektur von Druckfehlern, nochmals unverändert vorgelegt. Die Querverweise beziehen sich auf die Erstveröffentlichung.

Der erste Teil enthält Studien zu Chronologie, Fest und Ritus. Diesem Themenkreis hat sich Ernst Kutsch bereits in seiner Dissertation des Jahres 1955 »Das Herbstfest in Israel«, die leider nicht gedruckt wurde, zugewandt. Er ist seitdem einer der Schwerpunkte seiner Forschung geblieben. Seine Untersuchungen zeichnen sich durch die Sorgfalt in der Analyse – bis ins Detail hinein – aus.

Diese Sorgfalt ist auch für die Studien charakteristisch, die in dem zweiten Teil »Zur Geschichte Israels und zur Prophetie« vereinigt sind. Hier wird vor allem an den Arbeiten zu Jes 44,1–5 und Jes 52,13–53,12 deutlich, daß Ernst Kutsch seine wissenschaftliche Arbeit eng mit dem Verkündigungsauftrag der Kirche verbunden weiß.

Diese Auffassung steht auch hinter den Aufsätzen des dritten Teils »Zu Themen alttestamentlicher Theologie«. Zwischen den beiden Aufsätzen zu Hiob liegen viele Jahre. Dieses biblische Buch ist ein weiterer Schwerpunkt in der Forschung von Ernst Kutsch, die in der Weiterführung des Kommentars seines Lehrers Friedrich Horst im Biblischen Kommentar ihre Krönung erfahren soll. In dem letzten Aufsatz »Deus humiliat et exaltat« hat Ernst Kutsch die Grenzen seines Fachgebietes bewußt überschritten. Er dokumentiert in besonderer Weise sein Interesse an dem Ganzen der Theologie und steht deshalb hier am Schluß.

Wir danken Herrn Professor Dr. Otto Kaiser und dem Verlag Walter de Gruyter & Co. für die Aufnahme der Kleinen Schriften in die Reihe der »Beihefte zur Zeitschrift für die alttestamentliche Wissenschaft«, sowie den Verlagen, in denen diese Arbeiten zunächst erschienen sind, für die Genehmigung des Wiederabdrucks.

Erlangen, im Juni 1986   Ludwig Schmidt
                                                            Karl Eberlein

Inhalt

Zum Geleit V

I. Chronologie – Fest – Ritus

Das Jahr der Katastrophe: 587 v. Chr. Kritische Erwägungen zu neueren chronologischen Versuchen 3
 Biblica 55, 1974, 520–545, Biblical Institut Press, Rom.

Erwägungen zur Geschichte der Passafeier und des Massotfestes . . . 29
 Zeitschrift für Theologie und Kirche 55, 1958, 1–35, Verlag J. C. B. Mohr (Paul Siebeck), Tübingen.

». . . am Ende des Jahres«. Zur Datierung des israelitischen Herbstfestes in Ex 23,16 64
 Zeitschrift für die alttestamentliche Wissenschaft 83, 1971, 15–21, Verlag Walter de Gruyter, Berlin/New York.

Der Sabbat – ursprünglich Vollmondtag? 71
 Bisher unveröffentlicht (1984).

»Trauerbräuche« und »Selbstminderungsriten« im Alten Testament 78
 Kurth Lüthi/Ernst Kutsch/Wilhelm Dantine, Drei Wiener Antrittsreden, Theologische Studien 78, 1965, 23–42, EVZ-Verlag, Zürich.

II. Zur Geschichte Israels und zur Prophetie

Gideons Berufung und Altarbau Jdc 6,11–24 99
 Theologische Literaturzeitung 81, 1956, 75–84, Evangelische Verlagsanstalt, Berlin.

Wie David König wurde. Beobachtungen zu 2. Sam 2,4a und 5,3 . . 110
 Textgemäß, Festschrift für Ernst Würthwein, hg. v. A. H. J. Gunneweg und O. Kaiser, 1979, 75–93, Verlag Vandenhoeck u. Ruprecht, Göttingen.

Die Dynastie von Gottes Gnaden. Probleme der Nathanweissagung in 2. Samuel 7 129
 Zeitschrift für Theologie und Kirche 58, 1961, 137–153, Verlag J. C. B. Mohr (Paul Siebeck), Tübingen.

»Wir wollen miteinander rechten«. Zu Form und Aussage von Jes 1,18–20 146
 Künder des Wortes. Festschrift für Josef Schreiner, hg. v. L. Ruppert, P. Weimar, E. Zenger, 1982, 23–33, Echter Verlag, Würzburg.

»Ich will meinen Geist ausgießen auf deine Kinder«. Jes 44,1—5:
Zu Auslegung und Predigt 157
    Das Wort, das weiterwirkt, Aufsätze zur Praktischen Theologie in memoriam
    Kurt Frör, hg. v. R. Riess und D. Stollberg, 1981, 122—133, Chr. Kaiser Verlag,
    München.

Sein Leiden und Tod — unser Heil. Eine Auslegung von Jesaja
52,13—53,12 169
    Biblische Studien 52, 1967, Neukirchener Verlag des Erziehungsvereins GmbH,
    Neukirchen-Vluyn.

Weisheitsspruch und Prophetenwort. Zur Traditionsgeschichte des
Spruches Jer 9,22—23 197
    Biblische Zeitschrift, Neue Folge 25, 1981, 161—179, Verlag Ferdinand Schöningh,
    Paderborn.

». . . denn Jahwe vernichtet die Philister«. Erwägungen zu Jer 47,1—7 216
    Die Botschaft und die Boten, Festschrift für Hans Walter Wolff, hg. v. J. Jeremias
    und L. Perlitt, 1981, 253—267, Neukirchener Verlag des Erziehungsvereins GmbH,
    Neukirchen-Vluyn.

Heuschreckenplage und Tag Jahwes in Joel 1 und 2 231
    Theologische Zeitschrift 18, 1962, 81—94, Verlag Friedrich Reinhard AG, Basel.

III. Zu Themen alttestamentlicher Theologie

Menschliche Weisung — Gesetz Gottes. Beobachtungen zu einem
aktuellen Thema 247
    Gott ohne Eigenschaften?, hg. v. S. Heine und E. Heintel, 1983, 77—106, Evange-
    lischer Presseverband Wien.

Die Paradieserzählung Gen 2—3 und ihr Verfasser 274
    Studien zum Pentateuch, Festschrift für Walter Kornfeld, hg. v. G. Braulik, 1977,
    9—24, Verlag Herder, Wien/Freiburg/Basel.

Hiob: leidender Gerechter — leidender Mensch 290
    Kerygma und Dogma 19, 1973, 197—214, Verlag Vandenhoeck u. Ruprecht, Göt-
    tingen.

Unschuldsbekenntnis und Gottesbegegnung. Der Zusammenhang
zwischen Hiob 31 und 38 ff. 308
    Bisher unveröffentlicht (1985).

Von Grund und Sinn des Leidens nach dem Alten Testament 336
    Der leidende Mensch, hg. v. H. Schulze, 1974, 73—84, Neukirchener Verlag des
    Erziehungsvereins GmbH, Neukirchen-Vluyn.

Deus humiliat et exaltat. Zu Luthers Übersetzung von Psalm 118,21
und Psalm 18,36 348
    Zeitschrift für Theologie und Kirche 61, 1964, 193–220, Verlag J. C. B. Mohr
    (Paul Siebeck), Tübingen.

Bibliographie Ernst Kutsch 376

Stellenregister (in Auswahl) 385

I.
Chronologie — Fest — Ritus

Das Jahr der Katastrophe: 587 v. Chr.

Kritische Erwägungen zu neueren chronologischen Versuchen

I

Das Gerippe des Ablaufs der Geschichte der israelitisch-judäischen Königszeit ist die Chronologie der Könige der beiden Reiche. Die chronologischen Angaben finden sich — vornehmlich, aber nicht nur — in den Königsbüchern im Rahmen eines bestimmten Schemas, das u.a. für jeden König die Dauer seiner Regierungszeit und für die Zeit, in der die Reiche Israel und Juda nebeneinander bestanden, auch für den Regierungsantritt jedes Königs das Regierungsjahr des Herrschers im Nachbarstaat nennt. Leider wird die Erwartung, daß sich aus diesen Aufstellungen eine eindeutige Chronologie der Regierungsdaten der israelitischen und judäischen Könige ergibt, enttäuscht. Bereits die Summen der Regierungsjahre zwischen dem Tode Salomos und dem Untergang des Nordreiches bzw. der Eroberung von Samaria stimmen nicht überein, und erst recht die synchronistischen Angaben enthalten zahlreiche Differenzen, so daß sie auch nicht allein und ohne weiteres zur Korrektur der Regierungsdaten zu verwenden sind. Unterschiede im Ansatz und in der Beurteilung einschlägiger Stellen haben dazu geführt, daß mehrere, untereinander differierende Tabellen über die Regierungszeiten der israelitischen und jüdischen Könige erstellt wurden, ohne daß eine Einigung auf ein bestimmtes Berechnungssystem und damit auf eine bestimmte Chronologie bisher möglich gewesen wäre [1].

---

[1] Literatur in Auswahl: J. LEWY, *Die Chronologie der Könige von Israel und Juda* (Gießen 1927); J. BEGRICH, *Die Chronologie der Könige von Israel und Juda* (Beiträge zur historischen Theologie 3; Tübingen 1929); S. MOWINCKEL, *Die Chronologie der israelitischen und jüdischen Könige* (Acta Orientalia 10; Leiden 1932); 161-277; R. FRUIN, "Oudtestamentische Studiën III. Die chronologie van het babylonische tijdvak der joodsche

Vom Untergang des Nordreiches an haben wir nur noch die Reihe der in Juda und Jerusalem herrschenden davidischen Könige. Mindestens für die Könige Josia bis Zedekia werden — soweit ich sehe — die alttestamentlichen Angaben über deren Regierungszeit als richtig angesehen und entsprechend ausgewertet.

Für die Zeit der letzten fünf judäischen Könige liegen bis jetzt zwei Synchronismen mit babylonischen Angaben vor, die es ermöglichen, zwei Ereignisse der judäischen Geschichte — den Tod des Königs Josia und die erste Einnahme der Stadt Jerusalem durch den neubabylonischen Herrscher Nebukadnezar — in der neubabylonischen Geschichte und von da aus in dem System unserer Zeitrechnung zu verankern. Allerdings fehlt uns noch immer ein babylonischer Text, der über den zweiten Sieg Nebukadnezars über Juda und Jerusalem aussagt. Trotzdem könnte man erwarten, daß mit Hilfe der alttestamentlichen Angaben und der beiden Synchronismen das Jahr der Eroberung Jerusalems und der Zerstörung des Tempels genau zu ermitteln wäre. Nun ergibt sich aber vom Alten Testament her eine Schwierigkeit: Hier wird die Eroberung und Zerstörung der Stadt bzw. die mit dieser im engen Zusammenhang stehende Deportation eines Teiles der Bevölkerung von Jerusalem weg nach Babel einerseits in das 19. Jahr des Königs Nebukadnezar (2 Kön 25,8; Jer 52,12), andererseits in dessen 18. Regierungsjahr (Jer 52,29) datiert. Die erste Angabe führt nach der in neubabylonischer Zeit üblichen Rechnung der Jahre wie der Regierungsjahre der Könige vom 1. Nisan (im März/April) an auf das Jahr 586/5 und damit — da Jerusalem im (wie in Babylon gezählten) 5. Monat erobert worden ist (2 Kön 25,8; Jer 52,12) — auf den Sommer 586, die zweite auf das Jahr 587/6 und so auf den Sommer 587 für die Katastrophe von Jerusalem. Welche der beiden Nachrichten ist die richtige? Oder: ist diese Alternative überhaupt falsch und haben beide Nachrichten einen richtigen Aspekt

---

geschiedenis; IV. De chronologie van het assyrische tijdvak der joodsche geschiedenis; V. De chronologie der koningen te Jerusalem van Salomo tot Uzzia" (*Nieuw Theologisch Tijdschrift* 21 [1932] 215-230; 22 [1933] 36-48; 23 [1934] 49-60); E. R. THIELE, *The Mysterious Numbers of the Hebrew Kings* (Chicago 1951; Grand Rapids ²1965); A. JEPSEN, *Die Quellen des Königsbuches* (Halle 1953 ²1956); A. JEPSEN, *Zur Chronologie der Könige von Israel und Juda* (A. JEPSEN - R. HANHART, *Untersuchungen zur israelitisch-jüdischen Chronologie* [BZAW 88; Berlin 1964] 2-48); K. T. ANDERSEN, "Die Chronologie der Könige von Israel und Juda", *ST* 23 (1969) 69-119.

bewahrt? Auch in diesem Fall bliebe die Frage bestehen, ob Jerusalem im Sommer 587 oder im Sommer 586 gefallen ist. Die Frage ist seit der Veröffentlichung der Chronik Wiseman, d.h. jenes Teiles einer babylonischen Chronik, der die Datierung der ersten Eroberung von Jerusalem durch Nebukadnezar auf den 16. März des Jahres 597 ermöglichte, im Jahre 1956 ([1]) erneut wiederholt diskutiert worden, ohne daß bisher ein einmütiges Ergebnis erreicht worden wäre. Gegenwärtig scheint die Datierung in das 19. Jahr Nebukadnezars und damit das Jahr 586 bevorzugt zu werden; dieses ist auch in die neuesten Lehrbücher zur Geschichte Israels von A. H. J. Gunneweg ([2]) und S. Herrmann ([3]) eingegangen.

Im wesentlichen sind es zwei Versuche, die zu diesem Ergebnis gelangen. Bei dem einen rechnet man für den letzten judäischen König, Zedekia, mit einem "Akzessionsjahr" ([4]); dem anderen Versuch liegt die Annahme zugrunde, daß in der letzten judäischen Königszeit die Königsjahre nicht wie in Assyrien und Babylon vom Nisan als dem 1. Monat im Frühjahr, sondern vom Tischri als dem 7. Monat im Herbst an gerechnet wurden. Beide Versuche haben zwei Voraussetzungen, die im übrigen von nahezu allen Forschern, die sich mit dieser Materie beschäftigen, geteilt werden:

1. Die Regierungszeiten, die das Alte Testament für die letzten Könige in Juda angibt, sind richtig überliefert:

    für Joahas   3 Monate   (2 Kön 23,31),
    für Jojaqim   11 Jahre   (2 Kön 23,36),
    für Jojakin   3 Monate   (2 Kön 24,8),
    für Zedekia   11 Jahre   (2 Kön 24,18).

2. Die Regierungsjahre dieser Könige sind wie die der babylonischen (und der assyrischen) Herrscher "nachdatierend" gezählt. Das bedeutet: Das Jahr, in dem ein König stirbt, wird diesem noch ganz zugerechnet; des neuen Königs "Jahr 1" beginnt mit dem nächsten Neujahr; seine Regierungszeit bis zu diesem Zeitpunkt wird als der

---

([1]) D. J. WISEMAN, *Chronicles of Chaldaean Kings (626–556 B.C.) in the British Museum*, (London 1956). — Die Gleichsetzung altorientalischer Tagesdaten mit Tagesdaten unseres Kalenders folgt R. A. PARKER - W. H. DUBBERSTEIN, *Babylonian Chronology 626 B.C. - A.D. 75* (Brown University Studies XIX; Providence, Rhode Island 1956).

([2]) *Geschichte Israels bis Bar Kochba* (Stuttgart usw. 1972) 113.

([3]) *Geschichte Israels in alttestamentlicher Zeit* (München 1973) **347**, cf. 345, Anm. 18.

([4]) Siehe dazu unten, S. 523 f.

"Anfang seiner Regierung" bezeichnet (¹). So wird das Jahr des Thronwechsels, obwohl zwei Herrscher in ihm nacheinander regieren, nur einmal gezählt (²).

Anlaß für die Annahme, Jerusalem sei im Jahr 586/5 zerstört worden, sind jene alttestamentlichen Angaben, nach denen dies im 19. Jahr des neubabylonischen Herrschers Nebukadnezar geschehen sei (2 Kön 25,8; Jer 52,12). Im folgenden sollen die beiden Versuche, den Untergang Jerusalems in das 19. Jahr Nebukadnezars zu datieren, überprüft (Abschnitt II und III) und — in einem IV. Abschnitt — die Frage entschieden werden, ob die Eroberung und Zerstörung von Jerusalem im 18. oder im 19. Jahr Nebukadnezars erfolgt ist.

II

Der erstgenannte Versuch geht von der Voraussetzung der "Nachdatierung" aus (³). Nach der Chronik Wiseman ist die erste Eroberung von Jerusalem am 2. Adar des 7. Regierungsjahres des Königs Nebukadnezar erfolgt, also am Anfang des 12. Monats dieses Jahres. Dem Babylonier fiel der judäische König Jojakin in die Hände. Dieser hatte nur "drei Monate" regiert (2 Kön 24,8); in demselben Jahr (Königsjahr) war bereits sein Vorgänger, Jojaqim gestorben, dem 11 Jahre zugeschrieben werden (2 Kön 23,36). Das ganze Jahr, also einschließlich der 3 Monate des Königs Jojakin, wird noch dem Herrscher, der an seinem Anfang den Thron innehatte, d.h. Jojaqim

(¹) Hebräisch (מלכות) ממלכת ראשית, entsprechend babylonischem *rēš šarrūti*.

(²) Dieser "Nachdatierung" steht die "Vordatierung" gegenüber, die im Ägypten der 2., 12. und 26. Dynastie nachzuweisen und wohl für die beiden israelitischen Königreiche bis zum Untergang des Nordreiches anzunehmen ist. Hier wird das Jahr, in das ein Thronwechsel fällt, beiden Königen voll zugerechnet: dem verstorbenen Herrscher als sein letztes, dem neuen als sein erstes, so daß am nächsten Neujahrstag für diesen bereits "Jahr 2" beginnt. Die Folge ist, daß man bei der Summierung der Regierungszeiten jedem König 1 Jahr abziehen muß. Diese Schwierigkeit umgeht das System der "Nachdatierung".

(³) Z.B. E. VOGT, "Die neubabylonische Chronik über die Schlacht bei Karkemisch und die Einnahme von Jerusalem", *Volume du congrès: Strasbourg, 1956* (VTS IV; Leiden 1957) 67-96; E. AUERBACH, "Wann eroberte Nebukadnezar Jerusalem?", *VT* 11 [1961] 128-136); C. SCHEDL, "Nochmals das Jahr der Zerstörung Jerusalems 587 oder 586 v. Chr.", *ZAW* 74 (1962) 209-213.

zugerechnet; es war sein 11. Jahr. Die Frage ist nun, wann der Nachfolger, Zedekia, den Thron der Davididen bestiegen hat bzw. von Nebukadnezar auf diesem eingesetzt worden ist. Geschah dies vor dem nächsten Jahreswechsel, d.h. innerhalb der verbleibenden 27-28 Tage bis zum nächsten Neujahr (¹), dann ist der verbleibende Rest dieses Jahres "der Anfang der Regierung" Zedekias, und sein "Jahr 1" beginnt am 1. Nisan. Es wäre also das Jahr 597/6 das 1. Jahr des Zedekia; das 11. wäre von da aus das Jahr 587/6. Da nach 2 Kön 25,8; Jer 52,12 im Sommer dieses 11. Jahres (vgl. 2 Kön 24,18) Jerusalem erobert und zerstört worden ist, fiel nach dieser Rechnung dieses Ereignis in den Sommer des Jahres 587.

Gegenüber dieser Rechnung hält man es, um auf das 19. Jahr des Nebukadnezar, d.h. auf das Jahr 586/5 zu kommen, für unwahrscheinlich, daß Nebukadnezar den Zedekia (bzw. den Matthanja, den er nun Zedekia nannte, 2 Kön 24,17) noch in dem verbleibenden Rest des Jahres bis zum Ende des Monats Adar, also bis zum Ende seines 7. Regierungsjahres, inthronisiert habe. Man nimmt an, daß "leicht einige Wochen" (²) dahingegangen seien, bis die zahlreichen Gefangenen und der schwere Tribut für den Abtransport nach Babel bereitstanden. Dafür, daß Zedekia erst nach dem Jahreswechsel von dem Babylonier eingesetzt worden ist, wird 2 Chr 36,10 angeführt, wo dieser Vorgang folgendermaßen dargestellt ist: "Um die Jahreswende (לתשובת השנה) sandte der König Nebukadnezar hin und ließ ihn (nämlich Jojakin) nach Babel holen samt den kostbaren Geräten des Tempels Jahwes und machte seinen Bruder Zedekia zum König über Juda und Jerusalem". Die Wendung לתשובת השנה die man mit "zu Beginn des neuen Jahres" übersetzt (³), zeige, daß "der Befehl der Abführung Jojakins und der Erhebung Sedekias erst nach Neujahr in Jerusalem eingetroffen" ist. Wenn aber Zedekia erst nach dem Beginn des Jahres 597/6 König geworden ist, dann ist — so die Annahme — das Jahr 597/6 das Akzessionsjahr dieses Königs; sein "Jahr 1" ist dann das Jahr 596/95, und sein 11. Jahr das Jahr 586/5. Damit aber ist die Gleichsetzung dieses Jahres mit dem 19. Jahre Nebukadnezars erreicht — und also die Eroberung Jerusalems auf

---

(¹) Das sind immerhin 4 Wochen, nicht nur "etwa 3 Wochen" (so SCHEDL, "Nochmals...", 210).
(²) VOGT, "Die neubabylonische Chronik...", 93.
(³) VOGT, a.a.O. 94.

den Sommer 586 datiert (¹). Die folgende Tabelle veranschaulicht diese Berechnung (²):

F 609/8 (³): 17. Nabopolassar = 31. Josia (⁴)
F 608/7 : 18. Nabopolassar = 1. Jojaqim
F 598/7 : 7. Nebukadnezar = 11. Jojaqim (⁵)
F 597/6 : 8. Nebukadnezar = 0. Zedekia
F 596/5 : 9. Nebukadnezar = 1. Zedekia
F 586/5 : 19. Nebukadnezar = 11. Zedekia

Diesen Erwägungen stehen aber unüberwindliche Schwierigkeiten entgegen. Es geht hier um die zeitliche Festsetzung der Absetzung und Wegführung des Königs Jojakin und der Einsetzung des Königs Zedekia. Die hebräische Wendung לתשובת השנה in 2 Chr 36,10 ist dabei weder für noch gegen die hier behandelte These zu verwenden. Sie bedeutet einfach: "an der Wende des Jahres"; es könnte damit ein Zeitpunkt vor oder auch nach dem 1. Nisan gemeint sein. Durchaus ungünstig dagegen ist für die hier behandelte These der Wortlaut der Chronik Wiseman. Hier heißt es in der Rubrik über das 7. Jahr des Königs Nebukadnezar: "Am 2. Adar eroberte er die Stadt. Den König nahm er gefangen. Einen König nach seinem Herzen setzte er über sie. Schweren Tribut nahm er mit und brachte (ihn) nach Babel" (⁶). Erst danach beginnt die Rubrik über das 8. Jahr Nebukadnezars.

(¹) Vogt, a.a.O. 94 ff.; Schedl, "Nochmals...", 210 f.

(²) Die Tabelle setzt zur Verdeutlichung des Sachverhaltes bei dem Todesjahr Josias (609/8) ein (zu diesem vgl. unten S. 530). Vogt, a.a.O. 95 Anm. 1 beginnt seine Tabelle mit dem 8. Jahr Nebukadnezars = 0. Jahr Zedekias.

(³) Im folgenden bezeichnet "F" das Jahr, das mit dem 1.I. = 1. Nisan, d.h. im März oder April, also im Frühjahr, beginnt, "H" das Jahr, das am 1.VII. = 1. Tischri, d.h. im September oder Oktober, also im Herbst anfängt. Die doppelte Zahl — z.B. 609/8 — nennt Beginn und Ende eines Jahres israelitischer oder babylonischer Rechnung in Jahren unserer Zeitrechnung.

(⁴) In dieses Jahr fallen auch die 3 Monate des Königs Joahas (2 Kön 23,31).

(⁵) In dieses Jahr fallen auch die 3 Monate (2 Kön 24,8) bzw. 3 Monate und 10 Tage (2 Chr 36,9) des Königs Jojakin, der am 2. Adar = 16. März 597 oder unmittelbar danach von Nebukadnezar abgesetzt und nach Babel geschafft wurde.

(⁶) B.M. 21946 Obv. 12 f.

Diese Darstellung setzt voraus, daß noch vor Ablauf des 7. Jahres, also noch im Monat Adar, nicht nur der König Jojakin abgesetzt, sondern auch der neue König Zedekia eingesetzt worden ist.

Unhaltbar aber ist der Kern der These: daß das Jahr 597/6 Zedekias "Akzessionsjahr" gewesen sei, auf das erst im Jahr 596/5 sein "Jahr 1" gefolgt wäre. Hierbei sind zwei Gesichtspunkte zu bedenken.

1) Für den König Jojakin gibt das Alte Testament nur 3 Monate als Regierungszeit an (2 Kön 24,8; in 2 Chr 36,9 genauer: 3 Monate und 10 Tage). Wäre die Regierungszeit dieses Königs über den nächsten 1. Nisan hinaus gerechnet worden, so hätte mit diesem 1. Nisan sein Jahr 1 begonnen, er müßte also in der Chronologie mit "1 Jahr" Regierungszeit geführt werden. Daraus, daß dies nicht der Fall ist, ergibt sich, daß die Regierungszeit des Jojakin als vor dem Ende dieses Jahres 598/7 — d.h. des 11. Jahres des Königs Jojaqim — beendet gedacht ist. Dieses Ergebnis wird durch die Notiz der babylonischen Chronik, daß Nebukadnezar den Jojakin in seinem (des Nebukadnezar) 7. Jahr abgesetzt habe, bestätigt.

2) Ein ganzes Jahr als "Akzessionsjahr", das in der Zahl der Regierungsjahre eines Königs nicht aufscheint, kann es nicht geben. Die Datierung "am Anfang der Regierung des Königs X" (¹) bezeichnet die Regierungszeit eines neuen Herrschers innerhalb des Jahres, in dem er den Thron bestiegen hat und das als Ganzes noch seinem Vorgänger zugerechnet wird. Dadurch wird vermieden, daß dieses Jahr sowohl für den Gestorbenen, als auch für den neuen König gezählt wird, wodurch bei der Addition von Regierungszeiten je König 1 Jahr zuviel aufscheinen würde (²). Gesetzt den Fall nun, ein König A stirbt am letzten Tag eines Jahres, und der neue König B wird am 1. Tag des neuen Jahres inthronisiert, dann gilt das vergangene Jahr ganz für den alten König, und das neue Jahr zählt vom 1. Tag an für den neuen König — nun gleich als "Jahr 1"! Der Annahme eines "Akzessionsjahres" bedarf es hier nicht, denn es besteht nicht die Gefahr der Doppelzählung eines Jahres. Dieser Vergleich macht deutlich, daß selbst dann, wenn Zedekia erst nach dem 1. Nisan 597 als König eingesetzt worden wäre, das Jahr 597/6 nicht ein "Akzessionsjahr" wäre, sondern bereits als Jahr 1 der Regierungszeit Zedekias

---

(¹) Siehe dazu oben, S. 523, Anm. 1.
(²) Siehe dazu oben, S. 523, Anm. 2.

gezählt wurde; denn in diesem Fall ist die Gefahr einer Doppelanrechnung dieses Jahres nicht gegeben, da die Regierungszeit des Vorgängers (bzw. beider Vorgänger) vor dem Jahreswechsel beendet war. Wertet man das Jahr 597/6 als Akzessionsjahr Zedekias, muß man dafür zwischen dem 11. Jahr des Königs Jojaqim, in das die drei Monate des Königs Jojakin fallen, und dem "Jahr 1" Zedekias ein "Jahr 0" annehmen ([1]). Die Regierungszeit der Könige Jojaqim und Zedekia ([2]) würde sich in diesem Fall über die Jahre 608/7 bis 586/85 erstrecken, also 23 Jahre umfassen, während die chronologischen Angaben in 2 Kön 23,36 und 24,18 nur zweimal 11 = 22 Jahre nennen. Die Notierung "am Anfang der Königsherrschaft des X" für den Rest eines Königsjahres, in dem ein neuer Herrscher den Thron einnimmt, und damit das System der "Nachdatierung", soll verhindern, daß bei der Summierung der Regierungsjahre pro König 1 Jahr zuviel erscheint (so bei der "Vordatierung"). Die Zählung eines Jahres 0 würde bei dem betreffenden König wiederum 1 Jahr zuviel einbringen. Ein derartiges "Akzessionsjahr" wäre somit systemwidrig; und es ist deshalb im höchsten Maße unwahrscheinlich, ja ausgeschlossen, daß je ein volles Regierungsjahr in dieser Weise berechnet wurde.

Der hier behandelte Versuch, über die Annahme eines Akzessionsjahres für den König Zedekia, das das Jahr 597/6 umfassen würde, auf eine Gleichsetzung des 11. Jahres Zedekias mit dem 19. Jahre Nebukadnezars zu kommen, erweist sich so als undurchführbar. Über diese Feststellung hinaus können wir aber noch einen Schritt weitergehen. Unter der Voraussetzung, daß in Juda — wie in Babylonien — die Regierungsjahre der Könige mit den "Kalenderjahren" am 1. Nisan begonnen haben ([3]), hat sich ergeben, daß das 11. Jahr des Königs Jojaqim, in das die drei Monate Regierungszeit des Königs Jojakin einzubeziehen sind, mit dem 12. Monat = Adar des Jahres 598/7 endet. Das Jahr 597/6 ist dann das 1. Jahr des Königs Zedekia. Als sein 11. ergibt sich dann das Jahr 587/6. In dessen Sommer, also im Sommer des Jahres 587, ist demnach Jerusalem erobert und zerstört worden.

([1]) In der Tat wird bei VOGT, a.a.O. 95, Anm. 1, dieses Jahr mit "0" gezeichnet.

([2]) Die jeweils 3 Monate für Joahas und Jojakin werden hier nicht mitgezählt; siehe oben, S. 526.

([3]) Zu einer Bestreitung dieser Voraussetzung siehe unten, S. 528 ff.

III

Ein ganz anderer Weg wird bei dem zweiten Versuch, mit dem 19. Jahr des Nebukadnezar das 11. Jahr Zedekias in Übereinstimmung zu bringen, beschritten. Kern der These ist die Annahme, daß in Juda — anders als in Babylonien, wo die Regierungsjahre der Könige mit den "Kalenderjahren", beginnend am 1. Nisan, parallel gingen — die Jahre der Könige dieser Zeit von Herbst zu Herbst, also mit dem 7. Monat (Tischri) beginnend, gerechnet wurden. Diese Auffassung hatte schon 1951 Thiele vertreten, jedenfalls für die Angaben in den Königsbüchern und im Jeremiabuch [1]. Er fand diese Auffassung auch durch die Angaben der Chronik Wiseman bestätigt [2]. Diese These hat A. Malamat bereits 1956 aufgenommen [3] und 1968 in einem außerordentlich materialreichen Aufsatz eingehender begründet [4]. Praktisch bedeutet diese Annahme, daß das 1. Regierungsjahr des Jojaqim nicht mit dem 18. Jahr des babylonischen Königs Nabopolassar (= F 608/7) zusammenfällt, sondern (H 608/7!) mit 6 Monaten die 2. Hälfte des 18., mit den weiteren 6 Monaten die erste Hälfte des 19. Jahres von Nabopolassar deckt.

Die weitere Durchführung der These bei Malamat beeindruckt dadurch, daß sie einige — tatsächliche oder scheinbare — Widersprüche zwischen alttestamentlichen Datierungen auflöst bzw. die verschiedenen Datierungen je für sich als berechtigt erscheinen läßt. So entspricht das 11. Jahr des Königs Jojaqim, in das die 3 Monate der Regierungszeit des Jojakin und — so richtig nach Malamat — auch der "Anfang der Königsherrschaft" des Zedekia gehören, der 2. Hälfte des 7. und der 1. Hälfte des 8. Jahres von Nebukadnezar. So erfolgte die Einnahme Jerusalems am 2. Adar im 7. Jahr Nebukadnezars —

---

[1] A.a.O. 157.

[2] "New Evidence on the Chronology of the Last Kings of Judah", *BASOR* 145 (Okt. 1956) 22-72, und in der 2. Aufl. seines Buches, 1965, 166.

[3] "A New Record of Nebuchadnezzar's Palestinian Campaigns", *IsrEJ* 6 (1956) 246-256; vgl. besonders die synchronistische Tabelle auf S. 256.

[4] "The Last Kings of Judah and the Fall of Jerusalem", *IsrEJ* 18 (1968) 137-156; vgl. auch hier besonders die synchronistische Tabelle auf S. 156. — Dieselbe These wird vertreten auch von F. H. HORN, "The Babylonian Chronicle and the Ancient Calendar of the Kingdom of Judah", *Andrews University Seminary Studies* 5 (1967) 12-27.

nach der Chronik Wiseman —; dem ordnet Malamat (¹) die Eroberung von Jerusalem und die Übergabe Jojakins nach 2 Kön 24,10 ff. zu und die Deportation von 3073 Judäern, die Jer 52,28 ebenfalls in das 7. Jahr Nebukadnezars datiert. Auf der anderen Seite kann die nach Malamat offenbar einige Wochen später zu denkende Deportierung Jojakins und der judäischen Führer, die nach 2 Kön 24,12; 2 Chr 36,10 im 8. Jahr Nebukadnezars erfolgt ist, nun auch dem 8. Jahr zugeordnet werden, wobei alle diese Ereignisse gleichzeitig in das Jahr, das als 11. dem Jojaqim zugehört, fallen.

Auch für das 9.-11. Jahr des Zedekia lassen sich die im Alten Testament datierten Ereignisse gut einordnen, auch da, wo ihre zeitlichen Ansetzungen — wiederum: tatsächlich oder scheinbar — differieren; wie es etwa der Fall ist, wenn eine Verschleppung von 832 Jerusalemern (²) nach Jer 52,29 in Nebukadnezars 18. Jahr datiert wird, andererseits die Eroberung und die Zerstörung des Tempels nach 2 Kön 25,8 f.; Jer 52,12 im 19. Jahr Nebukadnezars erfolgt sei. Das 11. Jahr des Zedekia reicht nach diesem Schema vom Herbst 587 bis Herbst 586. Setzt man die in Jer 52,29 aufgeführte Deportation in die erste Hälfte von Zedekias 11. Jahr, fällt dieser Zeitpunkt in das 18. Jahr Nebukadnezars; die Eroberung Jerusalems (Jer 52,6 f.: 9. IV. [Tammuz]) und die Zerstörung des Tempels (2 Kön 25,8 f.: 7.V. [Ab], bzw. Jer 52,12 f.: 10.V. [Ab]) liegen nach dem I. (Nisan) und also zwar ebenfalls noch in Zedekias 11. Jahr, nun jedoch bereits im 19. Jahr Nebukadnezars.

So sehr diese Kombinationen beeindrucken — die These, die sie voraussetzen und die sie trägt, erweist sich als unhaltbar (³). Das wird deutlich, wenn man die Reihe der Königsjahre in der Aufstellung von Malamat über das Jahr 1 des Königs Jojaqim rückwärts weiter verfolgt. Jojaqims 1. Jahr entspricht nach Malamat(⁴) der Zeit H 608/7. Diesem Jahr muß nach der alttestamentlichen Chronologie das 31. Jahr des Josia vorangehen, in dem Josia ums Leben gekommen ist und in das mindestens noch die 3 Monate des Königs Joahas gehören. Hier wird nun der zweite sichere Synchronismus mit einem Ereignis

---

(¹) *IsrEJ* 6, 256.

(²) Nach MALAMAT, *IsrEJ* 18, 156, im Anschluß an AUERBACH, "Wann eroberte...", 133 als "Überläufer" angesehen.

(³) Zu der These von Malamat und zum Folgenden vgl. die Aufstellungen auf S. 531, die die Tabellen von Malamat in *IsrEJ* 6 (1956) 256, und 18 (1968) 156 aufnimmt.

(⁴) *IsrEJ* 6, 256.

aus Judas Umwelt, den diese späte Königszeit — neben der Datierung der ersten Eroberung Jerusalems — bietet, einbezogen. Nach B.M. 21901, dem Teil der babylonischen Chronik, den C. J. Gadd 1923 herausgegeben hat ([1]), hat sich im 17. Jahr des babylonischen Königs Nabopolassar (= F 609/8) in den Monaten Tammuz bis Elul (= 4.-6. Monat) der ägyptische König Necho am Euphrat aufgehalten (Rev. 66-69). Es ist allgemein — auch von Malamat ([2]) — angenommen, daß mit dem Zug des Pharao Necho von Ägypten an den Euphrat der Tod des judäischen Königs Josia bei Megiddo (2 Kön 23,29; 2 Chr 35,20-23) in Verbindung zu bringen ist. Josia muß also etwa im 3. Monat, d.h. ca. Mai/Juni, des Jahres F 609/8, also im frühen Sommer 609 umgekommen sein. Läßt man — mit Malamat — die judäischen Königsjahre im Herbst wechseln, so hat das 31. Jahr des Josia im Herbst 609 geendet. Damit ergibt sich zwischen dem Ende der Regierungszeit des Josia im Herbst 609 und dem Beginn des Jahres 1 der Regierungszeit des Königs Jojaqim im Herbst 608 eine Lücke von einem Jahr. Malamat füllt diese Lücke aus mit der Annahme, es handele sich hier — bei dem Jahr H 609/8 — um das Akzessionsjahr des Königs Jojaqim. Der König Joahas sei nach 3 Monaten Regierung noch vor Ende des 31. Jahres Josias, d.h. vor Ende des Jahres 610/9, durch den Pharao Necho abgesetzt worden (vgl. 2 Kön 23,33 f.), der neue König, Jojaqim, sei aber erst nach dem 1. Tischri, also nach dem Beginn eines neuen judäischen Königsjahres, inthronisiert worden. Dieses Jahr der Inthronisierung, das Jahr H 609/8, wäre dann das "Akzessionsjahr", das folgende, H 608/7, das 1. Jahr Jojaqims.

Die nachfolgende (cf. S. 531) Tabelle veranschaulicht die Aufstellungen von Malamat ([3]).

In dem Verständnis des Jahres H 609/8 liegt nun für die hier behandelte These dieselbe Schwierigkeit, die die frühere entscheidend belastet: Wie wir oben sahen, ist es in höchstem Maße unwahrscheinlich, ja ausgeschlossen, daß das Jahr, das an dem auf den Tod (oder die Absetzung) eines Königs folgenden 1. Nisan beginnt, als "Akzessionsjahr" des Nachfolgers gerechnet wurde. Dasselbe gilt natürlich auch für den Fall, daß ein Jahreswechsel zum 1. Tischri erfolgte. Das

---

([1]) C. J. GADD, *The Fall of Nineveh* (London 1923). — Transkription und Übersetzung dieser Chronik auch bei WISEMAN, *Chronicles*, 54 ff.
([2]) Vgl. *IsrEJ* 6, 256.
([3]) Vgl. dazu die Tabellen von Malamat in *IsrEJ* 6, 256, und 18, 156.

Zeittafel nach Malamat

Jahre unserer Zeitrechnung	Babylon: Jahresbeginn am 1. Nisan	Juda: Jahresbeginn am 1. Tischri
610	16. Nabopolassar	30. Josia
609	17. Nabopolassar	31. Josia ([1])
608	18. Nabopolassar	Akzessionsjahr Jojaqims
607	19. Nabopolassar	1. Jojaqim
606	20. Nabopolassar	2. Jojaqim
605	21. Nabopolassar Antritt Nebukadnezars	3. Jojaqim
604	1. Nebukadnezar	4. Jojaqim
603	2. Nebukadnezar	5. Jojaqim
		6. Jojaqim
598	7. Nebukadnezar	
597	8. Nebukadnezar	11. Jojaqim ([2])
596	9. Nebukadnezar	1. Zedekia
		2. Zedekia
588	17. Nebukadnezar	
587	18. Nebukadnezar	10. Zedekia
586	19. Nebukadnezar	11. Zedekia
585	20. Nebukadnezar	

([1]) Siehe oben, S. 527, Anm. 2.
([2]) Siehe oben, S. 527, Anm. 2.

heißt: selbst wenn Jojaqim — nach der These von Malamat — nach dem 1. Tischri 609 von Necho eingesetzt worden wäre, wäre das Jahr H 609/8 sein 1., das Jahr H 608/7 bereits sein 2. Königsjahr. Nach der Zählung von Malamat müßte dies aber erst sein erstes sein. Es bleibt also in dieser These die Lücke von 1 Jahr zwischen dem 31. Jahr Josias (nach Malamat: Herbst) 610/9 und dem 1. Jahr Jojaqims H 608/7. Für diese Lücke gibt es keine Erklärung. So ist auch dieser zweite Versuch nicht praktikabel.

Der Annahme, der Beginn der Regierungsjahre der letzten judäischen Könige hätte im Herbst gelegen, bereitet aber auch das Datum in Jer 46,2 Schwierigkeit. Hier ist ein Jahwewort über Ägypten an Jeremia folgendermaßen eingeleitet: "Wider das Heer des Pharao Necho, des Königs von Ägypten, das am Euphratstrom bei Karkemisch stand, das Nebukadnezar, der König von Babel, im 4. Jahr Jojaqims, des Sohnes Josias, des Königs von Juda, schlug". Damit wird die Schlacht von Karkemisch, in der Nebukadnezar das ägyptische Heer vernichtend schlug, in das 4. Jahr Jojaqims datiert. Dieses begann — nach Malamat — am 1. Tischri (7. Oktober) des Jahres 605/4. Die Schlacht aber hat nach der babylonischen Chronik (B.M. 21946 Obv. 1-8) vor dem 8. Ab (= 15. August) dieses Jahres stattgefunden, nach Malamat also noch im 3. Jahr Jojaqims. So hielt Malamat denn auch in Jer 46,2 die Datierung "im 4. Jahr Jojaqims" für falsch ([1]) und nahm als ursprüngliches Datum das "3. Jahr" Jojaqims an. Er berief sich dafür auf Dan 1,1 f., wonach "Nebukadnezar, der König von Babel", "im 3. Jahr der Regierung Jojaqims, des Königs von Juda", Jerusalem belagert, Jojaqim gefangen und Tempelgeräte nach Babylonien verschleppt hat ([2]). Nun ist das Datum von Dan 1,1 schon an sich fragwürdig. Denn ein derartiges Ereignis ist für diesen Zeitpunkt weder aus dem Alten Testament noch aus der babylonischen Chronik zu belegen. Vielmehr ist hier wohl eine über die Darstellung von 2 Kön 24,1-6 hinausgehende, historisch unzutreffende Notiz aus 2 Chr 36,6 f. aufgenommen und dadurch zeitlich fixiert worden, daß die Angabe von 2 Kön 24,1, Jojaqim sei nach dreijähriger Vasallenschaft von Nebukadnezar abgefallen, in das Datum "im 3. Jahr der Regierung Jojaqims" umgemünzt wurde ([3]). Darüber hinaus hat Malamat selbst später auf Dan 1,1 als Beweis für die Änderung des Datums von Jer 46,2 verzichtet, indem er die

---

[1] *IsrEJ* 6, 250.
[2] *IsrEJ* 6, 250 bei und mit Anm. 11.
[3] Vgl. dazu W. RUDOLPH, *Chronikbücher* (HAT 1,21; Tübingen 1955) 334 f.

Zeitangabe von Dan 1,1 in "im 6. Jahr" änderte (¹). Dafür bietet er nun zwei Alternativerklärungen an (²): Entweder setzen die Daten im Jeremiabuch (oder mindestens das Datum von Jer 46,2) den Beginn der Königsjahre im Frühjahr (am 1. Nisan) voraus (³), oder das Datum von Jer 46,2 — "im 4. Jahr Jojaqims" — bezieht sich auf das Wortereignis, nicht aber auf die Schlacht von Karkemisch (⁴). Aber die erste Annahme ist willkürlich — woran wäre bei den Daten im Jeremiabuch zu unterscheiden, ob Frühlings- oder Herbstjahr gemeint ist? — und also in sich unwahrscheinlich, der zweiten widerspricht der Wortlaut von Jer 46,2, der das Datum ausdrücklich mit der Schlacht verbindet (⁵). Das Problem verschwindet, wenn in dieser Periode die Regierungsjahre der judäischen Könige dem bürgerlichen Jahr entsprachen.

Nun ist von den beiden sicheren Synchronismen mit der babylonischen Geschichte aus auch ein zuverlässiges Ergebnis zu gewinnen für die Frage, wie in der letzten Königszeit in Juda die Königsjahre gerechnet worden sind. Josia ist im Sommer 609 ums Leben gekommen, und Jerusalem wurde zum ersten Mal am Anfang des Jahres 597, genau am 16. März (= 2. Adar) eingenommen. Das erste Ereignis fiel in das 31. als das letzte Regierungsjahr Josias, das zweite in das Jahr, das als 11. dem König Jojaqim zugeschrieben ist. Beide Ereignisse liegen also innerhalb einer Frist von 12 Jahren, nämlich den 11 Jahren Jojaqims zuzüglich dem letzten Jahr des Josia. Läßt man die Königsjahre im Herbst beginnen, hat also das 31. Jahr Josias (H 610/09) im Herbst 610 begonnen. Von hieraus gerechnet reicht die Frist von 12 Jahren bis zum Herbst 598, das 11. Jahr Jojaqims müßte also bis zu diesem Zeitpunkt geendet haben. Dem widerspricht aber die Datierung der ersten Eroberung Jerusalems durch Nebukadnezar in das Frühjahr 597. Nimmt man dagegen an, daß die Königsjahre in Juda — wie in Assyrien und im neubabylonischen Reich — dem Kalenderjahr entsprochen, d.h. am 1. Nisan begonnen haben, dann — und nur dann — ergibt sich eine befriedigende Lösung. Das 31. (letzte) Jahr Josias hat im Frühjahr 609 begonnen (F 609/8). Von da aus gerechnet reicht die 12-Jahresfrist vom Frühjahr 609 bis Frühjahr 597 und schließt so das Datum der ersten Eroberung Jerusalems mit ein. In der Zeit der

---

(¹) *IsrEJ* 18, 142, Anm. 10.
(²) *IsrEJ* 18, 146, Anm. 21; vgl. auch 146 f., Anm. 20.
(³) So mit THIELE, *BASOR* 143, 24; *The Mysterious Numbers*².
(⁴) So mit Horn, "The Babylonian Chronicle...", Anm. 33.
(⁵) Siehe die Übersetzung oben, S. 532.

letzten judäischen Könige wurden also die Königsjahre mit den bürgerlichen Jahren gleichgesetzt.

Aus dieser Feststellung resultiert sogleich noch ein weiteres Ergebnis. Auf das letzte Jahr des Königs Josia folgen nach den alttestamentlichen Angaben bis zum Untergang des Staates 11 Jahre des Königs Jojaqim (2 Kön 23,36) und 11 Jahre des Königs Zedekia (2 Kön 24,18), wobei im letzten (11.) Jahr Zedekias der Staat untergegangen ist. Diese Frist von 22 Jahren beginnt im Frühjahr 608 mit dem Jahr 1 Jojaqims; das 22. Jahr ist — das Jahr 587/6, noch einmal genau: das Jahr F 587 bis F 586. M. a. W.: auch auf diesem Wege errechnet sich — und zwar *zwingend* ([1]) — für die zweite Eroberung Jerusalems und die Zerstörung des Tempels durch Nebukadnezar der Sommer des Jahres 587 ([2]). Bei allen weiteren in diesen Bereich gehörenden Überlegungen ist also davon auszugehen, daß Jerusalem nicht im Sommer 586, sondern im Sommer 587 erobert und zerstört worden ist.

IV

Das nun auf zwei Wegen ermittelte Jahr der Zerstörung des Jerusalemer Tempels war das 18. Regierungsjahr des Babyloniers Nebukadnezar. Mit unserem Resultat könnte die Notiz in Jer 52,29 übereinstimmen, daß "im 18. Jahr Nebukadnezars" aus Jerusalem 832 Seelen in die Verbannung geführt worden sind, sofern mit dieser Angabe die Deportation im Anschluß an die Eroberung von Jerusalem gemeint ist. Im Widerspruch dazu verlegt allerdings 2 Kön 25,8 und Jer 52,12 die zweite Eroberung Jerusalems in das 19. Jahr des Nebukadnezar. Durch die Angabe von 2 Kön 25,2, daß die babylonische Belagerung "bis zum 11. Jahr des Königs Zedekia" gedauert habe, wird zudem das 19. Jahr Nebukadnezars mit dem 11. Jahr Zedekias identifiziert — was zu den oben behandelten Bemühungen geführt hat, dieses Ereignis in das Jahr 586/5 unterzubringen. So ist hier nun auf das Problem der judäisch-neubabylonischen Synchronismen im Alten Testament einzugehen.

Eine derartige Differenz um ein Regierungsjahr bei Nebukadnezar

---

([1]) Gegen die Bestreitung durch Schedl, "Nochmals...", 210 mit *ZAW* 71 (1959) 272 f.

([2]) Diese Datierung findet sich auch z.B. bei M. Noth, "Die Einnahme von Jerusalem im Jahre 597 v. Chr.", *ZDPV* 74 (1958) 137-157, besonders 150; Andersen, *ST* 23, 111 f.

begegnet nicht nur im Zusammenhang mit der ersten Eroberung von Jerusalem, sondern auch noch in weiteren Synchronismen.

1) Nach 2 Kön 24,12 erfolgte — bei der ersten Einnahme der Stadt — die Gefangennahme des Königs Jojakin "im 8. Jahre seiner (des Nebukadnezar) Regierung". Aus 2 Kön 23,36 ergibt sich, daß dieses Jahr mit dem 11. Jahr des Königs Jojaqim identisch gedacht ist, in das die drei Monate Regierungszeit des Königs Jojakin (vgl. 2 Kön 24,8) eingeschlossen sind (¹). Die Parallelaussage der babylonischen Chronik dagegen datiert die Eroberung der Stadt und die Gefangennahme des Königs und außerdem die Einsetzung des Nachfolgers, des hier nicht namentlich genannten Zedekia, in das 7. Jahr des Königs Nebukadnezar.

2) In Jer 32,1 ist dem 10. Jahr des judäischen Königs Zedekia das 18. des Nebukadnezar gleichgesetzt. Nach der hier vertretenen Chronologie ist das 10. Jahr Zedekias das Jahr 588/7, das 18. Jahr Nebukadnezars ist aber nicht dieses, sondern das Jahr 587/6.

3) Ein weiterer Synchronismus ist in Jer 25,1 hergestellt. Hier heißt es: "Das Wort, das an Jeremia über das ganze Volk Juda erging im 4. Jahr des Jojaqim, des Sohnes Josias, des Königs von Juda, היא השנה הראשנית לנבוכדראצר מלך בבל". Hier ist die erste Zeitangabe eindeutig: Das Wortereignis wird in das 4. Jahr Jojaqims datiert, nach der hier vertretenen Chronologie also in das Jahr F 605/4. Dagegen ist umstritten, was die Bezeichnung des Jahres der Regierungszeit Nebukadnezars bedeutet. Das Adjektiv ראשנית ist hapax legomenon. Als erster hat J. Lewy (²) diese Form des Adjektivs mit der Angabe בראשית ממלכות/ממלכת/מלכות in Verbindung gebracht, durch die die Regierungszeit eines neuen Herrschers bis zum Beginn seines Jahres 1 am nächsten Neujahr bezeichnet worden ist (³). In diesem Fall wäre Nebukadnezars Akzessionszeit, d.h. — wie wir jetzt aus B.M. 21946 Obv. 11 wissen — die Zeit vom 1. Elul bis Ende Adar des Jahres 605/4 gemeint, die tatsächlich mit der 2. Hälfte des 4. Jahres von Jojaqim parallel läuft (⁴). Diesem Verständnis von ראשנית widerraten aber Bildung und Bedeutung ähnlicher Adjek-

---

(¹) In Jer 29,2 ist das Ereignis dieser Deportation nicht datiert.

(²) "Forschungen zur alten Geschichte Vorderasiens", *Mitteilungen der Vorderasiatisch-Ägyptischen Gesellschaft* 29/2 (1924) (Leipzig 1925) 27.

(³) So bei dem König Jojaqim in Jer 26,1; 27,1 und bei Zedekia in Jer 49,34 (fälschlich — neben der Angabe "im 4. Jahr"! — in Jer 28,1).

(⁴) Diese Deutung von Jer 25,1 wurde übernommen z.B. von SCHEDL, "Nochmals...", 211; vgl. auch MALAMAT, *IsrEJ* 6, 256; vgl. auch 18, 141.

tive. So ist von dem Stamm קדם "vorn sein" bzw. unmittelbar von dem Substantiv קֶדֶם "Osten" ein Adjektiv קַדְמוֹן "östlich" (Ez 47,8) belegt und von diesem abgeleitet קַדְמֹנִי "östlich" (Ez 10,19), "früher" (Ez 38,17). Die Bedeutung ist bei beiden Bildungen dieselbe ([1]). Dementsprechend bedeutet רִאשֹׁנִי neben רִאשׁוֹן wie dieses "erster" ([2]). In Jer 25,1 ist also dem 4. Jahr Jojaqims das 1. Jahr Nebukadnezars parallel gesetzt; das bedeutet: auch hier — wie in 2 Kön 24,12; 25,8; Jer 52,12; 32,1 — ist das Regierungsjahr Nebukadnezars im Vergleich zu dem entsprechenden Jahr des judäischen Königs um 1 Jahr zu hoch beziffert.

4) Unter bestimmten Voraussetzungen ist in diesem Zusammenhang auch die Zeitangabe von Jer 46,2 zu subsumieren ([3]). Hier wird ein Wort gegen Ägypten mit einer Schlacht bei der Stadt Karkemisch am Euphrat in Verbindung gebracht, in der Nebukadnezar das ägyptische Heer geschlagen hat. Dabei ist es in unserem Zusammenhang ohne Belang, ob zur Zeit, als das Wort erging, die Schlacht bereits geschlagen war oder noch bevorstand ([4]). Jer 46,2 datiert diese Schlacht in das 4. Jahr Jojaqims, d.h. in das Jahr 605/4. Aus der Chronik Wiseman, B.M. 21946 Obv. 1-8, wissen wir, daß Nebukadnezar im 21. Jahr des Königs Nabopolassar — das ist das Jahr 605/4 — die Ägypter bei Karkemisch vernichtend geschlagen hat. Die Angabe in Jer 46,2 meint eben diese Schlacht. Dieser Sieg hat es Nebukadnezar ermöglicht, anschließend "ganz Ḫatti-Land" zu erobern (B.M. 21946 Obv. 8; vgl. 2 Kön 24,7). Der Wortlaut der Chronik Wiseman läßt keinen Zweifel daran, daß Nebukadnezar diese Unternehmungen noch in seiner Eigenschaft als Kronprinz durchgeführt hat. Am 8. des Monats Ab (= 15. August) starb sein Vater und Vorgänger, und am 1. Elul (= 7. September) desselben Jahres bestieg Nebukadnezar in Babel den Thron (a.a.O. Z. 10 f.). Im Gegensatz zu der Darstellung in der babylonischen Chronik wird in Jer 46,2 Nebukadnezar für den Zeitpunkt der Schlacht bei Karkemisch bereits als "König von Babel" bezeichnet. Wenn hier nicht aus späterer Sicht ungenaue Bezeichnung vorliegt — was weniger wahrscheinlich ist —, ist hier vorausgesetzt,

---

([1]) Vgl. auch die Bildung אַדְמֹנִי "rötlich" von אדם "rot sein".

([2]) So schon mit Recht Begrich, *Die Chronologie*, 60 f., Anm. 2; übernommen z.B. von W. RUDOLPH, *Jeremia* (HAT 1,12; Tübingen ²1958) 146 = ³1968., 158.

([3]) Siehe dazu oben, S. 533.

([4]) Zur Entscheidung im letzteren Sinne vgl. RUDOLPH, *Jeremia*, ²1958, 248; ³1968., S. 269.

daß Nebukadnezar zur Zeit der Schlacht von Karkemisch bereits König war. M. a. W.: das Jahr 605/4 ist hier als das Jahr 1 Nebukadnezars angesehen und damit dieses um eine Zahl zu hoch angesetzt.

Diesen Synchronismen stehen die Angaben von Jer 52,28 und 29 gegenüber, die je eine Deportation durch die Babylonier in das 7. und 18. Jahr Nebukadnezars verlegen ([1]). Daß diese beiden Deportierungen in einem engeren oder weiteren Zusammenhang mit den beiden Eroberungen Jerusalems stehen, wird durch die beiden Jahresangaben nahegelegt. Allerdings fehlt ein ausdrücklicher Hinweis darauf, daß die beiden Deportierungen jeweils im Anschluß an die Eroberung der Stadt erfolgt sind. Dieser Sachverhalt hat Versuche ermöglicht, die Angaben von Jer 52,28 und 29 mit denen von 2 Kön 24,12 und 25,8 (= Jer 52,12) zu harmonisieren. So findet z.B. Malamat in beiden Deportationen Ereignisse, die der Eroberung der Stadt vorangegangen sind und zwar die genauer jeweils in das der Eroberung Jerusalems vorangehende Regierungsjahr Nebukadnezars gehören ([2]). Dafür, daß in V. 28 die (1.) Eroberung Jerusalems noch nicht erfolgt ist, führt man an, daß nach dem Text dieses Verses (3023) *Judäer* deportiert wurden, womit Bewohner der Provinzstädte gemeint seien. Zudem sei die Zahl der aus der Stadt Deportierten sehr viel höher gewesen: nach 2 Kön 24,16 7000, nach 24,14 gar 10000 Gefangene. In Jer 52,29 handele es sich zwar um (832) Leute "aus Jerusalem"; damit seien aber Überläufer gemeint, die die Stadt vor ihrer Eroberung verlassen hätten. Derartige Harmonisierungsversuche sind aber problematisch.

Natürlich muß man das genus litterarium der Texte, in denen diese chronologischen Angaben stehen, und damit auch das von Jer 52,28-30 beachten ([3]). In Jer 52,28-30 liegt eine Aufzählung von Deportier-

---

([1]) Eine weitere Deportation, die V. 30 in das 23. Jahr des Nebukadnezar (= 582/1) datiert, ist uns historisch nicht greifbar, da wir die näheren Umstände nicht kennen.

([2]) *IsrEJ* 6, 253 f. 256; 18, 154.156; entsprechend AUERBACH, "Wann eroberte ...", 133.

([3]) SCHEDL, "Nochmals...", 209 f., 213. Allerdings wird bei Schedl nicht ganz klar, was er unter "gattungsgeschichtlich" versteht. "Die Klärung muß meines Erachtens auf anderer, und zwar auf gattungsgeschichtlicher Ebene versucht werden. Die Abweichung, 7. und 18. Jahr findet sich nur in Jer 52,28, das einen Nachtrag zu einem größeren Nachtrag bildet. Der letzte Glossator war vor allem daran interessiert, die Zahl der Deportationen und der Deportierten zu erfassen" (S. 210). Ist "Nachtrag" oder gar "Nachtrag zu einem größeren Nachtrag" hier als "gattungsgeschichtliche Größe" verstanden?

tenzahlen vor, in der die einzelnen Deportationen nach Regierungsjahren Nebukadnezars datiert sind. Der Text dieser Verse steht nicht an der Parallelstelle in 2 Kön 25; er fehlt andererseits auch in der Septuaginta. Es handelt sich also um einen Nachtrag zu Jer 52,1-27. Der Sachverhalt, daß für die einzelnen Deportierungen genaue Personenzahlen angegeben werden, läßt es wenig wahrscheinlich erscheinen, daß der Verfasser dieses Nachtrages die babylonische Chronik in der uns in B.M. 21946 vorliegenden Form zugrundegelegt hat; dort fehlen — jedenfalls in dem uns bisher allein vorliegenden Bericht über die erste Einnahme Jerusalems — jegliche Zahlenangaben über deportierte Personen. Dem Glossator lag also eine andere Quelle vor ([1]). In dem Nachtrag fehlen nun — folgt man den Harmonisierungsversuchen — die Zahlen der jeweils nach der Eroberung der Stadt Jerusalem deportierten Personen. Diesen auffälligen Sachverhalt könnte man auf zweierlei Weise zu erklären versuchen. 1) Man nimmt an, daß diese Angaben bereits in der Vorlage des Glossators gefehlt haben. In diesem Fall erhebt sich die Frage, was das für eine (womöglich noch babylonische) Deportiertenliste gewesen sein soll, in der die beiden Hauptposten fehlen. 2) Der Glossator hat seinerseits die Zahlen über die nach der Eroberung der Stadt Deportierten weggelassen. Aber auch hier wäre zu fragen, was der Glossator sich dann bei diesen Vorgängen gedacht hat. Vor allem widerspricht diesem Erklärungsversuch die Beobachtung, daß der Glossator diesen Nachtrag an den Satz: "So wurde Juda von seinem Grund und Boden weggeführt" ([2]), angehängt hat. Der Nachtrag sollte gerade die Gesamtheit der Deportationen demonstrieren. Unter diesen Aspekten ist es doch sehr viel wahrscheinlicher, daß — wie oft vermutet ([3]) — in Jer 52,28 und 29 die Zahlen der nach den beiden Eroberungen von Jerusalem deportierten Personen enthalten sind ([4]). Hier sind also die beiden Eroberungen von Jerusalem

---

([1]) Daß der Glossator die Angaben im ganzen frei erfunden habe, wird man nicht annehmen können — selbst wenn die Gesamtzahl der drei Deportationen, 4600 Seelen, den Verdacht auf Anpassung der einen oder anderen Zahl nahelegen könnte (vgl. dazu RUDOLPH, *Jeremia*², 300).

([2]) Dieser Satz gehört nicht zu dem Nachtrag, sondern zu dem ursprünglichen Text, wie 2 Kön 25,21 lehrt.

([3]) BEGRICH; NOTH; E. KUTSCH, "Zur Chronologie der letzten judäischen Könige", *ZAW* 71 (1959) 270-274, 274; u.a.

([4]) Die in Jer 52,28 angegebene Zahl von 3023 zuerst Deportierten verdient gegenüber den in 2 Kön 24,16 und 14 genannten 7000 + 1000 bzw. 10000 Gefangenen den Vorzug; die beiden Zahlen aus 2 Kön 24 erweisen sich als — zudem unterschiedliche! — "Abrundungen nach oben".

in das 7. und 18. Regierungsjahr Nebukadnezars datiert. Den Sachverhalt, daß diese Daten in einem Nachtrag stehen, kann man nicht einfach für ihre Unzuverlässigkeit anführen (¹). Sind die Deportiertenzahlen vertrauenswürdig, dann auch die Jahresangaben. Dafür spricht die Übereinstimmung hinsichtlich der ersten Deportierung mit der Angabe der babylonischen Chronik (B.M. 21946 Obv. 11-13), daß Nebukadnezar in seinem. 7. Jahr den König Jojakin gefangengenommen habe. In dem verbleibenden Rest dieses 7. Jahres zwischen dem 2. und dem 29. oder 30. Adar, also in einer Frist von genau 4 Wochen, blieb genügend Zeit dafür, 3000 Gefangene in Richtung Babel in Marsch zu setzen (²).

Auf der anderen Seite stehen alle Angaben, die ein um die Zahl 1 erhöhtes Regierungsjahr Nebukadnezars enthalten, in Datierungen bestimmter Ereignisse. In der Mehrzahl der Fälle handelt es sich um synchronistische Parallelangaben zu Regierungsjahren judäischer Könige:

Jer 25,1: Das Wort, das an Jeremia über das ganze Volk Juda erging im 4. Jahr Jojaqims, des Sohnes Josias, des Königs von Juda, das ist das erste Jahr Nebukadnezars, des Königs von Babel.

Jer 32,1: Das Wort, das an Jeremia von Jahwe her erging im 10. Jahr Zedekias, des Königs von Juda, das ist das 18. Jahr Nebukadnezars.

2 Kön 25,8 (= Jer 52,12): (V. 2: Und die Stadt geriet in Belagerung bis zum 11. Jahr des Königs Zedekia ...) Und im 5. Monat am 7. (Jer 52,12: am 10.) des Monats — das ist das 19. Jahr des Königs Nebukadnezar, des Königs von Babel, — kam Nebusaradan ...

Nun kann man vermuten, daß alle diese synchronistischen Angaben über Regierungsjahre des Nebukadnezar literarisch sekundär sind (³), doch tragen solche Erwägungen in unserem Zusammenhang nichts aus. Zudem scheint an der einen verbleibenden Stelle, in 2 Kön 24,12, die Angabe über das Regierungsjahr Nebukadnezars ursprünglich — gerade hier aber steht sie nicht in einem Synchronismus mit

---

(¹) Gegen SCHEDL, "Nochmals ...", 210.213.
(²) Gegen VOGT, "Die neubabylonische Chronik ...", 93; SCHEDL, 210.
(³) So z.B. MOWINCKEL, *Die Chronologie*, 200 f. zu 2 Kön 24,12 und 25,8. Am ehesten wird man eine solche Erwägung bei 2 Kön 25,8 anstellen, da hier im unmittelbaren Kontext eine Bezugsangabe — nämlich über das entsprechende Regierungsjahr Zedekias — ganz fehlt (sie ist aus V. 2 zu erschließen).

einem judäischen Königsjahr: "Da begab sich Jojakin, der König von Juda, zum König von Babel hinaus, er selbst, seine Mutter, seine Diener, seine Obersten und seine Kämmerer; und der König von Babel nahm ihn gefangen im 8. Jahr seiner Regierung" (¹). Hier wird die Gefangennahme des judäischen Königs Jojakin in das 8. Jahr Nebukadnezars datiert; und diese Angabe steht nun in ausdrücklichem Widerspruch zu der entsprechenden Aussage in B.M. 21946 Obv. 11-13, wo es in Z. 11 f. heißt: "Im 7. Jahr, am 2. Tag des Monats Adar nahm er die Stadt ein und setzte den König gefangen". Hier liegt es auf der Hand, daß in der alttestamentlichen Angabe — "im 8. Jahr" — das Jahr um eine Zahl zu hoch bezeichnet ist. Damit ist aber die ganze hierher gehörige Reihe als falsch erwiesen. Falsch ist also auch die Gleichung 11. Jahr Zedekia = 19. Jahr Nebukadnezar. In Wirklichkeit entspricht dem 11. Jahr des Zedekia das 18. Jahr Nebukadnezars. So kommen wir auch auf diesem Weg auf das Jahr 587/6, genauer auf den Sommer 587 für die zweite Eroberung und die Zerstörung von Jerusalem.

Dieses Ergebnis ist noch durch eine weitere Aussage des Alten Testaments zu erhärten. Nach B.M. 21946 Obv. 13 hat der babylonische Herrscher noch in seinem 7. Jahr, in den verbleibenden 4 Wochen des Monats Adar, einen neuen König — nämlich Zedekia — in Jerusalem eingesetzt. Diese Nachricht wird durch die Datierung eines Jahwewortes an Jeremia in Jer 49,34: "Im Anfang der Regierung Zedekias (בראשית מלכות צדקיה) des Königs von Juda", festgelegt. Die Richtigkeit der Datierung vorausgesetzt (²), belegt diese Zeitangabe, daß die Regierung Zedekias noch im 7. Jahr Nebukadnezars, also im Jahr 598/7, begonnen hat (³).

Es ist also ein falscher Synchronismus — 11. Jahr Zedekias = 19. Jahr Nebukadnezars —, der immer wieder die Datierung des Untergangs Jerusalems auf das Jahr 586/5 bewirkt (⁴). Es bleibt nun noch

---

(¹) In ähnlicher Weise steht eine Datierung am Ende des Satzes z.B. in Jer 25,1.

(²) In Jer 28,1 ist die entsprechende Datierung neben der Angabe "im 4. Jahr. im 5. Monat" sekundär eingedrungen.

(³) So z.B. NOTH, "Die Einnahme...", 149 f.; KUTSCH, "Zur Chronologie...", 273.

(⁴) Josephus bietet die in unserem Zusammenhang interessierenden Daten mit richtigen Synchronismen:
    4. Jahr Jojaqim = Regierungsantritt Nebukadnezar (ant. X, VI, 1 [= § 84])
    8. Jahr Jojaqim = 4. Nebukadnezar (ant. X, VI, 1 [= § 87])

die Frage, wie es zu diesem falschen Synchronismus gekommen ist. Dabei ist zu beachten, daß es sich nicht nur um einen Fehler bei einer einzelnen Zeitangabe handelt, sondern — wie die Tabelle oben S. 531 lehrt — um ein ganzes chronologisches Gerüst, in dem die Regierungsjahre Nebukadnezars um eine Zahl zu hoch, der Beginn seiner Regierung also um 1 Jahr zu früh angesetzt ist. Nach der ansprechenden These von W. F. Albright ([1]) hat der Tatbestand, daß ausweislich der babylonischen Chronik (B.M. 21946 Obv. 1 ff.) ([2]) im Frühsommer des Jahres 605 nicht mehr der zu dieser Zeit noch regierende König Nabopolassar das babylonische Heer nach Syrien geführt hat, sondern der damalige Kronprinz Nebukadnezar, in Syrien und Palästina dazu geführt, daß man hier die Regierungsjahre Nebukadnezars bereits mit diesem Jahr beginnen ließ, das nach babylonischer Zählung noch als 21. dem Nabopolassar zuzurechnen war. Allerdings wird man fragen müssen, ob es sich — wie Albright anzunehmen scheint — wirklich um eine in Syrien-Palästina verbreitete Fehlrechnung handelt. Es wäre erstaunlich, wenn diese sich über Jahrzehnte hin erhalten hätte. Wahrscheinlicher ist, daß der Fehler auf einen Mann oder auf einen beschränkten Kreis von Personen zurückgeht, von dem bzw. von denen die Synchronismen in Jer 25,1; 46,2; 2 Kön 24,12; Jer

---

11. Jahr Zedekia = 18. Nebukadnezar (ant. X, I, 5 [= § 146]) (vgl. c.A. p. I, 21 (= § 154), wonach Nebukadnezar in seinem 18. Regierungsjahr den Tempel zerstört hat).

Allerdings findet sich auch hier bei Josephus die nach der Chronik Wiseman falsche Auskunft, daß Nebukadnezar *nach* seinem Regierungsantritt nach Karkemisch gezogen sei, also bereits als König — wie das in Jer 46,2 notiert ist —: "Im 4. Jahr der Regierung Jojaqims trat die Herrschaft über die Babylonier ein gewisser Nabuchodonosor an, der um dieselbe Zeit (ὑπὸ τὸν αὐτὸν καιρόν) mit Heeresmacht gegen die Stadt Karkemisch aufbrach". Gegenüber dieser ungenauen Nachricht berichtet Josephus aber in *c. Ap.* I,19 (= § 135) in Übereinstimmung mit der Chronik Wiseman, daß Nebukadnezar erst nach seinem Sieg über die Ägypter und nach der Unterwerfung von Syrien — nach dem Tod seines Vaters — die Regierung in Babylon übernommen hat. Allerdings läßt Josephus das Unternehmen des Nebukadnezar gegen einen "Rebellen" gerichtet sein, nicht gegen den Pharao Necho.

([1]) "The Nebuchadnezzar and Neriglissar Chronicles", *BASOR* 143 (1956) 28-33, 32; ihr hat sich Noth, "Die Einnahme...", 155 angeschlossen.

([2]) Nabopolassar starb nach B.M. 21946 Obv. 10 am 8. des Monats Ab (= 15. August). Nebukadnezar hat erst am 1. Elul (= 7. September) den Thron bestiegen (B.M. 21946 Obv. 11).

32,1; 2 Kön 25,8; Jer 52,12 stammen. Die Wurzel dieser Fehlsynchronisierung könnte geradezu in Jer 46,2 liegen, wenn dort die Angabe: "Gegen das Heer des Pharao Necho, des Königs von Ägypten, das am Euphratstrom bei Karkemisch stand, das Nebukadnezar, der König von Babel, schlug im 4. Jahr Jojaqims, des Sohnes Josias, des Königs von Juda" als Überschrift zu dem mit V. 3 beginnenden Spruch zusammen mit diesem tradiert worden ist. Denn hier liegt ja die falsche Bezeichnung "König" für Nebukadnezar für eine Zeit, in der er den Thron noch nicht bestiegen hatte, vor.

V

Wir fassen zusammen ([1]):

Zwei Stellen im Alten Testament — 2 Kön 25,8 und, davon abhängig, Jer 52,12 — verlegen die Eroberung Jerusalems, in deren Verlauf der salomonische Tempel zerstört wurde, in das 19. Regierungsjahr des neubabylonischen Herrschers Nebukadnezar. Nach unserer Kenntnis der altorientalischen Chronologie entspricht das 19. Jahr Nebukadnezars dem Jahr Frühjahr 586 bis Frühjahr 585 (F 586/5). Andererseits wird durch 2 Kön 25,2 = Jer 52,5 dieses Jahr als das 11. Jahr Zedekias bezeichnet. Für jene Forscher, die die Angabe von 2 Kön 25,8; Jer 52,12 für richtig halten und von da aus die Katastrophe Jerusalems in den Sommer des Jahres 586 ansetzen, ergibt sich eine Schwierigkeit dadurch, daß das Todesjahr von Zedekias zweitem Vorgänger, Jojaqim, das die 3 Monate Regierungszeit des von Nebukadnezar abgesetzten unmittelbaren Vorgängers Jojakin mit umfaßt, die erste Eroberung Jerusalems einschließt (2 Kön 24,12, vgl. 23,36; 24,8), die ihrerseits durch die babylonische Chronik B.M. 21946 Rev. 11-13 in das 7. Jahr Nebukadnezars, genauer auf den 2. Adar = 16. März 597 datiert ist. Entspricht das 11. Jahr Zedekias dem 19. Nebukadnezars, dann ist sein 1. das 9. Nebukadnezars (= 596/5); dieses schließt aber nicht an das letzte Jahr Jojaqims (598/7) an.

Ein Versuch, das Problem des "überschüssigen" Jahres 597/6 zu lösen, rechnet damit, daß Zedekia erst nach dem Beginn von Nebukadnezars 8. Jahr als König von Juda eingesetzt wurde und daß dann dieses Jahr (597/6) sein "Akzessionsjahr" war, das in seinen Regierungsjahren nicht mitgezählt wurde ([2]).

([1]) Vgl. die Tabellen auf S. 544 und 545.
([2]) So z.B. Vogt, Auerbach, Schedl.

Ein zweiter Versuch (¹) geht von der Voraussetzung aus, daß in dieser Periode die Regierungsjahre der judäischen Könige von Herbst zu Herbst gerechnet wurden. Zedekias 11. Jahr wäre dann H 587/6 (wobei seine 2. Hälfte — Nisan bis Tischri 586 mit der Katastrophe Jerusalems im 5. Monat [Ab] — der ersten Hälfte des 19. Jahres von Nebukadnezar entspricht), sein 1. Jahr wäre H 597/6, das unmittelbar an das 11. Jahr Jojaqims H 598/7 (mit der Kapitulation Jerusalems am 16. März 597) anschließt. Hier ergibt sich die Schwierigkeit erst, wenn man die Chronologie der judäischen Königsjahre weiter zurückverfolgt. Jojaqims 1. Jahr wäre dann H 608/7, das Todesjahr Josias aber, das die 3 Monate des Joahas einschließt (2 Kön 23,29 mit 22,1; 23,31), das Jahr H 610/09 (mit Josias Tod im Sommer 609; vgl. 2 Kön 23,29 mit B.M. 21901 Rev. 66 ff.). Das "überschüssige" Jahr H 609/8 wertet Malamat als "Akzessionsjahr" des Königs Jojaqim.

Beide Versuche scheitern daran, daß ein ganzes Jahr (vom 1. Nisan bis Ende Adar oder auch vom 1. Tischri bis Ende Elul) als "Akzessionszeit" systemwidrig wäre, daß man also im Alten Orient ein ganzes "Akzessionsjahr", das dann in der Reihe der Regierungsjahre des betreffenden Königs als sein "Jahr 0" gezählt wäre, nicht gekannt hat. In beiden Fällen bleibt also je ein nicht als Regierungszeit gezähltes Jahr unerklärt.

Dem zweiten Versuch widerspricht zudem der Sachverhalt, daß die beiden sicheren Synchronismen — Tod Josias im Sommer 609, Kapitulation Jerusalems am 16. März 597 — die Rechnung der judäischen Königsjahre von Herbst zu Herbst ausschließen.

Der Fehler liegt in der Datierung der Katastrophe Jerusalems in das 19. Jahr Nebukadnezars. Diese Zahl ist — wie auch die Synchronismen in Jer 25,1; 32,1; (46,2) — um *ein* Jahr zu hoch angesetzt. Den Beweis dafür liefert 2 Kön 24,12, das die Gefangennahme Jojakins in das 8. Jahr Nebukadnezars verlegt, während sie tatsächlich nach B.M. 21946 Rev. 11 f. in dessen 7. Jahr erfolgt ist.

Jer 52,28 und 29 ist also mit der Datierung zweier Deportationen und damit zweier von diesen vorausgesetzter Eroberungen Jerusalems in das 7. und das 18. Jahr Nebukadnezars im Recht.

Die Eroberung Jerusalems und die Zerstörung des Tempels erfolgten somit im Sommer des Jahres 587.

(¹) THIELE, MALAMAT, HORN.

Chronologie der letzten judäischen Könige

Jahre unserer Zeitrechnung	Königsjahre in		
	Babel	Juda	
609	17. Nabopolassar	31. Josia 3 Mon. Joahas Antritt Jojaqim	Tod Josias ca. Tammuz 609
608	18. Nabopolassar	1. Jojaqim	
605	21. Nabopolassar Antritt Nebukadnezars am 27. Aug. 605	4. Jojaqim	
604	1. Nebukadnezar	5. Jojaqim	
598	7. Nebukadnezar	11. Jojaqim 3 Mon. Jojakin Antritt Zedekia	2. Adar = 16. März 597: Einnahme Jerusalems
597	8. Nebukadnezar	1. Zedekia	
587	18. Nebukadnezar	11. Zedekia	7. Ab = 25. Aug. 587: Zerstörung des Tempels
586	19. Nebukadnezar		
585	20. Nebukadnezar		

Die unterschiedlichen Synchronismen

Ereignis	Judäische Könige	richtige Synchronismen im AT	Josephus	falsche Synchronismen im AT	Zum Vergleich Babylonische Chronik
Wort Jahwes an Jeremia	4. Jojaqim		Antritt Nebukadnezars ant. X, 84 c. Ap. I,135	1. Nebukadnezar Jer 25,1	
Ägyptisches Heer am Euphrat	4. Jojaqim			Nebukadnezar "König" von Babel Jer 46,2	21. Nabopolassar B.M. 21 946 Obv. 1-7 1. Elul Antritt Nebukadnezars ebd. 10-11
Tribut Jojaqims an Nebukadnezar	8. Jojaqim		4. Nebukadnezar ant. X, 87		
1. Belagerung Jerusalems Gefangennahme Jojakins Deportation von 3023 Judäern	11. Jojaqim	7. Nebukadnezar Jer 52,28		8. Nebukadnezar 2. Kön 24,12	7. Nebukadnezar B.M. 21 946 Obv. 11-13
Wort Jahwes an Jeremia: Belagerung von Jerusalem	10. Zedekia			18. Nebukadnezar Jer 32,1	
Eroberung Jerusalems Deportation von 832 Jerusalemern	11. Zedekia	18. Nebukadnezar Jer 52,29	18. Nebukadnezar ant. X,146 c. Ap. I,154	19. Nebukadnezar 2 Kön 25,8 Jer 52,12	

Erwägungen zur Geschichte der Passafeier und des Massotfestes

Über die in Israel und im frühen Judentum begangenen Feste und die dabei geübten Bräuche enthält das Alte Testament wenig konkrete Angaben. Der Grund dafür liegt darin, daß den Menschen jener Zeit die Feste mit den zu ihrer Zeit üblichen Begehungen bekannt waren und niemand sich veranlaßt sah, den Festablauf im einzelnen niederzuschreiben und einer späteren Zeit zu überliefern. Unsere Quellen sind vor allem Festkalender und Opferordnungen (Ex 23, 14–17; 34, 18–25; Dtn 16, 1–17; Lev 23; Num 28 f.). Außerdem werden gelegentlich einzelne Feste erwähnt; dies geschieht aber meist nicht um des Festes willen, sondern aus einem besonderen Anlaß, der der Grund für die Erwähnung des Festes ist. Speziell über die Passafeier und das Massotfest erfahren wir noch dadurch etwas mehr, daß beide Begehungen schon früh „historisiert", d. h. mit dem wichtigsten Ereignis der israelitischen Heilsgeschichte, dem Auszug aus Ägypten, in Verbindung gebracht wurden. Durch die Einordnung in die Auszugstraditionen sind uns mit diesen wesentliche Einzelzüge besonders der Passafeier überliefert (Ex 12). Wie spärlich die Angaben über die Passafeier und das Massotfest[1] trotzdem sind, wird deutlich, wenn man bedenkt, daß sie sich auch noch auf etwa sechs Jahrhunderte verteilen, daß die Stellen teilweise voneinander abhängig sind und außerdem zum Teil nicht mehr als die Nennung von Passa und Massotfest enthalten.

---

[1] Außer den genannten Stellen (in der Reihenfolge der biblischen Bücher): Num 9, 1–14; 33, 3; Jos 5, 10–12; (1 Kön 9, 25); 2 Kön 23, 21–23; Ez 45, 21–24; Esr 6, 19 f.; 2 Chr 8, 13; 30; 35, 1–19. — Als außerbiblische Quelle kommt lediglich der sog. Passa-Papyrus des Darius aus Elephantine hinzu. Text bei K. GALLING, Textbuch zur Geschichte Israels, 1950, S. 73; Übersetzung in AOT, S. 453, und ANET, S. 491 a. Vgl. dazu P. GRELOT, Études sur le „Papyrus Pascal" d'Éléphantine (VT 4, 1954, S. 349–384); ders., Le Papyrus Pascal d'Éléphantine et le problème du Pentateuque (VT 5, 1955, S. 250–265) und die dort genannte Literatur.

Angesichts der wenigen konkreten Auskünfte versucht die wissenschaftliche Forschung, durch neue Fragestellungen und Untersuchungsmethoden noch mehr über die Geschichte beider Begehungen in Erfahrung zu bringen. Daß die Ergebnisse zum Teil sehr erheblich voneinander abweichen, ist nicht nur eine Folge der Quellenlage, sondern ist in viel stärkerem Maße auch durch die Unterschiede in der Forschungsmethode bedingt. I. ENGNELL[1] lehnt eine Aufteilung des Pentateuch, genauer: des Tetrateuch Genesis bis Numeri, auf verschiedene Quellenschriften ab[2]. Den ganzen Komplex der Bücher Gen-Num versteht er als „P-work" in dem Sinne, daß das hier aus mündlicher und schriftlicher Tradition gesammelte Überlieferungsgut durch eine charakteristische Ideologie geprägt wurde, die man in der alttestamentlichen Forschung sonst für sich als „priesterlich" bezeichnet und nach der man dann allein die Quelle, der sie zugrunde liegt, „Priesterschrift" (P) nennt[3]. Hinter der historisierenden Form des Passa-Massot sieht ENGNELL ein kanaanäisches Neujahrsfest im Frühjahr, wie es auch sonst im Alten Orient bekannt gewesen sei. Dabei repräsentiere das Passafest (als ein Ernte- und nicht Nomadenfest!) einen südlichen, das Massotfest einen nördlichen Typ dieses Neujahrfestes[4]. Durch die Vereinigung dieser beiden Formen sei das „israelitische" Passa entstanden; bei diesem Vorgang sei die früher übliche Festprozession mit einem kultischen Exodus, bei der der König eine besondere Rolle gespielt habe und die sich noch in dem Kultmythus von Ex 1-15[5] widerspiegele, hinter einer Historisierung des Festes zurückgetreten, bis es schließlich zu einem reinen Erinnerungsfest geworden sei[6]. Während ENGNELL so einerseits die Ergeb-

---

[1] Pæsaḥ-Maṣṣōt a Hebrew Annual Festival of the Ancient Near East Pattern Proceedings of the 7th Congress for the History of Religions [1950], ed. by C. J. BLEEKER, 1951, S. 111–113); Pæsaḥ - Maṣṣōt and the Problem of 'Patternism' (Orientalia Suecana I, 1952, S. 39–50).

[2] Proceedings, S. 111.

[3] Orientalia Suecana, S. 40 Anm. 1. – Vgl. dazu ENGNELL, Gamla Testamentet: en traditionshistorisk inledning, I, 1945.

[4] Proceedings, S. 112; vgl. Orientalia Suecana, S. 48.

[5] Vgl. dazu schon J. PEDERSEN, Passahfest und Passahlegende (ZAW 52, 1934, S. 161–175). – Gegenüber PEDERSEN tritt S. MOWINCKEL (Die vermeintliche „Passahlegende" Ex 1–15 in bezug auf die Frage: Literarkritik und Traditionskritik [StTh 5, 1951, S. 66–88]) mit Recht für eine Verbindung von literargeschichtlicher und traditionsgeschichtlicher Betrachtung des Abschnittes Ex 1–15 ein.

[6] Eine Auseinandersetzung mit diesen Thesen und den hinter ihnen stehenden Vorstellungen (vgl. den Forschungsbericht von A. BENTZEN, Skandinavische Literatur zum Alten Testament [ThR 17, 1949, S. 273–328] und die Übersicht von H.-H. SCHREY, Die alttestamentliche Forschung der sogenannten Uppsala-Schule [ThZ 7, 1951, S. 321–341]) ist hier nicht möglich. Implicite enthalten die nachfolgenden Ausführungen eine Stellungnahme. – Zum Grundsätzlichen vgl. M.

nisse der Literarkritik am Pentateuch dadurch umgeht, daß er das „Pentateuch-Problem" überhaupt leugnet, andererseits ein von außerisraelitischen Quellen erschlossenes Kultschema auf die israelitische Festgeschichte überträgt, sucht H.-J. KRAUS – ähnlich wie schon in seinen Arbeiten zum Herbstfest[1] – nun in einem Aufsatz „Zur Geschichte des Passah-Massot-Festes im Alten Testament"[2] durch traditionsgeschichtliche Untersuchungen neue Erkenntnisse auch zu diesem Thema zu gewinnen. Seine Erhebungen sind schon allein dadurch sachgemäßer, daß ihnen lediglich die israelitischen Zeugnisse zu diesem Thema, also die alttestamentlichen Stellen, zugrunde liegen. Darüber hinaus hat die überlieferungsgeschichtliche Forschung in den letzten zwei Jahrzehnten, besonders gefördert durch die Arbeiten von G. v. RAD[3] und M. NOTH[4], auch sonst zu neuen Ergebnissen geführt, so daß die Anwendung dieser Methode auf den hier zu behandelnden Stoff gerechtfertigt ist. Für eine solche Untersuchung ist aber eine eingehende literarische Behandlung aller grundlegenden Texte, d. h. insbesondere der Stellen im Pentateuch, unabdingbare Voraussetzung. Die im folgenden vorgelegte Arbeit basiert vor allem auf solchen literarischen Analysen. Mit ihnen sind zuverlässige Argumente zu gewinnen, die z. B. auch die Ergebnisse von KRAUS in einem anderen Licht erscheinen lassen. Daß aber auch eine gründliche Untersuchung der einschlägigen Texte zu anderen, vom Standpunkt dieser Arbeit aus unrichtigen Ergebnissen führen kann, zeigt der neueste Aufsatz von E. AUERBACH über „Die Feste im alten Israel"[5].

In den folgenden Ausführungen sollen nicht *alle* Fragen, die die Passafeier und das Massotfest betreffen, diskutiert werden; dafür sind die behandelten Probleme *eingehend* untersucht. Daß nicht alle Ergebnisse als gleich sicher anzusehen sind, liegt daran, daß für die einzelnen Fragestellungen unterschiedliches Quellenmaterial zur Verfügung steht.

NOTH, Gott, König, Volk im Alten Testament (ZThK 47, 1950, S. 157–191 = M. NOTH, Gesammelte Studien zum Alten Testament, 1957, S. 188–229).
  [1] Die Königsherrschaft Gottes im Alten Testament (BHTh 13), 1951; Gottesdienst in Israel. Studien zur Geschichte des Laubhüttenfestes (BEvTh 19), 1954; vgl. auch: Gilgal. Ein Beitrag zur Kultusgeschichte Israels (VT 1, 1951, S. 181 bis 199).
  [2] EvTh 18, 1958, S. 47–67.
  [3] Das formgeschichtliche Problem des Hexateuchs (BWANT 78), 1938.
  [4] Überlieferungsgeschichtliche Studien I (SGK 18, 2), 1943 (1957[2]); Überlieferungsgeschichte des Pentateuch, 1948.
  [5] VT 8, 1958, S. 1–18, besonders S. 1–10.

I

Die älteste Stelle über das Passa und das Massotfest findet sich im Werk des Jahwisten: Ex 12, 21–23. 29–34. 37–39. Hier ist das Passa als bekannt vorausgesetzt: „Und Mose rief alle Ältesten Israels und sprach zu ihnen: Geht hin und nehmt euch Schafe nach euren Sippen und schlachtet das Passa." (V. 21) Was mit dem Fleisch des geschlachteten Tieres geschehen soll, wird nicht ausgeführt. Im Zusammenhang der Erzählung interessiert nur der mit dem Blut des Passatieres vollzogene Ritus, und dieser wird breit entfaltet: „Dann nehmt euch einen Büschel Ysop, taucht ihn in das Blut im Becken und streicht von dem Blut im Becken an die Oberschwelle und an die beiden Türpfosten. Keiner von euch darf aus seiner Haustür heraustreten bis zum Morgen. Und Jahwe wird vorbeiziehen, um die Ägypter zu schlagen, und das Blut an der Oberschwelle und an den beiden Türpfosten sehen; und Jahwe wird an der Tür vorbeispringen und den Verderber nicht in eure Häuser hineingehen lassen, um zu schlagen." (V. 22 f.) Dieser Blutritus ist hier deutlich auf die Situation des Exodus bezogen und mit diesem eng verbunden. Trotzdem muß er ein ursprünglicher Bestandteil des Passa sein, denn sonst wäre die Aufforderung, „das Passa" zu schlachten, in V. 21 sinnlos; es genügte dann ja die Schlachtung eines gewöhnlichen Opfertieres zur Gewinnung des benötigten Blutes. Man könnte höchstens fragen, ob in der Nomadensituation, aus der das Passa stammt, das Blut nur an den Eingang des Zeltes gestrichen wurde oder ob der Blutritus nicht auch auf das Vieh[1] ausgedehnt war. Sicher gehört die Bestimmung, daß niemand das Haus verlassen darf, in die Situation der Nacht des Auszugs aus Ägypten, d. h. in die Erzählung, nicht aber zum eigentlichen Passaritus; denn dieser hat für den Nomaden doch nur dann den Sinn eines apotropäischen Mittels, als das er hier erscheint, wenn er auch und gerade für das Vieh gilt und nicht nur für die Bewohner der Häuser bzw. Zelte.

Nach dem Jahwisten soll dieser Blutritus die Israeliten vor dem „Verderber" schützen (Ex 12, 23). Die Art der Bedrohung sieht der Kontext in der Tötung der Erstgeburt durch Jahwe (11, 4 aβ–8; 12, 29–33). Bedeutet diese Verbindung von Passa und Blutritus mit der Erstgeburt, daß das Passa als solches ursprünglich ein Erstgeburts-

---

[1] Zur Zeichnung von Kindern und Kamelen mit Blut vgl. G. DALMAN, Arbeit und Sitte in Palästina, VI, 1939, S. 374, und L. ROST, Weidewechsel und altisraelitischer Festkalender (ZDPV 66, 1943, S. 205–216), S. 213 Anm. 1.

opfer war? „Die Tötung der ägyptischen Erstgeburt ... ist ... erst aus der Tötung der tierischen Erstgeburten beim Paschafest herausgesponnen. Sonst ließe sich die sonderbare Auswahl, welche die Pest unter den Menschen trifft, nicht begreifen."[1] Auch NOTH[2] sieht in dem Passabrauch überlieferungsgeschichtlich den Ausgangspunkt für die Entfaltung von den ägyptischen Plagen. Expressis verbis wird im Alten Testament ein solcher Zusammenhang von Erstgeburt und Passa nicht hergestellt. Dagegen machen ihn einige alttestamentliche Aussagen unwahrscheinlich.

Ex 22, 29 fordert die Darbringung der Erstgeburt von Schaf und Rind am achten Lebenstag. Diese Stelle ist singulär und auch quellenmäßig schwer einzuordnen. – Das Deuteronomium ordnet entsprechend der von ihm geforderten Kultuszentralisation die jährliche Darbringung der männlichen Erstgeburt von Schaf und Rind am Zentralheiligtum an (Dtn 15, 19)[3]; ein genauer Termin wird hier nicht angegeben. Das fällt um so mehr auf, als unmittelbar danach über die Feste gehandelt wird und dabei leicht eine Verbindung mit dem einen oder anderen, besonders aber mit dem zuerst genannten Passa (Dtn 16, 1) herzustellen gewesen wäre. – Eine weitere Bestimmung über die Darbringung der Erstgeburt findet sich Ex 34, 19. 20 a. b α. Sie ist hier eingeschaltet in eine Festordnung, die sich annähernd auch in Ex 23 findet, wo aber dieser Einschub über die Erstgeburten fehlt.

Hier ist kurz auf den Text von Ex 34, 11–26 einzugehen[4]. Fast allgemein sieht man darin einen jahwistischen Abschnitt, der lediglich einige Ergänzungen erfahren hat. So weist z. B. NOTH[5] die Verse 11 a. 14. 17. 19 a. 20 b β. 21 a. 23. 25. 26 dem Jahwisten zu; der Restbestand ist in der Aufstellung in Klammern gesetzt, also als Ergänzung gewertet. Während NOTH nur noch von „kultischen Anweisungen" in diesem Abschnitt spricht[6], suchte – wie schon J. W. Goethe[7] – die literarkritische Schule hier einen „jahwistischen Dekalog" herauszu-

---

[1] G. BEER, Pesachim (Ostern). Text, Übersetzung und Erklärung (Die Mischna [Gießener Ausgabe] II, 3), 1912, S. 11. – Vgl. schon J. WELLHAUSEN, Prolegomena zur Geschichte Israels, 1899⁵, S. 87, und E. MEYER, Die Israeliten und ihre Nachbarstämme, 1906, S. 40.

[2] Überlieferungsgeschichte des Pentateuch, S. 70 ff.

[3] Vgl. F. HORST, Das Privilegrecht Jahves. Rechtsgeschichtliche Untersuchungen zum Deuteronomium (FRLANT 45), 1930, S. 79.

[4] Eine Analyse des übrigen Teiles des Kapitels ist in diesem Zusammenhang nicht erforderlich.

[5] Überlieferungsgeschichte des Pentateuch, S. 33.

[6] Die Gesetze im Pentateuch (SGK 17, 2), 1940, S. 4 (= Gesammelte Studien zum AT, S. 16).

[7] Vgl. dazu K. GALLING, Goethe als theologischer Schriftsteller (EvTh 8, 1948/49, S. 529–545).

arbeiten. Nach J. WELLHAUSEN[1] sind es folgende zehn Gebote: „1. Du sollst keinen anderen Gott anbeten. 2. Gußgötter sollst du dir nicht machen. 3. Das Mazzothfest sollst du feiern. 4. Alle Erstgeburt ist mein. 5. Sechs Tage sollst du arbeiten und am siebten Tage ruhen. 6. Dreimal im Jahre sollen alle deine Männer (?) vor mir erscheinen. 7. Du sollst nicht mit Saurem das Blut meines Opfers vermischen (?). 8. Das Fett meines Festes soll nicht bis zum andern Morgen übrig bleiben. 9. Das Beste der ersten Feldfrüchte sollst du ins Haus Jahves deines Gottes bringen. 10. Du sollst das Böckchen nicht in der Milch seiner Mutter kochen." Hinsichtlich des 1., 2. und 7.–10. Gebotes stimmen die Rekonstruktionen von H. HOLZINGER[2] und BEER[3] mit der von WELLHAUSEN überein. Auch die Forderung der Erstgeburt rechnen beide zu dem Dekalog. Aber daneben bestehen bei der Bestimmung der zehn Gebote erhebliche Differenzen, die die Problematik solcher Versuche deutlich machen. So läßt HOLZINGER das Sabbatgebot weg. Besondere Unterschiede zeigt aber die Behandlung der Feste. Während HOLZINGER alle drei Feste je als ein Gebot zählt, rechnet WELLHAUSEN nur das Massotfest zum ursprünglichen Dekalog[4]. BEER versteht die Anordnungen über die drei Wallfahrtsfeste in V. 18 und 22 als Interpolation in den Dekalog[5]. Nun findet sich eine teilweise wörtlich mit diesen Versen übereinstimmende Ordnung dieser drei Feste auch in Ex 23, 15. 16, das heißt: dem (angenommenen) Interpolator war, wie es ja auch nicht anders zu erwarten ist, diese Festordnung vorgegeben. Warum hat er dann aber diese Ordnung nicht geschlossen eingesetzt, etwa hinter den Ausführungen zum Passa in V. 25 b? Aus welchem Grund hat er statt dessen die Festordnung zerrissen und ganz unglücklich die Massotbestimmung vor der Erstgeburtsforderung, die Anordnung der beiden anderen Feste aber erst nach dem Sabbatgebot gebracht? Die Lösung des Problems ergibt sich aus einer anderen Erklärung des Abschnittes Ex 34, 11–26. Dabei muß man sich sowohl von der Vorstellung frei machen, in diesen Versen müsse ein Dekalog enthalten sein[6], als auch von der Annahme,

---

[1] Die Composition des Hexateuchs und der historischen Bücher des Alten Testaments, 1899³, S. 85 Anm. 1.
[2] Exodus (KHC II), 1900, S. 117 ff.   [3] Exodus (HAT I, 3), 1939, S. 160 ff.
[4] B. BAENTSCH, Exodus-Leviticus-Numeri (HK I, 2), 1903, S. 282 ff., verteilt die Feste auf den Jahwisten (Wochenfest und Lesefest) und einen jehowistischen Redaktor (Massotfest). Im übrigen läßt er die Frage, ob hier ein Dekalog vorliege, offen.
[5] Dem entspricht auch die Aufteilung bei NOTH, Überlieferungsgeschichte des Pentateuch, S. 33.
[6] Dieser Gedanke schon bei W. RUDOLPH, Der „Elohist" von Exodus bis Josua (BZAW 68), 1938, S. 59 f., sowie in der dort, S. 59 Anm. 2, genannten Literatur.

der Grundbestand des Textes sei jahwistisch. Daß die Verse 11–13 und 15 f. deuteronomistisch sind, ist längst gesehen [1]. Darüber hinaus sind weiter deuteronomistisch: V. 19. 20 a. b α (vgl. Ex 13, 12 f.) [2] – also die ganze Bestimmung über die Erstgeburten, V. 24, in V. 25 die Worte „das Opfer des Passafestes" [3]; in V. 26 kann „Jahwe dein Gott" deuteronomistische Formulierung sein. Der Abschnitt Ex 34, 11–26 ist also im ganzen deuteronomistisch [4]. Der Verfasser, der hier in deuteronomistischem Stil und in deuteronomistischer Terminologie schreibt, hat dabei ältere Sätze, die auch an anderen Stellen des Alten Testaments (besonders in Ex 23) erhalten sind, seiner Rechtspredigt zugrunde gelegt, sie gleichzeitig erweitert, kommentiert oder auch den Wortlaut etwas abgeändert. Diese Sätze sind: die Verbote, einen anderen Gott (als Jahwe) zu verehren und gegossene Götterbilder herzustellen (V. 14 a und 17; vgl. die beiden ersten Gebote des Dekalogs), die Anordnung der drei Wallfahrtfeste (V. 18 und 20 bβ. 22 a und 22 b: Massotfest, Erstlingsfest, Lesefest) mit der Zusammenfassung in V. 23 (vgl. Ex 23, 15–17) [5], dazu der Grundbestand der Verse 25 und 26, der nur geringfügig, aber in V. 25 noch eben bezeichnend geändert wurde [6]. Eine „Zehnzahl der Worte" (Ex 34, 28) ergeben diese Sätze in keiner Weise. Man könnte fragen, ob dieser hier verarbeitete ältere Bestand etwa dem jahwistischen Werk entnommen ist. Das wäre an sich nicht unmöglich, ist aber auch kaum zu erweisen. Für unseren Zusammen-

---

[1] BAENTSCH, Exodus usw., S. 283; BEER, Exodus, S. 160 f.; vgl. schon WELLHAUSEN, Composition, S. 86. – Lediglich V. 15 b α ist glossenhafter Zusatz; die Worte fallen syntaktisch aus dem Zusammenhang.

[2] Darüber, daß Ex 13, 3–16 von deuteronomistischer Hand stammen, herrscht wohl Einmütigkeit; vgl. z. B. HOLZINGER, BAENTSCH, BEER, RUDOLPH, aaO z. St.; NOTH, Überlieferungsgeschichte des Pentateuch, S. 32 Anm. 106.

[3] Vgl. dagegen Ex 23, 18: „das Fett meines Festes". – In Ex 34, 25 b ist die Formulierung, die in Ex 23, 18 aufgenommen ist, offensichtlich abgewandelt, damit die Beziehung zum Passa auch expressis verbis hergestellt ist. Ob dieser Bezug (in V. 25 b wie auch in V. 25 a) ursprünglich gemeint war oder ob in einem früheren Stadium (und noch in Ex 23, 18 a und b?) an ein Wallfahrtsfest gedacht war, kann hier dahingestellt bleiben. – In jedem Fall setzt die Bezeichnung des Passa als חג in Ex 34, 25 b die Intention von Dtn 16, 1 voraus, das Passa aus einem im Haus geübten Brauch in ein Wallfahrtsfest am Zentralheiligtum umzuwandeln; vgl. HORST, Privilegrecht, S. 81 ff., und unten S. 12 f.

[4] So auch G. HÖLSCHER, Geschichtsschreibung in Israel. Untersuchungen zum Jahwisten und Elohisten (SHVL 50), 1952, S. 321.

[5] Dabei könnte man erwägen, ob nicht auch die Formulierung des Massotgebotes schon deuteronomistisch ist (vgl. תשמר); die Verbindung des Massot-Essens mit dem Auszug findet sich allerdings auch schon beim Jahwisten: Ex 12, 29–34. 37–39.

[6] Vgl. dazu Ex 23, 18 f. und oben bei und mit Anm. 3. Ein besonderes Problem bildet die Einschaltung des Sabbatgebotes in V. 21 a mit der bezeichnenden Erweiterung in V. 21 b. Dazu s. unten S. 16 f.

hang ist diese Frage nicht von wesentlicher Bedeutung, da in solchem Falle der Jahwist auch nur vorgefundene Bestimmungen übernommen hätte.

Wir kehren nun zum Ausgangspunkt dieser Nebenuntersuchung über Ex 34 zurück, zur Frage, ob das Passa ein Erstgeburtsopfer war. Die Verse Ex 34, 19. 20 a. b α enthalten die Bestimmung, daß die Erstgeburt Jahwe gehört. Diese Verse sind eine Ergänzung. Wenn nun das Passa ein Erstgeburtsopfer gewesen wäre, so würde man erwarten, daß die Ergänzung an die Bestimmung über das Passa angehängt wäre, die der Verfasser des Abschnittes ja in V. 25 sah. Statt dessen wurde die Bestimmung über die Erstgeburt an diejenige über das Massotfest angeschlossen, genauer noch: in sie eingeschoben, wobei der durch Ex 23, 15 bezeugte Zusammenhang zwischen der Forderung des Massot-Essens und der Anordnung „du sollst mein Angesicht nicht mit leeren Händen sehen"[1] durchbrochen wurde. Auch in Ex 12 f. hat die deuteronomistische Überarbeitung des jahwistischen Werkes die Bestimmung über die Erstgeburt (Ex 13, 11–16) an die Erklärung zum Massot-Essen (13, 3–10) angehängt und nicht an die zum Passa (12, 24–27 a). Für die deuteronomistische Schule bestand also kein Zusammenhang zwischen Passa und Darbringung der Erstgeburt[2].

Ein letztes kommt hinzu. Die Priesterschrift bestimmt als Passatier ein „fehlloses, männliches, einjähriges Lamm" von Schafen oder Ziegen (Ex 12, 5). Wenn es eine Erstgeburt hätte sein sollen, wäre das bei der auch im übrigen so genauen Angabe doch wohl gesagt worden. Vor allem werden Erstgeburten am achten Lebenstag (Ex 22, 29) – auf jeden Fall nicht erst ein Jahr nach dem Wurf – dargebracht. Allerdings weist die Passaordnung der Priesterschrift auch sonst Abweichungen gegenüber älteren Ordnungen auf[3]. Trotzdem wäre es auffällig, wenn die Priesterschrift bzw. die hinter ihr stehende Priesterschaft gerade in einem solchen Punkt von einer jahrhundertealten Tradition abgewichen wäre. Denn diese Änderung hätte das Privilegrecht Jahwes auf die Erstgeburt eingeschränkt.

So ergibt sich kein Anhaltspunkt für einen Zusammenhang zwischen Passa und Darbringung der Erstgeburt. Vielmehr machen es mehrere Beobachtungen wahrscheinlich, daß als Passatiere nicht

---

[1] Zum Text vgl. die Kommentare.
[2] Eine andere Frage ist es, welcher Zusammenhang hier zwischen Erstgeburtsdarbringung und Massotfest gesehen wurde. Er dürfte darin bestehen, daß die ungesäuerten Brote von der *ersten* Gerste der neuen Ernte gebacken wurden.
[3] Das Opfertier ist hier ein junger Widder oder ein Böcklein: Ex 12, 5 (Dtn 16, 2: Schaf oder Rind); das Fleisch wird im Feuer gebraten: Ex 12, 9 (Dtn 16, 7: gekocht [?]).

Erstgeburten vorgeschrieben waren[1]. Wenn aber das Passa nicht Erstgeburtsopfer ist, so gewinnt die These von ROST[2] an Wahrscheinlichkeit, daß das Passa ursprünglich „eine Schutz gewährende Begehung" unmittelbar vor Beginn der Wanderung der Herden in das Kulturland war.

In diesem Fall ist aber auch der überlieferungsgeschichtliche Vorgang der Verbindung von Passa und Tötung der ägyptischen Erstgeburt neu zu erklären. Beide Motive gruppieren sich um den Auszug aus Ägypten. Scheint in Ex 14, 5 a (E) noch eine ältere Darstellung des Exodus als einer Flucht erkennbar zu sein, so wurde diese verdrängt durch die Vorstellung, die Israeliten seien durch das Eingreifen ihres Gottes aus Ägypten herausgeführt worden; beide Darstellungen haben die geschichtlich sehr wahrscheinliche Voraussetzung, daß der Pharao die Arbeitskräfte, die bei ihm zur Sicherung ihres Lebensunterhaltes hatten Dienste annehmen müssen, nicht freiwillig wieder ziehen lassen wollte[3]. Daß die Ägypter die Israeliten schließlich freigeben, wird dadurch erzwungen, daß Jahwe sie an ihrem Leben angreift[4]. Da nicht gut die Tötung aller Ägypter berichtet werden konnte, wurde diese „Plage" auf die Erstgeburt von Mensch und Vieh beschränkt. Der Erstgeborene nimmt eine rechtlich hervorgehobene Stellung ein; zudem hat auf ihn wie auf die Erstgeburt des Viehs die Gottheit einen besonderen Anspruch[5]. Hatte so einerseits die Tötung der ägyptischen Erstgeburt den Auszug der Israeliten zur Folge, so konnte andererseits durch den Blutritus des Passa (das seinerseits schon durch die Aufbruchsituation mit dem Exodus zu verbinden war) auch die Verschonung der Israeliten erklärt werden. An sich hätte es der Erzählung einer solchen Schutzmaßnahme gar nicht bedurft. Denn auch von den übrigen Plagen blieben die Israeliten selbstverständlich verschont; das ist auch bei der Viehpest (Ex 9, 4. 6 [J]), den Bremsen und dem Hagel (8, 18 und 9, 26 [beides Zusätze zu J][6]), der Finsternis (10, 23 [7])

---

[1] Daß das Passa ein Erstgeburtsopfer gewesen sei, bestreitet auch N. M. NIKOLSKY, Pascha im Kulte des jerusalemischen Tempels (ZAW 45, 1927, S. 171–190. 241–253), S. 174 ff.
[2] Weidewechsel, S. 211. Vgl. schon HORST, Privilegrecht, S. 87.
[3] Vgl. M. NOTH, Geschichte Israels, 1954², S. 108 f.
[4] Auf das überlieferungsgeschichtliche Anwachsen der Erzählung über die Plagen ist hier nicht einzugehen. Vgl. dazu NOTH, Überlieferungsgeschichte des Pentateuch, S. 70 ff.
[5] Vgl. dazu Gen 25, 29 ff.; Dtn 21, 15 ff. sowie die oben behandelten Stellen; auch Mi 6, 7.
[6] RUDOLPH, Elohist, S. 23 f.
[7] Nach RUDOLPH, Elohist, S. 21, wäre Ex 10, 20–23 eine „Beischrift unbekannter Herkunft"; nach NOTH, Überlieferungsgeschichte des Pentateuch, S. 75 Anm. 202, wären die Verse 21–27 ein „Zusatz zur J-Erzählung".

ausdrücklich gesagt, ja sogar auch in der Ankündigung der letzten Plage, der Tötung der Erstgeburt (11, 7 [J]). Gerade dieser letzte Vers – sofern er, wie meist angenommen wird, wirklich beim Jahwisten stand bzw. in der ihm vorliegenden Tradition enthalten war[1] – zeigt noch einmal, daß die Tötung der Erstgeburt kaum „aus der Tötung der tierischen Erstgeburt beim Paschafest herausgesponnen" sein kann. Denn die Ankündigung: „Gegen keinen Israeliten soll (auch nur) ein Hund mucksen" weiß doch offenbar nichts von dem Blutritus zum Schutz der Israeliten in Ex 12, 21 ff. Die Erzählung vom Auszug hat vielmehr die beiden Motive angezogen, ohne daß zwischen ihnen ein Zusammenhang bestand: die Tötung der Erstgeburt als notwendige Voraussetzung – das Passa als der Situation des Auszugs entsprechend; der Blutritus beim Passa ergab dabei auch die Möglichkeit, die beiden Motive untereinander zu verbinden.

II

Zu welchem *Termin* im Frühjahr wurde nun diese Feier des Passa begangen? Diese Frage hängt mit der nach dem Zeitpunkt des ebenfalls im Frühjahr begangenen Massotfestes zusammen. Nach der Festordnung des Heiligkeitsgesetzes in Lev 23 soll das Passa am 14. I. (d. h. 14. Nisan) „zwischen den Abenden" gefeiert werden (V. 5). Darauf folgt vom 15. I. an das siebentägige Massotfest (V. 6–8). Diese Termine sind so bis heute gültig geblieben. Wurden aber Passafeier und Massotfest schon zu allen Zeiten an diesen Terminen gefeiert?

Bei der Beantwortung dieser Frage ist auszugehen von Dtn 16[2]. Wie in Ex 23, 17 und 34, 23 wird in Dtn 16, 16 bestimmt, daß alle Männer in Israel dreimal im Jahr, am Massot-, Wochen- und Laubhüttenfest, das Angesicht Jahwes schauen sollen; dabei ist hier die typisch deuteronomistische Ortsangabe „an dem Ort, den Er erwählen wird" sowie die Formulierung „Jahwes deines Gottes" gebraucht. In dem vorangehenden Festkalender (V. 1–15) sind als zweites und drittes Fest ebenfalls das Wochen- und das Laubhüttenfest genannt[3]. Im Gegensatz zu der Zusammenfassung in V. 16 erscheint

---

[1] BAENTSCH, Exodus, S. 87: „Rd?". Aber wäre für einen deuteronomistischen Redaktor eine solche Notiz sinnvoll gewesen, wenn unmittelbar danach – in 12, 21–23 (J). 24–27 a (deuteronomistisch) – der Blutritus erwähnt wird?

[2] Die grundlegende Analyse dieses Kapitels hat F. HORST gegeben (Privilegrecht, S. 81 ff.). Seine Ergebnisse sind in den Untersuchungen zum Thema Passa-Massot von KRAUS und AUERBACH (s. S. 3 Anm. 2 und 5) nicht berücksichtigt.

[3] Daß das „Laubhüttenfest" von Dtn 16, 13–15 das „Lesefest" von Ex 23, 16 b; 34, 22 b ist, ergibt sich aus der Angabe „wenn du einsammelst aus deiner Tenne

aber als erstes Fest nicht das Massotfest, sondern das Passa: „Beachte den Monat Abib und halte Passa für Jahwe deinen Gott, denn im Monat Abib hat dich Jahwe dein Gott herausgeführt aus Ägypten nachts."(V. 1.) Zwar wird in V. 3 a β. b. 4 a auch das siebentägige Massotfest erwähnt: „Sieben Tage sollst du dazu (zu dem Passatier) Massot essen, Brot des Elends – denn in Eile bist du herausgezogen aus dem Lande Ägypten –, damit du gedenkst an den Tag deines Auszugs aus dem Land Ägypten alle Tage deines Lebens. Und kein Sauerteig soll dir gesehen werden in deinem ganzen Gebiet sieben Tage lang." Aber dieser Passus ist sekundärer Einschub, der die – wie Ex 23, 18 und 34, 25 trotz der inhaltlichen Differenzierung zeigen – zusammengehörenden Bestimmungen „du sollst dazu nicht Gesäuertes essen, und nicht soll übrigbleiben von dem Fleisch, das du schlachten wirst am Abend ..., bis zum Morgen" in V. 3 a α. 4 b auseinanderreißt und der seinerseits die Einfügung der (eben durch Punkte ersetzten) Worte „am ersten Tag" in V. 4 b verursacht hat[1]. Von dem heutigen Text dürften – mit Horst[2] – zunächst die Verse 1 a. 3 a α. 4 b ursprünglich zusammengehören. Die Vers-Teile werden aber in dieser Zusammenstellung kaum vordeuteronomistisch sein. Die Übereinstimmung in der Formulierung ועשית פסח ליהוה אלהיך „und halte Passa für Jahwe deinen Gott" in V. 1 a und ועשית חג שבעות ליהוה אלהיך „und halte das Wochenfest für Jahwe deinen Gott" in V. 10 zeigt, daß beide Bestimmungen auf einen Verfasser zurückgehen. So dürfte also V. 1 a (und damit auch V. 3 a α. 4 b) derselben Schicht zuzurechnen sein wie V. 10 (und auch V. 13)[3]; es ist die von Horst mit „B" bezeichnete Schicht, deren vor dem Exil schreibender Autor insbesondere die Kultuszentralisation in Jerusalem vertritt[4]. Zu dieser Schicht gehört außer V. 1 a. 3 a α. 4 b auch V. 1 b[5]; es ist kein Grund zu sehen, warum die Vers-Teile 1 a und 1 b nicht von demselben Verfasser stammen könnten. V. 3 a α „du sollst dazu nichts Gesäuertes essen" setzt V. 2 a „und du sollst als Passa für Jahwe, deinen Gott, Schafe und Rinder schlachten" voraus; denn im Gegensatz zu V. 1, wo mit „Passa" die

---

und deiner Kelter"; vgl. Ex 23, 16 b: „am Ende (!) des Jahres, wenn du einsammelst deinen Ertrag vom Feld".
[1] A. Bertholet, Deuteronomium (KHC V), 1899, S. 50 f.; Beer, Pesachim, S. 30; Horst, Privilegrecht, S. 81 (bei und mit Anm. 4). 92; E. Kutsch, Das Herbstfest in Israel (Diss. theol. Mainz, Maschinenschrift), 1955, S. 74; jetzt auch Auerbach, Feste, S. 3.
[2] Privilegrecht, S. 84 ff. 122 (bei Ziff. 8). [3] Kutsch, Herbstfest, S. 74 f.
[4] Vgl. dazu Horst, Privilegrecht, S. 82 ff. – Das vordeuteronomische Privilegrecht bezeichnet Horst mit „A"; nach Horst gehören dieser Schicht V. 1 a. 3 a α. 4 b an.
[5] Auch Horst, Privilegrecht, S. 82, rechnet V. 1 b zu „B".

Passa*feier* gemeint ist, versteht V. 2 a „Passa" als das bei dieser Feier zu schlachtende Passa*tier,* und nur hierauf kann sich עליו „dazu" in V. 3 a α beziehen. Dagegen stammt V. 2 b von einer späteren Hand[1]. Dasselbe gilt von V. 5. 6 a α (bis einschließlich שם)[2]. Zu der bisher herausgearbeiteten Passaordnung gehören schließlich noch V. 6 a β (ab תזבח). b mit der Zeitangabe für die Passaschlachtung „am Abend, wenn die Sonne untergeht, zur Zeit deines Auszugs aus Ägypten" und V. 7: „Du sollst kochen und essen an dem Ort, den Jahwe, dein Gott, erwählen wird, und du sollst umkehren am Morgen und zu deinen Zelten gehen." In diesem Vers ist die Forderung der Kultuszentralisation unlösbar verbunden mit dem Kontext (im Gegensatz zu V. 2 b und V. 5. 6 a α); denn die Aufforderung in V. 7 b, am Morgen wieder „zu den Zelten", d. h. nach Hause zu gehen, ist nur sinnvoll, wenn das Passa nicht mehr wie früher zu Hause in den Ortschaften gefeiert wird[3], sondern am Zentralheiligtum des Sakralbundes (in Jerusalem). V. 8 mit der Forderung des Massot-Essens ist wiederum späterer Zusatz, und zwar im Stile von P. Terminologisch berührt sich auch V. 3 a β. b mit P[4]; trotzdem werden dieser Vers-Teil und V. 8 kaum von demselben Verfasser stammen, da in V. 3 a β sieben, in V. 8 nur sechs Tage Massot-Essen gefordert sind. Nach HORST[5] wäre V. 8 wohl einem Schlußredaktor zuzuweisen. Aber V. 8 ist doch eher älter als V. 3 a β. b[6]. Dieser Vers-Teil seinerseits wird schon in V. 4 a vorausgesetzt, der von einem wieder deuteronomistischen Bearbeiter stammt[7].

In Dtn 16, 1–8 haben wir also den Vorgang, daß das Deuteronomium (als das der josianischen Reform zugrunde liegende „Gesetzbuch" [2 Kön 22 f.])[8] das Passa, das die Israeliten bisher zu Hause gefeiert hatten, zum Wallfahrtsfest erheben und gleichzeitig – zur

---

[1] So HORST, Privilegrecht, S. 84 (Schicht „D"). – HORST rechnet auch V. 2 a zu „D".
[2] Der Ausscheidung der Worte „an dem Ort, den Jahwe, dein Gott, erwählen wird, daß er seinen Namen dort wohnen lasse" aus V. 6 (HORST, Privilegrecht, S. 82) wird man nicht zustimmen können, da der dann in V. 5 f. verbleibende Rest: „du sollst das Passa nicht in einer deiner Ortschaften schlachten, die Jahwe, dein Gott, dir gibt, sondern du sollst das Passa schlachten am Abend, bei Sonnenuntergang" keinen rechten Sinn ergibt.
[3] Vgl. die Polemik in V. 5. 6 a α (bis שם)! – Diese Forderung hängt mit der Grundbestimmung des Deuteronomiums (Dtn 12) zusammen, daß Opfer überhaupt nur im Tempel in Jerusalem dargebracht werden dürfen.
[4] Vgl. חפזון Ex 12, 11 (P), aber auch Jes 52, 12; ארץ מצרים gegenüber מצרים in Dtn 16, 1. 6 b.
[5] Privilegrecht, S. 92.   [6] Vgl. dazu unten S. 17.
[7] Vgl. die Berührung mit Ex 13, 7 (dazu oben S. 7 Anm. 2). HORST, Privilegrecht, S. 91 f.: V. 3 a β. b gehört zu „C", V. 4 a zu „D".
[8] Textlich entspräche es etwa der von HORST herausgearbeiteten Schicht „B".

Wahrung der überlieferten Dreizahl der Wallfahrtsfeste – an die Stelle des ebenfalls im Frühjahr, „im Monat Abib" oder „im ersten Monat" begangenen Massotfestes setzen wollte[1]. Diese Tatsache allein zeigt schon, daß für den Verfasser Passa und Massot nicht *ein* großes Fest gewesen sein können, indem beide unmittelbar nacheinander gefeiert wurden. Hinzu kommt die Angabe von V. 7b: „Und am Morgen sollst du umkehren und zu deinen Zelten gehen." Was bedeutet hier לאהליך? Ganz allgemein „nach Hause"[2] oder konkret „in eure Zelte"[3]? Nun ist der Sprachgebrauch eindeutig: Überall, wo feste Wohnsitze vorausgesetzt sind, meint „gehen (umkehren o. ä.) לאהליך" nichts anderes als ganz allgemein „nach Hause, in seine Heimat gehen"[4]. In Dtn 16, 7 ist nun genauso vom Verlassen des Heiligtums als הלך לאהלו die Rede wie in 1 Kön 8, 66. Ohne eine besondere Erläuterung kann der Ausdruck also gar nicht anders als im Sinne von „nach Hause gehen" verstanden werden[5]. – Schließlich ist noch zu beachten, daß da, wo das Passa eine Feier in den Häusern ist, was ja vor der Reform des Deuteronomiums der Fall war, die Teilnehmer am Passamahl nicht unmittelbar nach Beendigung des Mahles bereits in Jerusalem oder an einem anderen Heiligtum zum Beginn des Massotfestes anwesend sein konnten.

Diese Argumente, besonders Dtn 16, 7 b, zeigen mit aller Deutlichkeit, daß Passafeier und Massotfest ursprünglich nicht unmittelbar hintereinander gehören, wie es später Lev 23, 5 ff. voraussetzt. Durch die Festlegung auf den 14. bzw. 15.–21. I. sind beide Begehungen offenbar mit dem Vollmond verbunden. Für welche von beiden bestand diese Verbindung zuerst?

Die Beantwortung dieser Frage muß ausgehen von der Zeitbestimmung für das Wochenfest in Lev 23, 15 f.: „Und ihr sollt euch zählen vom Tage nach Sabbat an, vom Tage, an dem ihr die Webegarbe darbringt; sieben vollständige Wochen sollen es sein; bis zu dem Tag nach dem siebten Sabbat sollt ihr zählen, 50 Tage. Da sollt ihr Jahwe eine neue minḥah darbringen." Diese Angabe steht innerhalb des

---

[1] Erst ein Späterer hat dann das Massotfest wieder eingearbeitet.
[2] So wird der Ausdruck meist verstanden.
[3] So zuletzt Kraus, Passah-Massot, S. 59 f., der dabei an die um den Tempel in Jerusalem errichteten Zelte der Wallfahrer denkt.
[4] Jdc 7, 8; 20, 8; 1 Sam 4, 10; 13, 2; 2 Sam 18, 17; 19, 9; 20, 1. 22; 1 Kön 8, 66; 12, 16; 2 Kön 8, 21; 14, 12; 2 Chr 7, 10; 10, 16; 25, 22. Vgl. besonders das Nebeneinander von לאהלו und לביתו in Jdc 20, 8. – Bei dem deutschen Begriff „seine Zelte abbrechen" im Sinne von „aufbrechen, wegziehen" denkt auch niemand mehr an wirkliche Zelte.
[5] Vgl. Horst, Privilegrecht, S. 91; A. Alt, Zelte und Hütten (BBB 1, 1950, S. 16–25), S. 23.

Festkalenders von Lev 23. Zur Erklärung von V. 15 f. ist es notwendig, kurz auf den literarischen Bestand des Kapitels einzugehen[1].

„Die Grundlage der hier (in Lev 23) mitgeteilten Festgesetze stammt aus dem Heiligkeitsgesetz, aber dieser, etwa als 23, 9–12. 15–18 a α. 19 b. 20. 39. 40–43 zu bestimmende Bestand ist später im Sinne des Priesterkodex überarbeitet und ergänzt worden." Dieser Satz von O. EISSFELDT[2] gibt wohl die landläufige Meinung über dieses Kapitel wieder[3]. Diese Auffassung wird aber dem Textbestand nicht gerecht. Grundlage des Festkalenders in diesem Kapitel ist eine Festordnung, die man nach dem in ihr verwendeten Terminus מקרא קדש als „מקרא קדש-Ordnung" bezeichnen kann[4]. Dabei ist zu beachten, daß מקרא nicht, wie allgemein aufgefaßt, die „Festversammlung" ist, sondern (die Ausrufung [eines besonderen Tages] und von da aus) der Festtag[5]. מקרא קדש bedeutet also „heiliger Feiertag". Die hier verwendete m. q.-Ordnung liegt auch der Opferordnung in Num 28 f. zugrunde; der dortige Text kann also zur Rekonstruktion der m. q.-Ordnung mit herangezogen werden. Mit Hilfe dieses Vergleichs gewinnt man folgenden Text als vermutliche Urform der m. q.-Ordnung[6]: „Im 1. Monat am 14. des Monats zwischen den Abenden ist Passa für Jahwe. Und am 15. dieses Monats ist Massotfest für Jahwe; sieben Tage sollt ihr Massot essen. Am 1. Tag sei für euch heiliger Feiertag; keine Knechtsarbeit dürft ihr tun. Und ihr sollt Feueropfer für Jahwe darbringen sieben Tage. Am 7. Tag ist heiliger Feiertag; keine Knechtsarbeit dürft ihr tun. – Am Tag der Erstlinge sollt ihr Jahwe eine neue minḥah darbringen. Heiliger Feiertag sei er euch; keine Knechtsarbeit dürft ihr tun. (Und ihr sollt Feueropfer für Jahwe darbringen [?]) – Im 7. Monat am 1. des Monats ist heiliger Feiertag; keine Knechtsarbeit dürft ihr tun. Und ihr sollt Feueropfer für Jahwe darbringen. – Am 10. dieses 7. Monats ist heiliger Feiertag; und ihr sollt euch kasteien und dürft keinerlei Arbeit tun. Und ihr sollt Feueropfer für Jahwe darbringen. – Am 15. dieses Monats ist Hüttenfest sieben Tage für Jahwe. Am 1. Tag ist heiliger Feiertag, keine Knechtsarbeit dürft ihr tun. Sieben Tage sollt ihr Feueropfer

---

[1] Eine eingehende Analyse von Lev 23 bei KUTSCH, Herbstfest, S. 80 ff.
[2] Einleitung in das Alte Testament, 1956², S. 169.
[3] Vgl. die Kommentare und Einleitungen sowie die Tabellen bei H. HOLZINGER, Einleitung in den Hexateuch, 1903, Tab. 14, und von J. MORGENSTERN in HUCA 10, 1935, S. 30. – Anders S. KÜCHLER, Das Heiligkeitsgesetz Lev 17–26. Eine literarkritische Untersuchung (Diss. theol. Königsberg), 1929, S. 42 ff.
[4] Der Einfachheit halber wird sie im folgenden „m. q.-Ordnung" genannt.
[5] Vgl. E. KUTSCH, מִקְרָא (ZAW 65, 1953, S. 247–253) und P. KATZ (ebd., Seite 253–255).
[6] KUTSCH, Herbstfest, S. 88.

für Jahwe darbringen. Am 8. Tag sei für euch heiliger Feiertag. Und ihr sollt Feueropfer für Jahwe darbringen; (Schluß-)[1] Feiertag ist es, keine Knechtsarbeit dürft ihr tun." (Lev 23, 5. 6–8. 16 b. 21 a β [ab מקרא קדש]. 24 b [ohne „es sei euch Ruhetag, Gedächtnis durch Lärmblasen"]. 25. 27 [ohne „Versöhnungstag ist es"]. 28 a α. 34 b–37 [mit geringen Änderungen].[2]) Die einzelnen Punkte dieser Ordnung sind also: genaues Datum (soweit möglich) und Dauer der einzelnen Feste, Kennzeichnung bestimmter Tage (15. und 21. I., „Tag der Erstlinge" = Wochenfest, 1., 10., 15. und 22. VII.) als מקרא קדש (an diesen Tagen ist die Knechtsarbeit, d. h. schwere Arbeit, am 10. VII. sogar jede Arbeit verboten), Anordnung von Feueropfer für alle Tage der Feste[3]. Diese Festordnung hat der Verfasser seinem Kapitel über die Feste zugrunde gelegt und durch die (ergänzte) Webegarben-Ordnung in V. 10 b–16 a. 17. 21 a α (bis הזה). b, durch V. 22, den Rest von V. 24 b („es sei euch Ruhetag, Gedächtnis durch Lärmblasen") und V. 27 („Versöhnungstag ist es") sowie durch die langatmigen Erweiterungen in V. 28 a β. 29–32 und 39–43, weiter durch die Einführungen der Jahwerede in V. 1. 2 a α. 9. 10 a. 23. 26. 33. 34 a und die Ausführung in V. 44 aufgefüllt[4]. In seinen Erweiterungen hat er auch zwei Zeitangaben aufgenommen, die nicht zu den festen Daten der m. q.-Ordnung passen und offensichtlich älter sind. In V. 39 a stößt sich die Zeitangabe für das Laubhüttenfest „wenn ihr den Ertrag des Landes einsammelt" mit dem Datum des 15. VII. Denn der 15. des 7. (Mond-)Monats wandert im Verhältnis zum Sonnenjahr in einem Zeitraum von 30 Tagen; aber auch die Ernte liegt infolge der wechselnden Witterungsverhältnisse nicht immer zur selben Zeit; so werden die beiden Zeitangaben häufig nicht zusammenfallen. Für unseren Zusammenhang wichtiger ist nun die Datierung des Wochenfestes in V. 15 f. Was besagt der Terminus ממחרת השבת „am Tag nach Sabbat"? Die Deutung des Ausdruckes war schon in frühester Zeit umstritten. Die Pharisäer verstanden unter dem „Sabbat", von dem an die sieben Wochen gerechnet werden, den ersten Tag des Massotfestes, zählten also vom 16. I. ab. Die Boethusäer (= Sadduzäer) dagegen sahen in

---

[1] עצרת ist entweder der „Schlußtag" (J. LEVY, Neuhebräisches und chaldäisches Wörterbuch über die Talmudim und Midraschim, 1876–89, s. v.) oder der Tag, an dem man sich von der Arbeit zurückhält, d. h. „feiert" (E. KUTSCH, Die Wurzel עצר im Hebräischen [VT 2, 1952, S. 57–69]); in jedem Fall ist der ganze Tag nicht eine Festversammlung gemeint.
[2] Dazu gehört die Einleitung in V. 4 und das Ende in V. 37 a. b α.
[3] Auch hier zeigt sich, daß das Passa eine Größe sui generis neben den Festen ist: für das Passa wird natürlich kein Feueropfer angeordnet.
[4] Lediglich die Bestimmung über den Sabbat in V. 2 a β. b. stammt wohl von noch späterer Hand (vgl. V. 38: „ohne die Sabbate Jahwes").

dem „Sabbat" den Wochensabbat und zählten die sieben Wochen von dem ersten „Sonntag" nach dem Massotfest aus[1]. Nun ist deutlich, daß in V. 16 unter dem „Sabbat" nur der Wochensabbat verstanden werden kann. Denn das Wochenfest besteht nur aus einem Tag, der sonst der „Sabbat" sein müßte; in diesem Fall wäre aber die Darbringung am Tage *nach* dem Fest (= „am Tag nach Sabbat") sinnlos. Auch die früher vorgeschlagene Gleichsetzung dieses Sabbats mit dem babylonischen šabattu, dem Vollmond[2], ist unmöglich; denn von einem Vollmond bis zum übernächsten sind es immer mehr als acht Wochen, niemals also genau sieben. So ist wie für V. 16 auch für V. 15 (und 11) eine andere Deutung des שבת als auf den Wochensabbat ausgeschlossen. Hierin haben also die Sadduzäer ein richtiges Moment bewahrt. Mit dieser Rechnung ist aber der Zusammenhang zwischen dem Wochenfest und dem Massotfest gelockert, zumal der Abstand zwischen dem Ende des (vom Mondumlauf abhängigen) Massotfestes und dem nächsten Sabbat ständig schwankt. Diesen Zusammenhang haben die Pharisäer gewahrt, und ihre Auffassung hat sich durchgesetzt. Richtig ist sie jedoch nicht; denn nun fällt das Wochenfest durchschnittlich nur in jedem siebten Jahr auf einen „Tag nach Sabbat", wie es Lev 23, 16 gefordert ist.

Hier wird nun deutlich, daß die Verbindung des Massotfestes mit dem Vollmond nicht ursprünglich sein kann. Das siebentägige Massotfest fiel vielmehr früher genau mit einer Woche zusammen[3]. Sein Termin wurde durch den Stand des Getreides (der Gerste) bestimmt. War dieses zum Schnitt reif (vgl. Dtn 16, 9!), dann begann „am Tag nach Sabbat", d. h. am ersten Tag der Woche, das Massot-Essen; nach Lev 23, 11 wurde an diesem Tag eine erste Garbe von dem neuen Getreide Jahwe bzw. dem Priester gebracht. Und von hier aus wurden die sieben Wochen bis zum „Wochenfest" gezählt. Die sekundäre Datierung des Massotfestes auf den 15. I. als den Vollmond führte zwangsläufig zu der Schwierigkeit, um deren Lösung sich Phärisäer und Sadduzäer mühten, die aber nicht zu lösen ist.

Von hier aus fällt nun auch Licht auf den Vers Ex 34, 21. Oben[4] war die Frage offen geblieben, wie es wohl zu dem Einschub des Sabbatge-

---

[1] Menaḥot X, 3. — S. dazu E. Lohse im ThW VI, S. 46. — Die Zählweise der Sadduzäer liegt auch der Berechnung des Wochenfest-Termins im Jubiläenbuch zugrunde.
[2] Vgl. W. Gesenius — F. Buhl, Hebräisches und aramäisches Handwörterbuch über das Alte Testament, 1921[17], s. v. מחרת.
[3] Baentsch, Exodus usw., S. 414 f.; A. Bertholet, Leviticus (KHC III), 1901, S. 80; Kutsch, Herbstfest, S. 97.
[4] S. 7 Anm. 6.

botes zwischen Massotfest und Wochenfest gekommen ist. Für den Interpolator dieses Verses[1] war es noch selbstverständlich, daß die sieben Tage des Massotfestes genau mit einer Woche zusammenfielen. Unter dieser Voraussetzung nahm er das Sabbatgebot hier auf, aber nicht, weil er auch dieses Gebot hier zitiert haben wollte, sondern mit einem ganz konkreten Bezug, dem er in V. 21 b Ausdruck gab: „Beim Pflügen und Ernten sollt ihr ruhen." Das heißt: dieses Gebot gilt auch für die nun beginnende Erntezeit. Dieser Vers-Teil ist also entgegen der meist vertretenen Ansicht nicht späterer Zusatz von V. 21 a, sondern gehört hier dazu und gibt dem V. 21 a erst den konkreten Sinn.

Außerdem wird nun eine Erklärung für Dtn 16, 8 möglich. Die Einteilung: sechs Tage Massot-Essen – am siebten Tag Feiertag klingt doch sehr an das Schema der Woche an, mit der das Massotfest vor dem Exil zusammenfiel. Wir hätten also hier den Übergang von dem mit der Woche zusammenfallenden Tagsiebent des Massotfestes zu dem am 15. I. beginnenden, von der Woche unabhängigen. An die Stelle des Sabbats tritt hier der mit עצרת bezeichnete Feiertag am siebten Tag des Festes[2]. V. 8 wird also älter sein als V. 3 a β. b, wo wieder die glatte Siebenzahl für das Massotfest steht.

Aus Dtn 16, 7 b in Verbindung mit Lev 23, 15 f. ergab sich, daß Passafeier und Massotfest ursprünglich nicht terminlich miteinander verbunden waren. Von hier aus ist noch kurz auf die jahwistische Auszugsgeschichte einzugehen. Dort folgen in Ex 12, 21–23. 29–34. 37–39 Passaschlachtung und Massot-Essen zeitlich aufeinander: vor dem Auszug wird das Passatier geschlachtet, und nach dem Aufbruch essen die Israeliten Massot, weil sie sich in der Eile des Aufbruchs und unter dem Drängen der Ägypter keinen Sauerteig herstellen konnten. Der literarischen Verbindung beider Bräuche liegt aber noch nicht ihre Koordinierung im Festkalender zugrunde. Diese wird vielmehr durch den Widerspruch zwischen V. 22 und V. 31 ff. geradezu ausgeschlossen: dort wird das Verlassen der Häuser in der Nacht verboten, hier wird es als wesentlicher Bestandteil der Erzählung berichtet[3]. Der Jahwist betont auch nicht die siebentägige Dauer des Massot-Essens. Er will lediglich beide Bräuche mit dem Exodus als dem Heilsereignis schlechthin in Verbindung bringen. Daraus ergibt sich in seiner Dar-

---

[1] An der parallelen Stelle Ex 23, 15 steht das Sabbatgebot nicht, es fand sich also kaum in der Ex 34 und 23 zugrunde liegenden Festordnung.

[2] Die sprachliche Nähe zu P schließt aus, daß Dtn 16, 8 zu der deuteronomistischen Festordnung gehört hat (gegen AUERBACH, Feste, S. 6).

[3] Auf diesen Widerspruch hat E. MEYER, Die Israeliten, S. 34 hingewiesen; vgl. H. GRESSMANN, Mose und seine Zeit, 1913, S. 104 Anm. 6.

stellung die zeitliche Aufeinanderfolge. Davon unterscheidet sich deutlich die Darstellung in der Priesterschrift. Hier wird aus der Erzählung von der Passaschlachtung und dem Blutritus beim Auszug das Gebot abgeleitet, diesen Brauch auch in Zukunft zu üben (Ex 12, 14)[1]. Und mit diesem Gebot wird in V. 15–20 die Anordnung verbunden, sieben Tage lang Massot zu essen. Im Gegensatz zu der jahwistischen Erzählung folgt in P die Massot-Ordnung ganz unmotiviert auf das Passagebot. Das ist nur möglich, weil für den Verfasser beides, Passafeier und Massotfest, bereits zusammengehört[2]. Außerdem ist hier Passa als חג bezeichnet; auch dies ist, da das Passa von Hause aus kein Wallfahrtsfest ist, erst durch die Verbindung mit dem Massotfest möglich. Das siebentägige Massot-Essen war also ursprünglich mit dem Rhythmus der Woche verbunden und damit wie dieser nicht vom Umlauf des Mondes abhängig. Auf der anderen Seite war es auch nicht mit dem Passabrauch kombiniert. Wenn nun in späterer Zeit das Passa am Abend des 14. I. gefeiert wird, d. h. in der Vollmondnacht, dann liegt die Vermutung nahe, daß damit für das Passa der alte Termin festgehalten ist. Das gilt auch dann, wenn sich die älteste genaue Datierung des Passa erst in Ez 45, 21 findet[3]. Demgegenüber hat AUERBACH die These vorgetragen, בחדש האביב in Dtn 16, 1 wie auch in Ex 13, 4; 23, 15 und 34, 18 bedeute nicht „im Monat Abib", wie es im allgemeinen verstanden wird, sondern meine „am Neumond des Abib"[4]. Sprachlich wäre diese Deutung nicht unmöglich, wenn auch für den Fall, daß wirklich der Neumond gemeint gewesen wäre, ראש חדש האביב (vgl. Num 10, 10; 28, 11) eindeutiger gewesen wäre[5]. Andererseits stehen die altisraelitischen Monatsnamen sonst nie allein, sondern stets mit ירח (1 Kön 6, 37. 38; 8, 2) oder חדש (1 Kön 6, 1)[6]. Für die letzte Stelle nimmt AUERBACH an, hier sei von einem exilischen

---

[1] „Dieser Tag sei euch zum Gedächtnis" – genauer gesagt: die Abendzeit am Ende des 14. I. und die folgende Nacht; V. 6. 8.

[2] Vielleicht ist die Notiz, daß man zu dem Passatier ungesäuertes Brot (und Bitterkräuter) essen soll, in V. 8 als Vorbereitung der Massotordnung in V. 15–20 aufgenommen worden. Das würde bedeuten, daß sie für die Frühgeschichte des Passabrauches keine zuverlässige Nachricht wäre. – Die Verse 15–20 enthalten übrigens denselben langatmigen, wiederholenden Stil wie Lev 23, 28 a β. b. 29–32 und 39–43.

[3] Der ursprüngliche Text lautete: „Im 1. am 14. Tag des Monats sei euch das Passa; sieben Tage sollen Massot gegessen werden." (Vgl. dazu zuletzt H. GESE, Der Verfassungsentwurf des Ezechiel [Kap. 40–48] [BHTh 25], 1957, S. 80 f.) Hier ist zugleich die Verbindung des Passa mit dem Massotfest vorausgesetzt; vgl. auch V. 22.

[4] Feste, S. 1 ff. – Diese These wurde schon 1924 von H. J. ELHORST entfaltet (Die deuteronomischen Jahresfeste [ZAW 42, 1924, S. 136–145], S. 138).

[5] HORST, Privilegrecht, S. 87.   [6] HORST, Privilegrecht, S. 87.

Bearbeiter ursprüngliches ירח durch חדש ersetzt worden[1]. Aber: wäre es an sich schon nicht gerade einleuchtend, daß ein Bearbeiter nur diese Stelle abgeändert hätte, nicht aber auch V. 37 f., so ist der Gebrauch des Terminus חדש im Sinne von „Monat" (nicht nur „Neumond") auch noch an anderen Stellen bezeugt, die sicher vorexilisch sind[2]. Es ist also vom Sprachgebrauch her keineswegs ausgeschlossen, daß בחדש האביב im Zusammenhang mit dem Passa „im Monat Abib" meint. Die Tatsache, daß vom Exil an dann das Passa am 14. I., also am Vollmond begangen wurde, erklärt AUERBACH mit der Annahme, die Priester hätten im Exil in Babylon das israelitische Passa auf den Vollmond verlegt, damit es nicht mit dem am Anfang des Nisan (d. h. des 1. Monats) gefeierten babylonischen Neujahrsfest zusammenfalle[3]. Aber diese Annahme hat doch alle Wahrscheinlichkeit gegen sich; denn sollten wirklich die Israeliten ausgerechnet am Beginn des Exils, als für die Exulanten bereits der Dienst im Tempel in Jerusalem unmöglich geworden war, auch noch den überlieferten festen Termin einer kultischen Feier verschieben? Viel eher würde man in einer solchen Situation das Festhalten am Althergebrachten erwarten. Ist aber der Wechsel des Passatermins, den AUERBACH annehmen muß, unmöglich, dann ist die ganze These vom Sachlichen her abzulehnen. בחדש האביב bedeutet also auf jeden Fall „im Monat Abib". – Nach HORST wäre „für die ältere Zeit eher damit zu rechnen, daß man für die Vornahme der Passaschlachtung einen Spielraum, eben von einem Monat, ließ, als daß man einen bestimmten Termin unabänderlich festlegte"[4]. Aber mindestens für das Leben im Kulturland, also in Seßhaftigkeit, ist doch anzunehmen, daß eine Feier wie das Passa, auch wenn sie nicht an einem Heiligtum, sondern im Sippenverband am Wohnsitz begangen wurde, überall zum selben Zeitpunkt stattfand. Da sie nun nicht mehr mit dem Weidewechsel, aber auch nicht mit der Bodenwirtschaft zusammenhing, war ein allgemein erkennbarer Termin am ehesten mit dem Vollmond gegeben. Für die Zeit vor der Landnahme ist über den Termin des Passa natürlich noch schwerer etwas auszumachen. Doch wird man auch hier das Argument anführen dürfen, daß der Vollmond sich für die nächtliche(!) Passafeier besonders gut als Termin geeignet haben kann.

Im Gegensatz zum Passa war das Massotfest zunächst vom Stand des Getreides abhängig. Wenn einerseits das Passa schon vor dem Exil am 14. I. (= Abib) gefeiert wurde, andererseits aber noch zur

---

[1] Feste, S. 1 Anm. 1.
[2] Gen 29, 14; Num 11, 20 (beide J); 1 Sam 6, 1; 1 Kön 4, 7; 5, 28; Jer 2, 24.
[3] Feste, S. 9. [4] Privilegrecht, S. 87.

Zeit des Josia, also wenige Jahrzehnte vor dem Zusammenbruch des judäischen Staates, Passa und Massotfest nicht unmittelbar nacheinander begangen wurden, dann wird die Festlegung des Massotfestes auf den 15.–21. I. wohl erst am Beginn des Exils erfolgt sein. Zu diesem Zeitpunkt, als das judäische Volk auf zwei Wohngebiete – in der Heimat um Jerusalem und im Exil in der Nähe von Babylon – aufgeteilt war, war die datumsmäßige Fixierung der beiden großen siebentägigen Feste eine dringende Notwendigkeit. Denn nur so konnte erreicht werden, daß beide Teile des Volkes diese Feste (und, weil das Massotfest, auch das Wochenfest) gleichzeitig feierten und somit die Gemeinsamkeit im kultischen Leben wahrten [1].

III

Die in Abschnitt II gewonnenen Ergebnisse ermöglichen nun auch eine Beurteilung der Stelle *Jos 5, 10–12*. Hier heißt es: „Und die Israeliten lagerten in Gilgal und hielten das Passa am 14. Tage des Monats am Abend in den Steppengebieten von Jericho. Und sie aßen vom Ertrag des Landes am Tage nach dem Passa, ungesäuerte Brote und geröstetes Getreide an eben diesem Tage. Und das Manna hörte auf ‛ ’[2], als sie vom Ertrag des Landes aßen; und den Israeliten wurde kein Manna mehr zuteil, und sie aßen von dem Ertrag des Landes Kanaan in diesem Jahr." Die Behandlung dieser Verse ist das Kernstück des oben[3] genannten Aufsatzes von KRAUS. Im Anschluß an NOTH[4] sieht KRAUS in diesem Abschnitt einen Teil der Ortstraditionen des Heiligtums Gilgal; „in einer alten Tradition" werde „von einem gesamtisraelitischen Passah-Massot-Fest in Gilgal berichtet"[5]. Daraus ergebe sich, daß die Notiz in 2 Kön 23, 22, das von Josia begangene Passa sei so „nie mehr gefeiert worden seit der Zeit der Richter", nicht eine leere Fiktion sei, sondern auf einer Erinnerung an den amphiktyonischen Kult in Gilgal beruhe. Nachdem Gilgal nicht mehr israelitisches Zentralheiligtum gewesen sei, sei der Festkreis im Frühling dergestalt aufgespalten worden, daß das Massotfest am nächstgelegenen Kulturlandheiligtum, das Passa aber im Familienverband gefeiert wurde. Der „in amphiktyonischen Traditionen verankerte Deuteronomiker" habe dann die Familienfeier des

---

[1] Für das Herbstfest vgl. KUTSCH, Herbstfest, S. 130 ff.
[2] Zur Streichung von „am folgenden Tage" vgl. M. NOTH, Das Buch Josua (HAT I, 7), 1953², S. 34.
[3] S. 3 bei und mit Anm. 2.
[4] Buch Josua, S. 39. [5] Passah-Massot, S. 50. 54 ff. 59 ff.

Passa wieder in den Kult der Israelgemeinde eingeordnet. – Nun ist in V. 11 ausdrücklich gesagt, daß das Massot-Essen am Tage nach dem Passa begann. M. a. W.: hier ist die terminliche Verbindung von Passafeier und Massotfest bereits vorausgesetzt. Daraus ergibt sich zwingend, daß diese Verse nicht vor dem Exil geschrieben sein und erst recht nicht eine Tradition aus der Richterzeit wiedergeben können. Man braucht auch nicht die Datumsangabe in V. 10 und die Worte „an eben diesem Tage" in V. 11 allein als von einer priesterlichen Redaktion herrührend[1] anzusehen. Der ganze Abschnitt Jos 5, 10–12 stammt vielmehr aus der Priesterschrift bzw. von einem ihr nahestehenden Redaktor[2]. Die Priesterschrift zeigt auch sonst die Tendenz, wichtige Ereignisse auch dann genau zu datieren, wenn in der Überlieferung kein Datum vorgegeben war. So datiert sie z. B. den Bundesschluß vom Sinai auf das Wochenfest (Ex 19, 1)[3], die Sintflut auf den 17. I.–27. II des 600/601. Lebensjahres des Noah (= 365 Tage = ein Sonnenjahr; Gen 7, 11; 8, 4. 5. 13. 14); vgl. weiter Ex 16, 1; 40, 2. 17; Num 1, 1; 9, 1; 10, 11; 20, 1; 33, 38. Die Verbindung von Passafeier und Massotfest mit dem Lager in Gilgal gab dem priesterlichen Verfasser von Jos 5, 10–12 die Möglichkeit, das Ende des Mannasegens zu berichten und den mit dem Massot-Essen verbundenen Neuanfang zu unterstreichen, darüber hinaus aber auch noch den Jordandurchzug auf den 10. I. zu datieren[4], der seinerseits in der Passaordnung bei P dadurch hervorgehoben ist, daß an ihm das Passatier ausgewählt werden soll.

---

[1] Noth, Buch Josua, S. 34. 39; Kraus, Passah-Massot, S. 50.

[2] H. Holzinger, Das Buch Josua (KHC VI), 1901, S. 12; C. Steuernagel, Das Buch Josua (HK I, 3, 2), 1923², S. 224 f.; Kutsch, Herbstfest, S. 96 bei und mit Anm. 75.

[3] „Im 3. Monat nach dem Auszug der Israeliten aus dem Lande Ägypten, an diesem Tag kamen sie in die Wüste Sinai." Hier ist nicht eine genaue Tagesangabe ausgefallen (so die allgemeine Auffassung). Vielmehr ist das Wochenfest bzw. wegen V. 16 für die Ankunft selbst der zweite Tag vor diesem gemeint. Die Festlegung des Wochenfestes auf ein bestimmtes Datum ist nicht möglich, da es – unabhängig vom Mondumlauf! – durch die Frist von sieben Wochen mit dem Massotfest verbunden ist; diese erstreckt sich aber über zwei Monatswechsel. Je nach dem die beiden in dieser Zeit zu Ende gehenden Monate 29 oder 30 Tage zählten, schwankte also der Termin für das Wochenfest, wenn man wie später die Pharisäer am 16. I. zu zählen begann, zwischen dem 5. und 7. III. (Kutsch, Herbstfest, S. 154 ff.). Zu derselben Datierung in 2 Chr 15, 10 siehe außer Kutsch, Herbstfest, S. 152 ff., G. Kretschmar, Himmelfahrt und Pfingsten (ZKG 65, 1955, S. 209 bis 253), S. 227.

[4] Die Frage, ob in Jos 4, 19 nur die Datumsangabe (10. I.) von P stammt (vgl. Noth, Buch Josua, S. 32. 39), kann hier offen bleiben.

IV

Auch im *chronistischen Werk* wird die Begehung von Passafeier und Massotfest gelegentlich berichtet: 2 Chr 30 unter Hiskia, 2 Chr 35 unter Josia und Esr 6, 19–22 durch die aus dem Exil Zurückgekehrten. An allen drei Stellen ist wiederum vorausgesetzt, daß das Massotfest unmittelbar auf die Passafeier folgte und zugleich auch, daß das Passa von den Israeliten gemeinsam am Tempel in Jerusalem, nicht an den Wohnsitzen gefeiert wurde. Der zuerst genannte Punkt schließt es aus, daß die Nachrichten in dieser Form auf alte Unterlagen zurückgehen[1]. Das ist besonders deutlich an der Erzählung von dem Passa unter Josia zu zeigen (2 Chr 35, 11–19). Für dieses Passa hatte der Chronist eine Vorlage in 2 Kön 23, 21–23. Aber während dort nur von dem Passa die Rede ist, hat der Chronist in 2 Chr 35, 17 der Feier des Passa noch die Begehung des siebentägigen Massotfestes hinzugefügt. Dies fällt um so mehr auf, als er sonst – in V. 11 und 18 – entsprechend seiner Vorlage nur von dem Passa berichtet[2]. – In 2 Chr 30 läßt der Chronist den König Hiskia Passa und Massot im 2. Monat feiern, aber am üblichen Tag: Passa am 14., darauf folgend das Massotfest. Hierfür lag ihm[3] in 2 Kön 18 kein älterer Bericht vor. Er[4] hat diese Feier ebenso frei entfaltet wie etwa die Bundesfeier unter dem König Asa in 2 Chr 15, 10–15[5]. Auch hierzu fehlt in 1 Kön 15, 9 eine Vorlage. Und auch hier ist das Vorgehen des Chronisten nachzuweisen: die dieser Notiz zugrunde liegende Verbindung des Bundesgedankens mit dem Wochenfest stammt von P[6]; da in dem am Wochenfest zu sprechenden „Credo" von Dtn 26, 5 ff. die Sinaiereignisse überhaupt nicht erwähnt werden[7], hat das Deuteronomium – und damit die letzte Zeit *vor* dem Exil – die Verbindung offenbar noch nicht gekannt[8].

Die genannten Stellen 2 Chr 30; 35; Esr 6, 19 ff. und 2 Chr 15, 10 ff. sind also alle nach 587 v. Chr. geschrieben. Da außer für das Passa in

---

[1] Entgegen der Auffassung in den Kommentaren hat Kraus, Passah-Massot, S. 63 ff., versucht, in diesen Nachrichten historisch zutreffendes Material zu sehen.

[2] Abgesehen von der Einführung der Priester, Leviten usw. hat der Chronist hier auch die alte Angabe, solch ein Passa sei seit der Zeit der Richter nicht mehr gefeiert worden, auf Samuel präzisiert.

[3] Nach K. Galling, Die Bücher der Chronik, Esra, Nehemia (ATD 12), 1954, S. 157 ff. stammt 2 Chr 30 sogar von einem 2. Chronisten, der um das Jahr 300 schrieb!

[4] Bzw. nach Galling (s. Anm. 3) der „2. Chronist".

[5] Gegen Kraus, Passah-Massot, S. 64.   [6] Vgl. oben S. 21 Anm. 3.

[7] Vgl. v. Rad, Das formgeschichtliche Problem, S. 3 ff.

[8] Kutsch, Herbstfest, S. 156 Anm. 165.

2 Chr 35 keine ältere Vorlage für die dort über Passa und Massotfest gemachten Angaben nachzuweisen ist, haben sie für die vorexilische Geschichte beider Begehungen keinen Wert; sie spiegeln vielmehr nur den Brauch zur Zeit des Chronisten wider [1].

V

Die Nachricht von 2 Chr 30, Hiskia habe ein *Passa im 2., nicht im 1. Monat* gefeiert, wertet im Zusammenhang seiner Anschauungen über die Kalenderverhältnisse in Juda und in Israel auch S. TALMON [2] als „a genuine historical source" [3]. Nach TALMON unterschied sich die Zeitrechnung in Juda und im Nordreich dadurch, daß wegen der klimatischen Verhältnisse und der späteren Beendigung der Ernte im Nordreich dort die entsprechenden Monate um einen Mondumlauf später lagen als in Juda [4]. Nachdem David und Salomo im vereinigten Großreich einen einheitlichen Kalender durchgeführt hätten, habe Jerobeam die alte nordisraelitische Zeitrechnung wieder aufgenommen. Das auch nach diesem Kalender in den 7. Monat fallende Herbstfest sei für die in 1 Kön 12, 32 f. vertretene judäische Sicht, entsprechend dem Kalender in Juda, im 8. Monat gefeiert worden [5]. Daß dann unter Hiskia die Boten, die zum Passa nach Jerusalem einluden, im Nordreich verhöhnt wurden, erkläre sich daraus, daß infolge des Kalenderunterschiedes dort die Einladung einen Monat zu früh erfolgt sei; erst als sie einen Monat später – im nordisraelitischen 1., aber im judäischen 2. Monat – wiederholt wurde, habe Hiskia Erfolg gehabt [6]. Eine Stütze für diese Auslegung sieht TALMON in der rabbinischen Kritik an Hiskia, er habe „im Nisan einen Nisan interkaliert" [7]. Demgegenüber sei die Erklärung der Chronik, das erste Passa habe nicht abgehalten werden können, weil sich nicht genügend Priester

---

[1] Nach 2 Chr 8, 12 hat Salomo auf dem Altar vor der Vorhalle des Tempels Brandopfer dargebracht „an den Sabbaten, an den Neumonden und an den Festen dreimal im Jahr: am Massotfest, am Wochenfest und am Laubhüttenfest". Diese Angabe ist eine Erweiterung der Vorlage in 1 Kön 9, 25; sie setzt ihrerseits die Opferordnung von Num 28 f. voraus (vgl. „nach dem Gesetz des Mose", 2 Chr 8, 13). Sachlich richtig, ist hier das Passa nicht mit aufgeführt, da für die Passafeier nicht eigene Brandopfer vorgesehen sind; vgl. Lev 23, 5; Num 28, 16.

[2] Divergences in Calendar-Reckoning in Ephraim and Judah (VT 8, 1958, Seite 48–74).

[3] Divergences, S. 61.

[4] Diese Vermutung auch schon z. B. bei R. KITTEL, Die Bücher der Könige, (HK I, 5), 1900, z. St., und N. H. SNAITH, The Jewish New Year Festival, 1947, S. 52.

[5] Divergences, S. 53 ff.   [6] Divergences, S. 58 ff.

[7] Pesaḥim IV, 9 b; bSanh 12 a. – TALMON, Divergences, S. 59 f.

geheiligt hätten, nur eine Beschönigung der Maßnahme des Hiskia. – Die beiden Hauptstützen der Konstruktion von TALMON tragen aber nicht. Daraus, daß das Massotfest und parallel dazu auch das Laubhüttenfest bis zum Exil nicht auf den Vollmond datiert waren[1], folgt, daß die Notiz über die Einrichtung des Herbstfestes durch Jerobeam auf den 15. des 8. Monats historisch kaum zutreffen wird; sie dient nur dazu, dem König Jerobeam in einem weiteren Punkt Abfall von Jahwe nachzuweisen[2]. Andererseits hat sich auch 2 Chr 30 als Konstruktion des Chronisten erwiesen[3]. Zudem bestehen gerade etwa zwischen Jerusalem und Bethel nicht so große klimatische Unterschiede, daß in Bethel die Ernte einen ganzen Monat später als in der Gegend von Jerusalem läge[4]. Und schließlich steht bSanh 12 a. b in dem Zusammenhang der Ausführungen zu Sanh I, 2; zur Frage, welche Jahre nicht geschaltet werden sollen, wird auch 2 Chr 30 diskutiert, aber so, daß – wie oft – in rabbinischer Weise in den Text ein Problem hineingelesen wird, das er gar nicht enthält[5].

Die Einführung eines zweiten Passa (im 2. Monat) hat nicht kalendarische, sondern ganz praktische Gründe. Sie sind sogar Num 9, 1–13 (P^S), wo die Bestimmung über das zweite Passa als Weisung Jahwes an Mose deklariert ist, noch zu erkennen. Die Anfrage der Leute, die an dem (ersten) Passa nicht hatten teilnehmen können, ist lediglich durch deren Unreinheit begründet (V. 6 f.). Die Jahweweisung lautet aber: „Wenn irgend jemand von euch oder euren Nachkommen sich an einer Leiche verunreinigt hat oder sich auf einer weiten Reise befindet, so soll er (doch) das Passa halten. Im 2. Monat am 14. Tag zwischen den Abenden sollen sie es halten." (V. 10. 11 a.) Der Fall der weiten Reise schießt hier über, er ist offensichtlich der wahre Grund für die Einführung des zweiten Passa. Die „weite Reise" aber war in der Zeit nach dem Exil insbesondere durch den Verkehr zwischen der Heimatgemeinde in Jerusalem und den in Babylonien zurückgebliebenen Juden gegeben. Der Chronist hat nun in Anlehnung an die Josiareform (2 Kön 22 f.; 2 Chr 34 f.) auch die Reform des Hiskia (2 Kön 18, 3–6; 2 Chr 29–31) durch eine Passafeier ausgezeichnet[6], und zwar so, daß er die Anordnung von Num 9, 1–13 in einem konkreten Fall der Geschichte Israels ausspann. Schließlich wurde die Bestimmung über das zweite Passa auch in den Traktat Pesaḥim aufgenommen.

---

[1] S. oben S. 16.   [2] KUTSCH, Herbstfest, S. 125 f.
[3] S. oben S. 22.
[4] DALMAN, Arbeit und Sitte, I, 1928, S. 41.
[5] Pes IV, 9 b kennt die Diskussion, wie sie sich in bSanh 12 a. b findet.
[6] Vgl. GALLING, Bücher der Chronik, S. 159.

VI

Aus der Tatsache, daß die drei israelitischen Wallfahrtsfeste mit dem Wochenschema zusammenhängen, ergibt sich nun noch ein weiteres Problem. Wenn die Israeliten die drei Erntefeste in der überlieferten Form – Massotfest und Laubhüttenfest ursprünglich mit der Woche zusammenfallend, das Wochenfest durch die Frist von sieben Wochen mit dem Massotfest verbunden – von den Kanaanäern übernommen haben, müssen dann nicht diese die Wocheneinteilung gekannt haben? Und umgekehrt: wenn die Kanaanäer die (siebentägige) Woche nicht gekannt haben, können dann die Israeliten die drei Erntefeste – mindestens in dieser Form – von den Bewohnern des Kulturlandes übernommen haben?

Soweit ich sehe, ist bis jetzt außerhalb Israels die Einteilung der Zeit in vom Mondumlauf unabhängige siebentägige Wochen nicht nachgewiesen[1]. Allerdings kannte man auch im mesopotamischen Raum Siebenerperioden[2]. Die bei J. Hehn genannten Beispiele zeigen, „daß die Sieben gern zur Darstellung eines kleineren Zeitabschnittes verwendet wurde, daß somit die siebentägige Frist in Babylonien nichts Unbekanntes war, wenn auch von einer regelmäßigen siebentägigen babylonischen Woche keine Rede sein kann"[3]. In diesem Zusammenhang sind, wenigstens vergleichsweise, auch Abschnitte aus ugaritischen Texten[4] heranzuziehen. In dem Text 51, VI, 22–33 heißt es:

Feuer ist gelegt an das Haus,
    Flamme an den Palast.
Siehe, einen Tag und einen zweiten frißt das Feuer im Hause,
    die Flamme im Palast.
Einen dritten, einen vierten Tag frißt das Feuer im Hause,
    die Flamme im Palast.
Einen vierten, einen fünften Tag frißt das Feuer im Hause,
    die Flamme in[mitten des (?) Pal]astes.
Siehe, am siebten der T[age] geht weg das Feuer vom Haus,
    die Flamme vom Palast.

---

[1] Das Problem der Entstehung einer solchen Woche hängt eng zusammen mit dem der Ableitung des Sabbats. Vgl. dazu E. G. Kraeling, The Present Status of the Sabbath Question (AJSL 49, 1933, S. 218–228), und G. J. Botterweck, Der Sabbat im Alten Testamente (ThQ 134, 1954, S. 134–147. 448–457), und die dort diskutierte Literatur; außerdem: Snaith, The Jewish New Year Festival, S. 81 ff.; R. North, The Derivation of Sabbath (Bibl 36, 1955, S. 182–201).

[2] J. Hehn, Siebenzahl und Sabbat bei den Babyloniern und im Alten Testament (Leipziger Semitistische Studien II, 5), 1907, S. 40 ff.; vgl. ders., Zur Bedeutung der Siebenzahl (BZAW 41, 1925, S. 128–136).

[3] Hehn, Siebenzahl, S. 41 f.

[4] C. H. Gordon, Ugaritic Manual (AnOr 35), 1955; vgl. ders., Ugaritic Literature, 1949.

In dieser Weise werden auch sonst sieben Tage aufgezählt: 124, 21–26; 2 Aqht, I, 6–17; II, 32–41; Krt, 106–110. 114–120. 218–227. Aber es müssen nicht immer sieben Tage sein: Krt, 207–211 wird eindeutig nur bis zum vierten Tag gezählt. Andererseits werden in derselben Weise z. B. auch Frauen aufgezählt: Krt, 12–21 (vgl. auch 128, 5–12. 20–25)[1]. Die beiden Beispiele Krt, 207–211. 12–21 beweisen, daß da, wo sieben Tage gezählt werden, in keiner Weise an eine siebentägige Woche gedacht ist, sondern daß die Siebenzahl der Tage allein durch die besondere Rolle der Zahl „7" bedingt ist[2]. – Entsprechendes ist auch bei einem weiteren Problem zu zeigen, das hierher gehört. Man hat den Zyklus des israelitischen Siebentjahres (Erlaßjahr, Sabbatjahr; Ex 23, 10 f.; Dtn 15, 1–11; Lev 25, 1–7)[3] in ugaritischen Texten wiederfinden – und das heißt: vorgebildet sehen – wollen[4]. Das wäre deshalb von Bedeutung, weil die Institution des Siebentjahres der des Sabbats nachgebildet ist (auch wenn der Terminus „Sabbatjahr" erst vom Exil an gebräuchlich wird; vgl. Lev 25, 1–7) und somit den Sabbat und also auch die siebentägige Woche voraussetzt. Wenn demnach das Siebentjahr in Ugarit nachzuweisen wäre, dann hätte man dort auch die siebentägige Woche gekannt. In einem Teil der hier herangezogenen Stellen ist die Rede von „sieben Jahren (šbʿ šnt) – acht Zeiten (ṯmn nqpt[5])": 52, 66 f.; 75, II, 45 f.; vgl. 1 Aqht, I, 42 f.: „šbʿ šnt ... ṯmn." Hier handelt es sich aber nicht um konkrete Zeitangaben, sondern um reine Zahlensprüche[6]. In anderen Texten werden Fristen folgendermaßen umschrieben: „Von Tagen zu Monaten, von Monaten zu Jahren, ... im (bzw. bis zum) siebten Jahr." (49, V, 7–9; 1 Aqht, I, 175–177.) Nach der zweiten Stelle dauert die Trauer des Daniel um Aqht „von Tagen zu Monaten, von Monaten zu Jahren bis zum siebten Jahr"; im siebten Jahr wird sie beendet (1 Aqht, I, 175–184). Wichtiger ist der erstgenannte Text: „Von [Tagen] zu Monaten, von Monaten zu Jahren, [dann (?)] im siebten Jahr Mot,

---

[1] Eine entsprechende Zählung von Monaten findet sich anscheinend in 2 Aqht, II, 45 f. in einem stark zerstörten Text.

[2] Das betont auch J. Gray, The Legacy of Canaan (VT Suppl. 5), 1957, S. 215; Gray demonstriert die Bedeutung der „7" auch an einigen Beispielen aus dem Alten Testament. – Zu dem biblischen Material vgl. Hehn, Siebenzahl, S. 77 ff. Dort S. 18 f. auch ähnliche Beispiele für die Sieben in Aufzählungen.

[3] Vgl. dazu E. Kutsch, Art. „Erlaßjahr", in RGG³, Bd II; dort die wichtigste Literatur.

[4] Gordon, Ugar. Lit., S. 3 ff.; ders., Sabbatical Cycle or Seasonal Pattern? (Or NS 22, 1953, S. 79–81); Kraus, Gottesdienst, S. 129 ff.; Gray, Legacy, S. 11. 61. 63. 68. 149.

[5] Vgl. hebr. נקף Jes 29, 1.

[6] Vgl. schon A. Bea, Der Zahlenspruch im Hebräischen und im Ugaritischen (Bibl 21, 1940, S. 196–198).

der Sohn Els, [wendet sich(?)] an Aliyn Baal. Er erhebt seine Stimme und schreit." (49, V, 7–11.) Es folgt die Klage des Mot gegen Baal wegen der Erniedrigung, die er seinetwegen erfahren hat. Bezeichnenderweise sind es sieben Punkte, die aufgeführt und jeweils durch „ʿlk" (= hebr. עָלֶיךָ; z. B. Ps 44, 23) „deinetwegen"[1] eingeleitet werden. Nach GRAY beansprucht Mot, der Gott der Unfruchtbarkeit, im siebten Jahr die Vorherrschaft Baals, des Gottes der Fruchtbarkeit. Hinter dieser Vorstellung stehe das (aus Israel bekannte) Siebentjahr mit seiner Brache. „The power of sterility may have been allowed full scope in the hope that its power might be exhausted before the next six-year period."[2] GRAY benutzt – wohl mit Recht – diese Stelle als Argument gegen die Auffassung, der Mythus von Baal und Mot spiegele den Wechsel von Fruchtbarkeit und Trockenheit in einem *jährlichen* Zyklus wider[3]. Aber ist sie deshalb ein Beleg für einen Siebenjahres-Zyklus? Ez 39, 9 f. heißt es: „Dann werden die Bewohner der Städte Israels hinausgehen und anzünden Rüstungen und Schilde und Speere, Bogen und Pfeile und Schlagstock und Lanze; und sie werden mit ihnen Feuer brennen sieben Jahre. Und sie brauchen kein Holz zu holen vom Felde und nichts aus den Dickichten zu sammeln, sondern werden mit den Rüstungen Feuer machen. So werden sie ihre Räuber berauben und ihre Plünderer plündern, ist der Spruch Jahwes."[4] Es ist deutlich und kann keinem Zweifel unterliegen: Wenn hier die Zeit von sieben Jahren genannt wird, so ist dabei mit keinem Gedanken an eine Siebenjahres-Periode gedacht[5]. Die Zeitangabe meint hier einfach „viele Jahre"[6], „eine lange Zeit". Und genau dasselbe wollen auch die beiden ugaritischen Stellen sagen. Das wird besonders deutlich an der Hinführung zu dieser Jahreszahl: „von Tagen zu Monaten, von Monaten zu Jahren, bis zum siebten Jahr." Damit ist doch geradezu die sich lang hinstreckende Dauer ausgemalt. Und eben dasselbe gilt für die Angabe in 51, VI, 22–33, wo das tagelang andauernde Brennen des Feuers in dem wiederholenden Stil ausgedrückt ist. Daß es dann gerade sieben Tage und sieben Jahre sind, liegt an der Bedeutung dieser Zahl, die z. B. auch in der siebenfachen Beschuldigung in 49, V, 11–19 ihren Ausdruck gefunden hat.

Die in Frage kommenden Texte aus Ugarit enthalten also keine Angaben über eine siebentägige Woche oder über einen Siebenjahres-

---

[1] Vgl. GRAY, Legacy, S. 61 bei und mit Anm. 1.
[2] GRAY, Legacy, S. 61.
[3] Diese Meinung wird z. B. vertreten von A. S. KAPELRUD, Baal in the Ras Shamra Texts, 1952.
[4] Textherstellung nach G. FOHRER, Ezechiel (HAT I, 13²), 1955, S. 217.
[5] Gegen GORDON, Ugar. Lit., S. 5.   [6] FOHRER, Ezechiel, S. 61.

Zyklus, d. h. über eine Jahrwoche. Die Kenntnis des Wochenschemas ist demnach auch für Ugarit nicht bezeugt.

Nun könnten die Israeliten wenigstens die siebentägige Dauer des Massotfestes und des Lesefestes von den Kanaanäern übernommen haben. Festliche Veranstaltungen aus besonderen Anlässen sind mit dieser Dauer tatsächlich im Alten Orient, wenn auch vereinzelt, bezeugt. Von dem König Gudea von Lagasch (um 2140 v. Chr.) wird ein Freudenfest zur Vollendung eines Tempels gefeiert, das sieben Tage dauert[1]. In Israel selbst – bzw. auch bei den Philistern, sofern die Notiz in Jdc 14, 12 in israelitischer Überlieferung philistäischen Brauch wiedergibt – währt die Hochzeitsfeier sieben Tage (Jdc 14, 12; Gen 29, 27; Tob 11, 17). Immerhin bliebe aber doch noch die Besonderheit, daß die Israeliten im Unterschied zu den Kanaanäern diese siebentägigen Feste so gefeiert haben, daß sie mit ihrer Woche (mit dem Sabbat als siebtem Tag) zusammengefallen sind. Demgegenüber liegt der Bemessung des Abstandes zwischen Massotfest und Wochenfest („sieben Wochen") auf jeden Fall die fortlaufende Wochenrechnung der Israeliten zugrunde, so daß mindestens die zeitliche Verbindung dieser beiden Feste israelitisch sein müßte.

Während nun die beiden anderen großen Feste – das „Fest der Schnitternte" als Fest der Erstlinge (Ex 23, 16; 34, 22 [Erstlinge der Weizenernte]; Lev 23, 17; Num 28, 26) und das „Fest des Einheimsens" zum Abschluß der Ernte und der Weinlese am Ende des landwirtschaftlichen Jahres (vgl. Ex 23, 16; 34, 22) – durch einen Ernteakt (schneiden, einheimsen) bestimmt sind, ist der Inhalt des Massotfestes das Essen von ungesäuerten Broten. Das Essen einer bestimmten Speise, die es auch im täglichen Leben geben kann (zu Massot vgl. Gen 19, 3; Jdc 6, 19; 1 Sam 28, 24), erhält aber erst dann eine besondere Bedeutung, wenn es über eine längere Zeit hin durchgeführt wird. Die Dauer von sieben Tagen gehört also unabdingbar zum Massotfest. Andererseits ist das Essen von ungesäuerten Broten weder ein Anlaß noch ein geeigneter Festbrauch für ein Wallfahrtsfest. Ja, das Massot-Essen ist doch wohl von Hause aus überhaupt kein „Fest"; denn weder sind damit Tänze verbunden wie etwa bei dem Jdc 21, 19–21 berichteten „Jahwefest" in den Weinbergen von Silo, noch wird dabei der Gottheit etwas dargebracht[2]. Vielmehr handelt es sich dabei um eine

---

[1] HEHN, Siebenzahl, S. 40 f.; B. MEISSNER, Babylonien und Assyrien, II, 1925, S. 94.

[2] Nirgends steht, daß die „ungesäuerten Brote" an dem nach ihnen benannten Massotfest als Opfer dargebracht werden (A. WENDEL, Das Opfer in der altisraelitischen Religion, 1927, S. 171; HORST, Privilegrecht, S. 90). – Die Stellen, die

Sitte, die, wohl „aus primitiven animistischen Erntevorstellungen abzuleiten"¹, eine Begehung am Heiligtum nicht notwendig einschließt. Dies wird durch folgende Beobachtung unterstrichen: Die Ex 23, 15 b; 34, 20 b; Dtn 16, 16 b zitierte Bestimmung, die Israeliten sollen nicht „mit leeren Händen" Jahwes „Angesicht schauen", gilt im Dtn für alle drei Feste, ist aber in Ex 23 und 34 nur auf das Massotfest bezogen². Da die nachträgliche Einschränkung einer solchen Bestimmung auf *ein* Fest sinnwidrig wäre, hat diese also ursprünglich nur für das Massotfest gegolten und wurde erst sekundär auf die beiden anderen Feste ausgedehnt. In dem Festkalender von Lev 23 schließlich ist das Gebot, nicht mit leeren Händen vor Jahwe zu erscheinen, ganz weggefallen. In die m. q.-Ordnung³ gehört es sowieso nicht; denn hier sind ja wenigstens die offiziellen Feueropfer für die Feste am Tempel vorgeschrieben. Darüber hinaus sind in V. 9–21 Anordnungen über Webegarben aufgenommen, die zum Beginn der Schnitternte (V. 10) und zum Fest der Erstlinge (V. 17 b), dem Wochenfest, darzubringen und die noch mit der alten Datierung verbunden sind⁴; auch für diese ursprünglich selbständige Ordnung ist also jene Bestimmung nicht nötig⁵. Was aber will die auf das Massotfest beschränkte Anordnung, nicht mit leeren Händen zum Heiligtum zu kommen, besagen? Warum ist sie so allgemein gehalten und gibt nicht konkret an, was man darzubringen hat? Wenn sich die Aufforderung „auf das Darbringen der Gaben vom ersten Getreide" bezieht⁶, warum ist dem dann nicht Ausdruck gegeben? „Für den Standpunkt der kultischen Religion enthält der Satz eine Selbstverständlichkeit."⁷ Eine solche allgemein gehaltene Anweisung scheint doch geradezu die Verlegenheit auszudrücken, daß genauere Angaben nicht gemacht werden konnten. Der Grund hierfür kann nur der sein, daß für ein solches Massot-„Fest" von Hause aus keine bestimmten Darbringungen vorgeschrieben waren. Dies erklärt sich daraus, daß das Massot-

---

Massot als Opfer vorschreiben, beziehen sich nicht auf das Massotfest (WENDEL, Opfer, S. 171 bei und mit Anm. 13).

¹ HORST, Privilegrecht, S. 90, und die dort angegebene Literatur.
² In Sir 35, 6 gilt die Forderung „erscheine vor dem Angesicht des Herrn nicht mit leeren Händen" allgemein für jedes Opfer.
³ S. dazu oben S. 14 f.   ⁴ Vgl. dazu oben S. 15 f.
⁵ Diese „Webegarben" sind aber nicht der ursprüngliche Anlaß der beiden Feste. Bezeichnenderweise ist das Massotfest nicht nach der Webegarbe, sondern nach dem älteren Brauch des Massot-Essens benannt.
⁶ BEER, Exodus, S. 119, zu Ex 23, 16.
⁷ HOLZINGER, Exodus, S. 118, zu Ex 34, 20. – Auch BAENTSCH, Exodus usw., S. 208, sieht keinen Grund für die Beschränkung dieser Forderung auf das Massotfest.

fest an sich kein Fest war, sondern daß ein älterer Brauch, zu Beginn der Ernte (vgl. Dtn 16, 9: „wenn du die Sichel an den Halm legst") sieben Tage lang ungesäuerte Brote zu essen, erst nachträglich zu einem größeren Fest mit einer Wallfahrt ausgeweitet wurde. Wenn nun noch die Israeliten hier keine Angaben machen können, so spricht das nicht gerade dafür, daß sich dieser Vorgang – die Ausweitung zu einem Fest – bereits bei den Kanaanäern abgespielt hätte und daß die Israeliten lediglich das bereits konstituierte Massotfest übernommen hätten. Vielmehr dürfte es sich dabei um einen Vorgang innerhalb der israelitischen Kultusgeschichte handeln. Dies wird noch dadurch unterstrichen, daß auch die Frist, mit der das Massotfest mit dem Erstlingsfest verbunden ist, die israelitische Wochenrechnung voraussetzt und somit erst von den Israeliten angesetzt sein kann. Diese enge Verbindung mit dem Wochenfest zeigt zugleich, daß die selbständige Bedeutung des Massotfestes als eines Erntefestes kaum je sehr groß gewesen sein wird. Beide Feste bilden vielmehr zusammen einen „Festkreis". Das spiegelt sich sogar noch in der jüdischen Bezeichnung des Wochenfestes als עצרת של פסח („Schlußfest des Passa") wider[1]. „Erstlingsfest" ist im Alten Testament – trotz Lev 23, 10 – nur das Wochenfest, und noch das Jubiläenbuch bezeichnet nur dieses als das „Fest der Erstlinge der Getreideernte" (15, 1), das „Fest der Ernteerstlinge" (16, 13; 22, 1), das „Fest der Ernte, der Erstlingsfrucht" (44, 4), nie aber das Massotfest. Die feierliche Darbringung der Erstlingsfrüchte an die Gottheit ist religionsgeschichtlich so verbreitet[2], daß sie mit Sicherheit auch für Kanaan anzunehmen ist[3]. So haben die Israeliten dieses Fest wohl im Kulturland übernommen. Dagegen haben sie wohl selbst den Beginn der Ernte zunächst durch den Brauch des siebentägigen Massot-Essens ausgezeichnet und diese Begehung dann auch zu einem Fest erhoben. Der Umstand, daß man sich bei dem Brauch des Massot-Essens – ebenso wie beim Passa – von der kanaanäischen Umwelt unterschieden wußte, könnte neben der zeitlichen Nähe beider Bräuche mit dazu beigetragen haben, daß auch das Massot-Essen schon so früh mit dem Heilsereignis des Exodus verbunden wurde (Ex 12, 29–34. 37–39 [J])[4].

---

[1] Midr. HL 7, 2 (126 a); BILL. II, S. 598; LOHSE, ThW VI, 46.

[2] Vgl. dazu J. G. FRAZER, Spirits of the Corn and of the Wild, II (= The Golden Bough VIII), 1912³, S. 109 ff.

[3] Für den mesopotamischen Raum vgl. MEISSNER, Babylonien und Assyrien, II, S. 94.

[4] Im Gegensatz zu Passa und Massotfest wurde das Wochenfest erst im 2. Jh. n. Chr. dadurch mit der Heilsgeschichte verbunden, daß es das „Fest der Gesetzesoffenbarung am Sinai" wurde (LOHSE, ThW VI, 48 f.), nachdem zuerst die Priester-

Hinsichtlich der Dauer des Festes scheint sich auch beim Lesefest im Herbst ein ähnlicher Vorgang abgespielt zu haben. Dieses Fest heißt später „Laubhüttenfest", חג הסכות; der Name ist von dem Brauch, bei diesem Fest in Hütten zu wohnen (Lev 23, 42; Neh 8, 14. 17), abgeleitet. Dieser Name für das Fest findet sich zum erstenmal in der Festordnung des Deuteronomiums, Dtn 16, 13. 16[1]. In den älteren Festkalendern heißt das Fest einfach חג האסיף „Fest des Einheimsens". Daß die Kanaanäer im Herbst ein Fest gefeiert haben, spiegelt sich im Alten Testament noch in der Nachricht über das „Freudenfest" (חלולים) der Sichemiten im Anschluß an die Traubenlese wider (Jdc 9, 27). In dieser Notiz erfahren wir allerdings weder etwas über die Dauer des Festes noch über ein Wohnen in Hütten. Die Sitte, am Ende des Jahres die Ernte mit einem Fest zu beschließen, haben die Israeliten von den Kanaanäern übernommen. Nun ist auch das Wohnen in Laubhütten mit der siebentägigen Woche des Festes eng verbunden; denn es wird erst dann zu einer Besonderheit, wenn es längere Zeit durchgeführt wird[2]. Beachtet man den Unterschied in der Benennung des Festes, so liegt die Vermutung nahe, daß sowohl das Wohnen in Hütten als auch die Dauer einer Woche israelitische Einrichtungen sind.

Die Basis der Quellen ist für die in diesem VI. Abschnitt angestellten Untersuchungen besonders schmal. So kann auch für die Ergebnisse nur ein geringes Maß an Sicherheit vorausgesetzt werden. Immerhin sind Besonderheiten einiger Aussagen des Alten Testaments, die sonst meist unbeachtet bleiben, berücksichtigt und ausgewertet worden. Zur siebentägigen Dauer des Massot- und des Lesefestes sowie zur Dreizahl der Ackerbaufeste sind dem Alten Testament aber auch noch konkretere Angaben zu entnehmen.

Nach Jdc 21, 19–21 wurde in Silo alljährlich (מימים ימימה V. 19) ein Fest gefeiert. Dieses Fest heißt חג יהוה „*das* Jahwefest" (V. 19). Zu den Begehungen dieses Festes gehören Tänze der Mädchen von Silo in

---

schrift die Gesetzgebung vom Sinai auf das Wochenfest datiert hatte (s. oben S. 21 Anm. 3). – Bei dem Laubhüttenfest blieb es überhaupt bei dem schwachen Versuch von Lev 23, 43. Die Erklärung, die Israeliten sollten an diesem Fest in Hütten wohnen, weil sie beim Auszug aus Ägypten in Hütten gewohnt hätten, stammt von dem Verfasser des Kapitels und ist somit sicher erst nach 587 v. Chr. geschrieben (vgl. dazu KUTSCH, Herbstfest, S. 92). Sie ist zudem offensichtlich falsch; denn die Israeliten haben beim Exodus höchstens in Zelten, nicht aber in Hütten gewohnt.

[1] Dann weiter: Dtn 31, 10; Lev 23, 34; Sach 14, 16. 18 f.; Esr 3, 4; 2 Chr 8, 13.

[2] Die Bewohner der Oase Siwa in Libyen wohnen bei einem Fest ebenfalls sieben Tage in den Gärten (Enzyklopädie des Islam IV, S. 497).

den Weinbergen bei der Stadt (V. 21), es ist also aller Wahrscheinlichkeit nach das Lesefest im Herbst (vgl. Jdc 9, 27). Daß wir nichts von einem Wohnen in Hütten hören, könnte sich noch daraus erklären, daß im Zusammenhang der Erzählung die Hütten nicht unbedingt erwähnt zu werden brauchten. Wenn es dagegen heißt, daß „*das* Jahwefest" „von Jahr zu Jahr" gefeiert wird, so ist damit die Dreizahl von Jahwefesten ausgeschlossen. Mit diesem Fest verbindet man im allgemeinen auch die jährliche Wallfahrt des Elkana (1 Sam 1, 3 ff.). Elkana zieht „Jahr für Jahr" (1, 3. 7; 2, 19) hinauf nach Silo, um dort „Jahresopfer" (זבח הימים) darzubringen. Angesichts der Tatsache, daß nach 1 Sam 20, 5 f. David das „Jahresopfer" (זבח הימים) seiner Sippe mit einem (nicht näher bestimmten) Neumond in Verbindung bringt, ist allerdings diese Gleichsetzung mindestens nicht sicher[1]. Zweierlei ist aber auf jeden Fall deutlich: 1) Wenn Elkana „Jahr für Jahr" nach Silo hinaufzieht, dann ist eine dreimalige Wallfahrt im Jahr nach diesem Heiligtum offenbar nicht bekannt. 2) Man liest von einem Opfer (1, 4. 21; 2, 19), von Essen und Trinken (1, 9) und von einer Übernachtung (1, 19). Nichts im Text deutet aber darauf hin, daß die Gelegenheit dieses Opfers ein siebentägiges Fest gewesen wäre. Die Traditionen von dem Jahweheiligtum in Silo, die uns in die früheste Zeit der Israeliten nach der Landnahme führen, kennen also zwar ein im Herbst zur Zeit bzw. am Ende der Weinlese[2] begangenes Fest[3], wissen aber weder etwas von einer Dreizahl der (Wallfahrts-) Feste noch von einer siebentägigen Dauer eines Festes[4].

Von wann an die *Dreizahl der (Ackerbau)-Feste* feststand, ist nicht sicher zu sagen. Die älteste Nachricht darüber steht 1 Kön 9, 25: „Und Salomo opferte dreimal im Jahr Brandopfer und שלמים auf dem Altar, den er Jahwe gebaut hatte, und räucherte vor Jahwe ʽ   ʼ[5] und er-

---

[1] Noch weniger darf man wegen des „gegorenen Weines" auf ein Frühjahrsfest schließen (gegen W. Caspari, Die Samuelbücher [KAT VII], 1926, S. 28). Das berauschende Getränk des Weines wird während des ganzen Jahres getrunken; vgl. Dalman, Arbeit und Sitte, IV, 1935, S. 388 ff. 399 ff. Der Vergleich mit Jdc 9, 27, wonach sich die Sichemiten bei einem Lesefest „Mut antrinken", ließe für 1 Sam 1, 3 ff. am ehesten noch an das Herbstfest denken.

[2] Die Jdc 21, 21 erwähnten Tänze in den Weingärten wird man eher am Ende als während der Lese anzunehmen haben.

[3] Das Lesefest im Herbst heißt auch späterhin oft einfach „*das* Jahwefest", חג יהוה (Lev 23, 39; vgl. Hos 9, 5), oder schlechthin „das Fest", החג (1 Kön 8, 2. 65; Ez 45, 25; Neh 8, 14; 2 Chr 5, 3; 7, 8).

[4] Aber auch daß es sich in 1 Sam 1 um „ein jährlich gefeiertes amphiktyonisches Fest" handele, das neben den an den lokalen Heiligtümern überall im Land begangenen drei Ackerbaufesten bestanden habe (M. Noth, Geschichte Israels, 1954², S. 94), ist dem Text nicht zu entnehmen.

[5] S. BHK, z. St.

füllte (so) die Bestimmung des Tempels."[1] Mit NOTH[2] wird man anzunehmen haben, daß diesem Vers einmal die Nachricht über die Tempelweihe vorausging; die Notiz wird also dem 1 Kön 11, 41 zitierten „Buch der Salomogeschichte" entnommen sein[3]. Sie weist in die Frühzeit des israelitischen Königtums. Die Dreizahl der Feste ist hier bekannt; sie wurde also in der Zeit zwischen der Landnahme und der Errichtung des Königtums ausgebildet. Dem entspricht, daß auch der Jahwist mindestens den Brauch des Massot-Essens, wahrscheinlich aber doch wohl schon das Massotfest voraussetzt.

Nach AUERBACH[4] hätten die Israeliten in der älteren Zeit nicht nur die drei großen Feste gefeiert, sondern unabhängig davon noch die „individuelle Pflicht" zu drei Wallfahrten im Jahr nach dem Heiligtum ihres Bezirks gehabt; erst das Deuteronomium hätte diese drei Wallfahrten mit den drei Festen verbunden. Aber wenn der Festkalender in Ex 23, 15–17 durch V. 14 eingeleitet wird: „Dreimal[5] im Jahr sollst du mir ein Wallfahrtsfest feiern (תחג)", so sind damit die dann aufgezählten drei Feste gemeint. Die erneute Aufforderung im Anschluß an diese Aufzählung: „Dreimal im Jahr sollen alle deine Männer das Angesicht des Herrn Jahwe schauen" (Ex 23, 17; 34, 23 und danach auch Dtn 16, 16) könnte an sich deren Zusammenfassung sein. Nun bezieht sich aber der Terminus „das Angesicht Jahwes schauen" überall, wo er vorkommt, auf das Heiligtum in Jerusalem: selbstverständlich im Deuteronomium, das die Kultuszentralisation betreibt (Dtn 16, 16 und 31, 11), sowie in dem deuteronomistischen Vers Ex 34, 24[6], aber auch schon Ex 23, 15. 17; 34, 20. 23; Jes 1, 12; außerdem Ps 42, 3. Dasselbe gilt von dem Ausdruck „das Angesicht Jahwes suchen" an den Stellen, an denen er kultisch gebraucht wird: Ps 24, 6; 1 Chr 21, 30[7]. Die Vermutung liegt nahe, daß mit beiden Termini der Besuch speziell des Heiligtums in Jerusalem bezeichnet wurde. Zwar könnte es lediglich an dem geringen Quellenmaterial

---

[1] Übersetzung von V. 25 b nach M. NOTH, Überlieferungsgeschichtliche Studien, 1957², S. 70 Anm. 1.

[2] Überlieferungsgeschichtliche Studien, S. 67. 70 (Anm. 1). 71; vgl. auch R. KITTEL, Die Bücher der Könige (HK I, 5), 1900, S. 88.

[3] Das dreimalige Perfektum mit waw consecutivum ist ebensowenig gegen den Stil der alten Quellen wie etwa das Imperfektum in 1 Kön 8, 1; gegen HÖLSCHER, Geschichtsschreibung, S. 385.

[4] Feste, S. 15 ff.

[5] שלש רגלים heißt nicht „drei Wallfahrtsfeste", sondern, wie Num 22, 28. 32 eindeutig zeigt, „dreimal"; gegen AUERBACH, Feste, S. 15.

[6] S. dazu oben S. 7.

[7] Vgl. dazu W. EICHRODT, Theologie des Alten Testaments, II, 1948², S. 12 (Anm. 1). 13 (Anm. 2).

liegen, daß wir nicht auch für andere Heiligtümer einen entsprechenden Gebrauch des Ausdrucks „das Angesicht Jahwes schauen" kennen. Aber es scheint doch ein Zusammenhang zu bestehen zwischen diesem Begriff und der Lade, die David nach Jerusalem gebracht hatte (2 Sam 6) und die Salomo in dem von ihm erbauten Tempel aufstellte (1 Kön 8). Nach 2 Sam 15, 25 schickt David den Priester Sadok mit der „Lade Gottes" nach Jerusalem zurück mit den Worten: „Wenn ich Gnade finde in den Augen Jahwes, wird er mich zurückkehren und ihn und seine Stätte sehen lassen." Wenn es hier auch nicht „das Angesicht Jahwes schauen", sondern einfach „ihn schauen" heißt, so ist sachlich offenbar doch dasselbe gemeint. „Daraus ergibt sich, daß das Schauen Gottes (im Heiligtum) irgendwie mit der Anwesenheit der Lade in Zusammenhang gebracht ... wird."[1] Dieser Schluß würde die Vermutung bestätigen, daß die Termini „das Angesicht Jahwes schauen" bzw. „das Angesicht Jahwes suchen" (kultisch gemeint) sich auf den Jerusalemer Tempel beziehen. Die Bestimmung von Ex 23, 17; 34, 23; Dtn 16, 16 hätte also den Sinn, die Pflicht zum Besuch gerade des Jerusalemer Heiligtums an den drei Festen einzuschärfen.

Zum Schluß seien die gewonnenen *Ergebnisse* kurz zusammengefaßt:

I. Das Alte Testament sagt nirgends, daß das *Passa* ein Erstgeburtsopfer war. Dagegen schließen einige Stellen einen Zusammenhang zwischen Passa und der Opferung von Erstgeburten aus. – Dementsprechend ist die Tötung der ägyptischen Erstgeburt überlieferungsgeschichtlich gesehen nicht aus dem Passa „herausgesponnen". Beide Motive wurden vielmehr unabhängig voneinander von dem Faktum des Exodus angezogen: die Tötung der ägyptischen Erstgeburt als notwendige Voraussetzung für den Auszug und das Passa als von Hause aus der Situation des Aufbruchs entsprechend. Dabei konnten beide Motive dann noch durch den Blutritus des Passa untereinander verbunden werden.

II. Während vom Exil an (Ez 45, 21–24; Lev 23, 5–8 usw.) *Passa* (am Abend des 14. I.) und *Massotfest* (15.–21. I.) unmittelbar aufeinander folgten, wurden sie bis zum Exil unabhängig voneinander begangen. Das Passa ist wohl seit je mit dem Vollmond verbunden; das Massotfest dagegen fiel – wie auch das Lesefest im Herbst – ursprünglich stets mit der normalen siebentägigen Woche zusammen.

---

[1] F. Nötscher, „Das Angesicht Gottes schauen" nach biblischer und babylonischer Auffassung, 1924, S. 95; vgl. auch besonders S. 57 ff. 88 ff.

III. Die Notiz in *Jos 5, 10–12* über die Begehung von Passa und Massotfest in Gilgal setzt die terminliche Verbindung beider Bräuche voraus; sie ist also frühestens im Exil verfaßt und gibt nicht eine Ortstradition von Gilgal aus der Richterzeit wieder.

IV. Aus demselben Grund enthalten auch die Angaben über Passa und Massotfest im *chronistischen* Werk, soweit sie nicht auf einer Vorlage in den Königsbüchern beruhen, keine historisch zutreffenden Nachrichten.

V. Das im 2. Monat zu feiernde „zweite Passa" wurde nicht wegen eines – gar nicht anzunehmenden – Kalenderunterschiedes zwischen Juda und dem Nordreich eingerichtet, sondern um Juden, die am Passa zwischen der Heimatgemeinde in Jerusalem und dem in Babylonien gebliebenen Teil des Volkes unterwegs waren, eine nachträgliche Begehung der Passafeier (und des Massotfestes) zu ermöglichen.

VI. In Israels Umwelt ist die fortlaufende siebentägige Woche (und die davon abgeleitete Siebenjahresperiode mit dem Erlaß- [Sabbat-] Jahr als siebtem Jahr) (bis jetzt) nicht nachgewiesen, auch nicht in Ugarit. Aus der Tatsache, daß die beiden siebentägigen Feste in Israel (das Massotfest und das Laubhüttenfest) ursprünglich mit dieser Woche zusammenfielen und daß das Wochenfest durch die Frist von sieben Wochen mit dem Massotfest verbunden war, ergibt sich somit das Problem, inwieweit die israelitischen Ackerbaufeste von den *Kanaanäern* übernommen sind. Für das Wochenfest als Fest der Erstlinge ist diese Abhängigkeit sicher anzunehmen, ebenso für das Lesefest im Herbst, für das ein Beispiel aus dem kanaanäischen Bereich in Jdc 9, 27 berichtet wird. Das Massotfest dagegen ist von Hause aus überhaupt kein Fest, sondern ein an den Wohnstätten am Beginn der Ernte zu begehender Brauch. Sein doppelter Zusammenhang mit der (genuin israelitischen) Woche – die zeitliche Übereinstimmung sowie die Verbindung mit dem Wochenfest – läßt annehmen, daß dieser Brauch von den Israeliten selbst eingeführt und erst allmählich zu einem „Fest" mit einer Wallfahrt wurde. Auch für das Lesefest im Herbst dürfte die siebentägige Dauer und das mit ihr verbundene Wohnen in Laubhütten eine israelitische, nicht von den Kanaanäern übernommene Einrichtung sein. Die Dreizahl der Feste war in der frühen Königszeit ausgebildet (vgl. für Salomo 1 Kön 9, 25).

»... am Ende des Jahres«

Zur Datierung des israelitischen Herbstfestes in Ex 23 16

Das letzte in der Reihe der drei israelitischen Hauptfeste ist חַג הָאָסִיף, das »Fest der Lese« (vgl. Ex 23 16bβ Jer 8 13) als das Fest der »Einbringung von Tenne und Kelter« (Dtn 16 13b; vgl. Lev 23 39a). Dieses Fest, nach dem Brauch, in Hütten zu wohnen (Lev 23 42 Neh 8 14. 17), auch Laubhüttenfest genannt (Dtn 16 13. 16 31 10 Lev 23 34 Sach 14 16. 18. 19 Esr 3 4 II Chr 8 13), wurde vom Exil an vom 15. bis 21. des 7. Monats gefeiert (Lev 23 34-36. 39a Num 29 12-34 Neh 8 18bα) mit einem 8. Feiertag, der עֲצֶרֶת[1] (Lev 23 36b. 39bβ Num 29 35 Neh 8 18bβ II Chr 7 9a). Auch vor dem Exil dauerte dieses Fest 7 Tage (Dtn 16 13a; vgl. I Reg 8 65 [= II Chr 7 8]); jedoch dürfte in dieser Zeit das Herbstfest, wie das Massotfest, nicht durch die Mondphase (Vollmond), sondern durch den Stand der Ernte terminiert gewesen und, wie jenes, mit den 7 Tagen einer Woche zusammengefallen sein[2].

---

[1] Vgl. dazu E. Kutsch, Die Wurzel עצר im Hebräischen, VT 2 (1952), 57—69 (65ff.).

[2] Vgl. z. B. A. Bertholet, Leviticus (KHC III), 1901, 80; B. Baentsch, Exodus-Leviticus-Numeri (HK I, 2), 1903, 412; F. Horst, Das Privilegrecht Jahves. Rechtsgeschichtliche Untersuchungen zum Deuteronomium, 1930 (= Gottes Recht, Gesammelte Studien zum Recht im Alten Testament, 1961, 17—154), 95 (= 122); E. Kutsch, Das Herbstfest in Israel, Diss. theol. Mainz 1955, 130—133 (Maschinenschrift); ders., Erwägungen zur Geschichte der Passafeier und des Massotfestes, ZThK 55 (1958), 1—35 (10—20).

Die beiden älteren Festkalender im Alten Testament, Ex 23 15f. und 34 18. 22, datieren das Herbstfest »בְּצֵאת הַשָּׁנָה« 23 16b bzw. »תְּקוּפַת הַשָּׁנָה« 34 22.

Die Angabe von Ex 23 16 besagt, wörtlich übersetzt, »beim Hinausgehen des Jahres«. Umstritten ist in der alttestamentlichen Wissenschaft, ob damit das »Hinausgehen = Weggehen des Jahres«, also das Jahresende, oder das »Herauskommen des Jahres«, also sein Anfang, gemeint ist. LXX (ἐπ' ἐξόδου τοῦ ἐνιαυτοῦ) und Vulgata *(in exitu anni)* haben die Wendung בצאת השנה als »am Ende des Jahres« verstanden. Dies ist auch die Meinung in der älteren alttestamentlichen Wissenschaft[3]. Diesem Verständnis ist vor einigen Jahren die Übersetzung »beim Herauskommen des Jahres«, also »am Anfang des Jahres«, entgegengesetzt worden[4], und diese Auffassung ist in der Folgezeit von zahlreichen Forschern übernommen worden[5]. Allerdings hat es auch nicht an ausdrücklichem Widerspruch gefehlt[6]. Das Problem der Übersetzung ist zu entscheiden.

Folgende Argumente werden für die Übersetzung »Anfang des Jahres« für בצאת השנה angeführt.

1. יצא, von der Sonne und den Sternen ausgesagt, bedeutet »herausgehen« = »aufgehen«: Gen 19 23 Jdc 5 31 Jes 13 10 Neh 4 15 (Jes 40 26 Hi 38 32)[7], ebenso das Substantiv מוֹצָא (Ps 19 7) das »Aufgehen«.

---

[3] G. Gesenius, Thesaurus Philologicus Criticus Linguae Hebraeae et Chaldaeae Veteris Testamenti II, 1840², 615b s. v. יצא (s); Baentsch a. a. O. 208.; W. Gesenius — F. Buhl, Hebräisches und aramäisches Handwörterbuch über das Alte Testament, 1915¹⁶, 311a; F. X. Kugler, Von Moses bis Paulus, 1922, 136; H. Holzinger, Das zweite Buch Mose (HSAT⁴ I, 1922, 97—161), 132; u. a.

[4] G. B. Gray, Sacrifice in the Old Testament, 1925, 300f.; J. Begrich, Die Chronologie der Könige von Israel und Juda und die Quellen des Rahmens der Königsbücher, 1929, 80f.

[5] S. H. Hooke, The Myth and Ritual Pattern of the Ancient East, in: Myth and Ritual, ed. S. H. Hooke, 1933, 1—14 (12); K. Galling, Biblisches Reallexikon, 1937, 310; S. Mowinckel, Offersang og sangoffer, 1951, 537; ders., Zum israelitischen Neujahr und zur Deutung der Thronbesteigungspsalmen, 1952, 12—14; ders., The Psalms in Israel's Worship, I 1962, 120 bei und mit Anm. 45; II 1962, 233f.; A. Bentzen, VT 2 (1952), 383 (in einer Besprechung von S. Aalen [s. unten Anm. 6]); KBL 393a; R. de Vaux, Les Institutions de l'Ancien Testament, I 1958, 289; II 1960, 367 (dt.: Das Alte Testament und seine Lebensordnungen, I 1960, 306; II 1962, 357); M. Noth, Das zweite Buch Mose, Exodus (ATD 5), 1959, 139; H.-J. Kraus, Gottesdienst in Israel, Grundriß einer alttestamentlichen Kultgeschichte, 1962², 80.

[6] N. H. Snaith, The Jewish New Year Festival, Its Origins and Development, 1947, 58—62; S. Aalen, Die Begriffe ‚Licht' und ‚Finsternis' im Alten Testament, im Spätjudentum und im Rabbinismus, 1951, 46; Kutsch, Herbstfest, 8—15; ders., Chronologie III: Israelitisch-jüdische Chronologie, RGG³ I, 1957, 1812—1814 (1812); ders., Feste und Feiern II: In Israel, RGG³ II, 1958, 910—917 (912).

[7] Ebenso im Phönizischen: Beschwörung aus Arslan Taş (= KAI 27) Z. 26.

Aus dieser Verbindung des Stammes mit dem Lauf der Gestirne schließt man, daß יצא auch da, wo es für die von den Gestirnen bestimmte Zeit gebraucht ist, den Sinn von »herausgehen«, d. h. »beginnen« haben muß[8]. Den Beweis für die Richtigkeit dieser Argumentation sieht man in der akkadischen Wendung *ištu ûmi ša šattu uṣṣî* = »von dem Tage an, wo das Jahr ‚herauskommt' = anfängt«[9].

2. An keiner einzigen alttestamentlichen Stelle habe das Verbum יצא die Bedeutung »ein Ende nehmen«, auch nicht Prov 22 10 I Sam 25 37[10]. Auf der anderen Seite findet man in der Phrase »מֵצֵאתְךָ עַד־בּוֹאֶךָ« für das Verbum יצא sogar die Bedeutung »beginnen«; die Wendung »bedeutet sachlich ‚vom Beginn des Tagewerkes bis zu seinem Ende'«, »am Morgen ‚geht man hinaus', nämlich, um sein Tagewerk ... anzufangen; am Abend ‚geht man hinein' *(bo')* nach abgeschlossener Arbeit«[11].

3. Das Substantiv מוצא »Aufgang (der Sonne)« werde auch für den »Anfang des Tages« gebraucht: »und wir, das Volk deiner Heiligkeit, werden deinen Namen loben wegen der Taten deiner Wahrheit an Festen und Bezeugungsfesten in Ewigkeit עם מ[וצ]א יומם ולילה«[12].

Diese Argumentation ist aber in keinem Punkt stichhaltig. Wir gehen auf sie in umgekehrter Reihenfolge ein.

ad 3. Die Lesung עם מ[וצ]א יומם ולילה beruht auf einer falschen Ergänzung der Lakune zwischen מ und א. Statt א[וצ]מ ist א[בו]מ zu lesen: so findet sich die Wendung עם מבוא יום ולילה in 1QS 10, 10[13].

ad 2. Die Phrase »von deinem Hinausgehen bis zu deinem Hineinkommen« bezieht sich auf das Verlassen des Hauses bzw. die Rückkehr dorthin; יצא bedeutet hier einfach »hinausgehen«. Und für יצא in der Bedeutung »ein Ende nehmen« hat schon Gesenius[14] mit Recht Ez 26 18 angeführt: »Die Inseln ... erschrecken מֵצֵאתְךָ wegen deines Endes.«

---

[8] Gray a. a. O. 300; Begrich a. a. O. 80f.
[9] Frd. Delitzsch, Assyrisches Handwörterbuch, 1896, 237.
[10] Mowinckel, Zum israelitischen Neujahr, 13. Diese beiden Stellen geben Gesenius-Buhl s. v. יצא für die Bedeutung »ausgehen, endigen« an. — Die dort weiter genannte Stelle Ez 7 10 bietet nichts zu צאת השנה und ist hier wie auch bei Mowinckel a. a. O. 13 zu streichen.
[11] Mowinckel a. a. O. 13.
[12] Es handelt sich um 1QM 14, 13. Der Text wurde zuerst veröffentlicht von E. L. Sukenik, Megillot genuzot, I 1948, 26 Z. 12f. Er wurde mit der von Sukenik vorgenommenen Ergänzung der beiden fehlenden Buchstaben übernommen von Aalen a. a. O. 114 bei und mit Anm. 1; Mowinckel a. a. O. 13; J. T. Milik, RB 62 (1955), 600.
[13] Y. Yadin, The Scroll of the War of the Sons of Light against the Sons of Darkness (hebr.), 1955, 342f.; (engl. 1962, 329); J. van der Ploeg, La règle de la guerre, Traduction et notes, VT 5 (1955), 373—420 (389. 415); Kutsch, Herbstfest, 14f.; M. Delcor, La guerre des fils de lumière contre les fils de ténèbres ou le »Manuel du parfait combattant«, NRTh 87 (1955), 372—399; u. a.   [14] Thesaurus 615b.

ad 1. Der Stamm יצא besagt in der Tat das »Herausgehen« = »Aufgehen« der Gestirne[15], wie im Hebräischen so auch in anderen semitischen Sprachen[16]. Ebenso wird mit dem Stamm יצא auch das »Herauskommen« = »Beginnen« von Abend und Morgen bezeichnet; denn beide Begriffe beziehen sich auf die Sonne: עֶרֶב »Abend« ist eigentlich das »Hineingehen« = »Untergehen« der Sonne[17], und בֹּקֶר ist der »Durchbruch« der Sonne[18], Ps 65 9: »Du schaffst Jubel מוֹצָאֵי בֹּקֶר וָעֶרֶב am Ausgang (= Beginn) von Morgen und Abend[19].«

Gegenbegriff zu יצא in dem hier behandelten Gebrauch ist der Stamm בוא »hineingehen = untergehen«: von der Sonne: Gen 15 17 28 11 Lev 22 7 Dtn 24 15 Jdc 19 14 II Sam 2 24 Mi 3 6 Koh 1 5 1QM 18, 5; dazu מָבוֹא »Untergang (der Sonne)«: Dtn 11 30 Jos 1 4 23 4 Sach 8 7 Mal 1 11 Ps 50 1 113 3 104 19 (vgl. 19 6)[20]. Im Akkadischen ist der Gegenbegriff *erēbu* »hineingehen« = »untergehen«[21], dazu das Subst. *erbu* »(Sonnen-)untergang«[22].

Anders als im Zusammenhang mit den Gestirnen — und im Gegensatz zu der oben[23] zitierten Auffassung — werden die Stämme יצא und בוא im Zusammenhang mit »Tag«, »Nacht«, »Monat« und »Jahr« im umgekehrten Sinne gebraucht.

1. Im mischnisch-talmudischen Hebräisch bedeutet יצא, von Tagen und Jahren ausgesagt, »hinausgehen« = »zu Ende gehen«, das hi. הוֹצִיא »hinausgehen lassen« = »zu Ende gehen lassen«. Von Tagen heißt es: כיון שיצת שבת »wenn der Sabbat zu Ende geht« (jBer VIII, 12b)[24]; »möge ich einen gleichen Anteil (der Belohnung im zukünftigen Leben) haben wie diejenigen, die den Sabbateintritt in Tiberias[25] und den Sabbatausgang in Sepphoris[26] beobachten« (wört-

---

[15] Dementsprechend wird das »Aufgehen der Sonne« mit dem Herausgehen des Bräutigams aus seiner Kammer verglichen: Ps 19 6.
[16] Vgl. die einschlägigen Lexika.
[17] Cf. akkad. *erēbu* »eintreten = untergehen« (Sonne) CAD »E«, 1958, 269a; W. v. Soden, Akkadisches Handwörterbuch, I 1965, 236a; hebr. מַעֲרָב Ps 75 7 103 12 107 3 I Chr 7 28 12 16 (zu diesem Substantiv im Aramäischen siehe DISO 162).
[18] Vgl. HAL 145a.
[19] Ein Parallelbegriff zu יצא ist hier זרח »aufgehen, aufstrahlen«: Sonne Gen 32 32 (9mal), Stern (cj.) Num 24 17, Licht Jes 58 10 Ps 112 4; זֶרַח »(Sonnen-)Aufgang« Jes 60 3, מִזְרָח: »Aufgang« (der Sonne) Dtn 4 47 u. ö. (häufig = »Osten«).
[20] Zum Phönizischen und Punischen siehe DISO 141 s. v. מבא.   [21] S. Anm. 17.
[22] Von Soden a. a. O. 233f. — מָבוֹא sowie *erbu* bedeuten auch den »Westen«.
[23] S. 16f. bei und mit Anm. 9.
[24] M. Jastrow, A Dictionary of the Targumin, the Talmud Babli and Yerushalmi, and Midrashic Literature, I 1950, 585a; Snaith a. a. O. 61.
[25] Wo es wegen seiner Lage im Tal früher dunkel wird; L. Goldschmidt, Der babylonische Talmud neu übertragen, I 799 Anm. 84.
[26] Wo es wegen seiner Lage auf dem Berg lange hell ist; Goldschmidt a. a. O. 799f. Anm. 84.

lich: die den Sabbat einführen und die den Sabbat hinausgehen lassen: מכניסי שבת und מוציאי שבת; bSabb 118b)²⁷. Das Jahr betreffend heißt es in bErub 63a: לא הוציא שנתו »er ließ sein Jahr nicht hinausgehen«, d. h. »er beendete es nicht (lebend)«²⁸. Gemeint ist, daß einer von einem bestimmten Zeitpunkt an nicht mehr ein ganzes Jahr lang leben wird. In diesem Zusammenhang kann »sein Jahr hinausgehen lassen« nur »es beenden« bedeuten.

In entsprechendem Sinn wird auch das Subst. מוצא(ים) gebraucht. Nach pScheqalim 4, 47d, 50 hat Rabbi Eleazar (um 100) gesagt: »Der 9. Ab fiel (einmal) auf einen Sabbat; da verschoben wir ihn (den 9. Ab) auf den Sonntag und dann fasteten wir, jedoch nicht den ganzen Tag.«²⁹ Nach dem Zusammenhang kann hier מוצאי שבת nicht den Beginn des Sabbat, sondern nur sein Ende, genauer den Tag nach Sabbat meinen. In GnR 11 (8a) steht dem mit מוצאי שבת »Ausgang des Sabbat« bezeichneten Tag, d. h. dem Tag nach Sabbat, der ערב שבת »(Abend =) Eingang des Sabbat«, der Tag vor Sabbat gegenüber³⁰. Auch bei Jahren wird der Terminus מוצאים verwendet: »Ein Feld, das von Dornenpflanzen gereinigt wurde³¹, darf im Nachsabbatjahr מוצאי שביעית besät werden; (eines,) das verbessert oder (eines), das von einer Herde gedüngt wurde, darf im Nachsabbatjahr מוצאי שביעית nicht besät werden« (Scheb IV, 2³²). Wie hier bezeichnet מוצאי שביעית auch Scheb VI, 4; bRH 9a; Aboth V, 9b das auf das Sabbatjahr folgende Jahr³³.

2. In Qumran stehen in einer Selbstaufforderung zur Übernahme der göttlichen Verpflichtungen im parallelismus membrorum nebeneinander die beiden Zeitangaben »עם מוצא ערב« und »עם מבוא יום ולילה ובוקר« (1QS 10, 10). Daß in der zweiten Aussage מוצא das Herauskommen = den Anfang meint, ist sicher; denn eine Aussage »am

---

²⁷ J. Levy, Wörterbuch über die Talmudim umd Midraschim, II 1924² (= 1963), 353a s. v. כנס; vgl. Snaith a. a. O. 61.

²⁸ Vgl. auch jScheb VI, 36c. — Levy a. a. O. 254b; Jastrow a. a. O. 587a.

²⁹ (H. L. Strack —) P. Billerbeck, Kommentar zum Neuen Testament aus Talmud und Midrasch, I 1922, 1052. Dasselbe Zitat auch bTaan 12a.

³⁰ (Strack—)Billerbeck a. a. O. 1052; Levy a.a.O. III 1924² (= 1963), 691f. s.v. עֶרֶב und עֲרוּבְתָּא. Weitere Beispiele s. in TosSabb III, 5; bChull 15a; מוצאים in Verbindung mit dem Laubhüttenfest bBes 30b; bSabb 45a (vgl. Snaith a. a. O. 61). ערובה »Sabbat-Vorabend« findet sich bereits auf ägyptisch-aramäischen Ostraka des 5. Jh. v. Chr.; vgl. A. Dupont-Sommer, Sabbat et Parascève à Eléphantine d'après des Ostraca Araméens inédits, Extrait des Mémoires présentées par divers savants à l'Académie des Inscriptions et Belles-Lettres, 1950, 1—22 (4f.) (vgl. O. Eißfeldt in: ThLZ 77, 1952, 253f.); DISO 221.

³¹ Nämlich im Sabbatjahr.

³² D. Correns, Schebi'it (Vom Sabbatjahr) (Die Mischna I, 5), 1960, 74f.; Goldschmidt a. a. O. 348.

³³ Ein Teil dieser Stellen wird von Snaith a. a. O. 61 genannt.

Ende von Abend und Morgen« ist im Zusammenhang ganz unwahrscheinlich. Ebenso ist dann aber auch in der ersten Hälfte des Zitates an den Anfang (und nicht an das Ende) von Tag und Nacht gedacht[34]. Der »Anfang« von Tag und Nacht ist aber nicht mit מוצא, sondern mit מבוא bezeichnet![35] In 1QS 10, 3 meint die Wendung מבוא מועדים den »Beginn der Festzeiten« (vgl. auch Z. 4f.). Und in 1QH 12, 7 stehen sich die Zeitangaben gegenüber למוצא לילה ומבוא יומם; gemeint ist die Zeit, in der die Finsternis »sich zurückzieht in ihre Wohnung vor dem Licht« (Z. 6f.), מוצא bezeichnet also das »Ende (der Nacht)« und מבוא den »Anfang (des Tages)«.

3. Der oben[36] angeführte akkadische Wortlaut aus dem babylonischen Schöpfungsepos Enuma eliš Tf. V Z. 5 entfällt, da hier der Text falsch gelesen ist[37]. Im übrigen bedeutet $er\bar{e}bu$ einerseits »kommen«[38] (vom Monat usw.; vgl. adj. $\bar{e}ribu$ »kommend«[39]), andererseits »untergehen«[40] (von der Sonne) und entsprechend $(w)aṣû$ »aufgehen« (von der Sonne)[41], $ṣītu$[42] bzw. $m\bar{u}ṣû$[43] »Aufgang« (der Sonne), dagegen aber $(w)\bar{a}ṣû$ (adj.) »(ausgehend =) endend« (vom Monat oder Tag)[44] und $m\bar{u}ṣê\ šatim$ »(Ausgang =) Ende des Jahres«[45]. Angesichts dieses sprachlichen Vergleichsmaterials kann auch im Biblisch-Hebräischen יצא, vom Jahr ausgesagt, nur das »Hinausgehen« = »zu Ende gehen« bedeuten. בְּצֵאת הַשָּׁנָה in Ex 23 16 meint also »am Ende des Jahres«.

Die Zeitangabe in Ex 34 22 תְּקוּפַת הַשָּׁנָה, wörtlich »an der Wende des Jahres«, hat ebenfalls eher das Ende des Jahres als seinen Anfang im Blick, zumal der vergleichbare Ausdruck לִתְקֻפוֹת הַיָּמִים[46] »an der Wende der Tage« in I Sam 1 20 das »Ende« der Tage (nämlich: der Schwangerschaft der Hanna) bezeichnet[47].

Die Datierung des israelitischen Herbstfestes auf das »Ende des Jahres« in Ex 23 16 (34 22) widerspricht entscheidend der These von

---

[34] Die Übersetzung »wenn der Tag weicht und die Nacht« bei E. Lohse, Die Texte aus Qumran. Hebräisch und deutsch, 1964, 37, ist also nicht zu halten.
[35] Dieselben beiden Zeitangaben nebeneinander in 1QM 14, 13f.; s. dazu oben S. 17.
[36] S. S. 17.
[37] Vgl. H. Winckler, Keilschriftliches Textbuch zum Alten Testament, 1909³, 112; A. Deimel, Enuma eliš, 1936, 20; AOT 120; ANET 67b.
[38] CAD »E«, 1958, 266b; v. Soden a. a. O. 236a.
[39] CAD »E« 293a; v. Soden a. a. O. 240b.
[40] CAD »E« 269a; v. Soden a. a. O. 236a.
[41] CAD »A«, II 1968, 366a. 367b.
[42] CAD »Ṣ«, 1962, 216.
[43] Von Soden a. a. O. Lfg. 8, 1967, 680a.
[44] CAD »A« II 385a.
[45] Von Soden a. a. O. Lfg. 8, 680a.   [46] Lies לִתְקוּפַת.
[47] Vgl. dazu Begrich a. a. O. 79f. — In II Chr 24 23 bezieht sich die Wendung לִתְקוּפַת הַשָּׁנָה auf den Jahreswechsel im Frühjahr, dem die Zählung der Monate entspricht. Dasselbe gilt von der Wiedergabe der LXX zu Ex 34 22 und II Chr 24 23.

Volz und Mowinckel, das Laubhüttenfest sei in Israel von Anfang an Neujahrsfest gewesen[48]. Das israelitische Herbstfest war Erntefest[49]; es wurde am Abschluß der bäuerlichen Arbeiten eines Jahres begangen. Dieses »Jahr« ist also vom bäuerlichen Leben her bestimmt. Daß das Fest in späterer Zeit am Beginn des neuen Jahres liegt, hat seinen Grund darin, daß vom Exil an das Fest mit dem Vollmond des 7. Monats verbunden wurde und daß schließlich der erste Tag dieses Monats — im Gegensatz zum 1. I. (Nisan) in Mesopotamien — zum Neujahrstag erklärt wurde (RH I, 1c; vgl. schon Lev 23 24b Num 29 1ff. Neh 8 2).

In Post-biblical Hebrew, as in other Semitic languages, the stems יצא and בוא (corresponding to the Akkadian *erēbu*) when used of stars mean »(go out =) come up« and »(go in =) go down«. On the other hand when these stems are used of day, night, month or year, they mean »(go out, away =) come to an end« and »come in, begin«. The Biblical Hebrew בְּצֵאת הַשָּׁנָה (Ex 23 16) can therefore only be translated »at the end of the year«.

En hébreu moyen comme en d'autres langues sémitiques, les racines יצא et בוא (accadien *erēbu*) signifient, lorsqu'appliquées aux astres, »(sortir =) se lever« et »(entrer =) se coucher«. Par contre, là où ces racines sont employées à propos du jour, de la nuit, du mois ou de l'année, leur sens est respectivement »(sortir, s'en aller =) se terminer« et »venir, commencer«. L'expression hébreu-biblique בְּצֵאת הַשָּׁנָה (Ex 23 16) ne pourra donc être traduite que par »à la fin de l'année«.

---

[48] P. Volz, Das Neujahrsfest Jahwes (Laubhüttenfest), 1912; S. Mowinckel, Psalmenstudien II. Das Thronbesteigungsfest Jahwäs und der Ursprung der Eschatologie, 1922.

[49] Kutsch, Feste und Feiern, 912f.; Kraus a. a. O. 80.

Der Sabbat — ursprünglich Vollmondtag?

Es gibt kaum eine Institution aus dem Alten Testament und damit aus dem alten Israel, die so sehr unser heutiges Leben bestimmt wie die siebentägige Woche: Sie ist gekennzeichnet durch den Rhythmus von sechs Tagen Arbeit und einem Tag Ruhe. Im christlich bestimmten Bereich ist der Ruhetag der Sonntag. Im Vergleich zum Alten Testament und zum Judentum ist dies aber der erste Tag der Woche — als »Feiertag« begangen in Erinnerung an die Auferstehung Jesu Christi am »ersten Tag der Woche« nach Mk 16,1 ff.; Mt 28,1 ff.; Lk 24,1 ff.; Joh 20,1 ff. Für das Alte Testament und für das Judentum ist der vorangehende Tag der »Sabbat«, der Tag der Ruhe, also der je siebte Tag. Da es außerhalb Israels keine Belege für die Einrichtung einer siebentägigen Woche gibt, die in ununterbrochener Reihe die Jahre durchzieht, ist davon auszugehen, daß diese Zeiteinheit eine »Erfindung« des alten Israel ist. Das Alte Testament bezeichnet den je siebten Tag als »Sabbat«, hebr. *šăbbat*. War aber mit diesem Namen im Alten Testament immer eben dieser Wochentag gemeint? Neuere Untersuchungen bestreiten dies[1]. Sie finden im Alten Testament »Sabbat« als Nennung des siebten Wochentages erst vom Exil an. In vorexilischen Texten sei mit der Bezeichnung »Sabbat« der Vollmondtag gemeint. Anlaß für diese Annahme ist die Beobachtung, daß in vorexilischen Texten der Sabbat häufig mit dem Neumond zusammen genannt wird; so in II Reg 4,23; Am 8,5; Hos 2,13; Jes 1,13. Dieser Sachverhalt wird damit in Verbindung gebracht, daß in Babylonien der Tag des Vollmondes als *šapattu* oder auch *šabattu* bezeichnet wird[2]. Mit diesem *šap/battu* wird hebr. *šăbbat* identifiziert und das hebräische Wort von dem akkadischen abgeleitet. Das Arbeitsverbot, das dem Sabbat als je siebtem Tag den besonderen Charakter gibt, sei dem »Sabbat«=Vollmondtag noch nicht eigen gewesen. Die jüngste Äußerung in dieser Richtung formuliert das kurz und knapp so: »Von größter Bedeutung für die Erforschung der Entstehungsgeschichte des Sabbatgebotes war die Entdeckung, daß in Keilschrifttexten ein Wort *šapattu* ʿ15. Monatstag, Vollmond?ʾ[3] bezeugt ist. Es wurde ferner erkannt, daß auch im Bereich Sy-

---

[1] Vgl. etwa A. Lemaire, Le sabbat à l'époque royale Israélite (RB 80, 1973, 161–185); G. Robinson, The Origin and Development of the Old Testament Sabbath. A Comprehensive Exegetical Approach (Diss. theol. Hamburg), 1975; K. Koch(–J. Roloff), Artikel »Sabbat« (Reclams Bibellexikon, Stuttgart 1978, 431 f.).
[2] Vgl. etwa W. v. Soden, Akkadisches Handwörterbuch III, Wiesbaden 1981, 1182a.
[3] So mit Hinweis auf v. Soden a.a.O. 1172.

rien-Palästinas Neu- und Vollmond gefeiert wurden, und daß in den vorexilischen Texten mit *šbt* ʿSabbatʾ die Feier am Vollmondtag bezeichnet wird. Es steht somit außer Zweifel, daß in vorexilischer Zeit die Sabbatfeier weder auf den siebten Tag gelegt, noch die Feier am Vollmondtag mit einem Gebot der Arbeitsruhe verknüpft war. Von diesen Angaben über Feiern am Sabbat- und Vollmondtag sind jene Texte in der Bibel zu unterscheiden, die unmißverständlich von einer Sabbatfeier mit Arbeitsruhe am siebten Tag handeln oder in denen angeblich nur von einer Arbeitsruhe am siebten Tag gesprochen wird.«[4] Diese Gleichsetzung des alttestamentlichen Sabbat mit dem akkadischen *šap/battu* ist nicht neu; sie wurde bereits 1905 von J. Meinhold vorgetragen[5] und von manchen Fachgenossen übernommen, blieb aber auch nicht unwidersprochen[6]. Die hier vertretene Auffassung ist zu überprüfen; die des weiteren dafür angeführten Argumente[7] brauchen wir dabei nicht im einzelnen aufzuführen.

Nun könnte man gegen die hier zu behandelnde These anführen, daß ebenso wie in vorexilischen Texten auch in exilischen und nachexilischen Neumond und Sabbat nebeneinander genannt sind. So könnte man mit Hos 2,13: »Ich mache ein Ende all ihrer Lust, ihren Festen, Neumonden und Sabbaten und all ihren Feiertagen« vergleichen Ez 45,17: »Jeder Fürst aber hat zu sorgen für das Brandopfer ... an den Festen, den Neumonden, den Sabbaten und an allen Feiertagen des Hauses Israels«. Sollte bei dieser – abgesehen von den Suffixen in Hos 2,13 – absolut gleichen Aufzählung in beiden Texten – *ḥāg, ḥodäš, šăbbat, môʿed* – *šăbbat* bei Hosea den Vollmond, bei Ezechiel den Sabbat meinen? Und sollte der hier vorauszusetzende Bedeutungswandel ausgerechnet am Beginn des Exils erfolgt sein? Man wird es eben nicht für wahrscheinlich halten, letzte Sicherheit aber mit dieser Beobachtung nicht gewinnen. Zu zwingendem Ergebnis führen die folgenden Beobachtungen.

Wir gehen aus von Lev 23,10f. 15–17. Hier erhält Mose von Jahwe den Auftrag: »(10) Sprich zu den Israeliten und rede zu ihnen: Wenn ihr in das Land kommen werdet, das ich euch zu geben im Begriffe stehe, dann sollt ihr die Schnitternte schneiden und die Erstgarbe eurer Schnitternte zum Priester bringen. (11) Er wird die Garbe vor Jahwe weben euch zum

---

[4] O. Loretz, Habiru – Hebräer. Eine soziolinguistische Studie über die Herkunft des Gentiliziums *ʿibrî* vom Appellativum *ḫabiru* (BZAW 160), Berlin–New York 1984, 265.

[5] J. Meinhold, Sabbath und Woche (FRLANT 5), Göttingen 1905; vgl. ders., Die Entstehung des Sabbaths (ZAW 29, 1909, 81–112), und: Zur Sabbathfrage (ZAW 48, 1930, 121–138).

[6] Vgl. z.B. K. Budde, The Sabbath and the Week (JThS 30, 1929, 1–15; deutsch in: ChW 43, 1929, 265–270). – Demgegenüber hat N. H. Snaith, The Jewish New Year Festival. His Origin and Development, London 1947, 81f., vermutet, daß in Israel vor dem Exil der Monat mit dem Vollmond begonnen habe, der Sabbat aber Neumondtag gewesen sei.

[7] Vgl. vor allem die Arbeit von Robinson.

Wohlgefallen; am Tage nach dem Sabbat wird der Priester sie weben. (15) Dann sollt ihr für euch zählen von dem Tag nach Sabbat, von dem Tag, an dem ihr die Webegarbe darbringt, an — sieben volle Sabbate sollen es sein. (16) Bis zu dem Tag nach dem siebten Sabbat sollt ihr zählen, 50 Tage; dann sollt ihr ein neues Speisopfer für Jahwe darbringen. (17) Aus euren Wohnsitzen sollt ihr Webebrot bringen, zwei 'Ringbrote'[8]..., als Erstlinge für Jahwe.« In diesem Text geht es um »Webegarben«[9], die an zwei verschiedenen Terminen durch den Priester vor Jahwe zu »weben« sind. Die beiden Termine sind darin gleich, daß sie jeweils »am Tag nach Sabbat« liegen. Getrennt sind sie durch die Frist von genau sieben Wochen = 49 Tagen; die Zahl von »50 Tagen« (v. 16 Ende) ergibt sich daraus, daß bei der Zählung der Ausgangstermin mitgerechnet wurde, wie es auch sonst israelitischer Zählweise entspricht. Worauf sich die beiden Termine samt der dazwischen liegenden Frist beziehen, zeigt ein Vergleich mit den drei Festkalendern in Ex 23,14—16; 34,18.22 und Dtn 16,1—15. Mit dem Ende der Sieben-Wochen-Frist ist in Dtn 16,9 jenes Fest gemeint, das — in Ex 23,16a als »Fest der Schnitternte« bezeichnet — eben wegen der zu ihm hinführenden Wochenzählung auch »Wochenfest« genannt wird (Ex 34,22a; Dtn 16,10). Der besondere Inhalt dieses Festes ist die Darbringung der »Erstlinge« (*bikkûrîm*) der Weizenernte (so Ex 34,22a), die wie in Ex 23,16a; 34,22a auch in Lev 23,17 — hier als Brote — eine Rolle spielen. Der zweite »Tag nach Sabbat« in unserem Text Lev 23,16 meint also das »Wochenfest«. Ausgangspunkt für die Zählung der sieben Wochen ist das dem Wochenfest vorangehende (Ex 23,15; 34,18) Massotfest. Nach Dtn 16,9 wird als dessen Anfang der Beginn der Schnitternte angegeben; das Massotfest wird hier allerdings nicht genannt, weil es in diesem Festkalender durch die Passafeier ersetzt ist (vgl. Dtn 16,1f.)[10]. Daß das Massotfest mit dem Beginn der Schnitternte zusammenhängt, bestätigt Lev 23, indem hier die Darbringung der ersten Garbe nach v. 10 unmittelbar mit der Anordnung über die Feier des Massotfestes in v. 5—8 verbunden ist.

Ausgangspunkt der zu zählenden sieben Wochen ist nach Lev 23,15 des genaueren ein »Tag nach Sabbat«. Wie ist nun das Verhältnis zwischen diesem »Tag nach Sabbat« einerseits und dem Massotfest andererseits gedacht? Bei der Beantwortung dieser Frage ist zu berücksichtigen, daß nach demselben Kapitel Lev 23 nach v. 5 die Passafeier auf den 14. I. festgelegt ist und nach v. 6 das siebentägige Massotfest am 15. I. beginnt. Welcher

---

[8] Mit den Versionen ist *ḥăllôt* zu ergänzen; cf. K. Elliger, Leviticus (HAT I, 4), 1966, 302f.
[9] Vgl. dazu Elliger a.a.O. 314f.
[10] Daß (im Zusammenhang mit dem Passa) sieben Tage lang Massot (als »Elendsbrot«) gegessen werden soll (Dtn 16,3β.b), sagt eine gegenüber v. 1. 2a. 3aα jüngere Schicht. Vgl. E. Kutsch, Erwägungen zur Geschichte der Passafeier und des Massotfestes (ZThK 55, 1958, 1—35, 11); J. Halbe, Passa-Massot im deuteronomischen Festkalender. Komposition, Entstehung und Programm von Dtn 16,1—8 (ZAW 87, 1975, 147—168, 149f.).

Tag im Kalender ist da »Sabbat«? Geht man davon aus, daß mit šăbbat der siebte Tag der Woche gemeint ist, dann könnte beispielsweise in einem Jahr der 15. I. als der erste Tag des Massotfestes ein Sabbat sein. Aber bereits im Jahr danach läge — im lunisolaren Kalender der Israeliten mit 12 Mondmonaten zu 354 Tagen[11] — der 15. I. nicht mehr auf dem Sabbat, sondern 4 Tage später auf dem 4. Wochentag bzw. der Sabbat läge nicht mehr auf dem 15. I., sondern 4 Tage früher auf dem 11. I. Das bedeutet: Im lunisolaren Kalender — wie übrigens auch in unserem heutigen Kalender — ist es nicht möglich, einen bestimmten jährlich zu begehenden Feiertag gleichzeitig auf einen bestimmten Kalendertag *und* auf einen bestimmten Wochentag zu fixieren. Das Problem ist bereits in alter Zeit gesehen worden. Dreierlei Versuche, einen Ausgleich zwischen der kalendermäßigen Festlegung des Massotfestes und der Bestimmung, die sieben Wochen bis zum Wochenfest von einem »Tag nach Sabbat« aus herzustellen, sind zu notieren. Die Pharisäer, ebenso Septuaginta, Targum, Josephus und die Rabbinen verstanden unter dem »Sabbat«, der nach Lev 23,15 den Ausgangspunkt für die Berechnung bildet, den ersten Tag des Massotfestes, d. h. den 15. I.; sie begannen die Zählung der 50 Tage also am 16. I. Die Sadduzäer (Boethusäer) dagegen zählten von dem Sabbat an, der in die sieben Tage des Massotfestes fiel[12]. Das Jubiläenbuch schließlich, das seiner Zeitrechnung den im Qumran üblichen solaren Kalender zu 12 Monaten à 30 Tage zuzüglich je 1 Tag am Ende eines jeden Vierteljahres zugrunde legt, das Jahr also zu 364 Tagen rechnet, zählt von dem ersten Sabbat aus, der auf das Massotfest folgt und der — hier in jedem Jahr! — auf den 25. I. fällt, und gelangt so für das Wochenfest »am Tag nach Sabbat« auf den 15. III. — wiederum: in jedem Jahr[13]. Bei diesen Praktiken haben die Pharisäer usw. den Zusammenhang mit dem Massotfest gewahrt, aber die Verbindung zum Sabbat aufgegeben; die Sadduzäer haben den Sabbat als siebten Tag der Woche beibehalten, mußten aber einen jährlichen Wechsel des Abstandes des Wochenfestes zum Massotfest in Kauf nehmen. Die Leute von Qumran — und das Jubiläenbuch — sind wie die Sadduzäer vom Wochensabbat ausgegangen, haben aber den »Tag nach dem Sabbat« als den Ausgangspunkt der Sieben-Wochen-Zählung — gegen Lev 23,6.10f.15f. — vom Massotfest am 15.—21. I. abgerückt. Ihr Kalender zu 364 Tagen im Jahr, die sich auf genau 52 Wochen verteilen, bot noch den Vorteil, daß die beiden »Tage nach Sabbat« in jedem Jahr auf dasselbe Datum zu liegen

---

[11] 354 Tage = 50 Wochen zuzüglich 4 Tage.
[12] S. dazu Menachot X, 3 und Robinson a. a. O. 379 f.
[13] Dabei beginnt jedes Jahr am vierten Wochentag, also an einem »Mittwoch«. — Vgl. zum Schema dieser Datierungen die Tabelle bei A. Jaubert, Le calendrier des Jubilées et de la secte de Qumrân. Ses origines bibliques (VT 3, 1953, 250—264, 253), und E. Kutsch, Der Kalender des Jubiläenbuches und das Alte und das Neue Testament (VT 11, 1961, 39—47, 40).

kamen. Keiner dieser drei Versuche aber wird den alttestamentlichen Angaben in allen Punkten gerecht.

Einen Ausweg aus diesen Schwierigkeiten hat Robinson in der Weise versucht, daß er – nach anderen – hinter dem Verfahren der Pharisäer, mit der Zählung der 50 Tage am 16. I. zu beginnen, das Relikt eines alten Festkalenders sieht. Das Massotfest beginne mit dem 15. I. als Vollmondtag an einem Sabbat. Nur sei dieser ursprünglich nicht als siebter Wochentag gemeint; hinter der Wendung »am Tag nach Sabbat« in Lev 23,11 und 15 stehe vielmehr noch die alte Bezeichnung »Sabbat« = šabattu[14]. Indes: hier bleibt ein Punkt unberücksichtigt: Die Zählung der 50 Tage zielt wiederum auf einen »Tag nach Sabbat«. Will man nicht für den in dieser Wendung genannten »Sabbat« in Lev 23,11.15 einerseits sowie in 23,16 andererseits zwei verschiedene Bedeutungen annehmen – daß der »Sabbat« in v. 11 und 15 den Vollmondtag, der »Sabbat« in v. 16 aber den Wochensabbat meine (eine Annahme, die alle Wahrscheinlichkeit gegen sich hat) –, dann müßte auch der »Sabbat«, auf den das (eintägige) Wochenfest folgt, ein Vollmondtag sein. Das ist aber ausgeschlossen; denn zwei Vollmondtage liegen 58–60 Tage auseinander, nicht aber 50 Tage.

Wie aber ist nun zu erklären, daß in Lev 23 einerseits das Massotfest auf den 15. (bis 21.) I., also kalendarisch festgelegt ist, andererseits die auf das Wochenfest zielende Zählung von sieben Sabbaten von einem »Tag nach Sabbat« weiter zu einem »Tag nach Sabbat« führt? Beide Angaben sind nicht in ein System zu bringen; sie gehören nicht zusammen. Offenbar haben sie unterschiedliche Wurzeln[15]. Das ist in Kürze aufzuzeigen. Die Zählung der sieben Wochen vom Beginn der Schnitternte an nach Dtn 16,9 und die Bezeichnung »Wochenfest« (ḥāg šabuʿôt) in dem alten Festkalender in Ex 34,22 setzen bereits für die vorexilische Zeit voraus, daß das Fest der »Erstlinge« mit dem Massotfest als dem Beginn der Schnitternte durch eine Frist von sieben Wochen verbunden ist. Daß diese Verbindung durch die Zählung »vom Tag nach Sabbat – bis zum Tag nach dem siebten Sabbat« hergestellt wird – so in Lev 23,11.15.16 –, gehört dann der Entstehung der Formulierung nach in die vorexilische Zeit. Daraus, daß diese Zählung mit einer Fixierung des Massotfestes auf den 15. (bis 21.) I. nicht harmonieren kann, ergibt sich, daß zur Zeit der Entstehung dieser Art zu zählen, also in vorexilischer Zeit, der Beginn des Massotfestes nicht auf den 15. I. festgelegt gewesen sein kann. Vielmehr wurde der Zeitpunkt des Massotfestes damals durch den Stand der Ernte bedingt und in Verbindung damit auch der Termin des Wochenfestes[16]. Daß nach Lev 23,11 die Webe-

---

[14] Robinson a.a.O. 380ff., besonders 385.
[15] Der Text von Lev 23 ist stark geschichtet; vgl. dazu Elliger a.a.O. 302. 304ff., besonders 307–309. Es ist wichtig zu sehen, daß nach Elliger die beiden oben festgestellten unterschiedlichen Angaben sich auch auf verschiedene literarische Schichten verteilen.
[16] Vgl. E. Kutsch, Passafeier, 16. – E. Otto, Das Mazzotfest in Gilgal (BWANT VI, 7), Stutt-

garbe »am Tag nach dem Sabbat«, also am ersten Tag der Woche dargebracht werden soll, läßt darauf schließen, daß vor dem Exil das siebentägige Massotfest mit den sieben Tagen einer Woche zusammengefallen ist[17].

Auf der anderen Seite ist in Lev 23,6 der Beginn des siebentägigen Massotfestes kalendarisch fixiert, auf den 15. I. Dieses Datum ist – wie neben der Zählung der sieben Wochen vom »Tag nach Sabbat« an nicht anders zu erwarten – in den vorexilischen Festkalendern Ex 23,14–16 und 34,18.22[18] nicht genannt; es findet sich außer im Heiligkeitsgesetz hier in Lev 23 noch in der Opferordnung in Num 28,17–29 in 28,17[19]. Offensichtlich hat man die Fixierung des Beginns des Massotfestes auf den 15. I. – wie dann auch die des Laubhüttenfestes auf den 15. VII. (so schon Ez 45,25; dann in Lev 23,34ff. bzw. 39ff. und Num 29,12ff.) – im Exil vorgenommen, um dadurch sicherzustellen, daß diese Feste – und vom Massotfest aus auch das Wochenfest – in der Heimat und im Exil zum selben Zeitpunkt gefeiert wurden. Die Datierung des Massotfestes auf den 15. I. als den Vollmond *neben* der alten Fixierung auf einen »Tag nach Sabbat« hat zwangsläufig zu der Schwierigkeit geführt, um deren Lösung sich Pharisäer, Sadduzäer und Qumran wie auch moderne Gelehrte bemüht haben, die aber nicht mehr zu lösen ist[20].

Dafür ergibt sich nun aus dem hier zu Lev 23,6.11 ff.15 f. Gesagten die Lösung unseres Ausgangsproblems. Wir haben festgestellt: Die Zählung

---

gart–Berlin–Köln–Mainz 1975, 182 f. Anm. 5, wendet (zu: Passafeier, 10 ff.) ein, »daß von der Festordnung in Lev 23 nur unter Vorbehalt auf die kultische Ordnung in vorexilischer Zeit zurückgeschlossen werden kann. Ferner wird in den alten Mazzotfestgeboten Ex 23,15 ...; 34,18 ... mit der Bestimmung, das Fest sei 'zur Zeit des Monats Abib' zu feiern, das Mazzotfest auf einen festen Termin fixiert, was dagegen spricht, daß er variabel sei.« Hier wird – erstens – die Spannung zwischen der Fixierung des Massotfestes auf den 15.(–21.) I. und der Zählung der sieben Wochen zum »Wochenfest« von einem »Tag nach Sabbat« aus übergangen. Zweitens ist die Ansetzung des Massotfestes in die »Zeit des Monats Abib« in Ex 23,15 und 34,18 wesentlich allgemeiner gehalten als die Ansetzung auf den 15.(–21.) I. (Der Monat »Abib« in den alten Festkalendern entspricht dem 1. Monat in den exilischen – vgl. Ez 45,21 – und nachexilischen – Lev 23,6; Num 28,17 – Texten.) Die alte Ansetzung läßt eindeutig eine variable Handhabung des Massotfesttermins zu.

[17] Entsprechend wird auch das siebentägige Herbstfest, das »Laubhüttenfest«, ursprünglich mit einer Woche identifiziert worden sein.

[18] Zu Dtn 16 s.o. Anm. 10.

[19] In Ex 12,15–17 (P) ergibt sich das Datum des Massotfestes aus dem Zusammenhang mit dem Termin der Passafeier am 14. I. in v. 6. – Auch in den Opferbestimmungen für die großen Feste in Ez 45,21–25 werden die sieben Tage des Massotfestes mit dem Gebot, an diesen Tagen ungesäuertes Brot zu essen, im Anschluß an das Passa aufgeführt und so mit diesem verbunden, wenn auch das Datum des Massotfestes nicht ausdrücklich angegeben wird (vgl. dazu W. Zimmerli, Ezechiel. 2. Teilband: Ezechiel 25–48 [BK 13/2], Neukirchen–Vluyn ²1979, 1158 ff.).

[20] Vgl. dazu E. Kutsch, Das Herbstfest in Israel (Diss. theol. Mainz), 1955, 97; ders., Passafeier, 13–16 mit Lit. 16 Anm. 3.

»vom Tag nach Sabbat — sieben Sabbate bis zum Tag nach dem siebten Sabbat« in Lev 23,15 f. ist älter als die Datierung des Massotfestes auf den 15. I.; sie stammt aus der Zeit *vor* dem Exil. Daraus, daß die Frist von einem Sabbat bis zum siebten nachfolgenden Sabbat 50 Tage beträgt, folgt, daß hier unter dem šăbbat der je siebte Tag der Woche, der Wochensabbat verstanden ist. Dies gilt für die Zeit *vor* dem Exil. Auch zu dieser Zeit schon hat der Sabbat also dieselbe Bedeutung gehabt wie später im Exil und danach. Daß der Sabbat in vorexilischer Zeit einmal — entsprechend dem babylonischen *šapattu* — Vollmondtag gewesen wäre, ist damit ausgeschlossen.

« Trauerbräuche » und « Selbstminderungsriten » im Alten Testament

Jedes Volk und zudem noch jede Zeit haben ihre eigenen Vorstellungen und Begriffe, die sie in der ihnen eigenen Sprache ausdrücken. Für das richtige Verständnis einer fremden Sprache ergeben sich immer wieder dort Schwierigkeiten, wo der Bedeutungsbereich eines Begriffes der anderen Sprache sich nicht genau mit dem meiner eigenen Sprache deckt. Diese Schwierigkeiten wachsen mit dem Abstand an Zeit und Raum, der die beiden Sprachen trennt. So begleiten sie ständig auch den, der hier und heute die hebräische Sprache des Alten Testamentes richtig zu verstehen sich bemüht. Nicht nur der Zeitunterschied von 3-2000 Jahren, auch der Übergang von dem semitischen Sprach- und Denkbereich in den indogermanischen müssen bewältigt werden. Für das hebräische Wort כבוד z. B. kennt das Deutsche keinen volladäquaten Begriff. Der Bedeutungsbereich des Wortes umfaßt, ausgehend von der Grundbedeutung « Schwere », « Gewicht », die deutschen Begriffe « Last » einerseits und andererseits « Ansehen », « Besitz », « Auszeichnung », « Ehre », ja auch « Herrlichkeit » (griechisch δόξα), die je für sich nur mit einem Teil ihres eigenen Bedeutungsfeldes auch nur einen Teil desjenigen von כבוד decken.

Ähnlichen Schwierigkeiten begegnen wir aber auch, wenn wir den Sinn bestimmter antiker und besonders altorientalischer Riten und Bräuche zu erfassen suchen. Das gilt unter anderem auch von jener Gruppe von Bräuchen, die man gemeinhin als « Trauerbräuche » bezeichnet. An Versuchen, sie zu deuten, fehlt es nicht. Indem wir das Problem erneut aufgreifen, beschränken wir uns bewußt auf die israelitisch-jüdischen Verhältnisse und ziehen höchstens gelegentlich Texte aus der kulturellen Umwelt Israels heran. Dagegen schließen wir zeitlich und räumlich ferner liegende Kulturbereiche für die Deutung aus. Der Weg, mit Hilfe eines unkritischen Vergleiches die israelitischen Bräuche zu erklären, erweist sich als verfehlt.

Unter Trauerbräuchen sind – wie sich aus dem Namen ergibt – Bräuche zu verstehen, die man aus Trauer vollzieht, wobei der Tod eines Menschen oder auch ein besonderes Unglück die Trauer veranlaßt haben kann. Derartige Riten hat der Trauernde teils an seiner Kleidung, teils an seinem Körper vollzogen; zum Teil bestanden sie auch im Einnehmen einer bestimmten Haltung. Man zerriß seine Kleidung [1], legte Kopfbund [2] und Sandalen [3] ab, kleidete sich mit dem Saq [4], einem Gewand oder Schurz aus im allgemeinen dunklem Haartuch [5]. Man raufte das Haupthaar [6] und ließ es wild hängen [7], man schor es ganz ab [8] oder schnitt eine Randglatze [9] oder eine Stirnglatze [10]; den Kinnbart stutzte man [11], den Lippenbart verhüllte man [12], ebenso auch das Haupt [13]. Man fastete [14], salbte sich nicht [15], schlug sich auf die Brust [16] oder die Lenden [17], man brachte sich blutige Einschnitte in die Haut bei [18], streute Staub und Erde aufs Haupt [19]. Man setzte oder legte sich auf die Erde nieder [20], saß [21] oder wälzte sich [22] im Staub. Auch Weinen und Klagen konnten rituellen Charakter haben. Diese Bräuche konnten einzeln oder in verschiedenen Kombinationen vollzogen werden. Als Jakob den – vermeintlichen – Tod seines Sohnes Joseph erfuhr, « zerriß er seine Kleider und legte den Saq um seine Hüften » (Gen 37, 34). Auf die Nachricht vom Tode des Königs Saul und seines Sohnes Jonathan in der Schlacht gegen die Philister im Gebirge Gilboa « faßte David seine Kleider und zerriß sie, ebenso alle Männer, die bei ihm waren; und sie klagten und weinten und fasteten bis zum Abend um Saul und um seinen Sohn Jonathan und um das Volk Jahwes und um das Haus Israel, weil sie durch das Schwert gefallen waren » (2 Sam 1, 11 f.). Stehen die Bräuche hier in Verbindung mit der Trauer um einen Toten, so sind sie an anderen Stellen durch einen besonderen Unglücksfall veranlaßt, der das ganze Volk getroffen hat, trifft oder treffen wird. Nach der Niederlage der Israeliten gegen die Bewohner der Stadt Ai « zerriß Josua seine Gewänder, fiel zu Boden auf sein Angesicht vor der Lade Jahwes bis zum Abend, er und die Ältesten Israels, und sie streuten Staub auf ihr Haupt » (Jos 7, 6). Der Bote, der die Nachricht von einer Niederlage überbringt, hat angesichts der Katastrophe seine Kleider zerrissen und Erde auf sein Haupt getan, er trifft also bei den Empfängern der Nachricht ein « mit zerrissenen Kleidern und mit Erde auf seinem Haupt » (1 Sam 4, 12; 2 Sam 1, 2). Eine erwünschte Zusammenstellung solcher Trauerbräuche bietet ein Text aus Ugarit, einer bis zu ihrem Untergang im 12. Jh. bedeutenden Stadt an der syrischen Mittelmeerküste;

diesen Text dürfen wir mit heranziehen, weil enge sprach- und kulturgeschichtliche Beziehungen diese Stadt mit dem kanaanäisch-israelitischen Bereich verbinden. Von dem Göttervater El wird berichtet, daß er, veranlaßt durch die Nachricht vom Tode des Wetter- und Fruchtbarkeitsgottes Baal, sich folgendermaßen verhalten hat:

> Alsdann stieg der Gütige, El, der Gemütvolle herunter vom Thron,
> er setzte sich auf den Schemel,
> und vom Schemel setzte er sich nieder auf die Erde.
> Er streute Erdkrumen der Trauer auf seinen Kopf,
> den Staub, in dem er sich wälzte, auf sein Haupt.
> Das Gewand bedeckte er mit der Trauerhülle.
> Er zerkratzte die Haut mit Stein,
> er schnitt die beiden Seitenlocken (?) mit der Schere ab,
> er furchte seinen Oberarm,
> er bearbeitete wie einen Garten die Gegend seines Herzens,
> wie eine Talebene pflügte er den Rücken [23].

Mit den bisher angeführten Bereichen – Todesfall und großes Unglück – sind aber die Belege für solche gemeinhin « Trauerbräuche » genannten Riten noch längst nicht erschöpft. An zahlreichen Stellen, an denen derartige Bräuche erwähnt werden, kann man – genau genommen – nicht von « Trauer » sprechen.

Gut veranschaulicht das Jon 3, 5-10. Der Prophet Jona verkündigt in göttlichem Auftrag der Stadt Ninive: « Noch 40 Tage, dann ist Ninive zerstört! » (V. 4). Wie reagiert man auf diese Ankündigung?

[5] Die Leute von Ninive glaubten Gott. Deshalb riefen sie ein Fasten aus, und Groß und Klein legte den Saq an. [6] Als die Kunde zu dem König von Ninive gelangte, da stand dieser von seinem Thron auf, legte seinen Königsmantel ab, bedeckte sich mit dem Saq und setzte sich nieder in den Staub. [7] Und man ließ in Ninive auf Befehl des Königs und seiner Großen ausrufen: « Menschen und Tiere, Rindvieh und Schafe sollen nichts essen, nicht weiden und kein Wasser trinken. [8] Vielmehr sollen sie sich mit dem Saq bedecken, Menschen und Tiere, und Gott mit Macht anrufen und umkehren alle von ihren bösen Wegen und von der Gewalttat an ihren Händen. [9] Wer weiß, vielleicht reut es Gott wieder, und er läßt ab von der Glut seines Zorns, daß wir nicht umkommen. » [10] Als aber Gott sah, daß sie umgekehrt waren von ihrem bösen Wege, da reute es Gott wegen des Unheils, das er ihnen zu tun angedroht hatte und er tat es nicht.

Nach dieser Darstellung legen die Niniviten zweimal den Saq an. Das zeigt, daß hier zwei verschiedene Vorstellungen verknüpft wurden. Auf die Ankündigung des großen Unglücks hin, das in diesem Fall zwar noch nicht eingetroffen ist, das aber unausweichlich bevorsteht, legen Volk und König den Saq an und vollziehen weitere einschlägige Riten. Hier sind diese Bräuche wohl als Trauerbräuche verstanden. Anders im zweiten Fall. Der Vollzug der dort genannten Riten – Saqtragen und Fasten – soll ein bestimmtes Verhalten gegenüber Gott begleiten: Man soll umkehren zu Gott hin. Und auch ein Zweck für dieses Verhalten und damit auch für den Vollzug dieser Riten wird angegeben: Man will dadurch Gott zum Ablassen von seinem Zorn bewegen – was dann, wie die abschließende Notiz vermerkt, auch gelingt. Wie Umkehr und Bittgebet ist hier auch Saqtragen und Fasten nicht Ausdruck von Trauer; diese Riten begleiten und veranschaulichen vielmehr die Unterwerfung, Selbstdemütigung – oder sagen wir es neutraler: – die *Selbstminderung* der bedrohten Bevölkerung vor der erzürnten Gottheit [24].

Am deutlichsten wird das Problem, das uns hier beschäftigt, in dem Abschnitt 2 Sam 12, 16 ff. Der Knabe, den David in ehebrecherischem Verkehr mit Bathseba, dem Weibe des Uria, gezeugt hatte, ist auf den Tod erkrankt – eine Strafe Gottes [25] für Davids Ehebruch und für seine Schuld an dem Tod des Uria. Daraufhin « suchte David (den) Gott wegen des Knaben (d. h. er holte ein Orakel ein, ob das Kind gesund werde [26]), er fastete, ging hinein und verbrachte die Nacht auf der Erde liegend » (V. 16). Aus der Fortsetzung des Textes geht weiter hervor, daß David auch sich nicht gewaschen und nicht gesalbt hat (V. 20aα). Sobald aber das Kind gestorben war, unterließ er alle diese Bräuche, « wechselte seine Gewänder [27], ging in das Haus Jahwes und fiel nieder. Dann ging er in sein Haus, ließ sich Speise vorsetzen und aß » (V. 20aβ.b). Eine Auslegung, die die hier genannten Riten als Trauerbräuche verstehen wollte, mußte sich notwendig vor unüberwindliche Schwierigkeiten gestellt sehen. Warum vollzog der König die Riten, solange das Kind noch lebte – nicht aber nach seinem Tod? Der Auskunft, daß David « die Trauerbräuche, die sonst dem Todesfall folgen, ... vorher (vollzieht) und ... so das Recht der freien Persönlichkeit gegenüber der Gebundenheit der ... Sitte ... » vertritt [28], widerspricht David in der Erzählung selbst. Als die Diener des Königs – fast drei Jahrtausende vor der modernen Bibelwissenschaft – ihn nach dem Grund seines auch ihnen unverständlichen Verhaltens fragen, antwortet er: « Solange das Kind noch lebte, fastete und weinte ich; denn ich dachte: Wer weiß, vielleicht ist Jahwe gnädig und das Kind bleibt am Leben » (V. 22). Die hier geübten Bräuche sollen nicht der Trauer nach dem Tode des Kindes Ausdruck geben, sondern der Selbstdemütigung des Königs vor Gott, mit der David den Tod des Kindes zu verhindern hoffte.

In diesen Texten war jeweils eine äußere Bedrohung der Anlaß dazu, daß Menschen sich vor Gott mit der Bitte um Hilfe gebeugt und diese demütige Haltung durch entsprechende Riten äußerlich ausgedrückt haben. Solche Riten können aber auch dann eine Bitte begleiten, wenn diese nicht gerade auf Abhilfe aus einer Not zielt. So in Dan 10. Im 3. Jahr des Kyros, des Königs von Persien, erfährt Daniel eine vierte und letzte Offenbarung (V. 1). Daraufhin verbringt er drei Wochen in einer Lebensweise, die V. 3 in folgender Weise schildert: « Wohlschmeckende Speise aß ich nicht, und Fleisch und Wein kamen nicht in meinen Mund, und ich salbte mich überhaupt nicht... » Auch hier kann man die Einschränkung, der sich Daniel hinsichtlich Speise und Körperpflege unterzieht, nicht gut als « Trauerbrauch » ansehen; denn für « Trauer » ist im Zusammenhang gar kein Anlaß gegeben. Der Vollzug dieses Brauchtums drückt vielmehr die Beugung, Selbstminderung gegenüber Gott aus, durch die Daniel eine Deutung der Vision zu erlangen sucht.

Und an dieser Stelle wird nun auch ausdrücklich gesagt, wie diese Riten hier gemeint sind. Der Engel, der nach Ablauf der drei Wochen dem Daniel den Sinn der Offenbarung enthüllt, spricht ihn an mit folgenden Worten: « Fürchte dich nicht, Daniel! Denn von dem ersten Tag an, an dem du dein Herz darauf richtetest, zu verstehen und dich als gebeugt zu erweisen (להתענות) vor deinem Gott, sind deine Worte gehört worden » (V. 12). Das, was anderwärts als « Trauerbrauch » erscheint, ist hier also als Ritus der Beugung bzw. als Ausdruck des Gebeugtseins vor Gott erklärt [29].

Aber nicht nur zur Unterstützung einer Bitte wird die Selbsterniedrigung gegenüber Gott durch solche Riten ausgedrückt. Der Prophet Elia hat im Auftrage Jahwes dem israelitischen König Ahab Unglück und Ausrottung seines Geschlechtes angesagt dafür, daß er den Naboth umbringen ließ, um sich dessen Weinberg anzueignen (1 Kön. 21, 17 ff.). « Als Ahab – so lesen wir in V. 27 – diese Worte hörte, zerriß er seine Kleider, legte den Saq auf seinen Leib, fastete, schlief im Saq und ging kleinlaut einher. » Dann heißt es weiter (V. 28 f.): « Da erging das Wort Jahwes an den Thisbiter Elia folgendermaßen: Hast du gesehen, wie Ahab sich vor mir gebeugt hat? Weil er sich nun aber vor mir gebeugt hat, führe ich das Unglück nicht zu seinen Lebzeiten herbei; sondern erst in den Tagen seines Sohnes bringe ich das Unglück über sein Haus.» Für den Erzähler sind die genannten Riten nicht Ausdruck der Trauer über das angekündigte Unheil, sie begleiten nicht einmal eine Bitte um dessen Abwendung. Ahab blickt hier nicht auf sich und sein Unglück, sondern auf Gottes Zorn und dessen Anlaß, d. h. auf seine eigene Verfehlung. Das *Er*kennen der Schuld führt dazu, sie zu *be*kennen – und damit zur Beugung, Selbstdemütigung, Unterwerfung vor Gott, die rituell in Kleiderzerreißen, Saqtragen, Fasten ihren Ausdruck erhält.

Der Charakter des Alten Testaments als einer vorwiegend religiösen Urkunde läßt wohl die Belege für diese Selbstminderungsriten aus dem Bereich, in dem die Bräuche gegenüber Gott geübt werden, bei weitem überwiegen. Indes sind uns solche Selbstminderungsriten auch in profanem Zusammenhang überliefert; schon allein diese Beobachtung warnt uns davor, diese Bräuche einfach als «kultisch» zu bezeichnen [30]. Nach 1 Kön 20, 26 ff. hat der Aramäerkönig Benhadad die Israeliten mit Krieg überzogen, mußte sich aber nach einer schweren Niederlage in die Stadt Aphek östlich des Sees von Tiberias flüchten. In dieser Lage geben ihm seine Diener folgenden Rat: «Siehe, wir haben gehört, daß die Könige des Hauses Israel barmherzige Könige sind. Laß uns doch den Saq um unsere Hüften legen und Stricke um unser Haupt und so zu dem König von Israel hinausgehen. Vielleicht läßt er dich am Leben» (V. 31). Sie verfahren dann in der vorgeschlagenen Weise und tragen in dieser Haltung dem israelitischen König die Bitte des Aramäers vor: «Laß mich doch am Leben!» (V. 32). Das Saqtragen hat auch hier nichts mit Trauer zu tun, sondern gibt der Selbstunterwerfung des Aramäers Ausdruck [31]. Verstärkt und in seiner Bedeutung unterstrichen wird der Brauch hier noch dadurch, daß die Diener des Königs sich Stricke um den Kopf binden. Auch dem feindlichen König gegenüber geübt, zielt die in dieser Weise *rite* vollzogene Selbstunterwerfung auf die Erhaltung des Lebens (die dann auch gewährt wird – V. 33).

Fast genau so wie hier der Aramäer verfuhr Ik-Tešub, der König des Landes Šubria [32], als er nach wiederholter Auflehnung gegen den Assyrer Assarhaddon von diesem in seiner Residenz Uppume belagert wurde [33]. Er «ließ ein Bild ... machen und hüllte es in Saq [34]; Fesseln legte er ihm (dem Bild) an, das Kennzeichen der Sklaverei, ließ es an einer Handmühle [35] Platz nehmen» [36]. Die Söhne des Königs bringen das so hergerichtete Bild vor Assarhaddon, «um Mitleid zu erwecken und um sein

Leben zu retten »[37]. Zuvor hatte Ik-Tešub schon selbst seine Unterwerfung durch Selbstminderungsriten bekundet. Assarhaddon schildert das so:

> [1] Als jener meine königliche Botschaft, die wie eine Flamme den Feind verbrennt, hörte, [2] befiel ihn (?)..., war sein Herz beklommen und wankten seine Beine. [3] Sein königliches Gewand zog er aus und bekleidete seinen Leib mit einem Saq, dem Kleide des Büßers, [4] sein Äußeres verunstaltete er, wurde zum Sklaven und gesellte sich zu seinen Knechten. [5] Mit Flehen, Bitten und Demütigung kniete er auf der Mauer seiner Stadt, [6] indem er gepreßt Wehschreie ausstieß und mit geöffneten Händen meine Herrschaft anflehte[38].

In einem Schreiben an den Assyrer bekennt er ausdrücklich seine Vergehen, unterwirft sein Land und fleht um sein Leben[39]. Für unseren Zusammenhang besonders interessant ist hier die Deutung des Saq: Es sei das Kleid des Büßers[40], d. h. das Gewand, das derjenige trägt, der seine Sünde, Verfehlung öffentlich kundtut.

Durch die hier behandelten Riten findet nun nicht nur eine Selbstminderung Ausdruck, d. h. die Erniedrigung, in die sich ein Mensch selbst hineinstellt, sondern auch eine solche, die von einem anderen durchgeführt wird bzw. worden ist. Davids Tochter Thamar wurde – nach 2 Sam 13, 11 ff. – von ihrem Halbbruder Amnon vergewaltigt. V. 14: Amnon « ergriff sie, beugte sie (ויענה, d. h. verging sich an ihr) und schlief mit ihr ». Thamar wurde also « gebeugt ». Diesem Gebeugtsein, Erniedrigtsein gab sie, nachdem ihr Halbbruder sie auch noch hinausgeworfen hatte, dadurch Ausdruck, daß sie « Staub auf ihr Haupt streute, ihre Jungferngewandung zerriß und die Hand auf den Kopf legte » (V. 19) – das letztere ein Brauch, der zwar nicht im Alten Testament, aber in Israels Umwelt auch als Trauerbrauch nachgewiesen ist[41].

In die Sphäre der Niedrigkeit, die in dem Vollzug dieser Riten ihren Ausdruck findet, gehört auch alles Unreine. Der Aussätzige, der einerseits durch den lauten Ruf « unrein, unrein » die Umwelt auf seine Krankheit aufmerksam macht, muß andererseits in zerrissenen Kleidern, mit wild herabhängendem Haar und mit verhülltem Lippenbart herumlaufen (Lev 13, 45). Dieser Aufzug dient doch wohl nicht dazu, daß der Aussätzige sich « gegenüber unheimlichen Mächten, die ihn ebenso wie den Totentrauernden umwittern, unkenntlich » macht[42]; vielmehr bringt der Aussätzige damit seine Unreinheit und das heißt seine Niedrigkeit *rite* zum Ausdruck.

Dieser Zusammenhang zwischen Niedrigkeit und Unreinheit ist wohl auch der Anlaß dafür, daß nach Lev 21, 5 (Ez 44, 20) allen Priestern verboten ist, sich auf dem Kopf eine Glatze zu machen, den Rand des Bartes abzuscheren und sich am Körper Einritzungen vorzunehmen. Könnte man angesichts der Tatsache, daß in Lev 19, 27 f. das Verbot dieser Riten auf alle Israeliten ausgedehnt ist, noch versucht sein, anzunehmen, daß die Untersagung der Riten wegen ihres Ursprungs in einem fremden Kult erfolgt ist [43], so zeigt doch ein weiteres derartiges Verbot wieder die enge Zugehörigkeit der in solchen Bräuchen demonstrierten Niedrigkeit zu der Unreinheit: Dem Hohenpriester ist es zur Wahrung seiner besonderen Heiligkeit generell untersagt, das Haupthaar wild hängen zu lassen und seine Kleider zu zerreißen (Lev 21, 10, cf. 10, 6 [44]). Nach dem Vollzug solcher Riten wäre er «gebeugt», «erniedrigt» – nicht im Sinne von Selbstminderung, sondern von Unreinheit! [45] – und dürfte in diesem Zustand nicht vor Jahwe treten — ebenso wie nach Est 4, 2 auch Mardochai den Palast des persischen Königs nicht betreten darf, weil er mit dem Saq bekleidet ist.

Mit diesen Beispielen sind nahezu alle Riten, die im Alten Testament als wirkliche Trauerbräuche begegnen, hier auch als Selbstminderungsriten bzw. als Riten zur Kennzeichnung der eigenen Niedrigkeit nachgewiesen [46]. Eine Vervollständigung des Materials würde noch einige Selbstminderungsriten aufzuführen haben, die nur in Israels Umwelt, nicht aber im Alten Testament [47] oder aber auch überhaupt nicht [48] als Trauerbräuche erscheinen.

Was bedeuten nun diese Riten? In jenen Fällen, in denen sie als Selbstminderungsriten vollzogen wurden, ist ihr Sinn klar: Sie drücken das Sichniedrigen oder einfach das Niedrigsein aus. Was aber sollen sie dort besagen, wo sie als Trauerbräuche – bei Totentrauer oder bei Trauer wegen eines sonstigen Unheils – geübt wurden? Haben die Trauerbräuche eine andere Bedeutung als die Selbstminderungsriten? Wahrscheinlich ist das nicht. Ein Blick auf die bisherigen Versuche, Sinn und Herkunft dieser Riten zu erklären, führt uns weiter.

In einer Reihe von Untersuchungen sowie Erklärungen einzelner Stellen bis in die jüngste Zeit hinein werden einzelne oder alle derartigen Bräuche als Totentrauerbräuche angesehen dergestalt, daß man sie mit den Verstorbenen in Beziehung setzt. Die einen sehen in ihnen Reste von Ahnenverehrung und Totenkult [49]. Der Auffassung, die – sogenannten –

Trauerbräuche gäben der Verbundenheit mit dem Toten Ausdruck [50], steht eine andere entgegen, nach der diese Riten die Vertreibung des Geistes des Toten bezweckten [51]. Angesichts der Schwierigkeiten, die die Ableitung aller derartiger Riten von einem gemeinsamen Ausgangspunkt schuf, war man auch bereit, mehrere Grundmotive anzunehmen. So vermutete Elhorst, « daß die israelitischen Trauerbräuche aus zwei Gedanken zu erklären » seien, « und zwar zunächst aus dem Gedanken der Fürsorge für den Toten und zweitens aus dem Gedanken, daß das Haus eingenommen ist von einer Macht, die man zu Nutz und Frommen sowohl der Lebenden als des Toten zu begütigen hat und deshalb verehrt » [52]. Hinsichtlich ihrer Deutung unterschied Bertholet [53] fünf Arten von Bräuchen, solche « a) mit denen sich die Hinterbliebenen gegen die von der Leiche ausgehenden Infektionskräfte ... schützen wollen; b) mit denen sie dem Toten Lebenskraft zuzuführen suchen ...; c) mittels derer sie ihm Schutz gegen böse Dämonen schaffen wollen ...; d) durch die sie sich dem Toten unkenntlich machen wollen ...; e) durch die sie eine Vereinigung mit den Toten bezwecken und sich schließlich in kultische Abhängigkeit von ihnen begeben ».

Bei allen derartigen Deutungsversuchen bleibt unklar, wie das Verhältnis der so verstandenen Totentrauerbräuche zu den von uns herausgearbeiteten Selbstminderungsriten zu denken ist. Die Riten müßten in den beiden unterschiedlichen Fällen verschiedene Bedeutungen gehabt haben und, da eine Ableitung der einen von der anderen kaum möglich ist, sogar verschiedenen Ursprungs sein. Mit der Ableitung der Riten aus der Totentrauer können sogar schon jene Fälle, in denen « Trauer » anläßlich eines besonderen Unglücks vorliegt, nicht vereint werden. So ist von vorneherein jede Deutung, die diese Riten unmittelbar mit den Toten in Verbindung setzt, ausgeschlossen. Keiner dieser Riten zielt auf den Toten, d. h. auf sein Ergehen oder auf das Verhältnis zu ihm; sie alle haben vielmehr Bezug auf denjenigen, der sie vollzieht. Dementsprechend haben andere Forscher – sie sind in der Minderzahl – jene Gesichtspunkte in den Vordergrund gerückt, die uns bei der Herausarbeitung der Selbstminderungsriten begegnet sind. So kam Frankenberg zu dem Ergebnis, « daß die sogenannten Trauergebräuche nichts sind als Zwangsmittel, um den Willen der ungnädigen Gottheit zu beeinflussen » [54]. Indes fragt man sich bei dieser Erklärung, in welcher Richtung etwa David den Willen der Gottheit beeinflussen will, wenn er mit solchen Riten Sauls Tod betrauert.

Von der Selbstdemütigung geht auch Frey aus [55]. Nach ihm demütigt sich der von einem bösen Geschick – Tod oder Unheil – Betroffene mit diesen Riten unter den, der dieses Geschick verursacht hat, unter Jahwe [56]. Hier sind « Trauerbräuche » und « Selbstminderungsriten » – nach der Terminologie der bisherigen Ausführungen – aus *einer* Wurzel erklärt, und zwar in einer Weise, die sowohl der Besonderheit der Selbstminderungsriten – eben der Selbstdemütigung – Rechnung trägt als auch, im anderen Fall, den besonderen Gesichtspunkt der «Trauer» berücksichtigt. Allerdings hat auch diese Deutung einen schwachen Punkt: Das Alte Testament läßt zwar vielfach erkennen, daß die Bräuche da, wo sie etwa Bitten begleiten, also als Selbstminderungsriten geübt werden, ein Verhalten gegenüber Jahwe ausdrücken. Keine Stelle aber, die von Trauer handelt, sagt, daß solche Riten hier im Blick auf Jahwe als den « Ursächer » des Unheils vollzogen werden. Dort, wo im Zusammenhang von Unglücksfällen zur Trauerhaltung auch eine Hinwendung zu Gott hinzutritt – Jos 7, 6; Hi 1, 20 –, ist das ausdrücklich und mit eigener Terminologie («... er fiel auf sein Angesicht...») gesagt – die sogenannten « Trauerbräuche » selbst inkludieren diese Hinwendung nicht. Der ugaritische Mythos läßt auch den Göttervater El (und die Göttin Anat) beim Tode des Gottes Baal Trauerriten vollziehen – und wir hörten, mit welcher Anschaulichkeit das geschah [57] –; daß El oder auch Anat sich damit gegenüber dem Gott Mot, der den Tod des Baal verursacht hat, demütigen wollten, ist nicht gesagt und angesichts der Tatsache, daß Anat ihrerseits den Mot hernach tötet, auch nicht gemeint. Eine Selbstminderung, ein « Sich-vor-einem-anderen-Demütigen » drücken die Trauerbräuche nicht aus.

Und doch sind wir auf dem richtigen Wege, wenn wir die sog. Trauerbräuche von den sog. Selbstminderungsriten her deuten. An dem Beispiel der Thamar (2 Sam 13) hatte sich uns ergeben, daß die einschlägigen Bräuche nicht nur eine Selbstminderung ausdrücken, sondern auch eine Beugung, Demütigung, und also Minderung, die der bzw. die Betreffende von einer anderen Seite erfahren hat. In eben diesem Sinne sind nun auch die sog. Trauerbräuche zu verstehen. Wer sie vollzieht, gibt damit zum Ausdruck, daß er gebeugt ist, eine Minderung erfahren hat. Ursache dieses Gemindertseins ist der Todesfall bzw. das Unglück, deretwegen die Trauer geübt wird, wie es ausdrücklich Psalm 107, 39 sagt: « Sie wurden gering (וימעטו) und waren gebeugt (וישחו) unter dem Druck von

Unglück und Kummer.» Dieselben Bräuche – Saq tragen, Staub/Erde auf das Haupt streuen, fasten usw. – drücken also sowohl eine Selbstminderung als auch ein Gemindertsein aus; das letztere geben wir dann, wenn Tod oder Unglück es verursacht haben, mit «trauern» wieder.

Der hier herausgearbeitete Zusammenhang von Selbstminderung und Trauern ist nun noch durch philologische Befunde zu bestätigen.

Das hebräische Wort, für das in erster Linie das deutsche «trauern» gesetzt wird, ist אבל. Genauer geben die wichtigsten Wörterbücher das Verbum in der Stammform qal mit «klagen, jammern, trauern (auch von der leblosen Natur)», im hi. «trauern lassen», im hitp. «trauern» (so Gesenius-Buhl [58]) bzw. mit «Trauerbräuche beobachten» im qal, «zu Trauerbräuchen veranlassen» im hi. und «sich in (der Pflicht zu) Trauerbräuchen befinden, Trauer(-bräuche) beobachten» im hitp. (Koehler [59]) wieder. Nun entspricht dieses Verbum an drei Stellen im parallelismus membrorum – d. h. innerhalb zweier Reihen, die, einander parallel, dieselbe Aussage enthalten – dem hebräischen Verbum יבש «trocken werden, trocken sein»; z. B. Am 1, 2:

אבלו (meist übersetzt: es trauern) die Auen der Hirten,
es wird trocken der Gipfel des (Berges) Karmel.

Parallel zu «trocken werden» meint אבלו nicht «trauern», sondern «(die Auen) vertrocknen» (ebenso Jer 12, 4; 23, 10). Um diesem Sachverhalt Rechnung zu tragen, hat Koehler [60] – im Anschluß an G. R. Driver [61] – einen zweiten Stamm אבל postuliert, der «vertrocknen» bedeute und mit dem אבל = «trauern» nichts zu tun habe. Stimmt man ihm zu, dann müßte man außer den drei genannten Stellen die Mehrzahl der Belege für das qal von אבל (auszunehmen wäre wohl nur Jes 3, 26 und Hos 10, 5) sowie die beiden Stellen für das hi. (Ez 31, 15; Thr 2, 8) unter diese Wurzel II אבל subsumieren. Einer solchen Aufteilung der Belege hat schon 1955 J. Scharbert widersprochen [62]. Nach Scharbert gibt es nur *einen* Stamm אבל, der dann «einen Zustand der äußeren Verwahrlosung» bezeichne, «in dem sich ein Land, Wege, Gebäude, die Vegetation» (vor allem durch Vertrocknen) «oder auch Personen befinden können» (die letzteren durch Trauer, Verdrossenheit oder dergl.). Im Ansatz hat Scharbert recht: Es gibt nur ein אבל! [63] Allerdings wird man die semasiologische Bestimmung modifizieren müssen. Der Bedeutungsbereich des Grundstammes (qal) des Verbums אבל umfaßt sowohl den Sinn «vertrocknen» als auch die Bedeutung «trauern». Die

Mehrzahl der Belege fordert eine Wiedergabe mit « vertrocknen », wie ja auch das von demselben Stamm gebildete akkadische Verbum *abālu* überhaupt nur « (aus)trocknen » meint [64]. Eindeutig « trauern » heißt daneben אָבַל etwa in Hos 10, 5. Verbunden sind diese beiden sich nur scheinbar ausschließenden Bedeutungen durch das logische Zwischenglied « sich vermindern, minder werden ». Dieses umschließt ein « Minderwerden durch Vertrocknen » und ein « durch Unglück Minderwerden oder Gemindertsein », also das, was wir mit « trauern » übersetzen. In der Stammform des hitp. tritt das Moment des « Vertrocknens » ganz zurück; die Bedeutung von הִתְאַבֵּל wird durch das Moment der Minderung, des Minderwerdens bestimmt [65]. Von hier aus ist das hitp. – entsprechend der sonstigen Bedeutung dieser Stammform im Hebräischen – zu übersetzen mit « sich selbst mindern » oder « sich als vermindert erweisen ». Dieser – und *nur* dieser – Bedeutung von הִתְאַבֵּל entspricht es, daß diese Stammform des Verbums אָבַל – nie dagegen das qal oder das hi. – mit den sog. «Selbstminderungsriten» zusammensteht, d. h. sich dort findet, wo die hier behandelten Riten eine Umkehr zu Gott, besonders ein Sündenbekenntnis begleiten (Ex 33, 4; Esr 10, 6[66]) bzw. die Haltung dessen, der von Gott die Erfüllung eines Wunsches erreichen will (Dan 10, 2; Neh 1, 4). In beiden Fällen drücken jene Riten die Selbstdemütigung, Selbstminderung, das «Sich-minder-Erweisen» gegenüber Gott aus – in *ein* Wort gefaßt ist diese Haltung in dem hitp. von אָבַל!

In dieser Stammform begegnet das Verbum nun nicht nur in Verbindung mit den sog. Selbstminderungsriten, sondern auch dann, wenn solche Riten als Trauerbräuche geübt sind; so Gen 37, 34 (Jakobs Trauer um Joseph [67]); 2 Sam 14, 2 [68]. Auch in diesen Fällen hat das hebr. הִתְאַבֵּל dieselbe Bedeutung wie im Zusammenhang der Selbstminderungsriten: « sich vermindert zeigen » – wie ja auch die sog. Trauerbräuche ein Gemindertsein ausdrücken. Allerdings übersetzen wir in diesen Fällen das hebräische Verbum הִתְאַבֵּל – mit einem gewissen Recht, nämlich nach dem Textzusammenhang – mit « trauern ».

So ergibt sich auch bei dem Verbum אָבַל im hitp. der Zusammenhang von Selbstminderung, Gemindertsein und Trauern, den wir für die Bedeutung der hier behandelten Bräuche ermittelt haben [69]. Dabei erweist sich das hebräische הִתְאַבֵּל geradezu als begriffliche Definition dessen, was « Selbstminderungsriten » und « Trauerbräuche » im Ritus – in der Handlung wie in der Haltung – aussagen wollen.

Trauerbräuche und Selbstminderungsriten haben also für israelitisches Verständnis dieselbe Bedeutung. Dieser Übereinstimmung tragen wir abschließend dadurch Rechnung, daß wir beide Verhaltensweisen unter *einem* Oberbegriff zusammenfassen: dem der « Minderungsriten ». Bei diesem Terminus bleibt offen, ob die Riten eine Selbstminderung ausdrücken wollen oder die durch andere Personen oder ein Ereignis herbeigeführte Minderung. Die Minderungsriten umspannen *ein* Bedeutungsfeld; erst wenn wir den Aussagegehalt dieser Bräuche in unsere Vorstellungswelt übertragen, ergibt sich die Differenzierung – Trauerbräuche und Selbstminderungsriten –, die das Thema dieser Stunde bildete.

ANMERKUNGEN

[1] Bei Totentrauer: Gen. 37, 34; Lev. 10, 6; 21, 10; 2 Sam. 1, 11; 3, 31; 13, 31. Sonstige Belege: Gen. 37, 29; 44, 13; Lev. 13, 45; Num. 14, 6; Jos. 7, 6; Ri 11, 35; 1 Sam. 4, 12; 2 Sam. 1, 2; 13, 19; 15, 32; 2 Kön. 2, 12; 5, 7 f.; 6, 30; 11, 14; 18, 37; 19, 1; 22, 11; Jes. 36, 22; 37, 1; Jer. 36, 24; 41, 5; Hi. 1, 20; 2, 12; Est. 4, 1; Esr. 9, 3; 2 Chron. 23, 13; 34, 19; Mt. 26, 65; Mk. 14, 63; Apg. 14, 14; vgl. weiter unter S. 40 Anm. 46.

[2] Bei Totentrauer: Ez. 24, 17. 23; sonst: Jes. 61, 3.

[3] Bei Totentrauer: Ez. 24, 17. 23; sonstige Belege: 2 Sam. 15, 30; Mi 1, 8; Jdt. 10, 4; Jes. 20, 2. – Weiteres vgl. unten S. 41 Anm. 46.

[4] Bei Totentrauer: Gen. 37, 34; 2 Sam. 3, 31; 21, 10; vgl. בגדי אבל «Trauerkleidung» 2 Sam. 14, 2. Sonstige Belege: 2 Kön. 6, 30; 19, 1; Jes. 3, 24; 15, 3; 20, 2; 22, 12; 37, 1; 50, 3; 58, 5; 61, 3; Jer. 4, 8; 6, 26; 48, 37; 49, 3; Ez. 7, 18; 27, 31; Jo. 1, 8. 13; Am. 8, 10; Jon. 3, 5. 6; Ps. 30, 12; 35, 13; 69, 12; Hi. 16, 15; Klgl. 2, 10; Est.4, 1-4; 1 Chron. 21, 16; 2 Makk. 3, 19; Jdt. 4, 10 (-12). 14; 8,5; 9,1; 10,3; vgl. 2 Sam. 12, 16 LXX. – Vgl. weiter unten S. 40f. Anm. 46.

[5] Vgl. Jes. 50, 3; Apk. 6, 12 sowie G. Stählin, Art. «σάκκος» (ThW VII, S. 56-64), S. 58. – Abkürzungen nach RGG³.

[6] Esr. 9, 3.

[7] Bei Totentrauer: Lev. 10, 6; 21, 10; sonst: Lev. 13, 45; Num. 5, 18; Ez. 44, 20; Jdt. 10, 3.

[8] Bei Totentrauer: Lev. 21, 5; Jer. 16, 6; sonstige Belege: Jes. 3, 24; 7, 20; 15, 2; 22, 12; Jer. 2, 16; 7, 29; 47, 5; 48, 37; Ez. 7, 18; 27, 31; 44, 20; Am. 8, 10; Mi. 1, 16; Hi. 1, 20; vgl. Ez. 29, 18; (5, 1).

[9] Bei Totentrauer: Lev. 19, 27.

[10] Bei Totentrauer: Dtn. 14, 1.

[11] Bei Totentrauer: Lev. 19, 27; 21, 5. – Sonstige Belege: 2 Sam. 10, 4; Jes. 7, 20; 15, 2; Jer. 41, 5; 48, 37; (Ez. 5, 1); 1 Chron. 19, 4.

[12] Bei Totentrauer: Ez. 24, 17. 22. Sonst: Lev. 13, 45; Mi. 3, 7.

[13] Bei Totentrauer: 2 Sam. 19, 5. Sonst: 2 Sam. 15, 30; Jer. 14, 4; vgl. weiter unten S. 41 Anm. 46.

[14] Bei Totentrauer: 1 Sam. 31, 13; 2 Sam. 1, 12; 3, 35; 1 Chron. 10, 12. Sonstige Belege: 1 Sam. 14, 24; 1 Kön. 21, 9. 12; Jer. 36, 6. 9; Jo. 1, 14; Jon. 3, 5.7; Sach 7, 3. 5; 8, 19; Ps. 35, 13; 69, 11; 109, 24; Est. 4, 3; 9, 31; Dan. 6, 19; Esr. 10, 6; Tob. 12, 8; Jdt. 8, 6; Bar. 1, 5; Lk. 2, 37; Apg 13, 3; 14, 23. – Weiter s. vor allem unten S. 41 Anm. 46.

[15] Bei Totentrauer: 2 Sam. 14, 2; sonst: Jdt. 10, 3. Vgl. weiter unten S. 41 Anm. 46.

[16] Das Verbum ספד, das im allgemeinen mit «klagen» wiedergegeben wird, bedeutet von Hause aus «(zur Klage) auf die Brust schlagen», ebenso das Substantiv מספד «Klagen» (vgl. W. Gesenius - F. Buhl, Hebräisches und aramäisches Handwörterbuch über das Alte Testament, Leipzig ¹⁷1921, und L. Koehler - W. Baum-

gartner, Lexicon in Veteris Testamenti Libros, Leiden ²1958, s. vv.). Der ursprüngliche Sinn findet sich noch in Jes. 32, 12 (sofern der masoretische Text in Ordnung ist); vgl. Nah. 2, 8: « Dienerinnen schlagen an ihr Herz » (weil die Königin in die Verbannung gehen muß). - Vgl. weiter unten S. 41 Anm. 46.

[17] Ez. 21, 17. Vgl. weiter unten S. 41 Anm. 46.

[18] Bei Totentrauer: Lev. 19, 28; 21, 5; Dtn. 14, 1; Jer. 16, 6. Sonst: Jer. 41, 5; 47, 5; cj. 49, 3; Mi. 4, 14. Zu 1 Kön. 18, 28 und Hos. 7, 14 s. unten S. 41 Anm. 46.

[19] Jos. 7, 6; 1 Sam. 4, 12; 2 Sam. 1, 2; 15, 32; Ez. 27, 30; Klgl. 2, 10; Est. 4, 1; 1 Makk. 4, 39; 11, 71; 3 Makk. 1, 18; Jdt. 4, 15; 9, 1; Apk. 18, 19. Zu 2 Sam. 13, 19 s. oben S. 31, zu Neh. 9, 1 s. unten S. 41 Anm. 46. — Wohl nur die Form, nicht aber der Inhalt des Ritus ist abgewandelt, wenn man den Staub über den Kopf gen Himmel wirft; so Hi. 2, 12; Apg. 22, 23; ein weiterer Beleg aus der syrisch geschriebenen Historia Ecclesiastica Zachariae Rhetori vulgo adscripta bei F. Horst, Hiob (BK XVI), Neukirchen 1960 ff., S. 34, Anm. 1.

[20] Bei Totentrauer: 2 Sam. 13, 31; Ez. 8, 14; vgl. Gen. 23, 3. Sonst: Jes. 3, 26; 47, 1. 5; Jer. 13, 18; Hi. 2, 13; Klgl. 2, 10; vgl. Ez. 26, 16.

[21] Jes. 47, 1; Jon. 3, 6; Hi. 2, 8; Est. 4, 3; Sir. 40, 3; vgl. Jes. 52, 2. Vgl. weiter unten S. 41 Anm. 46.

[22] Jer. 6, 26; 25, 34; Ez. 27, 30; Mi. 1, 10.

[23] Die Übersetzung folgt derjenigen von J. Aistleitner, Die mythologischen und kultischen Texte aus Ras Schamra, Budapest 1959, S. 17. In Einzelheiten ist das Verständnis des ugaritischen Textes umstritten; vgl. etwa auch die Wiedergabe von G. R. Driver, Canaanite Myths and Legends, Edinburgh 1956, S. 109.

[24] Der Zusammenhang zwischen solchen Riten und der Umkehr zu Gott wird noch deutlicher in Jo. 2, 12-14. Angesichts der Bedrohung des Volkes durch das göttliche Gerichtshandeln am Tage Jahwes ergeht Jahwes Aufforderung:

> Kehrt um zu mir mit eurem ganzen Herzen,
> Mit Fasten, mit Weinen, mit Klagen!
> Zerreißt eure Herzen und nicht eure Kleider!
> Kehrt um zu Jahwe, eurem Gott!

Auch hier folgt in V. 14, das sich aus dem Zusammenhang ergebende Ziel anvisierend, der Hinweis: « Vielleicht reut es ihn (Gott) wieder ... » Die Demonstration der Selbstminderung, das Kleiderzerreißen, soll hier sogar durch eine echte Hinwendung zu Gott, durch das Zerreißen der Herzen, ersetzt werden. Die hier außerdem aufgezählten drei Bräuche – Fasten, Weinen, Klagen – sind in Est. 4, 3 als Ausdruck der Trauer über die durch königlichen Erlaß angeordnete Vernichtung der Juden zusammengeordnet mit dem hebräischen Wort für « Trauer » – אֵבֶל –. Es ist wichtig zu beachten, daß dieser Begriff in Jo. 2, 12 ff. nicht vorkommt, statt dessen aber die Forderung der Umkehr, die dann in der Selbstminderung gegenüber Gott ihren Ausdruck erhält.

[25] 2 Sam. 12, 15b, vgl. 11, 27b.

[26] Zu dieser Bedeutung des Ausdruckes ... בקש את־האלהים בעד « (den) Gott suchen wegen ... » vgl. 2 Kön. 22, 12-13 (... דרש את־יהוה בעד); 1, 2; 8, 8 ff., zur Sache besonders 1 Kön. 14, 1ff.

[27] D.h. er zog als Zeichen für die Beendigung der mit diesen Riten angezeigten Haltung frische Kleidung an. Dieselbe Ausdrucksweise Gen. 41, 14: nachdem Joseph aus dem Kerker geholt worden war, « ließ er sich scheren und wechselte seine Kleider », bevor er vor dem Pharao erschien.

²⁸ H. Greßmann, Die älteste Geschichtsschreibung und Prophetie Israels (SAT II, 1), Göttingen ² 1921, S. 157.

²⁹ Vgl. dazu E. Kutsch, עֲנָוָה (« Demut »). Ein Beitrag zum Thema « Gott und Mensch im Alten Testament » (Hab.-Schrift Mainz), 1960, S. 25 ff. (Maschinenschrift).

³⁰ So A. Jirku, « Das Haupt auf die Knie legen ». Eine ägyptisch-ugaritisch-israelitische Parallele (ZDMG 103, 1953, S. 372).

³¹ Cf. Stählin a.a.O. (Anm. 5) S. 60 Anm. 34. – Die dort zitierte Auffassung von C. Grüneisen (s. unten Anm. 51) – die Kriegsgefangenen seien ursprünglich dem Bann verfallen, deshalb trügen die Diener hier, sich selbst als Kriegsgefangene darstellend, « Trauertracht » – resultiert aus dem Bemühen, diese Bräuche allenorts als Trauerbräuche zu erweisen.

³² Der Name in AsBbE 6: R. Borger, Die Inschriften Asarhaddons, Königs von Assyrien (AfO Beih. 9), Graz 1956, S. 86.

³³ Vgl. Gottesbrief II, I, 36 f.; II, 12: Borger a.a.O. (Anm. 32) S. 104.

³⁴ Das hier gebrauchte akkadische Wort bašāmu ist dem dem hebr. שַׂק (Saq) entsprechenden saqqu synonym (W. v. Soden, Akkadisches Handwörterbuch, Wiesbaden 1959 ff., s.v. bašāmu). In entsprechendem Zusammenhang findet sich sa(q)qu etwa in dem Text ND 400, einem Fragment der Annalen des assyrischen Königs Tiglat-Pileser III., wo es in Z. 5 heißt: « Fear of my battle fell on him and his courage failed, he clothed himself in sackcloth (sa-qu il-la-biš) » (D. J. Wiseman, Two Historical Inscriptions from Nimrud [Iraq 13, 1951, S. 21-26], S. 23).

³⁵ Das Mahlen mit der Handmühle oblag weiblichen Sklaven (Ex. 11, 5; Jes. 47, 2; Hi. 31, 10); für Kriegsgefangene war diese Tätigkeit besonders schmählich, vgl. Ri. 16, 21.

³⁶ Gottesbrief II, II, 18-20: Borger a.a.O. (Anm. 32), S. 105.

³⁷ Gottesbrief II, II, 22 f.: Borger a.a.O. (Anm. 32), S. 105.

³⁸ Gottesbrief II, I, 1-6: Borger a.a.O. (Anm. 32), S. 102 f.

³⁹ Gottesbrief II, I, 8-24: Borger a.a.O. (Anm. 32), S. 103.

⁴⁰ Akkadisch bēl ar-ni; vgl. dazu v. Soden a.a.O. (Anm. 34), S. 70a.

⁴¹ Vgl. etwa AOB Abb. 195. 198, ANEP 459. 634. – Als Ausdruck des Erniedrigtseins findet sich die Geste auch Jer. 2, 37.

⁴² M. Noth, Das dritte Buch Mose. Leviticus (ATD 6), Göttingen 1962, S. 90.

⁴³ Nach 1 Kön. 18, 28 sind es gerade die Baalspriester, die sich – « nach ihrem Brauch » – Einritzungen in die Haut machen.

⁴⁴ Der Zusammenhang der Erzählung von Lev. 10, 6 f. setzt die Situation am Sinai voraus, und nur in dieser Situation sind die (zwei bzw. vier) Aaron-Söhne hinsichtlich der Salbung (Lev. 10, 7 aβ) ihrem Vater gleichgestellt (vgl. E. Kutsch, Salbung als Rechtsakt im Alten Testament und im Alten Orient [BZAW 87], Berlin 1963, S. 23 f.). Eleazar und Ithamar sind hier nur als Aaron-Söhne angeredet; sie repräsentieren wohl nicht « alle Priester » (anders Noth a.a.O. [Anm. 42], S. 71 f.).

⁴⁵ Vgl. die Fortsetzung in Lev. 21, 11: « Zu irgendwelcher Leiche darf er (der Hohepriester) nicht hineingehen; (selbst) an seinem Vater und an seiner Mutter darf er sich nicht verunreinigen. »

⁴⁶ Von den bereits genannten « Trauerbräuchen » finden sich im Alten Testament auch als Selbstminderungsritus:
Kleider zerreißen (vgl. oben, S. 38, Anm. 1): 1 Kön. 21, 27; 2 Kön. 22, 19; Jo. 2, 13; Esr. 9, 5; 2 Chron. 34, 27; außerdem 1 Makk. 3, 47; 4, 39; 11, 71;
den Saq anlegen bzw. tragen (vgl. oben, S. 38, Anm. 4): 1 Kön. 20, 31 f.; 21, 27; 2 Kön.

19, 2; Jes. 37, 2; Jon. 3, 8; Dan. 9, 3; Neh. 9, 1; außerdem 1 Makk, 3, 47; 2 Makk. 10, 25; Jdt. 4, 10-12. 14; Mt. 11, 21; Lk. 10, 13;
die Sandalen ausziehen (vgl. oben, S. 38, Anm. 3): Ex. 3, 5; Jos. 5, 15;
das Haupt verhüllen (vgl. oben, S. 38, Anm. 13): Ex. 3, 6; 1 Kön. 19, 13; als Ausdruck des Erniedrigt-, Gedemütigtseins Est. 6, 12, des Erniedrigtwerdens Est. 7, 8. – Vgl. 1 Kor. 11, 4-7 und die Verwendung der Vorstellung in der dichterischen Sprache, etwa bei Jochen Klepper (EKG 14, 2):
    Wer schuldig ist auf Erden, verhüll nicht mehr sein Haupt.
    Er soll errettet werden, wenn er dem Kinde glaubt.
fasten (vgl. oben, S. 38, Anm. 14): Ex. 34, 28; Dtn. 9, 9. 18; Ri. 20, 26; 1 Sam. 7, 6; 2 Sam. 12, 16 f. 20-23; 1 Kön. 21, 27; Jes. 58, 3-6; Jer. 14, 12; Jo. 2, 12. 15; Est. 4, 16; Dan. 9, 3; 10, 3; Esr. 8, 21. 23; Neh. 1, 4; 9, 1; 2 Chron. 20, 3; außerdem 1 Makk. 3, 47; 2 Makk. 13, 12; Jdt. 4, 13 (vgl. Lev. 16, 29. 31; 23, 27. 29. 32; Num. 29,7; 30, 3. 14 ענה נפשו « seine Seele beugen »);
das Salben unterlassen (vgl. oben, S. 38, Anm. 15): 2 Sam. 12, 20; Dan. 10, 3; vgl. Jdt. 10, 3;
(sich auf die Brust schlagen [vgl. oben, S. 38f., Anm. 16]: vgl. Lk. 18, 13; 23, 48);
sich auf die Lenden schlagen (vgl. oben, S. 39, Anm. 17): Jer. 31, 19;
sich Einschnitte in die Haut machen (vgl. oben, S. 39, Anm. 18): 1 Kön. 18, 28; Hos. 7, 14;
Erde aufs Haupt geben (vgl. oben, S. 39, Anm. 19): Neh. 9, 1; 2 Makk. 14, 15;
im Staub sitzen (vgl. oben, S. 39, Anm. 21): Jes. 58, 5; Hi. 42, 6; Dan. 9, 3; vgl. Mt. 11, 21; Lk. 10, 13.

[47] Ablegen des Schmuckes: Ex. 33, 4. 6. Die Frau im Witwenstand trägt keinen Schmuck: Jdt. 10, 4. – Der Assyrer zerbricht bei Totentrauer seinen Brustschmuck: Šurpu VIII, 62 (E. Reiner, Šurpu. A Collection of Sumerian and Accadian Incantations [AfO Beih. 11], Graz 1958, S. 42);
Hand aufs Haupt legen: 2 Sam. 13, 19 (s. oben S. 31); Jer. 2, 37. - Zur Umwelt vgl. Anm. 41;
das Haupt zwischen die Knie legen: 1 Kön. 18, 42. - Als Ritus der Totentrauer in der Geschichte des Sinuhe (Ramesseums-Text Z. 10; K. Galling, Textbuch zur Geschichte Israels, Tübingen 1950, S. 1; ANET, S. 18); als Ausdruck der Schwäche, des Unterlegenseins in dem ugaritischen Text 137, 23. 25 (C. H. Gordon, Ugaritic Manual, Rom 1955, S. 167).

[48] Daß man sich nicht wäscht (2 Sam. 12, 20; vgl. Jdt. 10, 3) und die Pflege der Hände und Füße sowie des Lippenbartes unterläßt (2 Sam. 19, 25), ist im Alten Testament nur als Ausdruck der Selbstminderung belegt. Für die Unterlassung dieser Körperpflege als Trauerbrauch fehlt mir auch für Israels Umwelt ein Beleg.

[49] Z.B. F. Schwally, Das Leben nach dem Tode nach den Vorstellungen des alten Israel, Gießen 1892, S. 10; B. Stade, Biblische Theologie des Alten Testaments I, Tübingen 1905, S. 185 ff. - A. Bertholet, Die israelitischen Vorstellungen vom Zustand nach dem Tode, Tübingen ²1914, S. 22ff.

[50] P. Torge, Seelenglaube und Unsterblichkeitshoffnung im Alten Testament, Leipzig 1909, S. 170 ff.

[51] C. Grüneisen, Der Ahnenkult und die Urreligion Israels, Halle 1900, S. 61 ff.; A. Jirku, Die Dämonen und ihre Abwehr im Alten Testament, Leipzig 1912, S. 19; u.a.

[52] H. J. Elhorst, Die israelitischen Trauerriten (BZAW 27, 1914, S. 115-128), S. 127.

[53] A. Bertholet, Art. « Trauergebräuche, religionsgeschichtlich » (RGG² V, Sp. 1253-1257), Sp. 1256.

⁵⁴ W. Frankenberg, Israelitische und altarabische Trauergebräuche (PJ 2, 1906, S. 64-74), S. 73.
⁵⁵ J. Frey, Tod, Seelenglaube und Seelenkult im alten Israel, Leipzig 1898.
⁵⁶ Frey a.a.O. S. 45, 57, 80, 83 u. ö.
⁵⁷ S. oben S. 27.
⁵⁸ A.a.O. (Anm. 16) s. v.
⁵⁹ A.a.O. (Anm. 16) S. 6a s. v. I אָבַל.
⁶⁰ A.a.O. (Anm. 16) S. 6b s. v. II אָבַל.
⁶¹ G. R. Driver, Confused Hebrew Roots (Occident and Orient. Gaster Anniversary Volume, London, 1936, S. 73-83), S. 73 ff.
⁶² J. Scharbert, Der Schmerz im Alten Testament (BBB 8), Bonn 1955, S. 47 ff., besonders S. 55.
⁶³ v. Soden a.a.O. (Anm. 34) S. 3a hat einen Stamm 'bl II « vertrocknen » für das Hebräische als unsicher angesehen.
⁶⁴ v. Soden a.a.O. (Anm. 34) S. 3a.
⁶⁵ Dasselbe gilt auch für das Subst. אֵבֶל « Trauer » und für das Adj. אָבֵל « traurig, trauernd ».
⁶⁶ In entsprechender Bedeutung ohne solche Riten: Num. 14, 39; Neh. 8, 9.
⁶⁷ S. oben S. 26.
⁶⁸ In diesem Sinne ohne Erwähnung der Riten findet sich הִתְאַבֵּל 1 Sam. 6, 19; 15, 35; 16, 1; 2 Sam. 13, 37; 19, 2; 1 Chron. 7, 22; 2 Chron. 35, 24; außerdem in Jes. 66, 10; Ez. 7, 12 im Gegensatz zu « sich freuen » und Ez. 7, 27 im Zusammenhang einer Handlung des Entsetzens.
⁶⁹ Der hier an dem Verbum אָבַל und seinen Stammformen demonstrierte Sachverhalt liegt auch noch bei anderen Verben vor. So bedeutet z.B. קָדַר zunächst « sich verfinstern, trübe werden » – Tag Mi. 3, 6, Himmel Jer. 4, 28, Sonne und Mond Jo. 2, 10; 4, 14 –. Wie bei אָבַל ist auch bei קָדַר die weiter greifende Vorstellung « minder, weniger werden », wobei nur hier nicht an ein Vertrocknen, sondern an ein Finster-, Trübe-, Unansehnlichwerden gedacht ist. Für die Bedeutung « minder werden/sein » ein Beispiel: In Hi. 5, 11 wird von Gott gesagt, daß er « die Niedrigen zur Höhe bringt und den קֹדְרִים Hilfe schafft ». Im Parallelismus zu שְׁפָלִים « Niedrige » sind קֹדְרִים nicht « Trauernde » oder « Traurige » (zumal auch der Zusammenhang diese Bedeutung nicht erfordert; LXX: ἀπολωλότας), sondern solche, die Hilfe brauchen, weil sie in Niedrigkeit, Bedrängnis, Minderung sich befinden. Noch deutlicher wird der Sachverhalt bei dem von diesem Stamm gebildeten Adv. קְדֹרַנִּית Mal. 3, 14. Die Frommen erhoffen sich Gutes von Jahwe, wenn sie « קְדֹרַנִּית » vor ihm wandeln. Das heißt nicht « in Traurigkeit » (so oder ähnlich die Kommentare), schon gar nicht « im Traueraufzug » (Koehler a.a.O. [Anm. 16] s.v.) oder « mit Leichenbittermiene » (L. Delekat, Zum hebräischen Wörterbuch [VT 14, 1964, S. 7-66], S. 56), aber auch nicht « in due measure, proportion », was dann im Sinne von « moderately, discreetly » verstanden werden solle (D. W. Thomas, The Root צנע in Hebrew, and the Meaning of קְדֹרַנִּית in Malachi III, 14 [JJS 1, 1948, S. 182-188], S. 187 f.), sondern « in Selbstminderung » – wie bei den Selbstminderungsriten –, also: in Demut. Von der weiter greifenden Bedeutung « minder, weniger werden » aus erhält קָדַר neben « finster, trübe werden » den Sinn « trauern »; so in Ps. 35, 14.

II.

Zur Geschichte Israels und zur Prophetie

Gideons Berufung und Altarbau Jdc 6,11—24

Friedrich Horst zum 60. Geburtstag

Die Kapitel, die von den Taten Gideons aus Manasse berichten (Jdc 6,11—8,32), beginnen mit der göttlichen Berufung des Helden, die mit einem Altarbau verknüpft ist (Jdc 6,11—24). Daß dieser Abschnitt nicht einheitlich ist, ist längst gesehen[1]. Im | wesentlichen sind es folgende Widersprüche und Unebenheiten, an denen Anstoß genommen wird:

1) Die Erscheinung vor Gideon wird teils als »Bote Jahwes«[2], teils als »Jahwe«[3] und einmal als »Bote Gottes« (v. 20) bezeichnet.

2) Die Worte »Jahwes«: »Ich sende dich doch« (v. 14b) und »Ich werde ja mit dir sein« (v. 16a) haben nach Meinung des Erzählers Gideon erkennen lassen, daß die Gottheit vor ihm steht: nach v. 17 will Gideon nur noch durch ein Zeichen Gewißheit darüber haben. Dem steht gegenüber, daß Gideon durch das Feuerwunder und das Verschwinden des »Boten Jah-

---

[1] Z.B. J. Wellhausen in der 4. Aufl. der Einleitung in das Alte Testament von F. Bleek 1878 S. 192f.; W. Böhme, Die älteste Darstellung in Richt. 6,11—24 und 13,2—24 und ihre Verwandtschaft mit der Jahweurkunde des Pentateuch, ZAW 5, 1885 S. 251—274 (bes. S. 251—261); K. Budde, Die Bücher Richter und Samuel 1890 S. 108f.; ders., Das Buch der Richter, KHC VII, 1897 S. 53—55; R. Kittel, Die pentateuchischen Urkunden in den Büchern Richter und Samuel, ThStKr 65, 1892 S. 44—71 (bes. S. 56—58); ders., Das Buch der Richter, HSAT 4. Aufl. I, 1922 S. 379—381; H. Winckler, Die quellenzusammensetzung der Gideonerzählungen, Altorient. Forschungen 1. Reihe I, 1893 S. 42—62 (bes. S. 44—47); W. Frankenberg, Die Composition des deuteronomischen Richterbuches 1895 S. 13f.; G. F. Moore, A Critical and Exegetical Commentary on Judges, ICC 7, 1895 S. 182—190; W. Nowack, Richter, Ruth und Bücher Samuelis, HK I, 4, 1902 S. 61—65; R. Smend, JE in den geschichtlichen Büchern des AT (hrsg. v. H. Holzinger), ZAW 39, 1921 S. 181—217 (bes. S. 185—188); H. Greßmann, Die Anfänge Israels, SAT I,2 2. Aufl. 1922 S. 195f. 201—203; O. Eißfeldt, Die Quellen des Richterbuches 1925 S. 36—41; K. Wiese, Zur Literarkritik des Buches der Richter, BWANT III,4 (2. Teil) 1926 S. 20—29; G. Hölscher, Art. »Manasse« in Pauly-Wissowa NB 14, 1930 S. 976. 978; ders., Geschichtsschreibung in Israel. Untersuchungen zum Jahwisten und Elohisten (Skr. utg. av. Kungl. Hum. Vetenskapssamfundet i Lund 50) 1952 S. 25. 141. 355. — H. W. Hertzberg, Die Bücher Josua, Richter, Ruth, ATD 9, 1953 geht auf dieses Problem nicht ein. |

[2] V. 11. 12. 21a.b. 22a; Gideon sagt, er habe den »Boten Jahwes« gesehen v. 22b.

[3] V. 14. 16; dazu kommt, daß nach dem Verschwinden des »Boten Jahwes« »Jahwe« mit Gideon redet v. 23.

wes« völlig überrascht ist und mit seinem Tod rechnet, weil er den »Boten Jahwes« gesehen hat[4].

3) Nach v. 11a setzt sich der »Bote Jahwes« unter die Terebinthe; nach v. 11b. 12a erscheint er dem Gideon an einer Kelter, wo dieser — ganz ungewöhnlicherweise — Weizen drischt, um vor umherstreifenden Scharen der Midianiter verborgen zu bleiben.

Die zahlreichen Versuche, den Text zu erklären, beruhen auf einer der beiden Annahmen, (a) eine ursprüngliche Erzählung | sei durch Zusätze erweitert worden (Ergänzungshypothese)[5], oder (b) in dem jetzigen Text seien zwei parallele Überlieferungen über denselben Sachverhalt zusammengearbeitet (Urkundenhypothese)[6].

Bei der Erklärung von Jdc 6,11—24 ist davon auszugehen, daß die Erzählung zwei Pole hat: die Berufung Gideons und die Entstehung des Altars in Ophra[7]. Bei der letzteren setzt zweckmäßigerweise die Untersuchung ein.

In Ophra gab es zu der Zeit, als die Erzählung entstand — v. 24: »עד היום הזה עודנו« —, einen Altar mit dem Namen »יהוה שלום« — »Jahwe ist Friede«. Der Erzähler deutet diesen Namen folgendermaßen: »(... denn) es sprach Jahwe: Friede ist (mit) dir![8] Fürchte dich nicht, du wirst nicht sterben« (v. 23). Anlaß für diesen tröstenden Zuspruch ist das tödliche Erschrecken des Gideon, als er plötzlich erkennt: »Ich habe ja den Boten Jahwes von Angesicht zu Angesicht gesehen« (v. 22). Diese Erkenntnis ist ihm durch das Feuerwunder und das Verschwinden der menschlichen Gestalt[9] gekommen (v. 21). Das Feuerwunder wiederum hat seine Voraussetzungen: Gideon geht hin, bereitet ein Ziegenböckchen und Brotfladen zu; das Fleisch mit der Brühe und das Brot bringt er hinaus unter die Terebinthe

---

[4] V. 22b, vgl. v. 23b: »Du wirst nicht sterben«. — Zu der Vorstellung, daß das Schauen der Gottheit den Tod bedeutet, vgl. Jdc 13,22; Gen 32,31; Ex (20,19;) 33,20. |

[5] Böhme a.a.O. S. 252ff.; Budde, Richt u. Sam S. 138f.; Moore a.a.O. S. 183; Nowack a.a.O. S. 61—65; Greßmann a.a.O. S. 195f.; Wiese a.a.O. S. 21—29. — Wiese z.B. weist die vv. 11a.b »בנו« 14aβ.b. 15. 16. 17b. 19aγ. 20. 22b. 23. 24 einem Bearbeiter zu.

[6] Winckler a.a.O. S. 44; Budde, Richter S. 185—188; Eißfeldt a.a.O. S. 36—41; Hölscher a.a.O. — Eißfeldt z.B. verteilt den Text folgendermaßen auf die beiden Quellen L (»Laienquelle«) und J (»Jahwist«): L: v. 11a (ohne אשר ליואש). 14—18. 19b (außer ויגש). 22 »ach Herr Jahwe«. 23aα.β. 24. — J: v. 11a »אשר ליואש«. 11b. 12. 13. 19a.b »ויגש«. 20. 21. 22 (ohne »ach Herr Jahwe«). 23aγ.b.

[7] Vgl. dazu besonders Greßmann a.a.O. S. 202; Wiese a.a.O. S. 21.

[8] Die Formel שלום לך meint nicht: »Friede sei (mit) dir«, sondern: »Friede ist (mit) dir«; denn dieser im Segensgruß zugesprochene Sachverhalt ist die Voraussetzung für das nachfolgende »fürchte dich nicht« (ebenso in Gen 43,23). Vgl. Jdc 19,20; 1. Sam 25,6; 1,17; (Mt 10,12 f.) und F. Horst, Segen und Segenshandlungen in der Bibel, Evangelische Theologie 7, 1947, S. 30.

[9] Als solche muß der »Bote Jahwes« vorgestellt sein, vgl. die Erscheinung des »Boten Jahwes« als Mann bzw. als Gottesmann in Jdc 13, außerdem Gen 18, wo für Jahwe »drei Männer« auftreten.

und bietet es dem Gast an (v. 19). Auf dessen Aufforderung hin legt er Fleisch und Brot auf einen Felsen, der sich dort befindet, und gießt die Brühe aus (v. 20). Jetzt entlockt der »Bote Jahwes« dem Felsen Feuer, das die Speise verzehrt; er selbst verschwindet (v. 21)[10]. Daß der Fels in v. 20 mit סֶלַע, in v. 21 mit צוּר bezeichnet wird, ist kein Beweis dafür, daß die beiden Verse von verschiedenen Verfassern stammen. Die beiden Termini entsprechen sich wiederholt im parallelismus membrorum: Dtn 32,13; 2. Sam 22,2f. = Ps 18,3; Jes 2,21; Ps 78,15f.; vgl. Ps 31,3f.; 71,3. Warum soll nicht auch in der Prosa der eine den anderen ersetzen können?[11]

Der Wechsel zwischen »Bote Jahwes« (v. 21. 22) und »Jahwe« (v. 23. 24) erklärt sich aus dem Zusammenhang. Der »Bote Jahwes« war dem Gideon erschienen; er ist mit v. 21 verschwunden, Gideon kann also nicht mehr mit ihm reden. Daß er in seinem Schrecken sich an »Jahwe« wendet (v. 22bα), liegt auf der Hand; andererseits kann er nur sagen, er habe den »Boten Jahwes« — nicht aber »Jahwe« selbst — gesehen (v. 22bα). Von wo aus »Jahwe« dann in v. 23 mit Gideon spricht, danach darf man füglich nicht fragen[12]; weder hier noch etwa bei v. 25 oder Jdc 7,2.4 usw. hat sich der Erzähler darüber Gedanken gemacht. Wichtig ist allein, daß Jahwe — auch wenn man ihn nicht sieht — hört und redet, daß der Mensch ihn anrufen und vernehmen kann.

Schwierigkeit bereitet allein die Bezeichnung »Bote Gottes« in v. 20. Mit der Änderung in »Bote Jahwes«[13] glättet man nur den Text, wie dies schon einige alte Versionen getan haben[14]. Damit ist aber das Problem nur verschoben; denn es bleibt unklar, warum dann hier — und nur hier — ursprüngliches »יהוה« in »האלהים« geändert wurde. Vielleicht wird man anzunehmen haben, daß in v. 20 — ähnlich wie in v. 15 und 19b — ursprünglich der Redende nicht noch einmal genannt war, da an sich klar ist, wer spricht. Ein Späterer hat dann zur Verdeutlichung den ganzen Ausdruck »מלאך האלהים« eingeschoben; man wird dabei vielleicht an den Verfasser von Jdc 6,36—39 denken dürfen, der auch die Gottesbezeichnung »(ה)אלהים« gebraucht. Wie aber auch die Herkunft des Ausdrucks »מלאך האלהים« zu erklären ist — das Vorkommen dieses Terminus kann allein die Zuweisung des ganzen Verses an einen anderen Verfasser nicht rechtfertigen; einer Ausscheidung des v. 20 steht entgegen, daß zwischen v. 19 und v. 21 gesagt sein muß, daß Gideon die Speisen auf den Felsen legt.

So ergibt sich für die vv. 19—24 ein geschlossener Erzählungszusammenhang. Da der Gast nach v. 19b unter der Terebinthe sitzt, gehört auch

---

[10] Daß Jahwe »im Feuer erscheine« und die Speisen verzehre, steht nicht da; gegen Wiese a.a.O. S. 23.
[11] Gegen Budde, Richter S. 55; Wiese, a.a.O. S. 25 u.a.
[12] Eißfeldt a.a.O. S. 39 meint dieser Frage nur durch Quellenscheidung entgehen zu können.
[13] Eißfeldt a.a.O. S. 38 Anm. 5.
[14] S. Bibl. Hebr. ed. R. Kittel 3. Aufl. z. St.

die Ankunft des Boten Jahwes unter diesem Baum in v. 11 a zu dieser Erzählung.

Geht man nun von v. 19 aus weiter nach rückwärts, so könnte auch v. 18 – Gideon will dem Gast seine »מנחה« vorsetzen – noch zu dieser Erzählung von v. 19–24 gehören. V. 17b setzt mit der Bitte um ein Zeichen voraus, daß Gideon bereits erkannt hat, daß ihm die Gottheit gegenüber steht[15]. Dieser Versteil ist von v. 17a nicht zu trennen, da für v. 17a sonst der Hauptsatz fehlen würde. Dieser v. 17 kann aber nicht ursprünglich zu der Erzählung von v. 19–24 gehört haben, da in dieser Gideon erst nach dem Feuerwunder und dem Verschwinden des »Boten Jahwes« erkennt, wen er vor sich gehabt hat (v. 22b). Auf der anderen Seite liegt in v. 11b. 12a ein Neueinsatz neben v. 11a vor. Bilden etwa diese vv. 11b–17 wiederum einen in sich geschlossenen Zusammenhang?

Nach v. 12 erscheint der Bote Jahwes dem Gideon an der Kelter, wo dieser beim Weizendreschen vor den Midianitern sicher ist (v. 11b). Er spricht ihn mit einem Segensgruß an: »Jahwe ist mit dir, du tapferer Held«[16]. Diese Anrede dünkt den Gideon, der sich doch gerade verbergen muß, merkwürdig und veranlaßt ihn zu der Frage: »Mit Verlaub, mein Herr – ist Jahwe (wirklich) mit uns, warum hat uns dann dies alles betroffen?«[17] Diesen Hinweis auf die gegenwärtigen Verhältnisse beantwortet »Jahwe« damit, daß er Gideon beauftragt, selbst den Zustand der Unterdrückung zu beenden[18]; »ich sende dich ja« (v. 14). Gideons Einwand, wie er als der Jüngste im kleinsten Geschlecht von Manasse Israel retten solle, weist Jahwe ab mit der Zusage: »Ich werde ja mit dir sein; und du wirst Midian schlagen wie einen Mann«[19].

---

[15] Darin stimmen die Ausleger überein.

[16] Der Segensgruß יהוה עמך besagt nicht: »Jahwe sei mit dir« (so etwa Wiese a.a.O. S. 22), sondern: »Jahwe ist mit dir« (so etwa Eißfeldt a.a.O. S. 15; vgl. das oben Sp. 77 Anm. 8 zu שלום לך Gesagte). Nur so ist die Verbindung zu Gideons Frage herzustellen: »Wenn Jahwe mit uns ist, warum dann ...«.

[17] Böhme a.a.O. S. 257f.; Winckler a.a.O. S. 45; Frankenberg a.a.O. S. 13f. u.a. wollten v. 13b als späteren Zusatz ansehen. Aber weder der Hinweis auf die im deuteronomistischen Schrifttum geforderte »traditio« der Heilsgeschichte noch etwa der Gebrauch des Verbums נטש stellen einen zwingenden Beweis dar. Da die Berufungsgeschichte relativ jung ist (vgl. dazu unten Sp. 80 bei Anm. 26), kann ihr Sprachgebrauch durchaus dem deuteronomischen nahestehen. Andererseits spricht die Verwendung des Ausdruckes כף מדין in v. 13b wie in v. 14 (vgl. dagegen יד מדין in 6,1.2; יד מצרים in 6,9) für die Ursprünglichkeit von v. 13b.

[18] Dabei ist »in dieser deiner Kraft« einfach als »in der Kraft, die ihm eigen ist, die man ihm ansieht« zu verstehen; vgl. Budde, Richter a.a.O. S. 54; Wiese a.a.O. S. 23 Anm. 1 (hier auch die Kritik an anderen Erklärungen).

[19] Wie in Ex 3,12 ist der Satz כי אהיה עמך als selbständiger Hauptsatz zu verstehen; denn das Jahwewort will als Antwort auf Gideons Einwand nicht eine Voraussetzung ausdrücken: »Wenn ich mit dir bin, dann schlägst du Midian wie einen Mann« (vgl. Greßmann a.a.O.

Nach Meinung des Erzählers hat Gideon durch die Worte »ich sende dich«, »ich bin mit dir« gemerkt, daß er der Gottheit gegenüber steht[20]. Er möchte sich aber noch vergewissern und bittet deshalb um ein Zeichen dafür, daß wirklich Jahwe es ist, der ihn beruft: »Gib mir ein Zeichen, daß du es bist, der mit mir redet«[21].

Es ergibt sich also für das Gespräch zwischen (dem Boten) Jahwe(s) und Gideon ein logischer Fortschritt: Die Anrede ruft den Hinweis auf die tatsächliche Lage hervor. Damit ist das Gespräch zu dem Punkt hingeführt, der die Berufung Gideons (nämlich zum Führer gegen die Midianiter) erforderlich macht. Der Auftrag folgt auch in v. 14[22]. Hiermit beginnt nun ein bestimmtes formgeschichtliches Schema:

a) Mitteilung des Auftrages durch Jahwe (»ich sende dich doch«);
b) Einwand des Berufenen (ich bin doch gar nicht der richtige Mann);
c) Abweisung des Einwandes durch die Zusage Jahwes: »Ich werde ja mit dir sein«;
d) ein Zeichen als Bestätigung dafür, daß Jahwe den Auftrag gegeben hat (in diesem Fall wird es erbeten).

Dieses Schema findet sich auch sonst im Alten Testament:
1) bei der Berufung des Mose Ex 3,10−12[23]:
a) Auftrag Jahwes an Mose: »Und nun, geh; ich will dich zum Pharao senden, daß du mein Volk, die Israeliten, aus Ägypten herausführst« (v. 10);
b) Einwand des Mose: »Wer bin ich, daß ich zum Pharao gehen und die Israeliten aus Ägypten führen sollte?« (v. 11);
c) Abweisung des Einwandes durch die Zusage Jahwes: »Ich werde ja mit dir sein« (v. 12 aα);
d) das Zeichen, daß Jahwe selbst ihn sendet: »Wenn du das Volk aus Ägypten führst, werdet ihr an diesem Berg Gott verehren« (v. 12 aβ.b).

S. 196; Kittel a.a.O. S. 381), sondern es muß eine Verheißung enthalten: »Ich bin ja mit dir« (cf. Eißfeldt a.a.O. S. 16). Der Sieg über Midian ist davon nur die Folge.

[20] Die Masoreten haben also den Text richtig interpretiert, wenn sie in v. 15 (nicht in v. 13!) punktieren בִּי אֲדֹנִי »mit Verlaub, Herr«.

[21] Dies ist die übliche Auffassung der Worte שאתה מדבר עמי. Eißfeldt übersetzt sie: »(ein Zeichen) für das, was du mit mir redest« (a.a.O. S. 38). Jedoch hat diese Übersetzung wenig Wahrscheinlichkeit für sich, da sonst in dem mit שׁ eingeleiteten Nebensatz ein Hinweis auf das Objekt der Aussage (»..., was du ... redest«) stehen müßte. Vielmehr zeigt die Parallele in Ex 3,12 − »dies sei dir das Zeichen, daß ich (betont: אנכי) dich sende« −, daß das Zeichen nicht der Bestätigung des Auftrags, sondern der Legitimierung des Auftraggebers dienen soll.

[22] Die Auseinanderreißung von v. 13 und v. 14 (Eißfeldt) ist also unzulässig, weil dadurch der logische Fortgang des Gesprächs durchbrochen würde. − Vgl. auch Wiese, a.a.O. S. 24, Anm. 1.

[23] Diese Verse werden allgemein dem Elohisten zugeschrieben.

2) bei der Berufung des Jeremia Jer 1,5—10:
   a) Berufung (v. 5);
   b) Einwand: »Siehe ich verstehe nicht zu reden, denn ich bin zu jung« (v. 6);
   c) Abweisung des Einwandes und Zusage: »Fürchte dich nicht vor ihnen; denn ich bin mit dir, dich zu retten« (v. 7f.);
   d) als Zeichen dafür, daß Jahwe seine Worte dem Jeremia in den Mund legt, eine Symbolhandlung Jahwes: er berührt Jeremias Mund (v. 9).

3) bei der Salbung des Saul 1. Sam 10,1—7 u. 9,21 (hier ist das Schema nicht ganz erhalten, aber noch zu erkennen):
   a) Salbung und Berufung: »... du sollst über das Volk Jahwes herrschen und es aus der Hand seiner Feinde erretten (v. 1 in dem nach LXX und Vulg. einzusetzenden Text[24]);
   b) ein Einwand von Saul ähnlich dem des Gideon in Jdc 6,15 ist schon bei einer ersten Ankündigung des Königtums an Saul in 1. Sam 9,21 vorausgegangen;
   c) die Zusage, daß Gott mit ihm ist, folgt hier erst auf die Ankündigung des Zeichens (v. 7bβ);
   d) das Zeichen (bzw. die Zeichen), daß Jahwe ihn zum נָגִיד über sein Erbteil gesalbt hat (v. 1 ff.)[25].

Durch das Schema, das hier aufgezeigt wurde, wird bestätigt, daß die vv. 14—17 in Jdc 6 sachlich untrennbar zusammengehören. Da v. 13 erst durch den v. 14 ganz sinnvoll wird, ist auch dieser Vers — zusammen mit den von ihm vorausgesetzten vv. 11b. 12 — nicht von v. 14—17 loszulösen. Die vv. 11b—17 bilden also ihrerseits einen geschlossenen Zusammenhang.

---

[24] Vgl. dazu BHK und die Kommentare.
[25] Im Neuen Testament liegt dieses Schema der Verkündigung an Maria und an Zacharias zugrunde (Lc 1,28—37. 13—20):
  1. a) die Verkündigung an Maria (statt der »Berufung« im AT): »... du wirst einen Sohn gebären ...« (v. 30—33);
     b) Einwand der Maria: »Wie soll das geschehen, da ich noch von keinem Mann weiß?« (v. 34);
     c) Ablehnung des Einwandes durch nähere Angaben über das, was geschehen soll (v. 35);
     d) ein Zeichen, angekündigt mit καὶ ἰδού = וְהִנֵּה: trotz ihres Alters erwartet auch Elisabeth noch einen Sohn (v. 36; dieses Zeichen ist nicht von Maria erbeten, seine Anführung ergibt sich aus dem Schema).
  2. a) Verkündigung an Zacharias (v. 13—17);
     b) Einwand des Zacharias mit Bitte um ein Zeichen (v. 18);
     c) Ablehnung des Einwandes dadurch, daß der Engel Gabriel betont, daß er in Gottes Auftrag dem Zacharias diese Botschaft zu bringen habe (v. 19);
     d) das (erbetene) Zeichen (v. 20).

Dieser Abschnitt von der Berufung des Gideon (v. 11b–17) ist in die bereits vorliegende Erzählung von der Entstehung des Altars in Ophra und der Begründung seines Namens eingearbeitet worden. Die Geschichte vom Altarbau ist also die ältere. Dabei ist die Frage, ob der Altarbau von Anfang an dem Gideon zugeschrieben wurde, in diesem Zusammenhang kaum zu entscheiden. Der Einschub von Gideons Berufung setzt jedenfalls voraus, daß der Altarbau bereits mit Gideon in Verbindung gebracht war. – Daß die Erzählung von dem Bau des Altars älter ist als die Berufungsgeschichte, ergibt sich auch noch aus einer weiteren Beobachtung. Die Aetiologie von Errichtung und Name des Altars ist eine Ortssage aus Ophra, die dort möglicherweise in Priesterkreisen entstanden ist, da diese am ehesten an einer »Legitimierung« des Altars interessiert waren. Die Berufung dagegen, die den Auftrag, »Israel« aus der Hand Midians zu erretten, enthält, setzt bereits die Ausweitung der ursprünglich manassitischen Sage von Gideons Taten zu einer »gesamtisraelitischen« Heldensage voraus[26]; sie ist also jünger.

Zu welcher der beiden Erzählungen gehört nun v. 18? Die Beantwortung dieser Frage hat von dem eben gewonnenen Ergebnis auszugehen, daß dem Interpolator der Berufungsgeschichte die Erzählung von der Erscheinung des Boten Jahwes und dem Feuerwunder vorlag. Das Auftreten des Boten Jahwes gab dem Interpolator die Gelegenheit für die Einschaltung der Berufung; von dieser mußte er dann wieder zurücklenken zu dem Ereignis unter der Terebinthe (v. 19ff.). Dies konnte er um so leichter, als das ihm gegebene Schema einer Berufung ein bestätigendes Zeichen erforderte. Als dieses Zeichen benutzte er das Feuerwunder von v. 21, das ursprünglich den Bau des Altars legitimieren und zur Erklärung seines Namens hinführen sollte und das diese Aufgabe ja auch weiterhin behielt. Dieser Überleitung zu der dem Interpolator vorliegenden Erzählung dient der v. 18. Mit diesem wird angedeutet, in welcher Hinsicht Gideon das Zeichen erbittet: nämlich im Zusammenhang mit der dem Gast vorgesetzten Speise. Rein äußerlich wird die Zugehörigkeit des v. 18 zu der Berufungsgeschichte dadurch unterstrichen, daß der Vers noch zu der Gideonrede von v. 17 gehört; diese braucht also auch nicht auseinandergerissen zu werden.

Damit ist nun auch der Terminus מִנְחָה in v. 18 sicher zu erklären. Die Beantwortung der Frage, ob der Ausdruck als »Gabe, Geschenk«[27] oder im technischen Sinn als »Opfer«[28] zu verstehen sei, hängt eben von der Beur-

---

[26] Die Annahme, daß ein »Schlußredaktor« das Wort »Israel« in v. 14 (für ursprüngliches »dein Land«) und in v. 15 eingesetzt habe (Wiese a.a.O. S. 24), fällt mit der These von dem höheren Alter der Berufungsgeschichte.

[27] So z.B. Wiese a.a.O. S. 22 bei und mit Anm. 2; L. Koehler, Lexicon in Vet. Test. libros S. 538a.

[28] So z.B. Budde, Richter S. 55; Kittel, Richter S. 381; Eißfeldt, a.a.O. S. 38.

teilung des Zusammenhanges ab. Nach der Auffassung des Interpolators hat Gideon aus den Worten seines Gegenüber in v. 14b und v. 16a gemerkt, daß | die Gottheit vor ihm steht. Dann hat aber der Erzähler מנחה kaum nur als »Geschenk« verstanden, sondern eben als »Opfer«[29]. Als »Zeichen« wird dann die Annahme dieses Opfers in der Weise von 1. Kön 18,38 erwartet.

Wenn v. 11b—18 in eine bereits vorliegende Erzählung eingeschoben sind, dann bilden, wie bereits oben Sp. 78 erschlossen wurde, die vv. 11a.19—24 diesen älteren Bestand. Hier ist allerdings der Übergang zwischen v. 11a und v. 19 nicht ganz glatt. Es muß doch wohl berichtet gewesen sein, daß Gideon die Erscheinung in Menschengestalt unter der Terebinthe bemerkt und den vermeintlichen Gast bewirten will, wie dies in der ähnlichen Erzählung in Gen 18,2—5 oder in Gen 19,2 geschieht. Eine solche Notiz ist wohl durch die Einschaltung der Berufungsgeschichte verdrängt worden[30].

Die Erklärung der Zusammenhänge in v. 18—22 hat auch noch Konsequenzen für unsere Kenntnis der althebräischen Kultusgeschichte. Greßmann[31] und im Anschluß an diesen Wiese[32] haben in der in v. 19—21 genannten Speise sowie in der Art und Weise, wie Gideon sie auf den Felsen legt, das in Ophra übliche Opfer und die Technik seiner Darbringung sehen wollen. Aber — abgesehen von der Frage, ob man die Fleischbrühe wirklich als »Trankopfer« ansehen kann — das Opfer wird später nicht auf dem Felsen, sondern auf dem Altar, der dafür errichtet wird, dargebracht. Vielmehr spricht v. 19 von der Zubereitung einer Mahlzeit für den Gast, und die Einzelheiten sind auch wirklich nur in diesem Sinne aufgezählt. Gideon hatte gar keine Veranlassung, dem Gast, den er noch nicht als den »Boten Jahwes« erkannt hatte (vgl. v. 22!), ein »Opfer« darzubringen. Der Bote Jahwes benutzt dann allerdings die Speise, die ihm vorgesetzt wird (v. 19 am Ende), dazu, sich durch sie als die Gottheit zu erkennen zu geben; aber an ein »Opfer« ist in diesem Teil der Erzählung nicht gedacht. Die Opfervorstellung wird erst durch den dem Einschub zugehörenden Terminus מנחה hineingebracht. Dieser Einschub hat aber nicht mehr die Verhältnisse am Heiligtum in Ophra im Auge, sondern die Berufung des Helden zur Ret-

---

[29] Andererseits meint der Terminus מַצּוֹת in v. 19. 20. 21 (älterer Bestand) nicht vegetabile Opferteile (so Hertzberg a. a. O. S. 191), sondern wie etwa in 1. Sam 28,24 Brotfladen, die ohne Sauerteig zubereitet werden, für die menschliche Ernährung.

[30] Diese Annahme eines Textausfalls unterscheidet sich von den »Textverlusten« in den einzelnen »Quellen« bei Eißfeldt dadurch, daß hier durch zwei »Nähte« ein Einschub nachgewiesen ist, der dem als weggelassen angenommenen Text parallel geht, und daß so dieser Textausfall wirklich wahrscheinlich gemacht werden kann.

[31] A.a.O. S. 202.

[32] A.a.O. S. 25.

tung ganz Israels. Über Opferart und -darbringung an dem alten Heiligtum in Ophra läßt also unser Abschnitt nichts erkennen.

Nachdem die Einheitlichkeit von v. 11b—18 festgestellt ist, bleibt noch der Wechsel in der Bezeichnung von Gideons Gesprächspartner in diesem Abschnitt zu erklären. Der Interpolator der Berufungsgeschichte geht aus von der Erscheinung des »Boten Jahwes«. Diesen läßt er das Gespräch mit Gideon beginnen (v. 12). Die eigentliche Berufung in v. 14—16 ist aber Jahwe selbst in den Mund gelegt. Diesem Wechsel entsprechend steht, nachdem in v. 12 der »Bote Jahwes« von Jahwe in 3. Person geredet hatte (»Jahwe ist mit dir«), nunmehr auch das Verbum in der 1. Person: »Ich sende dich doch« (v. 14b), »Ich werde ja mit dir sein« (v. 16a)[33]. Nun ist auch außerhalb unseres Abschnittes in anderen Erzählungen des Alten Testamentes der Übergang von einer »Vergegenwärtigung Jahwes«[34] zu Jahwe selbst zu finden. Der »Bote Jahwes« redet mit Hagar Gen 16,7. 9. 10; nach v. 13 aber gibt Hagar »Jahwe, der mit ihr redete,« den Namen »El-Roi«. Nach Ex 3,2 erscheint der »Bote Jahwes« dem Mose im brennenden Dornbusch, es spricht aber nach v. 4. 7 Jahwe selbst[35]. Der Wechsel zwischen dem »Boten Jahwes« und »Jahwe« in Jdc 6,11 ff. ist also kein Einzelfall; er hat darüber hinaus seine Begründung in der Erzählung selbst.

Die Berufung in v. 14 ff. ist offenbar nach demselben Schema gestaltet, das sich auch in Ex 3,10—12 und Jer 1,5—10 bei den Berufungen von Mose und Jeremia findet und in dem Jahwe selbst die Berufung ausspricht[36]. Diese Form des Schemas gibt die Möglichkeit, in die alte Erzählung von der Erscheinung des »Boten Jahwes« zurückzulenken: das Wunder, mit dem sich dort der »Bote Jahwes« zu erkennen gibt, wird zum »Zeichen«, das

---

[33] LXX^{BA} haben durchgehend »ὁ ἄγγελος κυρίου«, außerdem in v. 16a: »Κύριος ἔσται μετὰ σοῦ«. Diese Textänderungen dürften aber kaum auf ein Bemühen, den Text zu »glätten«, zurückgehen; denn in v. 14b ist die 1. Person stehen geblieben. Sie dürften eher daraus zu erklären sein, daß die Übersetzer eine andere Vorstellung von dem »Boten Jahwes« hatten als die Verfasser des hebräischen Textes; während diese in dem »Boten Jahwes« nur eine »Vergegenwärtigung« Jahwes sahen (s. dazu L. Köhler, Theologie des Alten Testaments 3. Aufl. 1953 S. 106. 108 f.), denkt die Septuaginta an ein selbständiges Wesen neben Jahwe, eben an einen »Engel«. Unter dieser Voraussetzung ist allerdings ein Wechsel zwischen »מלאך יהוה« und »Jahwe« nicht mehr möglich. Der »Engel« kann wohl noch sagen: »Ich schicke dich« — wohl mit dem Hintergedanken: »im Auftrag Jahwes« (vgl. Lc 1,19); wenn aber die höchste Gewähr für das Gelingen, die Gegenwart von Jahwe selbst, beibehalten werden sollte, mußte in v. 16 der »Engel« von Jahwe in 3. Person sprechen. — Wenn so hinter den Änderungen in der LXX eine bestimmte Tendenz zu erkennen ist, dann kann LXX hier nicht zu Konjekturen im hebräischen Text herangezogen werden.

[34] S. dazu die vorige Anmerkung.

[35] Ex 3,2.4.7 gehören zu J. — Den Wechsel zwischen den »drei Männern« und Jahwe in Gen 18,1—16 wird man hier nicht anführen dürfen, da er dort durch Schichtung der Überlieferung hervorgerufen sein kann.

[36] S. oben Sp. 79.

Gideon erbittet (vgl. Punkt d) des Schemas. Voraussetzung der Zeichenforderung ist, daß Gideon bemerkt, wen er vor sich hat; dies wiederum wird durch die Rede seines Gegenübers in 1. Pers. ermöglicht. Dann aber muß Jahwe selbst, nicht der »Bote Jahwes« sprechen. Dadurch verändert sich die Erscheinung vor Gideon nicht[37]; es ist in v. 11–13 wie in v. 14–18 wie in v. 19–21 die »Vergegenwärtigung« Jahwes, der »Bote Jahwes«. Um in der Berufung den Berufenden in 1. Person sprechen lassen zu können, legt aber der Interpolator die Worte »Jahwe« in den Mund. Es spricht also der, den der »Bote Jahwes« »vergegenwärtigt«.

Unsere Untersuchung zu Jdc 6,11–24 hat gezeigt, daß der Grundbestand dieses Abschnittes die Ortssage aus Ophra über Errichtung und Namen eines dort stehenden Altars ist (v. 11a ... 19–24). In diesen Zusammenhang wurde von späterer Hand die Berufung des Gideon durch Jahwe zum Retter Israels vor den midianitischen Einfällen eingeschaltet (v. 11b–18). Von der Erkenntnis dieser Zusammenhänge aus sind alle Probleme, die bisher zu Quellenscheidungen oder wenigstens zur Ausschaltung von Versen und Versteilen geführt haben, zu erklären.

Nun haben nicht nur die Vertreter der Urkundenhypothese in einer der von ihnen rekonstruierten Quellen die jahwistische des Pentateuchs gesehen; auch die meisten, die mit der Ergänzung eines Grundbestandes rechneten, vermuteten in diesem ein Werk des Jahwisten[38]. Hier ist nun abschließend festzustellen, daß weder der ursprüngliche Text v. 11a ... 19–24 noch die Erweiterung in v. 11b–18 von dem Jahwisten verfaßt sind. In keinem der beiden Abschnitte findet sich auch nur ein Wort oder eine Phrase, die außer hier nur im jahwistischen Werk – in | aus der Überlieferung übernommenen oder in vom Jahwisten verfaßten Stücken – vorkämen[39]. Die Tatsache, daß die Wendungen »בי אדני« oder »wenn ich Gnade gefun-

---

[37] Der Ausdruck »und Jahwe wandte sich zu ihm hin« in v. 14 ist von dem Interpolator kaum so gemeint, daß Gideon nun durch eine Veränderung der Gestalt vor ihm die Gottheit erkannt habe. Nach Num 12,10; 2. Chron 26,20 »wenden sich« Aaron bzw. der Hohepriester Asarja und alle anderen Priester der Mirjam bzw. dem König Ussia »zu« und erkennen dabei, daß diese vom Aussatz befallen sind. Die letztere Stelle schließt die Bedeutung »sich umwenden nach« aus, da die Priester dem König »entgegengetreten« sind (v. 18). פנה heißt hier vielmehr »sich jmdm. voll zuwenden, jmdn. voll ansehen«, und so ist es auch in Jdc 6,14 gebraucht. – Wenn Jahwe sich seinem Volk »zuwendet«, so bedeutet das nach alttestamentlichem Verständnis immer den Beginn seines gnädigen und hilfreichen Handelns (Lev 26,9; 1. Kön 8,28; 2. Kön 13,23; Ez 36,9; Ps 25,16; 69,17; 86,10; 102,18; 119,132; 2. Chron 6,19). Das Verbum פנה besagt hier dasselbe wie der Terminus »das Angesicht (פנים) leuchten lassen – oder erheben – über jmdn.« Num 6,25f. u.ö. Für den israelitischen Hörer mag diese Bedeutung auch in Jdc 6,14 mitgeklungen haben.

[38] So Böhme a.a.O. S. 251ff.; Budde, Richt u. Sam S. 108f. u.a. Die einzige Ausnahme ist Wiese a.a.O. S. 20–29. |

[39] Davon kann man sich an Hand der Konkordanz von Mandelkern oder bei Koehler, Lex. leicht überzeugen.

den habe in deinen Augen« außer bei J und in Jdc 6,13. 15 bzw. 17 noch in Jos 7,8; Jdc 13,8; 1. Sam 1,26; 25,24; 2. Sam 14,19; 1. Kön 3,17. 26 bzw. Dtn 24,1; 9mal in 1. 2. Sam; 1. Kön 11,19; Prov 3,4; 28,23; Ru 2,2. 10. 13; Est 5,8; 7,3; Sir 42,1 vorkommen, zeigt, daß sie nicht »typisch jahwistisch« sind, sondern einfach aus der Umgangssprache stammen[40]. Einzelne Übereinstimmungen in der Terminologie zwischen Jdc 6,11−24 und Gen 18,1−16 (und auch Jdc 13) erklären sich aus der Verwandtschaft des Stoffes, nicht daraus, daß diese Perikopen von | einem Mann − oder in einer »Schule«[41] − verfaßt sind. Die Dinge liegen vielmehr so: Auf der einen Seite fand eine alte Sage, deren Handlung bei der Terebinthe von Mamre spielte und die mit Abraham in Verbindung gebracht worden war, in dem Werk des Jahwisten Aufnahme (Gen 18,1−16 bzw. der Grundbestand dieses Abschnittes). Auf der anderen Seite wurde eine Ortssage von Ophra, in der wie in jener eine Erscheinung der Gottheit unter einer Terebinthe eine Rolle spielte, deswegen, weil sie mit dem Namen des Gideon in Verbindung gebracht wurde, in den Sagenkreis um diesen Helden aufgenommen, dort durch den Abschnitt von Gideons Berufung erweitert und schließlich einem anderen größeren Werk, dem deuteronomistischen Geschichtswerk, eingegliedert[42].

---

[40] Gegen Böhme a. a. O. S. 259 f.; Budde, Richter 54 f. u. a. Vgl. auch die Kritik von Wiese a. a. O. S. 26−28. |
[41] So etwa Kittel, ThStKr 65, 1892 S. 58; Nowack a. a. O. S. 62.
[42] Vgl. M. Noth, Überlieferungsgeschichtliche Studien I, 1943 S. 51 f.

Wie David König wurde

Beobachtungen zu 2. Sam 2,4a und 5,3

Der verehrte Jubilar, dem dieser Beitrag gewidmet ist, hat seit Jahren sein besonderes Interesse dem Königtum in Juda und Israel zugewandt. Früchte der hier geleisteten Forschungsarbeit sind vor allem eine Studie über „Die Erzählung von der Thronfolge Davids – theologische oder politische Geschichtsschreibung?"[1], und der im Erscheinen begriffene Kommentar über die Königsbücher, von dem der erste Band vorliegt: „Die Bücher der Könige. 1.Könige 1–16"[2]. So liegt es im Bereich der Anregungen, die Ernst Würthwein gegeben hat, wenn im Folgenden „Beobachtungen" vorgetragen werden zu zwei der wichtigsten Ereignisse der Geschichte Israels: Zu der Einsetzung Davids zum König über Juda und Israel.

I.

Das Königtum in Israel (und Juda) begann mit Saul aus dem Stamm Benjamin. Über seine Erhebung zum König hat das Alte Testament drei Darstellungen überliefert, die von drei verschiedenen Händen aus unterschiedlichen Zeiten stammen. Nach der ältesten in 1.Sam 11,1–11.15 zog nach einem Sieg des von Saul aufgerufenen und angeführten Aufgebotes aus dem „ganzen Gebiet von Israel" (vgl. V. 7) über die Ammoniter vor Jabes in Gilead „das ganze Volk nach Gilgal, und sie machten dort den Saul vor Jahwe in Gilgal zum König" (V. 15aα). Nach einer zweiten Erzählung (9,1–10,16) hat der „Gottesmann"[3] Samuel den Saul, der auf der Suche nach zwei entlaufenen Eselinnen zu ihm kam, im Auftrag Jahwes (vgl. 9,16) zum *nagîd* „Anführer"[4] über Jahwes „Erb-

---

[1] ThSt 115, Zürich 1974.
[2] ATD 11,1, Göttingen 1977.
[3] So 9,6.8.10; V. (9.)11.18 „Seher"; vgl. V. 9: „Prophet".
[4] Vgl. dazu: E. Würthwein, Die Bücher der Könige. 1.Könige 1–16 (ATD 11,1) Göttingen 1977, S. 17 mit Literaturangaben Anm. 28; dazu G. Ch. Macholz, Nagid – der Statt-

besitz"⁵ gesalbt. Eine dritte Fassung in 10,17–27 – sie ist die jüngste – läßt Samuel durch ein Losverfahren den Saul als König ermitteln; dem durch seine alles Volk überragende Größe zusätzlich ausgewiesenen Saul akklamiert das Volk: „Es lebe der König!" (10,24). Im jetzigen Text ist die zweite Darstellung – zeitlich die mittlere – in die jüngste eingegliedert. Diese ist zudem dadurch mit der ältesten Fassung in Kap. 11 verknüpft, daß in 11,12–14 mit der Frage nach den Männern, die das Königtum Sauls bezweifelt hätten, auf die entsprechende Notiz der jüngsten Schicht in 10,27 zurückgegriffen und mit dem Vermerk, daß Samuel „(das Königtum Sauls) erneuern" will, die Darstellung in 10,17–27 aufgenommen wird. Über den hebräischen Text hinaus hat schließlich die Septuaginta die älteste Fassung in 11,15 in der Weise abgewandelt, daß sie die Wendung *wăjjămlîkû* „und sie (das Volk) machten (Saul) zum König" ersetzt hat durch die Wörter καὶ ἔχρισεν Σαμουηλ . . . εἰς βασιλέα „und Samuel salbte (Saul) zum König" und damit das Motiv der Salbung durch den Gottesmann aus der mittleren Erzählung in die älteste eingetragen hat.

Aus dem Nebeneinander der zweiten (1.Sam 9,1–10,16, bes. 10,1) und der ältesten Darstellung (11,1–11.15) hat A. Alt auf eine wesentliche Grundlage des israelitischen Verständnisses des Königtums geschlossen. Zur Erhebung eines Mannes zum König habe demnach erstens die Designation durch Jahwe und zweitens die Bestätigung, die Akklamation des Volkes gehört. Bei Saul besteht die Designation in der Salbung, die Samuel im Auftrag Jahwes vornimmt (10,1), die Akklamation in der Huldigung des Volkes (11,15)⁶. Entscheidend ist die Designation; „die hinzukommende Huldigung der Stämme auf Grund einer ersten Bewährung (1.Sam 11) hat demgegenüber nur den Sinn einer nachträglichen Bestätigung"⁷. Daß bei Saul sich Designation und Akklamation auf zwei verschiedene Erzählungen verteilen, hat Alt gesehen⁸; trotzdem aber hat er auf ursprüngliche Zusammengehörigkeit beider Momente geschlossen. Indes: die älteste Darstellung in 1.Sam 11,1–11.15 sagt, daß das Volk von sich aus den Saul zum König eingesetzt hat; das ist mehr als nur die Akklamation zu einem von anderer Seite her bereits zum König Bestimmten. Von einer Designation Sauls

---

halter, „praefectus" (Sefer Rendtorff. Festschrift Rolf Rendtorff [Dielheimer Blätter zum Alten Testament. Beiheft 1], Dielheim 1975, S. 59–72).

⁵ Die Septuaginta bietet innerhalb eines gegenüber MT erweiterten Textes: „über sein Volk, über Israel".

⁶ A. Alt, Die Staatenbildung der Israeliten in Palästina (Reformationsprogramm der Universität Leipzig 1930 = Kleine Schriften zur Geschichte des Volkes Israel. II [=Alt II], München 1953, S. 1–65), S. 23 = S. 18.

⁷ A. Alt, Das Königtum in den Reichen Israel und Juda (VT 1, 1951, S. 2–22 = Alt II, S. 116–134), S. 5 = S. 118.

⁸ Staatenbildung, S. 23 = Alt II, S. 18.

aber weiß dieser Text nichts. Man kann eine solche auch nicht darin sehen, daß Saul beim Erhalt der Nachricht von der Bedrohung der Stadt in Gilead durch die Ammoniter vom Geist Gottes ergriffen worden sei (11,6); denn dieser Vorgang gehört – wie bei den sog. „großen Richtern" – Gideon (Ri 6,34), Jephta (11,29), Simson (13,25; 14,6.19; 15,14) sowie Othniel (3,10) – zur Rettertat. Die „Geistbegabung" befähigt Saul zur Befreiung der Stadt; aber sie bezeichnet ihn so wenig wie die „großen Richter" „als Anwärter auf das Amt" des Königs[9]. Enthält aber der älteste Bericht über Sauls Erhebung zum König keinen Hinweis auf „Designation" und „Akklamation", dann haben diese Akte – historisch gesehen – für die Israeliten, die Saul zum König gemacht haben, keine Rolle gespielt.

Nachdem Saul in der Schlacht gegen die Philister am Gebirge Gilboa gefallen war, kam sein Sohn Ischbaal auf den Thron seines Vaters. Er wurde von Sauls Heerführer Abner eingesetzt (2.Sam 2,8f.). Dabei hatten Designation durch Jahwe und Akklamation durch das Volk erst recht keinen Platz. Wenn hier das mit Gilead, den ‚Asseriten'[10], Jesreel, Ephraim und Benjamin angegebene Herrschaftsgebiet des Sauliden als „ganz Israel" zusammengefaßt wird (V. 9), ist deutlich, daß hier Juda nicht zu „Israel" gerechnet ist[11].

Nach dieser wohl nur kurzen Anfangsperiode – 1.Sam 13,1b gibt Saul zwei Regierungsjahre – tritt der bedeutendste Herrscher der judäisch-israelitischen Geschichte auf den Plan: David. Und hier wird nun die Unabhängigkeit von Juda gegenüber der Größe „Israel", die Selbständigkeit der unter dem Namen „Juda" zusammengefaßten Stämme und Gruppen – Juda, Simeon, Kaleb, Othniel etwa – gegenüber den in „Israel" zusammengeschlossenen Stämmen deutlich: David wird zweimal zum König erhoben: zum König über Juda und zum König über Israel. Diese beiden Vorgänge wollen wir im folgenden genauer in den Blick nehmen.

Die beiden einschlägigen Texte sind 2.Sam 2,4a und 5,3. Nach dem Bericht über die Niederlassung Davids in Hebron und seiner Söldner in der Umgebung der Stadt in 2,1–3 fährt V. 4a fort:

Da kamen die Männer von Juda und salbten dort David zum König über das Haus Juda.

---

[9] Anders J. A. Soggin, Das Königtum in Israel. Ursprünge, Spannungen, Entwicklung (BZAW 104), Berlin 1967, S. 45.

[10] Zum Text s. BHK, BHS und die Kommentare.

[11] Das gilt auch dann, wenn David bereits zuvor König von Juda geworden ist. Wäre Juda – etwa in (angenommener) Übereinstimmung mit dem Sachverhalt zur Zeit Sauls – zu „Israel" gerechnet worden, wären die in 2.Sam 2,9 genannten Gebiete nicht als „ganz Israel" zu bezeichnen gewesen.

Einige Zeit, vielleicht 6–7 Jahre später[12], wird David König über die nördlichen Stämme, über Israel. In 5,1–3 wird berichtet:

(1) Da kamen alle Stämme Israels zu David nach Hebron und sprachen: Siehe, wir sind dein Bein und dein Fleisch. (2) Schon gestern und vorgestern, als Saul König über uns war, warst du es, der Israel (ins Feld) hinaus- und (wieder) hineinführte. Und Jahwe sprach zu dir: *Du* sollst mein Volk Israel weiden und *du* sollst zum *nagîd* „Anführer" über Israel werden. (3) Und alle Ältesten Israels kamen zu David nach Hebron; und der König David „schnitt" ihnen eine *berît* vor Jahwe in Hebron, und sie salbten David zum König über Israel.

In diesen Versen liegt eine gewisse Wiederholung vor: Zweimal kommen Leute „zu David" (V. 1) bzw. „zum König" (V. 3), erst „alle Stämme Israels" (V. 1), dann „alle Ältesten Israels" (V. 3). Die weitergreifende Angabe – „alle Stämme (Israels)" – ist gegenüber der präziseren und sachgemäßen „alle Ältesten" (Israels) sekundär; auch der Hinweis darauf, daß David „*nagîd*" sein soll, läßt wohl V. 1–2 als eine jüngere Schicht erscheinen[13]. Wir beschränken uns auf die ältere Angabe in V. 3.

In beiden Fällen, in 2,4a und 5,3, wird die Einsetzung Davids zum König durch den Ritus der Salbung begleitet. Bei der Erhebung Davids zum König über Israel, also über die nördlichen Stämme, tritt von Davids Seite her eine *berît* hinzu. Beide – Salbung und *berît* – geben darüber Auskunft, wie dieses „Zum-König-Machen" verstanden worden ist.

II.

Wenden wir uns zunächst der *Salbung* zu. Bei dem Akt der Salbung wird dem zu Salbenden, also demjenigen, der zum König erhoben werden soll, aus einem Krug Öl über den Kopf gegossen[14]. Subjekt der Handlung sind in 2.Sam 2,4a „alle Männer von Juda", d.h. die rechts- und wehrfähigen Männer von Juda[15]; aus Israel sind es nach 5,3 „alle Äl-

---

[12] Nach 2.Sam 2,11; 5,5a war David 7 1/2 Jahre König von Hebron; dann herrschte er – so 5,5b – 33 Jahre in Jerusalem. Rechnet man in die Hebroner Jahre auch die Zeit zwischen seiner Erhebung zum König über Israel und der Eroberung von Jerusalem und seiner Übersiedlung dorthin (5,6–9), bleiben 6–7 Jahre für Davids Herrschaft allein über Juda.

[13] Daran, daß in 2.Sam 5,3a.b mit „Israel" (nur) die nördlichen Stämme gemeint sind, ist angesichts des Nebeneinanders von 2,4a und 5,3 nicht zu zweifeln. (Zu Unrecht sieht H. Berg, Die „Ältesten Israels" im Alten Testament [Theol. Diss. Hamburg], 1959, S. 50, in den „Ältesten Israels" in 2.Sam 5,3 Vertreter des Zwölf-Stämme-Verbandes.) Dagegen läßt die Rede von „meinem (Jahwes) Volk Israel" in 5,2b für V. 1–2 an ein „Gesamt-Israel" als das Zwölf-Stämme-Volk denken (was die spätere Entstehung von V. 1–2 bestätigt). Die Aufnahme des Textes in 1.Chr 11,1–3 hat auch in V. 3 mit Sicherheit dieses „Gesamt-Israel" im Blick: der Chronist erwähnt das Königtum Davids über Juda allein nach 2.Sam 2,4a überhaupt nicht. – Vgl. auch Berg, a.a.O., S. 46ff.

[14] Vgl. 1.Sam 10,1; 16,1.13; 1.Kön 1,39; 2.Kön 9,6.

[15] In 1.Sam 17,52 sind die „Männer von (Israel und) Juda" die Wehrfähigen aus (Israel

testen", also die Führer als die Vertreter des Volkes. In beiden Fällen geht demnach die Salbung – sozusagen – „vom Volke aus"; das Volk tritt dabei in seinen Männern (bei Juda) bzw. in seinen Ältesten (bei Israel) in Aktion. Das Verbum *mšḥ* steht – wie auch in dem an die Bewohner von Jabes in Gilead gerichteten Bericht Davids über seine Salbung zum König von Juda in 2.Sam 2,7 und der entsprechenden Nachricht an die Philister in 5,17, bei der Rede von einer Salbung Absaloms in 2.Sam 19,11, bei der Information des Tyrerkönigs Hiram über die Salbung Salomos in 1.Kön 5,15, bei der Salbung des Joas in 2.Kön 11,12 und der des Joahas in 2.Kön 23,30[16] – im Plural.

Allerdings hat man immer wieder vermutet, daß in diesen Fällen ungenaue oder abgekürzte Redeweise vorliege und daß hier jeweils ein Priester den Salbritus vollzogen habe[17]. Als Beleg hierfür wird 1.Kön 1 herangezogen[18]. Danach hat in der Tat der Priester Zadok den Salomo – an der Gichon-Quelle – zum König gesalbt, und „das ganze Volk" hat mit dem Ruf: „Es lebe der König" akklamiert (V. 39). Hier liegt jedoch ein absoluter Sonderfall vor. Denn zu dieser Salbung hat David den Befehl gegeben (V. 32–35) – möglicherweise um entsprechenden Intentionen seines (jetzt) ältesten Sohnes Adonia zuvorzukommen. Die Aktion ist also „ein Staatsstreich von oben"; die Mitwirkung des Volkes beschränkt sich auf eine Akklamation – sofern hier überhaupt „Volk" beteiligt ist und nicht nur etwa der Hofstaat[19].

Der Annahme, in den Fällen, in denen das Volk als Subjekt der Salbung eines Königs erscheint, habe ein Priester den Salbritus vollzogen, ist aber auch der Bericht über die Einsetzung des jungen Joas, der als einziger das Massaker der Königinmutter Athalja an der davididischen Familie überlebt hat (2.Kön 11,1–3), zum König über Juda durch den Priester Jojada durchaus ungünstig. Der Priester, in dessen Schutz der

---

und) Juda, die die Philister verfolgen. Nach 1.Kön 1,9 gehören zu „allen Männern von Juda" auch die Bediensteten des Königs.

[16] Dementsprechend sind es in der Jothamfabel in Ri 9 die Bäume, die einen König über sich salben (wollen) (V. 8.15); s. dazu unten S. 80.

[17] Z.B. M. Noth, Gott, König, Volk im Alten Testament (ZThK 47, 1950, S. 157–191 = Gesammelte Studien zum Alten Testament, München ²1960, S. 188–229), S. 177 Anm. 2 = S. 212 Anm. 23; Berg, a.a.O., S. 48; L. Schmidt, Menschlicher Erfolg und Jahwes Initiative. Studien zu Tradition, Interpretation und Historie in Überlieferungen von Gideon, Saul und David (WMANT 38), Neukirchen 1970, S. 177 Anm. 2.

[18] Vgl. bes. Schmidt, a.a.O., S. 176 ff.

[19] So Würthwein, Die Bücher der Könige, S. 16. Dem Urteil, daß es sich bei der Salbung Salomos in 1.Kön 1 um einen Sonderfall handele, hat Schmidt, a.a.O., S. 178 mit dem Argument widersprochen, daß „es sich bei Salomo erst um den dritten König, abgesehen von Absalom, handelt". Dies Argument übersieht, daß sich die Beurteilung von 1.Kön 1 als „Sonderfall" (E. Kutsch, Salbung als Rechtsakt im Alten Testament und im Alten Orient [BZAW 87], Berlin 1963, S. 56) auf die gesamte Reihe der einschlägigen Belege bezieht. Vgl. dazu auch unten S. 81 f.

junge Prinz offenbar bis dahin gelebt hat, übergibt zwar dem Joas, den *nezär*, das „Diadem"[20] oder eher das „Weihezeichen"[21], und die *'edût*, nach G. v. Rad das ägyptischem Vorbild entsprechende „Königsprotokoll"[22], eher wohl das Exemplar eines „Königsrechts"[23]; aber nach der Fortsetzung des Textes machten „sie" (3. plur.!) ihn zum König und salbten ihn. Auch hier wird also der Salbritus dem Volk (bzw. seinen Vertretern) zugeschrieben. Hätte etwas daran gelegen, daß ein Priester den neuen König gesalbt hätte – hier, wo der Priester bereits als Subjekt genannt war, hätte es nahegelegen, das auch zu sagen[24].

Schließlich ist hier auch die Darstellung der Jothamsfabel in Ri 9,8–15 aufschlußreich. Nach diesem Text wollen die Bäume einen der ihren über sich zum König salben (V. 8, vgl. V. 15). Auch in diesem Fall steht das Verbum im Plural (V. 15: part. masc. plur.). Daß für den Akt der Salbung hier mit einer „Zwischenfigur", etwa einem Priester, gerechnet wird, würde niemand behaupten. Das heißt aber: der Plural des Verbums ist voll ernst zu nehmen. Bei dem 3. plur. masc. in 2.Sam 2,4a; 5,3 usw. anders zu verfahren liegt kein Anlaß vor.

Die Beteiligung eines Priesters am Akt der Königssalbung ist also nicht wahrscheinlich zu machen. Aber selbst wenn sie üblich gewesen wäre, lehrt doch der einheitliche Sprachgebrauch, daß nicht der Priester, sondern das Volk bzw. seine Vertreter „das eigentliche Subjekt des ganzen Vorgangs waren"[25].

Zu den beiden Stellen 2.Sam 2,4a und 5,3 kommt eine dritte Erzählung von einer Salbung Davids zum König in 1.Sam 16,1–13. Danach salbt Samuel den David – noch als „kaum herangewachsenen Knaben"[26], der „noch nicht einmal kultfähig ist und deswegen nicht zum Opfer herangezogen wird"[27] – zum König (16,1b.13). Nach V. 1a soll David an die Stelle Sauls treten, des „Königs über Israel". Da kaum ge-

---

[20] So schon die Vulgata.
[21] Vgl. M. Noth, Amt und Berufung im Alten Testament (Bonner Akademische Reden 19), Bonn 1958 = Gesammelte Studien zum Alten Testament, München ²1960, S. 309–333, S. 30 Anm. 18 = S. 317 Anm. 18.
[22] G. v. Rad, Das judäische Königsritual (ThLZ 72, 1947, Sp. 211–216 = Gesammelte Studien zum Alten Testament, München 1958, S. 205–213), Sp. 213f. = S. 208f.
[23] E. Kutsch, Verheißung und Gesetz. Untersuchungen zum sogenannten „Bund" im Alten Testament (BZAW 131), Berlin–New York 1973, S. 56 Anm. 29.
[24] Spätere haben das getan: die Septuaginta, indem sie die 3. plur. durch die 3. sing. ersetzt hat – das ist ein sekundärer Vorgang wie die Textänderung durch LXX in 1.Sam 11,15 – und die Aufnahme in 2.Chr 23,11, wo den beiden Verben in der 3. plur. als Subjekt „Jojada und seine Söhne" zugefügt wurde; diese hätten dann aber auch statt des Volkes (2.Kön 11,12) die Akklamation: „Es lebe der König!" gesprochen.
[25] So auch Noth, Gott, König, Volk, S. 177 Anm. 2 = S. 212 Anm. 23.
[26] W. Nowack, Richter, Ruth und Bücher Samuelis (HK I,4) Göttingen 1902, 2. Teil (Bücher Samuelis) S. 79.
[27] H. J. Stoebe, Das erste Buch Samuelis (KAT VIII,1), Gütersloh 1973, S. 304.

meint ist, daß David – in Bethlehem in Juda (V. 2)! – zum König allein über Israel als über die nördlichen Stämme gesalbt wird, muß „Israel" hier – anders als in 2.Sam 5,3 – den gesamten Zwölf-Stämme-Verband umfassen. Hier werden also praktisch die beiden Salbungen Davids zum König über Juda und Israel (als die nördlichen Stämme) von 2.Sam 2,4a und 5,3 in *einen* Akt zusammengefaßt und in die Jugend Davids zurückverlegt. Daß das hier vorliegende Verständnis von „Israel" von dem in 2.Sam 5,3 gezeigten abweicht, lehrt, daß die Erzählung von Davids Salbung durch Samuel nach 1.Sam 16,1–13 einer jüngeren Überlieferungsschicht angehört als 2.Sam 2,4a und 5,3. Wie bei Saul beobachten wir also auch bei David eine Mehrschichtigkeit der Überlieferung; für David liegt ein älterer Bestand in 2.Sam 2,4a und 5,3, eine jüngere Schicht in 1.Sam 16,1–13 vor. Dem entspricht es, daß in 2.Sam 2,4a und 5,3 in keiner Weise Bezug auf die „frühe" Salbung nach 1.Sam 16,1–13 genommen wird.

Hinsichtlich des Ritus der Salbung zeigen 2.Sam 2,4a und 5,3 einerseits, 1.Sam 16,1–13 andererseits charakteristische Unterschiede.

1. An den beiden ersten Stellen geht die Salbung vom Volk bzw. von seinen Vertretern, den „Männern von Juda" und den „Ältesten von Israel" aus – in 1.Sam 16 ist Jahwe der Initiator dieses Ritus.

2. In 2.Sam 2,4a und 5,3 vollziehen die „Männer" bzw. die „Ältesten" (oder allenfalls in ihrem Auftrag ein Priester) den Akt der Salbung – in 1.Sam 16 tut dies der Gottesmann oder Prophet Samuel.

Nach 1.Sam 16,1.13 steht also David als der, der die Salbung empfängt, zwischen Jahwe und dem Volk; nach 2.Sam 2,4a und 5,3 steht er allein dem Volk gegenüber.

Für beide Vorstellungen gibt es im Alten Orient Parallelen. So wie der ägyptische König hohe Beamte unter gleichzeitiger Salbung in ihr Amt einsetzen konnte, hat nach dem Amarna-Brief EA 51 (Z. 4–9) Thutmosis III. einen ihm ergebenen Mann namens Taku unter Ausgießen von Öl auf seinen Kopf, d.h. durch einen Salbritus, zum König über das Land Nuḫašše in Syrien eingesetzt. Taku wurde hier also durch die Salbung einerseits zum König über ein Land, andererseits zum Vasall des Königs von Ägypten[28]. Ebenso wird nach 1.Sam 16,1.13 David (wie Saul nach 1.Sam 10,1 zum *nagîd*) zum König über „Israel", aber durch die Salbung im Auftrag Jahwes auch zum „Vasallen", d.h. zum Mandatar Jahwes.

Auf der anderen Seite ist die Salbung eines Mannes bei seiner Einsetzung zum König durch das „Volk" (in jedem Fall: durch die Vertreter des Volkes) auch außerhalb Israels im Alten Orient belegt. In mindestens drei Texten wird bei den Hethitern ein König durch eine Mehrzahl

---

[28] Kutsch, Salbung, S. 34f.

von Personen gesalbt („... salb[t]en sie ...")[29]. Wie bei den einschlägigen alttestamentlichen Belegen ist auch hier das Subjekt nicht näher bestimmt. Daß ein einzelner, etwa der vorhergehende König oder ein Priester den Ritus vollzogen hätte, wird hier nicht gesagt; es liegt also nichts daran. So hat doch die Annahme, daß hier mit der 3. plur. – wie in Israel – die Männer des Volkes als Subjekt gedacht sind, die größere Wahrscheinlichkeit für sich[30].

Wichtig ist, daß nun auch für die syrische Stadt Ebla die Salbung eines Königs, wohl durch die Männer des Volkes, belegt ist[31]. Zwar stammen diese Belege aus dem 3. Viertel des 3. Jt.s v.Chr. (2400–2250 v.Chr.), d.h. aus einer Zeit ca. 13–14 Jahrhunderte vor David. Da aber die eblaitische Sprache besondere Verwandtschaft mit dem Kanaanäischen, also mit dem Phönizischen und dem Hebräischen, zeigt – Pettinato, der als erster die Sprache von Ebla bestimmte, bezeichnet sie als „Altkanaanäisch"[32] – ist auch mit entsprechender kultureller Verwandtschaft zwischen Ebla und Israel/Juda zu rechnen, so daß diese Belege auch für Israel/Juda zum Vergleich herangezogen werden können.

---

[29] Die Texte: KUB XXXVI 119,3'ff.; KUB XXXVI 90,15'ff. (Salbung „zur Priesterschaft" meint wohl Salbung „zur Königsherrschaft"); Kutsch, Salbung, S. 36 f. (Lit.); H. M. Kümmel, Ersatzrituale für den hethitischen König (Studien zu den Boğazköy-Texten, Heft 3), Wiesbaden 1967, S. 43 f. Dazu kommt das Ersatzritual KUB XXIV 5 + IX 13 Z.19'f.; danach „salben sie (salbt man)" einen Gefangenen zum (Ersatz-)König; Kutsch, a.a.O., S. 36 (Lit.); Kümmel, a.a.O., S. 10 f. – In KBo XVI 25 Vs. 51'ff., einem stark fragmentarischen Text aus der Zeit vor dem hethitischen Großreich, scheint ein König selbst seinen Thronfolger durch Salbung zu „designieren" (Kümmel, a.a.O., S. 44 f.). Sollte die Deutung richtig sein, wäre dieser Text neben den Bericht von der Salbung Salomos in 1.Kön 1 zu stellen. Daß sonst die 3. plur. als Subjekt der Salbung aufscheint, widerrät für den hethitischen Bereich wie für Israel der Annahme, eine solche Salbung eines Königs durch den Vorgänger sei der normale Vorgang gewesen (so anscheinend T. N. D. Mettinger, King and Messiah. The Civil and Sacral Legitimation of the Israelite Kings [Coniectanea Biblica. Old Testament Series 8], Lund 1976, S. 209).

[30] Zu Kümmel, a.a.O., S. 45; Mettinger, a.a.O., S. 209f.

[31] G. Pettinato, Gli archivi reali di Tell Mardikh – Ebla. Riflessioni e prospettive (Rivista Biblica [Roma] 25, 1977, S. 225–243), S. 235. – Pettinatos Schluß aus der Beobachtung der Königssalbung in Ebla, daß das Königtum dann dort nicht erblich gewesen sein könne, ist nicht zwingend. Denn es ist auch möglich, daß man den (ältesten) Sohn des verstorbenen Königs bei seiner Thronbesteigung gesalbt hat. Anderseits ist dafür, daß es Königssalbung auch bei erblichem Königtum gegeben habe, 2.Kön 23,30 für Juda kein Beweis (zu Ch. Bermant – M. Weitzmann, Ebla. An Archaeological Enigma, London 1979, S. 155); denn gerade hier, wo Joahas als der jüngere Sohn Josias durch den 'ăm ha'ārəṣ, den judäischen Landadel, als Nachfolger seines Vaters dem älteren Eljaqim vorgezogen wird (vgl. V. 30 mit V. 35), könnte ein Ausnahmefall gegeben sein.

[32] G. Pettinato, Ebla nel periodo della dinastia amorree e della dinastia de Akkad. Scoperte archeologiche recenti a Tell Mardikh (Orientalia NS 44, 1975, S. 337–374), S. 367ff., bes. S. 373f.; ders., Artikel „Ibla (Ebla). A. philologisch" (RLA V, 1./2. Lfg. 1976, S. 9–13) S. 12. – Vgl. auch M. Dahood, Ebla, Ugarit and the Old Testament (VTS 29, 1979, S. 81–112; Lit.).

Beide Parallelen zeigen Übereinstimmungen mit den israelitisch-jüdischen Vorstellungen über die Salbung in struktureller Hinsicht. Daß nicht nur in dem Amarna-Brief aus Syrien, sondern nun auch in dem „altkanaanäischen" Bereich von Ebla Entsprechungen gegeben sind, macht es darüber hinaus wahrscheinlich, daß beide in Israel belegten Vorstellungen unmittelbar auf kanaanäische Vorbilder zurückgehen[33].

Daß die Salbungsberichte in 2.Sam 2,4a; 5,3 (und an den weiteren einschlägigen Stellen) und andererseits in 1.Sam 16,1–13 (usw.) strukturell verschieden sind und zwei unterschiedliche Vorstellungen von dem Subjekt der Salbung zeigen – das Volk (bzw. seine Vertreter): Jahwe – ist allerdings bestritten worden[34]. Man setzt dabei voraus, daß in beiden Fällen „une personne religieuse"[35] die Salbung vollzogen hat, und zwar jeweils im Namen Jahwes. Damit erscheint der Unterschied aufgehoben. Dieser Auffassung stehen aber nicht zu übersehende Schwierigkeiten entgegen.

Erstens: Wenn die Salbung Davids nach 2.Sam 2,4a und 5,3 bereits durch einen – sagen wir – Kultbeamten im Namen Jahwes erfolgt ist – warum hat man dann später noch die Salbung Jahwes durch Samuel in 1.Sam 16,1–13 vorangestellt? Daß Jahwe dazu den Auftrag gibt, ist dann ja nichts Neues. Neu ist nur die Gestalt des Samuel (und allenfalls die Jugend Davids). Sehr viel mehr leuchtet die sekundäre Darstellung in 1.Sam 16,1–13 dann ein, wenn hier das Besondere, das gegenüber 2.Sam 2,4a und 5,3 Neue darin liegt, daß diese Salbung – nicht aber die von 2.Sam 2,4a und 5,3 – im Namen und Auftrag Jahwes erfolgt ist.

Zweitens und vor allem: Der Sprachgebrauch differenziert, was hier nivelliert werden soll. Einerseits ausdrücklich die Salbung im Namen Jahwes durch einen einzelnen, einen Gottesmann oder Prophet – andererseits der Plural des Verbs, der die Vertreter des Volkes oder dieses selbst den Ritus vollziehen läßt. Nur die Salbung durch den Gottesmann bzw. Prophet erfolgt im Auftrag Jahwes. Dem entspricht es, daß nicht der, der „vom Volk" gesalbt wird, „Gesalbter Jahwes" ist, sondern allein der, der von einem Gottesmann oder Prophet im Namen und Auftrag Jahwes diesen Ritus erfährt[36].

---

[33] Damit erübrigen sich die Bedenken von Mettinger, a.a.O., S. 232 gegen eine kanaanäische Vermittlung der Königssalbung durch das Volk.

[34] R. de Vaux, Le roi d'Israël, vassal de Yahvé (Mélanges Eugène Tisserant. Vol. I, Città del Vaticano 1964, S. 119–133), S. 133 Anm. 68; K. R. Veenhof und J. A. Emerton in ihren Besprechungen von „Salbung als Rechtsakt" in BiOr 23, 1966, S. 308–313, bes. S. 312, und JSS 12, 1967, S. 122–128, bes. S. 127; Schmidt, a.a.O., S. 175 ff.

[35] De Vaux, a.a.O., S. 133 Anm. 68; Veenhof, a.a.O., S. 312; ähnlich Emerton, a.a.O., S. 127. Vgl. dazu auch oben S. 79 bei und mit Anm. 17.

[36] Anders de Vaux, a.a.O., S. 129 ff.

Es ist also nicht möglich, den Salbungsbericht von 1.Sam 16,1.13 mit der Darstellung in 2.Sam 2,4a; 5,3 zu harmonisieren[37 · 38].

Jede Handlung, die als Ritus vollzogen wird, hat ihren bestimmten Sinn, jeder Ritus enthält eine Aussage. So begleiten und beschreiben die sog. „Trauerbräuche" eine Selbstminderung oder ein Gemindertsein[39]. So begleitet und markiert der Handschlag, den der Bürge dem Gläubiger leistet, die Übernahme der Bürgschaft durch den Bürgen (Prov 6,1; 17,18; 22,26). Welche Bedeutung hat die Königssalbung, die Salbung eines Mannes bei seiner Einsetzung zum König? M. Noth gibt eine verbreitete Anschauung wieder mit der Feststellung: „Im Öl ist nach altorientalischer Auffassung Lebenskraft enthalten; es ist ‚Lebensöl'. Diese göttliche Lebenskraft wird bei der Salbung übertragen. Der Gesalbte wird mit zusätzlicher Lebensenergie ausgestattet und damit auf die Dauer über den Kreis der übrigen Menschen hinaus begabt und aus ihm ausgesondert."[40] Diese Deutung könnte vielleicht für jene Fälle zutreffen, in denen die Salbung im Auftrag Jahwes durch einen Gottesmann oder Propheten vollzogen wird, also bei David etwa für 1.Sam 16,1.13. Dort, wo eine Mehrzahl von Personen als Subjekt der Salbung genannt ist, wird dieses Verständnis problematisch. Und wenn der Gesalbte gar „ein anderer Mensch" würde[41], wäre zu fragen, warum dann David zweimal gesalbt worden ist (2.Sam 2,4a und 5,3) und obendrein noch die Überlieferung über ein drittes Mal, eine Salbung durch Samuel, vorangestellt wurde.

Die Salbung durch das Volk und jene durch einen Propheten stimmen darin überein, daß sie die Einsetzung eines Mannes zum König begleiten, ja daß sie diese bewirken. Judäer und Israeliten salben David „zum König" (2.Sam 2,4a; 5,3); die Salbung durch Samuel (1.Sam 16,13) hat

---

[37] Daß „zumindest zu Beginn des israelitischen Königtums die Initiative und Zustimmung des Volkes mit der Wahl Jahwes gleichgesetzt wurden" (Schmidt, a.a.O., S. 182), steht jedenfalls nicht in diesen Texten.

[38] Wenn es bereits vor der Zeit Israels in der kanaanäischen Welt Parallelen sowohl hinsichtlich der Salbung durch das Volk (also etwa zu 2.Sam 2,4a; 5,3) als auch hinsichtlich der Salbung im Auftrag eines Oberherrn (also etwa zu 1.Sam 16,1.13) gegeben hat, dann ist es durchaus unwahrscheinlich, daß sich die zweite Vorstellung (1.Sam 16,1.13) aus der ersten (2.Sam 2,4a; 5,3) entwickelt hätte, wie Mettinger, a.a.O., S. 185ff., bes. S. 230f., meint. In der zweiten Vorstellung liegt vielmehr eine eigenständige theologische Aussage vor.

[39] Vgl. E. Kutsch, „Trauerbräuche" und „Selbstminderungsriten" im Alten Testament (K. Lüthi – E. Kutsch – W. Dantine, Drei Wiener Antrittsreden [ThSt 78], 1965, S. 23–42).

[40] Noth, Amt und Berufung, S. 15f. = S. 321.

[41] So zugespitzt K. Koch (– J. Roloff), Artikel „Salbung" (Reclams Bibellexikon, Stuttgart 1978, S. 435) unter Heranziehung von 1.Sam 10,1–7, aber allgemein zum Thema Königssalbung.

denselben Sinn, wie V. 1 lehrt[42]. Durch den Ritus wird der Gesalbte zum König über ein bestimmtes Gebiet oder ein Volk (vgl. z.B. 2.Sam 19,11: „über uns"). Er wird in eine Machtposition eingesetzt; es wird ihm Macht verliehen: er wird „er-mächt-igt"[43].

Dieser Tatbestand macht es unmöglich, die Salbung eines Königs mit der Salbung einer Sklavin bei ihrer Entlassung aus der Sklaverei[44] oder eines Mädchens bei seiner „Antrauung" (vulgo: „Verlobung")[45] zusammenzustellen[46]: Es liegt auf der Hand, daß diese Frauen durch den Salbritus nicht in eine „Macht"-Position gelangen.

Es ergibt sich also für 2.Sam 2,4a und 5,3: David wurde durch die Männer (von Juda) bzw. die Ältesten (von Israel) zum König gesalbt und durch diesen Ritus mit der Königsherrschaft über Juda und Israel betraut, ermächtigt. Demgegenüber gehört die Darstellung in 1.Sam 16,1–13, David sei in seiner Jugend von Samuel zum König über „Israel" gesalbt worden, überlieferungsgeschichtlich einer jüngeren Schicht an.

Wie aber steht es dann bei David mit einer „Designation" durch Jahwe? 2.Sam 5,1–2, wegen V. 2b: „Und Jahwe sprach zu dir: *Du* sollst mein Volk Israel weiden und *du* sollst zum ‚Anführer' über Israel wer-

---

[42] Nichts anderes bedeutet auch die Salbung Sauls zum *nagîd* 1.Sam 10,1, wie der Vergleich mit 15,1.17 zeigt.

[43] Kutsch, Salbung, S. 13ff. 55. – Solcher Wertung der Salbung entspricht die Terminologie von slHen B 22,8–10, wonach Henoch durch Salbung mit „süßem Öl" und Bekleidung mit „Gewändern der Glorie" zu einem „Glorreichen" wird. Hinter dem Ausdruck „Glorreicher" steht hebr. *nikbad* „geehrt". Wer gesalbt wird, wird also „gewichtig" = „wichtig", er wird mit *kabôd* versehen. Daß solcher *kabôd* gerade das Herr-, Gebietersein einschließen kann, zeigt Gen 45,13 neben V. 9. Vgl. C. Westermann, Artikel „*kbd* schwer sein" (THAT I, 1971, Sp. 794–812), Sp. 799f.; gegen die Bedenken von Emerton, a.a.O., S. 125f.

[44] Der akkadische Text aus Ugarit: RS 8208. Übersetzung und Literatur bei Kutsch, Salbung, S. 16 bei und mit Anm. 4.

[45] Belege bei Kutsch, Salbung, S. 28ff.; B. Landsberger, Jungfräulichkeit: Ein Beitrag zum Thema „Beilager und Eheschließung" (Symbolae iuridicae et historicae Martino David dedicatae. Tomus alter, Leiden 1968, S. 41–105), S. 79ff. Anm. 4; Veenhof, a.a.O., S. 310f. Veenhof möchte allerdings – gegen „Salbung als Rechtsakt" S. 27ff. – diese Salbung der Braut verstehen „as a demonstration of his (des Bräutigams) love and care and a promise to account for her livelihood" (a.a.O., S. 310). Dagegen vgl. Landsberger, a.a.O., S. 79ff. Anm. 4: „Das Ausschütten von Öl auf den Kopf der Braut ist, was man in juristisch unbeschwerter Sprache den ersten Verlöbnisakt nennt" (S. 79); also: „Verlöbnis durch Ausgießen von Öl auf den Kopf der Braut" (S. 80). Zur rechtsgeschichtlichen Deutung der hier genannten Fälle von Salbung vgl. im übrigen Kutsch, Salbung S. 16ff., 27ff.

[46] Gegen Z. Weisman, Anointing as a Motif in the Making of the Charismatic King (Biblica 57, 1976, S. 378–398), S. 384ff. – Die Salbung des Hohenpriesters im nachexilischen Judentum würde ich jetzt mit der Mehrzahl der Forscher wieder (vgl. RGG³ V, 1961, Sp. 1332) der Königssalbung zuordnen (anders „Salbung als Rechtsakt" S. 22ff.).

den", für eine „Designation" Davids durch Jahwe herangezogen[47], ist spätere Erweiterung zu V. 3[48], hat also für den ursprünglichen Text in V. 3 keine Aussagekraft. Noch weniger können 2.Sam 2,1; 3,9f. und 3,18 dem Text in 5,3 als Belege für eine „Designation" Davids zugeordnet werden[49]. Von der Frage der zeitlichen Ansetzung abgesehen: Die dem Abner in den Mund gelegten Angaben über eine an David ergangene Verheißung unterscheiden sich inhaltlich von einander – das Königtum für David in 3,9f. und die Errettung Israels vor seinen Feinden durch David in 3,18 – und gegenüber 5,3, so daß nicht anzunehmen ist, daß dem jeweiligen Erzähler eine zuverlässige Nachricht über ein entsprechendes Jahwewort vorgelegen hat. Das Jahwe-Orakel in 2,1 schließlich entschied über die Frage, ob David von Ziklag aus nach Juda hinaufziehen solle und in welche Stadt, hat also eine zukünftige Rolle Davids als König überhaupt nicht im Blick.

So setzt die den historischen Ereignissen am nächsten stehende Überlieferung wie für Saul[50] auch für David nicht eine „Designation" des (zukünftigen) Königs voraus, die der Einsetzung durch die Männer von Juda (2.Sam 2,4a) bzw. durch die Ältesten von Israel (5,3) vorausgegangen wäre.

III.

Nicht bei der Erhebung Davids zum König durch die Judäer, aber bei dem entsprechenden Akt, den die Israeliten vollziehen, tritt zur Salbung eine *b^{e}rît*; genauer: die *b^{e}rît* geht der Salbung voran (2.Sam 5,3). Was ist mit dieser *b^{e}rît* gemeint, welche Rolle spielt sie im Zusammenhang der Einsetzung Davids als König über die nördlichen Stämme, über Israel?

Seitdem Hieronymus das Wort *b^{e}rît* (zumeist) mit foedus oder pactum wiedergegeben hat, ist dem christlichen Abendland die Bedeutung „Bund" oder ähnlich für *b^{e}rît* bekannt und weithin geläufig. Das Wort „Bund" selbst hat Luther für *b^{e}rît* gesetzt[51]. Gegenüber diesem Verständnis haben neuere Untersuchungen herausgearbeitet, daß *b^{e}rît* im Grunde nicht „Bund" bedeutet, sondern die einem einzelnen (oder einer Gruppe) obliegende „Bestimmung", „Verpflichtung"[52] – sei es, daß

---

[47] Alt, Staatenbildung, S. 47 = Alt II, S. 38; ders., Königtum, S. 6 = Alt II S. 120; Soggin, a.a.O., S. 69.
[48] S. oben S. 78.
[49] Nach einer Arbeitshypothese von Soggin, a.a.O., S. 64f. wären die in 2.Sam 2,1; 3,9f.; 3,18 und 5,3 genannten „Jahwe-Orakel" identisch.
[50] S. oben S. 77.
[51] Kutsch, Verheißung, S. 185ff., 189ff.
[52] E. Kutsch, Gesetz und Gnade. Probleme des alttestamentlichen Bundesbegriffs (ZAW 79, 1967, S. 18–35); L. Perlitt, Bundestheologie im Alten Testament (WMANT 36), Neukirchen 1969; Kutsch, Verheißung; ders., Neues Testament – Neuer Bund? Eine Fehlübersetzung wird korrigiert, Neukirchen-Vluyn 1978.

dieser sie sich, meist gegenüber einem anderen oder einer Gruppe, selbst auferlegt hat, sei es, daß sie ihm von anderer Seite auferlegt worden ist. Im ersten Fall meint *b^{e}rît* die „Selbstverpflichtung", geradezu die „Zusage", so daß es in Parallele zu *š^{e}bû'ā* „Eid" stehen (Ps 105,8ff. = 1.Chr 16,16f.) oder dieses ersetzen (Dtn 4,31; 7,12; 8,18 neben Gen 26,3; Num 30,3 u.a.) kann[53]. Im zweiten Fall – wo *b^{e}rît* die „Fremdverpflichtung" meint – steht es parallel oder zusammen mit *tôrā* „Weisung" (Hos 8,1 u.a.), *ḥuqqîm* „Satzungen" (2.Kön 17,15 u.a.) und anderen einschlägigen Termini[54]; hier kann *b^{e}rît* geradezu Bezeichnung für den Dekalog sein (Dtn 5,2; vgl. „Lade der *b^{e}rît* [des Dekaloges! Dtn 9,9.11.15; 10,5; 1.Kön 8,9] Jahwes" Num 10,33 und 41mal)[55].

Von der *b^{e}rît* als Selbstverpflichtung aus kann das Wort – im profanen Bereich – auch von zwei oder mehr Partnern gegenseitig oder gemeinsam übernommene Verpflichtungen bezeichnen (Gen 21,32a [vgl. 31b!] E; 31,44 [+ 52] J; 1.Sam 23,18; 1.Kön 5,26b; 15,19a.b = 2.Chr 16,3a.b; Am 1,9 bzw. Ps 83,6). Auch hier muß nicht immer gleich an einen „Bund" gedacht sein[56], wenn auch gerade dieser Gebrauch von *b^{e}rît* dazu geführt hat, daß in späterer Zeit – vielleicht vom 1. Jh. v. Chr. an – *b^{e}rît* auch in diesem Sinn oder doch in der Bedeutung „Abkommen", „Vertrag" verstanden werden konnte[57].

Das Substantiv *b^{e}rît* steht häufig (über 80mal) als Objekt zu dem Verbum *kārăt*. Die Wendung *kārăt b^{e}rît* wurde bisher mit „einen Bund schließen" übersetzt. Ausgehend von der Bedeutung „abschneiden", „zerschneiden" für *kārăt* hat man diese Wendung von der Zerteilung von Tieren nach Gen 15,(10.)17 und Jer 34,18 her erklärt und mit den Ausdrücken ὅρκια τέμνειν und *foedus ferire* (*icere, percutere*) verglichen[58]. Dem steht entgegen, 1. daß, anders als bei der griechischen und der lateinischen Formel in Gen 15,10 und Jer 34,18, die Tiere *nicht* für ein Opfer geschlachtet (*kārăt* bedeutet nie „schlachten"!), sondern für einen Fluchsetzungsritus in der Mitte durchgeschnitten werden[59], daß 2. – höchst auffällig – weder die Septuaginta noch Hieronymus die genannten Wendungen je für hebr. *kārăt b^{e}rît* gesetzt haben und daß 3. weder in

---

[53] Kutsch, Verheißung, S. 21f.
[54] Ebenda S. 22.
[55] Ebenda S. 137.
[56] Vgl. z.B. Gen 31,44 (+ 52) und dazu Kutsch, Verheißung, S. 61ff.; ders., Neues Testament, S. 21.
[57] Vgl. dazu Kutsch, Neues Testament, S. 67ff., 86f. (zu 1.Makk 1,11 und 11,9), S. 34 (zu einzelnen Rabbinen im 3. Jh. n. Chr.) sowie Kutsch, Verheißung, S. 181ff. (zu Aquila, Symmachus, Theodotion).
[58] Lit. bei Kutsch, Verheißung S. 41f.; zuletzt etwa HAL 2. Lfg. 1974, S. 476; D. J. McCarthy, Treaty and Covenant. A Study in Form in the Ancient Oriental Documents and in the Old Testament (AnBibl 21a), Rom ²1978, S. 92f. Anm. 23.
[59] Vgl. dazu Kutsch, Verheißung, S. 41ff.

Jer 34,18 noch in Gen 15,17f. dem Subjekt der $b^e r \hat{\imath} t$, Jahwe bzw. dem Volk in Jerusalem, ein „Partner" gegenübersteht. – Bedeutet aber $b^e r \hat{\imath} t$ nicht „Bund", sondern „Bestimmung", „Verpflichtung", ist diese Deutung noch problematischer. Deshalb ist es wahrscheinlicher, daß *karăt* – wie andere hebräische Verben: *gzr, ḥrṣ, ḥtk,* aber auch wie akkad. parāsu, griech. κρίνειν, lat. decidere (vgl. deutsch: scheiden > ent-scheiden) – von der Bedeutung „(ab-)schneiden" o. ä. aus den Sinn von „entscheiden", „beschließen", „festsetzen" gewonnen hat[60] – *karăt* $b^e r \hat{\imath} t$ meint also „eine Bestimmung/Verpflichtung festsetzen". So – und nur so – können dieser Wendung die jüngeren Ausdrücke *heqîm* $b^e r \hat{\imath} t$ „eine $b^e r \hat{\imath} t$ (= Zusage) aufrichten, in Kraft setzen" Ez 16,60 usw., *natăn* $b^e r \hat{\imath} t$ „eine $b^e r \hat{\imath} t$ (= Zusage) geben" (Gen 9,12; 17,2 [P]), und *śîm* $b^e r \hat{\imath} t$ „eine $b^e r \hat{\imath} t$ (= Zusage) setzen" (2.Sam 23,5) entsprechen.

Gegenüber der Deutung von $b^e r \hat{\imath} t$ als „Bestimmung", „Verpflichtung" ziehen noch manche die Bedeutung „Bund" (entsprechend franz. „alliance", engl. „covenant" usw.) vor. So ist auch für 2.Sam 5,3 die Bedeutung „Bund" für $b^e r \hat{\imath} t$ wiederholt festgehalten worden[61]. Wie ist $b^e r \hat{\imath} t$ hier verstanden?

Dort, wo im Alten Testament $b^e r \hat{\imath} t$ eine wechselseitige oder eine von mehreren gemeinsam übernommene Verpflichtung meint, steht – soweit die Aussage ein Verbum bietet – dieses im Plural (Gen 21,32a; 31,44; 1.Sam 23,18; Ps 83,6). Dadurch wird deutlich: beide bzw. alle „Partner" der $b^e r \hat{\imath} t$ gelten als deren Subjekt. Daß auch außerhalb Israels im Alten Orient in paritätischen Verträgen, also bei Abmachungen mit gegenseitigen Verpflichtungen, beide bzw. alle Beteiligten als – grammatikalisches und logisches – Subjekt aufscheinen, belegen Beispiele. Ein althethitischer Vertrag zwischen den Königen von Ḫatti und Kizzuvatna beginnt mit den Worten:

(1) Die Majestät, der Großkönig Zidant, (2) König des Landes Ḫa[tti, und Pillija,] König des Landes Kizzuvatna, haben einen (Friedens-)Vertrag geschlossen. [. . . . . .] (3) Folgendermaßen haben sie vereinbart: . . .[62]

---

[60] Kutsch, Verheißung, S. 47ff.; ders., Neues Testament, S. 18ff. – zu McCarthy, a.a.O., S. 92f. Anm. 24 und 25.

[61] Z.B. S. Herrmann, Geschichte Israels in alttestamentlicher Zeit, München 1973, S. 188 Anm. 4; McCarthy, a.a.O., S. 19 Anm. 33.

[62] Text und Übersetzung bei H. Otten, Ein althethitischer Vertrag mit Kizzuvatna (JCS 5, 1951, S. 129–132), S. 129; Übersetzung auch bei McCarthy, a.a.O., S. 301. – Für „Vertrag" steht im Hethitischen nicht das Wort *išḫiul* – das in Vasallenverträgen die von dem Großkönig aufgestellten Vorschriften (einzelne oder die Gesamtheit) bezeichnet (V. Korošec, Hethitische Staatsverträge. Ein Beitrag zu ihrer juristischen Wertung [Leipziger rechtswissenschaftliche Studien Heft 60], Leipzig 1931, S. 27ff. Vgl. J. Friedrich, Hethitisches Wörterbuch, Heidelberg 1952, S. 86: „Bindung; – Verpflichtung, Vorschrift; – Vertrag"), sondern das (seltenere) Nomen *takšul* (zu dessen Bedeutung s. Otten, a.a.O., S. 130 sowie Friedrich, a.a.O., S. 205: „freundlich, friedlich, befreundet, Freund; – Freundlichkeit, Eintracht; Friede; Friedensvertrag)".

Die nachfolgenden wechselseitigen Bestimmungen zeigen, daß es sich um einen paritätischen Vertrag handelt[63]. Nach Inhalt und Formulierung steht 1.Kön 5,26b und Gen 31,44.52 besonders nahe ein Freundschaftsvertrag zwischen dem babylonischen König Karaindaš und dem assyrischen König Aššurbēlnišēšu aus dem letzten Viertel des 15. Jh.s v. Chr.:

(1) Karaindaš, König von Babylon, (2) und Aššurbēlnišēšu, König von Assyrien, haben das *riksu* (3) untereinander gegenseitig festgemacht (4) und den Schwur so betreffs der Grenzen gegenseitig gegeben[64].

Im Unterschied zu diesem Sprachgebrauch bei gegenseitigen Verpflichtungen, Abmachungen ist in 2.Sam 5,3 allein David Subjekt der *b*ᵉ*rît*. Das macht es unwahrscheinlich, daß hier mit dem Stichwort *b*ᵉ*rît* an einen „Bund", eine gegenseitige Abmachung zwischen David und den Ältesten und mit der Wendung *kărăt b*ᵉ*rît* an „einen Bund schließen" gedacht ist. Vielmehr meint hier *wăjjĭkrot . . . b*ᵉ*rît* wie auch sonst meist „und (David) setzte eine Bestimmung/Verpflichtung fest".

Fraglich ist nur, in welchem Sinn hier *(kărăt) b*ᵉ*rît* steht: als Selbstverpflichtung – daß also David den Israeliten eine Zusage oder Zusagen gemacht hat – oder als Fremdverpflichtung – daß David den Israeliten vor seiner Erhebung zum König Bedingungen auferlegt hat. Zur Beantwortung dieser Frage kann die Art und Weise beitragen, in der die Israeliten mit Davids *b*ᵉ*rît* verbunden sind. Dies geschieht hier durch die Dativ-Partikel *l*ᵉ: „Der König David setzte *ihnen (lāhäm)* eine *b*ᵉ*rît* fest." Nun ist in der Verwendung der Partikel *l*ᵉ in Verbindung mit dem Ausdruck *kărăt b*ᵉ*rît* der Sprachgebrauch im Alten Testament nahezu eindeutig: Außer unserer Stelle meint hier *b*ᵉ*rît* 27mal die Selbstverpflichtung dessen, der sie festsetzt, und die Partikel *l*ᵉ bezeichnet denjenigen, zu dessen Gunsten die *b*ᵉ*rît* gilt[65] – gegenüber nur 2 Belegen (Jos 24,25; 2.Kön 11,4), bei denen *b*ᵉ*rît* den Sinn der Fremdverpflichtung hat und *l*ᵉ den Verpflichteten anzeigt.

Die „Gegenprobe", d.h. der Gebrauch der Präpositionen *'ĭm* und *'et* im Zusammenhang mit *kărăt b*ᵉ*rît,* fällt nicht so deutlich aus, kann aber das aufgezeigte Ergebnis für die Partikel *l*ᵉ nicht entkräften. Immerhin

---

[63] Cf. Otten, a.a.O., S. 132; McCarthy, a.a.O., S. 48.

[64] C. T. XXXIV 38 I,1–4; Text und Übersetzung bei Korošec, a.a.O., S. 24. – *riksu* kann – ausgehend von der Grundbedeutung „Band", „Bindung" – sowohl „Abmachung", „Vertrag" als auch „Satzung", „Verordnung", „Verfügung" bedeuten; AHw II, 1972, S. 984f., bes. S. 985 unter C.

[65] Die Belege: 1) Mit Menschen als Subjekt: Ex 23,32; 34,12.15; Dtn 7,2; Jos 9,6.7.11.15.16; Ri 2,2; 1.Sam 11,1 (dazu im selben Sinn *kărăt l*ᵉ mit zu ergänzendem logischen Objekt *b*ᵉ*rît* in V. 2); 1.Kön 20,34b; Hi 31,1; Esra 10,3; 2.Chr 29,10, 2) mit Jahwe als Subjekt: Lev 26,45; 2.Sam 23,5; Jes 55,3; 61,8; Jer 32,40; Ez 16,60b; 34,25; 37,26a α; Ps 89,4; 2.Chr 7,18; 21,7. – Kutsch, Verheißung, S. 22f. mit Anm. 117.

bietet das Alte Testament für *karăt b*ᵉ*rît 'im* im Sinn von „eine Fremdverpflichtung, ein Gebot (o. ä.) festsetzen zu Lasten von" 12 Belege[66], dagegen nur 3 Stellen, an denen *b*ᵉ*rît* die Selbstverpflichtung meint[67]. Dagegen ist der Unterschied bei *karăt b*ᵉ*rît 'et* nicht so groß: hier stehen 22 Belegen mit *b*ᵉ*rît* = Selbstverpflichtung/Zusage 27 Belege mit *b*ᵉ*rît* = Gebot o. ä. gegenüber[68]. Über diese Aufstellungen hinaus wird der Unterschied in der Verwendung der Präpositionen noch einmal deutlich in Hos 2,20, wo Jahwe die Tiere zugunsten Israels „in Pflicht nimmt": der Verpflichtete (die Tiere) wird mit *'im,* der Begünstigte (Israel) mit *l*ᵉ eingeführt.

Das alttestamentliche Material zeigt also, daß die überwiegende Mehrheit der Belege von *karăt b*ᵉ*rît* mit *l*ᵉ für *b*ᵉ*rît* die Bedeutung „Selbstverpflichtung", „Zusage" voraussetzt. Will man nicht für 2.Sam 5,3 eine weitere Ausnahme postulieren, dann läßt die hier zu beobachtende Verwendung von *l*ᵉ darauf schließen, daß auch hier *b*ᵉ*rît* im Sinne der Selbstverpflichtung/Zusage gebraucht ist[69].

Wie ist eine solche Zusage Davids an die Ältesten Israels zu verstehen? Wenn ein Herrscher vor der Einsetzung in sein Amt denen, die ihn in diese Stellung erheben, bestimmte Zusagen macht, ohne die er z.B. nicht König wird, so nennt man diesen Vorgang eine „Wahlkapitulation". Sie ist in der deutschen Geschichte bei der Wahl eines Bischofs – in seiner Eigenschaft als geistlicher Territorialherr –, vor allem aber bei der Wahl der deutschen Könige und Kaiser seit Karl V. belegt[70]. Eben dieser Vorgang einer Wahlkapitulation liegt in 2.Sam 5,3 vor[71].

---

[66] Gen 26,28; Hi 5,23; 2.Chr 23,3 mit Menschen, Ex 24,8; Dtn 4,23; 5,2; 9,9; 29,11.24; 1.Kön 8,9.21 (= 2.Chr 6,11) mit Jahwe als Subjekt.
[67] Hos 12,2 (Mensch); Neh 9,8 (Jahwe); Hi 40,28 (ein Tier).
[68] Die 27 bzw. 22 Belege sowie die in den Anmerkungen 65 bis 67 aufgeführten Stellen bei Kutsch, Verheißung, S. 22 f. (bei *'et* gehört Ri 2,1 zu *b*ᵉ*rît* = Selbstverpflichtung). – Diese Aufstellungen sind das Ergebnis der Textanalysen und insofern (nur) eine „Bestandsaufnahme". Daß *karăt b*ᵉ*rît* mit *'et* oder *'im* "must [Hervorhebung von mir] mean ,impose a bond upon another' and with *l*ᵉ- ,bind oneself to another,' while with *ûbên* . . . *ûbên* it means ,bind one another'" (so das Referat bei McCarthy, a.a.O., S. 18), habe ich nie gesagt. – Der Gebrauch der Verbindung der bei einer *b*ᵉ*rît* einander gegenüberstehenden Personen oder Gruppen mit *bên* . . . *ûbên* ist komplexer: er war bei jeder Art von Verpflichtung möglich (vgl. Kutsch, Verheißung, S. 25). – Auch die Kritik von J. Halbe, Das Privilegrecht Jahwes Ex 34,10–26. Gestalt und Wesen, Herkunft und Wirken in vordeuteronomischer Zeit (FRLANT 114), Göttingen 1975, S. 242 Anm. 40, an der die Präpositionen bei *karăt b*ᵉ*rît* betreffenden Anmerkung 26 in ZAW 79, 1967, S. 24 f. ist verfehlt, da sie den Inhalt der Anmerkung entstellt.
[69] Kutsch, Verheißung, S. 56; so auch Mettinger, a.a.O., S. 137 ff.
[70] Vgl. Artikel „Wahlkapitulation" in: Brockhaus-Enzyklopädie[17] XIX, 1974, Sp. 786 f.
[71] So mit Recht bereits A. Jepsen, Berith. Ein Beitrag zur Theologie der Exilszeit (Verbannung und Heimkehr. Beiträge zur Geschichte und Theologie Israels im 6. und 5. Jahr-

Über den Inhalt dieser Wahlkapitulation konkrete Angaben zu machen, ist nicht leicht. In welche Richtung die Bedingungen gezielt haben werden, lehrt allerdings der Fortgang der Geschichte. David hatte seinen Sohn Salomo zum König und zu seinem Nachfolger salben lassen, ohne die Judäer oder die Israeliten zu fragen. Dieser Vorgang war bei der Frage nach Salomos Nachfolger nicht mehr zu wiederholen – und hier erweist er sich noch einmal als ein Sonderfall. Salomos präsumtiver Nachfolger war sein Sohn Rehabeam. Wenn es in 1.Kön 11,43b heißt, daß Rehabeam „König an seiner Statt" geworden sei, dann kann sich – im Blick auf die Fortsetzung in Kap. 12 – diese Notiz nur auf das judäische Königtum beziehen. In Juda war es offenbar selbstverständlich, daß der nächste Davidide auf den Thron kam; wir hören jedenfalls nichts anderes. Über die Art und Weise seiner Thronerhebung oder Thronbesteigung ist nichts Näheres gesagt. Anders dagegen liefen die Dinge im Nordreich, in Israel: Hier ergaben sich Schwierigkeiten. Nach 1.Kön 12,1 „begab sich Rehabeam nach Sichem. In Sichem war nämlich ganz Israel zusammengekommen, um ihn zum König zu machen." Man war also offenbar bei den Nordstämmen nicht unbedingt darauf aus, die Gemeinsamkeit mit Juda unter einem über beide Staaten regierenden König aus dem Hause Davids aufzugeben. Aber die Lage hatte sich gegenüber der Wahl Davids zum König über Israel geändert. Damals waren die Ältesten von Israel nach Hebron gekommen, zu David. Jetzt mußte ganz offensichtlich der vorgesehene Nachfolger Salomos nach Israel gehen, um sich dort das Königtum zu erwerben. Die Wahl der Stadt Sichem für die zu erwartenden Verhandlungen zeigt, daß diese Stadt für die nördlichen Stämme in ähnlicher Weise ein Vorort war wie Hebron für Juda. Dorthin also mußte sich Rehabeam begeben. Und das Volk von Israel legte ihm Bedingungen vor: Er solle – als König, versteht sich – das Joch, das sein Vater den nördlichen Stämmen auferlegt hatte, erleichtern. Es ist deutlich: man verlangte von ihm eine Wahlkapitulation. Von der Erfüllung dieser Bedingungen, ja: nur von der Zusage, diese Bedingungen zu erfüllen, hing es ab, ob Rehabeam König über Israel werden würde oder nicht. Rehabeam lehnte – gegen den wohlgemeinten, das Richtige treffenden Rat der ihn begleitenden Ältesten, die schon seinem Vater gedient hatten, aber nach dem Wunsch der jungen Leute seiner Umgebung, die mit ihm aufgewachsen waren – die Bedingungen der Israeliten mit harter Rede ab (1.Kön 12,14). Ablehnung der Wahlkapitulation bedeutet: der Bewerber wird nicht König. „Als nun ganz Israel sah, daß der König [von Juda!] nicht auf sie hörte, gab das Volk dem König folgende Antwort: ‚Was haben wir für einen Anteil an David? Wir

---

hundert v. Chr., Wilhelm Rudolph zum 70. Geburtstage dargebracht, Tübingen 1961, S. 161–179), S. 164; auch Mettinger, a.a.O., S. 139.

haben kein Erbe beim Sohn Isais. Auf, Israel, zu deinen Zelten!'"
(V. 16). Israel kündigte dem Enkel Davids das Königtum auf, das es
selbst seinem Großvater David übertragen hatte.

IV.

Nun ist der Vorgang von 2.Sam 5,3 genauer zu deuten. Die Ältesten
Israels, d. h. der Nordstämme, kamen nach Hebron, um David, der bereits König über Juda war, auch zum König über Israel zu machen. Um
die besonderen Interessen der Nordstämme gegenüber Juda gewahrt zu
wissen, ließen sich die Ältesten von David entsprechende Zusagen machen: „David setzte ihnen eine *b*ᵉ*rît* fest", d. h. er gab ihnen – vor Jahwe –
die gewünschte Zusicherung. Danach – und das ist der zweite Teil des
Vorgangs – haben die Ältesten den Mann, der bereits König von Juda
war, auch zum König über Israel gesalbt.

Es fällt auf, daß eine solche *b*ᵉ*rît* = Zusage Davids bei seiner Einsetzung zum König über Juda in 2.Sam 2,4 nicht erwähnt ist. Dort bestand
der Vorgang nur in der Salbung Davids durch die „Männer von Juda".
Hier in Juda war David zu Hause – er stammte aus der judäischen Stadt
Bethlehem. Durch Unternehmungen gegen die Amalekiter südlich von
Juda (1.Sam 27,8ff.; 30,1f.) hatte er sich als tatkräftiger Soldat und
Heerführer empfohlen und durch „Geschenke" aus der erlangten Beute
an die Ältesten von Juda sich doch wohl auch diese geneigt gemacht
(V. 26ff.). Hier war eine *b*ᵉ*rît*, eine „Wahlkapitulation" Davids vor seiner Salbung durch die Judäer nicht notwendig. Anders lagen die Verhältnisse gegenüber den Nordstämmen. Hier war offenbar ein regelrechtes Abkommen zwischen David und den Ältesten von Israel nötig[72]. Dabei ist davon auszugehen, daß keiner der „Partner", weder David noch
die Ältesten, dem anderen „übergeordnet" war[73]. Das Abkommen bestand aus zwei Teilen; jeder der Vertragspartner hatte seinen Teil dazu
beizutragen. David gab den Ältesten von Israel die von ihnen gewünschten Zusicherungen – so, als Wahlkapitulation, ist die *b*ᵉ*rît*, die „Zusage"
Davids an die Ältesten zu verstehen; daraufhin haben diese David zum
König über Israel gesalbt[74].

---

[72] Vgl. dazu auch G. Fohrer, Der Vertrag zwischen König und Volk in Israel (Studien
zur alttestamentlichen Theologie und Geschichte [1949–1966] [BZAW 115], Berlin 1969,
S. 330–351).

[73] Mit Jepsen, a.a.O., S. 164; gegen Fohrer, a.a.O., S. 331f.: „einseitige(r) Vertrag mit
alleiniger Bindung des Mächtigeren (Davids), der einen weniger Mächtigen (das Volk) in
ein bestimmtes Verhältnis zu sich setzt und bestimmte Verpflichtungen auf sich nimmt".
Demgegenüber sind es doch gerade die Ältesten, die das neue Verhältnis herstellen.

[74] Von einer „Verpflichtung, die die Ältesten als Vertreter der Stämme mit David eingingen" (so Fohrer, a.a.O., S. 331), sagt der Text nichts.

Weder in 2.Sam 2,4a noch in 5,3 ist eine durch Jahwe erfolgte Designation Davids zum König vorausgesetzt. Die Designation durch Jahwe hat also in Juda und Israel – mindestens für diese Zeit – nicht zum Verständnis des Königtums gehört.

Die Dynastie von Gottes Gnaden

Probleme der Nathanweissagung in 2. Sam 7[1]

Herrn Prof. D. Dr. Friedrich Horst zum 65. Geburtstag

»Die erste und wichtigste Frage bei jeder Staatsform ist die nach der Legitimation der Regierenden.«[2] Diese Frage hat ihre Aktualität nicht erst im 20. Jahrhundert erhalten, sie war bereits im Alten Orient gestellt, wie im Pharaonenreich und in den Ländern Mesopotamiens so auch in Palästina in Israel. Hier herrschte in Jerusalem etwa vom Beginn des 10. Jahrhunderts bis zum Jahre 587 v. Chr. die Dynastie Davids. Ihr Gründer hatte ein Reich geschaffen, wie es der palästinensische Raum vorher und nachher nicht gesehen hat. Vom Bach Ägyptens bis zum Euphrat reichte sein Herrschaftsgebiet. Wenn auch dieses Großreich bereits unter Davids Enkel Rehabeam aus innerpolitischen Gründen auseinanderfiel, so behielt die von David gegründete Dynastie doch die Herrschaft über den Staat Juda, der nun den Stamm Benjamin mit umschloß, und über die Stadt Jerusalem, die David mit Hilfe seiner Söldner erobert und so zu seinem Eigentum gemacht hatte und die bis zum Untergang des judäischen Reiches neben diesem ein selbständiges Königtum bildete. Daß diese Dynastie rund vier Jahrhunderte lang ihren Thron innehatte, überrascht angesichts des häufigen Wechsels der Dynastien am Nil und im Zweistromland, zumal ihr Bestand nicht nur durch die Expansionsbestrebungen der Großmächte, Ägypten und Assyrien bzw. Babylonien, sondern auch von innen her mehr als einmal gefährdet war. So ist es nicht müßig, wenn wir uns mit Problemen *des* Kapitels befassen, das die Legitimation dieser Dynastie enthält, mit dem 7. Kapitel des 2. Samuelbuches.

Vergegenwärtigen wir uns zunächst den Inhalt des Kapitels. David hat

---

[1] Öffentliche Probevorlesung, gehalten in der Johannes Gutenberg-Universität Mainz am 28. Juli 1960. – Der Text wurde durch Anmerkungen und einen Exkurs erweitert.

[2] H. Brunner, Das Gottkönigtum der Pharaonen (Universitas 11, 1956, 797 bis 806), 797.

die »Lade Jahwes«, das kastenförmige Zentralheiligtum des israelitischen Sakralbundes, das an die Philister verlorengegangen war, von ihrem letzten Standort in feierlicher Prozession nach der »Davidsstadt«, dem Südosthügel von Jerusalem, übergeführt und in einem eigens hierfür errichteten Zelt aufgestellt. An den Bericht über diesen Vorgang schließt nun das Kapitel 7 an, ohne daß durch diese Verbindung auch eine unmittelbare zeitliche Aufeinanderfolge behauptet würde. Der König David erwägt, in seinem Zedernpalast sitzend, wie für sich selbst, so auch für die Lade und damit für die bei diesem Kultgerät gegenwärtig gedachte Gottheit anstelle jenes Zeltes ein festes Haus zu errichten. Vor ihm steht der Prophet Nathan, offenbar ein einflußreicher Berater des Königs, der auch bei anderen Gelegenheiten eine besondere Rolle spielt, so im Zusammenhang mit Davids Ehebruch mit Bathseba, dem Weib des Uria, 2. Sam 11, 2 bis 12, 25 und vor allem bei der Entscheidung über die Person des Nachfolgers auf Davids Thron 1. Kön 1. Nathan stimmt dem Vorhaben seines Königs vorbehaltlos zu. Aber es kommt nicht zur Ausführung des Planes. In der nächsten Nacht beauftragt ein Wort Jahwes den Propheten mit einem Spruch für den König folgenden Inhalts: Jahwe habe Israel, seitdem er es aus Ägypten herausgeführt habe, allezeit nur in einem Zelt begleitet und noch nie den Bau eines Tempels gefordert. So solle nun – dies wird nicht ausdrücklich so gesagt, ist aber der Sinn jenes Rückblickes – auch David von dem Bau eines Tempels abstehen[1]. Statt dessen verheißt ihm Jahwe – unter Hinweis auf den Weg, den er ihn von den Schaf-

---

[1] Aus dieser Ablehnung des Tempelbaus wurde wiederholt auf einen grundsätzlichen Protest des Propheten gegen den Plan des Königs geschlossen. Den Grund für diese Stellungnahme sah man etwa darin, daß Nathan damit eine in Juda beheimatete Zelttradition gegenüber dem Einfluß einer mit der Lade nach Jerusalem gelangten Tradition der mittel- und nordpalästinischen Stämme schützen wollte (so A. KUSCHKE, Die Lagervorstellung der priesterlichen Erzählung [ZAW 63, 1951, 74–105], 89), oder darin, daß der Prophet von dem Standpunkt einer »nomadischen Zelttradition« aus die im Bau eines Tempels sich äußernden »Gegebenheiten des Kulturlandes« ablehne (so H.-J. KRAUS, Gottesdienst in Israel. Studien zur Geschichte des Laubhüttenfestes [BEvTh 19], 1954, 36). Jedoch der Wortlaut von V. 3 – »und Nathan sprach zum König: ›Alles, was in deinem Herzen ist – gehe hin und tue es; denn Jahwe ist mit dir.‹« – macht deutlich, daß – für den Erzähler – die grundsätzliche Ablehnung des Tempelbaus nicht auf die persönliche Stellungnahme des Nathan zurückgeht, sondern auf ein Jahwewort an den Propheten (V. 4ff.). Das gilt auch dann, wenn die Aussage Nathans nur »eine dem König gegenüber übliche Höflichkeitsformel« (NOTH in dem unten S. 145 bei und mit Anm. 1 genannten Aufsatz, 129 [= 343]) ist; denn daß mit dieser Formel eine in der Überlieferung erhaltene negative Antwort des Propheten vom Erzähler hier unterdrückt worden wäre, ist ganz unwahrscheinlich angesichts der Tatsache, daß auch Nathans Stellungnahme zu Davids Ehebruch in 2. Sam 12, 1ff. erhalten ist.

herden seines Vaters bis zum Königsthron geführt, und auf den sicheren Platz, den er seinem (Jahwes) Volk verschafft hat – nun seinerseits ein »Haus«, d. h., wie der Zusammenhang lehrt, Nachkommenschaft, mehr: eine Dynastie. Er werde das Königtum des Nachkommen bestätigen; dieser werde dann seinem (Jahwes) Namen ein »Haus«, nämlich den Tempel, bauen, wie Salomo es dann auch getan hat. Der Nachkomme werde zu Jahwe im Verhältnis eines Sohnes zu seinem Vater stehen. Falls er sich versündige, werde er, Jahwe, ihn züchtigen, aber nicht ganz verwerfen, wie er es mit Saul getan habe. Davids Haus, Königtum und Thron werde so immerdar fest bestehen. – Diese Verheißung überbringt Nathan dem König, und dieser setzt sich – ein Ausdruck demütiger Haltung – zu einem Dankgebet vor Jahwe, d. h. doch wohl vor der Lade nieder. In diesem Gebet stellt David der Niedrigkeit seiner eigenen Person die Größe Jahwes und die unvergleichliche Bedeutung seines Volkes Israel gegenüber und bittet Gott um die Durchführung seiner Verheißung und um dauernden Bestand der neuen Dynastie.

Dieses Kapitel kann man in verschiedener Weise untergliedern. Geht man vom Aufbau der Erzählung aus, so ergeben sich drei Szenen: das Gespräch Davids mit dem Propheten Nathan V. 1–3; die Mitteilung des Jahwewortes an Nathan V. 4–16, wobei seine Weitergabe an David nur in einem Satz berichtet wird, also keine eigene Szene entwickelt V. 17; und schließlich das Dankgebet des Königs in V. 18–29. – Mit dieser Gliederung überschneidet sich eine andere, die von den behandelten Stoffgebieten, den Traditionskreisen ausgeht. Im ersten Teil des Kapitels ist von der Lade die Rede, und zwar unter dem Gesichtspunkt der Frage ihrer Unterbringung in einem festen Haus. Der zweite, weit umfangreichere Teil handelt von der Dynastie, dem »Haus«, das *Jahwe* dem David zu schaffen verheißt. Offensichtlich bildet die Verheißung, die sog. »Nathanweissagung«, den Mittelpunkt des ganzen Kapitels. Beide Überlieferungsstoffe – Lade und Dynastie – sind hier, formal gesehen, durch ein Wortspiel mit dem Nomen בַּיִת »Haus« verbunden, indem dieses einerseits den eventuell zu bauenden Tempel, andererseits die verheißene Dynastie bezeichnet. In einem Satz ausgedrückt, lautet der Inhalt der Nathanweissagung also: „Nicht du sollst mir ein Haus bauen, sondern ich (Jahwe) will dir ein Haus schaffen."[1] Die Trennungslinie zwischen

---

[1] So z. B. ROST (s. unten S. 140 bei und mit Anm. 2), 59. – Eine Konfrontierung von V. 5b – »solltest *du* mir ein Haus bauen, daß ich darin wohne?« – und V. 11b – »Jahwe verkündet dir, daß Jahwe dir ein Haus schaffen wird.« – hat kürzlich NOTH abgelehnt (aaO 123 [= 335]). Der Tenor des oben angeführten Satzes hängt aber nicht allein an einer Gegenüberstellung von V. 5b und 11b, sondern ergibt sich aus dem Gesamtinhalt der Jahwerede in V. 5–16: Jahwe lehnt den

den beiden Traditionsbereichen geht also mitten durch das Jahwewort an Nathan. Der Einschnitt ist im Text dadurch hervorgehoben, daß die Jahwerede an Nathan hier in V. 8 noch einmal mit einer Einleitung zu einem Botenspruch neu einsetzt: »Und nun: so sprich zu meinem Knecht David: So spricht Jahwe.« Daran erst schließt sich die Schilderung von Jahwes Taten für David und das Volk Israel an. – Als drittes erhebt sich die Frage nach der literarischen Einheitlichkeit des Kapitels, d. h. die Frage: ist das Kapitel in seiner jetzigen Gestalt von einer Hand verfaßt – oder enthält es Spuren einer Überarbeitung – oder ist es gar aus mehreren ursprünglich selbständigen Schichten – den Terminus »Quellen« wollen wir hier vermeiden – zusammengearbeitet?

Ein deuteronomistischer Zuwachs, d. h. eine Ergänzung, die auf einen durch das Deuteronomium beeinflußten Verfasser zurückgeht und nicht vor der Mitte des 6. Jahrhunderts v. Chr. geschrieben sein dürfte, liegt, wie fast allgemein anerkannt ist, in V. (12b) 13a vor in dem Satz: »Er – nämlich der in V. 12a genannte »Same«, was hier auf den leiblichen Sohn gedeutet ist – er wird meinem (Jahwes) Namen ein Haus bauen.«[1] Damit ist der eigentlichen Nathanweissagung ein Nebengedanke aufgepfropft, der an sich in ihr keinen Raum hat.

Die Zusammenarbeitung zweier Parallelberichte hat, wenigstens für die Nathanweissagung selbst, L. ROST behauptet in einem für die Analyse dieses Kapitels grundlegenden Abschnitt seiner Untersuchung über »Die Überlieferung« von der Thronnachfolge Davids« (1926)[2]. ROST trennt den größeren Teil der eigentlichen Nathanweissagung, der Verheißung an David, mit dem sie einleitenden Hinweis auf Jahwes Taten für David und Israel als jüngere Schicht von dem übrigen Bestand des Kapitels, zu dem aus der Weissagung nur V. 11b und 16 gehören sollen und der aus der älteren Königszeit stamme[3]. Im Hinblick auf diese These werden wir die literarische Analyse des Kapitels vornehmen, ohne daß wir dabei auf unwesentliche Einzelheiten eingehen.

Wir beginnen mit dem V. 11b: »Jahwe verkündet dir, daß Jahwe dir *ein Haus* schaffen wird.« Dieser Satz erweist sich dadurch als ein Fremdkörper in seiner Umgebung, daß hier – mitten in einer Jahwerede – von Jahwe in 3. Person gesprochen wird. Er bildet bei ROST[4] einen der Aus-

---

geplanten Bau eines »Hauses« = Tempels ab; er verheißt David ein »Haus« = Dynastie. Das Wortspiel, das sich aus dieser Zusammenordnung ergibt, konnte ein Israelit kaum überhören. Die logische Verbindung der beiden Sätze ist dann aber adversativ: »aber«, »vielmehr«, »sondern«.

[1] ROST aaO 57. 65. 67 f.; u. a.
[2] BWANT III, 6 (= H. 42 der ganzen Sammlung).
[3] AaO 57 ff. und 63.   [4] AaO 57 f.

gangspunkte für die literarische Aufteilung des Kapitels. Daß der Satz sekundär in diesen Zusammenhang hineingestellt worden wäre, ist wenig wahrscheinlich; der Interpolator hätte ihn wohl ebenso wie den V. 13a der Jahwerede besser angepaßt. Eher wird dieser Versteil den Kern darstellen, um den herum der übrige Text komponiert wurde. Daß er nicht in die Form der Jahwerede umgesetzt, sondern in der vorliegenden Gestalt aufgenommen wurde, kann sich nur daraus erklären, daß der Verfasser des Kapitels ihn in dieser Form festgeprägt vorfand[1]. Dieser Satz enthält offenbar das Orakel, das dem David einmal zugesprochen wurde. Die Überlieferung, die in Nathan den Überbringer des Orakels sieht, hat angesichts der Rolle, die der Prophet gerade in der Frage der Thronfolge gespielt hat, alle Wahrscheinlichkeit für sich. Darüber hinaus wird man annehmen dürfen, daß dieser Satz der Verheißung insofern einen »Sitz im Leben« gehabt hat, als er bei der Thronbesteigung eines jeden neuen Königs aus Davids Geschlecht zu dessen Legitimierung zitiert wurde.

Dieser Verheißung geht in V. 8–10 die Rekapitulation der Heilstaten Jahwes voraus:

So spricht Jahwe Zebaoth: *Ich* habe dich von der Weide von den Schafen geholt, daß du nāgīd (man gibt diesen terminus technicus meist mit »Fürst« wieder, er bleibe aber hier unübersetzt) seist über mein Volk Israel. Ich war mit dir überall, wo du gingst, rottete alle deine Feinde vor dir aus und machte[2] dir einen (großen) Namen gleich dem Namen der Großen auf Erden. Und ich habe meinem Volk Israel einen Platz zugewiesen und es dort eingepflanzt, daß es an seinem Ort wohne und nicht mehr zittere und Übeltäter es nicht mehr bedrücken wie vordem.

Diese Verse gehören zu dem Text, den Rost als »jüngere Schicht« bezeichnet hat. Greifen wir hier zunächst den Satz heraus, daß Jahwe David zum nāgīd gemacht hat über sein (Jahwes) Volk Israel. Diese Aussage bezeichnet den Höhepunkt dessen, was David erreicht hat. So nimmt es nicht wunder, daß sie im Gang der Erzählung von David nicht unvermittelt dasteht. Auch die für den Verlauf unseres Kapitels so bedeutsame Notiz in V. 1 und 2, daß David in seinem Zedernpalast sitzt, ist in 2. Sam 5, 11 vorbereitet durch den Hinweis, daß Hiram, der König von Tyrus, dem König David Zedern und Handwerker zum Bau seines Palastes zur Verfügung gestellt habe. Häufiger ist die Rede davon, daß David zum nāgīd über Jahwes Volk Israel werden soll. Diese Stellen seien hier kurz vorgeführt; dabei wollen wir auf bestimmte Formulierungen achten.

---

[1] O. Procksch, Die letzten Worte Davids (Festschrift R. Kittel [BWAT 13], 1913, 112ff.), 122ff.

[2] Daß die Verbformen in V. 9b. 10 perfecta mit waw copulativum, nicht perfecta consecutiva sind, hat mit Recht Rost aaO 59f. herausgestellt; V. 9b. 10 enthalten wie auch V. 8aγ. b. 9a Vorgeschichte, nicht Verheißung. Derselbe Gebrauch des perf. mit waw copulativum z. B. auch 2. Kön 14, 14; 23, 4. 5. 10. 12. 15. – Vgl. dazu auch R. Meyer (in: Festschrift F. Baumgärtel, 1959, 114–123).

1) Innerhalb eines in altem Zusammenhang sekundären Stückes[1], das von einem unerlaubten Opfer des Königs Saul handelt, faßt Samuel in 1. Sam 13, 13. 14 seinen Vorwurf gegen den König in die Worte zusammen:

> Du hast töricht gehandelt; du hast das Gebot Jahwes, deines Gottes, nicht bewahrt, das er dich geheißen hat; denn (sonst) hätte Jahwe dein Königtum über Israel für immer gefestigt. Nun aber wird dein Königtum nicht bestehen. Jahwe hat sich einen Mann *nach seinem Herzen* gesucht; und Jahwe hat ihn entboten zum nāgīd über sein Volk; denn du hast nicht beachtet, was Jahwe dich geheißen hat.

2) Nach 1. Sam 25 rückt David, noch als Führer einer Freischar, mit seinen Leuten zu einem Racheakt gegen den reichen Herdenbesitzer Nabal, weil dieser Davids Knechten eine Abfuhr erteilt hatte. Ihm zieht zur Vermeidung von Unheil Nabals Weib Abigail entgegen; sie nimmt die Schuld auf sich und sagt u. a.:

> Vergib deiner Magd ihr Vergehen; denn Jahwe wird gewiß meinem Herrn ein beständiges Haus – בֵּית נֶאֱמָן – (d. h., wie 2. Sam 7 lehrt: eine Dynastie) schaffen... Und Jahwe wird meinem Herrn all das Gute tun, das er über dich *geredet hat*, und er wird dich entbieten zum nāgīd über Israel (V. 28 a. ba. 30).

3) 2. Sam 5, 1–3 berichtet, wie nach dem Tode Isbaals, des Sohnes und von dem Feldhauptmann Abner eingesetzten Nachfolgers Sauls, David zum König über Israel, d. h. nachdem er bereits König über Juda war (2, 4), nun auch König über die Nordstämme wurde:

> (1) Nun kamen alle Stämme Israels zu David nach Hebron und sprachen: Sieh uns hier: dein Bein und Fleisch sind wir. (2) Schon früher, als Saul König über uns war, warst du es, der Israel aus- und einführte. Und Jahwe *sprach zu dir*: »*Du* wirst mein Volk Israel weiden, und *du* wirst nāgīd über Israel sein.« (3) Alle Ältesten Israels kamen zu dem König nach Hebron, und der König David schloß mit ihnen einen Bund in Hebron vor Jahwe, und sie salbten David zum König über Israel.

Diese Verse enthalten insofern eine gewisse Wiederholung, als zweimal Leute »zu David« bzw. »zum König« nach Hebron kommen, erst »alle Stämme Israels«, dann »alle Ältesten Israels«. Man hat den Eindruck, daß hier eine ältere Notiz über die Salbung Davids zum König durch die Ältesten von Israel erweitert worden ist[2]. Diese Erweiterung in V. 1 und 2 deutet den Akt, in dem David König über Israel wird, als Vollzug eines Jahwewortes, nach dem David Jahwes Volk Israel weiden und nāgīd über Israel sein soll.

4) In 2. Sam 6 schließt die Überführung der Lade nach der Davidsstadt mit einer Szene zwischen David und Mikal, seiner Frau und Tochter Sauls, in der Mikal die kultischen Tänze ihres königlichen Gemahls

---

[1] M. Noth, Überlieferungsgeschichtliche Studien I, 1943 (= 1957), 63.
[2] Vgl. z. B. W. Nowack, Richter, Ruth und Bücher Samuelis (HK I, 4), 1902, 167.

vor der Lade tadelt[1]. Die Episode wird beschlossen durch den Satz: »Mikal aber, die Tochter Sauls, hatte keine Kinder bis zu ihrem Tode« (V. 23). Zuvor heißt es in einem Wort Davids an Mikal:

›Gepriesen sei Jahwe‹[2], der *mich* erwählt hat vor deinem Vater und vor seinem ganzen Haus, daß er mich entbot zum nāgīd über das Volk Jahwes, über Israel.

Wie ein roter Faden zieht sich so durch die Geschichte von Davids Aufstieg bis hin zu 2. Sam 7, 8 die Aussage, daß David nāgīd über Jahwes Volk Israel sein soll[3], und zwar auf Grund von Jahwes Befehl 1. Sam 13, 14; 25, 30, nach Jahwes Wort, d. h. nach seiner Verheißung 1. Sam 25, 30; 2. Sam 5, 2; Jahwe hat David »nach seinem Herzen« ausgesucht 1. Sam 13, 14.

Blicken wir von hier aus auf Davids Dankgebet. Es beginnt in V. 18b. 19a mit den Worten:

Wer bin ich und was ist mein Haus (d. h. hier: meine Familie), daß du mich bis hierher gebracht hast. Und das war noch gering in deinen Augen, Allherr Jahwe; du sprachst auch über deines Knechtes Haus für die Zukunft.

Bereits diese Einleitung nimmt beide Teile der Jahwerede in V. 8–16 auf: Rückblick und Zusage der Dynastie. Von der Vergangenheit spricht noch einmal V. 21: »*Um deines Wortes willen und nach deinem Herzen* hast du all das Große getan.« Daß hier David in allgemeinen Worten Jahwes Großtaten preise, ist nicht anzunehmen; ebensowenig ist aber auch der Text nach der Parallelstelle in 1. Chr 17, 19 zu ändern[4]. Viel-

---

[1] 2. Sam 6, 20–23. Als Vorbereitung gehört dazu nicht nur V. 16 (so z. B. Rost aaO 14. 46. 107; M. Noth, Geschichte Israels, 1954², 153), sondern auch V. 14. Hierfür spricht außer dem sachlichen Zusammenhang zwischen V. 14 und 16 der Sachverhalt, daß das Verbum כרר außer in V. 16 im Alten Testament nur noch hier in V. 14 vorkommt, und zwar beide Male in der Form des pt. pil. – Die Chronik ersetzt מְכַרְכֵּר »tanzend« (»sich rund drehend«) in V. 16 (= 1. Chr 15, 29) durch מְשַׂחֵק »tanzend«, in V. 14 aber (= 1. Chr 15, 27) durch das Hapaxlegomenon מְכֻרְבָּל, das zwar graphisch ähnlich ist, dessen Bedeutung (»eingehüllt«) sich aber – entsprechend der Absicht des Chronisten – weit von dem Verb der Vorlage entfernt (vgl. W. Rudolph, Chronikbücher [HAT I, 21], 1955, 118f.).

[2] Vgl. BHK z. St.

[3] In der Frage, ob 2. Sam 7, 8 von 1. Sam 25, 30; 2. Sam 5, 2; 6, 21; (1. Sam 13, 14) literarisch oder überlieferungsgeschichtlich abhängig sei oder umgekehrt diese Stellen von 2. Sam 7, 8, sieht Noth (s. S. 145 bei und mit Anm. 1, 126 [= 339 Anm. 12]) die Priorität eher bei 2. Sam 7, 8. Mehr Wahrscheinlichkeit hat die dritte Möglichkeit für sich, daß 2. Sam 7, 8 einerseits und andererseits mindestens 2. Sam 5, 2 und 6, 21, vielleicht aber auch 1. Sam 25, 30 (und 13, 14?) von *einem* Verfasser stammen, der denselben Gedanken wiederholt hervorheben wollte. Vgl. auch Noth, Geschichte Israels, 183 Anm. 3, sowie A. Alt, Die Staatenbildung der Israeliten (Reformationsprogramm der Universität Leipzig), 1930 (= Kleine Schriften zur Geschichte Israels II, 1953, 1–65), 47 Anm. 12 (= 38 Anm. 2).

[4] 1. Chr 17, 19: »um deines Knechtes willen (und nach deinem Herzen)« statt

mehr bezieht sich, wie wir nunmehr auf Grund des Wortlautes der oben zitierten Stellen sagen können, die Aussage »um deines Wortes willen« konkret auf das Wort, auf die Verheißung Jahwes, daß David nāgīd über sein Volk Israel sein solle 2. Sam 7, 8; und ebenso nimmt der Ausdruck »nach deinem Herzen« die Erwählung Davids auf, wie sie in 1. Sam 13, 14 formuliert ist. In dem Dankgebet Davids werden also Aussagen der Nathanweissagung vorausgesetzt, die nach ROST einer Schicht angehören würden, die jünger ist als das Gebet. Damit wird aber die Aufteilung des Textes auf zwei Schichten, wie sie ROST angenommen hat, als unmöglich erwiesen. Das Davidgebet nimmt Bezug auf die *ganze* Nathanweissagung, nicht nur auf jene Sätze, in denen von dem בַּיִת, dem »Haus«, der Dynastie Davids die Rede ist. Die Nathanweissagung gehört also als *ganze* mit dem Gebet Davids zusammen. Lediglich V. 11b bildet einen älteren Kern, V. 12b. 13a ist jüngerer Einschub. Auch V. 16, den ROST wegen des Stichwortes בַּיִת mit V. 11b zusammengestellt hatte[1], gehört nicht zu diesem alten Kern, sondern zu dem übrigen Text. Denn erstens spricht hier – nach einer vom Sinn her geforderten und von einigen hebräischen Handschriften und von der griechischen Übersetzung der Septuaginta nahegelegten Textänderung – Jahwe in 1. Person, während die 3. Person für Jahwe wie in V. 11b erst durch eine weitere Konjektur zu gewinnen wäre[2]; und zweitens erscheinen auch die Worte dieses Verses נֶאֱמָן בֵּיתְךָ »dein Haus wird beständig sein« vorbereitet durch den Satz »Jahwe wird dir einen בַּיִת נֶאֱמָן ›ein beständiges Haus‹ schaffen« im Munde der Abigail in 1. Sam 25, 28[3].

Die so herausgearbeitete literarische Einheit von Nathanweissagung und Davidgebet ist nun noch durch eine sachliche Übereinstimmung zu unterstreichen, die M. NOTH in einem Aufsatz »David und Israel in

---

2. Sam 7, 21: »um deines Wortes (= deiner Verheißung) willen (und nach deinem Herzen).« Die Änderung z. B. bei NOWACK aaO 179.

[1] AaO 58f.

[2] V. 16a nach MT: »Fest sein wird dein Haus und dein Königtum immerdar vor dir (David!).« Wie in V. 26 und 29 ist aber auch in V.11a gemeint, daß Davids Haus *vor Jahwe* Bestand haben wird, zumal mit seinem Bestand nach Davids Tod (V. 12!) gerechnet wird. Das suff. 2. sing. masc. in לְפָנֶיךָ ist als Dittographie des ersten Buchstabens des nachfolgenden Wortes (כִּסְאֲךָ »dein Thron«) zu streichen, wodurch sich als ursprünglicher Text לפני = לְפָנַי »vor mir (Jahwe)« ergibt; dies haben einige hebräische Handschriften sowie LXX in ihrer Übersetzung bewahrt (oder auch nach dem geforderten Sinn bereits ihrerseits wiederhergestellt). ROST, aaO 58 Anm. 25, ergänzt zu לפני entweder יהוה oder das suff. 3. sing. masc.: לְפָנָיו.

[3] Dieses zweite Argument gilt in dem Fall, daß 1. Sam 25, 30 nicht erst von 2. Sam 7, 8 abhängig ist. Vgl. oben S. 143 Anm. 3.

II Samuel 7« (1957)[1] dargestellt hat. Wie wir sahen, steht überall neben David als nāgīd betont Israel als Jahwes Volk. Und hier bezeichnet der Name Israel nicht nur die nördlichen Stämme, über die David nach 2. Sam 5, 3 ebenso König wurde wie vorher nach 2. Sam 2, 4 über Juda, sondern jene sakrale Größe des Gottesvolkes, dessen Zentralheiligtum, die Lade Jahwes, David nach Jerusalem gebracht hatte. So sind auch zu Beginn der Nathanweissagung Jahwes Taten nicht nur für David, sondern auch für dieses sein Volk Israel hervorgehoben[2]. Dem entspricht nun, daß David in dem Gebet nicht nur Jahwe selbst, sondern auch Jahwes Volk Israel preist:

> Also bist du groß, Allherr Jahwe, denn niemand gleicht dir... Und wer ist wie dein Volk Israel ein einzigartiges Volk auf Erden.

Diese Worte gehören zu den von Rost für deuteronomistisch erklärten Versen 22–24[3]. Aber sie zeigen so wenig deuteronomistisches Gepräge, daß nicht die ganzen Verse 22–24 als deuteronomistisch anzusehen sind, sondern mindestens die genannten Sätze, aber wohl auch noch weitere Teile zum ursprünglichen Bestand des Davidsgebetes zu rechnen sind[4]. So zeigt sich, daß Nathanweissagung und Davidgebet sowohl sachlich als auch literarisch zusammengehören.

Nachdem schon Rost keine Bedenken gesehen hatte, die Einleitung des Kapitels – das Gespräch zwischen David und Nathan und den ersten Teil der Jahwerede – mit dem Gebet Davids zusammenzuordnen, ergibt sich nun, nachdem auch die Weissagung mit dem Gebet zusammengehört, die literarische Einheitlichkeit des *ganzen* Kap. 2. Sam 7[5]. Lediglich in V. 11b findet sich ein älterer, unverändert aufgenommener Satz – der Kern der »Nathanweissagung«; jünger als der Hauptbestandteil des Kapitels sind lediglich einige deuteronomistische Zusätze[6].

Die Frage, welche Stellung das Kapitel im größeren Zusammenhang der Überlieferung von David einnimmt, läßt uns nun noch einmal das Problem der Traditionsstoffe aufgreifen. Dieses Kap. 2. Sam 7 steht an einer entscheidenden Stelle der Überlieferung. In Kap. 6 endete die Lade-

---

[1] Mélanges Bibliques rédigés en l'honneur de André Robert, o. J. (1957), 122 bis 130, = Gesammelte Studien zum Alten Testament, 1960², 334–345.

[2] V. 10: »Ich habe einen Ort bestimmt für mein Volk, für Israel, und habe es gepflanzt, daß es an seiner Stelle wohnt und nicht mehr zittert und böse Leute es nicht weiterhin bedrücken...«

[3] AaO 49f. 53f.   [4] Noth aaO 124f. (= 335f.).

[5] Zum Problem der literarischen Einheit von 2. Sam 7 vgl. auch den Exkurs S. 151 ff.

[6] Außer V. 12b. 13a und Teilen von V. (22?). 23. 24 wird V. 1b deuteronomistisch sein (vielleicht auch V. 11a oder mindestens V. 11aβ? – Nach Noth aaO 125 [= 338], erscheint die Ursprünglichkeit von V. 11a »sehr zweifelhaft«).

erzählung, zu der die Kap. 1. Sam 4−7,1 gehören, die also im heutigen Aufbau der Samuelbücher auseinandergerissen ist. Die Verheißung einer Dynastie an David in 2. Sam 7 leitet über zu dem großen Komplex der Überlieferung von der Thronnachfolge Davids; die Fortsetzung in Kap. 9 schloß ursprünglich unmittelbar an den Text von Kap. 7 an[1]. Beide Traditionskomplexe stoßen hier aneinander und sind in doppelter Weise miteinander verknüpft. Wie wir schon sahen, endet der Bericht über die Überführung der Lade nach Jerusalem in 2. Sam 6 mit einer kurzen Szene zwischen David und seiner Frau Mikal. Diese Episode ist allein wegen ihres Schlußsatzes hier angefügt: Und Mikal, Sauls Tochter, hatte kein Kind bis zu ihrem Tode. Den Grund für Mikals Kinderlosigkeit will der Erzähler darin gesehen haben, daß Mikal an den kultischen Tänzen ihres Gemahls Anstoß genommen hat. Die Notiz von Mikals Kinderlosigkeit gehört aber überlieferungsgeschichtlich nicht zu der Ladeerzählung, sondern bereits zu der Überlieferung von der Thronnachfolge Davids[2]. Schon hier wird darauf hingewiesen, daß ein Thronprätendent von der Tochter Sauls, des früheren Königs, *nicht* auftreten, daß also das Königtum Sauls auch nicht auf indirektem Wege – über seine Tochter – eine Fortsetzung finden wird. Umgekehrt stellt das Kap. 2. Sam 7 die Verbindung von der Thronfolgeüberlieferung nach rückwärts her: Durch Davids Erwägung, für die Lade einen Tempel zu bauen, und Jahwes Ablehnung dieses Planes, knüpft es über die Mikalepisode hinweg noch einmal bei dem Thema »Lade Jahwes« an.

Ist also die Nathanweissagung eng an die Erzählung von der Überführung der Lade nach Jerusalem angeschlossen, so erhebt sich die Frage nach dem Sinn dieser Verbindung. Welcher Anlaß hat dazu geführt, daß die beiden Traditionskomplexe in dieser Weise aneinandergereiht und daß nicht andere Traditionen, etwa Berichte über Kriege, wie sie jetzt in Kap. 8 den Gang der Thronfolgeüberlieferung unterbrechen, zwischen das Ende der Ladeerzählung in 2. Sam 6 und den Beginn der Thronfolgeüberlieferung in 2. Sam 7 gestellt wurden? Offenbar besteht ein logischer Zusammenhang zwischen dem Schluß der Ladeüberlieferung und der Nathanweissagung[3].

---

[1] Rost aaO 107 (2. Sam 9 folgte auf den Grundbestand von Kap. 7: V. 11b. 16); Noth, Überlieferungsgeschichtliche Studien, 62 bei und mit Anm. 3.

[2] Rost aaO 14. 36. 105ff. 120.

[3] Nach H.-J. Kraus, Die Königsherrschaft Gottes im Alten Testament (BHTh 13), 1951, 34ff., sind Ladeüberlieferung und Nathanweissagung im Kultus verbunden worden. In der Ladeüberlieferung als dem hieros logos des Jerusalemer Ladeheiligtums habe nicht nur 2. Sam 6 – die Überführung der Lade nach Jerusalem durch David – eine besondere Rolle gespielt, sondern auch 2. Sam 7, indem dieses Kapitel die Berechtigung Davids zu dieser Maßnahme erweise, also den Fest-

Daß David die Lade nach Jerusalem gebracht hat, deutet man allgemein als einen religionspolitischen Akt, durch den der König die politische Hauptstadt seines Landes oder richtiger seiner vereinigten Königreiche auch zur Kultmetropole erheben wollte[1]. Aber diese Beurteilung der Maßnahme Davids ist doch zu einseitig. In zahlreichen Inschriften des Zweistromlandes, die zum Vergleich heranzuziehen deshalb erlaubt ist, weil auch sonst Einflüsse von dort auf das judäische Königtum vorliegen[2], rühmen Könige ihre Maßnahmen für den Bau und die Instandhaltung der Tempel als einen Akt der demütigen Fürsorge für den Gott, als ein »colere«, als Gottes-Dienst. Und stets ist mit dem Bericht über den Bau oder die Renovierung eines Tempels eine Angabe über das Wohlergehen des Königs verbunden, sei es daß dieses Wohlergehen berichtet oder nur gewünscht oder erbeten wird. Einige Beispiele aus verschiedenen Zeiten mögen dies illustrieren.

Gudea von Lagasch im südlichen Mesopotamien stellt um 2000 v. Chr. in neuerbaute Tempel Statuen seiner Person auf, in denen er selbst allezeit vor der Gottheit steht, mit folgenden Benennungen: »Meinem König (gemeint ist hier der Gott Ningirsu) habe ich seinen Tempel erbaut; das

---

pilgern, denen der hieros logos des Jerusalemer Heiligtumes vorgetragen wurde, eine Antwort gebe auf die Frage: »Wer hat denn überhaupt David ermächtigt, eine solch einschneidende Tat zu vollbringen und die Lade des Gottes Israels in seine Stadt zu holen?« (aaO 34). »David als der von Jahwe erwählte König (II S 7) ist ermächtigt gewesen, ein neues kultisches Zentrum Israels auf dem Zion zu errichten und die Lade Jahwes nach Jerusalem zu holen (II S 6)« (aaO 36, dort gesperrt gedruckt). Aber 2. Sam 7 zielt gar nicht darauf, daß David »von Jahwe zum König Israels erwählt, eingesetzt und bevollmächtigt worden« (aaO 35) sei, sondern auf die Errichtung und Erhaltung einer Dynastie; die Erwählung Davids wird in der Nathanweissagung nur innerhalb der »Vorgeschichte« rekapituliert (V. 8f.) und ähnlich in Davids Gebet (V. 18), während Davids Bitte in V. 25. 29 nur den Bestand des »Hauses« (der Dynastie) Davids im Auge hat. Wenn aber die Nathanweissagung dem David nicht die göttliche Erwählung zuspricht, dann will sie auch nicht dem König – im Gang der Erzählung des hieros logos zudem erst nachträglich – die Gewißheit geben, zur Überführung der Lade nach der Davidsstadt berechtigt gewesen zu sein. Der Skopus von 2. Sam 7 ist nicht nach rückwärts, auf 2. Sam 6, gerichtet, sondern allein nach vorwärts, auf die Thronfolgegeschichte.

[1] Vgl. z. B. M. Noth, Jerusalem und die israelitische Tradition (OTS 8, 1950, 28–46 = Gesammelte Studien zum Alten Testament, 1957 [= 1960²], 172 bis 187), 31 ff. (= 174f.). Anders Kraus aaO 36 f.

[2] Es genügt hier, auf die in den judäischen »Hofstil« übernommene Formulierung: »Er (der König) wird herrschen von Meer zu Meer, vom Euphrat bis an die Enden der Erde« (Ps 72, 8; vgl. Sach 9, 10) hinzuweisen, die nur in Mesopotamien entstanden sein kann.

Leben (sei) mein Lohn.«[1] Oder: »Der König, dessen schwere Stärke die Länder nicht ertragen, Ningirsu hat dem Gudea, dem Erbauer des Tempels, ein gutes Geschick bestimmt.«[2] Im ersten Beispiel ist langes Leben *erbeten*, im zweiten ein gutes Geschick *gewährt*. Daß auch Nachkommenschaft ersehnt wird, zeigt der folgende Text des assyrischen Königs Assarhaddon, der von 681–669 v. Chr. regierte und der unter anderen auch den judäischen König Manasse[3] zu seinen Vasallen zählte:

> Nachdem ich jenes Haus (d. h. den Tempel) vollendet hatte ..., ließ ich Sin, Ningal, Schamasch und Aa, die großen Götter, meine Herren, darin wohnen ... Daraufhin mögen Sin und Schamasch ... mir ... Erlangung von Nachkommenschaft, reichen Nachwuchs ... immer wieder zusammen (im Orakel) antworten[4].

Und schließlich ein Beispiel aus einer Inschrift des Danunier-Königs Azitawadda aus dem 8. vorchristlichen Jahrhundert, die in Karatepe im äußersten Osten Kilikiens gefunden wurde:

> Ich erbaute diese Stadt und legte ihr den Namen Azitawaddija bei und ließ diesen Gott, den Baal Krntrjš, in ihr Wohnung nehmen. Es segne der Baal Krntrjš den Azitawadda mit Leben und Heil... [5].

Dieser König hat in einer von ihm neu erbauten Stadt den Gott – von dessen nichtsemitischem Namen wir bis jetzt nur die Konsonanten kennen – »Wohnung nehmen lassen« – das ist der Anlaß, die Bitte um Segen anzuschließen. Hier liegt der Vergleich mit 2. Sam 6 und 7 besonders nahe. Daß David die Lade nach der »Davidsstadt« gebracht, daß er, wie es Ps 132, 5 ausdrückt, »für Jahwe eine Wohnstatt gefunden« hat, ist demütige Fürsorge für die Gottheit[6]; sie wird fortgesetzt in der Erwägung, nun auch einen Tempel zu bauen. Unmittelbar hieran schließt sich – noch durch das Wortspiel um das »Haus« auch äußerlich verbunden – die Verheißung der Dynastie an. Wie der Vergleich mit den aufgeführten Beispielen lehrt, ist hier diese Verheißung als der Lohn für Davids Dienst für Jahwe verstanden. Das ist der sachliche Grund, der das Ende des einen Traditionskomplexes, den Bericht von der Ladeüberfüh-

---

[1] Statue B VII, 14–17: F. THUREAU-DANGIN, Die sumerischen und akkadischen Königsinschriften (VAB I, 1), 1907, 72 f.

[2] Statue D V, 2–7: aaO 78 f.

[3] Zu Manasse vgl. im Alten Testament 2. Kön 21, 1–18; 2. Chr 33, 1–20.

[4] Ninive I, 12–20: R. BORGER, Die Inschriften Asarhaddons, Königs von Assyrien (AfO Beih. 9), 1956, 68.

[5] Statueninschrift III, 14–18: A. ALT, Die phönikischen Inschriften von Karatepe (WO I/4, 1949, 272–287), 278 f. Vgl. Untere Torinschrift II, 17–19; III, 2 f.: ebd. 274 f.; Obere Torinschrift II, 4–7: A. ALT, Ergänzungen zu den phönikischen Inschriften von Karatepe (WO II/2, 1955, 172–183), 176.

[6] Zu dem hier berührten Thema der »Königsdemut« vgl. ausführlich: E. KUTSCH, עֲנָוָה (»Demut«). Ein Beitrag zum Thema »Gott und Mensch im Alten Testament« (Habilitationsschrift Mainz), 1960 (Maschinenschrift), 105 ff.

rung, mit dem Anfang der Überlieferung von der Thronnachfolge Davids, der Nathanweissagung, verbindet.

Diese Nathanweissagung, der Kern des Kap. 2. Sam 7, ist wie ein Wegweiser in die Zukunft. War David von Jahwe erwählt, bestimmt zum nāgīd, zum »Fürst« über Israel, so erhält nun durch diese Verheißung die Reihe der von ihm abstammenden Nachkommen, seine Dynastie, ihre Legitimation. Andere Stellen im Alten Testament nennen diese Verheißung einen »Eid« Ps 132, 11 oder einen »Bund« Ps 89, 4, ja einen »ewigen Bund« 2. Sam 23, 5. Aber alle diese Bezeichnungen sagen dies eine aus: der Gott, von dem sich Israel erwählt weiß, will, daß auf Davids Thron immer ein Nachkomme dieses Königs sitzt; er selbst garantiert den Bestand der Dynastie – ja: er setzt ihren jeweiligen Vertreter in ein besonders enges Verhältnis zu sich. So ist diese Dynastie in der Tat eine »Dynastie von Gottes Gnaden«. Selbst wenn das Kap. 2. Sam 7 erst nach der Zeit Davids und Salomos entstanden wäre – der Kern in V. 11b zeigt, daß hier nicht sekundär eine Tradition geschaffen wird, sondern daß ein solches Wort – sicher durch den Propheten Nathan – in der Tat an David ergangen ist. Davids Großreich setzte sich, politisch gesehen, aus mehreren Königtümern zusammen, die David in Personalunion vereinigte. Der Bestand dieses Reiches hing davon ab, daß die Nachfolge auf Davids Thron gesichert war. So war die Bildung der Dynastie historisch eine Notwendigkeit. In einer Welt, in der ein Königtum nicht ohne enge Beziehung zur Gottheit vorstellbar war, in der jeder König den Göttern in besonderer Weise nahestand, bedurfte auch in Israel jeder König einer göttlichen Legitimation. Für die Davididen bestand diese Legitimation in der Nathanweissagung.

Wenn auch bereits nach Salomos Tod die nördlichen Stämme – außer Benjamin – sich von der Herrschaft der Davididen wieder lösten und zu einem Wahlkönigtum zurückkehrten, das nur vereinzelt für Dynastiebildungen Raum ließ, – in Juda und Jerusalem behielt die Daviddynastie den Thron. Wie wenig oft das Verhalten der einzelnen Könige gegenüber Jahwe und seinem Volk der Beauftragung und Legitimierung durch ihren Gott gerecht wurde, lehrt die Geschichte und zeigt die Kritik der Propheten. Aber diese Kritik richtet sich wohl gegen die einzelnen Könige, nicht aber gegen die Dynastie als Träger der Davidverheißung[1].

Mit der Eroberung Jerusalems und dem Untergang des Staates Juda im Jahre 587 v. Chr. endet die Herrschaft der Davididen. Aber die Nathanweissagung wirkte weiter. Mit der Verheißung, daß stets ein Nachkomme Davids dessen Thron einnehmen soll, hat sich die Erwartung

---

[1] A. H. J. GUNNEWEG, Sinaibund und Davidsbund (VT 10, 1960, 335–341), 340.

eines endzeitlichen Heilsbringers verbunden. Ältester Beleg hierfür ist der Judaspruch im sog. Jakobsegen in Gen 49, 8–12, der wohl noch aus der Zeit Davids oder spätestens Salomos stammt. Dieser Spruch verheißt Juda und damit dem judäischen Königshaus, den Davididen, die Herrschaft, so lange bis eine hier nur undeutlich beschriebene Gestalt – offenbar aus demselben Geschlecht – die Herrschaft »über die Völker« antritt und mit ihr paradiesische Fruchtbarkeit über die Erde kommt. Fortan wird dieser König der Heilszeit aus Davids Geschlecht erwartet: in Jes 8, 23 – 9, 6 kennzeichnet politischer Friede, in Jes 11, 1–6 außerdem Friede in der Natur seine Herrschaft; Mi 5, 1 unterstreicht seine Herkunft aus Bethlehem, woher auch David stammte. Einmal schien sich diese Erwartung zu realisieren: in einer Zeit besonderer politischer Unruhe, hervorgerufen durch einen Wechsel auf dem persischen Thron, sehen die Propheten Haggai und Sacharja den Serubbabel im Licht dieser Hoffnung, den Enkel des vorletzten judäischen Königs Jojakin, einen Mann, der um 520/518 Regierungskommissar des persischen Königs Darius in Jerusalem war. Aber wir hören dann nichts von einer Erneuerung des davidischen Königtums: die politischen Verhältnisse ließen sie nicht zu.

Auf die Bedeutung, die die Davidsohnschaft Jesu, d. h. Jesu Abstammung aus davidischem Geschlecht, im Neuen Testament hat, kann hier abschließend nur hingewiesen werden. *Daß* die Davidsohnschaft Jesu dort eine Rolle spielt, hat letztlich seine Wurzel in der Nathanweissagung, deren Ausgestaltung im Mittelpunkt des Kap. 7 des 2. Samuelbuches steht.

Wir fassen zusammen: Den Mittelpunkt des 7. Kapitels des 2. Samuelbuches bildet die sog. »Nathanweissagung«, eine durch den Propheten Nathan dem König überbrachte Verheißung Jahwes: Davids Königtum wird dauernden Bestand haben; stets wird ein Nachkomme aus seinem Geschlecht seinen Thron einnehmen, der zudem in einem besonders engen Verhältnis zu seinem Gott stehen wird, nämlich in dem des Sohnes zum Vater. Das Kapitel ist um einen Satz als älteren Kern herum komponiert und erweist sich, abgesehen von einzelnen deuteronomistischen Zusätzen, als sachlich und literarisch einheitlich. Die Nathanweissagung ist eng verflochten mit dem vorhergehenden Bericht von der Überführung der »Lade Jahwes« nach Jerusalem durch David. Darin, daß die Dynastieverheißung als der Lohn für den in diesem Akt bestehenden Dienst an dem bei der Lade gegenwärtigen Gott anzusehen ist, liegt der innere Zusammenhang zwischen beiden Texten. Fast vier Jahrhunderte lang war durch die Nathanweissagung die davidische Dynastie als der Träger der promissio Dei auf dem judäischen Königsthron legitimiert. Die Verheißung selbst hat über das Ende der Dynastie hinaus fortgewirkt bis in das Neue Testament, ja bis hinein in unser Glaubensbekenntnis, indem hier der Name »Christus« eine letzte Widerspiegelung der an das Davidhaus anknüpfenden Messiaserwartung ist.

Exkurs

Eine andere Möglichkeit, die literarische Einheit von 2. Sam 7 aufzuweisen, eröffnet der Versuch, das Kapitel als formgeschichtliche Einheit zu verstehen. So hat SIEGFRIED HERRMANN in einem Aufsatz »Die Königsnovelle in Ägypten und in Israel«[1] es unternommen, den Aufbau von 2. Sam 7 (wie auch von 1. Kön 3, 4-15) von der in Ägypten beheimateten Gattung der »Königsnovelle« her zu erklären, und NOTH[2] hat diese formgeschichtliche Einordnung von 2. Sam 7 übernommen. Die Königsnovelle ist eine Form der ägyptischen Geschichtsschreibung, vom Mittleren Reich bis in die Spätzeit nachweisbar. Sie »will Taten, Ereignisse und Institutionen auf den König zurückführen, sie will ihn als ihren Urheber und Initiator verstehen lehren, indem sie möglichst ausführlich den König vor versammeltem Hofe seine neuen Beschlüsse mitteilen läßt«[3]. Dabei handelt es sich »durchgängig um ein überragendes, durch die Zeiten wirkendes Ereignis, und stets ist es der König, nicht so sehr als Einzelpersönlichkeit, sondern als typische Figur, die dabei im Mittelpunkt steht«[4]. In der Tat lassen sich einige Parallelen zwischen den dieser Literaturgattung zugehörenden Texten und 2. Sam 7 aufzeigen. Wie der Pharao vor seinen Beamten »erscheint«, so sitzt David in seinem Palast vor Nathan; er teilt diesem seinen Plan mit, einen Tempel zu bauen, und dieser heißt das Vorhaben gut[5]. Wie »Tempelbau und Königstheologie ... die Hauptthemen der ägyptischen Königsnovelle« sind[6], so steht auch in 2. Sam 7 neben dem Tempelbau die Gottessohnschaft des Königs; allerdings ist hier, wie Ps 2, 7 lehrt, die mythologische Aussage durch die Anschauung von der Adoption des Königs durch Jahwe ersetzt.

Aber eine genaue Nachprüfung erweckt doch Zweifel an der Richtigkeit der These, daß hinter dem Aufbau von 2. Sam 7 die Gattung der

---

[1] Wissenschaftliche Zeitschrift der Karl-Marx-Universität Leipzig. Gesellschafts- und sprachwissenschaftliche Reihe 3, 1953/54, 51-62 = Festschrift A. Alt, 33-44.
[2] David und Israel, 128 ff. (= 342 ff.).
[3] S. HERRMANN aaO 51 (= 33).
[4] ALFRED HERMANN, Die ägyptische Königsnovelle (Leipziger Ägyptologische Studien 10), 1938, 11.
[5] Vgl. die Beispiele bei A. HERMANN aaO 15 ff. 49 ff.
[6] S. HERRMANN aaO 58 (= 40).

Königsnovelle steht. Als wesentlich gehört zur Königsnovelle, daß der Plan des Königs durchgeführt wird; das gilt auch und gerade für den Fall, daß – ein literarisches Mittel, die Initiative des Königs zu unterstreichen – die Beamten dagegen Einwände erheben[1]. Demgegenüber wird in 2. Sam 7 der von David geplante Tempelbau durch Jahwe *verhindert*. Damit weicht 2. Sam 7 in dem entscheidenden Punkt von dem inhaltlichen Schema der Königsnovelle ab. S. HERRMANN spricht denn auch von der »kopernikanischen Wende der Königsnovelle auf dem Boden Israels, wo zuletzt nicht der König, sondern der Absolutheitsanspruch Jahwes herrscht«[2]. Indes – sollte ein Mann das Kap. 2. Sam 7 nach der Gattung der Königsnovelle aufgebaut haben, obwohl diese das Gegenteil von dem aussagt, was er selbst darzustellen hatte? Das ist doch ganz unwahrscheinlich.

Eine weitere Beobachtung kommt hinzu. In 2. Sam 7 stehen »Tempelbau«, genauer: Ablehnung des Tempelbaus, und »Königstheologie«, genauer: Verheißung der Dynastie und der Sohnesstellung eines jeden Davididen auf dem Thron gegenüber Jahwe, im Gegensatz zu einander. Eine derartige Gegenüberstellung findet sich, soweit ich sehe, nirgends in den »Königsnovelle«-Texten. Dort sind Aussagen über das Königtum des Pharao eingearbeitet in dessen Rede, in der er seine Pläne entfaltet[3]. M. a. W.: in der Königsnovelle erscheint die »Königstheologie« gar nicht als selbständiges Thema *neben* dem Plan des Pharao und seiner Durchführung; sie ist vielmehr diesem Hauptthema untergeordnet. Dementsprechend kann das Thema »Königstheologie« auch in einer Reihe von Texten zur Königsnovelle ganz fehlen. Auch hinsichtlich der Gegenüberstellung von Davids Tempelbau und der Dynastieverheißung durch Jahwe in 2. Sam 7 kann die Gattung der Königsnovelle nicht als Vorbild gelten. Demgegenüber haben die oben angeführten Parallelen in Einzelheiten kein Gewicht. Der Vermerk in 2. Sam 7, 1, daß David in seinem Zedernpalast sitzt, bereitet die Entfaltung seiner Tempelbaupläne vor; und die Einführung des Propheten Nathan in V. 2[4] mit dessen Zustimmung in V. 3 erleichterte dem Erzähler den Anschluß der Jahwerede an Nathan in V. 4 ff. So erklären sich beide Züge glatt aus dem Aufbau der Erzählung in 2. Sam 7. Man wird demnach die Gattung der Königsnovelle kaum als formgeschichtliches Vorbild für den Aufbau dieses Kapitels heranziehen können. Auf diesem Wege ist also die literarische Einheit von 2. Sam 7 nicht zu erweisen.

---

[1] Vgl. A. HERRMANN aaO 18.   [2] AaO 59 (= 41).
[3] Vgl. die Beispiele bei S. HERRMANN aaO 54 f. (= 36 f.).
[4] Daß dem König nur eine einzelne Person gegenübersteht, ist auch in den ägyptischen Texten bereits eine Ausnahme (S. HERRMANN aaO 58 [= 40]).

Der Kern der sog. Königsnovelle, eine königliche Großtat, fehlt gänzlich in dem zweiten von S. HERRMANN[1] herangezogenen Text, 1. Kön 3, 4–15. A. HERMANN[2] hatte eine Ähnlichkeit (!) mit der Königsnovelle in dem ganzen Abschnitt 1. Kön 3, 1–28 gesehen, also das weise Urteil Salomos als Erfüllung von Salomos Bitte um Weisheit (sic!) mit einbezogen. S. HERRMANN dagegen beschränkt die »Parallele« zur Königsnovelle auf V. 4–15. Zusammen mit der Entfaltung eines königlichen Vorhabens fehlt hier auch ein Dialog des Königs mit der Beamtenschaft, was S. HERRMANN selbst[3] auffällig fand. Gegenüber dem Fehlen dieser beiden wichtigsten Züge hat eine Übereinstimmung mit einzelnen Texten der Gattung »Königsnovelle« in nebensächlichen Punkten[4] nichts zu besagen. Wie wenig in 1. Kön 3, 4–15 an die Übernahme der Königsnovelle aus Ägypten zu denken ist, zeigt in den von S. HERRMANN[5] besonders hervorgehobenen V. 6–8 die Betonung der Jugend Salomos in V. 7. Sie will gegenüber Jahwe das Unvermögen des Königs unterstreichen und begründet so die Bitte um ein »hörendes Herz« in V. 9. Demgegenüber heben die ägyptischen Texte gerade besondere Taten des Pharao schon in früher Kindheit hervor (z. B.: »Ich habe schon als Nestling erobert.«) – eine von 1. Kön 3, 7 völlig verschiedene Aussage. Also nicht nur für 2. Sam 7, sondern auch für 1. Kön 3, 4–15 kann man S. HERRMANN nicht folgen.

In diesem Zusammenhang ist noch eine weitere These zu 2. Sam 7 zu erwähnen. S. MORENZ[6] vermutet, daß in dem Satz der Jahwerede: »Ich habe dir einen ʿ ʾ[7] Namen gemacht gleich dem Namen der Großen auf Erden« (V. 9 b) der Terminus »einen Namen machen« wörtliche Übersetzung von ägypt. *irj rn* sei, das im Ägyptischen die Festsetzung der Königsnamen bezeichnet. Nun ist der ägyptische Terminus insofern eindeutig, als er »nur in bezug auf Könige gebraucht wird«[8]. Diese einseitige feste Prägung fehlt aber dem hebr. עָשָׂה שֵׁם. So bezieht sich etwa – von zahlreichen anderen Beispielen abgesehen – in 2. Sam 7, 23 »einen Namen machen« auch auf das Volk Israel (vgl. auch V. 26: »Dein [Jahwes] Name wird groß sein.«). Man wird aber 2. Sam 7, 9b eher vom hebräischen als vom ägyptischen Sprachgebrauch her zu verstehen haben. Dann meint der Versteil: »Ich (Jahwe) habe deinen Ruhm groß gemacht wie den der Großkönige.«

---

[1] AaO 53 ff. (= 35 ff.).   [2] AaO 39 Anm. 64.   [3] AaO 53 (= 35).
[4] S. HERRMANN aaO 53 (= 35): »Traum im bzw. am Heiligtum, Schweigen des Königs, Gang zur Stadt, Opfer.«   [5] AaO 54 (= 36).
[6] Ägyptische und davidische Königstitulatur (ZÄS 79, 1954, 73f.).
[7] MT: ›großen‹; das Wort fehlt in LXX und in der Parallelstelle 1. Chr 17, 8 MT und LXX.   [8] H. RANKE, ZÄS 79, 1954, 73.

[23]

»Wir wollen miteinander rechten«

Zu Form und Aussage von Jes 1,18—20

(18) Kommt, wir wollen miteinander rechten
 — spricht Jahwe —:
Wenn eure Sünden (rot) wie Karmesin[1] sind,
 können sie weiß werden wie Schnee?
Wenn sie rot sind wie Purpur,
 können sie (weiß) werden wie Wolle?
(19) Wenn ihr willig seid und hört,
 werdet ihr das Gut des Landes essen.
(20) Wenn ihr euch weigert und widerspenstig seid,
 werdet ihr durch das Schwert[2] gefressen werden.
Fürwahr, der Mund Jahwes hat (es) gesagt.

Der hier zitierte Text Jes 1,18—20 ist seinem Umfang nach deutlich abgegrenzt. An die in V. 16 f. vorangehenden neun Imperative schließt formal der Imperativ *lᵉkû-na'* (»kommt doch«) am Anfang von V. 18 noch an; inhaltlich aber setzt er die Mahnung von V. 16 und 17, nicht mehr Böses, sondern Gutes zu tun, nicht mehr fort, sondern leitet mit der Aufforderung »kommt doch« hin zu dem nachfolgenden Kohortativ *wᵉniwwakᵉḥā* (»wir wollen miteinander rechten«). Mit diesem Imperativ und Kohortativ ist ein Neueinsatz gegeben; dies wird noch durch den nachfolgenden Vermerk »spricht Jahwe« unterstrichen. Das Ende wird markiert durch die Feststellung »fürwahr, der Mund Jahwes hat es gesagt«, die auch in Jes 40,5; 58,14; Mich 4,4[3] eine Sprucheinheit abschließt.
Der Spruch ist das Zitat eines Jahwewortes in Prophetenmund. Die Sätze »spricht Jahwe« und »fürwahr, der Mund Jahwes hat es gesagt« in V. 18 aβ und V. 20 bβ sind von einem Propheten gesprochen und kennzeichnen den übrigen Text als Wort Jahwes. In der direkten Rede des Zitates erscheint der Sprechende, Jahwe, in dem »wir« von *niwwakᵉḥā* in V. 18 a, das ihn mit den von ihm angeredeten, nicht näher bestimmten »ihr« in dem Imperativ in V. 18 a, in den sechs Imperfekta in VV. 19.20 a.bα und in dem Suffix der 2. pl. masc. in V. 18 bα zusammenschließt.
Das Verständnis des Spruches ist durch mehrere Schwierigkeiten belastet. Was bedeutet das ni. von *jkḥ* in V. 18 a? Man übersetzt es etwa: »Wir wollen zusammen rechten«[4], »laßt uns rechten«[5], »daß

wir uns auseinandersetzen«[6], »wir halten miteinander einen Rechtsstreit«[7], »einigen wir uns«[8]. Weiter: Ist V. 18 b als Verheißung gemeint[9] und zu übersetzen: »Wenn deine Sünden (auch) (rot) sind wie Karmesin, sie sollen weiß werden wie Schnee ...«; oder ist der Versteil als Frage zu verstehen: »Wenn eure Sünden(rot) sind wie Karmesin, können sie weiß werden wie Schnee?«[10]? Zu einer Klärung dieser und weiterer Fragen empfiehlt es sich, bei dem Teil des Spruches einzusetzen, der keine besonderen Probleme enthält, und von dort zu den schwierigen Passagen fortzuschreiten. Wir beginnen also in einem ersten Abschnitt mit V. 19 und 20, greifen in einem zweiten Abschnitt von dort auf V. 18 b zurück und wenden uns in einem dritten Abschnitt der Bedeutung von *jkḥ* ni. (V. 18 a) in diesem Kontext und der Deutung des ganzen Spruches zu. Ein vierter Abschnitt behandelt dann noch die Verfasserfrage.

1. VV. 19. 20 a. bα

Die beiden Perioden in V. 19 und V. 20 a. bα sind parallel aufgebaut. Sie enthalten jeweils in einem synthetischen Parallelismus eine bedingte Ankündigung; die Bedingung steht im Vordersatz (= Bedingungssatz), die Ankündigung im nachfolgenden Hauptsatz. In beiden Sätzen geht es um das Verhalten der Angeredeten, wohl des Volkes Israel, genauer – auch wenn das nicht ausdrücklich gesagt wird – um Israels Verhalten gegenüber Jahwe und seinem Willen, seinen Geboten. Gehorsam gegenüber Jahwe – »willig sein und hören (= gehorchen)« – hat für die Angeredeten zur Folge, daß sie »das Gut des Landes essen« werden; Ungehorsam – »sich weigern und widerspenstig sein« – bringt Tod durch das Schwert. Parallelität und Antithese der beiden Aussagen werden durch den Gebrauch des Verbums *'kl* (»essen«) unterstrichen: (*to'-kᵉlû* (»ihr werdet essen« V. 19) – *tᵉ'ukkᵉlû* (»ihr werdet gefressen werden« V. 20b).

Die beiden Verse legen den Angeredeten zwei Möglichkeiten vor: Gehorsam und Widerspenstigkeit, Ungehorsam; ihnen korrespondieren die beiden Folgen: Leben und Tod. Diese Alternative hat im Alten Testament ihre Parallelen. Am Ende seiner großen Abschieds-Mahnrede in Dtn 29–30 sagt Mose zu Israel: »(30,15) Siehe, heute habe ich dir Leben und Heil, Tod und Unheil vor Augen gestellt. (16) Wenn du den Geboten Jahwes, deines Gottes, gehorchst, die ich dir heute befehle, ... so wirst du am Leben bleiben und dich mehren, und Jahwe, dein Gott, wird dich ... segnen. (17) Wenn sich aber dein Herz wendet und du nicht gehorchst, ... (18)

so kündige ich euch heute an: Ihr werdet unfehlbar zugrunde gehen ...« In ähnlicher Weise sind Gehorsam und Ungehorsam mit den jeweiligen Folgen in Dtn 28, 1f.:: 15; 1 Sam 12, 14:: 15; Ijob 36, 11:: 12 (vgl. Jer 12, 16:: 17) einander gegenüber gestellt. In Dtn 11, 26–28 sind Folge von Gehorsam oder Ungehorsam Segen oder Fluch. Hier wird »den Geboten Jahwes gehorchen« als »Weg« bezeichnet. Wie in Jer 21, 8 die Entscheidung zwischen den beiden Möglichkeiten, die belagerte Stadt Jerusalem zu verlassen oder in der Stadt zu bleiben, als Wahl zwischen »zwei Wegen«, dem »Weg des Lebens« und dem »Weg des Todes«, gesehen wird, so kann man auch die Entscheidung zwischen Gehorsam und Ungehorsam gegenüber Jahwe als Entscheidung für den einen Weg – zum Leben – oder den anderen – zum Tod – bezeichnen. An den hier aufgeführten Stellen kann man also von einer »Zwei-Wege-Lehre« sprechen. Die Übereinstimmung im Aufbau von Jes 1, 19. 20 a. bα mit Dtn 30, 15–18 usw. zeigt, daß auch in Jes 1, 19f. solche »Zwei-Wege-Lehre« vorliegt.

2. V. 18 b

Greifen wir von hieraus nach rückwärts und wenden uns V. 18 b zu. Ist dieser Versteil als Aussage, als Verheißung zu verstehen oder als Frage? Die Septuaginta läßt Gott ankündigen, daß er seinerseits die Sünden der Angeredeten, wenn sie »wie purpurrot« bzw. »wie scharlachrot« sind, »wie Schnee« bzw. »wie Wolle« »weißmachen« wird (zweimal: λευκανῶ »ich werde weiß machen«). Das Targum folgt – mit geringen Verdeutlichungen – bis in die Wortstellung dem hebräischen Text; seine Übersetzung wird als Aussage verstanden[11]. Die Mehrzahl der neueren Ausleger versteht mit der Vulgata und mit Luther V. 18b als Verheißung: Die Sünden sollen schneeweiß werden. Solche Umwandlung wird dann häufig von Jahwe selbst erwartet[12]. Er weist seine Hörer »auf seine eigenen, durch die schwerste menschliche Schuld nicht begrenzten Möglichkeiten zur Vergebung hin«[13]. Im Unterschied dazu nimmt *Procksch* den Versteil als Formulierung eines unbedingten und absolut gültigen Rechtssatzes: »Auch blutrote Sünden müssen weiß werden.« Nur: die erforderliche volle Sühne ist dem Menschen unmöglich; so trifft ihn das Gericht[14].

Was läßt der Text selbst zu solchen Erklärungen erkennen? In zwei im wesentlichen parallelen Sätzen – V. 18 bα und V. 18 bβ – wird eine Sachebene von einer Bildebene überlagert. Sachebene ist die Rede von den »Sünden« der angesprochenen Personen. Auf der Bildebene werden den Sünden zwei Farben zugeschrieben: rot und weiß. Wenn sie rot sind wie Karmesin bzw. wie Purpur, werden sie weiß werden wie Schnee bzw. wie (Natur-)Wolle. Nun liegt auf der Hand: »rote« Sünden, »weiße« Sünden gibt es nicht. Entscheidend ist nicht die Zuweisung einer Farbe an die Sünden, sondern der Wechsel, die Umwandlung von »rot« nach »weiß«, der im Zusammenhang mit den Sünden ausgesagt wird. Was ist mit dieser Umwandlung gemeint? Wenn ich einen Gegenstand, der knallrot ist, bleiche, daß er seine Farbe verliert und schneeweiß wird, dann nehme ich ihm eben diesen Teil seiner Eigenart, die Farbe. Von der Ebene des Bildes, des Vergleiches auf die Sachebene übertragen bedeutet das: Den Sünden wird – in der (angenommenen) Verheißung – eine bestimmte Eigenart genommen. Nun hat die »Sünde« im Grunde nur *eine* Eigenschaft; diese liegt im Begriff selbst. Sünde ist *ḥeṭ'* (»Verfehlung«) – nämlich gegen Gottes Willen. Versteht man die beiden Sätze in V. 18b als Verheißung, dann ist deren Inhalt – im Klartext, auf der Sachebene – die Ankündigung, daß die »Sünden« der Angeredeten zu »Nicht-Sünden« werden. Ein solcher Vorgang ist aber nicht möglich. Eine Untat kann nicht in eine Guttat verwandelt werden; Mord bleibt Mord[15]. Zwei Beobachtungen unterstreichen dieses Ergebnis.

1. Nach der an Jahwe gerichteten Bitte in Ps 51,9: »Entsündige mich mit Ysop, daß ich rein werde; wasche mich ab, daß ich weißer werde als Schnee«, kann durch göttliches Eingreifen der Sünder »weißer werden als Schnee«[16]. Er ist zuvor unrein, »schmutzig«; durch die Entfernung der Sünde wird er »rein«, »weiß«. Das ist eine andere Verwendung des Bildes als in Jes 1,18b. Der Sünder, nicht die Sünde wird »weiß«[17].

2. Der Mensch, der Sünder, kann – von Sünde – »gereinigt« werden. Von der Sünde macht das Alte Testament andere Aussagen. Nach einer Reihe von ganz konkreten Wendungen kann Jahwe Sünde, Frevel, Schuld »hinwegnehmen« (*nś'*: Ps 32,5; Lev 10,17; Ps 85,3; Gen 50,17; Ps 32,1; Ijob 7,21), »wegwischen« (*mḥh:* Jer 18,23 [MT: hi.]; Ps 51,3.11; Jes 43,25; 44,22; vgl. pu. Ps 109,14; Neh 3,17), »entfernen« (*swr* hi.: Jes 27,9; *rḥq* hi.: Ps 103,12), »hinter seinen Rücken bzw. in die Tiefe des Meeres werfen« (*šlk* hi.: Jes 38,17 bzw. Mich 7,19), »bedecken« (*kpr* pi.: Jer 18,23; vgl. Ex 32,30 sowie pu. Jes 6,7; 22,14; Spr 16,6; Jes 27,9); er kann »an Frevel vorübergehen« (*'br 'l:* Mich 7,18; Spr 19,11), Schuld »nicht anrechnen« (*l' ḥšb:* Ps 32,2), der Sünde bzw. der Schuld »nicht gedenken« (*l' zkr:* Jes 43,25; Jer 31,34 bzw. Jes 64,8; Ps 79,8), und er kann »sein Antlitz vor der Sünde verbergen« (*str* hi.: Ps 51,11). Dazu kommt der Gebrauch des eigentlichen Verbums für »vergeben«, *slḥ.* Dieses steht 13mal in Verbin-

dung mit Sünde bzw. Schuld (1 Kön 8,34.36; Jer 36,3; 2 Chr 6,25.27; 7,14 bzw. Ex 34,9; Num 14,19; Jer 31,34; 33,8; 36,3; Ps 25,11; 103,3)[18]. An keiner dieser Stellen ist aber »Sünde« usw. Akkusativobjekt; das entsprechende Substantiv ist vielmehr stets durch die Präposition l^e mit dem Verbum $slḥ$ verbunden. Das heißt aber: $salāḥ\ l^eḥaṭṭa't$ bedeutet streng genommen nicht »Sünde vergeben«, sondern »hinsichtlich Sünde vergeben«. Von da aus ist es verständlich, daß $slḥ$ in der Mehrzahl der Belege, nämlich 21mal (Num 14,20 usw.; ohne 7mal pu.) absolut, ohne ausdrückliche Bezugnahme auf »Sünde« usw., steht. Nirgendwo aber tritt die Auffassung hervor, daß Sünde selbst – nicht der Sünder – »gereinigt« oder in ihrem Wesen zum Guten verändert werden könnte. Angesichts dieses Befundes ist es absolut unwahrscheinlich, daß der Verfasser des Textes von Jes 1,18b diesen hat als Aussage, als Verheißung verstanden wissen wollen.

Weitere Bedenken kommen hinzu.

1. Wenn V.18b die Verheißung Jahwes enthält, daß Sünde zu Nicht-Sünde werden soll, dann ist nicht einzusehen, warum nach dieser Verheißung noch in V.19f. die Folgen von Gehorsam und Ungehorsam gegenüber Jahwe einander gegenübergestellt werden. Wenn Jahwe Sünde in Nicht-Sünde umwandelt, dann erübrigt sich die Möglichkeit, daß der, der gegen Jahwe »widerspenstig ist«, also »Sünde« begeht, zu Tode kommen wird. Mindestens V.20 ist dann nach V.18b sinnlos[19].

2. Nach V.18a will sich – wie wir noch sehen werden – Jahwe mit den Angeredeten auseinandersetzen. Dieses Problem müßte in V.18b genannt sein. Die Form der Verheißung ist aber für die Ansage eines Problems durchaus ungeeignet. In dem auf V.18a folgenden Text, das heißt in V.18b, wäre eine Frage sehr viel eher zu erwarten.

3. Für den Fall, daß der Spruch vom Propheten Jesaja stammt, gilt schließlich auch die Feststellung, die schon *Duhm* dem Verständnis von V.18b als einer Verheißung entgegenhielt: »Nirgends bietet Jes(aja) so zuvorkommend dem Volk die Sündenvergebung an«[20].

So bleibt nur die seit *J. D. Michaelis* wiederholt vertretene Auffassung, daß V.18b als Frage gedacht ist:

    Wenn eure Sünden wie Karmesin sind,
        können sie weiß werden wie Schnee?
    Wenn sie rot sind wie Purpur,
        können sie wie Wolle werden?

Das Verständnis des Satzes als einer Frage würde erleichtert, wenn der Satz durch die Fragepartikel h^a eingeleitet wäre. Doch ist die

Partikel durchaus nicht notwendig. In 1 Sam 11,12 wird nach denjenigen geforscht, die gesagt haben: *ša'ûl jimlok 'alenû*. Nach dem Zusammenhang kann der Satz nicht eine Aussage meinen: »Saul (und kein anderer) soll König über uns sein«, sondern er stellt eine ablehnende Frage dar (deren Autoren wegen ihrer negativen Haltung bestraft werden sollen): »Saul sollte König sein über uns?«[21] Eine Frage, insbesondere eine Zweifelsfrage, die also die Antwort »nein« intendiert, kann im gesprochenen Wort durch die Betonung der Wörter, im geschriebenen durch die Wortstellung ausgedrückt sein: so etwa in 1 Sam 11,12, so auch in Jes 1,18b: *kǎššælæg jǎlbînû ... kǎššæmær jihʲjû* (»sollten sie wie *Schnee* weiß werden ... wie *Wolle* werden?«)
Wie aber ist nun diese Doppelfrage von V. 18b gemeint? *G. Fohrer*[22] sieht darin die Aufnahme eines Einwandes, den Leute gegen die Botschaft des Jesaja erhoben haben, durch den Propheten. Dieser Einwand habe im Munde jener Leute gelautet:
  Wenn unsere Sünden feuirigrot sind,
    können sie weiß werden wie Schnee.
  Wenn sie rot sind wir rotgefärbter Stoff,
    können sie wie Wolle werden[23],
und habe so »gegenüber der Forderung der Umkehr ... einfach auf Gottes Gnade und Erbarmen hingewiesen, der jede Sünde vergeben kann«[24]. Nach dem oben[25] gewonnenen Ergebnis ist aber eine *Aussage,* daß »rote« Sünden »weiß« werden können, daß also »Sünde« in »Nicht-Sünde« umgewandelt werden kann, für alttestamentliches Denken unmöglich. Die (doppelte) Frage von V. 18b kann also auch nicht von einer solchen Aussage abgeleitet sein, sie setzt eine solche Aussage nicht voraus.
Die Frage von V. 18b, ob »Sünden« in »Nicht-Sünden« umgewandelt werden können, fragt also nach etwas, was nicht möglich ist. Damit wird aber ihre Intention deutlich: Sie zielt auf ihre Verneinung, sie fordert die Antwort »nein«[26].
Dieses Resultat, daß V. 18b als (Doppel-)Frage zu verstehen ist, die eine Verneinung intendiert, wird dadurch bestätigt, daß unter seiner Voraussetzung der Anschluß von V. 18b sowohl nach V. 19f. als auch an V. 18a zu erklären ist. Die Frage, ob Sünden (»rot«) zu Nicht-Sünden, zu Rechtverhalten (»weiß«) werden können, setzt das Wissen voraus, daß böse Tat, »Sünde«, Ungehorsam ein schlechtes Ergehen, gute Tat aber, Gehorsam, »Nicht-Sünde« ein gutes Ergehen zur Folge haben. Durch eine Umwandlung der Sünde in Nicht-Sünde würde für den Täter schlechtes Ergehen als Tatfolge vermieden werden. Die Verneinung der Frage und damit der Möglichkeit solcher Umwandlung von Sünden legt es nahe,

sogleich die unterschiedlichen Folgen von Gehorsam gegen Gottes Willen, »Nicht-Sünde«, einerseits und Auflehnung, Ungehorsam gegen Gott, »Sünde« andererseits heraus- und einander gegenüberzustellen. Mehr noch: Vor dem Hintergrund der Feststellung, daß Sünde Sünde ist und bleibt, daß Sünde nicht in »Nicht-Sünde« umgewandelt werden kann, wird der volle Ernst der »Zwei-Wege-Lehre« von V. 19 f. deutlich. So erscheint die auf eine Verneinung zielende Frage nach der Umwandelbarkeit von Sünde in Nicht-Sünde geradezu als Einleitung zu der Aufzeigung der beiden Verhaltensmöglichkeiten, der beiden »Wege« in VV. 19–20. Schließlich verbindet noch eine Übereinstimmung V. 18 b und V. 19 f.: Beide rechnen nicht mit der Möglichkeit, daß Gott Sünde vergibt oder tilgt oder daß der Mensch von dem falschen Weg, von dem Sündigen sich abwendet, umkehrt.
Der Zusammenhang von V. 18 b mit V. 18 a wird verstehbar, wenn V. 18 a erklärt ist. Ihm wenden wir uns nun zu.

3. V. 18 a

Das Hauptproblem dieses Versteiles liegt in dem Verbum *jkḥ*, das hier im ni. gebraucht ist. Was bedeutet *jkḥ* ni. und wo hat es seinen »Sitz im Leben«? Der Behandlung dieser Frage legen wir den Kommentar von *Wildberger* zugrunde.
J. Begrich[27] hatte in Jes 1, 18–20 eine »Appellationsrede eines Beschuldigers« gesehen. Da hier aber weder ein Beschuldiger noch ein Beschuldigter genannt ist, hatte *H. J. Boecker*[28] statt dessen an eine »Appellation zur Einleitung eines Feststellungsverfahrens« gedacht. Hier wird also die Form des Spruches von einer bestimmten Situation des Rechtslebens her erklärt. An *Boecker* schließt sich *Wildberger* an[29]. Angeredet ist mit der 2. pl. wohl das Volk Israel. Das Volk ist der »Prozeßgegner«[30]. In dem angestrebten »Prozeß«[31] ist Jahwe »nicht bloß unparteiischer *môkîₐḥ*[32], sondern zugleich Kläger«, Israel ist »der Beklagte«[33]. Die Reflexivität des ni. *niwwakₑḥā* setzt aber voraus, »daß Israel ... auch seinerseits die Möglichkeit haben soll, als *môkîₐḥ* gegen Jahwe aufzutreten«[34]. Hier, in der Appellation, nennt V. 18 b indirekt den Streitgegenstand, die – anzunehmende – Behauptung des Volkes, »daß doch die Möglichkeit der Wiedergutmachung der Sündenschuld bestehe«[35]. Jesaja widerspricht dieser Anschauung mit der ein »nein« intendierenden Doppelfrage von V. 18 b und stellt seinerseits die Alternative von V. 19 f. entgegen. »Der ›Rechtsstreit‹ soll sich angesichts dieser klaren Alternative ... abwickeln; irgendeine billige Möglichkeit, die Schuld ›abzuwaschen‹, gibt es für Israel nicht«[36].

Nun wird dem unvoreingenommenen Leser von Jes 1, 18–20 nicht ohne weiteres verstehbar sein, was hier auf ein »Gerichtsverfahren« mit Kläger und Beklagtem hinweisen soll. Der hier wiedergegebenen Erklärung liegt ein bestimmtes Verständnis des Verbums *jkḥ* (ni.) zugrunde. *Wildberger* übersetzt V. 18 a: »Kommt, wir halten miteinander einen Rechtsstreit, spricht Jahwe«[37]. *jkḥ* wird also als ein *juristischer* Fachterminus verstanden. *Boecker:* »Es dürfte als gesichert gelten, daß das Wort (*jkḥ*) aus dem Bereich des Gerichtsverfahrens zu erklären ist. Jedenfalls wird dies in den neueren einschlägigen Äußerungen zur Sache durchgängig vertreten«[38].
In der Tat spielt das Verbum *jkḥ* hi. (1.) im Bereich des Gerichtsverfahrens eine Rolle. Geht man von einer Grundbedeutung »feststellen, was recht ist«[39], vielleicht allgemeiner noch: »feststellen, was recht und richtig ist«, aus, so ist etwa ein *môkîᵃḥ baššáʿär* (Jes 29, 21; Am 5, 10) ein Mann, der »im Tor«, das heißt in der versammelten Rechtsgemeinde »feststellt, was recht ist«, also etwa ein »Schiedsrichter« in einem Verfahren vor dieser Rechtsgemeinde. Solcher prozessualer Gebrauch von *jkḥ* liegt etwa auch im Ijobbuch – außer Ijob 33, 13 (*jkḥ* ho.) – vor[40].
2. Nicht an allen Stellen mit *jkḥ* hi., die hier herangezogen werden[41], ist ein »Gerichtsverfahren«, ein »Prozeß« vorausgesetzt oder auch nur als im Hintergrund stehend anzunehmen. Nach Gen 21, 25 (E) zum Beispiel »stellt« Abraham den König Abimelek von Gerar wegen eines Wasserbrunnens, den die Knechte des Abimelek dem Abraham weggenommen haben, »zur Rede«. *jkḥ* hi. besagt hier, daß Abraham dem Abimelek gegenüber »feststellt, was recht ist« – das beinhaltet ein »Zur-Rede-Stellen«, ein »Zu-Recht-Weisen«[42]. Dieser Vorgang spielt zwischen den beiden Personen Abraham und Abimelek, aber nicht vor einem »Forum«. Es handelt sich also in keiner Weise um ein »Gerichtsverfahren«, einen »Prozeß«, sondern einfach um eine alltägliche Auseinandersetzung[43]. Daß hier das Verbum *jkḥ* hi. gebraucht ist, zeigt, daß es in diesem Sinn auch im außergerichtlichen Bereich seinen »Sitz« haben kann. Wenn aber *jkḥ* hi. sowohl im prozessualen Bereich als auch außerhalb davon in derselben Weise verwendet wird, dann ist nicht das Gerichtsverfahren der ursprüngliche Ort des Verbums, sondern der außerprozessuale Bereich: Es besteht mehr Wahrscheinlichkeit dafür, daß das Wort aus der Alltagssprache in die »Gerichtssprache« übergegangen ist als für den umgekehrten Vorgang.
3. In der Alltagssprache, nämlich im erzieherischen Bereich, ist auch der Gebrauch von *jkḥ* hi. in der Bedeutung »zurechtweisen« o. ä. – so vor allem in Spr (9, 7f. usw.) und Psalmen (6, 2; 38, 2 usw., hier mit Gott als Subjekt) – beheimatet.

Das hi. von *jkḥ* hat also seinen Ort in erster Linie in der Alltagssprache und ist erst von dort aus in den prozessualen Bereich übergegangen. Von dieser Erkenntnis aus wird nun auch Jes 1,18 a und damit der ganze Spruch VV. 18–20 verstehbar. Legen wir für V. 18 a den nichtprozessualen Gebrauch von *jkḥ* zugrunde, dann ist dort das ni. *niwwakᵉḥā* zu übersetzen: »Wir wollen miteinander feststellen, was recht und richtig ist«, oder: »Wir wollen miteinander rechten.« Worum es bei dieser geforderten Feststellung geht, besagt die Frage in V. 18 b: Können Sünden in Nicht-Sünden umgewandelt werden? Diese Frage stellt der Verfasser – in der Jahwerede – von sich aus, ohne daß ein Einwand der Angeredeten vorangegangen zu sein braucht. Die erforderliche Feststellung ist nicht durch ein angestrebtes »gerichtliches Feststellungsverfahren« zu erreichen, sondern im unmittelbaren Gespräch zwischen Jahwe und seinem Gegenüber, dem Volk Israel. Im Sinne des Fragenden kann als Antwort nur festgestellt werden: »Nein!« Und vor dem Hintergrund dieser harten Feststellung, daß Sünde Sünde ist und bleibt, entfaltet nun der Verfasser als Jahwewort die »Zwei-Wege-Lehre«. Es gibt nur zwei Möglichkeiten für Israel: Gehorsam gegenüber Jahwe, »nicht sündigen« – dies hat Leben zur Folge – oder Auflehnung, »Sünde« – ihr folgt unausweichlich gewaltsamer Tod.

4. Die Verfasserfrage

Auf das Problem der Stellung des Spruches Jes 1,18–20 in seinem jetzigen Kontext, insbesondere sein Verhältnis zu VV. 10–17, braucht hier nicht eingegangen zu werden. Doch ist noch kurz die Verfasserfrage zu beantworten. Allgemein wird damit gerechnet, daß Jes 1,18–20 auf den Propheten selbst zurückgeht. Demgegenüber hat *Lescow*[44] im Blick auf die Sprache von V. 19 f. auf nachdeuteronomische Entstehung des Spruches geschlossen und hierfür auf das bei *Wildberger*[45] unter der Alternative »Segen und Fluch« zusammengestellte Vergleichsmaterial verwiesen. Mehr als die dort genannten Stellen (*Wildberger* wollte ja nicht die Echtheit von Jes, 1,18–20 bestreiten) zeigen die oben[46] aufgeführten Belege, wo die »Zwei-Wege-Lehre« beheimatet ist: in der deuteronomisch-deuteronomistischen Theologie[47]. Dann spricht aber hohe Wahrscheinlichkeit dafür, daß auch (mindestens) VV. 19–20 in Jes 1 mit eben dieser »Zwei-Wege-Lehre« nicht vor die deuteronomische Zeit anzusetzen ist. Nun könnte zwar V. 18 allein auf den Propheten Jesaja zurückgehen; das wäre vom Inhalt her möglich. Nachdem aber deutlich geworden ist, daß V. 18 und V. 19 f. eng zusammengehören[48], wird doch wohl der ganze Spruch Jes 1,18–20 »unecht« sein und in eine spätere Zeit – um 600 v. Chr. oder später? – gehören.

[1] Der Plural *šanîm* findet sich auch in Spr 31,21, jedenfalls in unsicherem Text. In Jes 1,18 ist jedenfalls mit 1QIs*, LXX (φοινικοῦν), Vulg. (coccinum) *šanî* »karmesinrot« gemeint.

[2] *hæræb* könnte »ein aus der aktiv(en) Konstruktion beibehaltener Objekt-Akkusativ« sein; GK §121c. 1QIs* hat die Präposition *b: bḥrb*; vgl. Zef 1,18; 3,8; Sach 9,4; Neh 2,3.13: gefressen werden *ba'eš* durch das Feuer.

[3] Hier: + Zebaot.

[4] O. *Procksch,* Jesaja I (KAT IX), Leipzig 1930, 36.

[5] O. *Kaiser,* Der Prophet Jesaja (ATD 17), Göttingen ³1970, 10.

[6] G. *Fohrer,* Das Buch Jesaja I (ZBK), Zürich-Stuttgart ²o. J. (1966) 38.

[7] H. *Wildberger,* Jesaja (BK X/1), Neukirchen-Vluyn 1972 (= ²1980), 50.

[8] *Th. Lescow,* Die dreistufige Tora. Beobachtungen zu einer Form: ZAW 82 (1970), 362–379. 372.

[9] So von Neueren etwa F. *Feldmann,* Das Buch Isaias (EHAT 14), Münster 1925, 3.16; *Procksch,* KAT IX, 36 (»sie müssen weiß sein«); *Kaiser,* ATD 17, 10; *Lescow,* Tora 372.

[10] So von Neueren etwa *Fohrer,* Jesaja, ZBK, 114; *Wildberger,* BK X/1, 50.

[11] J. F. *Stenning,* The Targum of Isaiah, Oxford o. J. (1949 = 1953), 4.

[12] Z. B. W. *Eichrodt,* Der Heilige in Israel. Jesaja 1–12 (BAT 17/1), Stuttgart o. J. (1960), 55; *Kaiser,* ATD 17, 14.

[13] *Kaiser,* ATD 17, 14.

[14] *Procksch,* KAT IX, 43.

[15] So schon B. *Duhm,* Das Buch Jesaja (HK III/1), Göttingen ⁴1922 (= ⁵1968), 32.

[16] Vgl. auch Jer 33,8.

[17] Daß Israel sich selbst wäscht, und sei es mit Natron und Lauge, hilft nach Jer 2,22 gar nichts: Seine Schuld bleibt vor Jahwe als schmutziger Flecken haften.

[18] Vgl. dazu *J. J. Stamm,* Erlösen und Vergeben. Eine begriffsgeschichtliche Untersuchung, Bern o. J. (1940), 47ff.; *ders., slḥ* vergeben, in: THAT II (1976), 150–160, bes. 151ff.; *Th. C. Vriezen,* Sündenvergebung im AT, in: RGG³ VI (1963), 507–511. 508.

[19] *Wildberger,* BK X/1, 52.

[20] *Duhm,* HK III/1, 32; vgl. auch *Wildberger,* BK X/1, 52.

[21] Dieses und weitere Beispiele (fehlende Fragepartikel nach Bedingungssatz auch in Sach 8,6) bei GK § 150n; P. *Joüon,* Grammaire de l'hébreu biblique, Rom 1923 (= 1965), § 161a; C. *Brockelmann,* Hebräische Syntax, Neukirchen o. J. (1956), § 54a.

[22] G. *Fohrer,* Jesaja 1 als Zusammenfassung der Verkündigung Jesajas, in: Studien zur alttestamentlichen Prophetie (1949–1965) (BZAW 99), Berlin 1967, 148–166. 160.

[23] *Fohrer,* Jesaja 1, 160.

[24] *Fohrer,* Jesaja 1, 161.

[25] S. 26.

[26] Mit einer Frage, ob Vergebung oder Tilgung von Sünde oder Schuld möglich wäre, könnte nicht in derselben Weise auf ein »nein« hin gezielt werden; denn daß Gott vergeben *kann,* ist nicht grundsätzlich zu bestreiten.

[27] J. *Begrich,* Studien zu Deuterojesaja (BWANT 77), Stuttgart 1938, 20. 27.

[28] H. J. *Boecker,* Redeformen des Rechtslebens im Alten Testament (WMANT 14), Neukirchen-Vluyn 1964 (= ²1970), 68f.

[29] *Wildberger,* BK X/1, 50ff.

³⁰ Auch bei *Wildberger*, BK X/1, 51 in Anführungszeichen.
³¹ Bei *Wildberger*, BK X/1, 52 nun ohne Anführungszeichen.
³² S. dazu unten S. 30.
³³ *Wildberger*, BK X/1, 52.
³⁴ *Wildberger*, BK X/1, 52.
³⁵ *Wildberger*, BK X/1, 53 – vgl. dazu schon *Fohrer*, Jesaja 1, 160f. und oben bei Anm. 22.
³⁶ *Wildberger*, BK X/1, 53.
³⁷ *Wildberger*, BK X/1, 50.
³⁸ *Boecker*, Redeformen, 45. – Ähnlich (vorsichtig) *G. Liedke*, *jkḥ* hi. feststellen, was recht ist, in: THAT I (1971), 730–732. 730.
³⁹ So *Boecker*, Redeformen, 46 F.; *Liedke*, THAT I, 730.
⁴⁰ *F. Horst*, Hiob. I. Teilband: Hiob 1–19 (BK XVI/1), Neukirchen-Vluyn 1968 (= ³1974), 86: vgl. auch *Boecker*, Redeformen, 45 ff.
⁴¹ Vgl. *Liedke*, THAT I, 730f.
⁴² Vgl. *Boecker*, Redeformen, 47.
⁴³ Gegen *Boecker*, Redeformen, 47.
⁴⁴ *Lescow*, Tora, 373.
⁴⁵ *Wildberger*, BK X/1, 53.
⁴⁶ S. S. 24f.
⁴⁷ Zusätzlich kann man darauf hinweisen, daß auch die Wendung »das Gut des Landes essen« sonst erst von Jeremia an belegt ist: in Esr 9,12 und mit geringfügiger Erweiterung in Jer 2,7 und Neh 9,36; vgl. auch Dtn 6,11.
⁴⁸ S. oben S. 28f.

»Ich will meinen Geist ausgießen auf deine Kinder«

Jes 44,1–5: Zu Auslegung und Predigt

Mit dem folgenden Beitrag möchte der Alttestamentler den Praktischen Theologen Kurt Frör dadurch ehren, daß er ein Ergebnis seiner Forschung im eigenen Fachgebiet mit dem Arbeitsgebiet des zu Ehrenden verbindet. So behandelt dieser Aufsatz einen alttestamentlichen Text – Jes 44,1–5 –, der zu den für Predigten vorgesehenen Perikopen gehört, in der Weise, daß im ersten Teil der Text neu ausgelegt und im zweiten Teil das neue Verständnis des Textes für eine Predigt fruchtbar gemacht wird. Was als Beitrag für eine Festschrift gedacht war, steht nun da als ein Zeichen bleibender Verehrung für den Verstorbenen und Verbundenheit mit ihm.

1. Auslegung

Wir vergegenwärtigen uns zunächst den Text:

1 Aber nun: höre, Jakob, mein Knecht,
   und Israel, den ich erwählt habe.
2 So spricht Jahwe, dein Schöpfer,
   dein Bildner von Mutterleib her, der dir hilft:
   fürchte dich nicht, mein Knecht Jakob,
   und Jeschurun[1], den ich erwählt habe.
3 Denn ich will Wasser gießen auf das Durstige
   und Rieselfluten auf das Trockene:
   Ich will meinen Geist gießen auf deine Kinder
   und meinen Segen auf deine Sprößlinge.
4 Sie werden sprossen ›wie‹ zwischen ›Wassern‹[2] Schilf,
   wie Pappeln an Wassergräben.
5 Der wird sagen: »Ich gehöre Jahwe«,
   und jener wird ›sich‹[3] mit dem Namen Jakob nennen;
   und dieser wird ›auf‹[4] seine Hand schreiben: »(Gehört) Jahwe«,
   und ›jener‹[5] wird ›sich‹[6] mit dem Namen Israel benennen.

Dieser Text ist nach der alten »Ordnung der Predigttexte« wegen der Ankündigung Jahwes: »Ich will meinen Geist gießen auf deine Kinder« (V.3) dem Pfingstfest, genauer dem zweiten Pfingsttag zugeordnet. In der VI. (= 3. Epistel-)Reihe umfaßt die Perikope die Verse 1–8. Daß mit V. 1 – »Aber nun: höre, Jakob, mein Knecht ...« ein Neueinsatz gegeben ist, liegt auf der Hand. Und in V. 9 beginnt wenigstens inhaltlich eine neue Einheit. Allerdings ist die Perikope 44,1–8 in sich nicht einheitlich. Wie in V. 2 wird auch in V. 6 mit der Botenformel »so spricht Jahwe« ein Jahwewort eingeleitet. Daß in V. 6–8 in der Tat nicht eine Fortsetzung zu V. 1–5 vorliegt, zeigen jeweils Inhalt und Gattung: V. 2b–5 enthält ein Heilsorakel, in V. 6–8 finden sich Formelemente einer Streitrede. So ist das Stück V. 6–8 eine Einheit für sich. Die Perikope, die mit V. 1 beginnt, reicht also bis V. 5. Sie ist in der neuen Perikopenordnung von 1978 mit V. 1–5 richtig abgegrenzt.

Allerdings gehört auch der V. 1 nicht zu dem ursprünglichen Heilsorakel. Er erweist sich dadurch als sekundär, daß hier bereits Jahwe in der 1. Person spricht, obwohl die Jahwerede erst in V. 2 mit der Botenformel eingeleitet wird. Das $w^{e^c}\bar{a}tt\bar{a}$ »und/aber nun« am Beginn von V. 1 kennzeichnet den ganzen V. 1 als Überleitung, die – sekundär – das Heilsorakel von V. 2–5 dem vorangehenden Spruch in 43,22–28, einer »Gerichtsrede«, anschließt[7].

Die Einleitung des Heilsorakels in V. 2a stellt in der dreifachen hymnischen Prädikation Jahwes »dein Schöpfer und dein Bildner von Mutterleib an, der dir hilft« die Fähigkeit Jahwes heraus, seinem Volk helfend zur Seite zu stehen. Solche Hilfe kündet das Heilsorakel V. 2b–5 an.

Als Heilsorakel ist das Wort ausgewiesen durch seine Einleitung: »Fürchte dich nicht«; vgl. dazu bei Deuterojesaja 41,10; 41,14; 43,1; 43,5; 54,4 sowie 41,13b[8]. Das Heilsorakel ist mit den Anreden »Jakob« und »Jeschurun« an die judäische Exulantenschaft in Babylon als Gesamtheit gerichtet; die Appositionen »mein Knecht« und »den ich erwählt habe« unterstreichen die enge Beziehung, in der nach dem Propheten Deuterojesaja Israel auch im Exil zu Jahwe steht.

Das Heilsorakel selbst gliedert sich in eine doppelte Ankündigung von Jahwes bevorstehendem Handeln in V. 3a und 3b sowie die Ankündigung der Folge solchen göttlichen Handelns in V. 4 und 5. Jahwe will Wasser auf das »Durstige«, »Trockene« (V. 3a), seinen Geist und seinen Segen auf die Nachkommenschaft ausgießen (V. 3b); diese wird als Folge davon »sprossen« »wie Pappeln an Wassergräben« (V. 4). Nach V. 5 werden nicht näher bezeichnete Personen sich zu Jahwe bekennen und zu Israel halten.

Üblicherweise versteht man das Heilsorakel dahingehend, daß durch das göttliche Eingreifen Israel, derzeit in der verzweifelten Situation des Exils, wieder Wachstum als Vermehrung erfahren wird; zu dieser wird auch der Zuzug von Proselyten beitragen, auf die sich die Ankündigung von V. 5 – dessen Ursprünglichkeit im übrigen umstritten ist – beziehe.

Zur Überprüfung – und Korrektur – dieser Auffassung setzen wir zweckmäßigerweise bei der zweiten Ankündigung von Jahwes Handeln ein, bei V. 3b: »Ich will meinen Geist gießen auf deinen Samen und meinen Segen auf deine Sprößlinge.« Es fällt auf, daß hier das göttliche Heilshandeln nicht der Gola, der Verbanntenschaft angekündigt wird, die auch in V. 2b mit »mein Knecht Jakob« insgesamt angeredet ist, sondern deren »Samen«, Nachkommenschaft, deren »Sprößlingen«. Das ist nicht nur eine leichte Akzentverschiebung[9], daß in dem »Samen« auch »die gegenwärtige Generation der Eltern ... mitgedacht« wäre[10], sondern eine offenbar beabsichtigte Beschränkung: Das Heilsorakel ergeht an die Gola als Ganze, es bezieht sich aber inhaltlich nur auf die »Nachkommenschaft«. Daß hier mit *zäräʿ* »Nachkommenschaft« an spätere Generationen oder an eine spätere Generation gedacht sei[11], ist durchaus unwahrscheinlich; eine Ankündigung für eine fernere Zukunft wäre für die Exilierten in ihrer gegenwärtigen Situation wenig tröstlich. So ist hier mit *zäräʿ* die unmittelbare Nachkommenschaft der älteren Generation gemeint, d. h. deren »Kinder«, jedenfalls die jüngere Generation, die Jugend.

Jahwe will auf die jüngere Generation seinen »Geist« und seinen »Segen« ausgießen. Was bedeutet das? Nur hier im Alten Testament stehen *rûaḥ* »Geist« und *bᵉrakā* »Segen« im parallelismus membrorum nebeneinander. Bei der Deutung der göttlichen Verheißung in V. 3b geht man im allgemeinen von dem zweiten Begriff aus und nimmt an, daß dieser hier »in seinem ursprünglichen Sinn als Lebenskraft bzw. Kraft der Fruchtbarkeit« stehe[12]. In Parallele dazu sei dann auch *rûaḥ* »die Gotteskraft, die das physische Leben schafft«[13]. Nun kann *rûaḥ* in Jes 32,15; Ps 104,30 und Ez 37 diese Bedeutung haben. Aber das sind Ausnahmen. In erster Linie ist die *rûaḥ jhwh*, der »Geist Jahwes«, eine Kraft, die Menschen zu bestimmtem Handeln in Bewegung setzt[14]. Es genügt, auf Ri 6,34; 11,29; 1 Sam 11,6 zu verweisen. Für unseren Zusammenhang ist besonders Ez 36,27 aufschlußreich: »Meinen Geist gebe ich in euer Inneres und mache, daß ihr in meinen Satzungen wandelt und meine Rechte beobachtet und sie tut.« Jahwes Geist bewirkt in den mit ihm Begabten, daß sie – von nun an – die göttlichen Gebote befolgen. Hier ist der Geist Jahwes deutlich »eine Kraft, die zu Neuem tüchtig macht«[15]. Von vorneherein liegt es näher, diesen verbreiteten Gebrauch des Begriffes »Geist (Jahwes)« auch für Jes 44,3b anzunehmen. Daß der Begriff in V. 3b tatsächlich in diesem Sinne steht, wird dadurch bestätigt, daß Jahwes Geist – wie V. 5 zeigen wird – Menschen zu einem neuen Handeln in Bewegung setzt[16]. $rû^ah\ jhwh$ ist also nicht nach $b^erakā$ »Segen« zu verstehen. Umgekehrt wird man aber auch »Segen« nicht von »Geist« her deuten müssen. Vielmehr ist »Segen« hier durchaus als »Lebenskraft« gemeint, allerdings mit der Einschränkung, daß – wie V. 4 zeigen wird – nicht an zahlenmäßige Vermehrung (sei es des Volkes, sei es der »Nachkommenschaft«) gedacht ist.

Bevor wir die in V. 4 und 5 angekündigte Folge des in V. 3b verheißenen Eingreifens Jahwes behandeln, wenden wir uns noch dem ersten Teil der Verheißung von V. 3 zu. Der Ankündigung von V. 3b geht in V. 3a die Verheißung voran: »(Denn) ich will Wasser gießen auf das Durstige und Rieselfluten auf das Trockene.« Dieses Ausgießen von Wasser auf das Trockene verstehen einzelne Ausleger – real – als Hilfsmaßnahme für die von Deuterojesaja angekündigte Wanderung der heimkehrenden Israeliten durch die Wüste[17]. Damit ist aber übersehen, daß es sich in V. 3a um Bildrede handelt. Wo man dies erkennt, deutet man die Ankündigung auf den Zustand des exilierten Volkes und seine Behebung durch Jahwe: Mit dem »Durstigen«, »Trockenen« sei die Verzweiflung der Israeliten über ihre Lage im Exil gemeint[18]; diese werde durch das angekündigte Eingreifen Jahwes beseitigt. Nach dieser Erklärung würde das Heilsorakel *zwei* Heilsverheißungen enthalten: eine für das (in V. 2b angeredete) exilierte Volk insgesamt in V. 3a – diese wäre nur in einem Bild ausgedrückt – und eine zweite für die jüngere Generation in V. 3b – diese würde nicht im Bild, sondern »im Klartext« reden. Aber gerade diese Doppelung der Verheißung und ihre Verteilung auf zwei verschieden umrissene Menschengruppen erregen Bedenken. Wichtig ist es zu sehen, daß die beiden Ankündigungen in V. 3a und 3b einander parallel laufen und daß die zweite – auf der realen Ebene – durch die erste, die »typisierend«, d.h. das Typische herausstellend spricht, verdeutlicht wird. Das Ausgießen von Geist und Segen auf die Jugend wirkt ebenso – sagen wir hier einmal allgemein – förderlich wie das Ausgießen von Wasser auf trockenes, »durstiges« Land. Diese Parallelstellung von V. 3a und 3b hat bereits ein Nachtrag in der ersten Jesajarolle von Qumran ausgedrückt, der vor V. 3b *kn (ken)* »so« einfügt, und ähnlich die syrische Übersetzung, in dem sie den ersten Satz (V. 3a) mit »wie« einleitet. Das Targum Jonathan schließlich kombiniert beide Möglichkeiten: »Denn wie Wasser gegeben wird auf durstiges Land und fließt über das Trockene, so lege ich meinen Geist auf ...«[19]. Für solche in Jes 44,3 vorliegende Verbindung von »typisierender« Bildrede und durch diese in ihrer Intention verdeutlichter Aussage kann Am 3,8 als Beispiel dienen:

Ein Löwe brüllt – wer wird sich nicht fürchten?
(Der Allherr) Jahwe spricht – wer wird nicht weissagen?

Daß der Prophet ein an ihn ergangenes Jahwewort mit Sicherheit, d. h. »zwangsläufig« den Adressaten weitersagt, verdeutlicht der Prophet Amos im Bild daran, daß ein Mensch beim Brüllen eines Löwen ebenso »zwangsläufig« in Furcht gerät. Genauso verfährt Deuterojesaja in Jes 44,3, wenn er hier der Ankündigung der Ausgießung des Geistes auf die Jugend der Gola das »typisierende« Bild vom Ausgießen von Wasser auf trockenes Land voranstellt.

Gießt man Wasser auf trockenen Boden, so wird dieser befeuchtet und damit fruchtbar. Das ist das Bild. Was aber bewirkt die Ausgießung von Geist und Segen bei den »Kindern« der Israeliten im Exil? Als Folge des göttlichen Eingreifens gibt zunächst V. 4 an:

Sie werden sprossen wie zwischen Wassern Schilf,
wie Pappeln an Wassergräben.

Sie – die nach V. 3 mit dem Geist Jahwes begabten »Kinder« – werden »sprossen«, so wie Schilf und Pappeln an günstigen Plätzen, dort wo reichliches Wasser sie nährt, sprossen. Die Nachkommen werden also in einem doppelten Bild mit Pflanzen verglichen, die besonders gute Wachstumsmöglichkeiten haben. Wie ist dieses Bild gemeint, wie ist seine Aussage zu verstehen? Nach der üblichen Auffassung wird in V. 4b »in dem häufigen Bild vom Gedeihen von Bäumen an Wasserbächen ... das Wachsen, das natürliche Vermehren und Gedeihen der Nachkommen der Exilsgeneration verheißen«[20]. Solche Auslegung wird allerdings durch die sonstige Verwendung dieses Bildes im Alten Testament an entscheidender Stelle eingeschränkt. Mit Bäumen, die an Wassergräben gepflanzt sind, werden verglichen derjenige, der »Lust hat an der Weisung Jahwes und über seine Weisung nachdenkt Tag und Nacht« (Ps 1,2f.), und »der Mann, der auf Jahwe vertraut und dessen Zuversicht Jahwe ist« (Jer 17,7). Für das richtige Verständnis von Jes 44,4 ist die Fortsetzung des Wortes in Jer 17,8 besonders aufschlußreich:

Er wird sein wie der Baum, der am Wasser gepflanzt ist,
der nach dem Bach seine Wurzeln ausstreckt.
Er hat nichts zu fürchten, wenn die Hitze kommt,
seine Blätter bleiben grün;
auch im Jahr der Dürre bangt ihm nicht,
er hört nicht auf, Früchte zu bringen.

Hier wird das Bild von dem Baum am Wasser weiter ausgeführt durch Angaben über die Vorteile, die für diesen Baum sein besonderer Standort hat. Das Wasser verhilft ihm dazu, daß er auch in Zeiten großer Dürre seine Blätter und Früchte hat. Der Baum, der am Wasser steht, hat also besondere Lebenskraft. Dieselbe Auffassung begegnet auch in Ijob 29. Hier hat Ijob aufgrund dessen, daß Gott ihn schützte (V. 2–6), daß er in seiner Stadt eine hochgeachtete Stellung einnahm (V. 7–10.21–25.11) und daß er selbst stets ṣädäq »Rechttun« geübt hat (V. 12–17), gemeint, mit langem Leben (V. 18), voller Lebenskraft (V. 19) sowie mit ständiger Erneuerung seines Ansehens (V. 20) rechnen zu können; dabei umschreibt er »volle Lebenskraft« mit der typisierenden Formulierung:

Meine Wurzel ist zum Wasser hin offen,
und der Tau hängt nachts in meinem Zweig.

Sowohl in der erweiterten Beschreibung des Baumes in Jer 17,7f. als auch im Kontext von Ijob 29,19 bezieht sich die mit dem Bild vom Baum am Wasser umschriebene »Lebenskraft« auf die jeweils genannte Person und ihr Ergehen. An keiner der beiden Stellen findet sich ein Hinweis darauf, daß auch die Vermehrung dieser Personen in zahlreicher Nachkommenschaft im Blick wäre. Wie hier (und in Ps 1,2f.) läßt auch in der Ankündigung in Jes 44,4 das Bild von dem Baum, der am Wasser steht, nicht an die zahlenmäßige Vermehrung der Nachkommenschaft und das heißt der Jugend denken, sondern allein an Lebenskraft, die der Jugend selbst zuteil wird.

Das textlich nicht ganz sicher zu ermittelnde parallele Bild von dem »Schilf zwischen Wassern« in V. 4a ist inhaltlich in derselben Weise bestimmt wie das von V. 4b.

So wenig wie die Bilder von den an Wassern wachsenden Pflanzen zielt auch die Ankündigung in V. 4, die »Kinder« werden »sprossen ($w^e\ṣam^eḥû$)«, für alttestamentliches Verständnis auf Wachstum =

Vermehrung. Das Verbum ṣamăḥ, in erster Linie von Pflanzen ausgesagt (Gen 2,5; 41,6.23; Ex 10,5; Ez 17,8; Koh 2,6; Sir 14,8), hat es vielmehr stets mit dem Hervorkommen, Aufsprießen zu tun. Bei Deuterojesaja »sprießt auf« »das Neue« (Jes 42,9; 43,19), »Gerechtigkeit« (45,8); »die Erde möge gebären und sprossen lassen« (Hiph'il; 55,10). Dementsprechend kündigt also V. 4 mit »sie werden sprossen« nicht ein »natürliches Vermehren«, sondern lediglich das »Gedeihen«[21] der jüngeren Generation – nicht aller Verbannten! – an.

Wie wir gesehen haben, kommt nach Jer 17,7f.; Ps 1,2f; Ijob 29,19 solches Gedeihen Personen zu, die auf Jahwe vertrauen, die nach seiner Weisung fragen, die Recht tun. Auch in unserem Text, in Jes 44,4–5, werden Gedeihen und Zugehörigkeit zu Jahwe verbunden – formal hier in der Weise, daß beide Gegenstand der göttlichen Verheißung sind. Zur Ankündigung des Gedeihens, der Lebenskraft in V. 4 tritt die Ankündigung der Zugehörigkeit zu Jahwe in V. 5. Nicht näher bezeichneten Personen wird hier zugeschrieben, daß sie sich als Jahwes Eigentum bezeichnen und sich mit dem Ehrennamen Jakob/Israel benennen werden. Von der Annahme aus, daß dies für geborene Israeliten nicht zutreffen könne, sieht man zumeist[22] in den in V. 5 anvisierten Personen Proselyten, die ihrerseits die Zahl der Israeliten – in »geistliche(r) Bruderschaft«[23] – vermehren werden; dabei ist strittig, ob dieser Vers auf Deuterojesaja selbst zurückgeht[24] oder später nachgetragen worden ist[25]. Allerdings weist in V. 5 nichts darauf hin, daß hier jetzt eine andere Personengruppe im Blick sei als im vorangegangenen Text. Ob Deuterojesaja oder ein Ergänzer: Der Verfasser des V. 5 hat – geht man von der üblichen Auslegung aus – ungeschickt gearbeitet. Das Problem löst sich, wenn man sieht, daß sich die in V. 5 gemachten Aussagen auf die »Kinder«, »Sprößlinge« beziehen, von denen allein in V. 3–4 gesprochen war[26]. Von diesen wird der eine sagen: »Ich gehöre Jahwe!«, ein anderer nennt sich mit dem Namen Jakob; ein Dritter bekennt seine Zugehörigkeit zu Jahwe durch eine Aufschrift auf seine Hand und (wohl) ein Vierter benennt sich mit dem Ehrennamen »Israel«. Die Verheißung sagt: Sie *werden* das tun; daraus ergibt sich: Sie haben es bisher nicht getan. Die vorausgesetzte Situation ist verständlich. Wir wissen, daß die Israeliten, die im Jahr 722/21 v. Chr. von den Assyrern aus dem Nordreich Israel deportiert worden sind, mit dieser Wegführung aus der Geschichte verschwunden sind. Sie sind untergegangen: als Volk und als Glaubensgemeinschaft, als Jahwegemeinde. Vielleicht noch nicht die

Deportierten selbst, aber doch ihre Nachkommen (ihr »Same«) – und dabei sicher nicht erst spätere Generationen, sondern schon die nächste oder übernächste – haben sich den Gegebenheiten des Landes angepaßt, in das sie verschleppt worden sind; sie haben sich vor allem auch religiös, in ihrem Glauben angepaßt. Und wer will bestreiten, daß diese Gefahr auch für die Deportierten in Babylonien bestanden hat, ja akut geworden ist? Die hier gegebene Auslegung von Jes 44,1–5 belegt diesen Vorgang. Die Nachkommenschaft der Exulanten, also die zur Zeit des Deuterojesaja lebende jüngere Generation, die »Kinder« oder doch jedenfalls die »Jugend«, hat sich – mindestens teilweise – nicht mehr an Jahwe gehalten. Und sich von Jahwe entfernen bedeutet, sich von »Israel« als seinem Volk entfernen. *Das ist* – zusammen mit dem Fehlen von Lebenskraft – die Situation, die V.3a mit »das Durstige«, »das Trockene« umschreibt. Der Geist Jahwes aber bewirkt, daß sich eben diese Generation, der »Same«, an Jahwe halten, sich – zu neuem Tun befähigt – *wieder* an Jahwe halten und damit auch wieder zu Israel rechnen wird.

Wir verdeutlichen uns noch einmal den Aufbau von V. 3–5 und greifen dazu zurück auf Jer 17,7f. Derjenige, der sich auf Jahwe verläßt, wird dort als »gesegnet« bezeichnet. Solcher »Segensspruch« ist als Zusage gemeint[27]; daß der Mann, von dem dieser Spruch redet, »wie der Baum, der am Wasser gepflanzt ist, sein wird«, ist offenbar der Inhalt des Segens. Wenn nun in Jes 44,3b.4 die Jugend als Folge des Segens, den Jahwe auf sie ausgießen will, »wie Pappeln an Wassergräben«, d.h. voll Lebenskraft sein soll, dann sind hier in diesem Heilsorakel die beiden Punkte Segen und Lebenskraft einander zugeordnet wie in Jer 17,7f. Es verbleiben dann die Verheißung des Geistes Jahwes in V.3bα und die Hinwendung der Nachkommen zu Jahwe in V.5. Diese gehören ihrerseits – wie in Ez 36,27 – als göttliche Gabe und deren Folge – das »neue Tun« der Jugend – zusammen.

Und weiter: Auch hier in Jes 44,3–5 sind – wie in Jer 17,7f. – menschliches Tun (Hinwendung zu Jahwe wie das Vertrauen auf Jahwe) und aus dem göttlichen Segen resultierende Lebenskraft miteinander verbunden; nun aber nicht so, daß die Lebenskraft als Wirkung des Segens dem Handeln des Menschen folgt, sondern so, daß sie diesem gewissermaßen parallel geht. Der in das Bild der Dürre und Trockenheit gefaßte doppelte Mangel an Lebenskraft und an Jahwetreue wird durch göttliches Eingreifen auf einmal behoben, indem Jahwe sowohl seinen Segen – zur Erneuerung der Lebenskraft – als auch seinen Geist – zur Befähigung zu neuem Tun – auf die Jungen ausgießt. Der Text ordnet göttliche Gaben und deren Folgen chiastisch an:

V. 3b   Geist   – Segen
V. 4–5   Lebenskraft   – neues Tun.

Durch die Stellung am Anfang und am Ende des Chiasmus sind die Ausgießung des Geistes und das durch diesen bewirkte neue Tun der Jungen besonders herausgestellt; hierauf liegt das Hauptgewicht der Verheißung.

Damit können wir den Inhalt des Heilsorakels in Jes 44,2–5 folgendermaßen zusammenfassen: Deuterojesaja verheißt in diesem Jahwewort den Exulanten nicht ein neues Wachstum, eine neue Vermehrung Israels, sondern dies, daß die jüngere Generation, die bereits den Glauben der Väter verlassen hat oder zu verlassen im Begriffe steht, durch die Wirkung von Jahwes Geist zu Jahwe und damit zu seinem Volk, Israel, zurückkehrt und durch seinen Segen wieder Lebenskraft gewinnt.

2. Zu einer Predigt

Wie können, wie sollen wir über diesen Text Jes 44,1–5 predigen? Die Perikope ist dem Pfingstfest zugeordnet. Im Blick auf die in ihr verheißene Ausgießung des Geistes Gottes ist die Zuordnung verständlich. Wer sich allerdings bei der Auswertung des Textes für die Predigt auf das Stichwort »Geistausgießung« beschränkt und mit seiner Hilfe – vorschnell – den Bezug zu dem Fest, an dem die Predigt gehalten werden soll, herstellt, verzichtet damit auf die eigene Aussage des Textes und die Möglichkeit, sie der christlichen Gemeinde heute zu aktualisieren. Diese eigene Aussage, dieses Proprium des Textes macht diesen auch für andere Sonntage verwendbar.

In dem hier ermittelten Verständnis bietet der Text keinen Anhalt für das Thema »Natur«, sei es im Blick auf das natürliche Wachstum (des Volkes, der Gemeinde), sei es hinsichtlich der von Menschen »ausgebeuteten Natur«[28]. Die an Jakob/Jeschurun (= Israel) gerichtete Aufforderung des Heilsorakels: »Fürchte dich nicht«, findet sich auch in anderen einschlägigen Texten (Jes 41,10; 41,14; 43,1; 43,5; vgl. 43,13b und 54,4); sie ist nicht »die Mitte des Textes« und auch nicht »die Mitte der Predigt«[29].

Wichtig ist das *Proprium* dieses Textes. Es besteht darin, daß die Ausgießung des Jahwe-Geistes, die das Heilsorakel ankündigt, nicht allen Israeliten, sondern nur ihrer jungen Generation, der Jugend zukommt. Allein die Jugend ist im Blick; bei ihr wird Jahwes Geist bewirken, daß sie, die sich von Gott – und damit von »Israel/Jakob« – abgekehrt hat oder sich abzukehren im Begriffe steht, wieder zu Jahwe und zu seinem Volk zurückwendet. Gott selbst bewirkt das; das bedeutet: Gott schreibt auch eine Jugend, die sich von ihm abwendet, nicht ab, sondern führt sie zu sich, zu Gott, zurück. Dieses Proprium unserer Perikope gilt es zu entfalten, seine Botschaft in die Situation heutiger christlicher Gemeinde zu übersetzen.

Wie kann solches »Übersetzen« geschehen? Die Verheißung, daß Gott seinen Geist »ausgießen« will, ist an Israeliten ergangen, die sich in einer bestimmten Situation befanden: im babylonischen Exil; sie zielt auf die Jugend, die in derselben Lage lebte. Diese Situation der Israeliten ist äußerlich *nicht* die Situation heutiger christlicher Gemeinde – jedenfalls nicht hier bei uns. Allerdings besteht in einer Hinsicht eine gewisse Analogie: Wie die Israeliten im Exil haben wir Christen Veranlassung, uns Sorge um unsere Jugend, oder doch wenigstens um einen Teil davon, zu machen. Auch hier ist die Tendenz nicht zu übersehen, daß viele Jugendliche, die einmal getauft und konfirmiert worden sind, sich von Gott und damit auch von der christlichen Gemeinde abwenden. Das Problem ist dasselbe, die Sorge ist dieselbe – nur: das Heilsorakel, das in die damalige Situation ergangen ist, können wir nicht unmittelbar auf uns Christen heute beziehen. Immerhin: damit, daß Gott Menschen, junge Menschen, die sich von ihm entfernen, nicht abschreibt, daß er vielmehr gewillt und fähig ist, sie durch seinen Geist zur Umkehr zu bewegen, dürfen auch wir heute rechnen, weil Gott sein Heil über Israel hinaus in Jesus Christus allen Menschen und damit auch uns zugesprochen hat. Daß Gott in dieser Hinsicht tatsächlich wirkt, dafür zeugen Erweckungsbewegungen bis in unser Jahrhundert. Und: gibt es das nicht auch in unserer Zeit, daß junge Menschen den Weg zu Gott finden, zurückfinden? Ist nicht unter der großen Zahl junger Menschen, die sich für das Studium der Theologie interessieren, ein beachtlicher Prozentsatz von solchen, die auf der Suche nach dem Sinn unseres Lebens sich Gott zuwenden und durch das Studium zunächst für sich selbst Klarheit und eine feste Glaubensbasis gewinnen wollen? Und sind nicht unter den Zehntausenden junger Menschen viele gewesen, die über das Wort, das auf dem Kirchentag in Nürnberg an sie erging, wieder Zugang zu Gott gefunden haben?

Für die *Predigt* kann sich ein Aufbau in drei Teilen empfehlen. Der erste Teil entfaltet der Gemeinde das Problem: Junge Menschen, junge Christen wenden sich von Gott und von seiner Gemeinde ab. Beispiele – Hinwendung zu Jugendsekten, zu antichristlichen Ideologien – zeigen dies auf – und machen auch die Gründe für dieses Verhalten deutlich. – Der zweite Teil nimmt den Predigttext auf. Über eine kurze Einführung zu dem Propheten, den wir »Deuterojesaja« nennen, und seine Botschaft, kommen wir zu dem Inhalt und der Intention unserer Perikope. Gott will den Israeliten im Exil Heil schaffen. Ihre Sorge um junge Menschen aus ihrer Mitte, die sich dem Land des Exils, den Lebensgewohnheiten, ja auch dem Glauben seiner Bewohner anpassen, beantwortet er mit der Heilsankündigung, daß er selbst diese Jungen durch seinen Geist zu sich und zu seinem Volk zurückführen wird. – Der dritte Teil verbindet diese Zusage mit unserer Sorge. Wir haben erfahren: Gott schreibt auch einen jungen Menschen, der ihm »weggelaufen« ist, nicht ab. Er kann, er will ihn zu sich zurückführen. Wir können ihn nicht veranlassen, es zu tun. Aber im Vertrauen darauf, daß diese Möglichkeit auch heute besteht und für den Bereich der christlichen Gemeinde gilt, können wir unsere Sorge mit unserer Fürbitte vor Gott bringen – nun nicht nur allgemein für die Jugend, sondern vor allem auch speziell für solche Jungen und Mädchen, die – etwa als unser Patenkind – uns besonders anvertraut sind.

Anmerkungen

1 Ehrenname für Israel; vgl. Dtn 32,15; 33,5.26; Sir 37,23.
2 Zu dieser Übersetzung vgl. die ausführliche Anmerkung bei K. Elliger, Deuterojesaja. 1. Teilband: Jes 40,1–45,7 (BK XI/1), Neukirchen-Vluyn 1978, 363f.
3 Lies das Niph'al: *jiqqare'*.
4 Lies *b^{e}jadô* statt »seine Hand«.
5 Nach dem sonstigen Aufbau dieses Verses ist wohl auch in V. 5bβ *zā* zu ergänzen.
6 Lies (nicht Pu'al *j^{e}kunnā*, sondern) Niph'al *jikkanā*.
7 Vgl. Elliger, 387f. sowie 292 (zu Jes 43,1).
8 J. Begrich, Das priesterliche Heilsorakel, ZAW 52, 1934, 81–92, 83 = ders., Gesammelte Studien zum Alten Testament, München 1964, 217–231, 219; C. Westermann, Sprache und Struktur der Prophetie Deuterojesajas, in: ders., Forschung am Alten Testament, München 1964, 92–170, 117ff.

9 Vgl. Elliger, 389.
10 So Elliger, 389.
11 So z. B. C. Westermann, Das Buch Jesaja. Kap. 40–66 (ATD 19), Göttingen 1966, 111f.
12 Westermann, 111; vgl. G. Wehmeier, Der Segen im Alten Testament. Eine semasiologische Untersuchung der Wurzel brk (Theologische Dissertationen, hg. v. B. Reicke, VI), Basel 1970, 219; Elliger, 389, aber auch schon P. Volz, Jesaja II (KAT IX/2), Leipzig 1932, 47ff, u. a.
13 Volz, 48; das Zitat aufgenommen bei Westermann, 111 und Wehmeier, 76; dieselbe Auffassung auch z. B. bei Chr. R. North, The Second Isaiah, Oxford 1964, 133; Elliger, 390, mit der Mehrzahl der Ausleger.
14 Vgl. zuletzt etwa R. Albertz/C. Westermann, Art. »rûªḥ Geist«, THAT II, München 1976, 726–753, 743ff.
15 W. Zimmerli, Ezechiel (BK XIII/2), Neukirchen-Vluyn 1969/1979², 879.
16 Siehe dazu unten 129.
17 So z. B. E. König, Das Buch Jesaja, Gütersloh 1926, 380, Anm. 8; W. Eichrodt, Theologie des Alten Testaments II/III, Göttingen 1964⁵, 106; G. Voigt, [Predigtmeditation zu] Jesaja 44,1–8, in: ders., Der helle Morgenstern, Berlin 1956, 169–173, 169; G. Fohrer, Das Buch Jesaja. 3. Band: Kapitel 40–66 (Zürcher Bibelkommentare), Zürich/Stuttgart 1964, 73 = ders., Die Propheten des Alten Testaments IV: Die Propheten um die Mitte des 6. Jahrhunderts, Gütersloh 1975, 128; K. Koch, [Predigtmeditation zu] Jesaja 44,1–8, GPM 20, 1965/66, 249–254, 251. – Diese Deutung hat ihren Vorläufer in der Wiedergabe von V. 3a durch die Septuaginta.
18 So die große Mehrheit der Ausleger; z. B. Westermann, 111; Elliger, 389.
19 A. Sperber, The Bible in Aramaic III, Leiden 1962, 89; Elliger, 363.
20 Westermann, 111; so die Mehrheit der Ausleger.
21 Beides bei Westermann, 111.
22 An Israeliten (nicht Proselyten) dachten A. B. Ehrlich, Randglossen zur hebräischen Bibel IV, Leipzig 1912, 160; König, 381; C. C. Torrey, The Second Isaiah, New York 1928, 344; R. Smend, [Predigtmeditation zu] Jesaja 44,1–8, GPM 26, 1971/72, 251–255, 253. – A. Schoors, »I am God, your Saviour«, Leiden 1973, 80, findet in Jes 44,5 die Einschränkung des Namens »Israel« auf die Judäer.
23 Elliger, 394.
24 Damit rechnen, oft ohne weitere Reflexion, die meisten Ausleger.
25 So Fohrer, Das Buch Jesaja. 3. Band, 72; ders., Die Propheten IV, 128; Elliger, 393f.; O. Kaiser, Einleitung in das Alte Testament, Gütersloh 1975³, 243.
26 Die in V. 3 genannten Nachkommen der Exulanten sieht bereits N. H. Snaith, Isaiah 40–66. A Study of the Teaching of the Second Isaiah and its Consequences, VTS 14, Leiden 1967, 135–264, 184, als die »Sprecher« von V. 5 an. Vgl. auch L. G. Rignell, A Study of Isaiah Ch. 40–55 (LUÅ N. F. Avd. 1. Bd. 52. Nr. 5), Lund 1956, 41 (nur sind nicht »joy and happiness« Anlaß für das Bekenntnis der »children of Israel«).
27 Vgl. Wehmeier, 105.
28 Vgl. dazu K. Künkel, [Predigtmeditation zu] Jesaja 44,1–8, GPM 32, 1977/78, 239–248, 248.
29 So C. Westermann, [Predigtmeditation zu] Jesaja 44,1–8, in: Calwer Predigthilfen IV, Stuttgart 1965, 164–173, 171.

Sein Leiden und Tod — unser Heil

Eine Auslegung von Jesaja 52,13—53,12

Meiner Mutter zugeeignet

Inhalt

Vorwort .... [9]
Die Aufgabe .... [11]
Der Text und seine Gliederung .... [12]
Die Auslegung .... [15]
»Von wem redet der Prophet solches?« .... [39]
Die Wende im Geschick des Gottesknechts .... [40]
Der Ort von Jes 53 in der alttestamentlichen Theologie ... [42]
Jes 53 und wir .... [45]

Bibliographische Angaben über die hier zitierte Literatur:

J. Begrich, Studien zu Deuterojesaja (Beiträge zur Wissenschaft vom Alten und Neuen Testament [BWANT] IV, 25), Stuttgart 1938
P. A. de Boer, Second-Isaiah's Message (Oudtestamentische Studiën 11), Leiden 1956
C. Brockelmann, Hebräische Syntax, Neukirchen 1956 (= BrSynt)
K. Budde, Das Buch Jesaja Kap. 40—66 (Die Heilige Schrift des Alten Testaments I, Tübingen 1922^4, S. 653—720)
B. Duhm, Das Buch Jesaja (Handkommentar zum Alten Testament III, 1), Göttingen 1914^3
K. Elliger, Deuterojesaja in seinem Verhältnis zu Tritojesaja (BWANT IV, 11), Stuttgart 1933
G. Fohrer, Das Buch Jesaja, 3. Bd. (Zürcher Bibelkommentare), Zürich 1964
W. Gesenius—E. Kautzsch, Hebräische Grammatik, Leipzig 1909^{28} (= GKa)
J. Jeremias, Art. πολλοί (Theologisches Wörterbuch zum Neuen Testament [= ThW] VI, S. 536—545)
O. Kaiser, Der königliche Knecht (Forschungen zur Religion und Literatur des Alten und Neuen Testaments 70), Göttingen 1962^2
L. Koehler—W. Baumgartner, Lexicon in Veteris Testamenti libros, Leiden 1958^2
L. Köhler, Deuterojesaja (Jesaja 40—55) stilkritisch untersucht (Beiheft zur Zeitschrift für die alttestamentliche Wissenschaft 37), Gießen 1923
S. Mowinckel, Der Knecht Jahwäs, Gießen 1921
Ch. R. North, The Suffering Servant in Deutero-Isaiah, Oxford 1956^2
P. Volz, Jesaja II (Kommentar zum Alten Testament IX), Leipzig 1932
H. W. Wolff, Jesaja 53 im Urchristentum, Berlin 1950
W. Zimmerli, Art. παῖς θεοῦ A. B. (ThW V, S. 653—676)

Vorwort

Fürwahr, er trug unsre Krankheit
  und lud auf sich unsre Schmerzen.
Wir aber hielten ihn für den, der geplagt
  und von Gott geschlagen und gemartert wäre.
Aber er ist um unsrer Missetat willen verwundet
  und um unsrer Sünde willen zerschlagen.
Die Strafe liegt auf ihm, auf daß wir Frieden hätten,
  und durch seine Wunden sind wir geheilt.

Die Verse aus dem 53. Kapitel des Jesajabuches sind uns seit unserer Jugend vertraut. Wir haben sie im Konfirmandenunterricht gelernt und in mancher Predigt ausgelegt bekommen. Aber schon wenn wir nach dem Inhalt des ganzen Kapitels gefragt werden — wer kann nähere Auskunft geben? Nun, wir lesen einmal nach. Der Text ist ja wohl zu verstehen. Immerhin: Es ist der deutsche Text — eine Übersetzung, nicht der Text der Ursprache des Alten Testaments, des Hebräischen. Daß der Urtext nicht ohne Schwierigkeiten zu übertragen ist, zeigt uns schon der neu revidierte Text der Lutherbibel, wenn hier zu der Wiedergabe von Jes 52,15 »so wird er viele Heiden besprengen« vermerkt wird: »Nach anderer Überlieferung: in Staunen setzen«, oder zu »(man gab ihm sein Grab ...) bei Übeltätern« (53,9): »Der überlieferte Text hat hier 'bei Reichen'.« Gibt die deutsche Übersetzung Wort und Sinn des hebräischen Textes richtig wieder, und ist sie dazu überhaupt an allen Stellen in der Lage? Die neue Fassung des revidierten Textes hat mit dem Wortlaut »er ist um unserer Missetat willen verwundet« Luthers Übersetzung beibehalten. Der hebräische Text ist hier konkreter; deshalb wird nun zu dem Wort »Missetat« vermerkt: »Abfall, Abtrünnigkeit«. Zur Frage des richtigen Verständnisses des Textes kommen die Sachfragen — bis hin zu der Frage des »Kämmerers aus dem Mohrenland« an Philippus: »Von wem redet der Prophet solches, von sich selber oder von jemand anderem?« (Apostelgeschichte 8,34). So enthält das Kapitel Jes 53 bzw. der Abschnitt 52,13—53,12, der als ganzer hierher gehört, eine Vielzahl von Problemen, um deren Klä-|rung sich, wie die reiche Literatur dazu zeigt, die Ausleger mit beachtlichem Eifer bemüht haben. Hier handelt es sich zum großen Teil um wissenschaftliche Abhandlungen. Soll deshalb aber dem nicht fachlich-theologisch geschulten Christen der Sinn des Textes verborgen bleiben? Die hier gebotene Auslegung versucht, auch dem des Hebräischen nicht Kundigen verständlich zu machen, worum es im hebräischen Text geht und was er aussagen will. Von der Aussage des einzelnen Wortes und Satzes aus will sie weiter zu dem rechten Verständnis des ganzen Abschnittes führen.

Das Kapitel Jes 53 erfordert um seiner Bedeutung im Alten Testament wie in der christlichen Kirche willen aufmerksame Hörer. Zu solchem aufmerksamen Hinhören will dieses Büchlein Freude machen und Hilfe geben.

Erlangen, am 10. November 1966   Ernst Kutsch

Die Aufgabe

Auch wenn man die hohe Bedeutung der meisten der im Kanon des Alten Testaments gesammelten Schriften nicht nur für das Neue Testament, sondern überhaupt für die christliche Kirche kennt und anerkennt, so ist doch nicht zu übersehen, daß einzelne Kapitel durch das Gewicht und die Besonderheit ihrer theologischen Aussage aus dem Ganzen des Alten Testaments herausragen. Zu diesen gehört das Kap. 53 des Jesajabuches, genauer gesagt: das Stück Jes 52,13—53,12. Der Abschnitt enthält das letzte der sogenannten Gottesknechtslieder, jener Texte innerhalb des »Deuterojesaja«-Buches (Jes 40—55) — Jes 42,1—4; 49,1—6; 50,4—9; 52, 13—53,12; nach manchen Auslegern gehören auch 42,5—7 und 50,10—11 dazu —, die von einem besonderen »Knecht Jahwes«, hebr. ʿäbäd jāhwā, handeln. Die Gottesknechtslieder geben zu einigen Fragen Anlaß, von denen zwei hier besonders genannt seien: Sind diese Lieder von dem Propheten verfaßt, auf den die Masse der Texte in Jes 40—55 zurückgeht und den wir, da wir seinen Namen nicht kennen, »Deuterojesaja« nennen? Oder haben alle — oder evtl. auch nur eines — einen anderen Verfasser? Und: Wer ist mit dem Ebed dieser Lieder gemeint? Eine Einzelperson — und welche? Oder eine Gemeinschaft — etwa Israel? Darüber hinaus stellt uns das letzte dieser Lieder, eben Jes 53, noch vor besondere Probleme. Der Exeget, der sich diesem Kapitel zuwendet, findet eine Fülle von Literatur vor, die sich mit den Gottesknechtsliedern im ganzen und mit Jes 53 im besonderen beschäftigt. Die hier vorgelegte Auslegung bemüht sich um den Inhalt des ganzen Kapitels (gemeint ist dabei stets 52,13—53,12), aber auch um ein richtiges Verständnis der einzelnen Sätze, ja der einzelnen Wörter. Dabei kann nicht immer auf abweichende Auffassungen eingegangen werden. Trotzdem läßt sich diese Einzelarbeit nicht umgehen; denn gerade bei diesem Text besteht in besonderem Maß eine Wechselbeziehung und Wechselwirkung zwischen Einzelauslegung und Gesamtverständnis des Textes. Angesichts mancher Unsicherheiten des Textes bewirkt die unterschiedliche Ausle-gung eines Wortes oder Satzes Unterschiede im Verständnis des ganzen Textes; und umgekehrt wird wiederum die Auffassung des Auslegers über Einzelheiten des Textes wesentlich bestimmt von dem Verständnis, das er sich aus der Analyse des ganzen Abschnittes über diesen erworben hat. — Je ein Abschnitt am Ende ordnet die theologischen Aussagen des Kapitels in den Zusammenhang anderer Aussagen alttestamentlicher Theologie ein und gibt einige hermeneutische Hinweise.

Der Text und seine Gliederung

An den Anfang stellen wir eine Übersetzung des Abschnittes Jes 52,13–53,12. Sie nimmt bereits die in der nachfolgenden Auslegung gewonnenen Erkenntnisse auf. Notwendige Änderungen oder Auslassungen gegenüber dem hebräischen Text sind durch Häkchen ʿ ʾ angezeigt.

52,13 Siehe, mein Knecht wird Erfolg haben,
   wird sich erheben, wird erhaben und sehr hoch sein.
 14 Wie sich (die) Viele(n) über ʿihnʾ entsetzt haben
   – so unmenschlich entstellt war sein Aussehen
   und menschenunähnlich seine Erscheinung –,
 15 so werden ʿsichʾ viele Völker über ihn (vor Staunen) ʿereifernʾ,
   werden Könige ihren Mund schließen.
   Denn was ihnen nicht erzählt wurde, haben sie gesehen,
   und was sie nicht gehört haben, haben sie erfahren.
53,1 Wer hat die Kunde, die uns ward, geglaubt,
   und über wem ward der Arm Jahwes geoffenbart?
  2 Er wuchs vor ʿunsʾ auf wie ein Reis,
   wie ein Sproß aus trockenem Erdreich.
   Keine Gestalt hatte er noch Hoheit, daß wir ihn angesehen hätten,
   keine Erscheinung, daß wir ihn schätzenswert gefunden hätten.
  3 Verachtet war er, von Menschen verlassen,
   ein Mann der Schmerzen und vertraut mit Krankheit,
   wie einer, vor dem man das Angesicht verbirgt,
   verachtet, daß wir ihn nicht schätzten.
  4 Fürwahr: unsere Krankheiten hat er getragen
   und unsere Schmerzen auf sich genommen.
   Wir aber hielten ihn für geplagt,
   für gottgeschlagen und gebeugt.
  5 Er aber war durchbohrt ob unsrer Frevel,
   zerschlagen wegen unserer Verschuldungen.
   Züchtigung zu unsrem Heil lag auf ihm,
   und durch seine Wunden wurde uns Heilung.
  6 Wir alle gingen wie Schafe in die Irre,
   jeder von uns war seinem Wege zugewandt.
   Jahwe aber hat ihn treffen lassen
   unser aller Verschulden.
  7 Er wurde bedrängt, doch beugte er sich
   und tat seinen Mund nicht auf
   wie ein Lamm, das zur Schlachtung geführt wird,
   und wie ein Schaf, das vor seinen Scherern verstummt. ʿ ʾ
  8 Aus Haft und Gericht wurde er abgeführt
   – doch wer von seinen Zeitgenossen denkt darüber nach? –,

> so daß er abgeschnitten ist von dem Land der Lebenden,
> wegen des Frevels ʿseinesʾ Volkes ʿzu Todeʾ ʿgetroffenʾ.
> 9 Bei Frevlern gab man (ihm) sein Grab,
> und bei ʿÜbeltäternʾ seine Grabstätte,
> obwohl er keine Gewalttat verübt,
> kein Trug in seinem Munde war.
> 10 Jahwe aber hatte es gefallen, ihn zu schlagen ʿ ʾ,
> ʿer aber setzteʾ sein Leben als Sühneleistung ein.
> Er wird Nachkommen sehen, wird lange leben,
> und Jahwes Plan – durch ihn kommt er zum Ziel.
> 11 Nach der Mühsal seines Lebens
> wird er ʿLichtʾ sehen, sich sättigen.
> Durch seine Kenntnis (Jahwes) schafft ʿ ʾ mein Knecht den Vielen Recht,
> und ihre Verschuldungen – er nimmt sie auf sich.
> 12 Drum gebe ich ihm Anteil mit den Vielen
> und mit Gewaltigen lasse ich ihn Beute teilen,
> dafür daß er sein Leben dem Tode preisgab
> und zu Frevlern gezählt wurde –
> er aber hat die Sünde der Vielen getragen
> und ist für die Frevler eingetreten.

Entgegen der heutigen, aus dem Beginn des 13. Jahrhunderts stammenden Kapiteleinteilung, aber mit der Parascheneinteilung des masoretischen Textes (MT), die schon durch die beiden aus Qumran stammenden Jesajahandschriften (1QIs[a] und 1QIs[b]) bezeugt wird, ist vom Inhalt her als Umfang der Perikope der Abschnitt 52,13–53,12 zu bestimmen. Nach Form und Inhalt gliedert sich dieser Text folgendermaßen:

1. 52,13–15 enthält eine Jahwerede (vgl. »mein Knecht«), die eine Erhöhung des »Knechtes« ankündigt, dabei aber auch auf den früheren erbärmlichen Zustand dieses Ebed Bezug nimmt.

2. Von 53,1 an spricht eine Mehrzahl von Personen in der 1. Plur. Nach zahlreichen Auslegern umfaßt dieses Stück die v. 1 bis 11a. Es wird allerdings zu beachten sein, daß die 1. Plur. in v. 1 und 4–6 (in v. 2f. ist sie nicht zu erwarten) gehäuft vorkommt, in v. 7ff. dagegen völlig fehlt und auch in v. 8 nicht durch Textänderung herzustellen ist. Diese Gemeinschaft in v. 1–6 redet von dem Leiden einer Gestalt und von der »Heilsbedeutung« dieses Leidens für sie selbst. Die Gestalt wird nicht namentlich genannt oder sonstwie bezeichnet; es kann nur der in 52,13–15 genannte Ebed gemeint sein, woraus sich die Zusammengehörigkeit von 52,13–15 mit 53,1ff. ergibt.

3. 53,7–10aβ befaßt sich mit dem in Geduld übernommenen, nicht von ihm selbst verschuldeten Tod des Ebed. Wie der vorige Abschnitt

schließt auch dieser mit der Feststellung, daß in diesem Geschick Jahwes Willen am Werk war. Da in v. 10a von Jahwe in 3. Person die Rede ist, spricht hier nicht Jahwe selbst; nach MT − | »mein Volk« in v. 8 bβ − wäre es ein einzelner aus seinem, des Redenden, Volk.

4. In v. 10 aγ. b. 11 aα schließt die Ankündigung eines glücklichen Geschickes für den Ebed an, ohne daß dieser hier ausdrücklich genannt wäre. Auch hier spricht noch nicht Jahwe; vgl. »Plan Jahwes« in v. 10 b.

5. Erst in v. 11 aβ (über die Zugehörigkeit von »durch seine Erkenntnis« siehe unten) liegt noch einmal Jahwerede vor. Auf die Feststellung, daß der Knecht Jahwes (»mein Knecht« v. 11 aβ) durch sein Leidensschicksal anderen, den »Vielen«, Rechtfertigung, Heil gebracht hat, folgt nun auch von Jahwe aus eine Ankündigung glücklichen Ergehens des Ebed, das noch einmal durch die kräftige Betonung des »Heils«-Handelns des Ebed in seinem stellvertretenden Leiden bis zum Tod begründet wird.

Die Auslegung

Durch betonendes »siehe« eingeleitet, kündet die Jahwerede an, daß Jahwes »Knecht« »Erfolg haben« wird. Das hier gebrauchte Verbum *śkl* bedeutet in der zumeist vorkommenden Stammform des hiph'il zunächst »verstehen«, »einsehen«, auch absolut »Einsicht haben«; es umschließt aber nicht nur den intellektuellen Akt, sondern bezieht auch das entsprechende Handeln mit ein, so daß es den Sinn »einsichtig, fromm handeln« (Ps 41,2; 101,2), »klug handeln« (Jer 23,5; Ps 36,4; Prov 10,19) und schließlich »erfolgreich handeln«, »Erfolg haben« bekommt. Die konkrete Bedeutung des Verbums in Jes 52,13 ergibt sich aus dem Zusammenhang. Die Parallelaussage zu v. 13 a in v. 13 b verkündet die zukünftige Höherstellung des Ebed, seine Erhöhung. Das Außerordentliche dieses Vorgangs wird dadurch unterstrichen, daß die Erhöhung durch drei Verben ausgedrückt wird (von denen keines zu streichen ist!), wobei das dritte noch durch »sehr« verstärkt ist: er wird erhaben sein, wird sich erheben, wird sehr hoch | sein. Diese Ankündigung erhält in dem zweiten Stück der Jahwerede in 53,12 eine Entsprechung. In 52,13 bezieht sich *jaśkîl* nun nicht auf das geduldige Leiden des Ebed, das für das Lied bereits Vergangenheit ist; die Bedeutung »einsichtig, fromm handeln« (Koehler−Baumgartner, Lexicon) ist kaum im Blick. Vielmehr meint das Verb »Erfolg, Glück haben« − allerdings weniger im Sinn eines siegreichen Kampfes wie in 1 Sam 18,5.14f.; Jer 50,9 (vgl. 20,11), sondern allgemeiner im Sinn von »Glück, Wohlergehen haben«. So ist es im deuteronomistischen Bereich gebraucht (Dtn 29,8; Jos 1,7f.; 1 Kön 2,3; 2 Kön 18,7) mit der besonderen Nuance, daß dieses Wohlergehen die Folge eines frommen, gegen Jahwe gehorsamen Verhaltens ist. Diese Nuance steht auch hier in Jes 52,13 hinter dem Gebrauch des Verbums, wie die Fortsetzung des Textes lehrt.

Diese zukünftige Hoheit steht in krassem Gegensatz zu der — bereits der Vergangenheit angehörenden — erschreckenden Niedrigkeit des Ebed. Dieser Gegensatz spiegelt sich in dem Unterschied zwischen dem Verhalten von Menschen gegenüber dem niedrigen Ebed und der Reaktion von — denselben oder anderen — Menschen gegenüber der hier verkündeten Botschaft von der Erhöhung desselben Mannes. Dem Entsetzen steht ungläubiges Erstaunen entgegen. Formal findet dieser Unterschied seinen Ausdruck in dem Gegenüber von $kă^{\circ a}šär$ »wie« am Anfang von v. 14 und dem ken »so« am Beginn von v. 15. »Seinetwegen« (mit Targum, Peschitta und den meisten Auslegern ist $^{\circ}alâw$ statt $^{\circ}alâka$ zu lesen) haben sich »viele« entsetzt, genauer: sie sind vor Entsetzen starr gewesen $(šam^e mû)$. Die Begründung für dieses Entsetzen gibt v. 14aβ.b $(ken \ldots {^{\circ}}adam)$. Daß hier $me^{\circ}îš$ (wörtlich: »weg von einem Menschen«) — was grammatikalisch durchaus möglich wäre (vgl. GKa § 130a) — in einem Genetivverhältnis zu einem stat. constr. $mišḥăt$ »Verderbnis«, »Entstellung« stünde, ist wenig wahrscheinlich, da für den Parallelausdruck $mibb^enê\, ^{\circ}adam$ in der zweiten Reihe der Periode ein solches Genetiv-Verhältnis auch nicht besteht. Vielmehr muß in $mšḥt$ ein Prädikat stecken, das für beide Reihen der Periode gilt — nach dem Konsonantenbestand ein nominales $mišḥat$ oder | $måšḥat$ (»Verderbnis«, »Entstellung«) oder ein pt. hof῾al $måšḥat$. v. 14aβ.b wäre also wörtlich zu übersetzen: »So (ken, nicht in $kî$ »denn« zu ändern; allenfalls ist der Satz als in Parenthese stehend zu betrachten) Entstellung (oder: verdorben) war sein Aussehen weg von einem Menschen und seine Erscheinung weg von Menschenkindern.« In gutes Deutsch übertragen, meint der Satz also: »So unmenschlich entstellt war sein Aussehen und menschenunähnlich seine Erscheinung.« Näheres über den abschreckenden Zustand des Gottesknechtes erfahren wir in 53,2ff.

So groß das Entsetzen der »Vielen« über die Erscheinung (und damit über das Geschick) des Ebed war (perf.!), so sehr werden »Könige« voll Erstaunen ihren Mund schließen, verstummen (v. 15aβ). Schwierigkeiten bereitet neben dieser Aussage die erste Reihe der Periode (v. 15aα), die wörtlich folgendermaßen zu übersetzen wäre: »So wird er viele Völker besprengen.« (Dabei wäre $hizzā$ allenfalls zu verstehen als »[zur Reinigung] besprengen« > »reinigen«: Der Knecht wird die vielen [von ihrer Schuld] reinigen [so zuletzt Kaiser S. 91]). Aber wäre schon dieser Bedeutungsübergang ganz ungewöhnlich, so erweist sich überhaupt die 3. sg. masc. als höchst fragwürdig. Im parallelismus membrorum zu v. 15aβ wie im Gegensatz zu v. 14aα wäre die 1. plur. zu erwarten und $gôjim\, răbbîm$ als Subjekt, nicht als Objekt zu verstehen. Die Könige schließen ihren Mund vor Staunen nicht über das, was der Ebed nach v. 15aα tun würde, sondern darüber, was ihnen nach v. 15b kundgetan wird. Diese Erwägung liegt offenbar schon der Übersetzung in der LXX zugrunde: θαυμάσονται (»sie werden staunen«); angesichts der sonst einhelligen Bezeugung des $jăzzā̆$ des MT (auch 1QIs[a.b]) wird diese Textform auch schon dem Griechen vorgelegen haben, er hat also wohl (richtig) geraten. Von entsprechenden Verbesserungsversuchen wird heute die von G. F. Moore im Journal of Biblical Literature 1890, S. 216ff. vorgeschlagene Änderung in *jirgᵉzû* von *rgz* »erbeben« (vor Schrecken, Angst, Trauer, Freude), »sich ereifern« (sonst: vor Zorn Jes 28,21; Ps 4,5; Prov 29,9) bevorzugt. Graphisch leichter zu erklären wäre eine Verschreibung aus *jazuḫû (jazûḫû)* »sie werden sich ereifern« (von *zûᵃḫ* »sich ereifern« Sir 8,11). ʿ*alâw* »über ihn« | ist wohl gegen den masoretischen Akzent mit 1QIsᵃ und LXX zu dem Vorhergehenden zu ziehen.

Das Staunen der »vielen Völker« und ihrer Könige wird hervorgerufen durch ein »unerhörtes« Ereignis: Was ihnen niemand erzählt hat, sehen sie (werden sie gesehen haben), und auf das, was sie nicht gehört haben, werden sie ihr Augenmerk richten. Das zweimalige Relativpronomen ʾᵃ*šär* nennt das Akkusativobjekt zu »erzählen« und »hören« (1QIsᵃ hat richtig zweimal ʾ*ät* ʾᵃ*šär!*), nicht das Dativobjekt (»denen nicht[s] erzählt wurde, die werden sehen«, so LXX) bzw. das Subjekt zu dem zweiten Verbum; ʾᵃ*šär* meint nicht »quibus« (bzw. »qui«), sondern »(id,) quod«. Der Grund für das Erstaunen der »vielen Völker« ist nicht noch einmal ausdrücklich genannt. Gemeint sein kann nach dem Zusammenhang nur die »Erhöhung« des »Knechtes«. Diese Erhöhung soll also weltweite Beachtung finden, Beachtung durch »viele Völker«. Diese Größe – *gôjim răbbîm* – ist nicht identisch mit den »Vielen« *răbbîm* in v. 14aα, sondern von diesen ebenso unterschieden wie das Verhalten (erstaunen – sich entsetzen) und das Tempus (Zukunft – Vergangenheit). Zu beachten ist, daß der hebräische Begriff der »Vielen« *(ha)răbbîm* hier wie dann auch im frühen Judentum, besonders auch in Qumran nicht (wie πολλοί gegenüber πάντες im klassischen Griechisch) ausschließenden Sinn hat – viele, aber nicht alle –, sondern einschließenden: »die nicht zu zählenden Vielen, die große Schar, alle« (vgl. J. Jeremias, ThW VI, S. 536ff.). So wie »viele Völker« die gesamte Menschheit meint, so umfaßt der Terminus *răbbîm* die Gesamtheit einer Gemeinschaft. In der sog. »Sektenschrift« von Qumran (1QS) und in der Damaskusschrift bezeichnet *răbbîm* »das Gremium der vollberechtigten Gemeindemitglieder« (Jeremias S. 538). In Jes 53 wird man unter *răbbîm* – im Gegensatz zu der Gesamtheit der Völker – am ehesten »Israel« oder etwa das Israel im Exil, die Exulantenschaft in Babylon verstehen. Wir halten weiter fest, daß die *răbbîm* nur in der Gottesrede genannt werden, und zwar am Anfang des Liedes (v. 14aα) wie am Schluß (v. 11aβ.12aα.bα).

Von 53,1 an redet nicht mehr Jahwe, sondern eine Mehrzahl | von Personen in der 1. plur.: »wir ...«. Diese Rede setzt ein mit dem fragenden Ausruf: »Wer glaubt der Kunde, die uns ward« – wörtlich: »unserer Kunde«? *šᵉmûʿā* ist die Kunde, Nachricht, die man vernimmt, nicht die man weitergibt; Luthers Übersetzung »Predigt« (Weimarer Ausgabe. Deutsche Bibel Bd. 11/I, S. 156f.) ist also unzutreffend. Die »wir« haben eine Kunde vernommen. Die Fortsetzung des Textes läßt erkennen, daß diese Kunde sich auf den Ebed bezogen haben muß. 52,15b hatte angekündigt, daß die Völker und ihre Herrscher staunend vor einem Ereignis stehen werden, das ihnen nicht zuvor kundgemacht, »erzählt« worden ist, etwas, von dem sie nichts gehört haben. Wenn nun aber einer Gruppe von Menschen eine Kunde zugekommen ist, kann diese Gruppe nicht mit jenen Völkern und Königen identisch sein, die ohne vorherige Informierung vor einem staunenerregenden Ereignis stehen werden. Mit anderen Worten: In dem »Wir« können nicht die Könige und Völker sprechen (gegen Kaiser S. 94 u. ö.). Die »Wir« werden dann – eben im Gegensatz zu den Völkern – die Israeliten sein und nach dem oben Gesagten also identisch mit den »Vielen« von v. 14aα (so zahlreiche Ausleger).

Die parallele zweite Reihe in v. 1b läßt etwas von dem Inhalt der »Kunde« erkennen. Durch sie wurde »der Arm Jahwes« geoffenbart. Was die Ausdrucksweise vom »Arm Jahwes« besagt, veranschaulicht uns schön Jes 52,10:

> Es entblößte Jahwe seinen heiligen Arm
> vor den Augen aller Völker,
> und es sahen alle Enden der Erde
> die Hilfe unseres Gottes.

Mit seinem Arm greift Jahwe – ganz anthropomorph gesprochen – in die Ereignisse ein (vgl. auch Ps 98,1 f.); so ist sein Arm das Symbol seines hilfreichen, heilvollen Eingreifens. Jahwe hat also eine bestimmte Heilstat gesetzt, von der die Vielen Kunde erhalten haben. Worum es sich handelt, wird erst in v. 4ff. deutlich. Jedenfalls steht sie in Zusammenhang mit dem Ebed. Zunächst wird die schon in der Jahwerede erwähnte Niedrigkeit des Knechtes breit ausgemalt. |

Die Aussage, daß er wie ein Sproß »aus trockenem Erdreich« aufgewachsen sei, deutet man gern als einen Hinweis auf seine armselige Jugend. Das ist aber nur möglich, wenn wie das Verbum *wăjjăʿăl* »er wuchs auf« in der ersten Reihe der Periode so auch die Angabe »aus trockenem Erdreich« in der zweiten Reihe jeweils logisch auch zur anderen Reihe gehört; denn das Wort *jônek* (»Säugling«, dann auch »Schößling«, kleiner Zweig) allein enthält keine negative Aussage über den Ebed (vgl. Ez 17,22; Hos 14,7; Ps 80,12; Hi 8,16; 14,7). Und wie sonst in *lᵉpanâw* »vor ihm« (oder: »vor sich hin«?) ein solches negatives Moment stecken sollte – wenn es nämlich in Parallele zu »aus trockenem Erdreich« stünde –, ist nicht zu sehen. Man wird wohl mit vielen Auslegern (Ewald usw.) *lᵉpanênû* »vor uns« zu lesen haben.

In seinem Leben war der Ebed – äußerlich gesehen – ein unansehnlicher, geplagter, verachteter Mann. Sein Äußeres hatte nichts Anziehendes – das war die Auffassung der Vielen (». . . daß wir ihn angesehen hätten, . . . daß wir ihn gern gehabt hätten«), und ihr Urteil gipfelt in der Feststellung: »Wir achteten ihn für nichts« (v. 3bβ). Aber mehr noch: der »Knecht« war von Krankheit und Schmerzen geplagt: ein »Schmerzensmann«, »vertraut mit Krankheit« (v. 3aß). Wir heute würden (oder: sollten) mit einem solchen Menschen Mitleid haben, ihm Barmherzigkeit erweisen. Für israelitisches Denken ergab sich als Reaktion auf einen solchen Befund Verachtung (v. 3aα.bβ), vor einem solchen Menschen verbirgt man voll Abscheu sein Gesicht. (Die Präposition k^e »wie« leitet — wie in Jes 63,2 — einen Nominalsatz ein: [er war] wie »man verbirgt [vor Abscheu] sein Gesicht vor ihm« — d.h., er war verabscheuungswürdig.) Der Grund für dieses Verhalten liegt in der Anschauung, daß Krankheit und Schmerzen den Menschen nicht von ungefähr treffen, sondern als von Gott gesandte »Strafe« für Sünde, Verschuldung, Ungehorsam. Wenn ein Mensch mit Krankheit geschlagen ist, dann ist das — für das israelitische Verständnis — ein Beweis dafür, daß der Betroffene gegen Gott gefehlt hat und deshalb gestraft wird (vgl. z.B. Hi 4,7).

Diese Anschauung wird nun durch eine neue Erkenntnis abgelöst. Der Ebed war gezeichnet von Krankheit und Schmerzen. Aber (v. 4a): »Es war *unsere* Krankheit, die er getragen, und *unsere* Schmerzen, die er auf sich genommen hat.« Auch dieser Satz beruht auf der eben dargelegten Voraussetzung, daß das Ergehen (Krankheit) aus dem Verhalten (Sünde gegen Gott) resultiert. Das Erstaunliche ist nur: die Krankheit, die die Vielen an dem Ebed beobachtet haben, erkennen sie als *ihre* Krankheit, als Leiden, das eigentlich sie selbst hätte treffen müssen. Der Knecht hat anstelle der Vielen die Krankheiten erlitten, die jene auf Grund ihres Verhaltens »verdient« hätten. Das wird mit der Wendung »unsere Krankheit« ausgedrückt.

Wodurch wurde dieser Umschwung in der Beurteilung des Leidens des Knechtes bewirkt? Von selbst sind die »Vielen« doch nicht »darauf gekommen«. Offenbar war die Heilsbedeutung dieses Leidens für die Vielen der Inhalt jener Kunde (v. 1a), die so unglaubwürdig war; daß Gott mit diesem Leiden in ihr eigenes Geschick heilvoll eingegriffen hat, das mußte ihnen »geoffenbart« werden (v. 1b).

Diesem neuen Verständnis setzen die Vielen noch einmal ihre frühere Anschauung über den Ebed gegenüber. Danach war dieser »geplagt«, »gottgeschlagen«, »gebeugt«. Wie das erste Wort zu verstehen ist, lehrt seine Verwendung in Ps 73,14. In v. 13 f. heißt es dort:

> Ganz umsonst hielt ich rein mein Herz
> und wusch in Unschuld meine Hände
> und war doch geplagt *(waʾähî nagûaʿ)* den ganzen Tag,
> ʿgezüchtigtʾ jeden Morgen.

Wer ein reines Herz hat, wer nicht zu den »Gottlosen« *(rᵉšaʿîm* v. 12) gehört, darf — wiederum nach israelitischer Anschauung — darauf rechnen, daß es ihm gut geht, daß er von Leiden verschont bleibt. Ist er trotzdem geplagt, dann bedeutet das für ihn eine Anfechtung. Das »Geplagtsein« wäre ihm nicht verwunderlich, hätte er sich wie ein Gottloser verhalten. Den Gottlosen trifft also – nach dem Verständnis des Zusammenhangs von Tun und Ergehen – *nägăʿ* »Plage« zu Recht (in diesem Sinn der zu Recht »strafenden« Plage wird das Subst. *nägăʿ* überall dort gebraucht, wo es im allgemeinen Sinn von »Plage«, »Heimsuchung« steht: Gen 12,17; Ex 11,1; 1 Kön 8,37f. = 2 Chr 6,28f.; Ps 39,11; 89,33; 91,10). Nach Jes 53,4b haben die Vielen den Ebed für *nagûaʿ* »geplagt« gehalten – d.h. nach dem Dargelegten: sie haben in dem Geplagtsein des Ebed eine Strafe für *sein* Verhalten gesehen, das also in Verfehlung, Ungehorsam, Auflehnung gegen Gott bestanden haben muß. Dem entspricht es, daß die »Plage« nicht von Menschen verursacht ist, sondern von der Seite Gottes kommt. Das besagt der Ausdruck *mukkē ʾᵃlohîm*. Kaiser (S. 103) hat vermutet, daß der Prophet hier die Gottesbezeichnung *ʾᵃlohîm* (»Gott«) bewußt anstelle des Gottesnamens »Jahwe« gebraucht; die »Völker« und ihre Könige (vgl. 52,15 aß) – mit denen er die »wir« identifiziert – »konnten ja vor ihrer durch Leid und Verherrlichung des Knechtes erfolgten Bekehrung nicht wissen, daß Jahwe der eigentliche Akteur war«; in v. 6b, wo der Jahwename steht, sei diese Einsicht erlangt. Aber diese Deutung des Wortes *ʾᵃlohîm* (»Gott«) fällt mit dem Verständnis der »wir« – darin sind nicht die Völker und ihre Könige zu sehen, sondern die Israeliten, und diese haben ganz selbstverständlich als »Akteur« Jahwe angesehen und hatten keinen Anlaß, das zu verschlüsseln. Der Genetiv *ʾᵃlohîm* soll nicht die Herkunft des »Schlages« – »von Jahwe« –, sondern dessen Gattung, Art bezeichnen; etwa so, wie es in dem Ausdruck *măkkăt ʾôjeb* Jer 30,14 der Fall ist: Jahwe hat Israel geschlagen mit »Feindesschlag« – mit einem Schlag, wie ihn ein Feind führt. Der Ebed war – nach Auffassung der »Vielen« – von einem Schlag getroffen, wie ihn nur ein Gott führen kann: Krankheiten werden nicht von Menschen bewirkt, sind nicht *nigʿê bᵉnê ʾadam* (der Terminus »Menschenschläge«: 2 Sam 7,14); wer von Krankheit getroffen ist, ist ein *mukkē ʾᵃlohîm*, ein »Gottgeschlagener«. – Vom Zusammenhang her ist auch das dritte passive Partizip in v. 4b – *mᵉʿunnā* – in dieser Richtung zu verstehen: der Ebed galt als von Gott gebeugt, gedemütigt. Auch dieses von Jahwe bewirkte »Beugen« ist als ein Strafhandeln gedacht, nicht etwa als ein »Versuchen« wie in Dtn 8,2 f.16.

Die Vielen sahen in dem von Krankheit und Schmerzen geplagten Knecht den von Gott Gestraften, selbstverständlich: den von Gott wegen seiner eigenen Sünden Gestraften. Aber auch in dieser Hinsicht hat sich für die Vielen eine neue Beurteilung ergeben. Die Krankheit, die Schmerzen, die den Ebed plagten, hätten eigentlich sie treffen müssen (v. 4a); denn: nicht er hat gesündigt, sondern sie selbst! Wurde also der Ebed geplagt – »durchbohrt«, »zerschlagen« (v. 5a) –, so geschah das wegen der Sünden der Vielen: *mippᵉšaʿenû* »wegen unserer Auflehnungen (gegen Gott)«, *meʿᵃwonotênû* »wegen unserer Verschuldungen«.

Aber nicht nur auf die Frage nach dem Grund des Leidens des Ebed haben die Vielen eine neue Antwort gefunden, sondern auch auf die Frage nach dem Zweck. Grund, Anlaß des Leidens war die Verfehlung, die Verfehlung der Vielen. — Zweck, Ziel war Heil — wiederum: das Heil der Vielen. Dabei wurde das Leiden als »Züchtigung« gedeutet. Wie etwa Jer 30,14 zeigt — wo *măkkā* »Schlag« und *mûsar* »Züchtigung« im parallelismus membrorum sich entsprechen —, konnte der »Schlag«, den Jahwe gegen einen einzelnen oder gegen ein Volk führte, als »Züchtigung« verstanden werden. Bei diesem Terminus, der vor allem in der Weisheit beheimatet ist, tritt das erzieherische Element des »Schlags« in den Vordergrund. Der Prophet Jeremia sieht in mancherlei Ereignissen eine »Züchtigung«, die Jahwe dem Volk zuteil werden läßt; als ihr Ziel kann er die »Umkehr« ansprechen (Jer 5,3). Jedenfalls braucht solche Züchtigung nicht zum Untergang zu führen; sie kann auch, nimmt der Geschlagene sie an, zu seinem Heil werden. So sahen die »Vielen« nun auch in dem Leiden des Ebed eine Züchtigung, die dieser stellvertretend für sie ertragen hatte — so daß der Zweck der Züchtigung, den Betroffenen zu Heil, Frieden, Wohlergehen, kurz zu *šalôm* zu führen, ihnen zugute kam. Es war also ein *mûsăr šᵉlômenû* eine »Züchtigung zu unserem Heil«, die der Knecht auf sich genommen hatte; und so kann es zu der geradezu paradoxen Wendung kommen, daß die »Wunden« des Ebed den Vielen »Heilung« gebracht haben (v. 5bβ).

Bis hierher haben die Vielen nur insofern von ihren Sünden | gesprochen, als sie feststellten, daß der Ebed wegen ihrer Sünden gelitten hatte. Nun folgt aber in v. 6a auch ein ausdrückliches Sündenbekenntnis, und zwar in bildhafter Ausdrucksweise:

> Wir alle gingen in die Irre wie Schafe,
> jeder von uns war seinem Weg zugewandt.

Vorausgesetzt ist bei diesem Bild, daß die Schafe keinen Hirten haben (denn sonst würden sie nicht in die Irre gehen). Aber nicht die Hirtenlosigkeit ist das tertium comparationis — etwa so, daß die Hirtenlosigkeit die Gottlosigkeit bzw. den Götzendienst meine (so Kaiser S. 108 im Anschluß an Budde z. St.) —, sondern allein das Einschlagen von Wegen, die in die Irre, also ins Verderben führen; Hirtenlosigkeit ist nicht schuldhaftes Verhalten, wohl aber Gottlosigkeit — im Bild: das Einschlagen des falschen Weges. Daß an diesem Punkt das Bild von den irrenden Schafen verlassen wird, daß das »Irren« nicht als ein »Irrtum« gedacht ist, sondern als Schuld, das bestätigt die Fortsetzung in v. 6b. Die Schuld der Vielen in ihrer Gesamtheit — *kullanû* »wir alle«! — hat nicht diese getroffen, wie auf Grund des Zusammenhangs zwischen Tun und Ergehen zu erwarten gewesen wäre, sondern den Ebed. Genauer: Jahwe hat es bewirkt, daß die Schuld nicht die Schuldigen traf, sondern — an ihrer Stelle — den Knecht.

Mit v. 7 beginnt ein neuer Abschnitt, der bis v. 10 aβ reicht. Ähnlich wie in v. 2 f. steht hier das Schicksal des Ebed im Mittelpunkt; sein Eintreten für die Vielen wird in v. 8bβ mehr am Rande und schließlich in v. 10aβ betont erwähnt. Die erste Periode in v. 7 sagt von dem Ebed:

> Er wurde bedrängt, *wehû' nă'ănā*
> und er tat seinen Mund nicht auf.

Das zuerst genannte Verbum, *nagáś*, bezeichnet in der Grundstammform (qal) »das Eintreiben von Fronabgaben oder Tributen wie das Antreiben zu Frondienst oder einer Arbeit« (Ex 3,7; 5,6; Dtn 15,2; 2 Kön 23,35; Jes 3,12; 9,3 u.ö.; Kaiser S. 109); es ist also im politischen, wirtschaftlichen und sozialen Lebensbereich beheimatet. Daß es darüber hinaus auch einen allgemei-|neren Sinn haben kann, läßt Jes 3,5 erkennen. In der Schilderung einer Juda angekündigten Anarchie heißt es:

> Es wird das Volk sich bedrängen (gegenseitig; niph'al!) –
> einer gegen den anderen und jeder gegen seinen Nächsten.

Die Fortsetzung des Textes: »Losfahren wird der Junge gegen den Alten und der Ehrlose gegen den Gerechten« zeigt, daß hier nicht nur an (gegenseitige?) wirtschaftliche Bedrückung gedacht ist, sondern ganz allgemein an das »Sich-gegenseitig-Not-Zufügen«. Von hier aus braucht man auch in Jes 53,7 nicht an wirtschaftliche Bedrückung des Knechtes (Kaiser: Israels) zu denken, sondern wird das passivisch gebrauchte nif'al von *nagáś* hier allgemein als »bedrängt werden«, »Not erleiden« zu verstehen haben.

Subjekt aller drei in der ersten Periode v. 7 begegnenden Verben ist der Ebed. Dieses Subjekt wird aufgenommen durch das Demonstrativpronomen mit Kopula, *wehû'* (»und/aber er«). Wir beachten, daß dieses *wehû'* nicht vor dem ersten, sondern erst vor dem zweiten Verbum steht. Wenn, nachdem in dem vorhergehenden Vers als Subjekt »wir« und »Jahwe« standen, unterstrichen werden sollte, daß in v. 7 wieder der Gottesknecht Subjekt ist, dann hätte *wehû'* am Anfang des Verses stehen müssen. An der Stelle, an der es sich findet, kann *wehû'* nicht einfach kopulativen, sondern nur adversativen Sinn haben: »er aber ...«. Das nif'al von *'anā* (II) (im qal: »sich beugen«) schildert dann nicht mehr das Leiden des Ebed (»er wurde gebeugt«; vgl. das pu'al in v. 4!), sondern – wie die Fortsetzung – sein Verhalten in diesem Leiden: »Er aber beugte sich (und tat seinen Mund nicht auf).« Es wird also hier hervorgehoben, daß der Ebed in stiller Unterwerfung sein Geschick auf sich genommen hat. Zwei Bilder – wiederum aus dem Hirtenleben – veranschaulichen seine Verhaltensweise: das Schaf, das zur Schlachtung geführt wird, und das Schaf, das beim Geschorenwerden stillhält. Der zweite Vergleich – nur hier im Alten Testament – trifft die Sache besser als der erste, der in Jer 11,19 auch das Moment der Arglosigkeit veranschaulichen kann. Gegen die Satzanordnung in der Biblia Hebraica ed. Kittel | (BHK) und einige Kommentatoren gehört das Wort *nāᵃᵃlamā* — als 3. sing. fem. perf. nifʿal (in pausa) von *ʾalăm* in der Bedeutung »gebunden sein > stumm sein« — zu dem zweiten Vergleich; die fem. Form bezieht sich auf *raḥel* (»Schaf«). — V. 7b — die Worte *wᵉloʾ jiptăḥ pîw* »und er tat seinen Mund nicht auf« — sind vielleicht (so die meisten Ausleger) versehentliche Wiederholung aus v. 7aα.

Mit Krankheit, Schmerzen, »Bedrängnis« war aber das Schicksal des Knechtes noch nicht erfüllt. All sein Leiden mündete in den Tod, und zwar in einen Tod, der nicht als Erlösung, sondern als letzte Station des Leidensweges verstanden ist. Davon handeln v. 8 und 9. Leider ist gerade hier der Text mit besonderen Schwierigkeiten belastet, so daß das Verständnis vor allem von v. 8 bei den Auslegern stark variiert. In v. 8 lassen nicht weniger als vier von fünf Substantiven und Verben verschiedene Übersetzungen zu. Von der Bedeutung der Wörter her könnte man v. 8aα übersetzen: »Aus Druck und Gericht wurde er entrückt« (so Duhm). In der Tat kann *laqăḥ* »nehmen« terminus technicus für die »Entrückung« sein: Gen 5,24 (Henoch); 2 Kön 2,3 (Elia); auch der Psalmist kann von seiner »Entrückung« weg aus der Gewalt der Scheol (Ps 49,16), »ʿin' Herrlichkeit« (Ps 73,24), reden. Aber ein solches rettendes Entrücktwerden kann in Jes 53,8 doch nicht gemeint sein: Wer »abgeschnitten ist vom Land der Lebenden«, ist nicht gerettet, sondern verloren. Nach v. 9a liegt er im Grab; die Vorstellung, daß unabhängig vom Leib die Seele zu Gott hin »entrückt« werde (Duhm), kennt gerade das Alte Testament *nicht*. Aber auch die Übersetzung: »Vor Bedrückung und Gericht ward er hinweggerafft« (Köhler, Dtjes., S. 50) befriedigt nicht, wenn man »hinweggerafft werden« einfach als »sterben« versteht (Koehler, Lex. s.v. *lqḥ*). Von hier aus wird nicht recht verständlich, warum der Ebed wie ein Gottloser begraben wurde (v. 9a). Am ehesten wird man *ʿoṣär* nicht als »Bedrängnis« (so Ps 107,39), sondern als »Haft« zu verstehen haben — das Verbum *ʿaṣär* kann, von der Grundbedeutung »zurückhalten« aus, auch »verhaften« bedeuten (2 Kön 17,4; Jer 33,1; 39,15) — und *mišpaṭ* als den Ort der Gerichtsverhandlung (wie in Dtn 25,1). | *luqqăḥ* »er wurde genommen« meint dann das Abgeführtwerden zur Hinrichtung (wie das pt. pass. qal in Prov 24,11): »Aus Haft und Gericht wurde er (zum Tode) abgeführt« (so schon die Peschitta, dann Budde, Volz, Wolff, North, Kaiser, Fohrer u.a.).

Was bedeutet aber in der parallelen Reihe in v. 8aβ *dôrô*? An »sein (des Ebed) Geschlecht« = »Nachkommenschaft« ist kaum gedacht; die Frage danach, was aus den Nachkommen des Ebed werden wird (Volz), hat hier im Zusammenhang keinen Platz. In *ʾät dôrô* ein (vorangestelltes) Objekt zu sehen — wobei *dôr* im Sinn von »Geschick« zu verstehen wäre (vgl. nach anderen Kaiser S. 112), hat die Schwierigkeit, daß dort, wo (in qal und pilʿel) *śᵉᵃḥ* »bedenken« bedeutet, das Objekt sonst nicht im Akkusativ steht, sondern mit der Präposition *bᵉ* »an, in« verbunden ist (Ps 77,13; 105,2; 119,15 u.ö.). So meint *ʾät dôrô* am ehesten »sein Geschlecht« = »seine Zeitgenossen«: »Was seine Zeitgenossen betrifft — wer bedenkt (es)?« d.h.: Wer von seinen Zeitgenossen denkt (darüber) nach? (So u. a. Elliger, Fohrer; zur Einführung des Nominativs mit der Akkusativpartikel vgl. GKa § 117i.)

Das die Fortsetzung in v. 8b einleitende *kî* ist doch wohl nicht kausal (Duhm, Köhler) gemeint (»denn ...«). Entweder leitet es den folgenden Satz als Objektsatz zu »bedenken« ein: »Wer bedenkt, daß ...« (vgl. C. Brockelmann, Hebräische Syntax [= BrSynt], 1956, § 161a), oder aber – das ist das Wahrscheinlichste – das *kî* ist konsekutiv zu verstehen (vgl. BrSynt § 161b) und schließt den folgenden Satz logisch an v. 8aα an: »... wurde er (zum Tode) weggeschafft, ... so daß er abgeschnitten ist vom Lande der Lebenden.« Das Verbum *gazăr* bedeutet im qal »schneiden«, »zerschneiden« (1 Kön 3,25 f.; 2 Kön 6,4; Ps 136,13), von dieser Grundbedeutung ist abgeleitet der Sinn »entscheiden« (Hi 22,28, pass. nif'al Est 2,1). Im nif'al hat das Verb die Bedeutung »abgeschnitten sein von *(min)*«. So ist der aussätzige König Ussia »abgeschnitten« vom Tempel Jahwes, er kann ihn nie mehr betreten (2 Chr 26,21). Wenn Hab 3,17 sagt, daß Schafe »abgeschnitten sind (lies nif'al statt qal) vom Pferch«, dann meint dieser Satz – wie die Fortsetzung im parallelismus membrorum zeigt: »es gibt keine Rinder im Gehege« –, daß dort kei-|ne Schafe vorhanden sind. Die »Erschlagenen, die im Grabe liegen«, sind abgeschnitten von der Hand Gottes – er gedenkt ihrer nicht mehr (Ps 88,6). Und ganz allgemein »abgeschnitten = verloren sein« bedeutet das absolut gebrauchte nif'al in Ez 37,11; Thr 3,54. »Vom Lande der Lebenden abgeschnitten sein« heißt also: nicht (mehr) dort weilen; der Ausdruck umschreibt das Totsein. Der Ebed hat den Tod gefunden, und zwar einen gewaltsamen Tod.

Zu dem Satz: »(denn) er ist abgeschnitten vom Lande der Lebenden« (v. 8bα) wird man in der Fortsetzung in v. 8bβ wegen des parallelismus membrorum eine parallele Aussage erwarten. Der masoretische Text lautet in wörtlicher Übersetzung: »Wegen des Frevels meines Volkes (ist) ihnen Plage (d. h. haben sie Plage).« *lamô* ist dichterische Form für *lahäm* »ihnen« (Koehler, Lexicon s. v.). In dem – grundsätzlich zu bejahenden – Bestreben, den überlieferten Text nach Möglichkeit ohne Textänderung zu verstehen, übersetzt Kaiser: »ob derer Sünd', denen mein Volk ein Makel war« (S. 85 f.112); dabei versteht er die Wörter *'ămmî năgă' lamô* als einen Satz, der im ganzen Genetiv zu *päšă'* ist. Das wäre hebräisch nicht unmöglich, liegt allerdings auch nicht eben nahe; der Schreiber von 1QIs[a] jedenfalls hat den Satz nicht so verstanden (s. u.). Die Deutung scheitert an dem Verständnis von *năgă'*. Das Substantiv kann wohl – ausgehend von der Grundbedeutung »Berührung > Plage« – das durch Hautkrankheit, genauer *ṣără'ăt* (üblicherweise, aber nicht korrekt mit »Aussatz« übersetzt), hervorgerufene Mal bezeichnen. Aber in solchem Fall steht die Wendung *năgă' ṣără'ăt*, und nur in einem Zusammenhang, in dem dieser volle Ausdruck (mehrfach) vorkommt (Lev 13 u. 14), kann *năgă'* auch allein im Sinn des (»Aussatz«-)Males stehen. Eine hiervon erst abgeleitete allgemeine Bedeutung »Makel« (Kaiser) hat das Substantiv *nägă'* sonst nie; sie ist auch hier nicht anzunehmen. Es hilft auch nicht weiter, wenn man *lamô* als *lô* »ihm« versteht (vgl. dazu GKa § 103 f. Anm. 2): »wegen der Sünde meines Volkes hatte er (der Knecht) Plage«; denn mit einer solchen Aussage wäre auf die Zeit vor dem Tod des Ebed Bezug genommen – sie käme also hinter v. 8b zu spät. Dasselbe Bedenken erhebt sich gegen das Verständnis des Textes nach 1QIs^a: »wegen des Frevels seines Volkes wurde er für sie geplagt *(mippäšă' 'ămmô nûggă' lamô)*«. So liest man, um auch in v. 8b eine Aussage über den Tod des Ebed zu erhalten, am Ende des Satzes *lămmawät* statt *lamô* (Konsonanten: *lmwt* statt *lmw*; so z.B. Duhm, Budde, Wolff, Fohrer; vgl. schon die Septuaginta). Folgt man im übrigen 1QIs^a, so ergibt sich als wohl ursprünglicher Text: »wegen des Frevels meines/seines Volkes wurde er zu Tode geplagt.« Besondere Fragen wirft noch das Suffix der 1. sg. in *'ămmî* »mein Volk« auf. Nimmt man es als ursprünglich an, dann ist zu fragen, wer hier spricht. Ist es (so Kaiser) Jahwe? Jahwerede liegt – nach MT – sicher vor in v. 11aβ.(b.)12a.(b). Gehören auch v. (7.)8–10.11aα dazu? Dagegen spricht doch wohl, daß in v. 10 zweimal von Jahwe in 3. Person geredet wird; diesen Befund wird man nicht verharmlosen dürfen (gegen Kaiser). Oder: spricht hier der Prophet? Dann könnte der Ebed nicht mit Deuterojesaja identisch sein. Oder ist – gegen die sonstige alte Überlieferung – mit 1QIs^a *'ămmô* »sein Volk« zu lesen? Dann wären, wie ein Vergleich mit v. 5 nahelegt (»unser Frevel« – »Frevel seines Volkes«), die »wir« das Volk, dem der Ebed angehört hat, Israel. Andere Änderungen, die stärker in den Text eingreifen (vgl. BHK), sollte man jedenfalls nicht vornehmen.

Die Deutung von *luqqăḥ* dahin, daß der Ebed zur Hinrichtung abgeführt wurde, erfährt eine Stützung durch die Fortsetzung des Textes in v. 9: »Man gab sein (des Ebed) Grab bei *r^{e}ša'îm*.« Mit *r^{e}ša'îm* sind nicht einfach »Gottlose« (Luther) gemeint, sondern Frevler, die sich einer Untat schuldig gemacht haben (vgl. Ex 23,1.7; Dtn 25,1 u.a.) und die deshalb zu Tode gebracht worden sind. Ein derartiges Begräbnis war um so erstaunlicher, als – wie v. 9b hervorhebt – der Knecht selbst weder ein Gewalttäter noch ein Betrüger war, genauer: keine Gewalttat verübt noch einen anderen mit trügerischer Rede getäuscht hat (die Präposition *'ăl* – im Sinn von »gegenüber« – leitet hier einen Satz ein: »obwohl...«; vgl. BrSynt § 145 a). Dem Satz »man gab sein Grab bei Frevlern« (v. 9aα) entspricht in 9aβ im parallelismus membrorum nach MT die Aussage »und mit Reichen *b^{e}motâw*.« Wenn auch immer wieder Propheten in Israel den Reichen im Volk wegen ihres gegen den Mitmenschen und damit gegen Jahwe gerichteten Verhaltens das göttliche Gericht ankündigen, so ist doch *'ašîr* »reich« (als kollektiver Singular? 1QIs^a hat mit dem Plural *'ašîrîm* an *r^{e}ša'îm* angeglichen) als Parallelwort zu *r^{e}ša'îm* »Frevler« durchaus ungewöhnlich; außerdem werden »Reiche« nicht bei »Frevlern« begraben. Wiederholt hat man als ursprünglichen Text *śa'îr* (bzw. plur. *ś^e'îrîm*) »(bocksgestaltige) Dämon(en)«

angenommen (so zuletzt Kaiser S. 114f.). Indes – mag man auch im Alten Orient (wie noch im Mittelalter in Europa) damit gerechnet haben, daß im Bereich des Schindangers, des Begräbnisplatzes für Verbrecher, finstere Dämonen hausen, für die Antithese in v. 9b, daß der Ebed kein Gewalttäter noch Betrüger war, ist es nicht wichtig, daß er bei Dämonen sein Grab fand, sondern daß er bei denen, die wirklich Verbrecher waren, verscharrt worden ist. So wird doch die Emendation ʽośê rāʽ »Übeltäter« (vgl. Ps 34,17 und ähnlich Jes 56,2; 65,12; 66,4 u. ö.; Böttcher und zahlreiche Ausleger) für ʽaśîr das Richtige treffen. In Parallele zu qibrô »sein Grab« ist statt $b^emotâw$ (wörtlich: »in seinen Toden« – das ist eine Unform; entweder bamotâw »seine Höhen« oder $b^emôtô$ »bei seinem Tode«, so LXX) bamatô zu lesen: »sein Hügel« (das setzt auch 1QIs^a voraus). Dabei ist bamā als »(Grab-)Hügel« zu verstehen (vgl. Albright, Vetus Testamentum Suppl. 4, 1957, S. 246f.; Kaiser S. 114f.).

Auch dieses Geschick, der gewaltsame Tod, hat den Knecht von Jahwe her getroffen, ist Bestandteil des göttlichen Planes. Das stellt v. 10a heraus (vgl. schon v. 6b!). Wörtlich übersetzt, lautet der Text: »Jahwe aber hatte Gefallen daran, ihn zu schlagen – er machte krank (?) – wenn seine Seele ein Schuldopfer setzte.« Es liegt auf der Hand, daß dieser Text nicht in Ordnung ist. Der Form nach ungewöhnlich ist $häḥ^alî$ (3. sg. masc. perf. hif'il [Kausativstamm] von ḥalā krank sein – statt $häḥ^alā$; vgl. GKa § 75 ii), die Stellung im Satz unverständlich. Die Konsonanten könnten $häḥalî$ »die Krankheit« meinen (woran schon Septuaginta, Aquila, Symmachus, Vulgata gedacht haben). Entweder ist das Wort Zusatz zum ursprünglichen Text (Hinweis: »die Krankheit«), oder | es liegt Verschreibung vor, sei es aus bāḥalî »durch Krankheit«, sei es in anderer Weise (s. u.). $wäjj^eḥall^elehû$ in 1QIs^a »und er durchbohrte ihn« ist wohl schon »Rekonstruktion« des bereits verderbten Textes. – Die darauf folgende Konjunktion ʼim bedeutet nie temporales »als«; damit fällt die Übersetzung »als ʽerʼ ... einsetzte« (Fohrer). Als abhängige Frage: »Ob ʽerʼ sein Leben als Schuldopfer einsetzte« (vgl. Köhler) – wobei mit zahlreichen Auslegern jaśîm (3. sg. masc. impf. qal) zu lesen ist, kann der Satz nicht gemeint sein; denn Jahwe hat den Ebed nicht »zerschlagen«, um festzustellen, ob er sein Leben für andere hingäbe, sondern damit durch die Hingabe des Ebed die Vielen gerettet würden. Versteht man, wie es am nächsten liegt, ʼim konditional, dann muß der ʼim-Satz Vordersatz sein zu v. 10aγ: »Wenn ʽerʼ sein Leben als Schuldopfer einsetzt, soll er Nachwuchs sehen ...« (so Wolff, auch Kaiser). Aber was soll ein solcher Bedingungssatz bedeuten, wenn die hier gestellte Bedingung zuvor schon ihre Erfüllung gefunden hat? Der Ebed hat ja sein Leben schon hingegeben; v. 10aβ dürfte also nicht eine Bedingung für die (Heils-)Ankündigung in v. 10aγ enthalten. Damit sind aber die Möglichkeiten, dem ʼim einen brauchbaren Sinn abzugewinnen, bereits erschöpft. Dann ist der Schluß nicht zu umgehen, daß der Text auch bei diesem Wort (ʼim) nicht in Ordnung ist. Einen Verbesserungsvorschlag, der gerade die problematischen Wörter umfaßt — *häḫªlî'im taśîm* — und der nur geringfügig in den Konsonantentext eingreift, hat Begrich vorgelegt: ... *däkka'ô häḫªlîm 'ät śam* ...»aber Jahwe fand Gefallen an seinem (= dem von ihm) Zerschlagenen, 'heilte den, der' sein Leben als Schuldopfer 'gab'.« So glatt die Lösung auf den ersten Blick ist, so ist auch sie nicht ohne Schwächen. Bedenken erregt die Emendation *däkka'ô* »(Jahwe hat Gefallen) an seinem Zerschlagenen«. Im alttestamentlichen Hebräisch ist das Objekt zu *ḫapeṣ* »Gefallen haben«, handelt es sich um eine Person, immer mit der Präposition *bᵉ* verbunden (Gen 34,19; Num 14,8 usw.). Folgt man mit *däkkᵉ'ô* (inf.) dem MT, dann faßt v. 10 aα noch einmal früher Gesagtes zusammen: »Jahwes Gefallen, Plan war es, ihn zu zerschlagen« (vgl. v. 2—6, bes. v. 5). Wird hier inhaltlich die Aussage der Vie-|len in v. 2—6 aufgenommen, so müßte v. 10 aβ auf v. 7—9 Bezug nehmen. Es müßte hier also einfach ausgesagt gewesen sein, daß das Leben des Ebed als *'ašam* gesetzt worden sei. Als ursprünglicher Text wäre dann anzunehmen: *śam 'ašam näpšô* »Er (Jahwe oder der Ebed) setzte sein (des Ebed) Leben als *'ašam* ein«, oder — eher —: *wᵉhû' śam 'ašam näpšô* »Er aber (der Ebed) setzte sein Leben ein als *'ašam*«. Dabei wäre anzunehmen, daß das erste Wort — *wᵉhû'* — ausgefallen ist, als ein anderes als Glosse in den Text eingeschaltet wurde: *hättäḫªlu'îm* »die Krankheiten«. Gerade dieses Wort bezeichnet sonst meist Krankheiten, die durch schuldhaftes Verhalten der Betroffenen hervorgerufen wurden (Dtn 29,21; Jer 14,18; 16,4; 2 Chr 21,19; vgl. auch Ps 103,3). Durch Verschreibung daraus wäre dann der jetzige Text entstanden *(hḫlj' mt[śjm])*.

Ist hier auch bis heute über den ursprünglichen Text keine Sicherheit gewonnen, so ist doch wenigstens eines deutlich: Das Leben des Knechtes ist als *'ašam* eingesetzt. Was bedeutet dabei *'ašam*? Der Terminus kann eine bestimmte Opferart bezeichnen. Das ist aber nur in der jüngeren Literatur der Fall (Lev 5,15 bβ.16 u.ö.; 6,10; 7,1.2.37; 14,12 u.ö.; Num 6,12; 18,9 (P); Ez 40,39; 42,13; 44,29; 46,20; Esr 10,19 und in der späten Glosse 2 Kön 12,17) und in Ableitung von einer älteren Bedeutung; von dieser aus bezeichnet man *'ašam* gern als »Schuldopfer«. Ältere, aber auch jüngere Literatur im Alten Testament verwendet *'ašam* in der Bedeutung »Schuld« (so Gen 26,10 J; Jer 51,5; Ps 68,22), dafür auch das fem. *'ăšmā* (Am 8,14, bes. in späten Texten: Lev 4,3; Esr 9,6; 1 Chr 21,3 u.ö.). Vor allem aber bezeichnet *'ašam* das, was man für die Aufhebung der Schuld leistet, die Sühneleistung; so 1 Sam 6: Die Philister haben das israelitische Kultgerät der Lade, die »Lade des Gottes Israels«, erobert und in ihre Städte gebracht. Die Folge davon sind mancherlei Plagen, gedacht als Strafe des Gottes Israels an den Philistern. Die Philister haben mit ihrem Tun Schuld auf sich geladen; deshalb sollen sie die Lade zurückgeben und dabei Jahwe einen *'ašam* zuwenden (v. 3.4.8.17). Dieselbe Bedeutung hat *'ašam* in Num 5,7.8 (P); Lev 5,6.7.15 bα. 25 a; 19,21 a (vgl. dazu K. Elliger, Leviticus, 1966,| S. 76 f.). Daß derselbe Ausdruck sowohl »Schuld« als auch die dafür zu gebende »Sühneleistung« bezeichnet, hat eine Entsprechung in dem Terminus *ḥaṭṭaʾt*; dieser bedeutet sowohl »Sünde« als auch das dafür zu leistende »(Sünd-)Opfer«. Welchen Sinn hat *ʾašam* nun in Jes 53,10? Kaiser (S. 117f.) übersetzt es mit »Schuldopfer«. Ausgehend von der Beobachtung, daß »leichtere« und »unwissentliche Vergehen« die Anlässe für ein Schuldopfer seien, kommt er (unter der Voraussetzung, daß mit dem Ebed Israel gemeint sei) zu dem Schluß: »Israel ist das Schuldopfer für die unwissentliche Verschuldung der Vielen« (gemeint: die Völker), »die den lebendigen Gott und seinen Willen nicht kennen« (S. 118). Aber bei den Verfehlungen der Vielen geht es gerade nicht um unwissentliche Sünden, sondern um *päšäʿ* (v. 5.8, nach 1QIsᵃ auch v. 12 bβ), d.h. um Abfall, offene Auflehnung (vgl. das Verbum *pašaʿ* z.B. in 2 Kön 1,1)! Und etwa in 1 Sam 6; Num 5,7f.; Lev 19,21 ist ebensowenig die Rede von »unwissentlichen« Verfehlungen wie in Jes 53. Dort bezeichnet *ʾašam* also nicht das Schuldopfer, sondern die Sühneleistung. Nach 1 Sam 6,3 bewirkt die Sühneleistung (in Gestalt von goldenen Beulen und Mäusen, entsprechend den Plagen, die die Philister getroffen hatten), daß die Philister »geheilt« werden (*rapaʾ* nifʿal). Ebenso dient in Jes 53 das Leben des Ebed als *ʾašam* für die Sünden der Vielen. Nicht das Moment des Opfers, sondern das der Sühneleistung ist das Entscheidende. Nach v. 4–6 hat der Knecht die Krankheit, die Schmerzen getragen, die eigentlich die Sünder, die Vielen hätten treffen müssen. Nach v. 7–10 aβ bewirkt sein Tod als Sühneleistung die Rettung der Sünder vom Tod, so wie die *ʾašam*-Gaben in 1 Sam 6 die Rettung der Philister von (als göttliche Strafe gedachten) Tod und Krankheit bewirkten.

War bis dahin das Vergangene – Krankheit und Tod des Ebed – in seiner Bedeutung erhellt, so wendet sich nun die Fortsetzung seinem zukünftigen Ergehen zu. Der Ebed wird »Samen«, Nachkommenschaft sehen und »die Tage lang machen«, d.h. lange leben. Der Wunsch nach reicher Nachkommenschaft und langem Leben wird etwa in vielen Königsinschriften des Zweistromlandes laut. Auch im Alten Testament wird der Wunsch nach Nachkommenschaft ausgesprochen (1 Sam 1,11); dem König wünscht man »Leben auf immer« (1 Kön 1,31). Vor allem aber besteht nach altorientalischer Vorstellung ein Zusammenhang zwischen Wohlverhalten, Rechttun und langem Leben. Assyrische und babylonische Herrscher verbinden die Bitte um langes Leben (und Nachkommenschaft) gern mit dem Hinweis auf ihre Leistungen zugunsten der Gottheit; im Alten Testament kann die Weisheit langes Leben aus rechtem Verhalten ableiten (Prov 28,16; Qoh 8,13); vor allem aber im deuteronomistischen Bereich wird langes Leben des Königs (1 Kön 3,14 [deuteronomistischer Zusatz]; Dtn 17,20) wie der Israeliten (Ex 20,12; Dtn 4,26.40; 5,16.33; 6,2; 11,9; 22,7; 25,15; 30,18; 32,47) vom Gehorsam gegenüber Jahwes Willensäußerung abhängig gemacht. Dementsprechend hat Hiob nach seiner Bewährung wieder Kinder und erreicht ein hohes Alter (Hi 42,12–17). So werden nun auch dem Ebed, nachdem er sich »bewährt« hat, Nachkommenschaft und langes Leben angekündigt. Die hier aufgeführten Beispiele zeigen zugleich, daß die häufig vertretene Auffassung, der Satz »er wird lange leben« sei dem Subst. »Samen« attributivisch beigeordnet (»er wird Samen sehen, [der] lange lebt«; so Duhm, Volz, North, Fohrer, aber auch schon Septuaginta und Vulgata), nicht das Richtige trifft; auch 1QIs^a (nicht aber 1QIs^b) denkt an den Ebed als Subjekt zu *ja^{ʔa}rîk* (»er wird lang machen« — nämlich seine Tage), wenn hier das zweite Verbum mit dem ersten durch die Kopula verbunden ist.

Daß durch den Ebed Jahwes Gefallen, Plan, Wollen zu seinem Ziel kommt, unterstreicht noch einmal v. 10b. Es liegt ein zusammengesetzter Satz vor: »Und der Plan Jahwes — durch ihn wird er gelingen.« Durch den Satzbau wird hervorgehoben, daß es Jahwes Plan ist, der mit Hilfe des Ebed durchgeführt wird. Welcher Plan Jahwes ist hier gemeint? Etwa: durchzusetzen, »daß sich ihm jedes Knie beugen und jede Zunge bekennen soll, daß es für den Menschen allein bei Jahwe Heil und Stärke gibt« (Kaiser S. 119 unter Aufnahme von Jes 45,[18.]23 f.)? Aus dem Zusammenhang des Liedes ist diese Erklärung jedenfalls nicht zu gewinnen. Oder soll man das zweite Gottesknechtslied in Jes 49,1—6 heranziehen: der Ebed »wird das Volk, das er entsündigt hat, zu Jahwe zurückführen, die Stämme wieder aufrichten und die Heiden erleuchten« (Duhm)? Eher wird man vom Kontext her schließen, daß die durch den Knecht bewirkte Heilung, Rettung der Vielen Inhalt des hier erwähnten Planes, »Heilsplanes« Jahwes ist.

Von dem zukünftigen Wohlergehen des Knechtes handelt weiter der Anfang von v. 11. Die Präposition *min* (in *me^{ʕa}māl*) ist nicht begründend (de Boer) gemeint, sondern zeitlich (z.B. Wolff, North): »Nach der Mühsal seines Lebens wird er sehen . . .«. Zu *jirʔā* »er wird sehen« haben beide Jes.-Handschriften aus Qumran als Objekt *ʔôr* »Licht«, entsprechend φῶς in der Septuaginta. Wahrscheinlich ist damit der ursprüngliche Text erhalten. Das Licht, das der Ebed sieht, strahlt ihm auf von seinem Gott her; dementsprechend hat die Septuaginta das Verbum kausativ verstanden: »Er (Jahwe) wird Licht schauen lassen . . .« Das Licht, das dem Menschen in seiner Dunkelheit zukommt, ist das Bild für die Rettung, die ihm widerfährt; so etwa Jes 9,1. Vor allem aber geht solches Licht auf über den »Gerechten«, über denen, die redlichen Herzens sind (Ps 97,11; 112,4), über denen, die ihrem Nächsten hilfreich begegnen (Jes 58,7f.): »Dann (wenn du dem Hungrigen dein Brot brichst usw.) bricht dein Licht hervor wie Morgenröte, eilends wirst du geheilt.« In Jes 53,11 sind Aussage und Bildrede vermischt. »Mühsal des Lebens« gehört zur Aussage, »Licht sehen« ist Bildrede. Eigentlich würden sich entsprechen:

»Nach der Mühsal seines Lebens wird er Heil *(jāšă^ʕ)* sehen« und »Aus der Finsternis heraus wird er Licht sehen«.

Der Anfang des Satzes in v. 11 ist der ersten Zeile, die Fortsetzung der zweiten Zeile entnommen. Der Ebed, der »Gerechte«, wie er in der Fortsetzung des Textes bezeichnet wird, wird also Heil, Glück sehen. An diesem ihm zuteil werdenden Heil wird er sich sättigen *(jiśbaʿ)*. Bisher geplagt bis zum Tode, wird der Knecht in Zukunft Gottes Heil in reicher, ausreichender Fülle erfahren. Bei dieser Auslegung des Textes ist *jiśbaʿ* absolut genommen. Andere Ausleger verbinden mit diesem Verb das nachfolgende Wort *bᵉdāʿtô* (vgl. schon Septuaginta, Aquila, Theodotion, | Symmachus; 1 Clem 16,12), das dann zu übersetzen wäre: »an seiner Erkenntnis (das kann nach dem Zusammenhang nur meinen: Gotteserkenntnis)«. Aber »sich an seiner (Gottes-)Erkenntnis sättigen« würde eine Selbstgenügsamkeit ausdrücken, die hier kaum gemeint ist. *bᵉdāʿtô* ist also am ehesten (mit den Akzenten des MT) zum Folgenden zu ziehen.

In v. 11aβ.b.12 liegt nun wieder Gottesrede vor; vgl. die 1. sg. in v. 12a, »mein Knecht« in v. 11aβ; hier erscheint auch wieder das Stichwort *rabbîm* »Viele«. Diese Jahwerede kann, da in v. 10a und b noch von Jahwe in 3. Pers. geredet wird, nicht vor v. 11 beginnen. Da in v. 11aα ebenfalls der Ebed Subjekt ist, das Subst. *ʿabdî* »mein Knecht« aber nicht schon dort steht, sondern erst bei dem dritten Verbum in v. 11 *(jaṣdîq),* wird auch v. 11aα noch nicht zur Jahwerede gehören. Diese beginnt also mit v. 11aβ. In v. 11aβ.b tritt wieder die »Heilsbedeutung« des Ebed für die Vielen ins Blickfeld. Der Gottesknecht schafft Recht für die Vielen — damit ist der Inhalt von v. 4—10 auf eine knappe Formel gebracht. Die parallele Fortsetzung »und ihre Verschuldungen lädt er sich auf« nimmt v. 4aβ und 5aβ auf: Wegen der Verschuldungen der Vielen war er geschlagen; seine Schmerzen waren die Schmerzen, die jene hätten treffen müssen; er hat sie sich aufgeladen. — In v. 11aβ ist *ṣaddîq* »ein Gerechter« wohl Dittographie oder Glosse im Blick auf v. 9b.

Was aber heißt: »*bᵉdāʿtô* schafft Recht mein Knecht den Vielen«? Gegenüber dem Vorschlag, das Wort in *bᵉraʿatô* »durch sein Leiden« (Budde, Fohrer) zu ändern, wird man MT beibehalten können. Ganz sicher meint *dāʿat* (»Wissen«, »Erkenntnis«, »Einsicht«) hier nicht ein allgemeines »Wissen« oder ein »Können«, eine Fertigkeit. Die Bedeutung des Verbums *jadāʿ* beschränkt sich überhaupt nicht auf das Funktionieren des Verstandes. Konkret ist hier zunächst mit *dāʿat* die *dāʿat jāhwǣ* gemeint, die »Jahweerkenntnis«. Solche Gotteserkenntnis ist nicht nur ein intellektueller Akt, sie wirkt sich vielmehr auch immer in einem Handeln des Menschen aus, und sie bestimmt dieses Handeln. Widergöttliches Treiben bedeutet, daß man Gott nicht »kennt« (Hos 5,4). Umgekehrt schließt Gottes(er)kenntnis ein, daß man nach sei-|nem Willen lebt, daß man den von ihm gewollten Weg geht. Daher kann im Alten Testament auch von der »Kenntnis der Wege« Jahwes geredet werden (Jes 58,2; Hi 21,14). Wer nichts von Gott wissen will, fragt nicht nach seinen Wegen (Hi 21,14) — und umgekehrt: Wer Jahwe »kennt«, geht den von ihm geforderten oder beabsichtigten Weg. Der Knecht hat »Jahwekenntnis« gehabt, er ist den von Jahwes Plan vorgesehenen Weg gegangen, der ihn in den Tod, die Vielen aber zum

Heil geführt hat. Das eben sagt v. 11aβ: »Durch seine Kenntnis (Jahwes und seines Willens und seinen Gehorsam diesem gegenüber)« schafft der Knecht den Vielen Recht.

Solcher Gehorsam findet seinen »Lohn«. Der Ebed erfährt — über alle Tiefen des Lebens und Todes hinweg — von Gott her ein seinem Gehorsam entsprechendes, gutes Schicksal. Das wird nun, nachdem es in v. 10aγ angeklungen hatte, noch einmal in der Jahwerede unterstrichen in v. 12. *laken* »deshalb« verbindet mit dem Vorhergehenden und nimmt damit auf das gehorsame Verhalten des Ebed Bezug. Jahwe wird dem Ebed Anteil geben *barăbbîm*. Umstritten ist, ob hier die Präposition b^e im Sinn von »zusammen mit (den Vielen)« (Köhler, de Boer) oder von »an (den Vielen)« (Kaiser) gemeint ist oder ob — das stünde der zweiten Alternative nahe — *barăbbîm* einfach als Objekt zu »zuteilen« zu verstehen ist. »Darum teile ich ihm die Vielen zu« (so Volz, North, Fohrer). Vor die erste und dritte Alternative stellt auch die parallele zweite Reihe: w^eʾät ʿaṣûmîm j^eḥălleq šalal. Das piʿel (Intensiv- oder Kausativstamm) von ḥalăq bedeutet »Teile machen«, »teilen«, »verteilen«, nicht aber »als Anteil erhalten«. Eine Übersetzung: »und Gewaltige erhält er (der Ebed) als Beute« ist also nicht möglich. Andererseits wollte man das Verständnis von ʾät ʿaṣûmîm als Akkusativ dadurch ermöglichen, daß man die Wörter zu dem Verbum der ersten Reihe (»ich werde ihm zuteilen«) zog (Volz, Fohrer) — unter Streichung von j^eḥălleq als Glosse; aber dieser Eingriff in den Text ist nicht erforderlich. Ist ʾät ʿaṣûmîm nicht als Akkusativ zu fassen, dann muß ʾät Präposition sein: »mit Gewaltigen«. Die zweite Reihe ist also zu übersetzen: »Mit Gewaltigen wird er Beute teilen.« Dieselbe Konstruktion findet sich auch in Prov 16,19: »Besser ein demütiger Geist mit Demütigen ʾät ʿanawîm (nach dem Qere) als Beute teilen mit Hohen (Hochmütigen) *mehălleq šalal ʾät geʾîm*.

In Jes 53,12 ist dann im parallelismus membrorum in der ersten Reihe auch in b^erăbbîm weder eine Objektsangabe zu sehen noch b^e als »an (den Vielen)« zu verstehen, sondern die Reihe ist zu übersetzen: »Deshalb werde ich ihm Anteil geben unter (= zusammen mit) den Vielen.« Was aber besagt es, daß der Ebed mit Gewaltigen »Beute« teilen wird? Soll das »Glück«, das dem Gottesknecht nun zuteil wird, auch in großen kriegerischen Erfolgen bestehen, die ihm — zusammen mit anderen — reiche Beute einbringen? Selbst dann, wenn man annimmt, mit dem Ebed sei das Volk Israel oder auch ein Teil davon, etwa die Exulantenschaft, gemeint, wird man einen solchen Gegensatz zu dem früheren Leben und Ergehen des Ebed als unpassend ansehen. Für den, der sich in Gottes Willen fügt und der geduldig Leiden und Sterben auf sich nimmt, sind kriegerische Erfolge mit reicher Beute nicht eine angemessene »Belohnung«. »Beute teilen« ist hier also kaum im konkreten Sinn, sondern metaphorisch gemeint. Denselben Sprachgebrauch finden wir in der eben zitierten Stelle Prov 16,19; auch hier ist »Beute teilen« wohl Metapher für »Erfolg haben«. Der Mann, der ein tüchtiges Eheweib hat, verdankt ihr unter *šalal* nicht »Beute«, sondern überhaupt Gewinn (Prov 31,11). Wie Hiob schließlich mit reichem Besitz gesegnet wird (Hi 42,12), so wird auch der Ebed durch Jahwe an allen Glücksgütern des irdischen Lebens Anteil haben.

Die zweite und dritte Periode in v. 12 heben abschließend noch einmal den Grund für das zukünftige Wohlergehen des Ebed hervor. Zunächst wird die Hingabe seines Lebens in den Tod und seine Einordnung unter die Frevler aufgeführt, womit offensichtlich auf v. 8.10 aβ Bezug genommen wird. Der Hinweis darauf, daß er die Verfehlung (1QIs$^{a.b}$: plur.) der Vielen als Last »auf sich genommen« hat und so für die Frevler (1QIs$^{a.b}$ LXX: »für ihre Frevel«) eingetreten ist, wird auch das Erleiden der Krankheit und der Schmerzen mit einbeziehen.

»Von wem redet der Prophet solches?«

Viel umstritten und letztlich bis heute nicht sicher beantwortet ist die Frage: Wer ist mit dem Ebed gemeint — *wer ist der Gottesknecht,* von dem Jes 53, aber auch die anderen, oben genannten »Gottesknechtslieder« reden? Im wesentlichen stehen sich zwei Gruppen von Auslegern gegenüber: die, die in dem Knecht Israel oder wenigstens den im Exil lebenden Teil Israels sehen, und jene, die ihn auf eine Einzelgestalt zu deuten suchen. Daß Israel der Gottesknecht sei, diese Meinung ist schon Jes 49,3 selbst ausgesprochen (ob der Text in seiner jetzigen Form ursprünglich ist, kann in diesem Zusammenhang offenbleiben); von der Septuaginta wurde diese Auffassung in Jes 42,1 eingetragen. Sie findet eine Stütze darin, daß Deuterojesaja auch sonst Israel als »Knecht Jahwes« bezeichnet (Jes 41,8 u. ö.). Aber gerade bei Jes 53 stößt diese Deutung auf Schwierigkeiten. Es geht kaum an, die Aussage von 53,9, der Knecht habe »bei Frevlern sein Grab« gefunden, bildlich zu verstehen — hier wird auf ein wirklich stattgehabtes Begräbnis Bezug genommen. Vor allem aber hätte Deuterojesaja — blickt man auf eine Stelle wie 40,2 — wohl kaum von Israel (oder den Exulanten) behauptet, daß es »keine Gewalttat verübt« habe und daß »kein Trug in seinem Munde war«. Entscheidet man sich also für die »individuelle« Deutung (sie wurde vielleicht auch schon von dem Übersetzer der Septuaginta vertreten, vgl. παιδίον für *jôneq* 53,2 und das παιδίον an der »messianischen« Stelle Jes 9,6 Septuaginta; Zimmerli S. 675 f.), dann bleibt die Frage, welche Einzelperson gemeint sei. Man dachte an einen unbekannten Zeitgenossen des Deuterojesaja, an Mose, Jeremia, Ezechiel, an die Könige Usia oder Jojakim, an Serubbabel, ja an den Makkabäer Eleasar, aber auch an einen unbekannten »Messias« der Exilszeit. 1921 deutete Mowinckel den Ebed auf den Propheten Deuterojesaja, und diese Deutung hat in der Gegenwart zahlreiche Anhänger. Trifft sie das Richtige, dann könnte Jes 53, da hier bereits der Tod des Ebed vorausgesetzt ist, nicht auf Deuterojesaja zurückgehen, sondern müßte von einem anderen Verfasser stammen. Da

Deuterojesaja im babylonischen Exil | gewirkt hat, die Exulanten aber kaum Todesstrafen vollstrecken durften, müßte die Hinrichtung (auf Grund von Beschuldigungen israelitischer Gegner?) durch die Babylonier erfolgt sein (Fohrer). Die Deutung des Ebed auf Deuterojesaja trifft sich gut mit der oben vertretenen Auffassung, daß mit den »Vielen« die Israeliten gemeint sind. Ihnen stehen gegenüber (52,15) die »vielen Völker« und ihre Könige.

Die Wende im Geschick des Gottesknechts

Zwei Aussagen aus unserem Text sind nun noch einmal aufzunehmen:
1. Der Knecht ist gewaltsam zu Tode gebracht und dann begraben worden.
2. Für diesen toten Knecht wird angekündigt, daß er Nachkommen haben und lange leben wird, daß er mit irdischen Gütern versorgt sein wird, kurz: daß er »Erfolg haben« wird.

Wie verhalten sich diese beiden Aussagen zueinander? Ist »Samen sehen«, »Nachkommen haben« nur metaphorisch gemeint – so, daß dabei nicht an leibliche Nachkommen, sondern etwa an eine Art »geistliche« Nachkommen gedacht wäre? Besagt der Text nur, daß »bei den Israeliten aus der Einsamkeit seines Opfers die Fülle derer, die daraus leben und darum seine Nachkommen heißen, (erwächst)«, die sich »die stellvertretend vollzogene Erlösung an(eignen), so daß aus seinem Geiste eine Gemeinde erwächst, die lange lebt und Bestand hat« (Fohrer)? Mir scheint, daß diese Auskunft die Schwierigkeit des Textes – daß ein Toter »Nachkommen haben wird« – umgeht. Der Text selbst meint vielmehr wirklich ein langes Leben des Knechtes und eine Nachkommenschaft im eigentlichen Sinn des Wortes – wie etwa Hi 5,25 f.; 42,13–17. Müßte dann aber nicht der Text die (leibliche) Auferstehung des Ebed ankündigen? (so z.B. H.-J. Kraus in dem Artikel »Auferstehung in Israel« in RGG³ I, Sp. 693.) Aber von der Auferstehung wird hier nicht, noch nicht geredet. Eine Wen-|dung, wie sie sich Ez 37,12 findet (»Ich öffne eure Gräber und führe euch herauf aus euren Gräbern, mein Volk, und bringe euch zu dem Land Israels«), oder die Termini *qûm* »auferstehen« (Jes 26,19), *heqîṣ* »aufwachen« (Jes 26,19; Dan 12,2) sucht man vergebens. Der Text läßt nicht erkennen, wie sein Verfasser sich den Übergang vorgestellt hat. Bis zu einem gewissen Grad gibt Ez 34,23; 37,24 eine Analogie: Jahwe wird über Israel als Hirten bestellen »meinen Knecht David«. Zur Zeit des Propheten Ezechiel ist der König David längst gestorben – was besagt dann diese Wendung? Man denkt gern an einen »David redivivus« – aber auch das steht zum mindesten nicht da. So, wie der Text lautet, ist gemeint, daß der König David wieder dasein wird. Ein Unterschied gegenüber Jes 53 besteht allerdings darin, daß in Ez 34 und 37 der Ton mehr auf dem durch David repräsentierten Typ des Herrschers liegen könnte, während es in Jes 53 wirklich auf die Identität dessen, der »Nachkommen sehen wird«, mit dem zuvor Getöteten und Begrabenen ankommt.

Offensichtlich sind hier zwei Vorstellungskreise zur Überschneidung gebracht, ohne daß die sich durch die Überschneidung ergebenden Spannungen schon »systematisch« durchdacht und verarbeitet wären. Der *erste* Gedanke findet sich im Alten Testament nur hier: Ein Mann trägt ohne Auflehnung in Krankheit und Tod die Folgen der »Sünden« der »Vielen« als stellvertretendes Erleiden für jene und führt damit Gottes Heilsplan zugunsten der Sünder durch. Zu diesem Gedanken tritt der *andere*, daß – so wie der Sünder »bestraft« wird – der, der sich in Gehorsam, in »Sichbeugen« (vgl. Jes 53,7 *năʿănā*!) bewährt, dafür reichlich »belohnt« wird – wie es etwa Prov 22,4 formuliert: »Folge des Sich-(in Gehorsam)-Beugens (*ʿanawā*, üblicherweise wiedergegeben mit 'Demut') 'und' der Jahwe-Furcht – Reichtum, Ehre, Leben« (vgl. auch Hi 5,17f. + 25f.). Die – in Jes 53 nicht ausgeglichene – Spannung entsteht dadurch, daß hier der Topos »Verheißung von langem Leben usw.« auch auf den angewandt wird, der sogar den Tod auf sich genommen hat.

Der Ort von Jes 53 in der alttestamentlichen Theologie

Wichtiger als die Frage nach der Person des Gottesknechtes, die ja im wesentlichen ein historisches Problem darstellt, ist die Frage nach dem Ort, den Jes 53 in der alttestamentlichen Theologie einnimmt. Nach v. 11 schafft der »Knecht«, der selbst unschuldig (v. 9), »gerecht« (v. 11) ist, den »Vielen« *ṣädäq*, »Recht«; er macht sie, die ihre Verschuldung zu tragen gehabt hätten, »gerecht« *(hiṣdîq)*; durch ihn erfahren sie »Heilung« (v. 5). Dies geschieht dadurch, daß er, der Unschuldige (»Gerechte«), ihre Schuld sich auflädt (v. 11). Es stehen sich also gegenüber *ein* Gerechter – und »die Vielen«, die Strafe zu tragen hätten wegen ihres Abfalls von Gott. Die Vielen werden dadurch »gerecht«, »geheilt«, daß der Eine ihre Strafe auf sich nimmt. Zu diesem Problem – ob ein einzelner (oder einzelne) Gerechte die Vielzahl der »Ungerechten«, der *rᵉšāʿîm* »Gottlosen«, vor dem Gericht retten können – wird im Alten Testament mehrfach Stellung genommen; die Belege kann man in zwei Gruppen zusammenfassen.

Wir gehen aus von dem zweiten Teil von Gen 18, jenem Gespräch, in dem Jahwe den Abraham davon in Kenntnis setzt, daß er die Städte Sodom und Gomorrha wegen der von ihren Bewohnern begangenen Frevel vernichten will (v. 17–21). Abraham wendet nun ein (v. 23–32), ob Jahwe denn mit dem Gottlosen, *rašāʿ*, auch den Gerechten, den *ṣaddîq*, wegraffen will; und Jahwe erklärt sich bereit, zunächst um 50 »Gerechter« willen (v. 26) und nach einigem Handeln schließlich um zehn »Gerechter« willen die Städte zu verschonen. Aber selbst diese Zahl wird nicht erreicht, die Städte gehen also unter. In diesem Stück, das wohl von dem Jahwisten verfaßt ist, geht es darum, daß die Anwesenheit von zehn Gerechten genügen würde, daß die Frevler gerettet werden; das Gericht, das diese treffen müßte, wird nicht vollstreckt. Nach Jer 5,1 würde sogar ein einziger Gerechter die gottlosen Bewohner der Stadt Jerusalem vor dem Untergang retten. In diesen beiden Fällen werden also die Frevler durch einen Gerechten (oder durch eine geringe Zahl von Gerechten) gerettet, die fällige Strafe wird nicht vollstreckt. |

Einer solchen Auffassung steht eine andere gegenüber, die ihren Niederschlag in Ez 14,13 ff. sowie in Zeph 2,1–3 gefunden hat. Nach Ez 14 zieht Treubruch gegenüber Gott unweigerlich den Untergang nach sich. Wenn Männer wie Noah, Daniel und Hiob, in denen die Überlieferung besonders »gerechte« Männer sah, in einem Land wohnten, in dem Treubruch geübt wird, so könnten diese durch ihre $ṣ^edaqā$ (v. 14.20), durch ihr »Rechthandeln«, nur ihre eigene Person vor dem Verderben bewahren, sonst aber niemanden, nicht einmal die eigenen Kinder. Ähnlich ist nach Zeph 2,1 f. dem »Volk, das sich nicht schämen will«, also den Gottlosen, am Tag Jahwes das Gericht gewiß; nur für die »Demütigen des Landes, die seine (Jahwes) Rechtsweisung tun«, ist – vielleicht – Rettung möglich (v. 3). In diesen beiden Fällen werden nur die Gerechten gerettet; die Strafe, die die Frevler verwirkt haben, wird vollstreckt.

An allen vier Stellen – Gen 18; Jer 5; Ez 14; Zeph 2 – stehen sich gegenüber Gerechte und Gottlose. Nach der einen Auffassung – Gen 18; Jer 5 – bewirkt die Anwesenheit eines oder mehrerer Gerechter unter Ungerechten, von Jahwe Abgefallenen, daß mit den Gerechten um derentwillen auch die Gottlosen vom Gericht verschont bleiben. Die aus dem Frevelhandeln für die Gottlosen resultierende Strafe wird von Jahwe ausgesetzt, die Schuld vergeben. – Anders Ez 14; Zeph 2: nur die Gerechten, die Demütigen, die Recht tun, werden im Gericht gerettet, an den Gottlosen aber erfüllt sich ihr Tun, sie werden im Gericht vernichtet. Hier tritt also die Folge für die Auflehnung gegenüber Gott ein, die »Strafe« wird vollstreckt.

Diese beiden Fäden werden nun in Jes 53 miteinander verflochten. Nach Gen 18; Jer 5 wird das gottesfürchtige Verhalten des bzw. der Gerechten *allen,* auch den Gottlosen, angerechnet. Ebenso werden in Jes 53 die »Vielen« durch den Gottesknecht, der selbst nicht Gewalttat getan hat und in dessen Mund kein Trug war, der also »gerecht« war, gerettet, »geheilt« (v. 5). Der Ebed schafft für die Vielen $ṣädäq$ »Recht«, »Heil«. Aber – und hier ist nun die von Ez-Zeph kommende Linie ausgezogen: die von den Gottlosen verwirkte Strafe wird auch vollstreckt! An die Stelle | der Vergebung tritt hier der Vollzug der Strafe. Allerdings – und das ist das Neue, das die Verbindung der beiden an sich divergierenden Linien ermöglicht: die Strafe wird nicht an denen vollstreckt, die sie verwirkt haben, an den Gottlosen, sondern an dem Gerechten. Nicht durch seine Anwesenheit allein rettet sie der eine Gerechte – dann würde die Strafe ja gestrichen –, sondern dadurch, daß er Schuld und Strafe der Vielen auf sich nimmt. Die Strafe, die der Gerechte, der Gottesknecht, trägt, kann für die Vielen angerechnet werden, weil Gott sein die Strafe umfassendes Leiden und Sterben annimmt als 'ašam, als Sühneleistung für die Vielen.

In Jes 53 wird also die Strafe vollstreckt – wie es Zeph und Ez gesehen haben. Trotzdem werden die Sünder durch einen Gerechten gerecht – wie in Gen 18 und Jer 5. Das geschieht so, daß der Gerechte, als Sühneleistung dienend, die Strafe auf sich nimmt. Aber auch der Gottesknecht erleidet Krankheit und Tod nicht zu seiner Verdammung (wie die Gottlosen nach Zeph 2; Ez 14 verloren sind), sondern auch zu seinem eigenen Heil – wie ja der Gerechte nach allen vier Stellen – Gen 18; Jer 5; Zeph 2; Ez 14 – aus dem Gericht gerettet wird. Ihm wird – über Leiden und Tod hinaus – langes Leben, Nachkommenschaft, Wohlergehen, »Erfolg« angekündigt.

Jes 53 und wir

Das Kapitel Jes 53 hat für uns Christen ganz besonderes Gewicht bekommen dadurch, daß im Neuen Testament mehrfach Texte daraus wörtlich zitiert oder inhaltlich herangezogen sind, ja daß die zentrale Aussage von Jes 53 auf das Leiden und Sterben Jesu von Nazareth bezogen wurde (unter anderem Apg 8,26ff.; 1 Petr 2,22–24; auch Mt 8,17). In Apg 8,26ff. wird Jes 53 direkt als Weissagung auf Jesus Christus gedeutet. Demgegenüber steht dort, wo der Auslegung von Jes 53 wissenschaftlich-theologische Arbeit zugrunde liegt, fest, daß Jes 53 nicht als Verheißung auf Jesus von Nazareth als Erfüllung zielt. Jes 53 handelt von einem Gottesknecht, der zur Zeit der Abfassung dieses Liedes bereits den Tod gefunden hat; es ist überhaupt nicht Weissagung auf einen späteren »Knecht«. Ist dies das Ergebnis der kritischen Auslegung, so erhebt sich die Frage nach dem theologischen Verhältnis von Jes 53 zum Neuen Testament.

Begrich (S. 151) sieht in der Gestalt des Gottesknechtes in Jes 53 einen »'Typus' auf den Jesus Christus des Neuen Testaments«. Diese Deutung nimmt G. v. Rad mit voller Zustimmung auf (Verkündigung und Forschung 1940, S. 64): »Das ist theologisch die einzig korrekte Definition.« Nach v. Rad (a. a. O.) »reden wir von einem Typus, wenn es sich um eine jener eigentümlichen Vorausdarstellungen (Abschattungen) neutestamentlicher Fakta im Alten Testament handelt; da, wo sich Grundzüge des Christusgeschehens schon im Alten Testament abzeichnen, sagen wir, liegt ein Typus vor. Und was das Verhältnis der Gottesknechtslieder zu dem neutestamentlichen Christusbild anlangt, so müssen wir sagen, daß wir diese Entsprechung von Typus und Antitypus kaum anders als unter der Kategorie des Wunders fassen können.« Hier haben wir die Definition des Typus, wie sie sich in v. Rads »Theologie des Alten Testaments«, aber auch bei anderen Autoren (etwa in Evangelische Theologie 1952) wiederfindet. »Typus« ist hier verstanden als Vorausdarstellung. Diese Art der typologischen Auslegung ist nicht unwidersprochen geblieben, und in der Tat ist sie in dieser Weise kaum durchführbar. Wo | man von einem »Typus« spricht, sieht man diesen Typus in einem bestimmten Verhältnis zu einem Antitypus so, daß der Typus das Vorbild ist, nach dem der Antitypus gedeutet wird. Die beiden Größen stehen zueinander in einem Verhältnis der Analogie: »so — wie« (oder auch antithetisch: »so — gerade nicht so«). Dabei ist immer der Antitypus das Spätere, das nach einem vorgegebenen und allgemeineren »Typus« gedeutet wird. So ist Röm 5,14 Adam τύπος τοῦ μέλλοντος (Ἀδάμ), ein Typus des zukünftigen Adam (d. h. Christi). Wenn auch Paulus hier in dem ersten Adam bereits die Richtung auf den zweiten hin sieht, so ist doch sehr zu beachten, daß er von dem »zweiten Adam« ausgeht. Der erste Adam dient zur Deutung des zweiten. Das heißt: bei der Auslegung von Röm 5 wäre der Adam von Gen 3 heranzuziehen. Bei der Auslegung von Gen 3 ist aber nicht zu sagen, daß der Adam »Typus« für Christus sei. Wo man in der typologischen Auslegung von einer »*Voraus*-Darstellung« spricht, ist zu dem Moment der Entsprechung, der Analogie zwischen allgemeinem Typus und dem speziellen Antitypus die Ausrichtung auf die Zukunft hinzugetreten und damit wieder das Schema »Verheißung — Erfüllung«. Konkret: Bei der Auslegung von Jes 53 können wir nicht sagen: der Knecht (mit seinem Schicksal) ist *Voraus*darstellung, Abschattung Jesu Christi. Das ist in dem Text nicht enthalten, sondern erst hineingebracht. Wir können nur sagen: Teile des Neuen Testaments, wir Christen verstehen den Tod Jesu nach dem Typus des Gottesknechtes von Jes 53.

Weisheitsspruch und Prophetenwort

Zur Traditionsgeschichte des Spruches Jer 9,22−23

Otto Plöger in herzlicher Verbundenheit zum 27. Nov. 1980

(22) So spricht der HERR: Ein Weiser rühme sich nicht seiner Weisheit, ein Starker rühme sich nicht seiner Stärke, ein Reicher rühme sich nicht seines Reichtums. (23) Sondern wer sich rühmen will, der rühme sich dessen, daß er klug sei und mich kenne, daß ich der HERR bin, der Barmherzigkeit, Recht und Gerechtigkeit übt auf Erden; denn solches gefällt mir, spricht der HERR.

Dieser Text von Jer 9,22–23 − nach anderer Zählung (im Anschluß an Septuaginta und Vulgata, z. B. in der Zürcher Bibel[1]) V. 23 und 24 −, bereits von Martin Luther[2] in seinem zweiten Teil (V. 23), in neueren Luther-Bibeln und so auch im revidierten Text des Alten Testaments von 1964 in vollem Umfang als sog. «Kernstelle» hervorgehoben, hat in den Kommentaren zum Jeremiabuch zumeist nicht eben große Aufmerksamkeit erreicht. Zahlreiche Ausleger begnügen sich mit wenigen Zeilen[3]. Das Urteil über dieses Wort ist unterschiedlich. Für Duhm ist es ein «harmlos-unbedeutender Spruch»[4], P. Volz dagegen

---

[1] So auch die Verszählung von *H. Volz* in: D. Martin Luther, Die gantze Heilige Schrifft Deudsch. Wittenberg 1545. Letzte zu Luthers Lebzeiten erschienene Ausgabe. Herausgegeben von Hans Volz unter Mitarbeit von Heinz Blanke. Textredaktion Friedrich Kur, Darmstadt 1972, II, S. 1290f.

[2] WA DB 11/I, S. 227; vgl. die Ausgabe von *H. Volz* a.a.O.

[3] Vgl. *B. Duhm,* Das Buch Jeremia (KHC XI), Tübingen 1901, S. 97; *F. Giesebrecht,* Das Buch Jeremia (HK III, 2, 1), Göttingen ²1907, S. 61; *P. Volz,* Der Prophet Jeremia (KAT X), Leipzig–Erlangen ²1928, S. 119f; *W. Rothstein,* Das Buch Jeremia (HSAT I, Tübingen ⁴1922, S. 751); *F. Nötscher,* Jeremias (Echterbibel), Würzburg 1954, S. 40; *B. N. Wambacq,* Jeremias, Klaagliederen, Baruch, Brief van Jeremias (BOT X), Roermond en Maaseik 1957, S. 85; *W. Rudolph,* Jeremia (HAT I, 12), Tübingen ³1968, S. 69; *J. Bright,* Jeremiah (The Anchor Bible), New York 1965, S. 79; *J. Ph. Hyatt,* The Book of Jeremiah. Introduction and Exegesis (IB V), New York 1956, S. 775–1142, S. 893–895. − Etwas ausführlicher *A. Weiser,* Der Prophet Jeremia. Kap. 1–25,13 (ATD 20), Göttingen ⁴1960, S. 89f, und − mit dem Interesse an praktischer Auslegung − *St. R. Hopper* in IB V, S. 893–896: «Exposition».

[4] A.a.O. S. 97.

findet es «gehaltvoll»[5]. Teilweise werden die Verse dem Propheten Jeremia abgesprochen[6]; für andere ist die Echtheit nicht zu beanstanden[7]. Die Einheitlichkeit des Textes wird im allgemeinen ohne weitere Reflexion vorausgesetzt. Eine Ausnahme bildet Rothstein: Für ihn sind V. 22a. 23aα auf Jeremia zurückzuführen, während V. 22b – die Warnung, sich seines Reichtums zu rühmen[8] – und der Rest von V. 23 – ab «daß ich Jahwe bin ...» – wohl auf einen Bearbeiter zurückgehen. In ähnlicher Weise – aber offenbar unabhängig von Rothstein – versteht auch J. Schreiner in der einzigen ausführlichen Behandlung unseres Textes – »Jeremia 9,22.23 als Hintergrund des paulinischen ‹Sich-Rühmens›»[9] – den Text von «daß ich Jahwe bin ...» an als Erweiterung des im übrigen jeremianischen Spruches[10]. Darauf, daß V. 22b sekundär wäre, könnte das Fehlen der Kopula am Beginn des Versteiles hinweisen. Trotzdem wird sich als wahrscheinlich erweisen, daß auch dieser Versteil ursprünglich und allenfalls die Kopula zu ergänzen ist. Dagegen haben Rothstein und Schreiner mit der Annahme, der ursprüngliche Spruch habe mit «daß er klug sei und mich kenne», geendet, und was folgt, sei Ergänzung, auf eine Schwierigkeit hingewiesen, die der Text in der Tat enthält.

I.

1. Dieser Schwierigkeit wenden wir uns zunächst zu. Sie besteht darin, daß in Jer 9,23 von dem Verbum *jādăʿ* «kennen, erkennen» sowohl ein Akkusativobjekt – «mich/Jahwe/Gott kennen» – als auch ein Nominalsatz als Objekt – «erkennen, daß ich Jahwe bin», abhängt. Das entspricht aber nicht dem, was sonst im AT üblich ist, daß in einschlägigem Zusammenhang bei *jādăʿ* entweder ein Akkusativobjekt *oder* ein Nominalsatz steht, nicht aber beides gleichzeitig. Wir nehmen zunächst für jeden Sprachgebrauch das Material in den Blick.

Die Redeweise, die Jahwe, Gott oder ein entsprechendes Personalpronomen als Objekt zu *jādăʿ* nennt, begegnet im AT hauptsächlich in zwei Büchern: Bei Hosea und im Jeremiabuch. Wir beginnen mit den Stellen im Hoseabuch.

---

[5] A.a.O. S. 119.
[6] U. a. *Duhm, Volz* a.a.O. S. 119; *(E. Sellin–)G. Fohrer,* Einleitung in das Alte Testament, Heidelberg ¹¹1969, S. 438.
[7] U. a. *Weiser, Rudolph, Hyatt* (mit Bedenken) a.a.O. – Unentschieden *Bright* a.a.O. S. 79.
[8] «Die Beziehung auf den materiellen Besitz führt ein wenig aus der Richtung der ganzen vorausgehenden Gedankenentwicklung»; *Rothstein* a.a.O. S. 751 Anm. g.
[9] Neues Testament und Kirche. Für Rudolf Schnackenburg, Freiburg–Basel–Wien 1974, S. 530–542.
[10] A.a.O. S. 531f.

In Auseinandersetzung mit E. Baumann, der *dă'ăt ᵃlohîm* – kontaktiv – als «Verkehr mit Gott» versteht[11], hat H. W. Wolff das kognitive Moment der «Gotteserkenntnis» unterstrichen[12]. Als Gegenstand solcher *dă'ăt* setzt nach Wolff der Prophet Hosea «die Taten Gottes in der Frühzeit Israels und das alte Gottesrecht» voraus; diese *dă'ăt* «wäre von den Priestern im Kult zu vergegenwärtigen, damit sie neu in Israel mächtig würde»[13]. Zu fragen ist allerdings, ob einerseits die Taten Jahwes zugunsten Israels in dessen Frühzeit und andererseits «das alte Gottesrecht» als Inhalt der *dă'ăt* gleiches Gewicht haben oder ob gar – wie die Darstellung bei Wolff nahezulegen scheint – die Heilsgaben die Hauptrolle spielen[14]. Sicher steht in Hos 13,4f – «(4) Ich bin Jahwe, dein Gott vom Lande Ägypten her; einen Gott neben mir kennst du nicht[15], einen Retter (*môšiᵃ*) gibt es nicht außer mir. (5) Ich habe dich ‹geweidet›[16] in der Wüste, im Lande der Dürre» –, wenn auch das Wort an die Einleitung zum Dekalog anschließt[17], die Heilstat Jahwes im Mittelpunkt: Der Gott, den Israel allein «kennt», ist der «Retter» beim Auszug und in der Wüste; der Parallelismus macht das deutlich. Hierher gehören auch die beiden Stellen bei Hosea, an denen statt des Akkusativobjektes («Jahwe» o. ä.) ein *kî*-Satz steht: In 11,3 bezieht sich das «heilen, hegen» (*rp'*) auf die in V. 1 genannte Herausführung aus Ägypten, wenn es hier von den sich von Jahwe ab- und den Baalen zuwendenden Israeliten heißt: «Sie erkannten nicht, daß ich sie hegte.» Und wenn in Hos 2,10 Jahwe von Israel als der treulosen Frau sagt: «Sie aber wußte nicht, daß ich selbst ihr Korn, Most und Olivensaft gegeben habe», dann ist hier Gegenstand des «Wissens, Kennens» die göttliche Gabe der Güter des Kulturlandes. Schließlich ist hier wohl auch Hos 2,21f zu nennen: «(21) Ich werde dich mir für immer antrauen; ich werde dich mir antrauen um (*bᵉ*) Rechthandeln und Recht, um Treuehandeln und Erbarmen. (22) Ich werde dich mir

---

[11] *E. Baumann*, *jdᶜ* und seine Derivate: ZAW 28 (1908) S. 22–41. 110–143; *ders.*, «Wissen um Gott» bei Hosea als Urform von Theologie? Eine Antwort: EvTh 15 (1955) S. 416–425.

[12] *H. W. Wolff*, «Wissen um Gott» bei Hosea als Urform von Theologie: EvTh 12 (1952/53) S. 533–554 = Gesammelte Studien zum Alten Testament, München ²1973, S. 182–205; *ders.*, Erkenntnis Gottes im Alten Testament: EvTh 15 (1955) S. 426–431; vgl. *ders.*, Dodekapropheton 1. Hosea (BK XIV/1), Neukirchen–Vluyn ²1965, zu den einschlägigen Stellen.

[13] *Wolff*, Erkenntnis Gottes, S. 428f.

[14] Vgl. z. B. *Wolff*, «Wissen um Gott», S. 546 = S. 196: «Das Gottesrecht ist umgeben und getragen von einem Gotteshandeln, das in Summa als Bundesschluß bezeichnet werden kann. Hosea läßt erkennen, daß er diese Jahwegabe der Frühzeit als die eigentliche Summa jener *dᶜt 'lhjm* versteht, die er bei den Priestern und beim Volk entbehrt».

[15] Die Übersetzung: «Du hast kein Wissen um Gott, es sei denn um mich» (*Wolff*, «Wissen um Gott», S. 545 = S. 195) hat *Wolff* im Kommentar (S. 285) aufgegeben.

[16] Zum Text s. BHK, BHS und u. a. *Wolff*, Hosea, S. 286f.

[17] Diese Seite betont *Wolff*, «Wissen um Gott», S. 545 = S. 195 als «Hauptplatz des ‹Wissens› Israels».

antrauen um Zuverlässigkeit, und du wirst Jahwe erkennen.» Wenn hier mit dem fünffachen b^e der Brautpreis eingeführt ist[18], dann könnte in der Formel «Jahwe (er)kennen» das Erkennen eben «Rechthandeln und Recht, Treuehandeln und Erbarmen» sowie «Zuverlässigkeit» erfassen, d. h. das, was Jahwe in Zukunft Israel an heilvollem Handeln zukommen lassen kann und wird.

In einer weiteren Gruppe von Belegen ist aber der Gegenstand des *jādāʿ* anders bestimmt. In Hos 6,6 – «Treuehandeln (der Israeliten) will ich, nicht Schlachtopfer, Gotteskenntnis statt Brandopfer» – stehen *ḥäsäd* «Treuehandeln» und *dāʿät ᵃlohim* im parallelismus membrorum nebeneinander. Entsprechend geht in Hos 4,2 dem Fehlen von «Gottes(er)kenntnis» parallel der Mangel an Zuverlässigkeit (*ᵃmät*) und Treuehandeln (*ḥäsäd*) bei den Israeliten, und «es herrschen Meineid, Lüge, Mord, Ehebruch, Gewalttat, und Blutschuld reiht sich an Blutschuld». Nach 5,4 hängt damit, daß die Israeliten «Jahwe nicht kennen», zusammen, daß sie einen «Geist der Unzucht» haben. Und der Behauptung der Israeliten: «Wir kennen dich» hält Jahwe die Feststellung entgegen, daß Israel «das Gute verstoßen hat» (8,2f), wobei «das Gute» den Israel «im Gesetz klar vorgeschriebenen Gotteswillen (vgl. Am 5,14f)» meint[19] oder doch zumindest mit einschließt[20]; diese Feststellung meint: das Volk «kennt» eben Jahwe *nicht*.

In solchem Kontext ergibt sich als Folge des Fehlens von «Kenntnis», daß das Volk umkommt (4,6), daß «das Land vertrocknet[21] und alle seine Bewohner vergehen» (4,3), daß ein Feind Israel «jagen wird» (8,3).

Wo «Gott kennen» mit einem positiven Verhalten («Treuehandeln») verbunden ist (6,6), das Fehlen von «Gotteskenntnis» mit negativem Verhalten, mit Sündigen (4,1; 5,4; 8,3), und wo das letztere Unheil als Folge nach sich zieht (4,3; 4,6; 8,3; vgl. 6,4f neben 6), da sind nicht Jahwes Heilstaten der Gegenstand des «Kennens», sondern sein fordernder Wille: Nicht, daß Israel Jahwes Heilstaten in der Vergangenheit nicht «kennt», bringt Unheil, sondern daß es Jahwes jetzt zu erfüllenden Willen nicht kennt – und nicht ausführt[22].

Die Auffassung, die uns bereits hier bei Hosea an einer Reihe von Stellen begegnet, daß nämlich «Jahwe/Gott kennen» «Jahwes Willen

---

[18] So *Wolff*, Hosea, S. 64.
[19] So *W. Rudolph*, Hosea (KAT XIII,1), Gütersloh 1966, S. 162.
[20] So *Wolff*, Hosea, S. 177.
[21] Zur Bedeutung von *ʾbl* vgl. *E. Kutsch*, «Trauerbräuche» und «Selbstminderungsriten» im Alten Testament, in: K. Lüthi – E. Kutsch – W. Dantine, Drei Wiener Antrittsreden (ThSt 78), Zürich 1965, S. 23–42, S. 35f.
[22] Auch in dem Bußlied Hos 6,1–3 scheint die Selbstaufforderung in V. 3: «Laßt uns (er)kennen, laßt uns danach streben, Jahwe zu (er)kennen», eher auf Jahwes Willen als auf seine Heilstaten in der Vergangenheit zu zielen.

kennen (und befolgen)» meint, findet sich, fast noch deutlicher, durchgehend im Jeremiabuch. Zur Verdeutlichung seien die Stellen zitiert. «Die Priester fragten nicht: Wo ist Jahwe?, die Hüter der Tora kannten mich nicht, und die Hirten frevelten gegen mich» (Jer 2,8); «denn mein Volk ist töricht, mich kennen sie nicht» (4,22); «von Bösem zu Bösem ziehen sie aus, mich aber kennen sie nicht» (Jer 9,2); «‹Bedrückung›[23] über Bedrückung, Trug über Trug – sie weigern sich, mich zu kennen» (9,5); «hat nicht dein Vater (der König Josia) ... Recht und Gerechtigkeit getan ..., dem Armen und Bedürftigen zu seinem Rechte verholfen ... – ist nicht dieses ‹mich kennen›?» (22,16); «keiner soll mehr seinen Nächsten, keiner seinen Bruder lehren: ‹kennet Jahwe›, denn sie alle werden mich kennen» (31,34)[24].

In demselben Sinn ist die Wendung «Jahwe/Gott kennen» noch an zwei weiteren atl Stellen gemeint: «Die Söhne Elis waren nichtsnutzige Leute, sie kannten Jahwe nicht» (1 Sam 2,12f); «fürwahr, so geht's der Wohnung eines Frevlers (ʿāwwal), der Stätte dessen, der Gott nicht kennt» (Hi 18,21).

An diesen Stellen schließt das «Kennen Jahwes/Gottes» das «Anerkennen» der göttlichen Hoheit ein, das sich zugleich in dem Befolgen des göttlichen Willens niederschlägt, und entsprechend hat es das «Nicht-kennen» mit dem menschlichen Ungehorsam zu tun. So steht «Jahwe (mich) nicht kennen» parallel zu «gegen mich freveln (pšʿ)» (Jer 2,8), zu «ausziehen von Bosheit zu Bosheit» (9,2); und die Aufzählung von frevlerischem Tun in Jer 9,3–5 wird zusammengefaßt durch die Feststellung: «Sie weigern sich, mich zu kennen.» So ist, wer Gott nicht kennt, ein ᵃwîl (4,22), ein ʿāwwal (Hi 18,21)[25], ein «Tor», ein «Ungerechter», ein ben bᵉlijjāʿal, ein «Nichtsnütziger» (1 Sam 2,12). Und umgekehrt: nach der – nicht jeremianischen, sondern deuteronomistischen[26] – Ankündigung in Jer 31,31–34 entspricht der durch die Eingabe der tôrā in das Herz der Israeliten ermöglichten Befolgung des Gotteswillens das «Kennen» Jahwes. Ausdrücklich wird das rechte Verhalten des Menschen als «Jahwe kennen» qualifiziert in Jer 22,16: Hier wird in einem Jahwewort die Feststellung, daß der als fromm geltende König Josia «Recht und Gerechtigkeit getan ... und dem Gebeugten und Bedürftigen zu seinem Recht verholfen» habe, durch die rhetorische Frage erläutert: «Ist das nicht Mich-Kennen? – Raunung Jahwes.» So kann dann an weiteren atl Stellen «Jahwe kennen»

---

[23] S. BHK, BHS und die Kommentare.
[24] Zu Jer 24,7 s. unten S. 167f.
[25] Zu ʿāwwal (cf. rašāʿ V. 5) vgl. F. Horst, Hiob. I. Teilband (BK XVI/1), Neukirchen–Vluyn 1968 (= ³1974), S. 275.
[26] Vgl. dazu E. Kutsch, Neues Testament – Neuer Bund? Eine Fehlübersetzung wird korrigiert, Neukirchen–Vluyn 1978, S. 38ff.

neben «Furcht Jahwes» stehen: «Dann wirst du die Furcht Jahwes verstehen und Gotteskenntnis gewinnen» (Prov 2,5), oder neben «ihm dienen»: «Du, mein Sohn Salomo, kenne den Gott deines Vaters und diene ihm mit ganzem Herzen» (1 Chr 28,9); und entsprechend ist in Prov 3,6 zwischen die Mahnung, Jahwe zu vertrauen (V. 5), und die Warnung vor Selbstüberschätzung («Sei nicht weise in deinen Augen», V. 7) die Mahnung gestellt: «Auf all deinen Wegen kenne ihn.»

Im Jeremiabuch, bei rund der Hälfte der Belege im Hoseabuch sowie an weiteren Stellen im AT bedeutet also von Menschen ausgesagtes *jadăʿ*, mit Jahwe, Gott oder einem entsprechenden Suffix oder Personalpronomen als Objekt verbunden, «Jahwe kennen» – mit der besonderen Nuance, daß der Mensch Gott zugleich anerkennt und seinen Willen kennt und tut. Von diesem Gebrauch von *jadăʿ* ist deutlich abgehoben im AT jener, bei dem auf das Verbum *jadăʿ* ein Nominalsatz folgt: *kî ʾǎnî jāhwǟ* «daß ich Jahwe bin». Dieser Sprachgebrauch begegnet am häufigsten, nämlich 54mal, im Buch Ezechiel in den Formen: «Und du wirst (ihr werdet, sie werden) erkennen, daß ich Jahwe bin»[27]. Solcher Erkenntnisformel geht üblicherweise eine Aussage über ein Tun Jahwes voraus. Diese Redeweise der Erkenntnisaussage zielt also darauf, daß der Mensch aus einem bestimmten göttlichen Handeln erkennt, daß dieser Gott Jahwe ist[28].

Zu dem kurzen Objektsatz: «Daß ich Jahwe bin» können Ergänzungen hinzutreten; diese sind in neun Fällen verbaler Art[29], fünfmal nominaler Art[30]; dreimal besteht die Erweiterung in einem Partizip[31]; einmal ist sie durch einen präpositionalen Ausdruck gebildet[32]. Von diesen ist die Erweiterung durch ein Partizip für unseren Zusammenhang noch von Interesse[33].

Daß diese «Erkenntnisaussage» sich inhaltlich von der oben festgestellten Redeweise vom «Gottkennen» grundlegend unterscheidet, spiegelt auch der deutsche Sprachgebrauch wider. Während wir in der Wendung «Gott kennen» das hebräische Verbum *jadăʿ* mit «kennen» wiedergeben, setzen wir in der «Erkenntnisaussage» dafür das Verbum «erkennen». Der Unterscheidung im Sprachgebrauch entspricht es,

---

[27] Ez 6,7.13.14; 7,4.27 usw. Die übrigen Stellen sowie weitere fünf, in denen im MT *ʾǎdonaj* hinzutritt, und eine, in der *kî* durch *ʾǎšär* ersetzt ist, bei W. Zimmerli, Erkenntnis Gottes nach dem Buche Ezechiel. Eine theologische Studie (AThANT 27), Zürich 1954 = Gottes Offenbarung. Gesammelte Aufsätze, München 1963, S. 41–119, S. 7 bzw. S. 43 Anm. 5.

[28] Vgl. dazu *Zimmerli* a.a.O., besonders S. 9ff = S. 45ff.

[29] Ez 5,13 usw. *Zimmerli* a.a.O. S. 7 (= S. 43) Anm. 6.

[30] Ez 20,20; 28,26; 39,22.28; 39,7; *Zimmerli* a.a.O. Anm. 7.

[31] Ez 7,9; 20,12; 37,28; *Zimmerli* a.a.O. Anm. 8.

[32] Ez 34,30: «Sie werden erkennen, daß ich, Jahwe, mit ihnen bin», *Zimmerli* a.a.O. Anm. 9.

[33] Zur Erkenntnisaussage im übrigen AT vgl. *Zimmerli* a.a.O. S. 17ff = S. 54ff.

daß im AT die beiden Redeweisen streng geschieden sind[34]. Es gibt nur zwei Belege, in denen neben dem Verbum *jadāʿ* sowohl ein Akkusativobjekt als auch ein Nominalsatz-Objekt steht; diese sind Jer 24,7 und unser Text Jer 9,23.

Gehen wir zunächst auf Jer 24,7 ein. In der dem Jeremia widerfahrenen Vision von den zwei Feigenkörben ergeht über die Exulanten von 597 v. Chr. Jahwes Verheißung: «(5) ... wie diese guten Feigen, so schaue ich die Weggeführten Judas ... freundlich an (6) ...: Ich werde sie in dieses Land zurückholen ... (7) und ich werde ihnen ein Herz geben, mich zu erkennen, daß ich Jahwe bin, und sie werden mein Volk sein und ich werde ihr Gott sein, denn sie werden von ganzem Herzen zu mir umkehren.» Darin, daß hier in V. 7 nebeneinander sowohl ein Akkusativ-Objekt als auch ein Nominalsatz als Objektsatz von dem Verbum *jadāʿ* abhängen, sieht Zimmerli[35] eine «eigenartige Überfüllung». Den «besonderen, in der bloßen Akkusativ-Aussage so noch nicht enthaltenen Akzent», den die Hinzufügung des *kî ᵃnî jähwä* bedeutet, findet Zimmerli darin, «daß das an zweiter Stelle zugefügte *kj 'nj jhwh* offenbar die umrissenere, schärfer profilierte Aussage enthält, die der einfachen Akkusativ-Aussage ein Moment der Verdeutlichung hinzuzufügen vermag»[36]. Trotz dieses Erklärungsversuches kann man – wenn auch textkritisch keinerlei Bedenken vorliegen – den Verdacht nicht unterdrücken, daß (mindestens) dieses *kî ᵃnî jähwä* hier sekundär hinzugefügt ist.

Der Selbstbericht in Jer 24,1–10 gehört wohl zu der «Sammlung der originalen Jer-Worte»[37]. Allerdings ist der überlieferte Text nicht einheitlich, sondern er enthält Erweiterungen; so in V. 5: «So hat Jahwe, der Gott Israels, gesprochen» und in V. 8: «Denn so hat Jahwe gesprochen»; vor allem aber ist hier der Zusatz »an allen Orten, wohin ich sie verstoßen werde«, in V. 9 zu nennen, der Dtn 28,37 aufnimmt

---

[34] Daß hier – wie gezeigt – eine sachliche Differenz vorliegt, bestreitet *Wolff*. Er übernimmt (Erkenntnis Gottes, S. 429) für Hosea die Feststellung von *Zimmerli*, «daß die mit einfachem Akkusativobjekt gebildete Erkenntnisaussage ... im Grunde eine Abkürzung einer volleren Objektsatz-Formulierung ist» (a.a.O. S. 15 = S. 52 Anm. 22). Diese Feststellung bezieht sich aber auf den Vergleich von Ez 25,14 mit 17, wo als Objekt zu «sie werden erkennen» einerseits der Akkusativ *'ät- niqmatî* «meine Rache» (V. 14), andererseits der Satz *kî-ᵃnî jähwä bᵉtittî 'ät-niqmatî bam* »daß ich Jahwe bin, indem ich meine Rache gegen sie setze« (V. 17) folgt. *Dieses* Akkusativobjekt – «meine Rache» – steht allerdings für den Satz: «daß ich Jahwe bin, indem ich meine Rache gegen sie setze.» Nur ist «meine Rache erkennen» nicht mit dem «mich kennen» etwa in Jer 22,16 oder der «Gotteserkenntnis» in Hos 4,2 gleichzusetzen. Denn mit der «Kenntnis» der Rache Jahwes verbindet sich in Ez 25,14 bei den angesprochenen Edomitern nicht ein Rechtverhalten wie bei der «Kenntnis» Jahwes in Jer 22,16 oder Hos 4,2.
[35] A.a.O. S. 34 = S. 73.
[36] A.a.O. S. 34f = S. 74.
[37] *Rudolph* a.a.O. (s. Anm. 3) S. 157. Anders *Thiel* a.a.O. (s. Anm. 40) S. 283. 289: deuteronomistische Redaktion.

und sich dadurch, daß er V. 10 widerspricht, als sekundär erweist[38]. In V. 7 wird nun zu beachten sein, daß hier in V. 7aβ.γ die sog. «Bundesformel», besser «Zugehörigkeitsformel»[39] steht in dieser Form: «Sie werden mir Volk sein und ich werde ihnen Gott sein»; und diese Formel hat hier noch eine Fortsetzung: «Denn sie werden zu mir mit ganzem Herzen umkehren.» Die Zugehörigkeitsformel begegnet auch sonst im Buch Jeremia: vollständig in 7,33; 11,4; 30,22; 31,1; 31,33; 32,28, mit ihrem zweiten Teil und mit Erweiterungen – «daß sie mir zum Volk seien und zum Namen und zum Ruhm und zum Schmuck» – in 13,11. Allerdings stammt keiner dieser Belege von Jeremia; sie gehen vielmehr auf eine deuteronomistische Redaktion zurück[40]. Daß die Zugehörigkeitsformel anders als an diesen Stellen allein in Jer 24,7 von Jeremia stammt, also «echt» ist, ist durchaus unwahrscheinlich. Vielmehr wird man die Formel auch hier als spätere Erweiterung, und zwar als deuteronomistische[41], ansehen – dies um so eher, als auch der Schlußsatz: «Denn sie werden zu mir mit ganzem Herzen umkehren», der deuteronomistischen Sprache nahesteht[42] und so kaum von dem Propheten stammt. Ist aber V. 7aβ.γ.δ (ab w^{e}hajû).b als sekundär erwiesen, dann legt sich die Annahme nahe, daß auch schon die drei vorangehenden Wörter – kî ^{a}nî jähwä «denn ich bin Jahwe» – nicht auf den Propheten zurückgehen, sondern, mit dem Rest, Zufügung sind.

Auch an unserer Stelle, in Jer 9,23[43], sind von jadā‛ sowohl ein Akkusativ-Objekt als auch ein Nominalsatz abhängig. Über Jer 24,7 hinaus bietet sie die zusätzliche Schwierigkeit, daß dem kî ^{a}nî jähwä wie an den drei Ezechiel-Stellen 7,9; 20,12; 37,28[44] noch das Partizip ‛ōsā mit drei Objekten angefügt ist. Stärker noch als in 24,7 erfordert

---

[38] Cf. *Rudolph* a.a.O. S. 156.

[39] Vgl. dazu *E. Kutsch*, Verheißung und Gesetz. Untersuchungen zum sogenannten «Bund» im Alten Testament (BZAW 131), Berlin–New York 1973, S. 146ff.

[40] *W. Thiel*, Die deuteronomistische Redaktion von Jer 1–25 (WMANT 41), Neukirchen–Vluyn 1973, S. 122. Zu dieser deuteronomistischen Redaktion vgl. Thiel a.a.O. vor allem S. 32ff. 283ff. Thiel hat hier Arbeiten von *J. Ph. Hyatt* (Jeremiah and Deuteronomy: JNES 1 [1942] S. 156–173; The Deuteronomic Editor of Jeremiah: Vanderbilt Studies in the Humanities 1 [1951] S. 71–95) aufgenommen und weitergeführt. – Aus der älteren Literatur vgl. etwa *Rudolph* a.a.O. S. 54 (Zu Jer 7,23: 7,1 – 8,3 deuteronomisch bearbeitet). 77 (zu 11,4). 193 (zu 30,22 und 31,1). 207. 213 (zu 32,38). Dazu, daß auch 13,11 nicht echt (so *Rudolph* a.a.O. S. 91ff), sondern deuteronomistisch ist, vgl. weiter *Thiel* a.a.O. S. 213. 284f. Zum deuteronomistischen Charakter von 31,33 (gegen *Rudolph* a.a.O. S. 188. 203) vgl. *S. Herrmann*, Die prophetischen Heilserwartungen im Alten Testament. Ursprung und Gestaltwandel (BWANT V, 5), Stuttgart 1965, S. 179ff; *Kutsch*, Neues Testament – Neuer Bund?, S. 38ff.

[41] Cf. *Thiel* a.a.O. S. 122 bei Anm. 43.

[42] Zu b^{e}kāl-libbam vgl. 1 Kön 8,23; 2 Kön 23,3 sowie Dtn 10,12; 11,13; 26,16; 30,2.6.10; 1 Kön 8,48; 2 Kön 23,25; auch Jer 13,10 ist deuteronomistisch, cf. *Thiel* a.a.O. S.122.

[43] *Zimmerli* geht auf Jer 9,22f nicht näher ein. Lediglich erwähnt wird die Stelle a.a.O. S. 34 = S. 73 Anm. 48.

[44] S. oben S. 166 Anm. 31.

in 9,23 das Nebeneinander von Akkusativ-Objekt und Nominalsatz in Abhängigkeit von dem Verbum *jadāʿ* eine Erklärung. Wir nehmen die Frage in Teil II auf[45].

2. Eine weitere Beobachtung bezieht sich auf die partizipiale Prädikation Jahwes: «Der *ḥäsäd, mišpaṭ* und *ṣᵉdaqā* im Lande tut». Diese Wendung in Jer 9,23 ist die einzige Stelle im Alten Testament, an der diese drei Substantive – *ḥäsäd, mišpaṭ* und *ṣᵉdaqā* – zusammenstehen. An den drei weiteren Stellen, die Hyatt[46] nennt, ist *ḥäsäd* lediglich mit einem der beiden anderen Substantive, mit *mišpaṭ* (Hos 12,7; Ps 101,1) bzw. mit *ṣᵉdaqā* (Prov 21,21) verbunden. Man könnte allenfalls Hos 2,21f anführen: «(21b) Ich will dich mir antrauen *bᵉṣädäq ûbᵉmišpaṭ ûbᵉḥäsäd ûbᵉrāḥᵃmîm* um Recht und Gerechtigkeit und um Güte und Barmherzigkeit. (22) Und ich will dich mir antrauen um Treue (*bäʾᵃmûnā*), und du sollst Jahwe kennen.» Allerdings ist hier *ḥäsäd* in erster Linie mit *rāḥᵃmîm* kombiniert, und nur in dieser Zusammenstellung entspricht es auf der anderen Seite *ṣädäq* und *mišpaṭ*. Häufig sind *mišpaṭ* und *ṣᵉdaqā* einander zugeordnet. Sie werden in dieser Zusammenstellung selten Jahwe (Ps 99,4; Jes 33,5), häufiger dagegen Menschen als getan oder zu tun zugeschrieben: David 2 Sam 8,15; 1 Chr 8,14, Salomo 1 Kön 10,9; 2 Chr 9,8, Josia Jer 22,15, dem König Jojaqim, seinen «Dienern» und den Judäern Jer 22,3, den Fürsten Israels Ez 45,9, dem Sproß Davids Jer 23,5; 33,15, dem einzelnen Menschen Ez 18,5.19.21.27; 33,14.16.19; vgl. Jes 56,1; Prov 21,3. Sind es auch in erster Linie Könige und Fürsten, denen solches gerechte Verhalten zugeschrieben oder von denen es erwartet wurde, so zeigen doch gerade die Belege in Ez 18 und 33, daß Recht und Gerechtigkeit von jedem, der als *ṣaddîq*, als Gerechter gelten soll, zu üben sind. Das Tun von Recht und Gerechtigkeit wird also in der Hauptsache – wenn auch nicht ausschließlich – mit Menschen in Zusammenhang gebracht. Das Tun von *ḥäsäd* auf der anderen Seite wird in gleicher Weise Menschen und Gott zugeschrieben: Menschen Gen 24,49; 40,14; 47,29 u. a., Jahwe Gen 24,12.14; Ex 20,6; Dtn 5,10; 2 Sam 2,6 u. ö. Allerdings ist die partizipiale Prädikation *ʿośä ḥäsäd* auf Jahwe beschränkt; sie findet sich – wie in Jer 9,23 – auch in Ex 20,6; Dtn 5,10; 2 Sam 22,51 = Ps 18,51; Jer 22,18[47]. Zwar kann das Partizip (*ʿośîm*) auch für Menschen stehen: «Und nun, wenn ihr solche seid, die Huld und Treue tun (*ʿośîm ḥäsäd wäʾᵃmät*), dann tut es mir kund» (Gen 24,49). Aber das ist etwas anderes als der hymnische Gebrauch an den anderen Stellen, die von

---

[45] S. unten S. 170.
[46] IB V, S. 894.
[47] In Ex 34,7 steht dafür (von Jahwe gesagt) *noṣer ḥäsäd* «der, der Huld bewahrt».

Jahwe handeln; zudem steht als Objekt nicht allein *ḥäsäd* wie in Jer 9,23, sondern *ḥäsäd wä^ᵃmät*. So erweist sich die Prädikation *'ośā ḥäsäd* als speziell zu Jahwe gehörig.

3. Ein drittes Problem kommt hinzu. Wiederholt ist auf die Nähe unseres Spruches Jer 9,22.23 zur Weisheit hingewiesen worden[48]. Das Wort handelt vom falschen und rechten Verhalten des Menschen; es nimmt also ein Thema aus der Lebensweisheit auf. Die Form der Warnung bzw. der Mahnung in solchem Zusammenhang unterstreicht den weisheitlichen Charakter. Trotzdem kann man das Wort nicht einfach als «Weisheitsspruch»[49] bezeichnen; der Sachverhalt, daß das Wort durch die Botenspruchformel «so spricht Jahwe» ein- und durch «Raunung Jahwes» ausgeleitet wird und daß dementsprechend das ganze Wort als Jahwerede stilisiert ist, bleibt dabei außer Betracht. Hier aber liegt das Problem: Wie verhalten sich zueinander die Form des Prophetenspruches und der Inhalt, der Charakter des Textes, der ihn der Weisheit zuordnet?

II.

1. Die Lösung dieser drei Probleme beginnen wir mit der Beantwortung der dritten Frage. Hierfür ziehen wir die Traditionsgeschichte unseres Spruches heran.

Zunächst werfen wir einen Blick auf die griechische Übersetzung von Jer 9,22.23[50]. Die Septuaginta bietet als Plus gegenüber dem masoretischen Text die Kopula sowohl zu Beginn von V. 22b als auch vor κρίμα (= *mišpaṭ*). Im ersten Fall könnte sie den ursprünglichen Text bewahrt haben; dagegen könnte das Fehlen der Kopula vor *mišpaṭ* sich aus der Entstehungsgeschichte des Textes erklären, so daß hier die Septuaginta angeglichen hätte. Beachtlich ist, daß die Septuaginta das Akkusativ-Objekt zu *wᵉjadoaʿ, 'otî* «mich (kennen)», nicht wiedergibt[51]. Offensichtlich hat hier der Übersetzer die Schwierigkeit des Nebeneinanders von Akkusativ-Objekt und Nominalsatz-Objekt empfunden und deshalb das Akkusativ-Objekt weggelassen.

Nun begegnet unser Text in griechischer Form auch noch an zwei anderen Stellen: in einem Zusatz der Septuaginta gegenüber dem masoretischen Text in 1 Sam 2,10 sowie in 1 Clem 13,1.

Im ersten Teil des Spruches, also in dem Teil des Textes, der Jer 9,22 entspricht, stimmt 1 Sam 2,10 LXX mit Jer 9,22 LXX weithin überein. Hier ist offenbar derselbe hebräische Text wie in Jer 9,22 voraus-

---
[48] Z. B. *Nötscher* a.a.O. S. 40, *Hyatt* a.a.O. S. 894, *Weiser* a.a.O. S. 89.
[49] So *Nötscher* a.a.O. S. 40.
[50] S. den Wortlaut weiter unten.
[51] In den Codex Sinaiticus ist με sekundär hineinkorrigiert.

gesetzt. Allerdings verwendet 1 Sam 2,10 LXX gegenüber Jer 9,22 LXX einige andere Begriffe: Statt ὁ σοφὸς ἐν τῇ σοφίᾳ und ὁ ἰσχυρὸς ἐν τῇ ἰσχύι Jer 9,22 LXX hat 1 Sam 2,10 LXX ὁ φρόνιμος ἐν τῇ φρονήσει und ὁ δυνατὸς ἐν τῇ δυνάμει. 1 Clem 13,1 folgt hier in der Terminologie Jer 9,22; allerdings ist hier der Text vereinfacht: «Nicht rühme sich der Weise seiner Weisheit noch der Starke seiner Stärke noch der Reiche seines Reichtums.»

Im zweiten Teil des Spruches allerdings treten nun stärkere Unterschiede in Erscheinung. 1 Sam 2,10 LXX folgt auch hier zunächst noch wörtlich Jer 9,23: ἀλλ' ἢ ἐν τούτῳ καυχάσθω ὁ καυχώμενος συνίειν «sondern dessen rühme sich, wer sich rühmt, verständig zu sein». Nun aber beginnt die Abweichung. Im Anschluß an den masoretischen Text, nur ohne das Akkusativ-Objekt, lautet der griechische Text von Jer 9,23αaB.β: (συνίειν) καὶ γινώσκειν ὅτι ἐγώ εἰμι κύριος ποιῶν ἔλεος καὶ κρίμα καὶ δικαιοσύνην ἐπὶ τῆς γῆς «(verständig zu sein) und zu erkennen, daß ich der Herr bin, der Barmherzigkeit und Recht und Gerechtigkeit tut auf der Erde». Statt dessen heißt es in 1 Sam 2,10 LXX: συνίειν καὶ γινώσκειν τὸν κύριον καὶ ποιεῖν κρίμα καὶ δικαιοσύνην ἐν μέσῳ τῆς γῆς «(verständig zu sein) und den Herrn zu (er)kennen und Recht und Gerechtigkeit zu tun mitten im Lande». Die beiden Texte unterscheiden sich in mehrfacher Hinsicht. Anders als in Jer 9,23(24) liegt in 1 Sam 2,10 LXX erstens nicht Jahwerede vor, sondern es wird von Jahwe in der 3. pers. geredet: «den Herrn (er)kennen». Und zweitens wird das Tun von Recht und Gerechtigkeit hier von den Menschen ausgesagt, nicht von Gott. Dabei ist drittens zu beachten, daß in 1 Sam 2,10 LXX das erste Objekt samt der nachfolgenden Kopula, die Wiedergabe von ḥäsäd û «Barmherzigkeit und» fehlt. Als vierter, geringfügiger Unterschied findet sich statt «auf der Erde» Jer 9,23 in 1 Sam 2,10 die Ortsangabe «inmitten der Erde». Aber gerade diese Wendung macht deutlich, daß diese Form des Spruches nicht eine Erfindung des griechischen Übersetzers ist, sondern daß sie auf einen hebräischen Urtext zurückgeht: ἐν μέσῳ τῆς γῆς ist wörtliche Wiedergabe von hebr. *beṭôk haʾaräṣ* «inmitten der Erde».

In 1 Clem 13,1 lautet der Text: ἀλλ' ὁ καυχώμενος ἐν κυρίῳ καυχάσθω, τοῦ ἐκζητεῖν αὐτὸν καὶ ποιεῖν κρίμα καὶ δικαιοσύνην «sondern wer sich rühmt, rühme sich des Herrn, ihn zu suchen und Recht und Gerechtigkeit zu tun». An die Stelle von «verständig zu sein und den Herrn zu kennen» ist die Wendung «ihn zu suchen» getreten; «der Herr», in 1 Sam 2,10 Objekt zu «kennen», ist hier bereits Gegenstand des Sichrühmens geworden. Wichtig ist die Übereinstimmung von 1 Clem 13,1 mit 1 Sam 2,10 LXX darin, daß das «Tun von Recht und Gerechtigkeit» wiederum dem Menschen zugeschrieben ist. Eine

Ortsangabe – «inmitten der Erde» – fehlt hier. Die Übereinstimmung in den Grundzügen zwischen 1 Sam 2,10 LXX und 1 Clem 13,1 läßt darauf schließen, daß in beiden Fällen eine Form unseres Spruches verwendet ist, die von Jahwe («dem Herrn») in der 3. pers. redet und die das «Tun von Recht und Gerechtigkeit" dem Menschen zuschreibt. Diese Form steht neben der des Spruches Jer 9,22.23, in dem Jahwe selbst in der 1. pers. spricht und in der das «Tun von Treue, Recht und Gerechtigkeit» von Jahwe ausgesagt ist.

Die entscheidende Frage ist nun: welche der beiden Formen ist die ursprüngliche? Für Schreiner bildet 1 Sam 2,10 LXX eine «Kommentierung des Prophetenwortes»; «hier wird die alte prophetische Forderung aufgenommen und zur Grundlage menschlicher Selbsteinschätzung gemacht»[52]. Das Ursprüngliche wäre also die Gottesrede, das Sekundäre die Form des Spruches, in der von «dem Herrn» in der 3. pers. geredet wird. Aber ist das wahrscheinlich? Wir haben bereits die Beobachtung notiert, daß der Spruch von Jer 9,22.23 der Weisheit nahesteht. Nun ist die Form des Wortes, die wir in 1 Sam 2,10 LXX und 1 Clem 13,1 fanden, ausgesprochen die eines Weisheitsspruches. Das mag ein Vergleich etwa mit Prov 3,5.7 verdeutlichen:

Vertraue auf Jahwe mit deinem ganzen Herzen,
   aber auf deinen Verstand stütze dich nicht.
Auf allen deinen Wegen kenne ihn,
   so wird er deine Pfade ebnen.
Sei nicht weise in deinen Augen,
   sondern fürchte Jahwe und weiche vom Bösen.
Heilung ist es für dein Fleisch
   und Labsal für deine Gebeine.

Die Nähe des Inhaltes zur Weisheit läßt doch eher darauf schließen, daß die Form des Spruches, die ein Weisheitswort darstellt, die ursprüngliche ist. Als Folgerung daraus ergibt sich, daß 1 Sam 2,10 LXX und 1 Clem 13,1 in der Tradition der ursprünglichen Gestalt des Spruches stehen; daß in Jer 9,22.23 dieser Spruch in ein Prophetenwort umgeprägt wurde, das eine Jahwerede bietet; daß dabei der Spruch dann auch mit der einleitenden Botenspruchformel versehen wurde: «So spricht Jahwe», desgleichen mit der Ausleitung «Raunung Jahwes».

Damit hat zunächst das dritte Problem seine Lösung gefunden. Die Nähe des Spruches in Jer 9,22.23 zur Weisheit erklärt sich daraus, daß diesem «Prophetenspruch» ein Weisheitswort zugrunde liegt; dieses Weisheitswort ist zu einem Prophetenspruch umgeprägt worden.

---
[52] A.a.O. (s. bei und mit Anm. 9) S. 541.

Daß dieses Ergebnis richtig ist, wird nun dadurch bestätigt, daß sich unter seiner Voraussetzung auch die weiteren oben genannten Probleme lösen.

2. Wir vergegenwärtigen uns noch einmal den Vorgang der Umprägung des Weisheitsspruches in ein Prophetenwort. Die ursprüngliche Form des Spruches, also das Weisheitswort, wie es sich uns in 1 Sam 2,10 LXX und im wesentlichen auch in 1 Clem 13,1 präsentiert, hat folgenden Wortlaut gehabt:

> Ein Weiser rühme sich nicht seiner Weisheit, und ein Starker rühme sich nicht seiner Stärke, und ein Reicher rühme sich nicht seines Reichtums, sondern wer sich rühmen will, der rühme sich, daß er verständig ist und Jahwe kennt und Recht und Gerechtigkeit übt im Lande; denn an solchen hat Jahwe Wohlgefallen[53].

Bei der Umformung in ein Prophetenwort wurde zunächst durch eine Einleitung – «so spricht Jahwe» – und durch die Ausleitung – «Raunung Jahwes» – der Text als Gottesrede im Prophetenmund gekennzeichnet. In Entsprechung zu dem Charakter des Jahwewortes wurde die Rede von Jahwe in der 3. pers. in die Jahwerede in der 1. pers. umgestaltet. Statt «Jahwe kennen» heißt es nunmehr «mich kennen». Stärker noch wurde in den ursprünglichen Text dadurch eingegriffen, daß – wie es wahrscheinlich auch bei Jer 24,7 der Fall ist – zu dem Akkusativ-Objekt bei «(er)kennen» ein Objekt in Form eines Nominalsatzes hinzugefügt wurde[54]. Im Zusammenhang mit dem Einschub von «daß ich Jahwe bin» wurde das «Tun (von Recht und Gerechtigkeit)» nicht mehr dem Menschen, sondern nunmehr Jahwe zugeschrieben, in dem der den inf. abs. *hăśkēl* «verstehen, verständig sein» und *jādoaʿ* («den Herrn) kennen» parallele inf. abs. *ʿāśō* «tun» (= griech. ποιεῖν) in ein hymnisch-prädikatives part. *ʿōśā* umgewandelt wurde. Zugleich wurde diesem «Tun» Jahwes als (erstes) Objekt *ḥäsäd* «Güte» zugeordnet vor *mišpaṭ ûṣᵉdāqā*[55].

Bevor wir von hier aus weitere Schlußfolgerungen ziehen, fragen wir noch einmal zurück, ob nicht doch der Vorgang umgekehrt zu denken sei: daß der Text von Jer 9,22.23 MT der ursprüngliche war und durch die Umformung aus der 1. pers. der Jahwerede in die 3. pers. die in 1 Sam 2,10 LXX und (ähnlich) in 1 Clem 13,1 überlieferte Fassung

---

[53] Zur Frage der Ursprünglichkeit des letzten Satzes s. unten S. 174ff.
[54] Man könnte natürlich fragen, ob nicht auch diese Formel bereits in dem ursprünglichen Text in 3. pers. gegeben war. Sie müßte dann gelautet haben: *kî hûʾ jāhwä* «daß er Jahwe ist». Aber in dieser Gestalt kommt die Formel im ganzen AT nicht vor, sie ist also auch hier nicht als ursprünglich zu erwarten.
[55] Daß es sich um einen Einschub handelt, könnte sich noch darin widerspiegeln, daß vor *mišpaṭ* im MT die Kopula fehlt.

erhalten hat, wobei dann nicht nur Ein- und Ausleitung der Jahwerede entfernt worden wären, sondern auch das erste Objekt zu ʿośǟ, ḥäsäd, und vor allem der Nominalsatz zu jadoaʿ. Dabei wäre dann auch das zunächst Jahwe zugeschriebene Tun von Recht und Gerechtigkeit auf den Menschen übertragen worden. Aber gerade hier ist der umgekehrte Vorgang: die Übertragung dieser Aussage vom Menschen auf Jahwe sowie die Hinzufügung, nicht die Streichung des Objektes ḥäsäd[56] das Wahrscheinlichere; vor allem aber bleibt das Argument der Nähe zur Weisheit, das die Form des Weisheitsspruches als die ursprüngliche gelten läßt. Die hier gegebene Erklärung hat also die größere Wahrscheinlichkeit für sich.

So können wir nun aus der oben gegebenen Darstellung des Umformungsvorganges die beiden offenen Fragen beantworten.

a) Das – ungewöhnliche – Nebeneinander von Akkusativ-Objekt und Nominalsatz in Abhängigkeit von dem Verbum jadāʿ erklärt sich daraus, daß der Nominalsatz erst sekundär in den Kontext eingefügt wurde, als der Weisheitsspruch in die Jahwerede des Prophetenwortes umgestaltet wurde[57].

b) Bei derselben Gelegenheit ist in Verbindung mit der Umformung des inf. abs. weʿaśō in das (nun auf Jahwe bezogene) part. ʿośǟ das Objekt ḥäsäd «Huld» eingefügt worden.

Die ursprüngliche Form – «(der rühme sich,) daß er verständig ist und Jahwe kennt und Recht und Gerechtigkeit übt» – zeigt noch einmal den unmittelbaren Zusammenhang zwischen Gotteskenntnis und daraus resultierendem rechten Verhalten: Wer Gott kennt, der tut geradezu automatisch dann auch Recht und Gerechtigkeit – so wie in Jer 22,16 das Tun von Recht und Gerechtigkeit als Gotteskenntnis bezeichnet werden kann.

III.

Damit sind die Probleme, die uns der Text zunächst aufgegeben hat, gelöst. Nun stellt sich aber aus dem Textbefund in Jer 9,22f und an den weiteren hier herangezogenen Stellen noch eine weitere traditionskritische Frage. In Jer 9,23 schließt die Jahwerede mit dem Satz kî beʾellä ḥapäṣtî «denn an diesen habe ich Gefallen», und die Septuaginta zu dieser Stelle gibt ihn wieder mit ὅτι ἐν τούτοις τὸ θέλημά μου. Dieser Satz fehlt aber sowohl in 1 Sam 2,10 LXX als auch in 1 Clem 13,1. Hat er zum Weisheitsspruch gehört und ist von dort nach Jer

---

[56] Vgl. dazu oben S. 173 bei und mit Anm. 55.
[57] Diese Beobachtung zu Jer 9,23 stützt zugleich die Erwägung, daß auch in Jer 24,7 der Nominalsatz neben dem Akkusativ-Objekt zu jadāʿ «(er)kennen» nicht ursprünglich ist.

9,23 übernommen, andererseits in 1 Sam 2,10 LXX und 1 Clem 13,1 oder in der diesen Stellen vorangehenden Tradition weggelassen worden? Oder hat er in dem ursprünglichen Weisheitsspruch gefehlt und ist erst bei der Umgestaltung des Weisheitsspruches in das Prophetenwort dort eingefügt worden?

Bei den weiteren Erwägungen hierzu ist davon auszugehen, daß b^e'ellā nicht neutrisch gemeint ist[58], sondern – im ausdrücklichen Gegensatz zu b^ezo't am Anfang von V. 23 – maskul. plural[59]: Jahwe hat an solchen Wohlgefallen, die ihn kennen – deshalb sollen sie sich dessen (b^ezo't), d. h. solcher Jahwekenntnis, rühmen[60].

Hier zeigt sich nun im Text von Jer 9,23 eine gewisse Schwierigkeit darin, daß der (zweite) kî-Satz – «denn an solchen habe ich Wohlgefallen» – von dem Text, auf den er Bezug nimmt – «daß er verständig ist und mich kennt» – durch den Satz: «daß ich Jahwe bin, der Güte, Recht und Gerechtigkeit tut im Lande», getrennt ist. Nehmen wir an, daß der zweite kî-Satz – mit dem Subjekt in der 3. pers. sing. – bereits in dem ursprünglichen Weisheitsspruch gestanden hat, dann hat hier der Text gelautet: «... Der rühme sich, daß er verständig ist und Jahwe kennt und Recht und Gerechtigkeit übt im Lande; denn an solchen hat Jahwe Wohlgefallen.» Es liegt auf der Hand, daß sich in dieser Form des Spruches der letzte Satz unmittelbar an den Text, auf den er sich bezieht, anschließt. Wäre diese Form ursprünglich, dann wäre der Satz bei der Umprägung des Spruches in ein Jahwewort in die Rede der 1. pers. sing. transponiert worden. Daß Jahwe Wohlgefallen hat an denen, die Recht handeln, sagt die Weisheit wiederholt: «Ein Greuel für Jahwe, die verkehrten Herzens sind, aber sein Wohlgefallen (r^eṣônô), die unsträflich wandeln (t^emîmê däräk)» (Prov 11,20); «ein Greuel für Jahwe falsche Lippen, aber die Treue üben, sein Wohlgefallen ('ośê ^{a}mûnā r^eṣônô)» (Prov 12,22); und umgekehrt hat nach Sir 15,12b Ms. B Jahwe keinen Gefallen (ḥepäṣ) an den «gewalttätigen Leuten».

Auf der anderen Seite steht das Fehlen des letzten Satzes – der hier in der Fassung: «denn an solchen hat Jahwe Wohlgefallen» stehen müßte – in 1 Sam 2,10 LXX und 1 Clem 13,1, also in den Texten, die im übrigen die ursprüngliche Form des Weisheitsspruches bewahrt haben.

Eine sichere Entscheidung, ob der letzte Satz in der Überlieferung ursprünglich ist oder nicht, scheint kaum möglich. Vielleicht gibt die

---

[58] So – wohl in Anlehnung an die Vulgata («haec enim mihi placent») – Luther; vgl. die Ausgabe von H. Volz (s. Anm. 1) S. 1291.
[59] So die neueren Ausleger.
[60] Zu ḥapäṣ b^e für göttliches Wohlgefallen an Personen vgl. Num 14,8; 2 Sam 15,26; 1 Kön 10,9 u. ö.

Beobachtung, daß in der Form des Weisheitsspruches der Begründungssatz besser an seinen Bezugstext anschließt, der ersten Alternative, d. h. der Annahme der Ursprünglichkeit, größeres Gewicht. In 1 Sam 2,10 LXX und 1 Clem 13,1 müßte der Satz dann weggelassen worden sein.

IV.

Das «Jahwewort» in Jer 9,22f ist also durch Umformung und Erweiterung eines Weisheitsspruches entstanden. Wer aber hat diese Umgestaltung vorgenommen? Die Eingliederung des Textes in das Jeremiabuch schreibt das Wort dem Propheten zu – aber zu Recht? Die allgemein formulierte Belehrung oder Mahnung zu einem bestimmten Verhalten ohne konkreten Bezug auf Personen oder eine Situation ist sonst nicht Sache des Propheten Jeremia. Nur noch einmal hat im Jeremiabuch eine Gruppe von drei Weisheitssprüchen Aufnahme gefunden: in Jer 17,5–11. In dem vorangehenden, wohl jeremianischen Spruch in 17,1–4 folgt auf die Feststellung, daß Juda des Götzendienstes schuldig ist, in V. 1–2aα in V. 2b–4 eine Unheilsankündigung. Hieran schließt eine kaum nur zufällig zusammengestellte Reihe von drei Weisheitssprüchen an, die durch die Botenspruchformel «so spricht Jahwe» in V. 5aα eingeleitet ist. Der erste Spruch, V. 5–8, "a bit of wisdom poetry"[61]:

(5) Verflucht der Mann, der auf Menschen vertraut
 und Fleisch zu seinem Arm macht
 und dessen Herz von Jahwe abweicht.

(6) Der ist wie ein kahler Strauch in der Steppe,
 und wird nicht sehen, daß Gutes kommt;
 er haust auf dürrem Boden in der Wüste,
 in salzigem, unbewohnbarem Lande.

(7) Gesegnet der Mann, der auf Jahwe vertraut
 und dessen Zuversicht Jahwe ist.

(8) Der ist wie ein Baum, der ans Wasser gepflanzt ist
 und der seine Wurzeln nach dem Bach ausstreckt.
 Er ‹hat nichts zu fürchten›[62], wenn Hitze kommt,
 und sein Laub bleibt grün.
 Auch im Jahr der Dürre ist er unbesorgt
 und er läßt nicht ab, Frucht zu tragen,

ist aus einem Fluchwort in V. 5f und einem diesem korrespondierenden Segenswort in V. 7f zusammengesetzt. Der zweite Spruch in V. 9–10:

---

[61] *Bright* a.a.O. (s. Anm. 3) S. 119.
[62] S. BHK, BHS.

(9) Arglistig ist das Herz, mehr als alles,
  und heillos ist es, wer kann es kennen?
(10) Ich, Jahwe, bin es, der das Herz erforscht
  und die Nieren prüft,
  daß ich einem jeden gebe ‹nach seinem Wandel›[63],
   nach der Frucht seiner Taten,

ist zweiteilig. V. 9 ist nach Aufbau und Inhalt eine weisheitliche Aussage. Sie schließt mit einer rhetorisch gedachten Frage, die einer Feststellung: «man kann es nicht kennen» entspricht und die so keine Antwort erfordert. Daß trotzdem eine solche in V. 10 folgt, muß überraschen – um so mehr, als die Antwort in eine Jahwerede gefaßt ist.

Der dritte Spruch in V. 11, wiederum "a proverb"[64], enthält einen Vergleich:

  Einem Rebhuhn, das ausbrütet, was es nicht gelegt hat,
   gleicht, wer sich Reichtum auf unrechtem Wege erwirbt;
  in der Mitte ‹seiner Tage›[65] muß er ihn lassen,
   und an seinem Ende steht er als Tor da.

Anders als bei dem Spruch in Jer 9,22f, der ohne jeden erkennbaren Zusammenhang in seinem jetzigen Kontext steht, dürften diese drei Weisheitssprüche erkennen lassen, warum sie hier an die vorangehende begründete Unheilsankündigung angeschlossen wurden. In dem ersten Spruch nimmt die Verfluchung dessen, «der von Jahwe abweicht», die Feststellung der Schuld, Götzendienst, in V. 1 auf; dasselbe könnte von dem ersten Teil des zweiten Spruches, V. 9, gelten. Und der Satz in V. 11b, daß – hier: unrechtmäßig erworbener – Reichtum verlorengeht, könnte als Bezug auf die Anknüpfung von V. 3 verstanden sein, daß Jahwe alle Schätze Judas zum Lohn für seine Sünden zur Plünderung preisgibt.

Mit diesen drei Sprüchen wird also die begründete Unheilsankündigung von Jer 17,1–4 vor den Hintergrund weisheitlicher Aussagen gestellt. Das ist ein sekundärer Vorgang. Daß Jeremia selbst diese «Kommentierung» vorgenommen habe, wird man füglich bezweifeln; dies ist die Arbeit eines Späteren. Dessen Hand wird man auch bei der Einleitung in 5aα – und damit bei der Umgestaltung der Weisheitssprüche in ein Prophetenwort! – finden; vielleicht stammt auch die Jahwerede in der Erweiterung in V. 10 von seiner Hand. Daß die drei Sprüche von Jeremia stammen, d. h. von dem Propheten formuliert wurden, ist unwahrscheinlich. Selbst wenn er sie – in welchem Zusammenhang

---
[63] S. BHK und BHS.
[64] *Bright* a.a.O. S. 119.
[65] S. BHK und BHS.

auch immer – gebraucht hätte, hätte er sie aus der weisheitlichen Überlieferung übernommen.

Wenden wir uns von hier aus wieder der Frage der «Echtheit» des Spruches in Jer 9,22f zu, dann spricht alle Wahrscheinlichkeit dafür, daß auch hier die Aufnahme des Weisheitsspruches und seine Umgestaltung und Erweiterung zur Jahwerede nicht auf den Propheten Jeremia, sondern einen Späteren zurückgeht.

V.

Es bleibt zum Schluß noch auf Paulus einzugehen. Zweimal findet sich bei dem Apostel das Zitat: ὁ (δὲ) καυχώμενος ἐν κυρίῳ καυχάσθω (1 Kor 1,31; 2 Kor 10,17). Ein Vergleich mit den bisher herangezogenen Texten zeigt, daß diese Formulierung sich wörtlich in 1 Clem 13,1 wiederfindet. Während 1 Clem 13,1 bis unmittelbar vor diesem Satz den vollständigen Text von Jer 9,22 – wenn auch in stilistischer Kürzung[66] und ohne die Einleitung der Jahwerede – bietet, hat Paulus in 1 Kor 1,31 wie in 2 Kor 10,17 diesen Teil des Textes nicht aufgenommen. Allenfalls der Sachverhalt, daß der Apostel in 1 Kor 1,26–28 betont, daß unter den Gliedern der Gemeinde in Korinth «nicht viele Weise (σοφοί) nach dem Fleisch, nicht viele Starke (δυνατοί), nicht viele Hochgeborene» sind, daß vielmehr Gott «das Törichte der Welt erwählt hat, damit er die Weisen beschäme, und das Schwache der Welt erwählt hat, damit er das Starke beschäme ...», und besonders die Zweckangabe: «damit sich kein Fleisch vor Gott rühme», in V. 29[67], könnten darauf hinweisen, daß Paulus wenigstens in 1 Kor 1 den vollständigen Spruch vor Augen gehabt hat. Daß 1 Clem 13,1 den ganzen Spruch (mit Änderungen) zitiert, Paulus dagegen nur einen Teil daraus, schließt aus, daß 1 Clem den Satz: «Wer sich rühmen will, der rühme sich im Herrn», «aus Paulus übernommen» hat[68]. Daraus, daß Paulus und 1 Clem 13 in der Formulierung des Satzes «ὁ καυχώμενος ἐν κυρίῳ καυχάσθω» übereinstimmen und daß 1 Clem 13,1 nicht aus dem Korintherbrief des Paulus übernommen ist, folgt, daß Paulus nicht selbst sein Zitat aus Jer 9,22f «zusammengezogen»[69], daß er nicht Jer 9,23 (LXX: 24) selbst «absichtlich verändert»[70] hat, daß aber auch nicht ein «freies Exzerpt» vorliegt[71]. Es ergibt sich daraus vielmehr, daß

---

[66] S. dazu oben S. 171.
[67] Zu dem Bezug von 1 Kor 1,29 und 31 auf Jer 9,22f vgl. J. Weiß, Der erste Korintherbrief (KEK V), Göttingen ⁹1910, S. 39. 43.
[68] Die Erwägung dieser Übernahme bei H. Conzelmann, Der erste Brief an die Korinther (KEK V), Göttingen ¹¹1969, S. 69 Anm. 32.
[69] So H. Windisch, Der zweite Brief an die Korinther (KEK VI), Göttingen ⁹1924 (1970), S. 314.
[70] So O. Michel, Paulus und seine Bibel (BFChTh 2,18), Gütersloh 1929, S. 75.
[71] So H. Lietzmann – W. Kümmel, An die Korinther I. II. (HNT 9), Tübingen ⁴1949, S. 144 (zu 2 Kor 10,17).

beide, Paulus und 1 Clem 13,1, unabhängig voneinander aus ein und derselben Tradition zitieren. Allerdings führt Paulus einmal, in 1 Kor 1,31, den Satz mit «καθὼς γέγραπται» ein und kennzeichnet ihn so als Zitat aus seiner Bibel, dem AT[72]. Das zeigt, daß er bei der Zitierung sich bewußt war, einen atl Text aufzunehmen. Für den vermeintlichen Anschluß kämen wohl beide Septuaginta-Stellen, Jer 9,23f und 1 Sam 2,10, in gleicher Weise in Frage, da sie beide – wenn auch in unterschiedlicher Weise – zwar den ganzen Spruch, nicht aber den zitierten Satz enthalten. Da aber der Jeremiatext gegenüber dem Text von 1 Sam 2,10, der sich hier ja nur in der Septuaginta, nicht aber im hebräischen Text findet, der bekanntere gewesen sein wird, hat Paulus bei seinen Zitaten in 1 Kor 1,31 und 2 Kor 10,17 sicher an Jer 9,22f gedacht.

VI.

Überblicken wir zum Schluß noch einmal die hier aufgezeigte Traditionsgeschichte, so ergibt sich:

Es führt *eine* Linie – die Form des Weisheitsspruches – wohl aus dem vorexilischen Israel und damit aus hebräischer Formulierung hin zu 1 Sam 2,10 LXX und – mit leichter Abwandlung – zu Paulus (1 Kor 1,31; 2 Kor 10,17) und 1 Clem 13,1.

Von dieser Linie ist abgezweigt die Fassung in Jer 9,22f, die den Weisheitsspruch in ein Prophetenwort umstilisiert und – unter charakteristischen Änderungen – erweitert. Die Übernahme und Umgestaltung des Spruchs geht höchstwahrscheinlich nicht auf den Propheten Jeremia zurück. Die Septuaginta zu Jer 9,22f folgt der hebräischen Vorlage, nur daß sie das Akkusativobjekt zu *jado^{ac}* / γινώσκειν «(er)kennen» – *'otî* «mich» – wegläßt.

---

[72] Vgl. *Michel* a.a.O. S. 72.

»... denn Jahwe vernichtet die Philister«

Erwägungen zu Jer 47,1–7*

Im Jeremiabuch findet sich in Kap. 46,1–51,64 eine Sammlung von Fremdvölkersprüchen, die sowohl an Völker im Umkreis von Juda als auch ferner wohnende Völker, nämlich an Ägypten (46,1–12.13–28), die Philister (47,1–7), Moab (48,1–47), die Ammoniter (49,1–6), Edom (49,7–22), Damaskus (49,23–27), Kedar und »die Reiche von Hazor«, also an arabische Stämme östlich von Palästina (49,28–33), Elam (49,34–39) und Babel (50,1–51,64), gerichtet sind. Diese Sammlung bildet innerhalb des Jeremiabuches eine eigene Größe mit eigenen Problemen. Aufs Ganze gesehen ist die Hauptfrage die, ob und inwieweit diese Sprüche dem Propheten Jeremia zugeschrieben werden können oder ob und wieweit sie auf einen anderen Verfasser oder auf mehrere andere Verfasser aus der Zeit des Jeremia oder aus (früherer? oder) späterer Zeit zurückgehen. Dazu kommt, im Blick auf die Gesamtheit der Sammlung, etwa die Frage, wie sich diese Sammlung traditionsgeschichtlich zu derartigen Sammlungen in anderen alttestamentlichen Büchern, etwa in Am 1,3–2,16; Jes 13,1–22; 14,22–21,17; 23,1–18; Zeph 2,4–15; Ez 25,1–32,32; Sach 9,1–8, verhält und welche Bedeutung solche Sammlungen haben angesichts des Sachverhaltes, daß diese Sprüche ja den betroffenen Fremdvölkern nicht kundgetan werden konnten[1] – im Unterschied zu Sprüchen, die an das Volk Israel (Am 5,1–3) oder an die Bewohner von Jerusalem und die Männer von Juda (Jes 5,1–7) – die jedenfalls teilweise die Verkündigung dieser Worte hören konnten – bzw. an einzelne Gruppen, etwa die Propheten (Mi 3,5–8) oder die Damen von Samaria (Am 4,1–3), oder an Einzelpersonen, etwa den Priester von Bethel (Am 7,14–17) oder den König von Juda (Jes 7,2–9), gerichtet waren.

---

* Folgende Kommentare werden nur mit Verfasser und Seite angegeben:
J. Bright, Jeremiah, AncB 21 (1965);
G. Fohrer, Die Propheten des AT 4, Die Propheten um die Mitte des 6. Jahrhunderts (1975);
W. Rudolph, Jeremia, HAT I,12 (³1968);
P. Volz, Der Prophet Jeremia, KAT X (²1928);
A. Weiser, Das Buch des Propheten Jeremia. Kap. 25,15–52,34, ATD 21 (1955).
1 Ausgenommen Sprüche wie Jes 14,28–32, wo in v. 32 die Anwesenheit von Boten der betroffenen Philister vorausgesetzt ist.

1. Der Text

Indem wir uns unserem eigentlichen Thema, dem Spruch gegen die Philister in Jer 47,1–7, zuwenden, vergegenwärtigen wir uns zunächst den Text dieses Kapitels.

(1) Was als Wort Jahwes an den Propheten Jeremia erging über die Philister, ehe der Pharao Gaza schlug.
(2) So spricht Jahwe:
Siehe, Wasser steigen auf von Norden her
    und werden zu einem flutenden Bach;
sie überfluten das Land und was darauf ist,
    die Städte[2] und die, die sie bewohnen.
Da schreien die Menschen und heulen
    alle Bewohner des Landes,
(3) ob des Lärms des Stampfens der Hufe seiner Rosse,
    ob des Dröhnens seiner Wagen, des Rasselns seiner Räder.
Väter wenden sich nicht um nach den Söhnen,
    weil ihre Hände schlaff werden
(4) wegen des Tages, der kommt,
    zu vernichten alle Philister,
auszurotten für Tyrus und Sidon
    jeden Entrinnenden als Helfer;
denn Jahwe vernichtet die Philister,
    die Nachkommen der Insel Kaphtor.
(5) Eine Glatze ist auf Gaza gekommen,
    verstummt ist Askalon;
›Asdod‹, Nachkomme der ›Enakiter‹,[3]
    wie lange noch mußt du dir Einritzungen machen?
(6) Ach, Schwert Jahwes,
    wie lange willst du nicht Ruhe geben?
Fahre zurück in[4] deine Scheide,
    ziehe dich zurück[5] und halte still!
(7) Wie kann es Ruhe geben,[6]
    da Jahwe es doch selbst entboten hat?
Nach Askalon und zur Meeresküste –
    dorthin hat er es beordert!

---

2 עִיר ist hier kollektiver Singular.
3 MT »Nachkomme (Rest?) ihres Tales« ergibt keinen Sinn. LXX hat mit Ἐνακίμ = hebr. עֲנָקִים (Dtn 2,10.11.21; Jos 11,21.22; 14,12.15) »Enakiter« (Riesen) statt עִמְקָם »ihr(es) Tal(es)« wahrscheinlich das Richtige erhalten. Da nach Jos 11,22 Enakiter in Gaza, Gad und Asdod gewohnt haben, ergänzt man neben den Namen der Städte Gaza und Askalon oft vor שְׁאֵרִית den Namen der Stadt Asdod (אַשְׁדּוֹד); so etwa Rudolph, 272 (Lit.); Weiser, 396.398 (fügt zusätzlich »Ekron und« ein); Bright, 310; Fohrer, 46.
4 Lies אֶל־ statt עַל־.
5 So L. Delekat, Zum hebräischen Wörterbuch, VT 14 (1964) 7–66; 59; Rudolph, 272 mit anderen: »halt ein«.
6 Lies mit Versionen die 3. (statt der 2.) Pers. sg.

Der Spruch, den wir hier behandeln wollen, ist gegen die Philister gerichtet. Die um das Jahr 1205 n.Chr. von Stephan Langton an der Vulgata vorgenommene Einteilung des Textes der Bibel in Kapitel hat ihn richtig abgegrenzt: Er wird durch eine Überschrift eingeleitet und erreicht mit v. 7 sein Ende, da mit der Einführung »über Moab« in dem nachfolgenden Vers 48,1 ein neuer Abschnitt beginnt.

2. Die Überschrift

Der Philisterspruch hat eine ausgeführte Überschrift. Diese ist zweiteilig; sie besteht aus einem Relativsatz als Subjektsatz: »Was als Wort Jahwes an den Propheten Jeremia erging über die Philister«, und einem Temporalsatz: »Ehe der Pharao Gaza schlug«. Ein Relativsatz als Überschrift wie in v. 1a kommt nur im Jeremiabuch vor, und zwar in 46,1; 49,34 und in 14,1. In 46,1 bildet er mit der Zielangabe עַל־הַגּוֹיִם »über die Völker« die Überschrift mindestens für 46,2–49,33,[7] eher aber wohl für die ganze Sammlung der Fremdvölkersprüche,[8] ist also gegenüber dem Folgenden sekundär. Auch in 14,1 ist der Satz bis auf die Wörter עַל־דִּבְרֵי הַבַּצָּרוֹת »in Betreff der großen Dürre«[9] oder ganz[10] Zusatz; denn das Folgende ist nicht Jahwerede. Dann legt es sich nahe, auch 47,1 und den bis auf den Volksnamen identischen Vers 49,34a als nicht ursprünglich anzusehen. Diese Annahme läßt sich stützen durch einen Vergleich dieser beiden Überschriften mit den Einführungen der meisten übrigen Fremdvölkersprüche. Fünf- bzw. sechsmal steht am Anfang eines Spruches lediglich der Name des betroffenen Volkes bzw. der betroffenen Stadt, verbunden mit lamed inscriptionis,[11] so bei Moab (48,1), den Ammonitern (49,1), Edom (49,7), Kedar sowie den Reichen von Hazor (49,28) und bei Damaskus (49,23), außerdem bei Ägypten in 46,2, wo das Wort לְמִצְרַיִם Überschrift für das ganze, Ägypten betreffende Kap. 46 ist,[12] während sich die historische Erläuterung im übrigen v. 2 – sie ist doch wohl frühestens erst bei der Zusammenstellung der Ägypten-Sprüche in Kap. 46 hinzugekommen[13] – nur auf die v. 3–12 bezieht. Wahrscheinlich hat also die Überschrift des Philistersspruches in 47,1a lediglich אֶל־פְּלִשְׁתִּים oder eher wohl לַפְּלִשְׁתִּים[14] gelautet.

---

7 So Rudolph, 268.
8 So etwa Volz, 395f.; Bright, 305.
9 So Volz, 159.161; Rudolph, 98.
10 So Bright, 100.
11 Vgl. dazu GK § 119u.
12 Die – wohl sekundäre, aber inhaltlich zutreffende (Rudolph, 271) – Zwischenüberschrift 46,13 (»Das Wort, das Jahwe zu dem Propheten Jeremia redete, es komme Nebukadnezar, der König von Babel, um das Land Ägypten zu schlagen«) nennt den Namen Ägyptens nur in der historischen Erläuterung.
13 Den ganzen v. 2 halten für echt etwa Volz, 396; Bright, 308.
14 Bei der Eingliederung dieses Wortes in den Relativsatz wurde das lamed inscriptionis sachgemäß durch die Präposition אֶל־ ersetzt. Diese steht auch bei בְּבָל in 50,1 in der Formulierung der Überschrift: »Das Wort, das Jahwe sprach betreffs Babel, betreffs des Landes

Nun enthält die Überschrift von Kap. 47 in dem Temporalsatz in v. 1b noch eine historische Erläuterung: »Ehe der Pharao Gaza schlug.« In diesem Punkt entspricht sie den Überschriften in 46,2 – »über die Macht des Pharao Necho, ... die Nebukadnezar, der König von Babel, ... geschlagen hat« – und in 49,28 – »(Kedar usw.), die Nebukadnezar geschlagen hat«. Dort ist, wie das Perfekt הִכָּה zeigt, vorausgesetzt, daß das Unheilsereignis, das in den jeweils folgenden Sprüchen angekündigt wird, bereits eingetreten ist;[15] diese Erläuterungen sind also den betreffenden Überschriften, die diese Sprüche einleiten – »über Ägypten« und »über Kedar usw.« – sekundär vorangestellt worden. Ebenso verhält es sich mit der Erläuterung in 47,1b. Mit der Notiz, daß »der Pharao Gaza geschlagen hat«, sieht deren Verfasser die Unheilsankündigung von v. 2ff. bereits erfüllt. Das heißt: auch v. 1b ist mit Sicherheit erst sekundär der ursprünglichen Überschrift hinzugefügt worden.[16]

Gerade dieser Satz der Überschrift – »ehe der Pharao Gaza geschlagen hat« – führt uns auf das Hauptproblem des ganzen Philisterspruches. Die Frage ist – kurz gesagt –: Welcher Feind trifft aus welcher Richtung kommend die Philister? Nach v. 2 kündet ein Jahwewort einen Feind an, der von Norden her heranrückt. Die Angabe von v. 4aα, daß ein Tag kommt, »alle Philister« zu vernichten, nimmt offenbar das Bild von v. 2 auf, daß der Feind wie ein über die Ufer tretender Bach das Land und seine Städte überfluten wird. Wenn andererseits nach dem zweiten Teil der Überschrift in v. 1b der Pharao Gaza, die südlichste der den Philistern gehörenden Städte, »geschlagen hat«, liegt es am nächsten anzunehmen, daß zu diesem Unternehmen der Ägypter nicht von Norden, sondern von Süden, aus seinem Land her anmarschiert. Und wenn nach v. 4aβ vorausgesetzt ist, daß der Katastrophe entronnene Philister den weiter nördlich liegenden Städten Tyrus und Sidon zu Hilfe kommen können, daß für sie also ein Fluchtweg nach Norden offen ist, dann wird man auch hier den Feind eher von Süden als von Norden her erwarten.

Lösungen dieses Problems sind in unterschiedlicher Weise gesucht worden.

a. Zumeist hat man beide Angaben kombiniert in der Annahme, ein Pharao habe Gaza von Norden kommend erobert. Da eine solche Angriffs-

---

der Chaldäer, durch den Propheten Jeremia.« Die ersten vier Wörter dieser Überschrift – הַדָּבָר אֲשֶׁר דִּבֶּר יְהוָה – stimmen mit der (sekundären) Zwischenüberschrift in 46,13 überein.
15 Auch der Verfasser der – sekundären – Einleitung in 46,13 (»daß Nebukadnezar, der König von Babel, kommen werde, das Land Ägypten zu schlagen«) kennt bereits das Eintreffen dieses Ereignisses.
16 So etwa Volz, 402; Rudolph, 272; Bright, 311. – Für die Auffassung, daß in 47,1 nur die Angabe »über die Philister« ursprünglich ist, kann man sich (gegen Rudolph, Bright u.a.) nicht auf die Septuaginta berufen, auch wenn diese mit ἐπὶ τοὺς ἀλλοφύλους nur אֶל־פְּלִשְׁתִּים wiedergibt. Denn 1. setzt die Präposition ἐπὶ das sekundär hergestellte אֶל (s. oben) voraus; und 2. gibt die Septuaginta den v. 3a wieder, der aber – wie wir sehen werden (s. unten S. 259) – den v. 1b voraussetzt; mit v. 3a muß also der v. 1b dem griechischen Übersetzer vorgelegen haben, d.h. dieser hat mindestens v. 1b weggelassen, dann wohl aber auch den Hauptteil von v. 1a.

richtung gegen Gaza für einen Ägypter durchaus ungewöhnlich ist, hat man nach einer historischen Gelegenheit gesucht, die ein solches Unternehmen möglich erscheinen läßt. Daß der Pharao Necho nach seiner vernichtenden Niederlage gegen die Babylonier bei Karkemisch am Euphrat im Jahr 605 noch eines solchen Kraftaktes fähig gewesen wäre, ist ausgeschlossen.[17] Immer wieder beruft man sich aber auf die Nachricht bei Herodot II 159, Necho habe bei einem Landangriff gegen Syrien bei Magdalos, gemeint ist: bei Megiddo, eine Schlacht gewonnen und anschließend »die große syrische Stadt Kadytis«, d.h. Gaza[18] erobert. Der Pharao hätte sich dann – nach seinem Sieg bei Megiddo, und das heißt nach den alttestamentlichen Nachrichten: über die Judäer unter Josia (2Kön 23,29f.; 2Chr 35,20–24) im Frühsommer des Jahres 609 v.Chr. –, sei es um sich, nachdem er zur See nach Akko und von da nach Megiddo gekommen wäre, gleich nach diesem Erfolg den Rückweg zu Lande zu sichern,[19] sei es nach der Rückkehr von seinem erfolgreichen Einsatz zugunsten der Assyrer vor Harran von Ribla (2Kön 23,33) aus, der Stadt Gaza bemächtigt.[20] Oder aber man hat aufgrund der Nachricht bei Herodot II 161, der Pharao Apries (= Hophra; ca. 588–568/7) habe ein Heer gegen Sidon geführt und zur See gegen Tyrus gekämpft, angenommen, er habe bei dieser Aktion von Norden kommend – das wohl mit den Phöniziern verbündete (vgl. Jer 47,4aβ) – Gaza eingenommen.[21]

b. Man hat den Angriff eines Feindes von Norden und die Eroberung Gazas auf zwei verschiedene Ereignisse der Geschichte verteilt. So identifiziert Malamat einerseits den in Jer 47,2 angekündigten Angriff eines Feindes von Norden her mit dem auf Ägypten zielenden Ansturm von Skythen nach Herodot I 105,[22] rechnet aber andererseits damit, daß der Pharao Necho Gaza auf dem Rückweg von Syrien (im September 609), also auch von Norden kommend, erobert hat. – In entsprechender Weise deutet Rudolph den Feind aus dem Norden von Jer 47,2 auf Nebukadnezar; für die Eroberung von Gaza denkt er an Necho oder den Pharao Hophra[23] oder an ein uns nicht bekanntes Ereignis.

Um das Problem einer Lösung zuzuführen, befragen wir nun unseren Text, Jer 47,1–7, etwas genauer.

---

17 A. Malamat, The Historical Setting of Two Biblical Prophecies on the Nations, IEJ 1 (1950/51) 149–159; 155, Anm. 17; Weiser, 397.
18 Griech. Καδύτις geht auf den ägyptischen Namen für Gaza, $g'\text{-}\underline{d}'\text{-}tw$ zurück. Zu dieser Namensform vgl. zB J. H. Breasted, Ancient Records of Egypt II (1906. 1962) § 417.
19 C. v. Orelli, Der Prophet Jeremia, KK A,IV/2 (³1905) 187.
20 Rudolph, 275f.; vgl. schon F. Hitzig, Der Prophet Jeremia, KEH (²1866) 349f.
21 Rudolph, 276.
22 AaO 155ff. Malamat findet die Skythen wieder in den Umman-manda der Chronik Gadd (B.M. 21901, Z. 58–65. C. J. Gadd, The Fall of Nineveh, 1923, 40f.; D. J. Wiseman, Chronicles of Chaldean Kings [626–556 B.C.] in the British Museum, 1956, 60ff.), von denen die Chronik berichtet, daß sie – im 16. Jahr des babylonischen Königs Nabopolassar, d.h. im Jahr 610 v.Chr. – zusammen mit diesem die assyrische Stadt Harran erobert haben; sie sagt aber nichts von einem Zug dieser Gruppe nach Palästina.
23 S. oben bei Anm. 18 und Anm. 21.

3. Vers 2–4

Das Wort gegen die Philister beginnt mit einer als Botenformel gestalteten Einleitung zu einem Jahwewort: כה אמר יהוה. Das Jahwewort beginnt mit der Ankündigung, daß ein Feind im Begriff ist heranzurücken. Diese Ankündigung setzt mit einer Bildrede ein, vermischt aber sogleich die Ebene des Bildes mit der Ebene der Wirklichkeit, der Sachebene. Für den Feind und sein Vorgehen wird als Bild ein Wildbach verwendet, dessen Wasser »aufsteigen« (עלה) wie das Wasser des Nils in der Zeit der Überschwemmung (vgl. 46,7), daß sie über seine Ufer treten und das Land überschwemmen: »Sie werden zu einem überflutenden Bach« (v. 2aα2). Die Fortsetzung – »und sie werden überfluten das Land und was darauf ist, die Städte und ihre Bewohner« – mischt dann Bild- und Sachebene. Das Überfluten stammt noch aus dem Bild. Wenn aber sogleich als Opfer dieser »Überflutung« das Land mit allem, was darauf steht und lebt, ja die Städte und ihre Bewohner genannt werden (v. 2aβ.γ), dann ist der Rahmen des Bildes überschritten, ist die Rede von der Bild- auf die Sachebene übergegangen: Dieses Ausmaß ist nicht mehr dem Bach, sondern den Feinden zuzuschreiben.[24] Noch an einer anderen Stelle in v. 2 gehen Bild- und Sachebene ineinander über: »Siehe, Wasser steigen auf von Norden her.« Die Wasser gehören in das Bild, nicht aber die Herkunftsangabe מִצָּפוֹן. »Von Norden« kommt – gerade nach dem Jeremiabuch – das Unheil (Jer 1,14; 6,1), von Jahwe gebracht (4,6), kommen die Feinde (13,20; vgl. 10,22: »Getöse aus dem Lande des Nordens«), ein feindliches Volk (6,22); so auch in den Fremdvölkersprüchen: ein Volk (46,24), im Bild: eine »Bremse« (46,20) gegen Ägypten, gegen Babel ein Volk aus dem Norden und von den Enden der Erde (50,41), die Verwüster (51,48). Wie an diesen Stellen bezieht sich in 47,2 die Herkunftsangabe »von Norden« auf den Feind. Die Wasser – wie die Bremse in 46,20 – sind ein Bild für den Feind, der von Norden kommt.

Die Fortsetzung der Ankündigung in v. 2b nennt die Folge der »Überschwemmung« durch die Feinde: Alle Bewohner des Landes schreien klagend und heulen. Hier ist der Übergang von der Bild- zur Sachebene vorausgesetzt.

In v. 3a schließt eine Begründung an für das Schreien und Heulen der Menschen: »Ob des Lärms des Stampfens der Hufe seiner Rosse, ob des Dröhnens seiner Wagen, des Rasselns seiner Räder.« Das kann überraschen; denn das Verhalten der Betroffenen in v. 2 erscheint doch bereits als Folge des Eingreifens des Feindes aus dem Norden nach v. 2a. Zum Folgenden aber kann v. 3a nicht gezogen werden; denn v. 3b erhält seine Begründung in v. 4a.[25] Ist also v. 3a überschüssig, eine Erweiterung? Diese Vermu-

---

24 Zum Bild vom flutenden Wasser für einen Feind vgl. etwa Jes 8,8; 28,2; Ps 124,4; Dan 11,40.
25 So Volz, 403f.

tung bestätigt sich, wenn wir die Hauptschwierigkeit dieses Versteiles in den Blick nehmen: Auf wen beziehen sich die drei Suffixe der 3. Pers. sg. m. »seine Rösser«, »seine Wagen«, »seine Räder«? Ein maskulines Substantiv im Singular ist in dem Spruch bisher nicht vorgekommen. »Die Suffixe von 3a gehen auf den Feind«[26] – aber der ist in v. 2 nicht genannt! Die Annahme, daß der Verfasser des Spruches אַבִּירָיו »seine (Starken =) Rösser« aus Jes 8,16a (wo es auch vorkommt) – samt Suffix – übernommen hat und sich dann auch bei den beiden anderen Substantiven »mit dem bloßen Suffix begnügt, statt den Feind zu nennen«,[27] schreibt dem Verfasser des Spruches ein reichlich gedankenloses Vorgehen zu und hat deshalb kaum Wahrscheinlichkeit für sich. Ein Substantiv im sg. m. findet sich aber in v. 1b – hier ist der Pharao als Feind ausdrücklich genannt! Auf ihn beziehen sich die drei Suffixe in v. 3a zurück. Diese Erkenntnis hat eine Konsequenz: Da v. 1b, wie wir gesehen haben,[28] ein Zusatz zu der Überschrift ist, kann der davon abhängige v. 3a nicht ursprünglich zu dem Spruch in v. 2 gehört haben, sondern ist wie v. 1b seinerseits sekundär.[29] Daß die Suffixe in v. 3a etwas weiter von ihrem Beziehungswort in v. 1b entfernt stehen, ist kein Gegengrund. V. 3a wurde zusammen mit v. 1b in den vorliegenden Text eingefügt.

Dieses Ergebnis ist noch in zweifacher Weise zu stützen.

a. Geht man davon aus, daß die Metrik der hebräischen Poesie auf einem akzentuierenden System beruht,[30] ergeben die beiden Perioden von v. 2 je zwei Reihen zu drei Hebungen (3 + 3, 3 + 3), v. 3a aber eine Periode zu zweimal vier Hebungen (4 + 4).

b. In der Linguistik zählt man die Substantive und Verben einer Texteinheit, um aus dem Überwiegen der einen oder der anderen Wortart auf einen »nominalen« oder einen »verbalen« Stil zu schließen.[31] Wenn auch dieses Verfahren für das Verständnis eines Einzeltextes selten etwas austrägt, so zeigt seine Anwendung doch hier, daß v. 3a mit 8 Substantiven (bei 0 Verben) deutlich aus dem Kontext herausfällt, wo sich etwa für v. 2–4 ohne die Botenformel in v. 2aα und ohne v. 3a ein Verhältnis von Substantiven zu Verben von 24:11 ergibt.

In der Fortsetzung in v. 3b wird die Ankündigung der Reaktion der Betroffenen fortgesetzt; genauer: sie wird neu aufgenommen, denn dieses Verhalten erhält nun seinerseits in v. 4 eine Begründung aus dem angekündigten Unheil. Väter wenden sich nicht nach ihren Söhnen um, kümmern

---

26 Rudolph, 277.
27 B. Duhm, Das Buch Jeremia, KHC IX (1901) 343. Duhm datiert die Fremdvölkersprüche in Jer 46–51 in das 2. Jh. v. Chr.
28 S. oben S. 256.
29 Fohrer, 45 (ohne Begründung): »erläuternder Zusatz«.
30 Hier mag der Hinweis auf die Mehrzahl der gängigen Kommentare zu Prophetenbüchern und zu den Psalmen genügen.
31 L. Alonso-Schökel, Das AT als literarisches Kunstwerk (1971) 434f.; G. Fohrer – H. W. Hoffmann – F. Huber – L. Markert – G. Wanke, Exegese des AT. Einführung in die Methodik, UTB 267 ([3]1979) 179.

sich nicht um sie – aus Angst um ihr Leben: ein ganz ungewöhnlicher Vorgang. Das perf. הִפְנוּ (לֹא־), das in der Ankündigung auf das perf.cons. in v. 2b וְזָעֲקוּ folgt, ist wohl nicht ein perf. propheticum, sondern ein perf. confidentiae, das »zum Ausdruck von zweifellos bevorstehenden, daher für das Bewußtsein des Redenden bereits vollzogenen Tatsachen« gebraucht wird.[32] Das »Schlaffwerden der Hände«,[32a] das das Verhalten in der Person der Väter erklärt, ist auch sonst Ausdruck von »Angst« (צָרָה Jer 6,24; 50,43) und Bestürzung (2Sam 4,1; Jes 13,7f.). Diese Angst – sie kann zusätzlich auch mit »Zerfließen des Herzens« (Jes 13,7; Ez 21,12), »Fließen der Knie vom Wasser (Urin)« (Ez 7,17; 21,12) und »Verzagen des Geistes« (Ez 21,12) umschrieben werden – gilt auch in Jer 6,24; 50,43 dem »Feind aus dem Norden«; sie ist besonders verbunden mit dem »Tag Jahwes« (Jes 13,7;[33] Ez 7,17; vgl. 21,12[34]). Inhalt des »Tages Jahwes« ist nach dem Alten Testament stets die Enthüllung des göttlichen Zornes und die Durchführung des Gerichtes an Jahwes Feinden. Auch die Ankündigung in Jer 47,2ff. verbindet das Unheil, das sie ansagt, mit einem solchen Tag Jahwes (v. 4). Wenn auch die vollständige Bezeichnung »Tag Jahwes« nicht gebraucht wird, ist doch »der Tag, der kommt« (v. 4aα), ausdrücklich als ein Tag des Unheilshandelns Jahwes verstanden, wie v. 4b zeigt. Dieser Tag ist der Anlaß dafür, daß die Väter sich so unnatürlich verhalten werden. Das Partizip הַבָּא in v. 4aα drückt die Gleichzeitigkeit mit dem vorangehenden Verbum aus.

Dieser Tag kommt, »um alle Philister zu vernichten«. Objekt zu dem Verbum שׁדד können Zelte (Jer 4,20; 10,20), Masseben (Hos 10,2), Feld und Getreide (Jo 1,10), Sommer und Weinlese (Jer 48,32), die Weide (Jer 25,36), Zedern (Sach 11,2) sein, Städte (Jes 15,1; Jer 48,1–8: in Moab; Nah 3,7: Ninive), Festungen (Jes 23,14; Hos 10,14) und Länder (Jer 4,20 Juda; 48,15.18.20 Moab; 49,10 Edom; 51,48.53.55.56; Ps 137,8 Babel), vor allem aber auch Personen: Sisera (Ri 5,27), die Vornehmen (Jer 5,6) und Reichen (Mi 2,4) in Juda, die Judäer (Jer 4,13; 6,26; 9,18), die Mütter in Moab (Jer 15,8), die Ostleute (Jer 49,28b), der Beter (Ps 17,9), der Frevler (Hi 15,21) und die Treulosen (Prov 11,3). So werden nach 47,4aα (und b) die Philister von solchem שׁדד »Vernichten« heimgesucht.[35] Mit ihnen werden in dem Jahwewort in 47,2ff. zum ersten Mal die Betroffenen selbst genannt.

Dem inf. mit לְ, לִשְׁדוֹד, in v. 4aα folgt nun ein zweiter inf., לְהַכְרִית, in v. 4aβ – und damit eine zweite Angabe über den Zweck des »Tages (Jahwes)«. Es sollen also nicht nur die Philister vernichtet werden (v. 4aα), sondern auch jeder (von den Philistern) ausgerottet werden, der als der Kata-

---

32 GK § 106n mit Beispielen, etwa: Num 17,27; Gen 30,13; Jes 6,5.
32a Zu dieser Redewendung vgl. D. R. Hillers, A Convention in Hebrew Literature: The Reaction to Bad News, ZAW 77 (1965) 86–90.
33 Vgl. H. Wildberger, Jesaja, BK X/2 (1978) 515f.
34 Vgl. dazu W. Zimmerli, Ezechiel, BK XIII/1 (^{2}1979) 177.468.
35 Es ist also nicht notwendig, in v. 4aα (und b) das Land »Philistäa« »verwüstet« werden zu lassen (so Rudolph, 272).

strophe Entronnener den Städten Tyrus und Sidon zu Hilfe kommen könnte. Diese Angabe enthält besondere Schwierigkeiten.

a. Bis hier beschränkte sich die Ankündigung auf allgemeine Angaben: Ein Feind kommt aus dem Norden über die Philister. Jetzt wird eine konkrete Situation sichtbar, in die auf einmal die phönizischen Städte Tyrus und Sidon einbezogen werden: Sie sollen sich in einer Lage befinden, die militärische Hilfe wünschenswert erscheinen läßt – und solche Hilfe könnten der Katastrophe im eigenen Land entronnene Philister bringen.

b. Wie verhält sich diese Angabe dazu, daß ein Feind von Norden die Philister überrollen soll? Welcher feindliche Angriff ist denkbar, der von Norden kommt, die Städte Tyrus und Sidon an der phönikischen Küste bedrängt und gleichzeitig die Philister vernichtet – aber so, daß der Weg nach Phönizien noch offen ist, so daß entronnene Philister nach Tyrus und Sidon gelangen könnten? Nach seinem Sieg bei Megiddo eilte der Pharao Necho weiter nach Norden;[36] daß Gaza erst nach seinem Vorbeizug nach Megiddo von ihm abgefallen wäre oder daß er gar die in Aufruhr gegen ihn stehende Stadt zunächst umgangen hätte, ist absolut unwahrscheinlich. Dasselbe gilt von der Annahme, er habe – nach seiner Rückkehr von Harran und nachdem er sich die Zeit genommen hatte, den Nachfolger des bei Megiddo gefallenen Josia, den König Joachas, nach Ribla (am Nordende der Talsenke zwischen Libanon und Antilibanon) zu zitieren, um ihn abzusetzen und ihn nach Einsetzung eines Nachfolgers nach Ägypten zu verschleppen (2Kön 23,33f.)[37] – sich einerseits gegen Tyrus und Sidon (in dieser Reihenfolge?) gewandt, andererseits Gaza angegriffen und erobert. Es gibt keine einleuchtende Theorie, die erklärt, wann ein Pharao auf dem Weg von Norden her die südlichste der Philisterstädte erobert hätte.

Der Versteil wird dagegen sofort verständlich, wenn man – was am nächsten liegt – damit rechnet, daß der Angriff, wie er in v. 4aβ.γ vorausgesetzt ist, von Süden her erfolgt, d.h. von Ägypten her. Ein Pharao bemächtigt sich des ganzen Philisterlandes und marschiert dann weiter nach Norden, wo er Tyrus – zunächst zumindest das festländische Palaityrus – und Sidon bedroht. Die Niederlage der von ihm geschlagenen Philister verhindert, daß Philister entrinnen und – vor dem ägyptischen Heer fliehend – zu den Phönizierstädten gelangen, um deren Truppen gegen den ägyptischen Angriff zu verstärken. Wenn aber v. 4aβ.γ einen Angriff von Süden her im Blick hat und damit gegen die Ankündigung von v. 2 verstößt, der den Angriff von Norden her ansagt, dann gehört v. 4aβ.γ auf die Ebene von v. 1b und ist also mit v. 1b und v. 3a gegenüber dem ursprünglichen Wort sekundär.[38]

Diese Überarbeitung der ursprünglichen Unheilsankündigung gegen die

---

36 Malamat, aaO (Anm. 17) 157.
37 Vgl. dazu M. Noth, Geschichte Israels ([2]1954) 252f.
38 Rudolph, 275: »Da der Ergänzer [von v. 1b] über v. 2 (»von Norden her«) nicht hinweglesen konnte, kommt nur eine solche Eroberung Gazas in Frage, bei der die Ägypter von Norden kamen.« Das Ganze der Erweiterung – v. 1b.3a.4aβ.γ – widerspricht der an sich nicht unberechtigten Vermutung.

Philister in v. 1b.3a.4aβ.γ setzt also voraus, daß die Stadt Gaza von Süden her, durch einen ägyptischen König erobert worden ist. Daß die Ergänzung die Möglichkeit sieht, daß entronnene Philister den Städten Tyrus und Sidon zu Hilfe kommen könnten (vgl. עֹזֵר in v. 4aγ), zeigt, daß ihr Verfasser von einer Bedrohung der beiden Städte gewußt hat, die dann auch von Süden erfolgt sein muß, d.h. durch denselben Pharao. Von einem solchen Zug eines ägyptischen Herrschers hören wir in der Tat. Nach der Niederlage des Necho bei Karkemisch und Hamat im Jahre 605 durch Nebukadnezar sind längere Zeit hindurch die Ägypter nicht mehr so weit nach Norden in den palästinisch-phönizischen Raum vorgestoßen. Ein Jahr später, 604, festigte der Babylonier seine Stellung in der philistäischen Küstenebene durch die Eroberung und Zerstörung der aufsässigen Stadt Askalon.[39] Einen Angriff der Babylonier selbst im Jahre 601 konnte Necho unter großen Verlusten auf beiden Seiten zurückschlagen.[40] Ein Versuch des Pharao Hophra (griech. Apries), der gerade als Nachfolger Nechos den Thron bestiegen hatte, den Judäern im Jahre 588 zu Hilfe zu kommen und die Belagerung von Jerusalem zu sprengen, scheiterte am raschen Eingreifen der Babylonier, die dazu nur vorübergehend von der Stadt abgezogen waren (Jer 37,5.7f.). Die Eroberung von Jerusalem aber mußte die militärische Position der Babylonier gegenüber Ägypten in Palästina weiter stärken. Nun hören wir bei Herodot (II 161),[41] daß eben dieser Pharao Hophra/Apries trotzdem »ein Heer gegen die Stadt Sidon geführt und eine Seeschlacht gegen den König von Tyrus geliefert hat«. Bei diesem an der Küste des Mittelmeeres entlang führenden Unternehmen muß es auch zu einer Auseinandersetzung mit den Babyloniern gekommen sein. Jetzt kann man mit dieser Nachricht bei Herodot die Angabe von Jer 47,4aβ.γ kombinieren, weil sie ja eine Bedrohung von Tyrus und Sidon voraussetzt. Da aber literarisch zu 47,4aβ.γ auch v. 1b gehört, ergibt sich auch eine Klärung der dortigen Nachricht, daß »der Pharao Gaza geschlagen hat«: Auf dem Wege nach Norden mußte Hophra auf jeden Fall die Stadt, die der südlichste Stützpunkt des babylonischen Machtbereiches war, in seine Hand bringen. Jer 47,1b setzt dieses Ereignis voraus.[42] – So gut diese Kombination von Jer 47,1b.3a.4aβ.γ mit Herodot II 161 paßt, ist es doch nicht ganz auszuschließen, daß sich die Stellen aus dem Jeremiabuch auch auf ein anderes, uns nicht überliefertes Ereignis beziehen können.

39 B.M. 21946 Vs.Z. 18–20; Wiseman, aaO (Anm. 22) 68f.
40 B.M. 21946 Rs.Z. 5–7; Wiseman, aaO 70f.
41 S. dazu schon oben S. 257.
42 Daß dieses Unternehmen des Pharao Hophra keinen bleibenden Erfolg gehabt hat, lehrt der babylonische Text B.M. 33041 (vgl. dazu Wiseman, aaO 30.94f.; Text und Übersetzung bei St. Langdon, Die neubabylonischen Königsinschriften, VAB 4, 1912, 206f. Nr. 48, Z. 13–29; Übersetzung auch in ANET² 308): Im 37. Jahr des Nebukadnezar, d.h. im Jahr 568/7, hat der Nachfolger des Hophra, Amasis, kurz nach seinem Regierungsantritt in diesem Jahr, ein Aufgebot gegen den Babylonier zusammengestellt, das dieser aber offenbar geschlagen hat. Der – fragmentarische – Text läßt nichts davon erkennen, daß in dieser Zeit Palästina in seiner Hand gewesen wäre.

Die Fortsetzung in 47,4b – »denn Jahwe vernichtet die Philister, die Nachkommen der Insel Kaphtor« – spricht von Jahwe in der 3. Pers.; dieser Versteil gehört also nicht mehr zu der in v. 2aα durch die Botenformel eingeleiteten Ankündigung in Form einer Jahwerede.[43] Diese ist also mit v. 4aα beendet. Hier in v. 4b spricht der Verfasser von v. 2.3b.4aα, der auch die Botenformel in v. 2aα vorangestellt hat. Mit diesem Satz stellt er selbst noch einmal den Kern der vorangegangenen Ankündigung heraus: Jahwe selbst steht im Begriff, die Philister zu vernichten.[44]

Durch den Abschluß in v. 4b ist der Rest des Philistersspruches in v. 5–7 deutlich von der vorhergehenden Unheilsankündigung abgesetzt. Der verbleibende Text besteht aus zwei Einheiten: v. 5 und v. 6–7. Hatte der Grundbestand der ersten Einheit, v. 2.3b.4aα.b, den Philistern von Jahwe bewirktes Unheil, die Vernichtung angesagt, so setzen v. 5 sowie v. 6–7 das Eintreffen von Unheil voraus.

4. Vers 5

Der Vers hat den Zustand im Blick, in dem sich Personen – bzw. hier übertragen: Städte – nach dem Vollzug von die Klage über erfolgtes Unglück begleitenden Bräuchen befinden. Sich eine Glatze scheren und Einritzungen in die Haut vornehmen gehört zu den Riten, die man gewöhnlich als »Trauerbräuche« bezeichnet, die aber genauer entweder einem »Gemindertsein« (durch den Verlust eines Menschen = »Trauer«, zB 2Sam 1,11f., oder durch ein Unglück, zB 2Sam 13,19) oder einem »Sichmindern«, Sichdemütigen (etwa vor Gott, um zB von ihm etwas zu erreichen, zB 2Sam 12,16ff.) Ausdruck geben.[45] So kann eine Glatze neben Weinen, Klagen und Sacktragen Ausdruck der Selbstdemütigung vor Gott angesichts von Kriegsgefahr sein – das Gegenteil dazu ist »Freude und Jubel . . . ›Laßt uns essen und trinken, denn morgen sind wir tot‹« (Jes 22,12f.). Und ebenso können Einritzungen in die Haut für die Baalspriester ein Akt der Selbstdemütigung vor ihrem Gott sein, um ihn zu veranlassen, Feuer auf das von ihnen bereitete Opfer fallen zu lassen (1Kön 18,28). Häufiger aber sind Glatzescheren und Einritzungenmachen Ausdruck eines »Gemindertseins«, das durch ein Unheil hervorgerufen wird. So können beide Riten – zusammen mit anderen – mit einem für die Zukunft angesagten Unheil in Verbindung stehen (so Jes 3,24; Ez 7,18; 27,31; Am 8,10 bzw. Jer 16,6 in der Ankündigung oder Mi 1,16 bzw. Jer 49,3 [cj.] in der Aufforderung),

---

43 Für die Annahme, der Verfasser von v. 2ff. wolle die Botenformel auf den ganzen Philistersspruch (v. 2–7) bezogen wissen (so Volz, 403), liegt kein überzeugender Grund vor.
44 Daß v. 4b »aus dem Strophengefüge herausspringt« – so H. Bardtke, Jeremia der Fremdvölkerprophet, ZAW 53 (1935) 209–239; 235 – trifft nicht zu; eine Veranlassung, v. 4b zu streichen, liegt nicht vor.
45 Vgl. dazu E. Kutsch, »Trauerbräuche« und »Selbstminderungsriten« im AT (K. Lüthi – E. Kutsch – W. Dantine, Drei Wiener Antrittsreden, ThSt 78, 1965, 25–42).

aber auch mit einem bereits eingetroffenen Schlag (Jes 15,2-4; [Jer 48,37f.] bzw. Jer 41,5). Neben diesen beiden Weisen, die Reaktion der Betroffenen auf ein Unheil auszudrücken, meint auch נִדְמְתָה von דמה ni. (nicht die physische Folge des Schlages: »ist vernichtet«,[46] sondern) ein Verhalten, hier der betroffenen Stadt: »Askalon ist verstummt«.[47] Zweimal ist dieses Verhalten im perf. ausgedrückt: בָּאָה קָרְחָה und נִדְמְתָה. Beide Handlungen sind also als bereits vollzogen vorgestellt. Das bedeutet: das Unheil, das bei den Betroffenen das Scheren der Glatze und das Verstummen bewirkt, ist als eingetroffen gedacht. Und erst recht setzt die Frage: »Wie lange noch mußt du dir Einritzungen machen?« das Unglück voraus. Wie sind diese perfecta gemeint? Als perfecta prophetica? Oder wie in der prophetischen Leichenklage, die etwa den »Tod« der »Jungfrau Israel« zu einer Zeit, da der Staat noch existiert, vorwegnimmt?[48] Oder ist das Unheil, das den Vollzug dieser Riten bewirkt hat, als bereits eingetreten vorausgesetzt? Für das letztere kann man vergleichsweise auf Jes 15,2-4 verweisen, sofern die dortige Schilderung der Minerungsriten eine über bestimmte Teile von Moab hereingebrochene Katastrophe kennt.[49] Auch die – die beiden perfecta begleitende – Frage: »Wie lange noch mußt du dir Einritzungen machen?« hat eher in einem Bericht über bereits erfolgte bzw. im Vollzuge befindliche Riten als in deren prophetischer Vorwegnahme ihren Platz. So ist es wahrscheinlich, daß in v. 5 mit den »Minerungsriten« auch die von ihnen vorausgesetzte Katastrophe bereits erfolgt ist.

Nachdem die Unheilsankündigung in v. 2.3b.4aα.b allgemein gegen die Philister gerichtet war, werden in v. 5 nun drei der Philisterstädte als betroffen genannt: Gaza, Askalon und – sofern die Emendation das Richtige trifft – Asdod.

5. Vers 6-7

Gegenüber v. 5 sind v. 6 und 7 dadurch als eigene Einheit abgesetzt, daß sie eine andere Form und eine andere Aussage haben. Der Neueinsatz ist durch הוֹי markiert, das hier doch wohl nicht als »auffordernder Ruf« mit der Bedeutung »ha!«, »los!« oder »auf!« gebraucht,[50] sondern eher klagend – »ach!« – gemeint ist, wie die nachfolgende Frage: »Wie lange willst du nicht Ruhe geben?« nahelegt. Thema der Einheit ist das »Schwert Jahwes« und sein Wirken gegen die Stadt Askalon und die Meeresküste. Formal liegt ein Gespräch von zwei Personen vor. Die eine fragt klagend in direkter Anrede –

---

46 So דמה III ni. wohl in Jes 15,1a.b; Ez 32,2; Hos 4,6; 10,7.15; Ob 5; Zeph 1,11; Ps 49,13.21. – Anders L. Köhler, Kleine Lichter (1945) 34.
47 So auch Jes 6,5; vgl. dazu H. Wildberger, Jesaja, BK X/1 (1972) 232f.
48 Vgl. Am 5,1-3 und dazu H. W. Wolff, Dodekapropheton 2. Joel und Amos, BK XIV/2 (²1975) 276ff.
49 Damit rechnet H. Wildberger, BK X/2,611. – Unentschieden, ob ein erfolgtes Ereignis oder ein künftiges Geschehen im Blick ist: O. Kaiser, Der Prophet Jesaja, Kap. 13-39, ATD 18 (1973) 55.
50 Vgl. G. Wanke, אוֹי und הוֹי, ZAW 78 (1966) 215-218; 217.

vgl. den Vokativ »Schwert Jahwes« –, wann dieses endlich Ruhe geben, also sein Vernichtungswerk aufgeben werde, und fordert es auf, in seine Scheide zurückzukehren. Die andere Person stellt fest, daß das Schwert Jahwes dies nicht könne, da Jahwe selbst es nach Askalon befohlen habe. Der erste Redende ist der Betroffene, also die Stadt Askalon bzw. ihre Bewohner, der zweite ist einer, der die Sache Jahwes vertritt, also ein Prophet.

Bei dem Wort v. 6–7 ist noch deutlicher als bei v. 5, daß Askalon (samt der Meeresküste) bereits unter einer militärischen Katastrophe leidet; als Ansage des Unheils kann dieser Text nicht verstanden werden.

Zu der Frage, welchen Vorgang in der Geschichte dann v. 6–7 im Blick hat, ist kaum an den Überfall der Skythen im Jahr 609 v.Chr. zu denken, den Herodot I 105 voraussetzt[51] – dies Ereignis war ephemer –, sondern an die Eroberung und Zerstörung der Stadt Askalon durch Nebukadnezar im Jahr 604 v.Chr.[52] Eine vergleichbare Katastrophe, die gerade die Stadt Askalon getroffen hätte, ist aus der weiteren Geschichte der alttestamentlichen Zeit nicht bekannt.[53] Daß das Wort in v. 6–7 einmal als selbständiger Spruch bestanden hat, ist kaum anzunehmen. Eher wurde es ad hoc gebildet. Der Verfasser hat in dem Ereignis des Jahres 604 die Erfüllung der Weissagung von v. 2.3b.4aα.b. gesehen und aufgrund dieser Erwägung das Wort von v. 6–7 komponiert. Dabei hat er noch einmal unterstrichen, daß Jahwe selbst es war, der die auf Askalon lastende Not bewirkt hat.

Daß in Jer 47,5–7 zwei verschiedene Einheiten vorliegen, erklärt, warum die Stadt Askalon zweimal – in v. 5 und in v. 7 – genannt ist. Hier ist nun noch zu fragen, welches historische Ereignis – sofern ein solches vorausgesetzt ist – der v. 5 im Blick hat. Daß die Nebukadnezar-Chronik für das Jahr 604 dezidiert allein von Askalon spricht, macht es unwahrscheinlich, daß v. 5, der außer Askalon noch Gaza und Asdod nennt, das Ereignis von 604 meint. Eher könnte man an den Feldzug des Pharao Hophra vom Jahre 568/7 denken, mit dem wir meinten v. 1b und 4aβ.γ in Verbindung bringen zu können. Die Nennung von Gaza in v. 5 wie in v. 1b könnte dafür sprechen. – Ob v. 5 dann von dem Ergänzer von v. 1b und v. 4aβ.γ stammt?

6. Zusammenfassung und Abrundung

Der »Philisterspruch« in Jer 47,1–7 ist nicht einheitlich, sondern setzt sich aus folgenden Teilen zusammen:

a. Die Überschrift in v. 1: Der ursprüngliche Kern »über die Philister« wurde in den sekundären Subjektsatz in v. 1a (der wohl erst bei der Eingliederung des Spruches v. 2–7 in das Jeremiabuch hinzugekommen ist) eingegliedert. Eine weitere Ergänzung bildet der Temporalsatz in v. 1b.

---

51 S. dazu oben S. 257.
52 Vgl. dazu oben S. 262 bei und mit Anm. 39. – So Rudolph, 275; Bright, 312.
53 Die Auswirkungen des Feldzuges des Pharao Hophra im Jahre 568/7 (s. dazu oben S. 262 und unten) waren sicher nicht so verheerend wie das Ereignis von 604.

b. Zentralstück des ganzen Philisterspruches ist eine als Jahwewort gekennzeichnete Unheilsankündigung in v. 2.3b.4aα, die den Philistern die Vernichtung durch einen Feind aus dem Norden ansagt und die in das Eigenwort des Verfassers der Ankündigung in v. 4b mündet, daß Jahwe es ist, der das Unheil wirken wird. Die Ankündigung wird durch die Erweiterung der Überschrift in v. 1a dem Propheten Jeremia zugeschrieben. Ob sie von diesem stammt, ist wohl weder zu beweisen noch auszuschließen. Zeitlich könnte das Wort in die Wirkungsepoche des Jeremia fallen. Das Problem gehört *auch* in den Zusammenhang der Traditionsgeschichte der Fremdvölkersprüche und kann hier nicht weiter verfolgt werden. Auch die Frage, ob das Jahwewort bei dem Feind aus dem Norden an Nebukadnezar denkt oder nicht, muß hier offenbleiben.

c. In v. 6–7 liegt eine gesonderte Erweiterung zu v. 2.3b.4aα.b vor. Indem hier in einem Wortwechsel das Andauern einer militärischen Bedrückkung der philistäischen Stadt Askalon begründet wird, ist offenbar eine militärische Katastrophe für diese Stadt vorausgesetzt, die wohl in der Eroberung von Askalon durch Nebukadnezar im Jahr 604 v.Chr. bestanden hat. Jedenfalls versteht das Wort in v. 6f. das bereits eingetretene Unheil als Erfüllung der Unheilsankündigung in v. 2.3b.4aα.b.

d. Eine aus syntaktischem bzw. aus inhaltlichem Grund bestimmbare Erweiterung der ursprünglichen Unheilsankündigung liegt in v. 3a und v. 4aβ.γ vor. Sie gehört zu dem Einschub in v. 1b und rechnet wie dieser mit einem – bereits erfolgten – Schlag eines Pharao gegen die Stadt Gaza. Im Gegensatz zu v. 2 ist dieser Angriff nicht von Norden, sondern von Süden her erfolgt. Historischer Hintergrund könnte ein Feldzug des Pharao Hophra gegen Tyrus und Sidon im Jahre 568/7 sein.

e. Ebenfalls als Erfüllung der Ankündigung von v. 2 setzt der Bericht über Minderungsriten (»Trauerbräuche«) in v. 5 das Unheil voraus, das die philistäischen Städte Gaza, Askalon und Asdod getroffen hat. Auch dieses ist eher mit den Ereignissen von 568/7 zu verbinden als mit dem babylonischen Vorgehen im Jahr 604; v. 5 ist also wohl der Erweiterung in v. 1b.3a.4aβ.γ zuzuordnen.

Blicken wir zum Schluß noch einmal an zwei Punkten über den Philisterspruch in Jer 47,1–7 hinaus.

a. Zum Thema »Traditionsgeschichte der Fremdvölkersprüche« kann ein kurzer Vergleich mit Philistersprüchen bei anderen Propheten eine Besonderheit des Spruches von Jer 47,1–7 herausstellen. Die Sprüche gegen die Philister bzw. gegen ihre Städte in Am 1,6–8; Jes 14,28–32; Zeph 2,4–7; Ez 25,15–17; Sach 9,5–7 enthalten sämtlich nur die Ankündigung von Unheil. Allein Jer 47 aber bringt darüber hinaus bestimmte Ereignisse der Geschichte mit der Unheilsankündigung als deren Erfüllung in Verbindung.

b. Anders als bei Amos und Ezechiel, aber wie bei Jesaja, Zephanja und Sacharja nennt Jer 47 für das in v. 2.3b.4aα.b angekündigte Unheil keine Begründung durch eine Schuldfeststellung. Eine Durchsicht der Fremdvölkersprüche in Jer 46–51 zeigt, daß hier auch sonst nur wenig über eine Verschuldung gesagt wird, die das vielfach angesagte, meist auf Jahwe zurückgeführte Unheil begründen würde. Wo Schuld festgestellt wird – in 46,7.8b bei Ägypten, in 48,7.14.42 bei Moab, in 49,4 bei der Hauptstadt der Ammoniter, in 49,16 bei Edom (nicht aber bei den Philistern, bei Damaskus, Kedar usw., Elam und Babel) –, ist es der Hochmut und die Selbstsicherheit der Angeredeten. Ein einziges Mal nur wird Großtun als Fehlverhalten gegenüber Jahwe hervorgehoben: bei Moab (48,42); und allein in 49,2 wird bei den Ammonitern gegen Israel gerichtetes Verhalten festgestellt.

Heuschreckenplage und Tag Jahwes in Joel 1 und 2

Probevorlesung, am 21. Juli 1960 in Mainz gehalten

1.

Die Kap. 1 und 2 des Joelbuches stehen unter dem Thema einer *Heuschreckenplage* und ihrer Folgen für das betroffene Land, Juda. Der Prophet nennt dieses Thema selbst in einer die Bedeutung dieses Ereignisses unterstreichenden Einleitung: Heuschrecken – nach Jo. 1, 4 vier verschiedene Arten oder Entwicklungsstufen – haben, in ungewöhnlich großer Zahl auftretend, das Land kahl gefressen. Von hier spannt sich ein Bogen bis Kap. 2, 25, wo dieselben vier Termini für Heuschrecken noch einmal aufgeführt sind: Dort verheißt Jahwe den Bewohnern des Landes Ersatz für die durch die Heuschrecken verursachten Verheerungen. Dazwischen entfaltet sich vor uns ein Kapitel israelitisch-jüdischer Religionsgeschichte, das die im Kult gegebenen Möglichkeiten aufzeigt, den Schaden einer Naturkatastrophe abzuwehren. Daneben wird aber auch ein tieferes Verständnis solcher Not erkennbar. Im Zusammenhang mit der Plage nimmt der Prophet Erwartungen auf, deren Vorstellungen unter dem Stichwort «Tag Jahwes» zusammengefaßt sind. Wie Joel diese Gedanken mit der Heuschreckenplage und ihrer Abwendung verbindet, soll im folgenden gezeigt werden.

Bei dem Auftreten besonderer Notlagen kann das einzelne Glied der Kultgemeinde dem Erschrecken über die Not, aber auch der Selbstdemütigung vor Gott durch bestimmte Riten – weinen, Kleider zerreißen, den «Sack» anlegen, sich an die Brust schlagen und andere – Ausdruck verleihen. So fordert der Prophet in *Kap. 1* zunächst vier Personengruppen zu solchen Klageriten auf. Er tut dies in vier Abschnitten, die jeweils denselben Aufbau zeigen: auf die Aufforderung zur Klage folgt als Begründung eine Schilderung der Folgen der Heuschreckenplage (1, 5–13)[1]. Indem der Pro-

---

[1] V. 5–7: Zecher; V. 8–10: eine weibliche Person (das Land? Juda? Jerusalem? Zion?); V. 11–12: Bauern und Weingärtner; V. 13: Priester. Vgl. A. Weiser, Das Buch der zwölf Kleinen Propheten, 1. Hosea, Joel,

phet die zuletzt angeredeten Priester zugleich auch das ganze Volk in Fasten, Feiern und einer Versammlung am Tempel zusammenrufen und für alle zu Jahwe rufen heißt (V. 14), wird das Problem dieser Landplage auf die Ebene der ganzen Kultgemeinde gehoben. Auch der nachfolgende Klageruf V. 15–18 und die Klage in V. 19. 20 sind in der gleichen Weise aufgebaut: auf den Klageruf in V. 15 wie auf die Einleitung zur Klage in V. 19a (vgl. V. 20a) folgt jeweils begründend eine Notschilderung (V. 16–18; 19b. 20b). Hier scheint, wie wohl schon in V. 10f., gleichzeitig eine Dürre anvisiert zu sein, die wohl nicht allein von den Heuschrecken verursacht ist.

Höhepunkt aller kultischen Maßnahmen, mit denen die Gemeinde einer solchen Plage begegnen kann, ist eine große Bußfeier am Tempel. Eine solche steht im Mittelpunkt von *Kap. 2*. Dieses Kapitel ist nun nicht nur wegen seiner Angaben über die wichtigsten Akte einer derartigen Feier von Bedeutung. Besonderes Interesse verdient die Art und Weise, in der der Prophet diese Bußfeier motiviert. Auch hier ist Ausgangspunkt der gewaltige Heuschreckeneinfall. Hatte aber Joel in Kap. 1 hinreichend Gelegenheit, den durch die Heuschrecken angerichteten Schaden auszumalen, so geht er nun von einer Schilderung des Heuschreckenzuges selbst aus. Aufgabe dieser Schilderung ist es nicht etwa, den Hörern lediglich den Vorgang des Heuschreckeneinfalles noch einmal in Erinnerung zu rufen; in diesem Falle stände sie am Anfang des Joelbuches im Anschluß an die Einleitung. Der tiefere Sinn dieser Schilderung ergibt sich aus dem Zusammenhang, in den Joel sie stellt.

Jede Not – sei es für ein Volk eine Naturkatastrophe oder eine Niederlage im Krieg, sei es für den einzelnen etwa Krankheit – hat nach altorientalischem Verständnis ihre Ursache im Zorn der Gottheit. Dementsprechend sieht Joel auch in der Heuschreckenplage ein Handeln Jahwes. Diesem Gedanken verleiht er dadurch Ausdruck, daß er den Heuschreckeneinfall mit Vorstellungen vom «Tag Jahwes» kombiniert. Dieses Stichwort hatte Joel schon ein-

---

Amos, Obadja, Jona, Micha (²1956), z.St. – Die Änderung von אָבְלוּ «sie trauern» in den Imperativ אִבְלוּ in V. 9b im Anschluß an die LXX – u. a. W. Baumgartner, Joel 1 und 2: Zeitschr. altt. Wiss. Beih. 34 (1920), 10–19, S. 11; W. Nowack, Die Kleinen Propheten (³1922), z.St. – ist angesichts des gleichmäßigen Aufbaues der vier Abschnitte unnötig, ebenso eine Umstellung von V. 9b – Baumgartner, S. 11; Nowack, z.St.; E. Sellin, Das Zwölfprophetenbuch (²·³1929/30), z.St.

mal in 1, 15² anklingen lassen. Der Sachverhalt, daß jede Speise vernichtet, alle Freude aus dem Tempel verbannt ist, veranlaßt ihn zu dem Klageruf:

> Wehe dem Tag – denn nahe ist der Tag Jahwes,
>   und wie Gewalttat vom Allgewaltigen kommt er!

Zweierlei geht bereits aus diesem Satz über den «Tag Jahwes» hervor: Er wird als nahe bevorstehend erwartet, und er wird «Gewalttat», also Not bringen, deren Urheber Jahwe selbst ist. Was hier nur kurz angerissen ist, wird in 2, 1–11 breit entfaltet. Auch äußerlich ist hier der Heuschreckenzug in den weiteren Rahmen des Tages Jahwes hineingestellt, indem das Stichwort יוֹם יְהוָה in V. 1 und 11 die dazwischenliegende Heuschreckenschilderung wie eine Klammer umfaßt.

Jahwe selbst weist auf das bevorstehende Unheil hin, indem er zum Alarmruf auf seinem heiligen Berg Zion auffordert (V. 1aα). Bei dessen Ertönen zittern die Bewohner des Landes angesichts der Gefahr, der sie sich gegenüber sehen: der Tag Jahwes kommt auf sie zu, ja er ist schon nahe. Daß er nicht Gutes bringt, daß also aller Anlaß zu ängstlichem Zittern und Beben gegeben ist, sagt V. 2aα: Es ist «ein Tag von Finsternis und Dunkel, ein Tag der Wolke und des Wolkendusters». Ähnlich unterstreicht auch V. 11 den bedrohlichen Charakter dieses Tages: «Denn groß ist der Tag Jahwes, ganz furchtbar und schier unerträglich.»

Die in V. 2aβ einsetzende Schilderung des Heuschreckeneinfalles überrascht durch ihre Anschaulichkeit, ja Dramatik. Am Anfang steht der Eindruck der ungeahnten Menge: Wie in der Frühe vor dem Sonnenaufgang die Morgenröte ihren Glanz über alle Bergeshöhen ausgießt, so ist das Heer der Heuschrecken über die Berge ausgebreitet. Wohin man blickt – Heuschrecken; mit Joels Worten, V. 2b:

> Ein Volk, zahlreich und mächtig;
> seinsgleichen trat nicht auf von Urzeit an
>   und gibt es nach ihm nicht in fernsten Jahren.

---

² Daß die Aussagen vom «Tag Jahwes» in Kap. 2 nicht von einem späteren Bearbeiter, etwa einem Apokalyptiker, dem die Kap. 3 und 4 zugeschrieben werden, stammen, sondern zum ursprünglichen Text gehören, wird oben gezeigt. Auch Jo. 1, 15 ist nicht – mit B. Duhm, Anmerkungen zu den zwölf Propheten: Zeitschr. altt. Wiss. 31 (1911), 1–43. 184–188, S. 185; Th. H. Robinson (& F. Horst), Die Zwölf Kleinen Propheten (²1954), z.St., u. a. – sekundärer Einschub, sondern bildet den Anfang des Klagerufes in 1, 15–18: A. S. Kapelrud, Joel Studies (1948), z.St.; Weiser (A. 1), z.St.

Der Größe und Stärke dieses Volkes entspricht der Schaden, den es anrichtet, V. 3:

> Vor ihm frißt Feuer
> und hinter ihm leckt Lohe;
> dem Garten Eden gleicht das Land vor ihm,
> doch hinter ihm ist öde Wüste,
> nichts bleibt von ihm verschont.

Vergleiche schildern das Aussehen des Volkes und das Geräusch, das sein Vorwärtsdringen hervorruft, V. 4. 5:

> Sein Aussehn gleichet dem von Pferden,
> wie Rosse laufen sie dahin;
> wie Wagenrasseln hüpfen sie über der Berge Kamm,
> wie Prasseln lodernden Feuers im Stroh –
> ein mächtig Volk, zum Kampf geordnet.

Die Bezeichnung «mächtiges Volk» greift auf V. 2b zurück und schließt diesen Teil der Schilderung ab; das Stichwort «zum Kampf geordnet» leitet über zu dem Thema der Marsch- und Angriffsordnung dieses großen Haufens. Aber bevor diese in V. 7–9 dargestellt wird, ist in V. 6 eine Aussage über die Reaktion der Menschen eingeschaltet:

> Vor ihm winden sich die Völker,
> aller Antlitz ist hochrot.

Dieser Vers unterbricht den Zusammenhang der Heuschreckenschilderung und gibt einige Fragen auf. Bezieht sich – wie allgemein angenommen – das Suffix der 3. Person sing. masc. – «vor ihm» (nämlich: winden sich) – auf das Volk der Heuschrecken?[3] Hebt dieser Satz wirklich nur «den Eindruck heraus, den diese Heuschrecken hervorrufen»[4]? Warum sind ganz unvermittelt hier allgemein «die Völker» die Betroffenen, während bisher lediglich das Land Juda im Blickfeld des Propheten lag? Ist darin nur eine «groteske Übertreibung» des Propheten[5] zu sehen? Eine Antwort auf diese Fragen wird erst später möglich.

V. 7–9 nehmen nun das Stichwort von V. 5bβ auf und beschreiben das geordnete Vorgehen der Heuschrecken sowie die Einnahme «der Stadt»:

---

[3] So z. B. K. Marti, Das Dodekapropheton (1904), z.St.; Nowack, Sellin, Weiser (A. 1), z.St.; G. v. Rad, The Origin of the Concept of the Day of Yahweh: Journ. Sem. Stud. 4 (1959), 97–108, S. 101. – Robinson und Kapelrud gehen auf dieses Problem nicht ein.

[4] Nowack (A. 1), z.St.   [5] So Baumgartner (A. 1), S. 13.

> Wie Helden laufen sie,
>   wie Kriegsleute ersteigen sie die Mauer;
> sie ziehn ein jeder seinen Weg,
>   verlassen niemals ihre Pfade,
> auch dränget niemand seinen Nachbarn,
>   ein jeder ziehet seine Bahn;
> durch Waffen stürzen sie hindurch –
>   ohn' Unterbrechung.
> Sie werfen sich auf die Stadt,
>   laufen auf die Mauer,
>   ersteigen die Häuser –
> durch die Fenster dringen sie ein
>   wie ein Dieb.

Die Schilderung wird beschlossen in V. 10. 11 mit der Wiederaufnahme des Stichwortes vom «Tag Jahwes»:

> Vor ihm zittert die Erde,
>   bebt der Himmel,
>   während Sonne und Mond sich verfinstern,
>   die Sterne ihren Glanz verlieren
>   und Jahwe seine Stimme erhebt vor seinem Heer;
> denn sehr zahlreich ist sein Lager,
>   denn mächtig ist der, der sein Wort vollstreckt,
>   denn groß ist der Tag Jahwes
>   und gar furchtbar und schier unerträglich.

Hier häufen sich nun die Schwierigkeiten. Waren es in V. 6 die Völker, die vor Angst sich in Krämpfen winden, so sind es nun in V. 10 gar Erde und Himmel, die «zittern» und «beben». Diese Vorgänge werden von Verfinsterung der Gestirne sowie von Donner begleitet. Und wieder heißt es: «vor ihm»! Auch hier bezieht man das Suffix der 3. Person sing. masc. auf das Volk der Heuschrecken[6]. Das Ergebnis der Versuche, die in V. 10. 11 a α genannten kosmischen Ereignisse auf die Heuschrecken zurückzuführen, kann man in einem Satz von Robinson zusammenfassen[7]: «Die Erde scheint zu beben, wenn sie (nämlich die Heuschrecken) sich niederlassen, und die Sonne sich zu verfinstern, wenn sie wieder zu fliegen beginnen: so viele sind sie.» Wie wenig eine solche Auslegung befriedigt, wird daran deutlich, daß hier das «Beben des Himmels» stillschweigend übergangen wird – es ist auf diesem Wege nicht zu er-

---

[6] Marti (A. 3), Nowack (A. 1), Robinson (A. 2), Weiser (A. 1), z.St.; v. Rad (A. 3), S. 101.

[7] Robinson (A. 2), z.St.

klären. Konsequent scheidet Sellin[8] den V. 10a aus, der diese Aussage enthält. Solchen Umdeutungen widersprachen schon Marti[9] und Nowack[10]. Allerdings haben sie לְפָנָיו zeitlich verstanden: Erdbeben, Finsternis und Donnerschläge seien Vorzeichen gewesen, die dem Eintreffen der Heuschrecken vorangegangen seien. Für beide folgen so drei Ereignisse aufeinander: zuerst Erdbeben usw., dann Heuschreckenplage, schließlich der Tag Jahwes. Demgegenüber hat aber Sellin unter Verweis auf Jo. 4, 16 mit Recht betont, daß «ein Himmelsbeben wohl zu den Erscheinungen des Tages Jahwes gehört».

Zur Klärung des Sachverhaltes gehen wir am besten von der dreimal mit כִּי «denn» einsetzenden Begründung in V. 11aβ. b aus:

Denn sehr zahlreich ist sein Lager,
   denn mächtig ist der, der sein Wort vollstreckt;
denn groß ist der Tag Jahwes
   und gar furchtbar und schier unerträglich.

Die beiden ersten Begründungen bilden zwei parallele Reihen einer Periode; ihre Glieder entsprechen sich. Jeder Begründungssatz nimmt eines der beiden Attribute auf, die dem «Volk» der Heuschrecken in V. 2 beigelegt wurden: zahlreich und mächtig. Für die Heuschrecken wird hier die Bezeichnung «Heerlager» gebraucht; sie entspricht dem vorangehenden חַיִל «Heer» und der ganzen Schilderung des Heuschreckenzuges. Daß sich das Suffix der 3. Person sing. masc. in מַחֲנֵיהוּ ebenso wie unmittelbar vorher in חֵילוֹ «sein Heer» auf Jahwe bezieht, ist nicht zu bezweifeln. Ebenso meint auch das Suffix in דְּבָרוֹ «sein Wort» Jahwe. Wie in der ersten Reihe der Periode ist auch in der zweiten das Volk der Heuschrecken logisches Subjekt. Die Heuschrecken also sind es, die Jahwes Wort ausführen. Dieser Satz enthält eine bedeutsame Aussage. Das Auftreten der Heuschrecken hat für Joel einen tieferen Sinn: Sie kommen auf Gottes Geheiß, ihr Werk – die Vernichtung alles dessen, was zur Nahrung für Mensch und Tier angebaut oder in jahrelanger Pflege gezogen worden ist – geschieht nach seinem Willen, in seinem Auftrag. Daß im Hintergrund dieser Feststellung auch die Frage nach dem Grund solchen göttlichen Handelns steht, wird noch deutlich werden. Während diese beiden Begründungen von Zahl und

---

[8] Sellin (A. 1), z.St.
[9] Marti (A. 3), z.St.
[10] Nowack (A. 1), z.St.

Macht des Heuschreckenvolkes handeln, spricht die dritte von der Größe und Furchtbarkeit des Tages Jahwes. So werden im Rahmen dieser Begründungen Heuschreckenheer und Tag Jahwes miteinander in Parallele gesetzt. *Hier* laufen die beiden Linien – Heuschreckeneinfall und Tag Jahwes – zusammen. Die Heuschreckenplage bedeutet für Joel das Kommen des Tages Jahwes.

Von hier aus fragen wir weiter nach rückwärts. Was wird mit diesem dreimaligen «denn», mit dem Hinweis auf Zahl und Macht der Heuschrecken und der Größe und Furchtbarkeit des Tages Jahwes begründet? Häufig verbindet man die Begründungssätze mit dem letzten vorhergehenden Satz: Jahwe erhebt seine Stimme vor seinem Heer[11]. Der Sinn von Aussage und Begründung wäre dann: Weil sein Heer zahlreich und mächtig ist und weil der Tag Jahwes groß und furchtbar ist, erhebt Jahwe seine Stimme vor seinem Heer. Eine solche Aussage ist aber nicht eben sinnvoll. Zudem wird dabei das Satzgefüge des hebräischen Textes außer acht gelassen. Der Anfang von V. 11 kann nämlich nicht von V. 10b getrennt werden. V. 10a und V. 10b unterscheiden sich wesentlich im Aufbau der Sätze. In V. 10a haben wir zweimal die Wortfolge Prädikat-Subjekt. Für beide Aussagen, die asyndetisch aneinandergereiht sind, gilt die den Vers einleitende adverbiale Bestimmung «vor ihm»: «Vor ihm zittert die Erde, bebt der Himmel.» Im Gegensatz dazu findet sich in V. 10b und 11aα dreimal die Reihenfolge Subjekt-Prädikat bzw. Subjekt-Prädikat-Objekt. Während zwischen V. 10a und 10b keine syntaktische Verbindung besteht, sind die drei Aussagen in V. 10b und 11aα untereinander durch die Kopula verbunden. Schließlich gehören V. 10b und 11aα – Verfinsterung der Gestirne und Donner – auch inhaltlich eng zusammen. Der Satzbau ist hier sicher nicht ohne Grund gewechselt worden. Verbalsätze, in denen das Subjekt voransteht, rücken in die Nähe der Nominalsätze und können so etwas Zuständliches beschreiben, und zwar entweder etwas längst Abgeschlossenes oder eine mit den Hauptereignissen gleichzeitige Handlung[12]. In unserem Falle trifft die letztere Möglichkeit zu; sie hilft nun aber auch zur Klärung der Zusammenhänge. Verfinsterung von Sonne, Mond und Sternen sind – wie der Satzbau zeigt – als Begleiterscheinungen verstanden.

---

[11] Vgl. die Übersetzungen von Nowack (A. 1), Robinson (A. 2), Weiser (A. 1).

[12] W. Gesenius-E. Kautzsch: Hebräische Grammatik (^{28}1909), § 142 a. c.

Man muß diese drei Sätze in V. 10b. 11aα entweder in Parenthese setzen oder – wie oben geschehen – ihre Aussagen in einen mit «während» eingeleiteten Nebensatz kleiden. Über diesen Nebengedanken hinweg findet nun V. 10a syntaktisch und logisch seine Fortsetzung in V. 11aβ. b:

> Vor ihm zittert die Erde,
>   bebt der Himmel,
> denn sehr zahlreich ist sein Lager,
>   denn mächtig ist der, der sein Wort vollstreckt,
> denn groß ist der Tag Jahwes
>   und gar furchtbar und schier unerträglich.

Nun wird auch deutlich, worauf sich das Suffix der 3. Person sing. masc. in לְפָנָיו bezieht: Wie in מַחֲנֵהוּ «sein Lager» und in דְּבָרוֹ «sein Wort» meint es nicht das Volk der Heuschrecken, sondern Jahwe selbst! Vor Jahwe beben Himmel und Erde, weil er am «Tag Jahwes» vor seinem Heer erscheint.

Wie in V. 10 von der Erde, war das Verbum רגז «zittern» in V. 1 bereits von «allen Bewohnern des Landes» ausgesagt. Von dort aus hat sich bis V. 10 der Kreis der Betroffenen ins Kosmische erweitert. Als Zwischenstück in dieser Entwicklungslinie findet nun auch V. 6 eine befriedigende Erklärung:

> Vor ihm winden sich die Völker,
>   aller Antlitz ist hochrot.

Auch hier bezieht sich das Suffix der 3. Person sing. masc. – wie in V. 10a – nicht auf das Volk der Heuschrecken, sondern auf Jahwe selbst. Mit einem ersten Schritt der Ausweitung, die in V. 10 den Kosmos erreicht, sind hier die Völker einbezogen. Dieser Satz in V. 6 ist also in die Schilderung der Heuschrecken eingeschoben, gewissermaßen als Brückenpfeiler, der die sich von V. 1 zu V. 10f. erstreckende Brücke in der Mitte stützt.

Der Prophet Joel hat also in dem Abschnitt 2, 1–11 (wie auch in 1, 15) die Heuschreckenplage mit Aussagen vom Tag Jahwes verknüpft. Der Grund hierfür wird erst ganz erkennbar, wenn wir uns vergegenwärtigen, welche Vorstellungen Joel und seine Hörer mit dem «Tag Jahwes» verbanden.

2.

Wesentlicher Inhalt des *Tages Jahwes*[13] ist nach den alttestamentlichen Quellen die Enthüllung des göttlichen Zornes und die Durchführung des Gerichtes an Jahwes Feinden. So ist dieser Tag ein Tag des Zornes Jahwes, Zeph. 1, 18; 2, 2. 3; Thr. 2, 1. 21. 22, ein Tag des Zornes, Zeph. 1, 15; Ez. 7, 19; Jes. 13, 9, ein Tag der Rache, Jer. 46, 10, der Rache Jahwes, Jes. 34, 8; 61, 2, ja des Schlachtopfers Jahwes, Zeph. 1, 8 (vgl. Jes. 34, 6). Für die Betroffenen ist er furchtbar (wie Jo. 2, 11 so auch Jo. 3, 4; Mal. 3, 23), ein Tag der Not und Bedrängnis, Zeph. 1, 15, ein Tag der Bestürzung, Ez. 7, 7, ein Tag der Öde und Verödung, Zeph. 1, 15, ein Tag, an dem das Land zur Wüste wird, Jes. 13, 9. Wiederholt finden wir die Erwartung, daß Jahwe das Gericht durch einen kriegerischen Akt vollzieht, Zeph. 1, 16f.; Jer. 46, 10; Ez. 30, 4ff.; Jes. 13, 34; Jo. 4, 9ff. (vgl. auch Mal. 3, 24); so ist der Tag Jahwes ein Tag des Kampfes, Sach. 14, 3, ein «Tag von Horn und Hurra», Zeph. 1, 16. Gelegentlich kann ein Ereignis der Vergangenheit als «Tag Jahwes» bezeichnet sein: so in Thr. 2, 1. 21. 22 die Eroberung Jerusalems durch den neubabylonischen König Nebukadnezar. Im allgemeinen aber ist der «Tag Jahwes» ein Teil der Eschatologie Israels. Propheten der spätvorexilischen Zeit (Zeph. 1, 7. 14; Ez. 7, 7), aber auch jüngere Texte (Jes. 13, 6; Ob. 15; wie Jo. 1, 15; 2, 1 auch Jo. 4, 14) betonen, daß er nahe bevorsteht. Nirgends allerdings haben wir einen Anhalt für die Vorstellung, daß es «von Zeit zu Zeit»[14] einen «Tag Jahwes» gegeben habe, an dem Jahwe seinem Volk Israel zu Hilfe gekommen sei.

Der Tag Jahwes richtet sich im Grundsatz gegen alles, was hoch und erhaben ist und sich auf dieses Hoch-und-erhaben-Sein verläßt, gegen allen Stolz und Hochmut, gegen diese Hauptsünde des Menschen, die Gottes Ehre hintansetzt und die eigene Ehre sucht (Jes. 2, 12–17). So kann der Tag Jahwes den Feinden Israels als den Feinden Jahwes angekündigt werden: Ägypten Jer. 46, 10. 21; Ez. 30, 1–9, Edom Jes. 34; Ob. 15, Babel Jes. 13, allgemein allen Völkern Jo. 4; Sach. 14. Offenbar sah die Erwartung der Israeliten

---

[13] Vgl. dazu: L. Černy, The Day of Yahweh and Some Relevant Problems (Prag 1948); v. Rad (A. 3), ebd.; J. Bourke, Le jour de Yahvé dans Joël: Rev. bibl. 66 (1959), 5–31. 191–212.
[14] So v. Rad (A. 3), S. 105; auch Theologie des A. T., 2 (1960), S. 133ff.

in diesem Tag zugleich eine Rettungstat Jahwes für sein Volk;
denn nach dem ältesten Beleg für die Vorstellung vom Tag Jahwes,
Am. 5, 18–20, setzt Amos voraus, daß seine Hörer diesen Tag
herbeiwünschen; aber gerade dieser Auffassung widerspricht der
Prophet:

> Weh denen, die den Tag Jahwes herbeisehnen!
> Was soll euch denn der Tag Jahwes?
>   Er ist Finsternis und nicht Licht!
> Wie wenn einer flieht vor dem Leu –
>   da trifft ihn der Bär,
> und er kommt nach Hause und stützt seine Hand an die Wand –
>   da beißt ihn die Schlange.
> Ist da nicht Finsternis der Tag Jahwes und nicht Licht –
>   Dunkel und ohne Glanz?

Mit zwei Gleichnissen verdeutlicht Amos, daß Israel gewissermaßen am Tag Jahwes «vom Regen in die Traufe kommt», daß für Israel der Tag Jahwes nicht Rettung, sondern neue Not bringt. Der Zorn Jahwes wird also an diesem Tage auch sein eigenes Volk treffen. Von hier an wird der Tag Jahwes immer wieder auch Israel bzw. Juda und Jerusalem angedroht: Jes. 2, 6ff.; Zeph. 1, 7; Ez. 7; 13, 5. Aber über solche Ankündigung an einzelne Völker hinaus trifft der Tag Jahwes grundsätzlich *alle* Völker, die ganze Erde. Jes. 2, 12–17 ist gegen alle Menschen gerichtet. Auch Zephanja weitet die Androhung des Tages Jahwes, die zunächst Juda und Jerusalem gilt (1, 7), auf alle Bewohner der Erde aus (1, 18). In dem Buch Obadja wird die vorangehende Warnung (V. 12–14) gegen Edom begründet mit dem Bevorstehen des gegen alle Völker gerichteten Tages Jahwes. Eine besondere Möglichkeit zeigt Jes. 34: hier ist der Zorn Jahwes gegen *alle* Völker der Ausgangspunkt; ja «es rollt sich wie eine Buchrolle der Himmel und all sein Heer welkt» (V. 4). Dann wird aber die Drohung eingeengt auf Edom (V. 5ff.). Und ebenso wird in Jes. 13 eine Drohung gegen Babel eingeleitet durch Aussagen über den Tag Jahwes, die sich gegen die ganze Erde richten.

Es empfiehlt sich, auf Jes. 13 noch etwas näher einzugehen. Jahwe Zebaoth bietet Königreiche und Völker auf, er «mustert ein Kriegsheer» (V. 4). Dann heißt es weiter in Jes. 13, 5–13:

> 5 Sie kommen aus fernem Lande,
>   vom Ende des Himmels –

Jahwe und die Geräte seines Zorns,
    zu verderben die ganze Erde.
6 Heulet, denn nahe ist der Tag Jahwes,
    wie Gewalttat vom Allgewaltigen kommt er.
7 Deshalb werden schlaff alle Hände,
    und alles Menschenherz zerfließt,
8   und sie werden bestürzt.
Krämpfe und Wehen ergreifen sie,
    wie eine Gebärende winden sie sich;
gegenseitig erstaunen sie,
    flammrot sind ihre Gesichter.
9 Siehe, der Tag Jahwes kommt,
    grausam und Wut und Zornesglut,
die Erde zur Wüste zu machen
    und ihre Verfehlungen von ihr zu vertilgen.
10 Denn die Sterne des Himmels und seine Orione
    lassen nicht leuchten ihr Licht;
finster ist die Sonne bei ihrem Aufgang,
    und der Mond läßt sein Licht nicht aufleuchten.
11 Ich suche am Erdkreis heim das Böse
    und an den Gottlosen ihre Schuld;
ich beende den Hochmut der Frechen,
    und die Hoffart der Tyrannen erniedrige ich.
12 Seltener mache ich die Menschen als gediegenes Gold
    und die Menschheit denn Ophirgold.
13 Deshalb lasse ich den Himmel erzittern,
    und die Erde wird beben weg von ihrem Ort —
bei dem Grimme Jahwe Zebaoths
    und am Tage seiner Zornesglut.

V. 14–16 schildern Flucht und Untergang. Von V. 17 an werden diese Ankündigungen dann auf Babel konkretisiert.

Beim Lesen dieses Abschnittes wird man immer wieder an Jo. 1, 15 und besonders an Kap. 2 erinnert. Neben wörtlichen Übereinstimmungen bietet Jes. 13 zahlreiche Parallelen, so daß wir gerade dieses Kapitel zur Deutung von Jo. 1 und 2 heranziehen können. Die Ankündigung: «Denn nahe ist der Tag Jahwes, wie Gewalttat vom Allgewaltigen kommt er» findet sich wörtlich in Jo. 1, 15 wieder. In Jes. 13, 6 steht sie unter dem Vorzeichen: Jahwe und die Geräte seines Zornes kommen, zu verderben die ganze Erde. Hier haben wir die universale Weite, in die Jo. 2, 10 mündet. Angesichts des Tages Jahwes «winden sich» alle Menschen, ihre Gesichter sind rot wie Flammen, Jes. 13, 8: dieselben Aussagen wie in Jo. 2, 6. Die Verfinsterung der Gestirne, die in Jo. 2, 10b syntaktisch als mit dem Beben von Himmel und Erde gleichzeitig dargestellt ist, gilt auch in Jes. 13, 10 als Begleiterscheinung des Tages Jahwes. Schließlich hören wir gerade auch in Jes. 13 ausführlich von einem Heer, das Jahwe zum Vollzug seines Gerichtes am Erdkreis aufbietet.

3.

Die zahlreichen Übereinstimmungen in den Aussagen von Jes. 13 und Jo. 2, 1–11 braucht man nicht auf direkte Abhängigkeit des einen vom anderen zurückzuführen, wobei Joel der übernehmende wäre. Vielmehr stehen der unbekannte Verfasser von Jes. 13 und Joel in derselben *Tradition*, sie setzen dieselbe Erwartung vom Tag Jahwes voraus. Danach offenbart Jahwe an diesem Tag seinen Zorn über die sündige Menschheit in einem Strafhandeln an allen Menschen. Zur Durchführung der Strafe bedient sich Jahwe eines Heeres, das er von weither heranführt.

Diese Erwartung nimmt Joel auf und aktualisiert sie, indem er die Heuschrecken, deren Einfall seine Hörer gerade erlebt haben, als ein solches Heer deutet. Sie sind das Heer, das Jahwe heranführt. Mit ihrem Eintreffen ist für den Propheten der Tag Jahwes im Anbruch begriffen. Mit seinem Heer erscheint für ihn Jahwe selbst. Von der Übernahme dieser Vorstellungen her erklärt es sich, daß die Schilderung des Heuschreckenzuges in diese Klammer der Aussagen vom Tag Jahwes eingeschlossen ist. Weil so die Heuschreckenschilderung mit der Theophanie Jahwes an seinem Tag verknüpft ist, konnte der Prophet nicht nur am Ende der Heuschreckenschilderung, also in V. 10a, sondern auch mitten darin in V. 6 von Jahwe selbst reden. Vielleicht ergibt sich von hier aus auch für den V. 3a noch eine andere Deutung. Die Aussage: «Vor ihm frißt Feuer, hinter ihm leckt Lohe» bezieht man meist – so auch oben – wie die nachfolgende und ihr parallele auf die Wirkung des Heuschreckenheeres. Aber schon Greßmann hatte Bedenken gegenüber dieser Erklärung.[15] Das Feuer gehört in Ps. 50, 3; 97, 3 wie auch in Ex. 19, 16ff.; Dtn. 4, 11f. zur Theophanie. Sollte auch in Jo. 2, 3a – wie in V. 6 und 10f. – an die Theophanie gedacht sein?

---

[15] H. Greßmann, Der Ursprung der israelitisch-jüdischen Eschatologie (1905), S. 92.

In diesem Fall wäre mit dem nachfolgenden Satz – «vor ihnen ist das Land wie der Garten Eden, aber hinter ihnen die Wüste» – die Theophanie-Aussage auf das Wirken der Heuschrecken übertragen. Wie man auch über V. 3a entscheidet, in jedem Fall ist deutlich, wie in Jo. 2, 1–11 Schilderung der Heuschrecken und Erwartung des Tages Jahwes miteinander verknüpft sind.

Den Grund für diese Verknüpfung gibt Joel nicht expressis verbis an. Seinen Hörern ist er auch ohnehin deutlich. Der Tag Jahwes bringt Heimsuchung, Zeph. 1, 8f., Heimsuchung über Verfehlung und Schuld, Hochmut und Hoffart, Jes. 13, 9. 11; an diesem Tag richtet Jahwe die Menschen entsprechend ihrem Wandel, Ez. 7, 8f. Mit dem Tag Jahwes ist also das Gericht da. Indem Joel die Heuschreckenplage mit dem Tag Jahwes verbindet, erklärt er sie als Ausdruck des unmittelbar bevorstehenden Gerichtes über Judas Verfehlungen gegenüber seinem Gott.

An diese Gerichtsdrohung knüpft nun in der Fortsetzung eine als Mahnwort formulierte kurze Jahwerede an: «Nun aber kehret um zu mir mit eurem ganzen Herzen und mit Fasten und mit Weinen und mit Klagen!» (V. 12). Diesen Bußruf nimmt der Prophet auf. Ziel der Umkehr ist, von Jahwe Abwendung des Unheils der Heuschrecken und neuen Segen zu erbitten (V. 14). In einer großen Bußfeier ergeht – ähnlich wie in 2. Chron. 20, 4–19 – an das versammelte Volk wohl durch den Propheten ein Heilsorakel, in dem Jahwe Vernichtung der Heuschrecken und Ersatz für den von ihnen angerichteten Schaden verheißt (V. 18–20. 25–26). Dabei nimmt sowohl diese Jahwerede als auch der Teil des Orakels, der als Prophetenwort stilisiert ist (V. 21–24), inhaltlich und terminologisch die Schilderungen der Not in Kap. 1 auf. Der Tag Jahwes dagegen wird nicht mehr erwähnt. Die Deutung der Heuschrecken durch den «Typos» des Heeres, dessen sich Jahwe am «Tag Jahwes» zur Vollstreckung seines Gerichtes bedient, ist fallengelassen. An ihre Stelle tritt in V. 20 eine «Typisierung» (nicht «Mythologisierung»![16]) der Heuschrecken durch den «Nördlichen». Damit wird eine andere, seit Jeremia gebräuchliche Bezeichnung für den Feind, den Jahwe heranführen wird, zum Typos für das Heuschreckenvolk, der «Feind aus dem Norden», der aber nie im Zusammenhang mit dem Tag Jahwes genannt wird.

---

[16] So B. S. Childs, The Enemy from the North and the Chaos Tradition: Journ. Bibl. Lit. 78 (1959), 187–198, S. 197f..

Wir fassen das Erarbeitete kurz zusammen. In Israel gab es die eschatologische Erwartung, daß Jahwe an einem von ihm bestimmten Tag, dem sog. «Tag Jahwes», an allen Völkern seinen Zorn offenbaren und über sie Gericht halten werde. Hierbei werde er sich eines Heeres bedienen, das er selbst «von fernher» heranführen werde. Diese Erwartung nimmt der Prophet Joel zur Deutung einer ungewöhnlich schweren Heuschreckenplage auf. Indem er in den Heuschrecken jenes Jahwe-Heer erkennt, rückt er sie in den Zusammenhang des Tages Jahwes. Sie werden ihm so Vorboten des unmittelbar bevorstehenden Endgerichtes Jahwes. In den Heuschrecken wird also Gottes Gerichts- und Strafwillen transparent. Diese Drohung motiviert dann den Ruf zur Umkehr des Herzens und zu einer großen Bußfeier. Bei diesem Bußgottesdienst tritt allerdings die Frage der Vergebung und der Abwendung des Tages Jahwes ganz zurück. So steht letztlich in Jo. 1 und 2 doch mehr die Heuschreckenplage mit ihren Folgen als Jahwes Gerichtsdrohung im Mittelpunkt.

III.
Zu Themen alttestamentlicher Theologie

Menschliche Weisung — Gesetz Gottes

Beobachtungen zu einem aktuellen Thema[1]

Der Apostel Paulus war der Auffassung, daß das »Tun«, die Erfüllung des »Gesetzes« für Juden »heilsnotwendig« sei. Das »Heil« besteht darin, daß der Jude durch die Erfüllung des Gesetzes »Gerechtigkeit« vor Gott erwirbt, die ihm, wenn er das »Gesetz« nicht tut, nicht zuteil wird. Ist der Mensch nach jüdischer Anschauung — so der Gedanke von Paulus — nicht »gerecht«, so ist er »Sünder« und steht unter Gottes Zorn und »Strafe«.

Für »Gesetz« gebraucht Paulus den Begriff νόμος, den er der griechischen Bibel, der Septuaginta, entnommen hat. Die Septuaginta gibt mit νόμος zumeist das hebräische Wort *tôrā* wieder, das im Alten Testament die »Weisung« bedeuten kann, in bestimmten Bereichen des Alten Testaments aber üblicherweise im Sinne von »Gesetz« verstanden und also auch so übersetzt wird. Nun wird in neuerer einschlägiger Literatur generell bestritten, daß *tôrā* im Alten Testament den Sinn von »Gesetz« habe. So kann etwa G. Fohrer in einem für eine breitere Öffentlichkeit bestimmten Aufsatz[2] für die Weisheit, den Kult, aber auch etwa für das Deuteronomium (5. Buch Mose) feststellen:

»1. Der Ausdruck Tora meint nicht Recht oder Gesetz, sondern be-|zeichnet 'Weisungen' oder 'die Weisung'. Dies bedeutet, daß es in erster Linie um Lebensregeln und Verhaltens- oder Verfahrensregeln geht. Deswegen sollte man den Ausdruck 'Gesetz' im religiösen oder theologischen Sinn grundsätzlich vermeiden, wenn man die Tora meint.

---

[1] In den Literaturangaben werden folgende Abkürzungen verwendet:
  ATD   Das Alte Testament Deutsch
  BK   Biblischer Kommentar. Altes Testament
  BWANT Beiträge zur Wissenschaft vom Alten und Neuen Testament
  BZAW Beihefte zur Zeitschrift für die alttestamentliche Wissenschaft
  FRLANT Forschungen zur Religion und Literatur des Alten und Neuen Testaments
  HAT   Handbuch zum Alten Testament
  THAT Theologisches Handwörterbuch zum Alten Testament
  ThQ   Theologische Quartalschrift
  ThWAT Theologisches Wörterbuch zum Alten Testament
  WMANT Wissenschaftliche Monographien zum Alten und Neuen Testament.

[2] »Gesetz« und »Gerechtigkeit« oder Tora und Rechtverhalten nach dem Alten Testament (Das neue Erlangen Heft 45, März 1978, S. 3300—3307).

2. Jene Regeln können durchaus bindenden oder verpflichtenden Charakter haben, so daß es in diesem Fall bei der göttlichen Tora dem Menschen nicht freigestellt ist, ob er sie beachten will oder nicht. Das drückt vor allem das hebräische Wort berit aus, das meist mit 'Bund' übersetzt wird, in Wirklichkeit jedoch 'Verpflichtung' bedeutet.«

tôrā bedeute also generell (nur) die »Weisung«; daß das »Tun« der »Weisung« in irgendeiner Weise »heilsnotwendig« sei, tritt nicht in den Blick. Wichtig und für den Juden allein entscheidend sei die Freude, die der Jude an der *tôrā* hat und für den die *tôrā* »Gnade« ist[3]. In Verbindung damit wird dem Apostel vorgeworfen, er habe die alttestamentlichen Aussagen falsch verstanden oder unzutreffend interpretiert.

Das hier aufgezeigte Problem hat für die christliche Theologie weitreichende Bedeutung[4]. Beruht das Gesetzesverständnis des Paulus auf einem Mißverständnis oder nicht? Voraussetzung für eine Beantwortung dieser Frage ist es zu prüfen, in welchem Sinn der Begriff der *tôrā* im Alten Testament wirklich gebraucht wird. Bemühungen in dieser Richtung spiegelt reichliche Literatur der letzten Zeit wider[5]. Die folgenden »Beobachtungen« wollen an Hand der Belege in den wichtigsten einschlägigen Bereichen des Alten Testaments die Bedeutung von *tôrā* und die damit verbundenen Implikationen erneut erfassen und das Ergebnis für die gestellte Frage auswerten.

Wir beginnen mit der Behandlung des deuteronomisch-deuteronomistischen Bereichs, in dem *tôrā* in der Literatur häufig mit »Gesetz« wiedergegeben wird, wenden uns danach weisheitlichen Texten zu, in denen *tôrā* nicht als »Gesetz«, sondern als »Weisung« verstanden wird und untersuchen dann die – dreifache – Verwendung von *tôrā* im priesterlichen Bereich. Ein weiterer Abschnitt ist der »Freude an der *tôrā*« und dem Verhältnis dieses Themas zu den bis dahin gewonnenen Ergebnissen gewidmet. In einem Schlußabschnitt über »Paulus und das Gesetz« werden die gewonnenen Ergebnisse für die Ausgangsfrage fruchtbar gemacht.

I. *tôrā* als »Gesetz«

Wer *tôrā* als »Gesetz« versteht, denkt dabei zuerst vor allem an den deuteronomisch-deuteronomistischen Bereich, also an das Deuteronomium

---

[3] Vgl. R. J. Z. Werblowsky, Tora als Gnade (Kairos 15, 1973, S. 156–163).
[4] Vgl. dazu etwa den Bericht über eine Tagung unter dem Thema »Thora und Evangelium« von Chr. v. Imhoff mit dem Titel: Thora und Evangelium: Zwischen Christen und Juden ist Paulus strittig (Lutherische Monatshefte 11, 1972, S. 518–520) oder die Dokumentation einer christlich-jüdischen Disputation: P. Lapide–P. Stuhlmacher, Paulus – Rabbi und Apostel. Ein jüdisch-christlicher Dialog, Stuttgart und München 1981.
[5] Es genüge hier der Hinweis auf G. Liedke–C. Petersen, Artikel *tôrā* »Weisung« (THAT II, 1976, Sp. 1032–1043).

(5. Buch Mose) und an das Deuteronomistische Geschichtswerk (Josua bis 2. Königsbuch) sowie an weitere vom Deuteronomium abhängige Texte.

Im deuteronomisch-deuteronomistischen Bereich ist die *tôrā* im Blick, die Mose dem Volk Israel im Lande Moab verkündet, gegeben, befohlen hat (Dtn 1,5; 4,8.44; 27,26; Jos 1,7; 22,5; 2 Kön 21,8) und die in ein »Buch« (eigentlich: auf eine Rolle) aufgeschrieben wurde (Dtn 28,58; 29,20; 30,10 – von Mose Dtn 31,9.24), so daß von *sēp̄är hăttôrā (hăzzā)*, »d(ies)em Buch des Gesetzes« geredet werden kann (Dtn 28,61; 29,20; 30,10; 31,26; Jos 1,8; 8,34b; 2 Kön 22,8.11). Dieses »Gesetz« wird – nach dem Tod des Mose – als *tôrăt mošǟ* »Gesetz des Mose« (Jos 8,32, Mal 3,22), das »Buch« als *sēp̄är tôrăt mošǟ* »Buch des Gesetzes des Mose« (Jos 8,31; 23,6; 1 Kön 2,3; 2 Kön 14,6) bezeichnet[6]. Als Inhalt »dieser *tôrā*« geben Dtn 4,8 und 4,44–45 *ḥuqqîm ûmišpāṭîm* »Satzungen und Rechtssatzungen«[7] an. Dieser Doppelausdruck umklammert in Dtn 12,1 und 26,16 das Korpus des deuteronomistischen Gesetzes in Kap. 12,1–26,16, schließt aber, wie 4,8 und 4,44f. zeigen, auch den paränetischen Teil in 5,1–11,32 ein. *tôrā* umfaßt also Dtn 5,1–26, 16, dazu aber – wie 29,20 mit dem Hinweis auf die »in diesem Buch der *tôrā*« enthaltenen Flüche lehrt – auch Kap. 28, das den göttlichen Segen für den Gehorsam gegenüber Gottes Geboten ansagt, aber auch die Flüche, die das Volk im Falle seines Ungehorsams treffen werden, nennt[8]. Den Zusammenhang zwischen *tôrā* und dem deuterono-|mischen Gesetz zeigt 2 Kön 14,6 auf, wenn hier mit dem fast wörtlichen Zitat des Verbotes, Söhne um der Versündigung der Väter willen oder Väter um der Versündigung der Söhne willen zu töten, aus Dtn 24,16 ausdrücklich auf das »Buch der *tôrā* des Mose« Bezug genommen wird.

Während im Deuteronomium *tôrā* »nie durch eine Konstruktusverbindung, ein Suffix oder durch einen Promulgationssatz mit Jahwe als Subjekt« – d. h. etwa die Aussage, daß Jahwe die *tôrā* befohlen habe – »auf Jahwe bezogen wird«[9], hat eine bestimmte deuteronomistische Schicht die *tôrā* Jahwe selbst zugeschrieben; so 2 Kön 10,31 »*tôrăt jhwh*« »Gesetz Jahwes« (vgl. auch Jos 24,26 *tôrăt ʾᵉlohîm* »Gesetz Gottes«)[10], insbesondere

---

[6] Zu Dtn 17,8–12 s. unten S. 96f. – Vgl. weiter »dieses Gesetz« (Dtn 31,11), »(alle) Worte d(ies)es Gesetzes« (Dtn 31,12.24; 32,46; Jos 8,34a; 2 Kön 23,24), »Worte des Gesetzbuches« (2 Kön 22,11).

[7] In Dtn 4,45 werden davor noch *ʿedot* »Bestimmungen« (nicht »Zeugnisse«) genannt.

[8] Vgl. G. Braulik, Die Ausdrücke für »Gesetz« im Buch Deuteronomium (Biblica 51, 1970, S. 39–66), S. 64f. 61f.; G. Liedke, Gestalt und Bezeichnung alttestamentlicher Rechtssätze. Eine formgeschichtlich-terminologische Studie (WMANT 39), Neukirchen–Vluyn 1971, S. 185; Liedke–Petersen, THAT II, Sp. 1040f. – Dtn 27 ist sekundär zwischen 26 und 28 eingeschoben; *tôrā* in 27,3.8.26 meint Dtn 5–26 mit 28.

[9] Braulik, a.a.O., S. 65 Anm. 6.

[10] Nach 2 Kön 17,34.37 hat Jahwe die *tôrā* und die *miṣwā*, das »Gebot«, den Israeliten »gegeben« bzw. »aufgeschrieben«.

aber die deuteronomistische Bearbeitung des Amosbuches (Am 2,4) und des Jeremiabuches (Jer 6,19; 9,12; 16,11; 26,4; 31,33; 32,23; 44,10.23, stets mit auf Jahwe weisendem Possessivpronomen[11]).

Wir haben bisher das Wort *tôrā*, wie es im deuteronomisch-deuteronomistischen Bereich begegnet, mehrfach mit »Gesetz« wiedergegeben. Das ist die Übersetzung, die für diese Texte weithin üblich ist. Sie ist aber nicht unbestritten. Manche Exegeten – so etwa G. v. Rad – ziehen auch für diesen Bereich die Wiedergabe mit »Weisung« vor, wie das Wort vor allem in weisheitlichen Texten verstanden wird[12].

G. v. Rad geht davon aus, daß »alle Gesetze Israels ... den Bund als eine zwischen Jahwe und Israel zustande gekommene Gemeinschaft und sakrale Institution schon voraus(setzen)«[13], wobei unter »Bund« der »Bund vom Sinai« und zwar als »Heilsereignis« verstanden ist. Was die Sinaiperikope in Ex 19–34, soweit sie dem jehovistischen Werk zuzurechnen ist[14], erzählt, habe als Festlegende eines »Bundesfestes« gedient, | dessen liturgischer Aufbau durch folgende vier Teile bestimmt war: 1. Paränetischer Vorspruch, 2. Verkündigung der Gebote (des Dekalogs), 3. Bundesschluß, 4. Segen und Fluch[15]. Nach v. Rad hat Israel die Offenbarung des Gotteswillens (in Gestalt der Gebote) in diesem Fest »als ein Heilsereignis ersten Ranges« gefeiert[16]. Das Verhältnis von »Bund« und Geboten ist dabei so gesehen, daß der »Bund« als Gottes Gabe den Geboten als Gottes Willensäußerung vorgegeben ist (und nicht umgekehrt die Erfüllung des Gotteswillens die Gewährung des »Bundes« bewirkt hätte). In derselben Reihenfolge sind – in späterer Zeit – im Deuteronomium Zuordnung des Volkes zu Jahwe und Aufforderung zum Gehorsam gegenüber Jahwe in dieser Weise miteinander verbunden: »Höre Israel, heute bist du zu einem Volk Jahwes, deines Gottes, geworden. So höre auf die Stimme Jahwes, deines Gottes, und tue seine Gebote und Satzungen« (Dtn 27,9–10; vgl. wei-

---

[11] Zu *tôrā* in der deuteronomistischen Bearbeitung des Jeremiabuches vgl. W. Thiel, Die deuteronomistische Redaktion von Jer 1–25 (WMANT 41), Neukirchen–Vluyn 1973, S. 100f. 137f. u.ö. – Auf den Propheten dürfte *tôrăt jhwh* »Gesetz Jahwes« nur in Jer 8,8 zurückgehen – und auch hier das Deuteronomium meinen (Thiel a.a.O., S. 59); an den beiden anderen jeremianischen Stellen, 2,8 und 18,18, bezeichnet *tôrā* die priesterliche »Weisung«. Vgl. dazu unten S. 97 Anm. 56 und S. 93ff.

[12] S. dazu unten S. 90ff.

[13] G. v. Rad, Theologie des Alten Testaments I, München ⁶1969, S. 207.

[14] Zu den im Pentateuch (1.–5. Mose) verarbeiteten »Quellenschriften« des »Jahwisten« und des »Elohisten« und deren Kombination im »jehovistischen Werk« vgl. etwa die »Einleitungen« in das Alte Testament von O. Eißfeldt (Tübingen ³1964), (E. Sellin–)G. Fohrer (Heidelberg ¹²1979), O. Kaiser (Gütersloh ⁴1978).

[15] G. v. Rad, Das formgeschichtliche Problem des Hexateuch (BWANT IV, 26), Stuttgart 1938, S. 18ff. 23ff. 30ff. = Gesammelte Studien zum Alten Testament, München 1958, S. 9–86, S. 28ff. 33ff. 41ff.; ders., Theologie des Alten Testaments I, S. 206.

[16] Theologie des Alten Testaments I, S. 207.

ter 14,1 f. und 7,6). Angesichts dieser Reihenfolge von »Indikativ und Imperativ« möchte v. Rad vermieden sehen, »die Gebote des Deuteronomiums als ʿGesetz᾽ im theologischen Sinn des Wortes zu verstehen, als leite das Deuteronomium Israel an, sich das Heil durch eine umfassende Gehorsamsleistung zu verdienen«[17]. Nicht die Erfüllung der Gebote (oder des Gesetzes) geht voraus, sondern die von Gott her gnädige Anbindung Israels an Jahwe. Der Vermeidung solchen Mißverständnisses dient es, daß v. Rad dann in seinem Kommentar über das Deuteronomium das Wort *tôrā* nicht mit »Gesetz«, sondern durchgehend mit »Weisung« übersetzt[18].

Nun übersieht v. Rad aber nicht, daß es im Gegensatz dazu auch »nicht wenige Sätze« gibt, »die den Empfang der Heilsgüter nun doch in konditionalem Sinn vom Gehorsam Israels abhängig machen«[19]. So wird Jahwe nach Dtn 28,9 das in 2. Person angeredete Israel »sich zu einem heiligen Volk aufrichten, wie er es dir geschworen hat, wenn du die Gebote Jahwes, deines Gottes hältst und auf seinen Wegen wandelst«. Gerade dieser Beleg widerspricht der Auffassung von v. Rad, daß »auch | mit diesen final motivierten Imperativen ... das große deuteronomische Gnadenangebot keineswegs in sich aufgehoben und ein gesetzlicher Heilsweg verkündet« wird, weil »doch die Erwählungs- und Liebeserklärung Jahwes schon vorausgegangen« sei[20]. Denn hier wird, ähnlich wie in den weiteren von v. Rad benannten Belegen für diese Reihenfolge: Gebotserfüllung − »Heil« (hier: Jahwes »heiliges Volk« zu sein) in Dtn 6,18; 7,12; 8,1; 11,8 f.; 16,20; 19,8 f., sogar die Erfüllung eines Eides, den Jahwe Israel geleistet hat, durch Jahwe von dem Halten der göttlichen Gebote durch Israel abhängig gemacht.

Bei der weiteren Argumentation zu der Auffassung von v. Rad gehen wir davon aus, daß es das von v. Rad (und anderen) angenommene »Bundesfest« als Bestandteil des in Israel im Herbst gefeierten Laubhüttenfestes mit Sicherheit nicht gegeben hat[21] und daß Israel das Verhältnis zwischen Jahwe und seinem Volk nicht als einen − am Sinai als »Heilsgabe« gestifteten − »Bund« verstanden[22], sondern bei aller gnädigen Zuwendung Gottes zu seinem Volk − etwa in der Herausführung aus Ägypten − doch durch seine Unterordnung unter Jahwe und seinen Willen bestimmt gesehen hat.

---

[17] Theologie des Alten Testaments I, S. 243.
[18] G. v. Rad, Das fünfte Buch Mose. Deuteronomium (ATD Teilband 8), Göttingen ²1968.
[19] Theologie des Alten Testaments I, S. 243.
[20] A.a.O., S. 243.
[21] Vgl. dazu E. Kutsch, »Bund« und Fest. Zu Gegenstand und Terminologie einer Forschungsrichtung (ThQ 150, 1970, S. 299−320); ders., Verheißung und Gesetz. Untersuchungen zum sogenannten »Bund« im Alten Testament (BZAW 131), Berlin 1973, Kap. VI.
[22] Vgl. dazu E. Kutsch, Gesetz und Gnade. Probleme des alttestamentlichen Bundesbegriffs (ZAW 79, 1967, S. 18−35); ders., Verheißung und Gesetz, bes. Kap. V; L. Perlitt, Bundestheologie im Alten Testament (WMANT 36), Neukirchen−Vluyn 1969.

An den in diesem Zusammenhang bisher angeführten Stellen ist das Stichwort »*tôrā*« noch gar nicht begegnet. Wir wenden uns nun – vor dem Hintergrund der Auffassung von v. Rad – den Texten im Deuteronomium und im deuteronomistischen Geschichtswerk zu, die es mit *tôrā* zu tun haben.

Für die Frage nach der Bedeutung von *tôrā* ist wichtig, ob und welche Konsequenzen das Befolgen oder Nichtbefolgen der *tôrā* impliziert. Nicht alle Belege für *tôrā* machen darüber eine Aussage. Aber es finden sich hinreichend Texte, die die Bedeutung der *tôrā* für das Volk und für den einzelnen deutlich werden lassen.

In Dtn 28 wird zunächst für das Hören auf Jahwes Stimme, das in dem Bewahren und Tun aller seiner *miṣwôt* »Gebote« besteht (v. 1a. 13b. 14), Erhöhung Israels über alle Völker (v. 1b) und mannigfaltiger Segen verheißen (v. 2–13a); für das Nichthören auf Jahwes Stimme und die Nichtbefolgung »aller seiner *miṣwôt* und *ḥuqqôt*« »Gebote und Satzungen« (v. 15. 45) aber werden das Volk vielfältige Flüche erreichen (v. 16–43). Ein späterer Abschnitt nimmt dann »alle Worte dieser *tôrā*, die in diesem Buch geschrieben sind«, in den Blick (v. 58). Hier wird nur der Fall behandelt, daß das Volk die Worte »dieser *tôrā*« nicht befolgt. Wird dies eintreten, »(59) so wird Jahwe dich (Israel) und deine Nachkommen mit ganz außerordentlichen Plagen schlagen, mit großen und anhaltenden Plagen, mit bösen und anhaltenden Krankheiten ... (61) Auch alle Krankheiten und Plagen, die nicht in dem Buch dieser *tôrā* aufgezeichnet sind, wird Jahwe über dich bringen, bis du vertilgt bist.« Wird hier das Volk für Ungehorsam gegenüber der *tôrā* mit Unheil bedroht, so andernorts der einzelne: »Verflucht, wer nicht die Worte dieser *tôrā* in Geltung setzt, daß er sie tut« (27,26); und nach 29,20 wird Jahwe den, der die Götter anderer Völker verehrt, »zum Unheil aussondern aus den Stämmen Israels entsprechend all den Gesetzesflüchen (*ʾālôt hăbbᵉrît*), die in diesem Buch der *tôrā* stehen«.

Wie aber in Dtn 28 nicht nur »Flüche« für die Mißachtung der *miṣwôt* »Gebote« (und *ḥuqqôt* »Satzungen«) angekündigt werden (v. 16–43), sondern auch Segen für ihre Erfüllung (v. 1–14), so kann auch im Blick auf die *tôrā* nicht nur Fluch (27,26) und Unheil bis zum Untergang (28,58–61; 29,20) für Ungehorsam angesagt werden, sondern auch heilvolles Ergehen für den Gehorsam gegenüber der *tôrā*. Dies geschieht in dem letzten Wort, das Mose nach dem Deuteronomium[23] an die Israeliten gerichtet hat, Dtn 32,46–47. Nachdem Mose das in 32,1–43 eingefügte »Lied« dem Volk vorgetragen hatte (v. 44f.), »(46) sprach er zu ihnen: Richtet euer Herz auf alle Worte, die ich euch heute bezeuge, damit ihr sie euren Kindern gebietet,

---

[23] Von der Sammlung von Stämmesprüchen in Dtn 33,6–25, die in v. 2–5 und 26–29 von einer psalmenartigen Dichtung umrahmt sind und die in dieser Verbindung als »Segen« des Mose zwischen 32,48–52 und 34,1ff. sekundär eingeschaltet worden sind (vgl. v. Rad, Das fünfte Buch Mose, S. 146f. 150), ist hier abzusehen.

daß sie alle Worte dieser *tôrā* bewahren und tun. (47) Denn es ist kein für euch leeres Wort, vielmehr ist es euer Leben, und durch dieses Wort werden eure Lebenstage lange währen in dem Lande, in das ihr über den Jordan zieht, um es in Besitz zu nehmen.« Wie nach dem Propheten Deuterojesaja das Wort, das von Jahwe ausgeht, nicht »leer« zurückkommt, sondern das, was Jahwe will, wirkt (Jes 55,10f.), ist für die Israeliten die *tôrā* nicht »leer«, ohne Wirkung. Allerdings besteht ein zu beachtender Unterschied zwischen beiden Aussagen: In Jes 55,11 ist Inhalt des »Wortes« Jahwes das dem Volk in der Verbannung angesagte Heil, dessen Eintreffen nicht von der Reaktion des Menschen auf seine Ankündigung abhängig ist. Demgegenüber ist die *tôrā* nur bedingt kein »leeres Wort« insofern, als sie »Leben« bedeutet und langes Leben im Lande bewirkt unter der Voraussetzung, daß der Israelit die in ihr enthaltenen Gebote befolgt. Aber gerade dafür »ist« eben die *tôrā* »Leben«.

Auch an einer der ganz wenigen Stellen im deuteronomistischen Geschichtswerk, an denen eine Umkehr zu Jahwe nach dem Gericht durch das Exil als möglich erscheint, in Dtn 30,1–10[24], wird auch die Ausführung des Gotteswillens nach der *tôrā* miteinbezogen. In diesem Abschnitt wird die Katastrophe von 587 v. Chr. und das Exil als Gottes Gericht über sein Volk bereits vorausgesetzt. Wenn in dieser Situation die dann lebenden Israeliten zu Jahwe umkehren, wird Jahwe sein Volk wieder sammeln und in sein Land bringen; er wird das Herz der Israeliten »beschneiden«, daß sie ihn »von ganzem Herzen und ganzer Seele lieben« können, »damit du (Israel) am Leben bleibst« (v. 1–6). Wie hier Umkehr als Voraussetzung des neuen Heilshandelns Jahwes und dieses Heilshandeln als Folge der Umkehr einander zugeordnet sind, so noch einmal in 9–10: »(9) Jahwe, dein Gott, wird dir Überfluß verleihen an Gutem bei allem Werk deiner Hände, an der Frucht deines Leibes, deines Viehs und deines Ackers, denn Jahwe wird sich wieder an dir freuen zu Gutem, wie er sich an deinen Vätern gefreut hat, (10) wenn du auf die Stimme Jahwes, deines Gottes, hörst, indem du seine Gebote und Satzungen *(miṣwot* und *ḥuqqôt)* bewahrst, das, was in diesem Buch der *tôrā* geschrieben ist, wenn du zu Jahwe, deinem Gott, umkehrst mit ganzem Herzen und mit ganzer Seele.« Zur Umkehr als der Vorbedingung von »Leben« als dem neuen »Heil« gehört das Halten der Gebote und Satzungen Jahwes als des Inhaltes des »Buches der *tôrā*«.

Zur Verbreiterung des Materials beziehen wir noch die Aussagen im übrigen deuteronomistischen Geschichtswerk und in der deuteronomistischen Bearbeitung des Jeremiabuches über die Folgen von Gehorsam bzw. Ungehorsam gegenüber der *tôrā* mit ein.

---

24 Die beiden anderen Belege sind Dtn 4,29–31 und 1 Kön 8,46–53; vgl. H. W. Wolff, Das Kerygma des deuteronomistischen Geschichtswerks (ZAW 73, 1961, S. 171–186 = Gesammelte Studien zum Alten Testament, München ²1973, S. 308–324), S. 180ff. = S. 316ff.; R. Smend, Die Entstehung des Alten Testaments, Stuttgart usw. ²1981, S. 123f.

In den Büchern Josua bis 2. Könige finden sich nur solche Aussagen, die für das Befolgen der *tôrā* Heil ansagen. In Jos 1,8 heißt es – in | einem die v. 7–9 umfassenden Einschub im Kontext[25] –: »Dieses Buch des Gesetzes soll nicht aus deinem Munde weichen, und du sollst darüber nachsinnen Tag und Nacht, daß du darauf achtest, zu tun entsprechend allem, was darin geschrieben ist; denn dann wirst du deine Wege glücklich vollenden, und dann wirst du Erfolg haben« (v. 8). – In einem deuteronomistischen Einschub (1 Kön 2,1b–9) in Davids letzter Anweisung an Salomo mahnt der sterbende König seinen Sohn, die Ordnung Jahwes einzuhalten, »indem du seine Satzungen, Gebote, Rechtssatzungen und Bestimmungen entsprechend dem, was im Buch der *tôrā* des Mose geschrieben steht, bewahrst, damit du erfolgreich vollbringst alles, was du tust und in Angriff nimmst« (v. 3). – Und nach 2 Kön 21,8 hätte Jahwe Israel nicht mehr aus dem den Vätern gegebenen Land vertrieben, »wenn sie nur darauf achten, entsprechend allem, was ich (Jahwe) sie geheißen habe, zu tun und (zwar) entsprechend der ganzen *tôrā,* die sie mein Knecht Mose geheißen hat«.

Die deuteronomistische Bearbeitung des Jeremiabuches dagegen hat fast nur den Ungehorsam gegenüber der *tôrā* und das deshalb von Jahwe über das Volk von Juda verhängte Unheil im Blick.

Das Fehlverhalten des Volkes besteht im Verwerfen (Jer 6,19[26]), Verlassen (9,12), Nicht-Bewahren (16,11) der *tôrā,* darin, daß das Volk nicht in Jahwes *tôrā* gewandelt ist (9,12; 26,4; 32,23; 44,10 [»und in seinen Satzungen«]; 44,23 [»und in seinen Satzungen und Bestimmungen«]). Es wird immer noch zusätzlich durch eine weitere Verfehlung beschrieben: Das Volk hat Jahwe verlassen (16,11), nicht auf seine Worte gemerkt (6,19), nicht auf seine Stimme gehört (9,12; 26,4; 32,23; 44,23); die Glieder des Volkes haben sich nicht gebeugt und nicht Furcht gezeigt (44,10).

Als Folge solchen Fehlverhaltens gegenüber der *tôrā* Jahwes ist – in der Vergangenheit – dem Volk von Jahwe her Unheil widerfahren (16,10–13; 32,23; 44,23), ist das Land untergegangen (9,11), wird – so die Ankündigung – Jahwe Unheil über dieses Volk bringen (6,19), den Tempel wie Silo und Jerusalem zum Fluchwort für die Völker machen (26,6), sein Angesicht gegen die Judäer richten, daß er ganz Juda ausrottet (44,11). |

In allen diesen Belegen erscheint *tôrā* »als eine einheitliche, umfassende Größe«[27]: »einheitlich« insofern, als auf sie immer wie auf einen geschlossenen Block Bezug genommen wird (»die« *tôrā;* »die ganze *tôrā*« [2 Kön

---

[25] Vgl. dazu R. Smend, Das Gesetz und die Völker. Ein Beitrag zur deuteronomistischen Redaktionsgeschichte (Probleme biblischer Theologie. Gerhard v. Rad zum 70. Geburtstag, München 1971, S. 494–509), S. 494–497. – In Jos 1,7 ist *hattôrā* »(entsprechend) dem (ganzen) Gesetz« sekundär.

[26] So auch in deuteronomistischer Erweiterung in Am 2,4.

[27] Braulik a.a.O. (s. Anm. 8) 65, für das Deuteronomium.

17,13; 21,8]; auch: »die *tôrā* Jahwes« oder »die *tôrā* des Mose«); umfassend insofern, als die *tôrā* »Satzungen und Rechtsweisungen« (vgl. Dtn 4,44f.) oder ähnliche Gruppierungen von Vorschriften als eine Summe in sich vereinigt, die dann »alle Worte d(ies)er *tôrā*« (Dtn 17,19; 27,3.8.26; 28,58; 31,12; [31,24; 32,46;] Jos 8,34[28]) ausmacht. Überall ist vorausgesetzt, daß das Volk wie auch der einzelne verpflichtet ist, auf die *tôrā* zu hören, sie zu tun und zu bewahren, in der *tôrā* zu wandeln. Vom Tun oder Nichttun dieser *tôrā* hängt Heil oder Unheil des Volkes wie jedes einzelnen ab. Solches »Heil« besteht für die Israeliten in »Leben«, ja »langem Leben« (Dtn 32,47), in Überfluß an allen Gütern (30,9f.), auch darin, daß Israel nicht (mehr) das Land verlassen muß (2 Kön 21,8), für den einzelnen in Erfolg auf allen Wegen (Jos 1,8; 1 Kön 2,3). »Unheil« auf der anderen Seite kann ganz allgemein gemeint sein (Jer 6,19; 16,10; 32,23; 44,23), konkret in zur Vernichtung führenden Plagen (Dtn 28,58–61), Zerstörung (Jer 26,6), Ausrottung (44,11), Untergang (9,11) erfolgen oder für den einzelnen in den durch Flüche herbeigeführten bösen Folgen gesehen werden. Dies alles geschieht im Rahmen des Verhältnisses, das zwischen Jahwe und dem Volk bzw. dessen einzelnem Glied besteht. Dieses Verhältnis ist dadurch gekennzeichnet, daß Jahwe »dein« (Dtn 27,3; 28,58; 30,10 usw.), »unser« (29,28), d.h. Israels Gott ist, und damit derjenige, der von diesem seinem Volk zu fürchten ist (Dtn 28,58), der in diesen Texten teils selbst als Herr der *tôrā* erscheint (2 Kön 10,31; 17,34.37; Jer 6,19 usw.), aber auch da, wo Mose der Mittler der *tôrā* ist, als Autorität hinter der *tôrā* steht (vgl. etwa 2 Kön 14,6, wonach Jahwe ein im Buch der *tôrā* des Mose stehendes Gebot erlassen hat, oder die Mahnung Jahwes in Jos 1,[7.]8, sich an »dieses Buch der *tôrā*« zu halten) und so etwa das Unheil, das aus dem Ungehorsam der *tôrā* folgt, bewirkt (Dtn 28,59–61; 29,20).

Nirgends aber ist in diesen Texten darüber hinaus auf ein Heilsverhältnis Bezug genommen, etwa einen »Bund« oder auf die Erwählung, daß in dessen Rahmen und als dessen Folge dann das Bewahren der *tôrā* vom Volk und vom einzelnen zu erwarten wäre. Immer geht die *tôrā* | als Ausdruck des fordernden Gotteswillens voraus; der Mensch muß – zu seinem Heil – sie »tun«.

Ist aber im deuteronomisch-deuteronomistischen Bereich der Begriff *tôrā* in dieser Weise verwendet, dann ist er nicht nur im Sinne von »Weisung« gemeint. Dies gilt um so mehr, als auch die »Satzungen«, »Rechtssatzungen«, »Bestimmungen«, »Gebote«, für die *tôrā* als Oberbegriff erscheint, nie in der Bedeutung »Weisung« gebraucht werden. Und für die »einheitliche Größe« der *tôrā* wäre auch ein Plural »Weisungen« nicht angebracht – zumal er den Singular *tôrā* nicht adäquat wiedergäbe. In dem hier behandelten Bereich ist *tôrā* als »Gesetz« verstanden und so auch zu

---

[28] Im Gegensatz zu »*den Worten* der *tôrā*« 2 Kön 23,24 – d.h. jenen, die nur das Verbot der Totenbeschwörung usw. enthalten, nämlich Dtn 18,11.

übersetzen. Das ist nun noch an einem bisher zurückgestellten Text zu verdeutlichen: an Jer 31,31–34. Der Text lautet:

(31) Siehe, Tage kommen – Spruch Jahwes –, da setze ich mit dem Haus Israel und mit dem Haus Juda eine neue Verpflichtung *(bᵉrît)* fest: (32) nicht wie die Verpflichtung *(bᵉrît),* die ich mit ihren Vätern festgesetzt habe am Tage, als ich ihre Hand ergriff, um sie aus dem Land Ägypten herauszuführen, meine Verpflichtung *(bᵉrît),* die sie gebrochen haben, während ich doch ihr Herr war – Spruch Jahwes. (33) Sondern dies ist die Verpflichtung *(bᵉrît),* die ich mit dem Hause Israel nach diesen Tagen festsetzen werde – Spruch Jahwes:

> Ich gebe meine *tôrā* in ihr Inneres
> und schreibe sie auf ihr Herz;
>
> und ich werde ihr Gott sein,
> und sie werden mein Volk sein.

(34) Nicht mehr wird einer seinen Nächsten lehren
noch jener seinen Bruder: erkennet Jahwe;

denn sie alle werden mich kennen
von ihrem Kleinsten bis zu ihrem Größten – Spruch Jahwes;

ja, ich werde ihre Schuld vergeben
und ihrer Verfehlung nicht mehr gedenken.

Dieser Text – auch er ist deuteronomistisch, nicht jeremianisch[29] – enthält anders als alle bisher angeführten Belege die Ankündigung eines heilvollen Ereignisses. Wo die deuteronomistische Bearbeitung des Jeremiabuches bisher von der *tôrā* Jahwes zu reden hatte, geschah es in der Feststellung, daß das Volk diese nicht befolgt hat (9,12; 16,11; 32,23; 44,10.23[30]). Diesen Tatbestand konstatiert Jer 31,32 mit der Feststellung, daß die Israeliten die »Verpflichtung«[31], die Jahwe ihnen bei der Heraus-

---

[29] Vgl. dazu E. Kutsch, Neues Testament – Neuer Bund? Eine Fehlübersetzung wird korrigiert, Neukirchen–Vluyn 1978, S. 37 ff. mit Literatur; W. Thiel, Die deuteronomistische Redaktion von Jer 26–45 (WMANT 52), Neukirchen–Vluyn 1981, S. 24 ff.

[30] In Jer 26,4 wird die Nichtbefolgung im Bedingungssatz erwogen.

[31] Das hier stehende Wort *bᵉrît,* das – im Anschluß an den Kirchenvater Hieronymus – zu Unrecht meist mit »Bund« übersetzt wird, meint die »Verpflichtung«: die Verpflichtung, die Jahwe für sich selbst übernimmt, d. h. die (feierliche) Zusage (so an Noah Gen 9,8 ff., an Abraham Gen 15,18; 17,2.4.7, an David Ps 89,4), oder die Verpflichtung, die Jahwe dem Volk auferlegt, das Gebot oder Gesetz (so das Beschneidungsgebot in Gen 17,9–11, das »Gesetz« vom Sinai Ex 19,5; Dtn 28,69 b, im deuteronomistischen Bereich oft den Dekalog Dtn 4,13, der nach deuteronomistischem Verständnis in die »Lade [der *bᵉrît* =] des Dekalogs« gelegt wurde Dtn 10,5; 1 Kön 8,9.21. Häufig ist *bᵉrît* mit *tôrā* gleichgesetzt, so etwa in 2 Kön 22 und 23, wo beide Begriffe das »Gesetz« bezeichnen, das auf der nach 2 Kön

führung aus Ägypten, das heißt am Sinai bzw. im Lande Moab, auferlegt hat, »gebrochen« haben — so wie ein Mensch Jahwes *tôrā* (Ps 119,126), sein »Gebot« (*miṣwā*, Num 15,31; Esr 9,14) »brechen« kann[32]. Die Folge dieses Ungehorsams gegenüber Jahwe ist für die deuteronomistische Theologie die Situation nach der Zerstörung der Stadt Jerusalem und des Tempels im Jahr 587 v. Chr.: Ein Teil des Volkes befand sich in Babylonien im Exil, der andere in gedrückten und bedrückenden Verhältnissen in der Heimat in Palästina.

Diesen Zustand zu ändern, gab es zwei Möglichkeiten. Die eine war — oder wäre — die »Umkehr« des Volkes, seine erneute Hinwendung zu seinem Gott, zu Jahwe; sie ist etwa in Dtn 30,1—10 und in dem — deuteronomistischen — »Tempelweihgebet« Salomos (1 Kön 8,22—53) in v. 47 f. ins Auge gefaßt. Ein anderer Weg wird in Jer 31,31 ff. angekündigt. Gott selbst wird eingreifen — und eine neue »Verpflichtung«, ein neues »Gesetz« festsetzen (v. 31). Das Neue an diesem »Gesetz« ist nicht sein Inhalt, es liegt in der Art der Kundmachung. Bisher war das Gesetz, die *tôrā*, dem Israeliten nur »vorgelegt« (Jer 9,12; 26,4; 44,10, alles deuteronomistisch). Nun aber wird Jahwe sie »in ihr (der Israeliten) Inneres geben und auf ihr Herz schreiben«[33]. Als Folge dieser göttlichen Maßnahme wird einerseits jeder im Volk ohne weitere Belehrung oder Aufforderung Jahwe »kennen« und das heißt seinen Willen kennen | — und ausführen; andererseits wird dadurch das enge Verhältnis zwischen Jahwe und seinem Volk eintreten, das mit der Formel »ich (Jahwe) ihr Gott, sie mein Volk« umschrieben ist.

Dieser Text macht uns folgendes deutlich: Für das Heil des Israeliten und für sein Verhältnis zu seinem Gott, zu Jahwe, ist es — nach dem Verständnis des hier herangezogenen Textbereiches — unabdingbar, daß er die *tôrā* Jahwes »hält«, »tut«. Ohne *tôrā*-Gehorsam gibt es kein Heil. Weil der Mensch aber von sich aus — wie die Erfahrung lehrt und v. 32 feststellt — diesen nicht leistet, bedarf es eines besonderen Eingreifens Jahwes, das ihn dazu in die Lage versetzt. Wenn aber *tôrā* ein solches Gewicht hat, daß zu ihrer Erfüllung durch den Menschen sogar ein Eingreifen Jahwes notwendig ist, dann meint der Begriff nicht eine Weisung im Sinne einer »Wegweisung«, »Leitlinie« oder auch eines »Zaunes«, sondern das »Gesetz«.

Das Verständnis von *tôrā* als »Gesetz«, wie es sich für den deuteronomisch-deuteronomistischen Bereich ergeben hat, ist noch durch zwei Momente verschärft worden.

22,3 ff. im Jerusalemer Tempel aufgefundenen Rolle stand. Vgl. dazu Kutsch, Verheißung und Gesetz, S. 81 ff.

[32] Daß dieser »Bruch« der *bᵉrît* erfolgte, während Jahwe — wie Jer 31,32b ausdrücklich feststellt — »Herr« über das Volk war, unterstreicht, daß hier mit *bᵉrît* nicht ein »Bund« gemeint sein kann.

[33] Der in v. 33 aα und aβ vorliegende Übergang von *bᵉrît* = Gesetz zu *tôrā* = Gesetz entspricht dem Wechsel beider Termini etwa in 2 Kön 22 f.; vgl. Anm. 31 am Ende.

a) Esra, aus priesterlichem Geschlecht (Esr 7,12) und »Schreiber des Gesetzes des Mose, das Jahwe, der Gott Israels, gegeben hat« (vgl. Esr 7,6), hat nach Bestallung durch den Perserkönig Artaxerxes I. (464 bis 424) das — nach persischer Diktion — »Gesetz des Himmelsgottes« von Babel nach Jerusalem gebracht (Esr 7) und vor dem Volk in mehrtägiger Verlesung bekanntgemacht (Neh 8). Inhalt dieses Gesetzes war wohl nicht nur die »Priesterschrift« genannte Quellenschrift, sondern bereits der ganze Pentateuch. So war auch das Deuteronomium Bestandteil dieses Gesetzes. Nach einem Edikt des persischen Königs (Esr 7,12−26) ist dieses »Gesetz des Himmelsgottes« zugleich »Gesetz des Königs« und damit persisches Staatsgesetz. Damit sind die Rechtsvorschriften des Bundesbuches (Ex 20,22−23,9 [33]) und des Deuteronomiums (Dtn 12−26), aber auch die *tôrôt* »Weisungen« der Priester staatliches Recht — im Sinne des persischen Staates — geworden.

b) Dieser Entwicklung entspricht es, daß das »Gesetz des Himmelsgottes« nunmehr mit dem persischen Terminus *data* bezeichnet wird, der als *dat* ins Hebräische und Biblisch-Aramäische übernommen wurde. So ist im Alten Testament *dat* der Befehl des (persischen) Königs[34] (Dan 2,13f.; Esr 8,36), dann vor allem das Staatsgesetz, das »Gesetz der Meder und Perser«, dessen Unabänderlichkeit mehrfach herausgestellt wird (Dan 6,9.13.16; Est 1,19)[35]. So ist *dat* auch Bezeichnung des »Gesetzes des Himmelsgottes« (Esr 7,21), das nach 7,26 mit dem »Gesetz des (persischen) Königs« gleichgestellt wird hinsichtlich seiner Geltung wie auch der damit verbundenen Sanktionen: »Wer aber das Gesetz deines (des Esra) Gottes und das Gesetz des Königs nicht genau befolgt, gegen den ist gerichtlich vorzugehen, sei es mit Tod oder mit Ausstoßung oder Geldbuße oder Gefängnis«[36]. Daß dieser Terminus *dat* für Juden dem hebräischen Begriff *tôrā* gleichbedeutend war, zeigt sich noch in rabbinischer Zeit in den Wendungen *dat mošä* »Gesetz des Mose« und *dat jᵉhûdît* »jüdisches (rabbinische Verordnungen enthaltendes) Gesetz« (Kethubot 72 a.b).

Hebräisch und aramäisch *dat* kann also eindeutig an der Stelle des hebräischen Wortes *tôrā* stehen. So ist für die persische wie für spätere Zeit die Bedeutung »Gesetz« für *tôrā* auch auf diesem Wege belegt.

---

[34] Vgl. dazu hebr. *miṣwā* »Gebot«, im profanen Bereich vor allem des Königs (1 Kön 2,43; 2 Kön 18,36; Est 3,3; Neh 11,23) und zwölf weitere Belege im chronistischen Geschichtswerk, dazu aber für die vorexilische Zeit auch das Verbum *ṣwh* pi. (Gen 12,20 u. ö.); die Belege für Substantiv und Verb bei G. Liedke, »*ṣwh* pi. befehlen« (THAT II, 1976, Sp. 530−536), Sp. 531 ff.

[35] Vgl. im übrigen die weiteren Belege für *dat* im Estherbuch (1, 13. 15 usw.).

[36] Vgl. auch *dat* im aramäischen Text in Dan 6,6 und 7,25.

II. *tôrā* im Buch der »Sprüche Salomos«

Wir haben gesehen: Im deuteronomisch-deuteronomistischen Bereich ist der Begriff *tôrā* weithin[37] im Sinne von »Gesetz« gebraucht. Nun ist allerdings dies nicht seine ursprüngliche Bedeutung. Das Substantiv *tôrā* ist abgeleitet von einem Verbum *jôrā* (= Hiph'il von *jarā*)[38]; dieses meint »unterweisen«, »lehren«. Solches Lehren, Unterweisen wird dem Vater Spr 4,4, den Vorvätern Hi 8,10, Freunden Hi 6,24, Priestern 2 Kön 12,3; Ez 44,23; 2 Chr 15,3, Gott Ex 24,12; Jes 28,26; Ps 119,102 zugeschrieben[39]. Als Derivat von diesem Verbum wird *tôrā* die Grundbedeutung »Unterweisung, Lehre, Weisung« haben; und in dieser Bedeutung ist das Substantiv am ehesten im Bereich der Weisheit zu erwarten. Wir wenden uns also dem Sprüchebuch im Alten Testament zu.

Hier begegnet das Wort *tôrā* 13 mal: 1,8; 3,1; 4,2; 6,20.23; 7,2; 13,|14; 28,4 a.b.7.9; 29,18; 31,26. Als Vermittler von »Weisung« erscheinen der Vater 4,2; 28,7, die Mutter 1,8; 6,20, die tugendsame Hausfrau 31,26, der Weise 13,14 und Weisheitslehrer 3,1; 7,2[40]. Neben *tôrā* stehen im parallelismus membrorum die Begriffe »gute Lehre« 4,2, »Gebot« 6,20 bzw. »Gebote« 7,2, »Zucht« 1,8, »Mahnung zur Zucht« 6,23, »Weisheit« 31,26[41]. Sowohl die Angaben über das Subjekt der *tôrā* als auch die Parallelbegriffe verdeutlichen, daß hier mit *tôrā* nicht an »Gesetz« gedacht ist: Weder die Mutter noch die tugendsame Hausfrau, aber auch nicht der Weisheitslehrer promulgieren »Gesetze«; und »Zucht« und »Lehre« entsprechen dem Verständnis von *tôrā* als »Weisung«.

Noch ein weiterer Unterschied zwischen *tôrā* als »Gesetz« — so im deuteronomisch-deuteronomistischen Bereich — und *tôrā* als »Weisung« zeichnet sich ab. *tôrā* = Gesetz ist, wie wir gesehen haben[42], Oberbegriff für eine Sammlung von Einzelvorschriften; die weisheitliche *tôrā* aber meint die einzelne Weisung.

---

[37] Zu Dtn 17,11 s. unten S. 97.

[38] Vgl. (L. Koehler–)W. Baumgartner, Hebräisches und aramäisches Lexikon zum Alten Testament. 2. Lieferung, Leiden 1974, S. 416f.; Liedke–Petersen, THAT II, Sp. 1032, mit Diskussion der Literatur; S. Wagner, Artikel *jārāh* III (ThWAT III, 1982, Sp. 920–930).

[39] Als Objekte können u.a. auch *ḥuqqîm* »Satzungen« Lev 10,11, *hattôrā* »die Weisung« Dtn 17,11 (levitische Priester), *mišpaṭîm* »Rechtssatzungen« Dtn 33,10 (levitische Priester) genannt sein.

[40] Ob die Anrede »mein Sohn« in 3,1; 7,1 und »Söhne« in 4,1 auf den Vater oder auf einen Weisheitslehrer zurückgeht, wird in der Literatur unterschiedlich beurteilt.

[41] Die Septuaginta hat in 6,20 νόμος (hier im Plural!) dem Vater zugeschrieben, der Mutter aber θεσμός (im Plural) »Satzung, Anordnung«. In ähnlicher Weise wird in 29,15 die Schande, die ein zügelloser Knabe bringt, in der Septuaginta den Eltern statt nach dem hebräischen Text der Mutter zuteil.

[42] S. oben S. 79f.

In diesem Zusammenhang ist nun aber die Frage von Bedeutung: Welches Gewicht liegt auf der *Befolgung* solcher »Weisung«? Auch dazu machen einige der Texte ausdrückliche Angaben.

Weisung des Weisen ist ein Born des Lebens,
   um die Fallen des Todes zu meiden,

heißt es in 13,14. Ein solcher Satz ist ohne weiteres einleuchtend, wenn Inhalt der *tôrā* die Warnung vor dem Umgang mit der Ehefrau eines anderen ist.

(6,20) Bewahre, mein Sohn, das Gebot deines Vaters
   und mißachte nicht die Weisung deiner Mutter ...
(23) Denn eine Leuchte ist das Gebot und die *tôrā* ein Licht
   und ein Weg zum Leben sind Mahnungen der Zucht,
(24) um dich zu bewahren vor dem Weibe des Nächsten,
   vor der glatten Zunge der Fremden.
(32) Wer mit einem Weibe Ehebruch treibt, ist unsinnig,
   wer sein Leben zugrunde richten will, der tue es.
(33) Schaden und Schande findet er,
   und seine Schmach wird nicht ausgelöscht.
(7,1) Mein Sohn, bewahre meine Reden
   und meine Gebote hebe bei dir auf;
(2) bewahre meine Gebote, damit du lebst,
   und meine Weisung wie deinen Augapfel ...
(4) Sprich zur Weisheit: »Meine Schwester bist du«,
   und »Vertraute« nenne die Einsicht,
(5) daß sie dich bewahre vor des anderen Weibe,
   vor der Fremden, die schmeichelnd redet ...
(27) Zur Unterwelt führen die Wege durch ihr Haus,
   hinab zu den Kammern des Todes.

Das »Gesetz« sieht für den Mann, der einer verheirateten Frau beiwohnt (aber auch für diese!), die Todesstrafe vor (Dtn 22,22; vgl. Lev 20,10); die »Weisung« warnt, sie will das Verbrechen – und seine Folgen – verhindern. Positiv gewendet bedeutet die Befolgung des »Gebotes«, die »fremde Frau« zu meiden, »Leben« (7,2). Aber auch über den konkreten Fall des Ehebruchs hinaus kann »Leben« die Folge des Gehorsams gegenüber »Weisung« und »Gebot« sein:

(4,1) Hört, Söhne, die Warnung *(mûsar)* des Vaters
   und merkt auf, um Einsicht zu lernen!
(2) Denn eine gute Lehre habe ich euch gegeben,
   meine Weisung verlaßt nicht!
(3) Fürwahr ein (guter) Sohn war ich für meinen Vater,
   zart und einzig vor meiner Mutter.

(4) Er unterwies mich *(jarā* hi.) und sprach zu mir:
»Dein Herz möge meine Worte behalten.
Bewahre meine Gebote, dann wirst du leben!«[43]

Hierher gehört auch 3,1—2:

(1) Mein Sohn, vergiß nicht meine Weisung,
und dein Herz möge meine Gebote bewahren;
(2) Denn Länge an Tagen und Jahre an Leben
und Wohlergehen *(šalôm)* werden sie dir vermehren.

Zum langen Leben wird dem, der »Weisung« und »Gebot« befolgt, auch *šalôm* zuteil: Wohlergehen in umfassendem Sinn. Mit dieser Folge steht | die *tôrā* ganz im Rahmen der sonstigen Weisheit. So kann es im Aussagewort heißen:

(21,21) Wer Rechtschaffenheit und Treue nachgeht,
wird Leben und Ehre finden[44].

Und das Mahnwort sagt:

(4,10) Höre, mein Sohn, und nimm auf meine Reden!
Dann werden dir sich mehren die Jahre des Lebens.

Die im Teil I herangezogenen Texte aus dem deuteronomisch-deuteronomistischen Bereich haben ergeben, daß das Befolgen der als »Gesetz« zu verstehenden *tôrā* lebensnotwendig ist, »Heil«, gutes Ergehen in mannigfacher Hinsicht bringt. Nun hat sich für den Bereich der Weisheit gezeigt, daß auch hier derjenige, der *tôrā* (= »Weisung«) annimmt, »Leben« (4,4; 6,23; 7,2; 13,14), auch »langes Leben« (3,2a) gewinnt, ja auch *šalôm*: »Heil« als Wohlergehen (3,2b). In diesem Aspekt der »Heilsnotwendigkeit« der *tôrā*-Befolgung liegt offenbar die sachliche Übereinstimmung für die Fälle, wo wir das eine Wort *tôrā* entsprechend unserem Sprachgebrauch unterschiedlich übersetzen, mit »Gesetz« oder mit »Weisung«. Und so ist es auch nicht unsachgemäß, daß in beiden Fällen im Hebräischen dasselbe Wort steht.

Nun kann man fragen, ob die — für uns erforderliche — Unterscheidung zwischen »Gesetz« und »Weisung« für *tôrā* nicht damit zusammenhängt, daß der Begriff das eine Mal im Blick auf das Volk, das andere Mal im Blick auf den einzelnen gebraucht ist. Einer solchen Annahme widerrät aber die Beobachtung, daß einerseits *tôrā* im Sinne des »Gesetzes«, das Mose im Land Moab kundgemacht habe, also des Deuteronomiums, nicht nur

---

[43] So jedenfalls der jetzige Text; vgl. dazu O. Plöger, Sprüche Salomos (Proverbia) (BK XVII/1), 1. Lieferung 1981, S. 44f.
[44] Zum Text vgl. die Kommentare.

auf das Volk, sondern auch auf den einzelnen bezogen sein kann – in der direkten Anrede an Josua (Jos 1,7f.) und an Salomo (1 Kön 2,2–4) –, andererseits aber auch *tôrā* als »Weisung« von einem Volk zu bewahren ist (Spr 29,18)[45].

III. Priesterliche *tôrā*

Als dritten Bereich ziehen wir die priesterliche *tôrā* heran. Jer 18,18 und – von dieser Stelle wohl abhängig – Ez 7,26[46] schreiben (wie »Rat« dem Weisen bzw. den Ältesten und »Wort« bzw. »Schauung« dem Propheten) dem Priester *tôrā* zu[47]. Bei genauerem Zusehen ergibt sich, daß im Alten Testament dem Priester dreierlei »*tôrā*« zugeordnet ist. Zwei dieser Arten von *tôrā* erscheinen in Ez 44,23 und 24 nebeneinander. Nach v. 23 sollen die levitischen Priester (vgl. v. 15) (wie früher) im zukünftigen, nach dem Ende des Exils in Jerusalem neu zu errichtenden Tempel das Volk über den Unterschied zwischen heilig und profan unterweisen (*jarā* hi.) und über den Unterschied von rein und unrein belehren (*jadāʿ* hi.)[48]. Nach v. 24 sollen sie »im Rechtsstreit zu Gericht sitzen. Nach meinen (Jahwes) Rechtssatzungen sollen sie richten. ([24b] Und meine Weisungen (*tôrôt*) und Satzungen (*ḥuqqôt*) sollen sie an meinen Festzeiten beachten und meine Sabbate heilig halten.)«

Daß hier tatsächlich zwei verschiedene Priesterfunktionen vorliegen[49], lehrt ein Blick in die Traditionsgeschichte: Beide Tätigkeiten stehen in unterschiedlichen Traditionslinien.

Wie die Behandlung der in v. 23 genannten Probleme vor sich geht, zeigt anschaulich Hag 2,11–13 mit einem zwischen Haggai und den Priestern geführten Gespräch, einem Gespräch, das der Prophet in v. 14 in die Feststellung von schuldhaftem Verhalten derer, die Gaben darbringen, münden läßt. Der ihm im Jahre 520 v. Chr. von Jahwe gegebene Auftrag zu diesem Gespräch – »Frage doch die Priester nach einer *tôrā* folgendermaßen« (v.11) – bringt über Ez 44,23 hinaus auch den Terminus *tôrā*; dieser meint, da es sich nicht um eine Sammlung von Vorschriften handelt, sondern um die Entscheidung für einen Einzelfall, nicht das Gesetz, sondern

---

[45] Ohne Artikel (»die« *tôrā*) oder Hinweis darauf, daß es sich um die *tôrā* des Mose oder Jahwes handelt, ist in Spr 29,18 *tôrā* mit aller Wahrscheinlichkeit nicht als »Gesetz«, sondern als »Weisung« gedacht – und wird im allgemeinen hier auch so übersetzt.

[46] W. Zimmerli, Ezechiel. I. Teilband: Ezechiel 1–24 (BK XIII/1), Neukirchen–Vluyn ²1979, S. 184.

[47] Vgl. Mi 3,11, wonach Jerusalems »Häupter« richten, Propheten wahrsagen und Priester »unterweisen«, »Weisung geben« (*jarā* hi.).

[48] Vgl. zu dieser Unterscheidung auch Lev 11,46f.

[49] Zu einer dritten Funktion in v. 24b s. unten S. 98 Anm. 63.

die »Weisung«. An die Stelle einer Angabe über den Inhalt der aufgetragenen Frage tritt sogleich das Gespräch selbst; der Prophet leitet es mit der geforderten Frage ein:

> (12) Wenn jemand heiliges Fleisch im Zipfel seines Gewandes trägt und berührt mit seinem Zipfel Brot oder ein Gericht oder Wein oder Öl oder sonst etwas Eßbares, wird das dann heilig? Die Priester antworteten und sagten: nein!
> (13) Darauf sagte Haggai: Wenn nun einer, der durch eine Leiche unrein geworden ist, jene Dinge berührt, werden sie unrein? Die Priester antworteten und sagten: Sie werden unrein!
> (14) Da erwiderte Haggai und sagte: So ist es mit diesem Volk und mit | dieser Nation in meinen Augen – spricht Jahwe Zebaoth – und so ist es auch mit dem Tun ihrer Hände: was sie dort darbringen, ist unrein.

Die in Ez 44,23 und Hag 2,11–13 vorliegende Linie von »Priester-tôrā« läßt sich noch etwas nach rückwärts und nach vorwärts verfolgen. In Ez 22,26 hat der Prophet Ezechiel über das Fehlverhalten der Priester in der Zeit *vor* dem Exil festgestellt:

> (26 aα¹) Seine (des Landes?) Priester taten meiner *tôrā* Gewalt an
> (26 aα²) und entweihten, was mir heilig ist.
> (26 aα³) Zwischen heilig und profan unterschieden sie nicht,
> (26 aβ)   und den Unterschied zwischen unrein und rein machten sie nicht bekannt;
> ([26 b]   vor meinen Sabbaten aber verschlossen sie ihre Augen, so daß ich in ihrer Mitte entweiht wurde.)

Wie bei der Ankündigung über die rechte Tätigkeit der Priester in einer neuen Zeit nach dem Exil in Ez 44,23 f. sind auch hier zwei Funktionen im Blick. Auch eine Angabe in Lev 10,10 f., die an das der Sekundärschicht (Pg²) der sog. priesterlichen Grundschrift (Pg¹) zugehörende Verbot, während des Priesterdienstes alkoholische Getränke zu genießen, in v. 9 angehängt wurde, als die Reinheitsgesetze in Kap. 11–15 eingefügt wurden, benennt zwei Funktionen der Priester[50]:

> (10) Und zu unterscheiden zwischen heilig und profan und zwischen unrein und rein
> (11) und die Israeliten in allen Satzungen *(ḥuqqîm)* zu unterweisen *(jarā* hi.), die Jahwe durch Mose zu ihnen gesprochen hat.

---

[50] Vgl. dazu – insbesondere auch zur literarischen Schichtung von Lev 10,8–11 – K. Elliger, Leviticus (HAT I, 4), Tübingen 1966, S. 131 ff. 136.

Die zweite Funktion in Ez 22,26 und die (erstgenannte) in Lev 10,10 gehören in die hier behandelte Traditionslinie: die Unterweisung hinsichtlich heilig und profan, unrein und rein. In Verbindung mit dieser ist in Ez 22,26; Lev 10,11 und Ez 44,24 eine zweite Linie von »Priester – *tôrā*« begegnet. Die Priester erteilen Weisung nicht nur in kultischen Belangen, sondern auch in Fragen des Rechts. Bereits nach dem Propheten Hosea erwartet man vom Priester »Kenntnis« *(dăʿăt)*, nämlich des Willens Jahwes – und die Kundgabe der *tôrā* »Weisung« des Gottes Israels; weil beides ausgeblieben ist, d.h. wegen fehlender Unterweisung, kommt das Volk um, und auch den Priestern wird Unheil angekündigt (Hos 4,6). Zephanja muß feststellen, daß die Priester in Jerusalem »das | Heilige entweiht und *tôrā* vergewaltigt« haben (Zeph 3,4b)[51]. Wichtiger einschlägiger Text ist Dtn 17,8–12[52]:

(8) »Wenn dir eine Sache zu schwierig ist für eine Gerichtsentscheidung ... von Streitsachen in deinen Toren, dann sollst du aufstehen und hinaufgehen zu dem Ort, den Jahwe, dein Gott erwählen wird, (9) und zu dem levitischen Priester kommen und zu dem Richter, der in jenen Tagen sein wird, und du sollst fragen, und sie werden dir die Rechts-Sache kundtun. (10) Dann sollst du verfahren nach Maßgabe des Wortes, das sie dir kundtun werden, ... und du sollst darauf bedacht sein, zu handeln entsprechend allem, was sie dich weisen (*jārā hi.*). (11) Nach Maßgabe der *tôrā*, die sie dich weisen werden, und nach der Entscheidung, die sie dir sagen werden, sollst du verfahren; nicht sollst du von dem Wort, das sie dir kundtun werden, abweichen nach rechts und links. (12) Der Mann aber, der in Frechheit handelt, ohne auf den Priester zu hören, der dort Jahwe, deinem Gott, dienend aufwartet, oder auf den Richter, dieser Mann soll sterben – du sollst das Böse aus Israel ausrotten.«

In diesem Text ist die Zentralisation des israelitischen Kultes auf den Tempel in Jerusalem durch den judäischen König Josia im Jahr 622/1 v.

---

[51] S. dazu unten S. 97.
[52] Vgl. dazu etwa F. Horst, Das Privilegrecht Jahves (FRLANT 45), Göttingen 1930, S. 104ff. = ders., Gottes Recht. Gesammelte Studien zum Recht im Alten Testament, München 1961, S. 17–154, S. 132ff.; G. Seitz, Redaktionsgeschichtliche Studien zum Deuteronomium (BWANT 93), Stuttgart usw. 1971, S. 200ff.; N. Lohfink SJ, Die Sicherung der Wirksamkeit des Gotteswortes durch das Prinzip der Schriftlichkeit der *tôrā* und durch das Prinzip der Gewaltenteilung nach den Ämtergesetzen des Buches Deuteronomium (Dtn 16,18–18,22) (Testimonium Veritati. Festschrift für Bischof Wilhelm Kempf [Frankfurter Theologische Studien 7], Frankfurt/M. 1971, S. 143–155), S. 151ff.; G. Chr. Macholz, Zur Geschichte der Justizorganisation in Juda (ZAW 84, 1972, S. 314–340), S. 333ff.

Chr. vorausgesetzt[53]. Für die Rechtsfälle, die auf Grund besonderer Schwierigkeiten von der lokalen Gerichtsbarkeit — als der eigentlichen Rechtsinstanz — nicht entschieden werden können, wird ein Verfahren vorgesehen, in dem die »levitischen Priester« am Jerusalemer Tempel und ein dort agierender Richter[54] das Problem zu entscheiden haben. Wer diese Oberinstanz angeht, ist verpflichtet, entsprechend dem | Spruch der Priester und des Richters zu verfahren (v. 10—11)[55]. Die »Kundgabe« des Rechtsentscheids durch die Priester wird in v. 10b und 11a als »unterweisen« (*jarā* hi.), der Spruch selbst in v. 10a als »das Wort«, in v. 11a als »die *tôrā*« bezeichnet. Ob das Wort *tôrā* zum ursprünglichen Text gehört oder zu einer Erweiterung — in jedem Fall ist damit nicht die *tôrā* im deuteronomistischen Sinn als das »Gesetz« verstanden, sondern als eine einzelne, ad hoc formulierte »Weisung«.

Als Priesterweisung ist *tôrā* auch in einem Jahwewort gegen die Priester in Jerusalem in Mal 2,1—9 gebraucht. Von dem levitischen Priester (vgl. v.1 und 4) erwartet man — wie nach Hos 4,6 — *dăʿăt* »Kenntnis« (des Jahwewillens) und *tôrā* »Weisung« (v. 7)[56]. Ist solche »Weisung« zuverlässig, wendet der Priester mit ihr viele von Schuld ab (v. 6). Die Priester aber haben sich zur Zeit des Propheten dadurch versündigt, daß sie durch ihre (falsche!) »Weisung« viele zum Straucheln brachten (v. 8). In der daraus resultierenden Unheilsankündigung wird als Verschuldung besonders hervorgehoben, daß sie »auf die Person geschaut« haben, also parteiisch gewesen sind[57]. Im Unterschied zu Dtn 17,8ff. ist in Mal 2,6ff. — wie in Hos 4,6 und Zeph 3,4b — die Erteilung von »Weisung« durch Priester nicht auf Sonderfälle beschränkt, sondern wird allgemein erwartet. Daß das Verhalten der Israeliten zum Guten oder zum Schlechten sich nach der »Weisung« der Priester richtet, zeigt, daß Gegenstand solcher Weisung das Verhalten im Leben, das ethische Verhalten ist[58].

In anderer Weise ist jedoch *tôrā* an den weiteren Stellen — Ez 22,26aα^1; 44,24bα; Dtn 33,10a; (Lev 10,11) — gebraucht. Die beiden Ezechiel-Stellen waren bereits heranzuziehen[59]. Dtn 33,9b—10 bildet in-

---

[53] Zu den Problemen einer Schichtung des Textes vgl. Horst a.a.O. S. 107f. = S. 135f.; Lohfink a.a.O. S. 153. Für unsere Fragestellung genügt es, den Text in seiner vorliegenden Endgestalt zu berücksichtigen.

[54] Horst a.a.O. S. 106f. = S. 134f. nimmt an, daß der Richter erst durch eine Bearbeitung in den Grundtext (v. 8—10a) gekommen ist; Macholz a.a.O. S. 336 hält die Nennung von Priestern und Richter für ursprünglich.

[55] Zu v. 12 s. unten S. 99 mit Anm. 67.

[56] Vgl. auch die Schuldfeststellung in Jer 2,8a: »Die Priester fragten nicht: Wo ist Jahwe?, die Hüter der *tôrā* kannten mich nicht.«

[57] Vgl. dazu schon Mi 3,11: »Die Priester geben Weisung (Verbum *jarā* hi.) um Belohnung.«

[58] Vgl. A. Renker, Die Tora bei Maleachi (Freiburger Theologische Studien 112), Freiburg usw. 1979, S. 121.

[59] S. S. 95 und S. 94f.

nerhalb des »Levi-Spruches« in Dtn 33,8—11, der in v. 8—9a.11 von »Levi« in der 3. Person Singular spricht, einen Einschub, der an der pluralischen Rede — gemeint sind jetzt die »levitischen Priester« — erkennbar ist. Nach v. 10a mögen die Priester »Jakob in deinen (Jahwes) Rechtssatzungen unterweisen (*jarā* hi.) und Israel in deiner *tôrā*«[60]. Von | diesen drei Stellen meinen Ez 22,26aα[1] [61] mit »meiner« und Dtn 33,10 mit »deiner« *tôrā* nicht die »Weisung« des Priesters, sondern die *tôrā* als »Gesetz« Jahwes. Dem entspricht, daß in Dtn 33,10 in Parallele zu »deiner *tôrā*« »deine Rechtssatzungen *(mišpaṭim)*« stehen und daß »meine Rechtssatzungen« (statt »meine *tôrā*«) in Ez 44,24a allein genannt sind. Und eine Bestätigung liefert Lev 10,11, wo Gegenstand der »Unterweisung« (*jarā* hi.) »alle Satzungen, die Jahwe durch Mose zu ihnen (den Israeliten) gesprochen hat«, sind[62.63].

Schließlich bezeichnet im priesterlichen Bereich *tôrā* auch einzelne Vorschriften über bestimmte Opferarten (Lev 6,2.7.18; 7,1.11.37; Num 15,16.29), aber auch über andere Inhalte: Passa (Ex 12,49), Aussatz (Lev 13,59; 14,2.32.54.57[64]), Ausfluß (Lev 15,32), Gottesurteil (Num 5,29f.), Nasiräat (Num 6,13.21)[65]. Ein Beispiel aus Lev 6,18: »Dies ist die *tôrā* für das Sündopfer: An dem Ort, an dem das Brandopfer geschlachtet wird, soll das Sündopfer geschlachtet werden vor Jahwe ...«.

Wo immer von *tôrā* eines Priesters gesprochen wird, ist sie als »Weisung« gemeint. Und stets ist Priesterweisung — im Gegensatz zu *tôrā* = (Jahwes) Gesetz — Einzelweisung. Über die Folgen von Gehorsam oder Ungehorsam gegenüber jeder der hier genannten drei Arten von Priester-*tôrā* machen die einschlägigen Texte nur wenige Angaben. Was zu wissen wichtig ist, ergibt sich aber auch so.

1. Wer eine Weisung zur Frage der Reinheit nicht befolgt und ein vom Priester für unrein erklärtes Tier darbringt[66], zieht sich den Zorn der Gottheit zu und damit Unheil.

2. Wenn man entgegen der Bestimmung der einschlägigen *tôrā*, daß Fleisch eines »Heilsopfers« am Tage der Schlachtung gegessen werden soll (wie bei Lev 7,15), noch am dritten Tag davon genießt, wird das Opfer von

---

[60] V. 10b — »sie mögen Räucherwerk vor deine Nase legen und Ganzopfer auf deinen Altar« — hat den Vollzug von Opferkult im Blick.
[61] Vgl. dazu Zeph 3,4b; s. oben S. 95f.
[62] S. oben S. 95.
[63] Die Zuständigkeit der Priester für das, was (Jahwe) heilig ist, also für Tempel und Kult, kann auch hier unterstrichen werden, vgl. Zeph 3,4bα; Ez 22,26aα[2].b; 44,24b; Dtn 33,10b; auch Ez 22,8a (betr. Fürsten); insbesondere genannt wird der Topos der Sabbatheiligung in 22,26b; 44,24bβ, auch etwa Ez 20,12; 22,8b.
[64] Die levitischen Priester »geben dazu Unterweisung« (*jarā* hi.): Dtn 24,8.
[65] Alle diese Texte gehören einer sekundären Schicht in der Priesterschrift an.
[66] Vgl. auch Hag 2,14.

Jahwe nicht wohlgefällig angenommen, und es wird dem, der es dargebracht hat, nicht angerechnet (v. 18).

3. Wo es sich um Weisung eines Priesters in Lebensfragen handelt, er-|gibt sich aus dem Zusammenhang von Tun und Ergehen, daß die Befolgung einer solchen Weisung (»Heil« als) gutes Ergehen herbeiführt. Wer eine (rechte) Priesterweisung befolgt, kann dadurch vermeiden, daß er in Schuld gerät (Mal 2,6). Dem, der die Weisung eines Priesters (hier: zu einer schwierigen juristischen Frage; Dtn 17,8–11) nicht befolgt, bestimmt ein — wenn auch wohl erst sekundär angefügter, die Folge des Ungehorsams sicher verschärfender — Rechtssatz in v. 12 die Todesstrafe[67].

Als Ergebnis dieser Untersuchung über *tôrā* im deuteronomisch-deuteronomistischen Bereich, in der Weisheit und als priesterliche *tôrā* halten wir fest: Ob *tôrā* als »Gesetz« gemeint ist oder als »Weisung« — eines Weisen, des Vaters usw. wie auch eines Priesters —: immer ist der Gehorsam gegenüber der *tôrā* »heilsnotwendig«, Ungehorsam aber führt Unheil herbei. Dabei beziehen sich »Heil« und »Unheil« auf Leben und Schicksal des Volkes wie des einzelnen. Hinsichtlich des Gehorsams gegenüber *tôrā* als »Gesetz« wie als Priester-*tôrā* stehen Volk und einzelner in der Verantwortung vor dem Gott Israels, vor Jahwe.

Die Frage, ob der Verpflichtung, die *tôrā* des Mose oder Jahwes bzw. die priesterliche *tôrā* zu befolgen, von seiten Jahwes eine »Heilstat« vorangeht, vor deren Hintergrund der Gehorsam des Volkes bzw. des einzelnen dann zu fordern oder zu erwarten ist, tritt in keinem der hier herangezogenen Texte in den Blick.

IV. Die »Freude an der *tôrā*«

Wenn in der hier erarbeiteten Weise die Befolgung der *tôrā* für das Ergehen des Volkes wie des einzelnen entscheidend wichtig ist, dann erheben sich zwei Fragen: 1. Ist die *tôrā*, das Gesetz, erfüllbar? 2. Wie haben sich die Israeliten zur *tôrā* und zu der Notwendigkeit, sie zu erfüllen, gestellt? Ob es möglich ist, die *tôrā* — und das heißt im deuteronomisch-deuteronomistischen Bereich: die »Bestimmungen, Satzungen, Rechtsweisungen« (vgl. Dtn 4,45 neben 44), die im Deuteronomium zusammengestellt sind — zu »bewahren« und zu »tun«, wird kaum erwogen. Immerhin wird in einem (jüngeren) Textstück in Dtn 30,11–14 eine Aussage über das »Gebot« (*miṣwā*) gemacht. Danach ist das »Gebot« für Israel nicht zu »wunderbar«, zu schwierig, und nicht »weit«, nicht | unerreichbar (v. 11); vielmehr ist es (so v. 14; im Text steht jetzt dafür »das Wort«) »sehr nahe, in deinem Mund und in deinem Herzen, daß du es tust«. Nun kann *miṣwā* = »Gebot« — im Singular — parallel zu *tôrā* stehen (so Dtn 17,20) und, wie *tôrā*, den Ober-

---

[67] Vgl. dazu Seitz a.a.O. S. 203f.

begriff für »Satzungen und Rechtssatzungen« *(ḥuqqîm* und *mišpaṭîm)* bilden (Dtn 5,31; 6,1; 7,11[68]), so daß von Dtn 30,11−14 aus auch der Schluß auf die *tôrā* erlaubt ist. Das heißt aber, daß hier *tôrā* (wie »Gebot«) als leicht befolgbar, ausführbar vorgestellt ist. Aber diese Behauptung ist »einigermaßen singulär«[69]. Zwar wird das Deuteronomium nicht müde, die Einhaltung und Befolgung aller »Satzungen und Rechtssatzungen« usw. und damit der *tôrā*, des »Gesetzes« als Ganzes, zu fordern und einzuschärfen (Dtn 27,1; 29,28; 32,46; vgl. weiter Jos 1,8; 22,5; 23,6; 1 Kön 2,3); wiederholte Verlesung der »Gesetzesrolle« vor dem ganzen Volk soll Kenntnis und Befolgung des »Gesetzes« herbeiführen (Dtn 31,11f.; vgl. Jos 8,34). Indes: die deuteronomistische Redaktion des Jeremiabuches, die Jer 31,31−34 verfaßt hat, kommt zu einem negativen Ergebnis. Für sie lag die *tôrā* eben nicht »im Mund und im Herzen« der Israeliten; erst ein göttliches Eingreifen sollte sie ihnen einpflanzen. Wer dieses ankündigt, rechnet nicht damit, daß − bis dahin − die *tôrā* erfüllt werden konnte. Erst in einer späteren Zeit gewinnt in Israel − und das heißt jetzt: im frühen Judentum − eine andere Sicht an Gewicht. Diese Veränderung hängt mit der zweiten Frage zusammen. In kaum näher bestimmbarer, eher späterer Zeit nach dem Exil wird ein bewußtes und nun ausdrücklich positives Verhältnis des einzelnen Gläubigen zur *tôrā* Jahwes, also zu seinem Gesetz, greifbar. Belege dafür sind im Alten Testament vor allem die Psalmen 1; 19B (v. 8−15); 119. Wir nehmen hier das Material auf, das Ps 119 bietet. In 22 Strophen zu je acht zweireihigen Perioden (= je einem Vers)[70] werden hier Aussagen über die *tôrā*, aber auch über die verschiedenen Arten von Satzungen und Geboten Jahwes und über das Verhalten und das Verhältnis des Psalmisten und anderer Juden gegenüber diesen Größen gemacht. Wir fragen zunächst wieder: a) In welchem Sinn ist in solchem Kontext *tôrā* gebraucht? b) Welche Folgen hat Tun oder Nichttun der *tôrā*? Sodann: c) Wie steht nach der Auffassung des Psalms der einzelne zur *tôrā*? Und schließlich: d) Was ergibt sich daraus für die Erfüllbarkeit der *tôrā*?

Für die Beantwortung dieser Frage geben die ersten acht Verse, das heißt die erste »Strophe«, einen guten Einblick:

(1) Wohl denen, deren Weg untadelig ist,
    die wandeln in der *tôrā* Jahwes.

(2) Wohl denen, die seine Bestimmungen *('edot)* einhalten,
    die ihn von ganzem Herzen suchen!

(3) Fürwahr, sie begehen keinen Frevel,
    sie wandeln auf seinen Wegen.

---

[68] Vgl. dazu Braulik a.a.O. (s. Anm. 8) S. 53 mit Anm. 5.
[69] v. Rad, Das fünfte Buch Mose, S. 131.
[70] Die acht Verse jeder Strophe beginnen je Strophe mit einem der 22 hebräischen Konsonanten.

(4) Du (Jahwe) selbst hast deine Verordnungen *(piqqûdîm)* befohlen,
(sie) eifrig zu bewahren.
(5) O daß doch meine Wege beständig wären,
zu bewahren deine Satzungen *(ḥuqqîm)*.
(6) Dann werde ich nicht zuschanden,
wenn ich blicke auf alle deine Gebote *(miṣwot)*.
(7) Ich will dir mit aufrichtigem Herzen danken,
wenn ich deine gerechten Rechtssatzungen *(mišpaṭîm)* lerne.
(8) Deine Satzungen *(ḥuqqîm)* will ich bewahren,
verlaß mich nicht gänzlich.

Wie hier hat der Psalm auch in den anderen Strophen stets neben *tôrā* auch die anderen Termini für Gebote usw. im Blick. Insgesamt finden sich in Ps 119 neben 27mal *tôrā* 22mal *'edot* »Bestimmungen« (nicht: Zeugnisse), dazu einmal der Singular *'edût*, 21mal »Satzungen« *(ḥuqqîm)*, dazu einmal in derselben Bedeutung auch das Femininum *ḥuqqôt*, 21mal *piqqûdîm* »Verordnungen«, 20mal *miṣwot* »Gebote«, 19mal *mišpaṭîm* »Rechtssatzungen« sowie 19mal *'imrā* »Wort«, ein Substantiv, das in Dtn 33,9 parallel zu *bᵉrît* »Gesetz« steht[71]. Zwar kommt *tôrā* am häufigsten vor; aber die gleichmäßig hohe Zahl aller übrigen Termini wird man bei der Frage nach der Bedeutung von *tôrā* in diesem Psalm nicht unberücksichtigt lassen dürfen. Kraus hat in seinem Psalmenkommentar[72] *tôrā* stets mit »Weisung« übersetzt. Ausgangspunkt dafür ist ihm für Ps 119 die nicht zu übersehende sachliche Nähe zu oder eher Abhängigkeit von der deuteronomischen Theologie[73]. Da er – wie v. Rad[74] – dort *tôrā* als »Weisung« versteht, ist diese Übersetzung auch für Ps 119 – wie auch für die übrigen Belege im Psalter – konsequent. Daß hier | aber auch die verschiedenen Begriffe für »Satzungen« usw. in ganz ähnlicher Weise wie *tôrā* verwendet werden, läßt eher an die Bedeutung »Gesetz« für *tôrā* denken. Daß *tôrā* in Ps 119 im Singular, die übrigen Begriffe aber – mit Ausnahme von *'edût* und *'imrā* – im Plural verwendet sind, scheint darauf hinzudeuten, daß hier *tôrā* geradezu – wie im Deuteronomium – als Oberbegriff für jene Termini gedacht ist. Darüber hinaus läßt gerade die Beziehung zum Deuteronomium die dort tatsächlich vorliegende Bedeutung »Gesetz« für *tôrā* auch in Ps 119 erwarten[75]. Soviel zu Frage a).

---

[71] Vgl. dazu Kutsch, Verheißung und Gesetz, S. 71f.
[72] H.-J. Kraus, Psalmen. 2 Bände (BK XV/1. 2), Neukirchen–Vluyn 1960, 5., grundlegend überarbeitete und veränderte Auflage 1978.
[73] Vgl. dazu Kraus, Psalmen⁵ II, S. 998ff.
[74] S. dazu oben S. 80f.
[75] Wenn nach Ps 94,12 Jahwe einen Mann »aus« seiner *tôrā* belehrt (und nicht *durch* diese), dann ist auch dort *tôrā* nicht »Weisung« sondern das »Gesetz« als ein größerer Komplex.

Wie die Verordnungen, die Jahwe befohlen hat (v. 4), ist auch die *tôrā*, das Gesetz, zu befolgen. Freche und Gottlose sind es, die dieses nicht tun (v. 85, vgl. v. 136), die das Gesetz verlassen (v. 53), die es gebrochen haben (v. 126); die Feinde des Psalmisten sind dem Gesetz ferne (v. 150). Der Psalmist aber will es bewahren (v. 44. 55), will es nicht verlassen (v. 51), nicht vergessen (v. 109). Denn die sind glücklich zu preisen, die in Jahwes Gesetz wandeln (v. 1). Denn – und hier ergibt sich die Antwort auf Frage b) – die Befolgung des Gesetzes Jahwes bringt ihren Lohn: Wie der, der auf die Gebote blickt – natürlich um sie auszuführen –, »nicht zuschanden wird« (v. 6), so haben die, die Jahwes Gesetz lieben, viel Wohlergehen, »Heil« (*šalôm*) und werden vor Unfall bewahrt (v. 165). So kann man dann auch mit dem Hinweis darauf, daß man Jahwes Gesetz nicht vergessen hat, die Bitte um Errettung aus Not stützen (v. 153).

Nun zeigt sich in Ps 119 in der Einstellung des Frommen zum Gesetz gegenüber früheren Aussagen, insbesondere gegenüber Jer 31,33f., eine neue Dimension. Die deuteronomistische Bearbeitung des Jeremiabuches konnte die Befolgung des Gesetzes Jahwes nur durch ein göttliches Eingreifen erwarten, das die *tôrā* den Menschen auf das Herz schreibt. Der Psalmist aber stellt fest, daß er Jahwes Wort »in seinem Herzen verbirgt«; die Fortsetzung gibt auch den Zweck an: damit er nicht sündigt. Entsprechend kann Ps 37,31 von dem Gerechten sagen, daß »das Gesetz seines Gottes in seinem Herzen ist« – mit der Folge, »daß seine Schritte nicht wanken«. Damit wird offenbar ein Gedanke aufgenommen, der in Dtn 30,11 einmal angeklungen ist. Dort wird die Erfüllbarkeit des von Mose befohlenen Gebotes (v. 11, = »Wort« v. 14; dort wohl = *tôrā* »Gesetz«[76]) festgestellt mit dem Hinweis: »Das Wort ist dir | sehr nahe, in deinem Mund und in deinem Herzen, damit du es befolgst.« Die Vorstellung, daß Jahwes (gebietendes) »Wort«, daß sein Gesetz – bereits – im Herzen eines Menschen ist und so dieser auch Gottes im Gesetz niedergelegten Willen ausführt, nimmt nun in Psalmen einen etwas breiteren Raum ein (zu Frage c).

Damit verbindet sich noch ein weiterer Gesichtspunkt. Zweimal im Rahmen des Deuteronomiums – in Dtn 6,5 und 11,1 – wird Israel ermahnt, Jahwe, seinen Gott, zu lieben – Dtn 6,5 sagt dazu: »mit deinem ganzen Herzen, mit deiner ganzen Seele und mit deiner ganzen Kraft« –; und nach Dtn 13,4b–5 – in einem pluralisch gehaltenen (»ihr«, »euer«) Einschub in singularischem Text (»du« in v. 4a) – »versucht« Jahwe die Israeliten durch falsche Propheten, um festzustellen, ob sie ihn lieben. In allen drei Fällen ist der »Liebe« zu Jahwe das Halten seiner Gebote usw. zugeordnet; so fordert Dtn 11,1: »Du sollst Jahwe, deinen Gott, lieben und seine Anordnung *(mišmärät)*, seine Satzungen, Rechtssatzungen und Gebote allezeit bewahren.« Auch dieser Zug der Liebe zu Jahwe wird nun in Ps 97 (v. 10) und Ps 119 (v. 132) aufgenommen, in Ps 119 vor allem aber auch

---

[76] S. oben S. 99f.

mit einer bedeutsamen Abwandlung: Die »Liebe« des Psalmisten richtet sich nun unmittelbar auf Jahwes Gebote (v. 47. 48. 127), Bestimmungen (v. 119. 167), Verordnungen (v. 159) und auch auf sein Gesetz (v. 97. 113. 163). Entsprechend hat er »Lust«, »Freude« an Jahwes Gesetz (v. 70), seinen Satzungen *(ḥuqqôt,* v. 16) und Geboten (v. 47), Gefallen daran, auf dem Pfad seiner Gebote zu wandeln (v. 35); sind Jahwes Bestimmungen (v. 24), Gebote (v. 143), sein Gesetz (v. 77. 92. 174) seine »Lust«, ist das Gesetz sein Gefallen (Ps 1, 2). Diese Freude findet darin ihren Ausdruck, daß der Psalmist nachsinnt über Jahwes Satzungen (119,23.48), Verordnungen (v. 15. 78), Wort (v. 148).

Versteht man hier *tôrā* nur als »Weisung«, Wegweisung, Lebensregel, dann schmälert man die »Freude« an ihr, verharmlost man die hinter Ps 119 stehende Intention. Freude, Lust, Nachsinnen sind nach diesem Psalm auf den *ganzen* Willen Jahwes gerichtet, intendieren dahin, den ganzen Willen zu erfüllen. Sie schließen aber auch die Meinung ein, daß das Gesetz »im Herzen« des Frommen ist — und daß er also auch in der Lage ist, Gottes Willen tatsächlich zu erfüllen (zu Frage d).

Die Bitte an Jahwe: »Sei mir durch deine *tôrā* gnädig« (Ps 119,29)[77] schließt die (mögliche) Erfahrung des Gesetzes als göttliche Gnade ein: Es ermöglicht dem Frommen — sofern er die *tôrā,* ihre Satzungen, Bestimmungen usw. erfüllt (!) — »Heil« (vgl. v. 165).

V. Paulus und das Gesetz

Der Apostel Paulus, von dem wir ausgegangen waren, hat alle diese Texte als Rabbinenschüler (vgl. Apg 22,3) in Hebräisch, als hellenistischer Jude aber im Griechischen der Septuaginta gelesen. Dort fand er für das ihm geläufige Wort *tôrā* an nahezu allen bisher genannten Stellen den Begriff νόμος. Selbst im Buch der »Sprüche Salomos«, wo wir *tôrā* eher mit »Weisung« wiedergeben, steht für *tôrā* 9mal νόμος[78]. Wo νόμος näher bestimmt ist — νόμος des Vaters 4,2; 6,20 (hier Plural), des Weisen 13,14 —, ist sicher an »Weisung« gedacht, ebenso wohl in 28,7.9. Wo aber νόμος — gegen den masoretischen Text — mit Artikel steht (28,4a.b; 29,18), dürfte für den griechischen Übersetzer eher »das Gesetz«, nämlich das Gesetz des Mose bzw. Jahwes, gemeint sein. Auch von den 21 (außer Dtn 33,2) he-

---

[77] Kraus: »Mit deiner Weisung begnade mich;« Jerusalem-Bibel: »Gib mir die Gnade deines Gesetzes!«

[78] Spr 4,2; 6,23; 13,14; 28,4a.b.7.9; 29,18. Dazuzuzählen ist 6,20, wo der Übersetzer νόμος von der Mutter weg zum Vater zieht (dort steht es jetzt für »Gebot«), dafür der Mutter — hier wie auch in 1,8 — für *tôrā* — θεσμοί »Anordnungen« zuschreibt. — In 3,1 gibt die Septuaginta *tôrā* wieder mit νόμιμα, in 7,2 mit λόγοι; in 31,25 liegt mit ἐννόμως und τάξις offenbar Doppelübersetzung vor.

bräischen und 14 aramäischen Belegen für *dat* im Alten Testament wird das Wort in der Septuaginta 14mal mit νόμος wiedergegeben (Est 1,8; 13,15.19; 3,8.8; 4,16; Dan 7,25 [bei Theodotion auch 6,6]; Esr 7,12.14.21.25.26.26).

Von den drei Bereichen, deren Material zu *tôrā*/νόμος wir hier überblickt haben – dem deuteronomisch-deuteronomistischen, dem weisheitlichen und dem priesterlichen – ist für die Frage, wie Paulus den Begriff νόμος verstanden hat, von der Sache her der erstgenannte von besonderem Belang. Zugleich ist aber auch – im Blick auf die gegenwärtige Diskussion – das Thema »Freude am Gesetz« im Auge zu behalten.

Diese beiden Traditionslinien wären nun auch in frühjüdischer Literatur zwischen den Testamenten – in Apokryphen, Pseudepigraphen und den Texten von Qumran –, wenn auch in unterschiedlichem Maße, aufzuzeigen; aus Zeit- und Raumgründen ist das hier nicht möglich.

Paulus selbst gebraucht den Terminus νόμος »Gesetz« in der Linie des Deuteronomiums, aber inhaltlich zumeist für den ganzen Pentateuch, entsprechend dem Sprachgebrauch, wie er bei Esra vorausgesetzt (vgl. Neh 8), Ende des 4. Jh.s v. Chr. auch sonst im chronistischen Geschichtswerk zu finden ist und in seiner, des Paulus, Zeit weithin üblich war. Er bezeichnet sich selbst als einen ehedem besonders hervorgetretenen »Eiferer für die Überlieferung« der »Väter« (Gal 1,14), d.h. für das im Pentateuch schriftlich fixierte Gesetz und für die mündlich tradierten rabbinischen Gebote, und als nach der »Gerechtigkeit«, die durch das Einhalten des Gesetzes zu erwerben war, »untadelig« (Phil 3,6). Das bedeutet: er hat sich selbst in größtmöglichem Maße um die Erfüllung der im Gesetz festgelegten Satzungen und Gebote bemüht und im Zusammenhang damit die christliche Gemeinde verfolgt (Gal 1,13: Phil 3,6; vgl. Apg 8,3; 9,1f.; 22,4f.; 26,9ff.). (Spätestens) die Christusbegegnung vor Damaskus (Gal 1,15f.; Apg 9,3ff.; 22,6ff.; 26,12ff.) hat ihn erkennen lassen, daß dieser Weg nicht zum Ziel und das heißt zur »Gerechtigkeit« vor Gott führt. Er bescheinigt auch noch den Juden, daß sie vor Gott eifern (Röm 10,2), daß sie sich auf das Gesetz verlassen und Gottes Willen kennen (vgl. Röm 2,17f.). Wer das Gesetz »*tut*«, ist gerecht. Mindestens insoweit hat er das jüdische *tôrā*-Verständnis seiner Zeit zutreffend wiedergegeben. Aber – und hier wird nun die Forderung des Gesetzes ganz ernst genommen, radikalisiert – die *volle* Erfüllung des Gesetzes ist dem Menschen unmöglich, da alle Menschen unter der Macht der Sünde sind (Röm 3,9ff.)[79]. So wird durch das Tun des Gesetzes, durch »die Werke des Gesetzes«, vor Gott niemand gerecht (Röm 3,20; vgl. Gal 3,11; niemand kann dadurch, daß er die vom Gesetz vorgeschriebenen »Werke« vollbringt, selbst »seine (eigene) Gerechtigkeit« (vgl. Röm 10,3; Phil 3,9) bewirken. »Gerechtigkeit« und damit »Heil« – nun nicht mehr

---

[79] Ähnliches hat bereits in der zweiten Hälfte des 10. Jh.s v. Chr. der »Jahwist« (s. dazu in Anm. 14) festgestellt; vgl. Gen 8,21.

auf das irdische Leben beschränkt — ist allein durch den Glauben an Jesus Christus und die in ihm zugesagte Versöhnung mit Gott (vgl. 2 Kor 5,19) möglich; so ist das Gesetz zu seinem Ende gekommen (Röm 10,4), die Bedeutung des Gesetzes als Heilsfaktor in der vom Deuteronomium herkommenden Traditionslinie erloschen.

Die andere, in Ps 119 greifbar werdende Linie mit dem Thema »Freude am Gesetz« spielt dagegen bei Paulus keine Rolle. Diese hat Werblowsky mit seinem Beitrag »Tora als Gnade«[80] aufgenommen; er führt sie vor allem mit Belegen aus rabbinischer und späterer Zeit bis zur Ge-|genwart weiter. Sofern hier die Erfüllbarkeit der Forderung der *tôrā* vorausgesetzt ist[81], ergibt sich allerdings ein unaufhebbarer Gegensatz zu Paulus — und zum christlichen Glauben.

---

[80] S. oben S. 78.
[81] S. dazu oben S. 103.

Die Paradieserzählung Gen 2−3 und ihr Verfasser (1)

Mit dem Abschnitt Gen 2,4b−3,24 (2) beginnt das Werk des Jahwisten. Dieser Text ist insofern ein komplexes Gebilde, als er mehrere Themen miteinander verknüpft: „Schöpfung" (2,4b.5.7.18−24), „Sündenfall" (3,1−19.[20.]21.22a; dazu 2,16f.8.9a.bβ), „warum der Mensch nicht unsterblich ist" oder „der Baum des Lebens" (3,22b−24; dazu 2,9ba). Von diesen Themen ist die Erzählung vom Sündenfall nach Umfang und Inhalt das Hauptstück von Gen 2−3 und also das eigentliche Thema.

Die Erzählung ist geschickt und übersichtlich aufgebaut und gut verstehbar. Nach der Einführung des „Menschen" als der Hauptfigur in 2,7 (dazu der Frau und der Tiere in 2,18−23), der Szenerie: des Gartens mit dem Lebensbaum in 2,9ba (für 3,22b−24) und des Erkenntnisbaumes in 2,9bβ (für 3,1ff.) sowie der Vorbereitung des Konfliktes durch das göttliche Verbot, von dem Erkenntnisbaum zu essen, in 2,16f. strebt die Erzählung ihrem Höhepunkt zu: der Szene mit der Verführung durch die Schlange, der Übertretung des Verbotes durch Mann und Weib und der Bestrafung aller drei Übeltäter in 3,1−19 (dazu V.20), und erreicht mit der Vertreibung des Menschen (und seiner Frau) aus dem „Paradies" in 3, (21.) 22−24 ihr Ende. Zusätzlich bereiten frühe Hinweise (2,5b; 2,9a; 2,25) spätere Aussagen vor und verbinden Rückverweise (2,7b.18.22a;

---

1 Literatur zum Thema des Beitrages in chronologischer Ordnung:
K. *Budde,* Die Biblische Urgeschichte (Gen 1−12,5), Gießen 1883; H. *Gunkel,* Genesis. (HK I,1), Göttingen [3]1910; J. *Begrich,* Die Paradieserzählung. Eine literargeschichtliche Studie: ZAW 50 (1932) 93−116; Th. C. *Vriezen,* Ondersoek naar de Paradijsvoorstelling bij de Oude Semietische Volken, Wageningen 1937; P. *Humbert,* Mythe de création et mythe paradisiaque dans le second chapitre de la Genèse: RHPhR 16 (1936) 445−461; P. *Humbert,* Études sur le récit du paradis et de la chute dans la Genèse, Neuchâtel 1940; G. *v. Rad,* Das erste Buch Mose. Genesis. (ATD 2−4), Göttingen 1949 = [9]1972]; J. *Dus,* Zwei Schichten der biblischen Paradiesgeschichte: ZAW 71 (1959) 97−113; J. A. *Soggin,* La caduta dell' uomo nel terzo capitolo della Genesi: Studi e materiali di storia delle Religioni 33 (1962) 227−256; H. *Haag,* Die Komposition der Sündenfall-Erzählung (Gen 2,4b-3,24): TQ 146 (1966) 1−7; W. H. *Schmidt,* Die Schöpfungsgeschichte der Priesterschrift. (WMANT 17), Neukirchen-Vluyn [2]1967, 194−229: Anhang. Die jahwistische Schöpfungs- und Paradiesgeschichte. Zur Überlieferungsgeschichte von Gen 2,4b-3,24; O. H. *Steck,* Die Paradieserzählung. Eine Auslegung von Genesis 2,4b-3,24. (BSt 60), Neukirchen-Vluyn 1970; G. *Pettinato,* Das altorientalische Menschenbild und die sumerischen und akkadischen Schöpfungsmythen. (AAH 1971, 1); L. *Ruppert,* Die Sündenfallerzählung (Gn 3) in vorjahwistischer Tradition und Interpretation: BZ NF 15 (1971) 185−202; P. E. S. *Thompson,* The Yahwist Creation Story: VT 21 (1971) 197−208; H.-P. *Müller,* Mythische Elemente in der jahwistischen Schöpfungserzählung: ZTK 69 (1972) 259−289; H. *Gese,* Der bewachte Lebensbaum und die Heroen: zwei mythologische Ergänzungen zur Urgeschichte der Quelle J: Wort und Geschichte. Festschrift K. Elliger. (AOAT 18), 1973, 77−85; C. *Westermann,* Genesis. (BKAT I,1), Neukirchen−Vluyn 1974; J. *Scharbert,* Quellen und Redaktion in Gen 2,4b-4,16: BZ NF 18 (1974) 45−64.

2 Im folgenden kurz: Gen 2−3.

3.1bβ-δ.4b.12bα.19aβ.b) Späteres mit Früherem. Die eingefädelten Probleme sind einer Lösung zugeführt. So zeigt sich die Erzählung in ihrer vorliegenden Gestalt als geschlossenes Ganzes.

Trotzdem ergeben sich mehrfach, vor allem an den Übergängen zwischen den einzelnen Themen, tatsächlich oder scheinbar Doppelungen und Spannungen. Diese haben im Zeitalter der Literarkritik zur Aufteilung des Textes auf zwei literarische Quellen (3) geführt. In jüngerer Zeit rechnet man auf Grund form- und überlieferungskritischer Überlegungen damit, daß in Gen 2–3 dem Jahwisten entweder zwei ursprünglich selbständige Erzählungen, eine Schöpfungs- und eine Paradieserzählung (4) oder auch nur eine Erzählung, sei es die Schöpfungsgeschichte (5), sei es eine Paradiesgeschichte (6), in fester Form vorgelegen haben und daß der Jahwist diese bei der Gestaltung des Textes von Gen 2–3 aufgenommen und verarbeitet habe. Besondere Probleme bilden dabei die formal und inhaltlich aus dem Rahmen der übrigen Erzählung fallende „kleine Geographie" in 2,10–14 sowie das Thema „Lebensbaum" in (2,9bα;) 3,22.24: Für diesen sei in der Paradieserzählung neben dem „Baum der Erkenntnis von Gut und Böse" ursprünglich kein Platz gewesen (7) (8).

Angesichts dieser Unterschiede ist es nicht verwunderlich, daß das Maß der Beteiligung des Jahwisten selbst an Gen 2–3 sehr unterschiedlich bestimmt wird. So soll im folgenden erneut der Frage nachgegangen werden, inwieweit der Jahwist den Inhalt von Gen 2–3 selbst gestaltet und inwieweit er auf ihm vorgegebene Themen und Traditionen oder fest formulierte Erzählungen zurückgegriffen hat. Dabei ist es in diesem Rahmen nicht möglich, die einschlägige Literatur und ihre Argumente vollständig vorzuführen, so daß wir uns auf das Wichtigste beschränken.

1. Die „kleine Geographie" in 2,10–14

In der Erzählung von Gen 2–3 bildet die „kleine Geographie" in 2,10–14 einen Fremdkörper. Der Abschnitt teilt im Zusammenhang mit dem „Garten von

---

3 Zuletzt so auch G. *Fohrer,* Einleitung in das Alte Testament, Heidelberg [11]1969, 160.175; *Scharbert* (wie Anm. 1).
4 *Schmidt* (wie Anm. 1) 194ff.; W. *Schottroff,* Der altisraelitische Fluchspruch. (WMANT 30), Neukirchen-Vluyn 1969, 143ff.; *Westermann* (wie Anm. 1) 259ff.; auch *Haag* (wie Anm. 1); vgl. früher schon *Gunkel* (wie Anm. 1) 27; *Begrich* (wie Anm. 1).
5 *Humbert,* Mythe und Études (wie Anm. 1).
6 *Steck* (wie Anm. 1).
7 So schon *Budde* (wie Anm. 1) 46ff.; jetzt *Schmidt* (wie Anm. 1) 209.225 (doch vgl. auch 220f.); *Westermann* (wie Anm. 1) 289ff.; *Steck* (wie Anm. 1) 47.117; *Gese* (wie Anm. 1) 77f.; nicht aber *Humbert.*
8 Daneben nehmen einige Forscher an, daß der jetzige Text von Gen 2–3 durch sukzessive Erweiterungen einer ursprünglichen Erzählung (meist in zwei Vorgängen) entstanden sei; so *Ruppert* (wie Anm. 1), *Dus* (wie Anm. 1), *Soggin* (wie Anm. 1), vgl. *Thompson* (wie Anm. 1).

Eden" (9) geographisches Wissen, „Kunde" mit und ergänzt insofern die Angaben über den „Garten", den Jahwe „in Eden" angelegt hat (2,8f.). Aber was hier dargelegt wird, spielt im Fortgang der Erzählung keinerlei Rolle; nirgends wird mehr darauf Bezug genommen. Wenn zudem nach 2,14 der Tigris „östlich von (der Stadt) Assur" vorbeifließt, sucht dieses Textstück seine Quelle und also den Garten von Eden (2,10!) im Norden und nicht wie die Erzählung in 2,8a „im Osten". Im unmittelbaren Kontext dieses Abschnitts fällt zudem auf, daß — nachdem V.8b am richtigen Platz in der Erzählung die Einsetzung des Menschen in den Garten berichtet hat — in V.15 ein zweites Mal gesagt wird, daß Jahwe den Menschen in den Garten gebracht habe. Auch das Plus dieses Verses, daß eine Aufgabe für den Menschen genannt wird (2,15bβ), kann nicht darüber hinwegtäuschen, daß der Text von V.15a.ba dem von V.8b parallel geht. Was hier zu beobachten ist, macht es wahrscheinlich, daß die V.10—14 sekundär in den bestehenden Text eingeschaltet worden sind und daß der Interpolator durch die Wiederholung der Aussage von 2,8b zu dem ursprünglichen Erzählungsgang zurücklenkte — das Verfahren der „Wiederaufnahme", das uns auch sonst im Alten Testament begegnet (10). Der Sachverhalt, daß die Aufnahme eines Textes, der für den Fortgang der Darstellung keinerlei Bedeutung hat, dem sonstigen Verfahren des Verfassers von Gen 2—3, nur für die weitere Erzählung notwendige Züge einzubringen, entgegensteht, widerrät der Annahme, daß eben der Verfasser von Gen 2—3 diese Verse interpoliert oder daß er sie bereits im Kontext etwa einer Schöpfungserzählung vorgefunden und einfach übernommen habe. Die Verse 2,10—15 sind vielmehr höchst wahrscheinlich späterer Einschub (11).

2. Der „Baum des Lebens"

Immer wieder hat man beobachtet, daß am Schluß der Erzählung von Gen 2—3 zweimal gesagt wird, daß Jahwe den Menschen aus dem Paradies vertrieben hat: in 3,23a (Verbum šlḥ pi.) und in V.24a (Verbum: grš pi.). Diese „Doppelung" erklärt man so: V.23a sei der Abschluß der „Sündenfall"-Erzählung; nach der Strafansage in den Strafsprüchen werden die beiden, der Mensch und sein Weib,

---

9 Man baut ein Haus „in Jerusalem" (1 Kön 2,36), zerstört werden die „Häuser von Jerusalem", d.h. die Häuser, die in Jerusalem stehen (2 Kön 25,9). Diesem Sprachgebrauch entspricht es, daß Jahwe den Garten „in Eden" anlegt (Gen 2,8a), daß aber in 2,15; 3,23. 24 dann von dem „Garten von Eden" (nicht: „Garten Eden") geredet wird. Vgl. auch HAL 190b s.v. *gan*.
10 Vgl. dazu C. *Kuhl*, Die „Wiederaufnahme" — ein literarkritisches Prinzip?: ZAW 64 (1952) 1—11.
11 Die Feststellung in 2,5bα, daß es (zur Zeit der Schöpfung) noch keinen Regen auf das Land gegeben habe, besagt, daß für den Wuchs von Gesträuch und Kraut bis zur Schöpfung eine wesentliche Voraussetzung gefehlt hat. Demgegenüber bedeutet die Aussage in V.6, ein 'ēd (Wasserschwall?, Grundwasser?) aus der Erde heraus habe die Erdoberfläche bewässert, einen Widerspruch. Anscheinend wird mit V.6 die Erzählung von einem Fluß vorbereitet, so daß V.6 mit V.10—14 zusammengehören und gleichzeitig mit diesem Stück sekundär in den Kontext gelangt sein wird.

in zusätzlicher Bestrafung (12) aus dem Garten, aus dem „Paradies" vertrieben. Dient hier die Vertreibung aus dem Garten der Bestrafung, so ist in 3,24 und in dem dazugehörenden V.22b Zweck dieser Maßnahme zu verhindern, daß der Mensch an den Baum des Lebens gelangt und durch den Genuß seiner Frucht dauerndes, „ewiges" Leben gewinnt. Damit liege in 3,22b.24 ein Teil einer anderen Vertreibungserzählung vor, die einmal unabhängig von der Sündenfallerzählung bestanden habe. In dieser Erzählung spielte der Lebensbaum eine zentrale Rolle. Eine weitere „Doppelung", die mit dieser zusammenhängt, sieht man in 2,9b gegeben, wenn hier *zwei* Bäume „in der Mitte des Gartens" stehen, der Baum des Lebens und der Baum der Erkenntnis von Gut und Böse.

Hier ergibt sich für die überlieferungskritische Forschung dasselbe Problem wie für die literarkritische. Wer in 3,24a eine Doppelung zu V.23a sieht, rechnet automatisch mit einer zweiten Vertreibungserzählung. Erzählt ist dann dort die Vertreibung des Menschen aus dem Garten, und auch der Zweck dieser Maßnahme ist angegeben: daß der Mensch nicht an den Lebensbaum gelangen kann. Aber damit ist die Erzählung ja nicht vollständig; hier „fehlt der Hauptteil, der den Grund der Vertreibung aus dem Garten angibt" (13), mehr noch: es fehlen auch Angaben darüber, wie der (erste) Mensch in den Garten gelangt ist. Das alles aber wird im vorliegenden Bestand der Erzählung von Gen 2—3 berichtet! Ist es da notwendig, mit einer zweiten Paradiesgeschichte zu rechnen, die der vorliegenden in bestimmten Zügen parallel ging, die aber statt vom Baum der Erkenntnis von einem Baum des Lebens zu erzählen wußte? Daß es sie gegeben hat, ist nicht grundsätzlich auszuschließen; aber — ist es wahrscheinlich?

Die Annahme einer zweiten Paradieserzählung neben der vorliegenden ist nicht nötig, wenn man den Text von 3,22—24 als einheitlich erklären kann. In der Jahwerede von 3,22 wird das Subjekt von 3,22a (wo die Sündenfallerzählung vorausgesetzt ist), „der Mensch", in 3,22b (der zum Thema „Lebensbaum" gehört) mit der 3. sing. masc. aufgenommen; entsprechend steht in V.23 (der zur Sündenfallerzählung gehören soll) statt des Objekts „den Menschen" das Pronomen der 3. sing. masc. „ihn". Das Subjekt von V.23 (der zur Sündenfallerzählung gehören soll), „Jahwe Gott" (14), wird in V.24 (Thema „Lebensbaum") nicht wiederholt. Die für die Vertreibungsnotiz notwendige Ortsangabe, von wo der Mensch vertrieben wird, „aus dem Garten von Eden", wird in V.23 (der zur Sündenfallerzählung gehören soll) gebracht, nicht aber noch einmal in V.24 (Thema „Lebensbaum"), wohin sie eigentlich auch gehört. Angesichts dieser Verflechtungen ist die Herauslösung von Teilen, etwa von V.23, nicht ohne Textänderungen möglich. So erweist sich das Stück 3,22—24 als literarisch einheitlich

---

12 Zu dieser Beurteilung der Vertreibung nach V.23 vgl. z.B. *Schmidt* (wie Anm. 1) 218.222; *Schottroff* (wie Anm. 4) 90; *Westermann* (wie Anm. 1) 363; *Steck* (wie Anm. 1) 46.116; auch *Scharbert* (wie Anm. 1) 52.

13 So mit Recht *Schmidt* (wie Anm. 1) 225.

14 Daß in Gen 2—3 dem Gottesnamen „Jahwe" stets die Bezeichnung „Gott" hinzugefügt ist, geht auf die Hand eines Redaktors (wohl R^P) zurück. Dagegen ist die Bezeichnung „Gott" in 3,1b.3.5 im Munde der Schlange wie des Weibes ursprünglich und beabsichtigt.

(15). Darüber hinaus ist zu fragen, ob in 3,22—24 dann auf überlieferungsgeschichtlicher Ebene tatsächlich eine Doppelung vorliegt. Auch wenn man diese Frage bejaht, bleibt das Problem, warum ein sonst so kunstvoll planender und gestaltender Mann wie der Verfasser von Gen 2—3 am Ende von Kap. 3 dann nicht einfach den Text von V.24b an V.23b angeschlossen hat — die „Doppelung" wäre dann vermieden worden. Nun ist nicht zu übersehen, daß die beiden Vertreibungsaussagen V.23a und V.24a in unterschiedlichen Erzählungszusammenhängen stehen: In V.23 ist die Vertreibung aus dem Garten die Folge der Erwägung Jahwes, daß der Mensch nicht Frucht von dem Baum des Lebens essen und so ewiges Leben erlangen soll. In V.24 ist die Vertreibung verbunden mit der — nachfolgenden — Sperrung des Zuganges zum Paradies. Bei dem Übergang zu der Aussage von der Unzugänglichkeit des Paradieses stellt der Erzähler der Einsetzung der Kerubim und des Flammenschwertes noch einmal die Vertreibung des Menschen gegenüber (16). Was hier aber nun im Hebräischen durch die imperfecta consecutiva als einfacher Fortgang der Erzählung erscheint, ist als zeitliche und logische Vorordnung gemeint; wir würden dementsprechend sagen: „Und als er den Menschen vertrieben hatte, stellte er . . . die Kerubim auf . . ." So ist der Text von Gen 3,22—24 ohne Annahme einer Doppelung zu verstehen.

Diese Erklärung von 3,22—24 hat zwei erhebliche Vorteile.
1. Wenn nur einlinig die Vertreibung des Menschen aus dem Paradies berichtet wird, gehört dieser Zug der Erzählung zum Thema „Baum des Lebens" — und nur hierzu. Das Thema „Sündenfall" ist mit der Strafankündigung an alle drei Übeltäter abgeschlossen, der Tat ist jeweils eine Tatfolge zugeordnet. Die unnötige Annahme einer Vertreibung der Menschen als zusätzliche Strafe — die nun die Schlange nicht mehr berücksichtigen würde — entfällt.
2. Wenn die Vertreibung des Menschen nicht zweimal erzählt worden ist, entfällt die Notwendigkeit, neben der Vertreibung als Strafe für den Sündenfall eine zweite Vertreibungsgeschichte anzunehmen und so mit einer ursprünglich selbständigen Lebensbaum-Erzählung zu rechnen (17). Der Verfasser von Gen 2—3 hat also nicht ein Stück — etwa das Ende — einer „Lebensbaum"-Erzählung aufgenommen, aus der dann auch das Moment der Vertreibung aus einem Garten stammen würde, sondern nur das *Motiv* von einem „Baum des Lebens", das ihm ermöglichte zu erklären, wieso der Mensch nicht dauerndes Leben erlangen kann.

Diese beiden Gesichtspunkte sprechen für die Einheitlichkeit der Darstellung von 3,22—24, wie sie sich uns oben als möglich ergeben hatte, und empfehlen sie so; gegenüber der Annahme zweier Vertreibungsaussagen mit den oben dargestellten Konsequenzen hat die Einheitlichkeit größere Wahrscheinlichkeit für sich.

---

15 Es ist auch nicht möglich, aus 2,9b die Angabe über den Lebensbaum literarisch herauszulösen; denn erstens ist die Ortsangabe „in der Mitte des Gartens" mit dem Lebensbaum verbunden (sie gilt syntaktisch auch für den Erkenntnisbaum; vgl. *Gese* [wie Anm. 1] 78 Anm. 4), und zweitens wäre, falls das Lebensbaum-Motiv literarisch sekundär eingefügt wurde, der Baum des Lebens doch wohl am Ende des Verses eingeordnet worden und nicht *vor* dem Baum der Erkenntnis.
16 Aus dieser Gegenüberstellung erklärt sich, daß der Verfasser nicht das Personalpronomen von V.23a wiederholt, sondern hier das Substantiv „den Menschen" nennt.
17 S. oben S. 11f. bei und mit Anm. 12.

Es hat sich uns ergeben: Der Verfasser von Gen 2–3 hat in seine Darstellung das *Motiv* von einem „Lebensbaum" aufgenommen. Woher stammt die Vorstellung von einem „Lebensbaum"?

Der „Baum des Lebens" ist eine Größe des Mythos. Seine Besonderheit ist, daß der Genuß seiner Frucht dauerndes, „ewiges" Leben verleiht. Insofern gehört der Lebensbaum mit anderen gleichartigen „Lebenspflanzen" zusammen. So kennt das akkadische Gilgamesch-Epos eine Pflanze namens „Jung wird der Mensch als Greis" (XI, 281); auf der Suche nach dauerndem Leben holt der Held Gilgamesch sie aus der Tiefe des Apsu, des unterirdischen Süßwassermeeres, verliert sie aber an eine Schlange (XI, 285ff.). Und die Erzählung von dem weisen Adapa weiß von „Speise des Lebens" und „Wasser des Lebens", die aber Adapa auf Grund eines falschen Rates seines Vaters, des Gottes Ea, verschmäht (B 60–63, vgl. 28.–31). Andere Texte schreiben einer „Lebenspflanze" *(šammu balāṭi)* eine beschränktere Wirkung zu, so etwa wenn der assyrische König Adadnirari III. sagt, daß die großen Götter seine „Hüterwürde" „wie das Lebenskraut zum Wohle des Menschen des Landes Assur gedeihen ließen" (18), oder wenn Asarhaddon bittet: „Mein Königtum möge wie das Lebenskraut den Leuten wohlgefällig sein" (19). Hier ist die „Lebenspflanze" nicht „Symbol des Königtums" (20), sondern Bild für das „segensreiche" Wirken des Herrschers: beides – das Königtum und das Lebenskraut – bewirkt Wohlergehen und findet infolgedessen Zustimmung der Untertanen. Dieses Wirken des Herrschers kann dann ein Briefschreiber so formulieren: „Wir waren tote Hunde; doch der König, mein Herr, hat uns wieder Leben gegeben, (nämlich) die Lebenspflanze vor die Nase gehalten" (21). Nirgends aber in sumerischen und akkadischen Texten begegnet der Begriff und die Vorstellung von einem „Lebensbaum" (22). Auch die in der altorientalischen Bildkunst begegnenden Bäume, die man hat als „Lebensbäume" deuten wollen, sind wohl sakrale Bäume, aber nicht „Lebensbäume" im Sinne von Gen 2,9b; 3,22.24 (23). Auch in Ägypten fehlt die Vorstellung von einem „Lebensbaum" im Sinne von Gen 3,22b ganz.

Das Alte Testament selbst setzt auch außerhalb von Gen 2f. die Vorstellung von einem Baum, der „Leben gibt", voraus. So ist im Weisheitsspruch „erfülltes Verlangen" und „Gelassenheit der Zunge" (Spr 13,12b; 15,4a), ja die Weisheit selbst dem, der sie ergreift (Spr 3,18a), ein „Baum des Lebens". Aller-

---

18 Steleninschrift aus Saba'a, = Konstantinopel Nr. 2828 des Inventars der babylonisch-assyrischen Altertümer, zitiert bei H. *Genge,* Zum „Lebensbaum" in den Keilschriftkulturen: AcOr 33 (1971) 321–334, 327. – Eine ähnliche Aussage in der Steinplatteninschrift desselben Königs aus Nimrud Z.2 (AOT 344; ANET 281).
19 R. *Borger,* Die Inschriften Asarhaddons, Königs von Assyrien: AfOBeih. 9 (1956) 26; *Genge* (wie Anm. 18) 327.
20 So *Genge* (wie Anm. 18) 328.
21 R. F. *Harper,* Assyrian and Babylonian Letters, Chicago 1892–1914, VIII, 771 Vs. 5–7; zitiert bei *Genge* (wie Anm. 18) 326.
22 Das betont zur Recht *Genge* (wie Anm. 18) passim. Vgl. auch F. *Stolz,* Die Bäume des Gottesgartens auf dem Libanon: ZAW 84 (1972) 141–156, 154. – Auch *Westermann* (wie Anm. 1) 290, setzt voraus, daß die Bezeichnung „Baum des Lebens" nicht nur „auch sonst im AT", sondern auch „außerhalb des AT begegnet", ohne Belege zu nennen.
23 *Genge* (wie Anm. 18) 326ff., besonders 331ff.

dings ist hier ähnlich wie in den oben (24) zitierten akkadischen Texten bei der „Lebenspflanze" die Rede vom „Baum des Lebens" nicht mehr mythisch, sondern „typisch" gemeint (25). So bietet für uns aus dem altorientalischen Bereich der jahwistische Text von Gen 2–3 den ältesten Beleg für die Vorstellung von einem „Baum des Lebens". Die Frage, ob der Verfasser von Gen 2–3 diese Vorstellung – etwa in Analogie zu der „Lebenspflanze" im Gilgamesch-Epos (26) – selbst gebildet hat oder ob sie ihm in seiner Umwelt vorgegeben war, ist kaum zu entscheiden; das letztere ist jedenfalls nicht auszuschließen.

3. Der Sündenfall

Neben dem „Baum des Lebens" steht in Gen 2–3 der „Baum der Erkenntnis von Gut und Böse". Er spielt in der Erzählung vom Sündenfall in 2,16f.; 3,1–19 eine zentrale Rolle. Seine Besonderheit besteht darin, daß, wie der Gang der Erzählung in 3,1ff. erkennen läßt, der Genuß seiner Frucht „Erkenntnis von Gut und Böse" verleiht. Daß dieser Baum bereits vor der Enthüllung seines Charakters als „Baum der Erkenntnis von Gut und Böse" bezeichnet wird (in 2,9bβ und in 2,17), hat zahlreiche Ausleger zu Textänderungen bzw. zur Annahme von Veränderungen des ursprünglichen Textes vor der schriftlichen Fixierung veranlaßt (27). Erst in 3,3 wird dieser Baum als „Baum, der in der Mitte des Gartens (steht)", gekennzeichnet. Daß hier nicht die vorher benutzte volle Benennung erfolgt, ergibt sich aber aus dem Zusammenhang. Hier, wo es darum geht, daß die Frau erst von der Schlange die Wirkung dieses Baumes bzw. seiner Frucht erfährt (3,4f.), kann der Erzähler die Frau nicht vom „Baum der Erkenntnis von Gut und Böse" reden lassen (28). Anders dagegen in 2,17. Nachdem der Erzähler in 2,9b zwei Bäume „in der Mitte des Gartens" lokalisiert hat, mußte er in 2,17 den einen von beiden, der Gegenstand des göttlichen Verbotes wurde, mit vollem Namen nennen. Das ist eine Sache der Erzähltechnik, nicht des Erzählungsinhaltes (29). Auch eine Beschränkung auf die Bezeichnung „Baum der Erkenntnis" (30) hätte das Problem nicht gelöst; denn auf der Ebene der Erzählung hätte der Mensch auch dann etwas von der Eigenart des Baumes bemerken können. „Baum in der Mitte des Gartens" (31) wäre nur dann als ursprüng-

---

24 S. S. 14 Anm. 18 und 19.
25 Der Baum von Ez 31,3–9 wie Dan 4,17–19 ist Bild für das Königtum, aber nicht Lebensbaum: er wird gefällt (Ez 31,12f.; Dan 4,11.20)!
26 Ein Fragment des Gilgamesch-Epos aus der Zeit der Amarna-Briefe ist bei Megiddo gefunden worden (vgl. A. *Goetze* / S. *Levy*, Fragment of the Gilgamesh Epic from Megiddo ['Atiqot 2 (1959) 121–128], seine Bekanntschaft ist also für Palästina vorauszusetzen.
27 Vgl. z.B. die in den Anmerkungen 28–31 genannte Literatur.
28 Damit erübrigt sich der Schluß aus 3,3, „daß der Baum vorher noch nicht als ‚Baum der Erkenntnis des Guten und Bösen' bezeichnet sein kann" (*Westermann* [wie Anm. 1] 326, im Anschluß an *Gunkel* [wie Anm. 1] 16).
29 Vgl. auch *v. Rad* (wie Anm. 1, 1949) 65 [= 1972, 57].
30 Vgl. BHK (nicht mehr BHS) und z.B. *v. Rad* (wie Anm. 1, 1949) 58 [= 1972, 50].
31 Für 2,17 als ursprünglich angenommen von *Budde* (wie Anm. 1) 49ff.; *Gunkel* (wie Anm. 1) 11; *Begrich* (wie Anm. 1) 103; vgl. auch *Schmidt* (wie Anm. 1) 208; *Westermann* (wie Anm. 1) 303, sowie BHK (nicht mehr BHS).

licher Text wahrscheinlich, wenn in 2,9b nur dieser Baum genannt, der „Baum des Lebens" aber erst sekundär eingefügt worden wäre. Dies ist aber, wie wir gesehen haben (32), ganz unwahrscheinlich. So kann der vorliegende Wortlaut in 2,17 nicht beanstandet werden.

Auch von der Sündenfallerzählung — meist „Paradieserzählung" genannt — hat man mehrfach angenommen, daß sie dem Verfasser von Gen 2—3 als selbständige Überlieferung vorgegeben war und von ihm in seine Komposition eingearbeitet worden ist (33). Einer solchen Annahme ist es aber durchaus ungünstig, daß Bezeichnung oder Vorstellung von einem „Baum der Erkenntnis des Guten und Bösen", eines „Baumes der Erkenntnis" oder irgendeines ähnlichen Baumes in Israels Umwelt nicht belegt ist, weder in Mesopotamien noch in Ägypten noch in Syrien-Palästina. Und während für den „Baum des Lebens" in der „Lebenspflanze" in Gilg. XI, 281ff. wenigstens noch eine vergleichbare Vorstellung von einer in der Wirkung entsprechenden Pflanze gegeben ist, fehlt für den „Baum der Erkenntnis von Gut und Böse" jegliches altorientalische Vergleichsmaterial (34). Es ist also kein Anhalt gegeben dafür, daß das Motiv von einem „Baum der Erkenntnis von Gut und Böse" aus Israels Umwelt aufgenommen wäre. Auf der anderen Seite entspricht gerade die mit der „Erkenntnis von Gut und Böse" (35) verbundene Sündenfallerzählung in besonderer Weise der Intention des Jahwisten: den Anfang der Sünde in der Welt zu demonstrieren. Von hier führt der Weg über Gen 4,3ff. zur Feststellung der Sündhaftigkeit der gesamten Menschheit in Gen 6,5 damit zur Sintflut; der Ausgangspunkt war herauszustellen. Sollte dem Jahwisten ausgerechnet eine Erzählung vom Sündenfall der ersten Menschen vorgelegen haben — als Einzeltext, ohne einen größeren Zusammenhang —, in der ein „Baum der Erkenntnis von Gut und Böse" den Anlaß zum Ungehorsam gab? Sehr viel wahrscheinlicher ist es doch, daß der Jahwist die Erzählung vom Sündenfall der ersten beiden Menschen entsprechend seiner Intention selbst konzipiert hat. Und auch der „Baum der Erkenntnis von Gut und Böse", der aus der Sündenfallerzählung nicht herausgelöst werden kann, ist dann eine „Erfindung" des Jahwisten (36).

4. Das Motiv vom „Garten"

Beide Bäume, der Lebensbaum und der Erkenntnisbaum, stehen nach 2,9b „in der Mitte des Gartens", den Jahwe nach V.8a „in Eden" gepflanzt hat. Der Zug

---

32 S. oben S. 13 Anm. 15.
33 S. oben S. 10 Anm. 4 und Anm. 6.
34 Das hat bereits *Vriezen* (wie Anm. 1) 58.85, festgestellt; an diesem Befund hat sich bis heute nichts geändert.
35 „Erkenntnis von Gut und Böse" meint in umfassendem Sinn ein kritisch unterscheidendes und erkennendes Wissen; vgl. etwa 2 Sam 14, 17 samt 20 sowie zur Diskussion um den Sinn von „Gut und Böse" C. *Westermann*, Genesis 1—11. (Erträge der Forschung 7), Darmstadt 1972, 32ff. — Vgl. auch „zwischen rechts und links erkennen (= unterscheiden)" Jon 4,11.
36 Es ist also nicht nur „die Bezeichnung des anderen Baumes aus der Erzählung heraus (3,5b) neu gebildet" (*Westermann* [wie Anm. 1] 290), sondern der „Baum der Erkenntnis" überhaupt.

der Erzählung, daß Jahwe einen solchen Garten (37) angelegt hat, ist eine erzählerische Notwendigkeit. Wer wie der Jahwist von dem „Baum des Lebens" handeln will, kann diesen nicht irgendwo stehen lassen, wo er für alle Menschen zugänglich ist; der „Baum des Lebens" muß seinen Standort in einer Umfriedung haben – spätestens der Abschluß der Darstellung in 3,22–24 macht das deutlich.

Die Vorstellung von einem solchen Garten mit prächtigen Bäumen war dem Jahwisten aus seiner Umwelt vorgegeben. Dieser selbst (Gen 13,10) und dann jüngere Texte sprechen vom „Jahwe-Garten" (Jes 51,3) oder „Gottes-Garten" – in Verbindung mit dem Namen „Eden" – zur Kennzeichnung „paradiesischer" Gegend (Jes 51,3; Ez 31,9.16.18; 36,35; Joel 2,3), als des Aufenthaltsortes für besondere Menschen (Ez 28,13) (38).

Wie Könige (39) haben um den Tempel als Wohnsitz auch Götter ihren Garten (40). Aus solchen Vorstellungen kommt der Zug der Sündenfallerzählung, daß Jahwe – wie ein König in seinem Park – in dem von ihm angelegten Garten sich ergeht (Gen 3,8).

5. Die Schöpfung

Das Thema „Sündenfall" mit dem „Baum der Erkenntnis von Gut und Böse" und das Thema „Baum des Lebens", beide verbunden durch das Motiv „Garten", bilden zusammen den Hauptstoff der Darstellung in Gen 2–3, die Paradiesgeschichte. Im Mittelpunkt dieser Darstellung stehen zwei Menschen, die beiden ersten Menschen; wer von den beiden ersten Menschen spricht, fragt sich und wird gefragt, woher diese gekommen sind. Diese Frage beantwortet eine der Paradiesgeschichte vorangehende Erzählung von der Erschaffung der beiden ersten Menschen in Gen 2,4b.5.7.18–24. Zunächst wird – das ist der erste Hauptsatz in Gen 2–3! – „der Mensch", *hā'ādām*, geschaffen (V.7), dann die Frau (V. 18.21f.); bei Gelegenheit der Erschaffung der Frau werden auch die Landtiere und die Vögel „gebildet" (V.19f.). Die Erzählung von der Erschaffung der beiden ersten Menschen ist jetzt durch die Erschaffung des Gartens samt aller Bäume, auch des Lebensbaumes und des Erkenntnisbaumes, und durch die Freigabe der Bäume zur Nahrung sowie das Verbot der Frucht des Baumes der Erkenntnis von Gut und Böse in V.8.9.16.17 (41) unterbrochen; sie bildet aber darüber hinweg eine deutliche Einheit. Das hat zu der Annahme geführt, daß in

---

37 Eine Notwendigkeit anzunehmen, in Gen 2,8 sei ein anderer Garten gemeint als in 2,9 und 3,1ff. (so *Westermann* [wie Anm. 1] 264f.), liegt nicht vor.

38 In Ez 28,13 dient die Aussage, daß der König von Tyrus in Eden, im Gottes-Garten war, lediglich dazu, seine hervorragende Stellung zu unterstreichen. Für die Aussage vom „Fall" dieses Königs ist wichtiger, daß er „auf dem Gottesberg" war (V. 14): Von dort wird er wegen seiner Hybris vertrieben (V.16), nicht aus dem Garten. Eine Parallele zu Gen 2–3 liegt hier nur in dem Moment der Vertreibung.

39 Im Alten Testament vgl. 2 Kön 21,18.26; 25,4 (= Jer 39,4; 52,7); Neh 3,15; für Mesopotamien vgl. B. *Meißner*, Babylonien und Assyrien I, Heidelberg 1920, S. 201.

40 Vgl. F. M. Th. *de Liagre-Böhl*, Artikel „Paradies I. Religionsgeschichtlich" (RGG³ V [1961] 95f.), 95, und z.B. ARM I, 136, 5. 7. 11.

41 Zu 2,10–14 und 6 s. oben S. 10f.

diesen V.4b.5.7.18–24 eine ehedem selbständige Erzählung vorliege (42), eine „Erzählung mit der Exposition in 2,4b–6, dem Einsatz der Handlung in 7, dem Handlungsverlauf in 8.18–22, der zu der Klimax 23a führt und ausklingt in der Folge 23b und 24" (43). In V.24 habe diese Erzählung ihr Ende in einem ätiologischen Abschluß erreicht (44). Aber — so wird man gegenüber dieser These fragen — besteht nicht zwischen der Anlage der Erzählung und ihrem Ergebnis eine Inkongruenz? Beginnt man, um darzulegen, warum der Mann Vater und Mutter verläßt, seinem Weibe anhängt und die beiden, Mann und Frau, „ein Fleisch" sind, mit der Erschaffung der Welt und einer Kurzdarstellung dessen, was es zu diesem Zeitpunkt noch nicht gegeben hat? Das ist zwar nicht undenkbar, aber auch nicht eben wahrscheinlich. Der Rahmen ist für eine solche Erzählung zu weit angesetzt (45). Er zielt bereits ohne V.5bβ.γ — dieser Versteil stammt auf jeden Fall vom Jahwisten als dem Verfasser von Gen 2–3 — weiter als nur auf Gen 2,24. Damit wird deutlich, daß es eine selbständige Schöpfungserzählung Gen 2,4b.5.7.18–24 wohl nicht gegeben hat. So reicht denn auch der Hinweis von V.5bβ.γ, daß noch kein Mensch für die Landwirtschaft da war, über 3,17 bis 19 bis 3,23b, d.h. bis über die Ereignisse von Gen 2–3 hinaus. Aber auch der ätiologische Charakter des Satzes von 2,24 entspricht dem sonst mehrfach festzustellenden Bestreben des Jahwisten, Gegebenheiten seiner Zeit aus dem „Urgeschehen" zu erklären, und läßt statt an eine Vorlage eher an den Jahwisten als Autor denken (46).

Das bisherige Ergebnis, daß der Jahwist in Gen 2,4b.5.7.18–23.(24) wohl nicht eine ihm vorliegende Erzählung aufgenommen, sondern auch diesen Teil von Gen 2–3 selbst konzipiert und gestaltet hat, erhält eine weitere Stütze, wenn wir nach der hier verarbeiteten Tradition (bzw. den Traditionen) fragen.

Das die Erzählung einleitende *bejôm* „an dem Tage, als", „damals, als" hat in mesopotamischen Schöpfungserzählungen Entsprechungen (47).

---

42 Z.B. *Schmidt* (wie Anm. 1) 196f.; *Westermann* (wie Anm. 1) 260f. – Weitere Literatur s. *Steck* (wie Anm. 1) 51 Anm. 79.
43 *Westermann* (wie Anm. 1) 261. – Zu V.6 s. aber oben S. 11 Anm. 11.
44 Z.B. *v. Rad* (wie Anm. 1, 1949) 68f., [=1972, 60]; *Schmidt* (wie Anm. 1) 209; *Westermann* (wie Anm. 1) 260.
45 Dieser Einwand gilt auch dann, wenn man in 2,4b–5 ein „ursprünglich selbständiges Traditionsstück" zu sehen hätte (so *Westermann* [wie Anm. 1] 280, für 2,4b–6). Denn dieses wäre dann ja bereits in der aufgenommenen „Schöpfungserzählung" verwendet worden; ein abrupter Einsatz mit den Worten: „Jahwe bildete den Menschen aus Staub vom Ackerboden", ist ganz unwahrscheinlich.
46 Bedenken gegen die Annahme einer ursprünglich selbständigen „Schöpfungserzählung" in 2,4b.7.18–24 hat auch *Steck* (wie Anm. 1) 51ff. vorgebracht. Allerdings kommt es *Steck* darauf an, die Erschaffung des Weibes (und der Tiere) in 2,18–24 von der Erschaffung des „Menschen" zu trennen, um eine Vorform der Paradieserzählung, die Frau und Schlange noch nicht gekannt habe, wahrscheinlich machen zu können. Von diesem Ansatz aus zwingt dann die – richtige – Feststellung, daß V.7 in der Formulierung kaum von 2,19 zu trennen ist, zu der Annahme, daß V.7 „seine Wortgestalt" erst „im Zusammenhang der Gestaltung von 2,18–24 bekommen" habe; *Steck* (wie Anm. 1) 49.
47 Aus sumerischen Texten sind der KAR 4-Mythos Z.1.4.12 und die mythische Einleitung zu dem Streitgespräch zwischen Mutterschaf und Getreide Z.2 zu nennen; die Texte bei *Pettinato* (wie Anm. 1) 74ff. bzw. 86ff. – Die Einleitung „*enūma* ..." des Weltschöpfungsmythos Enuma eliš „als droben" gehört aber nicht hierher, da mit ihr die Schilderung des „noch nicht" beginnt. – Vgl. auch *Müller* (wie Anm. 1) 265.

Die Schilderung des Zustandes auf der Erde bei (Beginn) der Schöpfung, die (kurze) Aufzählung dessen, was noch nicht da war, in V.5 stimmt formal mit Aussagen aus Israels Umwelt überein (48). Aber die Aufzählung dessen, was fehlt, Wild- und Nutzpflanzen, Regen und Bodenbearbeitung, hat deutlich palästinische Verhältnisse im Blick (49). V.5 setzt die Zeitangabe von V.4b „sachlich offensichtlich voraus" (50), ist also nicht auf den Redaktor, der die jahwistische Paradieserzählung samt einleitender Schöpfungserzählung des Jahwisten mit der Schöpfungsgeschichte der Priesterschrift in 1,1–2,4a verbunden hat (51), zurückzuführen.

Von der Erschaffung von Erde und Himmel weg wird die Darstellung sofort auf die Erschaffung des Menschen konzentriert. Mit dieser ist inhaltlich und formal durch die gleiche Formulierung in V.7 und 19 die Erschaffung der Frau und der Tiere in V.18–23 verbunden. In den Rahmen der „Weltschöpfung" tritt so die „Menschenschöpfung". Diese terminologische Unterscheidung – „Weltschöpfung"–„Menschenschöpfung" – geht auf C. *Westermann* zurück (52). Für Gen 1–3 bedeutet diese Unterscheidung: In Gen 1,1–2,4a (P) liegt eine Weltschöpfungs-Erzählung zugrunde, die in 1,26–30 eine Darstellung der Menschenschöpfung aufgenommen hat; in Gen 2 aber wird von der Erschaffung des Menschen gehandelt (53). Diese grundlegende Feststellung ist nun in zweifacher Weise zu modifizieren.

1. Wie wir gesehen haben, ist in Gen 2 die (hier berichtete) „Menschenschöpfung" in die „Weltschöpfung" (V.4b!) eingegliedert.
2. *Westermanns* Schüler R. *Albertz* hat bei der Behandlung des Themas „Menschenschöpfung" differenziert: Er unterscheidet von der „Erschaffung der Menschheit" allgemein in der Urzeit die Erschaffung des je einzelnen Menschen in der Gegenwart, wie sie etwa in der Erschaffung eines Königs durch eine Gottheit (54) sowie im Alten Testament in Aussagen wie: „deine (Jahwes) Hände haben mich geschaffen" (Ps 119,73; Ijob 10,8) oder in der Rede von Jahwe als Israels Schöpfer bei Deuterojesaja (Jes 43,1 u.ö.) vorliegt (55).

---

48 Bekanntes Beispiel ist der Beginn des babylonischen Weltschöpfungsliedes Enuma eliš: „Als droben der Himmel nicht genannt war, drunten die Feste einen Namen nicht trug ... als die Götter nicht existierten ...". Vgl. *Schmidt* (wie Anm. 1) 77 bei und mit Anm. 4 (mit weiterer Literatur); *Westermann* (wie Anm. 1) 59ff.86ff.131ff.269; *Müller* (wie Anm. 1) 265. – Auch in Ägypten finden sich solche „Noch-nicht"-Aufzählungen, vgl. die Texte, die H. *Brunner* zusammengestellt hat: Religionsgeschichtliches Textbuch zum Alten Testament. Hrsg. v. W. *Beyerlin*. (ATD, Ergänzungsreihe 1), Göttingen 1975, 33f.

49 Was für mesopotamische Verhältnisse vor der Menschenschöpfung noch nicht da war und noch nicht geschah, sagt der sumerische Text Lugal-e VIII, 5–17 (*Pettinato* [wie Anm. 1] 91ff.).

50 So mit Recht *Steck* (wie Anm. 1) 78.

51 So die Erwägung von *Schmidt* (wie Anm. 1) 196 Anm. 1; entsprechend *Westermann* (wie Anm. 1) 271.

52 Vgl.: Sinn und Grenze religionsgeschichtlicher Parallelen: ThLZ 90 (1965) 489–496, 493f.; dann *Westermann* (wie Anm. 1) 145.198.219.262.267.

53 *Westermann* (wie Anm. 1) 34.

54 Z.B.: „Als Marduk, der große Herr, mich rechtmäßig erschuf" (St. *Langdon*, Die neubabylonischen Königsinschriften. [VAB 4], Leipzig 1912, 72f.: Nebukadnezar Nr. 1, 1; 11ff.).

55 R. *Albertz*, Weltschöpfung und Menschenschöpfung. Untersucht bei Deuterojesaja, Hiob und in den Psalmen. (Calwer Theol. Monogr. 3), Stuttgart 1974, 55.81 und passim.

Darüber hinaus ergibt sich nun hinsichtlich der Erschaffung der Menschheit oder „der Menschen" in der Urzeit eine weitere Differenzierung. Wo sumerische und akkadische Texte von der Erschaffung der Menschen erzählen (56), haben sie stets eine Mehrzahl von Menschen im Blick. Das gilt auch dann, wenn ausdrücklich gesagt wird – was auch sonst selbstverständlich ist –, daß es sich um die *ersten* Menschen handelt, die hier geschaffen werden (57). Der Mehrzahl der Götter, die durch die neugeschaffenen Menschen (buchstäblich) entlastet werden sollen, wird nicht *ein* erster Mensch, sondern eine erste Menschengeneration gegenübergestellt. Desgleichen sprechen auch ägyptische Texte, die von der Schöpfung handeln – vor allem Mythen und Hymnen –, soweit sie sich nicht auf die Weltschöpfung beschränken, von der Erschaffung der Menschen allgemein (58). Von diesen Schöpfungsaussagen aus Israels Umwelt hebt sich die Schöpfungserzählung von Gen 2 (59) deutlich ab: Hier wird die Erschaffung nicht „der Menschen", sondern der *beiden ersten Menschen*, eines Mannes und einer Frau, berichtet. Nicht eine erste Generation von Menschen wird erschaffen wie in den sumerischen, akkadischen und ägyptischen Texten, sondern das erste Menschenpaar, von dem dann alle weiteren Menschen bis zur Gegenwart des Erzählers abstammen. Dafür kennen wir aus der Umwelt Israels keine Parallele (60).

Ein weiterer Unterschied kommt hinzu. Die sumerischen und akkadischen Texte, die die Erschaffung von Menschen berichten (61), geben zugleich an, wozu die Menschen geschaffen werden: Sie sollen den (niederen) Göttern die Fronarbeit mit Spitzhacke und Tragkorb abnehmen (62). Zwar sagt auch der Verfasser von Gen 2–3, was die Aufgabe des Menschen sein soll: den Ackerboden

---

56 S. die acht von *Pettinato* (wie Anm. 1) 68ff. zusammengestellten Texte.
57 „Erschaffung und Lobpreis der Spitzhacke" Z.6: „Damit Uzumua (= „[der Ort,] der das Fleisch wachsen läßt") die ersten (Menschen) hervorsprießen lasse, brachte er (der Gott Enlil) am (Boden von) Duranki eine Spalte an." Z.19: „Er legte die Erstlinge (plur.!) der Menschheit in die Spalte" (*Pettinato* [wie Anm. 1] 82ff.). – Atramḫasis-Mythos IV, 20.26 (*lullû* „der erste Mensch"); vgl. V,14: „Euren (der niederen Götter) Tragkorb lud ich *dem Menschen* auf" (*Pettinato* [wie Anm. 1] 101ff.).
58 Vgl. *Brunner* (wie Anm. 48) 31. – Einem Wortspiel entstammt die Aussage, daß die Menschen aus den Tränen des Schöpfers entstanden sind; vgl. z.B. die Angaben über die Schöpfung in dem Mythos von der Vernichtung des Drachen (26,21ff.; zur Menschenschöpfung 27,2f.; AOT 1f.; ANET 6) und in dem Hymnus an Amun aus der 18. Dyn., VI, 2ff., besonders 3 (*Brunner* [wie Anm. 48] 41).
59 Die Priesterschrift spricht von der Erschaffung der Menschen *(hā'ādām)* allgemein, differenziert aber hinsichtlich der Geschlechter: „Mann und Weib schuf er sie" (Gen 1,27).
60 Aus Syrien-Palästina ist bis jetzt keine Schöpfungserzählung auf uns gekommen. Auch *Philo von Byblos* erwähnt, falls mit den „vernünftigen Wesen", „Zophasemin (bzw. richtiger Zophesamin)" (Eusebius, Praep. evang. I, 10,2) Menschen (und nicht eher Gottheiten) gemeint sind (vgl. O. *Eißfeldt*, Taautos und Sanchunjaton: SAB 1952/1, 38f.), nur allgemein deren Entstehung – mit der Unterscheidung „männlich und weiblich".
61 Außer dem Streitgespräch zwischen Mutterschaf und Getreide; *Pettinato* (wie Anm. 1) 86ff.
62 Enki und Nunmaḫ Z.32 (vgl. Z.10–13); KAR 4-Mythos Z.26 (vgl. Z.27ff.); Erschaffung und Lobpreis der Spitzhacke Z.6–8.19f. (vgl. Z.9.25); Lugal-e VIII, 10 (vgl. Z.7–9); Atramḫasis-Mythos IV, 20.25f. (vgl. IV., 21.26–28; V,14); Enuma eliš VI, 5–7.33 (vgl. Z.8.34): *Pettinato* (wie Anm. 1) 69ff.; 75.78; 82ff.; 91.93; 101ff.; 105ff.

bearbeiten. Aber diese Angabe steht, wenn sie auch schon in 2,5bβ.γ anvisiert wird, erst am Ende der ganzen Erzählung, als der Mensch aus dem Garten vertrieben wird (3,23b) (63). Was zwischen der Erschaffung des Menschen in 2,7 und der Mitteilung seiner Aufgabe steht, ist gegenüber den Umweltstexten ein Novum; zu der Neuerung gehört auch die Erschaffung des ersten — einzelnen — Menschen (V.7).

Von hier aus wenden wir uns wieder der Ausgangsfrage zu, ob in Gen 2 eine ehedem selbständige Schöpfungserzählung aufgenommen worden sei. Will man dies annehmen, daß der Bericht von der Erschaffung der beiden ersten Menschen in 2,7.18—23 (ohne V.4b.5 und 24 [64]) dem Jahwisten als selbständige Erzählung vorgelegen hat, so ergibt sich das Problem, daß eine solche Erzählung kaum je für sich bestanden hat, sondern nur in einem weiteren Kontext; dieser Kontext müßte dann bei der Übernahme des „Teiles", der von der Erschaffung der beiden ersten Menschen handelt, in den Zusammenhang der Paradieserzählung wiederum weggefallen sein. Andererseits hat der Jahwist, wie wir sahen, aller Wahrscheinlichkeit nach die Erzählung vom Sündenfall selbst konzipiert. Da er aber hier von den beiden ersten Menschen handelte, war er selbst gefragt, woher diese denn gekommen seien. So hatte der Jahwist selbst Anlaß, die Erschaffung der beiden ersten Menschen zu erzählen; und er tat dies, ohne daß er eine entsprechende Erzählung, die dann ursprünglich in einem weiteren Kontext gestanden hätte, aufgenommen hätte.

Bei diesem Stand unserer Untersuchung können wir uns noch einem letzten Problem zuwenden. Die Darstellung in Gen 2—3 erweckt insgesamt den Eindruck, daß beide, Mann und Frau, im Paradies waren. Beide übertreten das Verbot, beide werden bestraft. Einige Stellen sprechen aber auch allein von „dem Menschen". Der Mensch wird zunächst allein erschaffen 2,7 und allein in den Garten gesetzt 2,8b.(15); und — da zu diesem Zeitpunkt das Weib noch nicht „gebaut" ist — wird auch ihm allein das Verbot, von dem Baum der Erkenntnis von Gut und Böse zu essen, zugesprochen. Nach dem Sündenfall wird „der Mensch" von Gott gesucht 3,9; nur *er* ist „wie unsereiner" 3,22a, und nach 3,23 und 24a wird nur *er* aus dem Garten vertrieben. Ist aus diesen Stellen zu schließen, daß es einmal eine Fassung der Paradieserzählung gegeben hat, die nur von dem „Menschen" gehandelt hat und in der die Frau und die Schlange noch nicht vorkamen (65)? Zur Beantwortung dieser Frage setzen wir ein bei 2,16f. Jahwe spricht zu dem bis dahin allein geschaffenen „Menschen". Er verbietet ihm, von dem Erkenntnisbaum zu essen. Dieses Verbot bildet einen Angelpunkt in der Sündenfallerzählung in 3,1ff.: Daran entzündet sich der Ungehorsam — der Ungehorsam von Mann *und* Frau! Der „Baum der Erkenntnis von Gut und Böse" ist,

---

63 2,15bβ gehört zu einem sekundären Zusatz; s. oben S. 11.
64 S. dazu oben S. 11ff.
65 So zuletzt mit Unterschieden im einzelnen *Schmidt* (wie Anm. 1) 222f.; *Steck* (wie Anm. 1) 42ff. mit Anm. 51 (Lit.) u.ö. — *Westermann* (wie Anm. 1) 266 nimmt an, daß innerhalb der von ihm rekonstruierten Erzählung B (= Sündenfallerzählung) „hinter 3,1—7 ein einmal selbständiges Erzählelement steht, in dem von einem urzeitlichen Vergehen der Frau die Rede war und in der die Schlange eine ausgeprägte Rolle innehatte", muß aber selbst feststellen: „Rekonstruieren aber läßt sich diese Erzählung nicht mehr." Eine solche Erzählung müßte wiederum weitgehend dem sonstigen Bestand mindestens der Paradieserzählung parallel gegangen sein!

wie wir gesehen haben, eine Erfindung des Jahwisten; die Sündenfallerzählung ist vom Jahwisten konzipiert. Dann gehört aber auch 2,16f. zu dem vom Jahwisten gestalteten Text — obwohl nach der Darstellung hier Jahwe allein der Mensch gegenübersteht, Frau und Schlange aber (noch) nicht genannt sind. Das heißt aber: der Jahwist selbst — nicht eine Vorlage — rechnet hier bei der Exposition zur Sündenfallerzählung, in der dann neben dem Mann Frau und Schlange agieren, allein mit dem Vorhandensein des Mannes (66). Nicht anders liegen die Dinge in 3,9. Wenn Jahwe hier „den Menschen" fragt: „Wo bist du?", ist zwar der Mensch allein angeredet, aber die Frage ist nur verständlich aus dem Kontext heraus — und nach diesem hat sich mit dem Menschen auch sein Weib versteckt (V.8b!). Der Erzähler — der Jahwist — setzt also ganz selbstverständlich voraus, daß auch bei der Anrede an den Mann die Frau mit dabei ist. Und der Mensch berichtet in 3,10, daß *er* das Geräusch gehört habe, daß *er* sich wegen seiner Nacktheit gefürchtet und deshalb versteckt habe, obwohl zuvor *beide,* der Mensch und sein Weib, ihre Nacktheit erkannt (V.7aβ.γ), *beide* das Geräusch Jahwes gehört und sich deshalb versteckt hatten (V.8). Der Unterschied, daß einmal die beiden ersten Menschen genannt werden, unmittelbar daneben aber auch der Mensch allein, ist für den Fortgang der Erzählung ohne Belang. Andererseits ist es unmöglich, die Sätze, in denen im Gegenüber zu Jahwe allein der Mensch eine Rolle spielt (V.9—11), aus dem Kontext zu lösen. Zudem: Wer in diesen Sätzen Reste einer ehedem selbständigen Darstellung finden wollte, wäre zu der mißlichen Annahme gezwungen, daß eine entsprechende Vorlage der jetzigen Erzählung eng parallel gegangen wäre, nur daß die Frau und die Schlange dort nicht dabei waren. Daß in 3,11 auf das Verbot in 2,17, das auf jeden Fall dem Jahwisten als dem Verfasser von Gen 2—3 zuzuschreiben ist, zurückgegriffen wird, enthebt uns dieser Annahme wie ihrer Voraussetzung. Ist aber in 2,16f. und 3,9—11 die allein den Menschen nennende Darstellung unlösbar mit dem Kontext der Sündenfallerzählung verwoben, die außer dem Menschen auch die Frau und die Schlange voraussetzt, dann kann auch die Erwähnung allein des Menschen in 3,22—24 kein Anlaß sein, hier Reste einer älteren Erzählung anzunehmen. Auch wenn hier das Weib nicht ausdrücklich erwähnt wird, ist doch selbstverständlich vorausgesetzt, daß es mit dem Mann aus dem Garten vertrieben worden ist. Und wie es zum Erzählungsstil des Jahwisten in Gen 2—3 gehört (67): Sobald die Frau in der Erzählung wieder benötigt wird, ist sie da: in 4,1.

6. Die Intention des Jahwisten und ihre Durchführung

Wir stehen am Ende unserer Untersuchung und können nun die Frage nach dem Anteil des Jahwisten an Gen 2—3, die Frage, „was der Jahwist vorgefunden und was er selbst gestaltet hat" (68), mit einiger Sicherheit beantworten.

---

66 Der Jahwist hätte dies leicht vermeiden können, indem er die Mitteilung des Verbotes nach 2,24 berichtete. Daß er trotzdem in der überlieferten Weise erzählt hat, zeigt, daß er das, was uns hier beschäftigt, — daß sich einerseits *ein* Akteur, der Mensch, und andererseits *drei* Akteure, Mann, Frau und Schlange, gegenüberzustehen scheinen — nicht empfunden hat.
67 S. oben
68 *Schmidt* (wie Anm. 1) 227.

Kein Teil des ganzen Komplexes hat dem Jahwisten in vorformulierter Gestalt vorgelegen — weder eine Schöpfungs- noch eine Sündenfall- (oder „Paradies"-) noch eine Lebensbaumerzählung. Vorgelegen hat ihm allenfalls das Motiv von dem „Lebensbaum" — und in Verbindung damit das Motiv vom Garten —, mindestens die Vorstellung von einer Pflanze, durch die der Mensch dauerndes, „ewiges" Leben gewinnen kann. In Analogie zu dem „Baum des Lebens" hat der Jahwist einen „Baum der Erkenntnis von Gut und Böse" selbst „erfunden". Er gab ihm die Möglichkeit, seine Erzählung von dem „Sündenfall", von der Verbotsübertretung durch die beiden ersten Menschen, zu konzipieren und zu gestalten — selbständig, ohne eine Vorlage zu verarbeiten. Der Garten ergab die Szenerie dafür; und das Motiv vom Lebensbaum ermöglichte nicht nur — erzähltechnisch — das Moment der Vertreibung, sondern auch — inhaltlich — eine Erklärung dafür, daß der Mensch ewiges Leben nicht erlangen kann.

Woher aber kamen die beiden ersten Menschen? Sie wurden von Jahwe geschaffen. Erschaffung der beiden ersten Menschen — dafür fehlt wiederum in Israels Umwelt jeder Vergleichstext. Man erzählte die Schöpfung der ersten Menschengeneration, und natürlich stammen von dieser alle weiteren Generationen aller Menschen ab. In Gen 2 ist demgegenüber Neues gesagt. Das wird noch deutlicher, wenn wir nun noch etwas weiter ausholen und die Sintflutgeschichte mit einbeziehen.

Das altbabylonische Atramḫasis-Epos hat uns gelehrt, daß bereits Jahrhunderte vor der israelitischen Landnahme in Mesopotamien Menschenschöpfung und Sintflut in *einem* Text vereinigt waren. Nach dem Atramḫasis-Epos wurden die Menschen erschaffen, um die Fronarbeit der niederen Götter zu übernehmen (69). Die Menschen aber vermehren sich und machen solchen Lärm, daß Enlil, der Gott der Erde, keine Ruhe mehr findet. Nach drei vergeblichen Versuchen, durch Plagen die Zahl der Menschen zu reduzieren, beschließen die Götter Anu, Enlil und Enki eine Sintflut. Durch eine List veranlaßt Enki seinen Schützling Atramḫasis, für sich und die Seinen ein Boot zu bauen, so daß er mit diesen die Sintflut überlebt (70). Von dieser Geschichte übernimmt der Jahwist die beiden „Eckpfeiler", die Erschaffung der Menschen und die Sintflut, und ebenso den Zug, daß ein Mann mit den Seinen die Katastrophe überlebt. Entscheidend sind aber die Änderungen, die er vornimmt. Nicht Laune der Gottheit ist es mehr, Menschen zu schaffen und wieder zu vernichten, daß nur der Schützling samt Familie am Leben bleibt. Die Sintflut haben die Menschen dadurch selbst verschuldet, daß „ihre Bosheit groß war auf Erden und daß alles Dichten und Trachten ihres Herzens die ganze Zeit nur böse war" (Gen 6,5). Und daß Noah und sein Haus die Sintflut überleben, hat seinen Grund darin, daß Gott ihn „gerecht erfunden hat unter diesem Geschlecht" (7,1), so daß er „Gnade gefunden hat vor Jahwe" (6,8; alles J). Daß *alle* Menschen sich versündigt haben, „Sünder" waren, erklärt der Jahwist damit, daß die Urelten, von denen alle Menschen abstammen, sich bereits als ungehorsam gegenüber Jahwe erwiesen ha-

---

69 IV, 19 — V, 21; *Pettinato* (wie Anm. 1) 101ff.; W. G. *Lambert* / A. R. *Millard*, Atra-ḫasīs. The Babylonian Story of the Flood, Oxford 1969, 57ff. (= Z. 189—247).
70 III, II, 29ff.; *Lambert/Millard* (wie Anm. 69) 90ff.

ben: Was allen gemeinsam ist, wird auf den gemeinsamen Ursprung zurückgeführt. Damit aber wird der Anlaß dafür sichtbar, daß der Jahwist nicht einfach von „Menschenschöpfung" als der Erschaffung der ersten Generation von Menschen spricht, wie es in seiner Umwelt vorgegeben war, sondern ein erstes Menschenpaar von Jahwe erschaffen sein läßt. So wird noch einmal deutlich, daß der Jahwist bei der Konzeption von Gen 2–3 nicht nur die Erzählung vom „Sündenfall" selbst verfaßt hat, sondern daß er auch die Geschichte von der Erschaffung der beiden ersten Menschen selbst gestaltet hat.

Abschließend kann man fragen, ob etwa der Jahwist mit der Darstellung von Gen 2–3 nicht nur einen ihm vorgegebenen Text übernommen hätte. Da wir ihn aber auch sonst als großen Theologen kennen (71), spricht alle Wahrscheinlichkeit dafür, daß der Jahwist tatsächlich auch der Verfasser des ganzen Textes von Gen 2–3 war. Indem der Jahwist so an den Anfang der „Weltgeschichte" die Sündhaftigkeit der Menschheit in ihren Ureltern gestellt hat, hat er bereits hier ein Thema angeschlagen, das im Alten Testament immer wieder – etwa bei Propheten oder im Bereich der deuteronomistischen Literatur – anklingt, das aber über das Alte Testament hinaus zur zentralen Aussage des Neuen Testaments führt: zur Vergebung der Sünden, die uns von Gott in Jesus Christus geschenkt ist.

---

71 Vgl. z.B. H. W. *Wolff*, Das Kerygma des Jahwisten: EvTh 24 (1964) 73–98.

Hiob: leidender Gerechter — leidender Mensch[*]

*Gottfried Fitzer, dem Freund in Wien
in herzlicher Verbundenheit zum 3. Mai 1973*

I. Die Aufgabe

Wir sind zu diesem Pastoralkolleg zusammengekommen, um „das Praxisfeld des behinderten Menschen in seelsorgerlicher, diakonischer und sozialpolitischer Beleuchtung" zu bearbeiten. Ziel der hier zu leistenden Arbeit ist es, „unter einem theologischen Aspekt zur Reflexion über die Dimension des Leidens im menschlichen Leben an(zu)regen", wobei der „theologischen Besinnung über das Motiv des ‚Leidens' " nun vor allem Texte aus dem alttestamentlichen Buch Hiob dienen sollen[1].

Was ist in solchem Kontext, im Rahmen einer solchen Tagung der Sinn eines Vortrages, zu dem ein Alttestamentler aufgefordert wird? Was bezweckt ein solcher Vortrag? Es ist ganz sicher Sache eines Christen, daß er zur Behandlung der Probleme, die in dieser Tagung angegangen und meditiert werden sollen, auch auf Texte der Bibel zurückgreift, weil und sofern diese ihm Zeugnisse vom Leben der Menschen des Alten und Neuen Testaments vor Gott, vor allem aber auch ihrer Erfahrung mit Gott und das heißt: Zeugnisse von Gottes Handeln mit ihnen sind. Das Heranziehen solcher Texte hat aber nur dann einen Sinn, wenn wir bereit sind, auf das Zeugnis dieser Texte zu hören, wenn wir also ihre eigene Aussage vernehmen und nicht einfach in ihnen wiederfinden wollen, was wir sowieso schon wissen oder zu wissen meinen. Zu solchem Hören will das folgende Referat helfen.

Daß wir in der hier zu leistenden theologischen Besinnung an die Gestalt des Hiob anknüpfen, kommt nicht von ungefähr; nirgends in der Bibel — sehen wir von dem Leiden Jesu nach dem Neuen Testament ab — sind dem Leiden eines Menschen so umfangreiche Texte gewidmet, nirgends tritt das Leiden, das einem Menschen widerfahren kann, so in den Blick, nirgends wird über solches Leiden so viel und so vielfältig reflektiert wie im Buch Hiob. So ist es wohl begründet, wenn wir zu Beginn dieser Tagung unsere Aufmerksamkeit diesem Buch zuwenden. Das Thema der Tagung — „Hiob oder der leidende Mensch" — bietet zwei Themen nebeneinander: 1. „Hiob"

---

[*] Im Wortlaut leicht veränderter sowie durch Anmerkungen erweiterter Text eines Vortrages, der am 7. September 1972 in Hamburg-Haus Berge bei dem XVIII. Pastoralkolleg der VELKD gehalten wurde.

[1] Zitate aus dem Einladungsschreiben der VELKD.

und 2. „der leidende Mensch". Indem es beide durch „oder" verbindet, stellt es sie zur Auswahl, ist also die Meinung, daß beide Themen identisch oder doch wenigstens gleichwertig sind. Der Hiob des Alten Testaments wird also als der „leidende Mensch" in den Blick genommen.

Für die Betrachtungen, die wir im Zusammenhang dieser Tagung über das Buch Hiob und vor allem über seine zentrale Gestalt, Hiob, anstellen wollen, gehen wir aus von dem Thema der Tagung: „Hiob oder der leidende Mensch", versehen das Thema aber sogleich mit einem Fragezeichen. Stimmt das denn, daß das Hiobbuch dem Problem des leidenden Menschen nachgeht, daß „der leidende Mensch" — oder: daß Hiob als der leidende Mensch im Mittelpunkt dieses Buches steht? Wir suchen von der Frage aus, die uns so durch das Tagungsthema gestellt ist, tiefere Einblicke in das Hiobbuch und seine Probleme zu gewinnen.

Wie sollen wir vorgehen? Das Hiobbuch ist — wie gleich näher zu erläutern ist — nicht das Werk eines Mannes, sondern hat eine längere Entstehungsgeschichte durchgemacht. Mehrere Hände haben daran gearbeitet, haben Akzente gesetzt und in Erweiterungen besondere Auffassungen eingetragen. Das uns vorliegende Hiobbuch, sozusagen die „Ausgabe letzter Hand", gibt zu unserem Thema nicht eine einhellige Antwort. Versuche, die verschiedenen Aussagen zu harmonisieren, sind da auch nicht erlaubt. So gilt es, die einzelnen, verschiedenen Aussagen zu hören und sie auf ihren Inhalt zu befragen. Voraussetzung dafür ist, daß wir auf die Geschichte der Entstehung des Hiobbuches eingehen; dabei lassen wir unsere Ausgangsfrage: „Hiob oder der leidende Mensch?" nicht aus dem Auge. Indem wir die verschiedenen Teile und Schichten des Buches als solche erkennen, können wir auch deren jeweilige Aussage zu unserem Thema abheben.

Es bestehen also — erstens — Unterschiede in den Auffassungen der einzelnen Teile und Schichten des Hiobbuches zu unserer Frage. Dazu kommen aber auch noch — zweitens — Unterschiede in den Meinungen Hiobs auf der einen und seiner Freunde auf der anderen Seite. Alle Stimmen, die im Hiobbuch zu Wort kommen, sind sich allerdings in einer bestimmten Grundauffassung einig, alle argumentieren von derselben Basis aus. Um das Weitere richtig verstehen zu können, nehmen wir zunächst diese Grundvorstellung in den Blick.

II. Die Lehre vom Tun-Ergehen-Zusammenhang

Allen gemeinsam ist die Lehre, daß das Tun und das Ergehen eines Menschen oder auch eines Volkes in einem unmittelbaren und unlösbaren Zusammenhang stehen. Das Ergehen des Menschen wird durch sein Verhalten bestimmt, es resultiert aus seinem Verhalten in der Weise, daß „gute Tat" ein gutes Ergehen, „böse Tat" ein schlechtes Ergehen zur unausweichlichen Folge haben. „Gute Tat" und „böse Tat" meint dabei in umfassendem Sinn das Verhalten des Menschen gegenüber seinen Mitmenschen und gegenüber

Gott. Und was von dem einzelnen gilt, ist entsprechend auch von dem ganzen Volk zu sagen. Wer Gutes tut, wer gegenüber dem göttlichen Willen Gehorsam übt, wer „fromm" *(tam)*, „gerecht" *(ṣăddîq)* ist, dem wird es in diesem Leben „gut gehen", ihm wird Besitz, eine große Kinderschar und langes Leben zuteil werden; wessen Verhalten diesen Normen widerspricht, wer also gegenüber dem Nächsten Unrecht tut und wer gegen die göttlichen Gebote verstößt, wer also als *rašaʿ*, wer ungerecht, „gottlos" handelt, den wird Unheil, ein böses Schicksal treffen. Solcher Wirkungszusammenhang zwischen Tat und Tatfolge, zwischen Lebenshaltung und Lebensschicksal kann als Folge eines der Welt innewohnenden Ordnungsgefüges gedacht sein; im Bilde wird er dann verglichen mit dem Zusammenhang zwischen Saat und Ernte, Wurzel und Frucht, Empfängnis und Geburt (Prov 14,22; 22,8; Hos 8,7; 10,13; Hi 4,8; 15,35; Ps 7,15; Jes 59,4). Dem israelitischen Glauben ist solcher Tun-Ergehen-Zusammenhang von Jahwe gesetzt und wird von ihm bewirkt. „Jahwe läßt dem Menschen sein (des Menschen) Rechtverhalten *(ṣᵉdaqā)* und seine Treue *(ʾᵃmûnā)* zurückkehren [2]" (1.Sam 26,23), aber auch seine Blutschuld (2.Sam 16,8).

Andererseits kann gutes Ergehen wie Unheil aber auch als „Erstattung", „Ersatzleistung" *(šillăm, šillûm, šillumā)* verstanden sein — d.h. als „Vergeltung". Diese Terminologie ist dem Schadensregulierungsrecht entnommen. „Die Übernahme des Begriffs der Erstattung will ... zum Ausdruck bringen, daß menschliches Tun, gutes oder böses Handeln, einen zu befriedigenden Anspruch erwirbt."[3] Der diesen Anspruch „an dem in seiner Tat befangenen Täter" verwirklicht, ist, ausgesprochen oder nicht, wiederum Gott.

Ob man nun von dem von Gott in Aktion gesetzten Tun-Ergehen-Zusammenhang ausgeht oder von der Vergeltungsvorstellung — von Gott wird, da er als „gerecht", als recht richtend gilt, angenommen, daß er dem Menschen nach seinem Handeln tut.

Diese Lehre von der — üblicherweise so genannten — „doppelten Vergeltung" entspricht einem menschlichen Grundbedürfnis, nämlich dem Wunsch, daß es dem, der Gutes tut, gut gehe, daß aber den Übeltäter die „verdiente Strafe" ereilen möge. Sie hat die Erfahrung für sich, daß tatsächlich zahlreiche Übeltäter ihre Bestrafung erfahren, daß auch mancher, der Gutes getan hat oder der wenigstens fromm, nach menschlichem Ermessen „gerecht" lebt, durch ein gutes Ergehen, durch „Glück" im eigenen Leben „belohnt" wird. Nun lehrt dieselbe Erfahrung aber auch, daß die Wirklichkeit durchaus nicht immer der hier aufgestellten Regel entspricht. Es zeigt sich immer wieder, daß einerseits Menschen, die als „fromm" gelten und sich selbst dafür halten, die jedenfalls eine gewisse Berechtigung zu dieser Auffassung in ihrem Verhalten finden, — daß solche Menschen, statt

---

[2] Das hebräische Verbum *hešîb* wird hier üblicherweise mit „vergelten" übersetzt („Jahwe vergilt..."); die wörtliche Wiedergabe „zurückkehren lassen" läßt die Vorstellung, die der Israelit mit dieser Aussage verbindet, deutlicher werden.

[3] F. Horst, Artikel „Vergeltung im Alten Testament" (RGG³ VI, 1962, Sp. 1345).

daß es ihnen gut geht, von Krankheit und Unglück verfolgt werden, während auf der anderen Seite andere, die sich — sagen wir: — um Gott und den Nächsten nicht scheren, ein Leben in Glück und Freude führen. Diese Diskrepanz zwischen dem, wie es nach der Ordnung sein müßte, und den tatsächlichen Verhältnissen führt zur Anfechtung; zwar nicht bei denen, die das Alte Testament als r^{e}ša'îm bezeichnet, als „Übeltäter", „Gottlose": Sie finden allenfalls dadurch, daß es ihnen gut geht, ihr Verhalten als richtig bestätigt. Anfechtung entsteht aber bei den „Frommen", bei den „Gerechten" und insbesondere bei jenem Frommen, der selbst von Leiden geplagt wird. Diese Anfechtung sitzt tief, sie greift an die Wurzeln des Lebensverständnisses: sie sitzt in der Frage nach Gott. „Gott ist gerecht" und „Gott wirkt das Ergehen des Menschen entsprechend seinem Verhalten" — das sind die beiden „Grund"-Sätze. Wie aber steht es mit Gottes Gerechtigkeit, wie kann man den Satz „Gott ist gerecht" aufrechterhalten, wenn es — entgegen dem zweiten Satz — dem Frommen schlecht, dem Bösen gut geht? Mit dieser Frage wenden wir uns nun dem Hiobbuch zu.

Hier gilt es nun, zunächst in gebotener Kürze die Entstehungsgeschichte des Buches aufzuzeigen.

III. Die Entstehung des Hiobbuches

Dem Leser des Hiobbuches fällt leicht auf, daß den Kern des Buches eine größere Dichtung bildet, die sich von 3,1—42,6 erstreckt, und daß dieser Kern von einer Prosaerzählung umgeben ist: 1,1—2,13 und 42,7—17. Üblicherweise bezeichnet man das der Dichtung vorangehende Erzählungsstück (1,1—2,13) als „Prolog", den Schluß (42,7—17) als „Epilog". Damit wird — vom jetzigen Bestand des Buches aus gesehen, zu Recht — die Dichtung als das Wesentliche des Hiobbuches angesehen. Allerdings werden wir gleich feststellen, daß es sich bei den Erzählungsstücken nicht einfach nur um einen „Prolog" und einen „Epilog", um „Vorrede" und „Nachrede" handelt, sondern daß wenigstens der Grundbestand beider Stücke, ihre erste Schicht, einmal eine zusammenhängende Erzählung gebildet hat.

Die Rahmenerzählung führt zunächst den „Helden" des Buches ein: Hiob. Er wird in knappen Worten als absolut fromm und gottesfürchtig geschildert (1,1); und vom Standpunkt des Tun-Ergehen-Zusammenhangs ist es nur selbstverständlich, daß ihm auch eine entsprechende Zahl Kinder — sieben Söhne und drei Töchter — sowie reicher Besitz an Vieh und Gesinde zugeschrieben werden (1,2f.). Nach der weiteren Darstellung haben Hiobs Söhne in regelmäßigem Wechsel unter Beteiligung ihrer Schwestern ein Familienfest gefeiert (1,4). Dieser Brauch gibt dem Erzähler einerseits die Möglichkeit, an einem konkreten Beispiel Hiobs Frömmigkeit zu unterstreichen: Er sorgt nicht nur für sich, sondern auch für das Heil seiner Kinder, indem er nach jedem Fest für den Fall unbedachter lästerlicher Reden zu ihren Gunsten ein Brandopfer darbringt (1,5); andererseits spielt dieser Brauch im Fortgang der Erzählung eine Rolle (1,13.18f.). Auf diese Entfaltung folgt zunächst eine Szene im Himmel. Gott — es wird der Name des Gottes Israels gebraucht: Jahwe — erlaubt vor versammeltem himmlischen Hofstaat dem Satan, einem Glied dieses Hofstaates, der die Uneigennützigkeit in Hiobs Frömmigkeit bezweifelt, zur Erprobung Hiobs dessen Habe anzutasten (1, 6—12).

Im Fortgang der Erzählung erfährt Hiob den Verlust nicht nur seiner gesamten Habe, sondern auch den Tod aller seiner Kinder, die bei einem ihrer Feste von dem einstürzenden Haus erschlagen wurden (1, 13—19). Angesichts dieses Unglücks vollzieht Hiob sogenannte „Trauerbräuche", besser: „Selbstminderungsriten"[4]: er zerreißt sein Gewand und schert seinen Kopf. Dann unterwirft er sich Gottes Schickung mit den Worten:

> Nackt ging ich aus dem Mutterleibe,
>   nackt kehre ich dahin zurück.
> Es gab Jahwe, es nahm Jahwe —
>   gesegnet sei der Nam' Jahwes! (1, 21)[5]

Und der Erzähler stellt fest: „In alledem versündigte sich Hiob nicht und redete nichts Törichtes wider Gott" (1, 22). Im jetzigen Zusammenhang erscheint das Unglück, das den Hiob trifft, als eine Folge des Eingreifens des Satans. Trotzdem erweist sich diese erste Szene im Himmel (1, 6—12) als Einschub in den bestehenden Textzusammenhang 1, 1—5 und 13—22. In der Fortsetzung der Erzählung gestattet Jahwe dem Satan in einer zweiten „Szene im Himmel", nun auch Hiobs Gesundheit anzugreifen (2, 1—6). Hier endet die Darstellung in den Worten: „Der Satan ging hinweg vom Angesichte Jahwes und schlug den Hiob mit bösem Geschwür von seiner Fußsohle bis zu seinem Scheitel" (2, 7). Hier ist also Hiobs Erkrankung ausdrücklich auf das Wirken des Satans zurückgeführt, während die erste Szene im Himmel nur mit dem Weggang des Satans schließt — 1, 12b: „Da ging der Satan weg vom Angesicht Jahwes" —, ohne daß das den Hiob treffende Unglück als Folge des Eingreifens des Satans erscheint. Eine weitere Beobachtung kommt hinzu. Nach der ersten Szene im Himmel fährt der Text fort mit den Worten: „Eines Tages aber, als seine Söhne und Töchter im Haus ihres erstgeborenen Bruders aßen und Wein tranken..." (1, 13). Im jetzigen Zusammenhang bezieht sich das Suffix „seine" auf den Satan (V. 12 b!) — was logischerweise nicht gemeint sein kann. Wenn dagegen der Text von V. 13 unmittelbar an V. 5 anschließt, ist richtig die Beziehung des

---

[4] Zur Bedeutung dieser und anderer derartiger Riten, die im allgemeinen als „Trauerbräuche" bezeichnet werden, die aber auch, ohne daß ein Fall von „Trauer" gegeben ist, ein Sichbeugen, Sichdemütigen oder auch einfach in Niedrigsein der sie vollziehenden Person ausdrücken können (z. B. 2.Sam 12, 16 ff. [!]; 13, 18 f.; 1.Kön 21, 27 ff.; Jona 3, 8; Dan 10, 3), vgl. E. Kutsch, „Trauerbräuche" und „Selbstminderungsriten" im Alten Testament (ThSt 78, 1965, S. 23—42).

[5] Die Übersetzung der Texte aus Hi 1—19 folgt F. Horst, Hi 1—19 (BK XVI/1), 1968.

Suffixes auf Hiob gegeben⁶. Die erste Szene im Himmel in 1, 6—12 ist also erst sekundär in den Text 1,1—5 und 13—22 eingearbeitet.

Wir erkennen hier also zwei Schichten der Rahmenerzählung: einen ursprünglichen Bestand und eine Erweiterung. Zum ursprünglichen Bestand gehören 1,1—5.13—22. Die unmittelbare Fortsetzung dazu findet sich in 42,11—15: Hiobs Brüder, Schwestern und Bekannte besuchen Hiob und halten mit ihm in seinem Hause (!) ein (Trauer-)Mahl, trösten ihn und geben ihm Spenden — wohl als Grundstock für einen neuen Besitz (42,11). Daß hier das Unglück Hiobs ausdrücklich auf Jahwe zurückgeführt wird (V. 11 a β) und daß das Mahl in Hiobs Haus stattfindet, zeigt, daß dieser Teil der Erzählung weder die Szenen im Himmel noch die aus deren zweiter resultierende Erkrankung Hiobs kennt: Weder die Verursachung von Hiobs Unglück durch den Satan (vgl. 2,7b) noch die Folge der Erkrankung — daß Hiob „mitten im Staub sitzt"[7] — sind hier vorausgesetzt. Sodann erhält Hiob von Jahwe die frühere Zahl der Kinder und das Doppelte seines ehemaligen Besitzes zurück (42,12—14).

Zur zweiten Schicht der Rahmenerzählung, zur Erweiterung, gehören die Szenen im Himmel (1,6—12; 2,1—7a), die durch den Satan bewirkte Erkrankung Hiobs (2,7b.8), die Versuchung Hiobs durch seine Frau und deren Zurückweisung durch Hiob (2,9f.) sowie der Besuch dreier Freunde Hiobs (2,11—13), der, wie 2,12 lehrt — die Freunde erkennen Hiob zunächst nicht —, Hiobs Krankheit voraussetzt. Weiter gehört zur Erweiterung der Einsatz Hiobs zugunsten seiner Freunde in 42,7—9 und die Wiederherstellung seiner Gesundheit (42,10a)[8] sowie der Hinweis auf die Verdoppelung des (früheren) Besitzes in 42,10b; letzterer leitet zurück in die ursprüngliche Darstellung in 42,12[9.10].

---

[6] Bereits der griechische Übersetzer der Septuaginta hat die hier vorliegende Schwierigkeit beobachtet. Er begegnet ihr, indem er den Text glättet und das Pronomen „sein" durch den Namen Hiobs ersetzt: οἱ υἱοὶ 'Ιώβ.

[7] Die Septuaginta hat zu 2,8 b — „er (Hiob) aber saß nun mitten im Staub" — zur Verdeutlichung hinzugefügt: „außerhalb der Stadt" und dementsprechend dann in 42,11 $b^e b \hat{e} t \hat{o}$ „in seinem Haus" nicht wiedergegeben und das heißt: bewußt weggelassen. Eine Streichung von $b^e b \hat{e} t \hat{o}$ in 42,11 (z. B. BHK) ist also nicht zulässig.

[8] Da die Verdoppelung von Hiobs Besitz in V. 10 b gesondert erzählt wird, beziehen sich die Worte: „Jahwe aber wendete das Geschick Hiobs" in V. 10 a α wohl auf Hiobs Erkrankung.

[9] Zu der hier gegebenen Darstellung vgl. C. Kuhl, Neuere Literarkritik des Buches Hiob (ThR 21, 1953, S. 163—205. 257—317), S. 198 ff. — Im Gegensatz dazu versteht G. Fohrer (Zur Vorgeschichte und Komposition des Buches Hiob [VT 6, 1956, S. 249 bis 267 = Studien zum Buche Hiob, 1963, S. 26—43], S. 252 ff. = S. 29 ff.; Das Buch Hiob [KAT XVI], 1963, S. 29 ff.) die Rahmenerzählung als von Hause aus einheitlichen Text, der lediglich folgende Änderungen erfahren habe: 1. In nachexilischer Zeit wurde die Gestalt des Satans in die Himmelsszenen eingefügt und der Schluß 42,16 f. angehängt. 2. Der Verfasser der Hiobdichtung hat, als er die Dichtung in die Rahmenerzählung eingliederte, in diese die drei Freunde Hiobs eingeführt und durch sie die dort ursprünglich genannten Verwandten und Bekannten, die ihrerseits — wie Hiobs Frau (2,9f.) — den unglücklichen Hiob versucht haben sollen, ersetzt. Der ursprünglich hinter 2,10 stehende Text von 42,11 wurde dann an seine jetzige Stelle plaziert.

Die Fortsetzung der Erweiterung in 42,7 setzt Reden Hiobs und seiner Freunde voraus, also einen Dialog. Daß sie ausdrücklich an eine Jahwerede anschließt — „nachdem Jahwe diese Worte zu Hiob geredet hatte" —, während jetzt ein Wort Hiobs unmittelbar vorangeht, legt die Annahme nahe, daß der jetzige Text zwischen 2,11 und 42,7 nicht der ursprüngliche ist. Der Verlauf des jetzt vorliegenden Dialogs läßt in der Tat als seinen Abschluß ein Wort Hiobs erwarten. Man wird also annehmen müssen, daß die jetzt vorliegende Dichtung eine ältere Dichtung ersetzt hat. Erwägungen darüber, was etwa in jener früheren Dichtung gestanden hat und ob etwa Teile davon in der jetzigen Dichtung wiedergefunden werden können, tragen zu unserem Problem nichts aus.

Die Hiobdichtung selbst enthält einen Grundbestand, dem wiederum einige Erweiterungen zugewachsen sind. Von einzelnen Versen und Versgruppen abgesehen, sind dazu vornehmlich zu rechnen das Lied von der göttlichen Weisheit in Kap. 28 [11] und die Elihureden in Kap. 32—37 sowie Wucherungen im dritten Redegang und möglicherweise in den Gottesreden [12]. Soweit diese Erweiterungen unser Thema tangieren, sind sie im folgenden zu berücksichtigen.

Die Entstehungsgeschichte des Hiobbuches stellt sich demnach in groben Strichen so dar:

1. I. Schicht der Rahmenerzählung: 1,1—5.13—22; 42,11—15.

2. II. Schicht der Rahmenerzählung: 1,6—12; 2,1—13; 42,7—10; (42, 16f.?).

3. Eventuell eine ältere Gestalt der Hiobdichtung.

4. Grundbestand der jetzigen Hiobdichtung: 3—27.29—31 (mit Klage [3], drei Redegängen [4—27], Klage und Reinigungseid mit Herausforderung Gottes [29—31]) und 38—42,6 [Theophanie, Gottesrede, Hiobs Unterwerfung — im jetzigen Text alles doppelt]).

Diesem Verständnis von der Entstehung des jetzigen Textes der Rahmenerzählung widerrät der Sachverhalt, 1. daß die Himmelsszenen ohne die Gestalt des Satans keinen Sinn haben, also ohne diesen nicht existiert haben können, 2. daß nicht zu erklären ist, warum dann die Notiz über Hiobs Verwandte und Bekannte doch wieder aufgenommen wurde, zudem so ungeschickt, daß sie nun den (vorausgesetzten) Zusammenhang von 42,10 und 12 zerreißt. Im übrigen muß diese Erklärung mit einem so umständlichen Vorgang (Ersetzung der Verwandten und Bekannten durch die Freunde) sowie im Zusammenhang damit mit Textverlusten rechnen, daß sie schon deshalb weniger Wahrscheinlichkeit für sich hat als die oben gegebene.

[10] Der Schluß in 42,16f. weist deutliche Verwandtschaft mit priesterschriftlichen Aussagen (vgl. Gen 5,7.10.13 usw.; 35,29; 25,8) sowie mit 1.Chr 29,28 auf; er ist wohl jüngerer Zusatz. Ob er mit der zweiten Schicht zusammenhängt, kann hier offenbleiben.

[11] Diese Meinung vertreten heute die meisten Ausleger. — Die ursprüngliche Zugehörigkeit des Liedes von der göttlichen Weisheit in Hi 28 zur Hiobdichtung hat neuerdings wieder R. Laurin, The Theological Structure of Job (ZAW 84, 1972, S. 86—89) behauptet, aber mit unzureichender Argumentation.

[12] Vgl. dazu jeweils die Kommentare zum Hiobbuch.

5. Erweiterungen der Hiobdichtung: Kap. 28; 32—37; dazu zahlreiche Einzelverse und Versteile.

IV. Das Thema in der Rahmenerzählung

Die I. Schicht der Rahmenerzählung erzählt, wie Hiob, ein besonders „frommer" Mann — „fromm und aufrecht, gottesfürchtig und dem Bösen fern" wird er 1,1 und öfter genannt; Ez 14,14.20 sagt dafür: „gerecht" —, von schwerem Unglück getroffen wird: er verliert auf einmal nicht nur seinen ganzen Besitz, sondern auch seine Kinder. Wie verhält sich nun angesichts dieses Unglücks, dieses Leides solch ein frommer Mann? Er entsetzt sich, übt Riten, die sein Gemindertsein ausdrücken — aber er läßt keine Auflehnung laut werden. Er nimmt wie das Glück, so auch das Unglück, wie Kinder und Besitz so auch deren Verlust aus Gottes Hand und segnet auch noch im Leid seinen Gott, der — wie 42,11 fast nebenbei sagt — das Unheil über ihn gebracht hat. Solches Verhalten kennzeichnet den wahrhaft Frommen, den wahrhaft Gerechten — das will die Erzählung an Hiob als Beispiel demonstrieren. Es liegt nicht ein „Volksbuch" vor, sondern eine Lehrerzählung. Sie stellt dar, daß und wie der Fromme, der Gerechte sich als solcher auch im Leid bewährt. Daß auch solche Bewährung wiederum mit „Belohnung" rechnen darf, sagt der Schluß der Erzählung: Hiob erhält nicht nur wieder zehn Kinder, sondern nun sogar auch das Doppelte an Besitz gegenüber früher.

Sicherlich wird mit dieser Erzählung jeder Hörer angesprochen und dazu ermuntert, in entsprechender Situation sich ebenso wie Hiob zu verhalten. Aber solches Verhalten im Leid kennzeichnet eben den Frommen, den Gerechten. Die Erzählung hat also nicht einfach den leidenden Menschen, sondern den leidenden Frommen, den leidenden Gerechten im Blick.

Der Prophet Ezechiel hat wohl auf diese Form der Hioberzählung angespielt, als er in Ez 14,14.20 Hiob neben Noah und Daniel als besonders Gerechten herausstellte[13]. Die I. Schicht der Rahmenerzählung als die älteste für uns greifbare Gestaltung des Hiob-Themas im israelitischen Bereich stammt also aus vorexilischer Zeit.

Die Erweiterung in der II. Schicht unterstreicht noch, daß es ein besonders frommer, gerechter Mann ist, der hier Leiden erfährt. Gott selbst stellt hier Hiobs Frömmigkeit fest (1,8; 2,3); und Hiob bewährt diese seine Frömmigkeit in noch größerem Leid: Jetzt ist auch seine eigene Gesundheit aufs

---

[13] Zu Noah vgl. Gen 7,1 (J); 6,9 (P). W. Zimmerli, Ezechiel 1. (BK XIII/1), 1969, S. 321: „Das weitaus Wahrscheinlichste, daß Ezechiel in Noah den Frommen, der samt den Seinen aus der großen Flut errettet worden ist, vor Augen hat." Für Dan(i)el verweist Zimmerli auf einen in ugaritischen Texten begegnenden Herrscher Dan'el, dessen Gerechtigkeit in der Herrschaft mehrfach geschildert wird, von dem aber eine wunderbare Rettung — soweit bis heute bekannt ist — nicht erzählt wurde. Erst recht findet sich eine solche nicht im Danielbuch, das im übrigen — wie auch Ez 28,3 — vom weisen, nicht vom „gerechten" Daniel handelt.

schwerste getroffen (2,7) — und zudem gegenüber der besonderen Anfechtung, daß selbst seine Frau ihn zur Absage an Gott zu veranlassen sucht (2,9). Aber es kommen auch neue Gesichtspunkte hinzu.

In der II. Schicht wird nun die Frage gestellt, warum — was doch vom Ansatz des Tun-Ergehen-Zusammenhangs her verwunderlich ist — ein so frommer, gerechter Mann derartige Leiden erfahren muß. Dabei wird nicht allgemein — und damit grundsätzlich — gefragt, warum ein Mensch — oder: warum ein Frommer — leiden muß. Die Frage nach Grund oder Anlaß von Leiden wird allein auf Hiob bezogen. Nach der I. Schicht war es Jahwe, der Hiobs Unglück verursacht hat; aber das wird fast nebensächlich, nur in einem Nebensatz erwähnt; die Verwandten und Bekannten Hiobs trösten ihn „wegen all des Unglücks, das Jahwe über ihn hatte kommen lassen" (42,11 aβ.γ). Die II. Schicht spricht zwar Jahwe von der Verursachung solchen Leidens an Hiob nicht ganz frei, aber — so könnte man wohl sagen —: sie entlastet Jahwe. Letztlich ist es der Satan, Mitglied des himmlischen Hofstaates und — wenn auch Gott untergeordnet — als Gottes Opponent fungierend, der zunächst das Unglück, dann die Erkrankung Hiobs herbeiführt — beides allerdings mit Zustimmung, ja Ermächtigung Gottes und beides mit dem erklärten Zweck zu erproben, ob Hiob unter solcher Belastung abschwört — das erwartet der Satan — oder ob er wirklich, wie Gott es von ihm annimmt, „ḥinnam" fromm ist, „umsonst", „gratis", d.h. ohne Erwartung von Entgelt, Gegenleistung durch Gott. Daß in Hiob ein Frommer, ein Gerechter gegen das Meinen der Weisheit in Israel wie in seiner Umwelt Unglück und schwere Krankheit leiden muß, erhält hier, in der II. Schicht der Rahmenerzählung, sozusagen eine „überirdische" Begründung. Damit wird der besondere Fall — Hiob — konstruiert.

In einer Hi 1 und 2 ähnlichen Funktion begegnet „der Satan" — *hāśśaṭan*, mit Artikel in beiden Fällen! — auch in Sach 3,1 als Opponent, dort gegenüber dem „Engel Jahwes" mit Widerspruch gegen den Hohenpriester Josua auftretend. Die Verwandtschaft bzw. Entsprechung in der Vorstellung läßt annehmen, daß ähnlich wie die nach Sach 1,7 in das Jahr 519 zu datierende Vision Sach 3,1 ff. auch die II. Schicht der Rahmenerzählung des Hiobbuches etwa in die Zeit um 500 anzusetzen ist.

Eine mit der II. Schicht in Hi 1, 2 vergleichbare „Entschuldigung" Jahwes findet sich später wieder im chronistischen Werk, wo in 1.Chr 21,1 „Satan" — nun ohne Artikel und als Eigenname gebraucht — statt des in 2.Sam 24,1 genannten „Zornes Jahwes" den David zu einer verhängnisvollen Volkszählung veranlaßt.

V. Das Thema in der Hiobdichtung

Wenden wir uns nunmehr der Hiobdichtung zu. Diese setzt — so meine ich mit einer großen Zahl von Forschern — die Rahmenerzählung voraus, und zwar mit beiden Schichten. Hiobs Erkrankung, der II. Schicht angehörend, und die sie voraussetzende (vgl. 2,12a) Anwesenheit der drei

Freunde Hiobs, Eliphas, Bildad und Sophar, sind die Grundvoraussetzung für den Hauptteil der Dichtung, für den Dialog. Die Hiobdichtung ist also in die Rahmenerzählung hineingearbeitet.

Aus der Rahmenerzählung ist mit der Gestalt des „Helden" auch das Problem in die Hiobdichtung übernommen: das Leiden des Frommen, das Leiden des Gerechten. Allerdings wird es nun unter einem neuen Blickwinkel gesehen. In der Rahmenerzählung hat Hiob nach der Aussage beider Schichten das Unglück und die Krankheit ohne Widerspruch und Hader von Gott angenommen und damit die Bewährung des Frommen demonstriert. An diesem Punkt tritt nun in der Hiobdichtung ein Wandel ein: Hier — erst hier! — wird das Leidenmüssen für den Frommen — für ihn selber! — zum Problem. Die Frage erhebt sich: Warum muß ich solches Unheil erleiden — nein, richtig: warum läßt Gott mich als Frommen, als Gerechten, solches Unheil erleiden? Das sind zwei verschiedene Fragen. In der Tat: wir werden sehr genau hinsehen müssen. In allen Reden Hiobs mit seinen Freunden spricht auch einfach der Mensch Hiob. Das geschieht vornehmlich in der Form der Klage, der Klage über das Los, das Schicksal, das ihn getroffen hat, das Gott ihm zugefügt hat[14]. Wir werden später auf diese Seite der Hiobreden zurückkommen. Die Klage des Menschen Hiob ist aber nicht der Kern der Hiobdichtung, das Thema des Hiob-Dialogs. Hiob redet hier eben nicht nur als irgendein Mensch, der in ähnlicher Weise von Leiden geplagt ist, sondern als Frommer, als einer, der ganz bewußt von Gott her und auf Gott hin lebt[15]. Der Hiob der Dichtung weiß, daß er „fromm und aufrecht, gottesfürchtig und dem Bösen fern" ist. Er würde nicht sagen, daß er „sündlos, ohne Fehl" ist. Aber er ist sich ganz und gar nicht einer Verfehlung bewußt, als deren Folge das besondere Maß von Unglück, das ihn getroffen hat, sich erklären würde[16].

Und hier stoßen wir nun auf die entscheidende Problematik, auf das ganz Neue gegenüber der Rahmenerzählung, das, was deren Tenor sprengt. Von der Lehre vom Tun-Ergehen-Zusammenhang her wird dem Hiob sein

---

[14] Vgl. dazu C. Westermann, Der Aufbau des Buches Hiob (BHTh 23), 1956, S. 25 ff.

[15] Sicher ist das Leiden eines Menschen und dessen Stellung dazu, sein Verhalten in der Situation des Leidens, Hauptthema des Hiobbuches — der Rahmenerzählung wie der Hiobdichtung. Aber es geht nicht ganz allgemein um „das Problem der menschlichen Existenz im Leide" (so Fohrer, Das Buch Hiob, S. 549; vgl. S. 557 ff.) — auf dieser Ebene argumentieren Hiobs Freunde! —, sondern um das besondere Problem, daß entgegen durch geläufige Theologie begründeter Erwartung ein Frommer, ein Gerechter Leiden erfährt. Dieses Problem wird an der Gestalt des Hiob entfaltet.

[16] Der Hörer oder Leser des Hiobbuches, der von der Rahmenerzählung herkommt, ist über die Frömmigkeit dieses Mannes informiert und wird seiner Auffassung zustimmen. — Allerdings haben nun nicht alle Züge der Rahmenerzählung Bedeutung auch für die Dichtung. Von den Himmelsszenen mit den Gesprächen zwischen Gott und dem Satan weiß nicht nur auch der Hiob der Dichtung nichts, sie werden in der Dichtung überhaupt nicht berücksichtigt. Hier hätte Gott mit dem Hinweis auf die „Vorgeschichte" leicht Hiobs nun aufkommende Auflehnung entkräften können. Aber Hiobs Auflehnung sprengt den Duktus der Rahmenerzählung: Der Hiob der Dichtung ist nicht der „große Dulder", als der er in der Rahmenerzählung erscheint.

Schicksal zum Problem. Denn nach dieser Lehre hätte es ihm ja auch weiterhin gutgehen müssen. Ein weiterer Gesichtspunkt kommt hinzu: Gott ist es, der den Tun-Ergehen-Zusammenhang in Kraft setzt, der die dem Handeln des Menschen entsprechende Tatfolge bewirkt. Gott ist gerecht, und das garantiert die Entsprechung zwischen Tun und Ergehen. Wie kommt es dann, daß Hiobs Ergehen nicht seinem Verhalten entspricht, daß den Frommen statt des zu erwartenden Glückes Unheil trifft? Für Hiob bleibt nur die Antwort: Hier ist an die Stelle göttlicher Gerechtigkeit göttlicher Zorn getreten. Und nun ist nicht mehr duldende Unterwerfung unter das von Gott auferlegte Schicksal, sondern Herausforderung an Gott die Reaktion des Hiob der Hiobdichtung: „Sage mir, was du mir vorzuwerfen hast, daß du mich so plagst." Diese Haltung des sich ungerecht behandelt Wissenden liegt nicht von Anfang des Dialogs an vor, sie entwickelt sich erst in dessen Verlauf und hat mit seinem Ende ihre schärfste Form erreicht. In der den Dialog eröffnenden Klage Hiobs in Kap. 3 liegt sie noch nicht vor[17]. In dem zweiten Teil der Antwort Hiobs auf die erste Eliphasrede, in Kap. 7, in dem Hiob Gott selbst anredet, klingt das Gefühl des von Gott Angefeindetseins an, wenn Hiob fragt:

> Bin ich der Meeresdrache,
> daß eine Wache wider mich du aufstellst?

(7, 12; vgl. vorher schon 3, 23; 6, 4). Hier konzediert Hiob noch, daß er sich verfehlt haben könnte, aber nur um sogleich festzustellen, daß seine Verfehlung ja Gott nicht schaden könne (7, 20). Aber schon in der ersten Antwort an Bildad, den zweiten der Freunde, unterstreicht er seine Unschuld: *tam-'anî* „schuldlos bin ich". Und hier wird zum ersten Mal die Forderung an Gott laut, „nicht ohne Schuldnachweis als schuldig behandelt zu werden"[18]:

> Ich sprach zu Gott: Laß mich nicht schuldig dastehn,
> laß wissen mich, um was du mit mir streitest (10, 2).

Und in der Stellungnahme zu Sophars erster Rede richtet Hiob sein Rechtsbegehren an Gott, er soll ihm „das Streitthema bekanntgeben, seine Forderung stellen bzw. seine Beschuldigungen erheben" (13, 23—27)[19]. Im zweiten Redegang steigert sich der „Wunsch nach Gehör bei Gott und nach einer sowohl dokumentarischen wie anwaltlichen Vertretung seiner Sache auch nach seinem Tod (16, 18 ff.; 19, 23 ff.)"[20]; im dritten Redegang wird das Verlangen laut, Gott selber zu begegnen, um ihm seine Sache vorzu-

---

[17] Westermann a.a.O. S. 47 findet in dem Text von 3, 23:
([20] Warum bekommt der Mühbeladne Licht
und leben solche, die in sich verbittert? ...)
Warum der Mann, dem sich sein Weg verbarg,
um den herum der Herrgott Sperren machte?
„eine wirkliche Anklage Gottes"; aber diese bezieht sich allenfalls allgemein auf das unentrinnbare Schicksal des Leidenden, noch nicht auf die zentrale Frage.
[18] Horst, Hiob, S. 143.   [19] Horst a.a.O. S. 186.   [20] Horst a.a.O. S. X.

tragen. Das alles mündet in den an einen großen Reinigungseid anschließenden Wunsch (31, 35—37):

> Ach, daß ich einen hätte, der mich hörte!
> Mein Zeichen hier! Gott gebe mir Bescheid!
> 'Möcht' ich die Klageschrift zu sehn bekommen',
> die Rolle, die mein Widersacher schrieb.
> All meine Schritte brächte ich vor ihn,
> ja, wie ein Fürst trät' ich an ihn heran.

Hinter alledem steht die persönliche Erfahrung großen Leides. Aber hier spricht eben nicht irgendein Mensch, dem solches widerfährt, sondern der, der sich einer sicheren Position gegenüber Gott bewußt ist: der Fromme, der leidende Fromme, der — nach gängiger Vorstellung seiner Zeit — statt des Unglücks entsprechend seiner Frömmigkeit, Vollkommenheit, ein besseres Schicksal meint erwarten zu können.

Dieser Hiob steht im Dialog in der Auseinandersetzung mit seinen *drei Freunden,* Eliphas dem Temaniten, Bildad dem Schuchiten und Sophar dem Naamatiten. Nach der II. Schicht der Rahmenerzählung sind die drei zu Hiob gekommen, um ihn in seinem Unglück — das nun schon seine Krankheit einschließt — zu trösten. Das Bemühen, dem Betroffenen zu helfen, ist auch in der Hiobdichtung zu erkennen.

In ihrem Ansatz stimmen die Freunde mit Hiob überein; sie gehen wie er davon aus, daß das Ergehen eines Menschen aus seinem Verhalten resultiert und daß Gott, der diesen Tun-Ergehen-Zusammenhang bewirkt, gerecht ist. Mit Hiob stimmen sie auch darin überein, daß sie den Satz vom Tun-Ergehen-Zusammenhang umkehren, ihn gewissermaßen rückwärts lesen. Der Satz: „Guttat hat gutes Ergehen zur Folge" lautet dann rückwärts gelesen: „gutes Ergehen ist die Folge von Guttat" — und entsprechend: „Böse Tat hat Unheil zur Folge" lautet umgekehrt: „Unheil ist die Folge von böser Tat." Erkennt man die Logik des Tun-Ergehen-Zusammenhangs an, dann ist auch die Logik seiner Umkehrung nicht ganz von der Hand zu weisen [21].

Diese Umkehrung des Satzes vom Tun-Ergehen-Zusammenhang findet sich auch sonst im Alten Testament. In 2.Kön 15,5 ist zu lesen, daß „Jahwe den König (Ussia) schlug, daß er aussätzig wurde bis zum Tage seines Todes". Hier wird die Tatsache der Erkrankung des Königs überliefert; seine Krankheit wird auf ein „Schlagen" Jahwes zurückgeführt. Die Frage, warum Jahwe ihm dieses Schicksal zugeteilt hat, ist hier (noch) nicht gestellt. Das ändert sich dort, wo diese Notiz in das chronistische Werk übernommen wird, in 2.Chr 26,21. Hier wird nun aus der Tatsache, daß Ussia erkrankt ist, darauf geschlossen, daß er sich zuvor verfehlt haben müsse; und eine solche Verfehlung wird jetzt in V. 16—20 erzählt: Der König habe aus

---

[21] Eine ähnliche Umkehrung begegnete auch im Bereich der reformierten Kirche, wo der wirtschaftliche Erfolg als „Lohn" für Frömmigkeit gelten und also von seiner Höhe auf deren Maß geschlossen werden konnte.

Hybris versucht, im Tempel Räucheropfer darzubringen, was ihm nicht zustand.

So sind nun auch die Freunde Hiobs angesichts des Unglücks und der Krankheit, die ihn betroffen haben, der Meinung, daß Hiob nicht ohne Schuld sein kann. Gleich in der ersten Freundesrede bringt Eliphas dieses Argument (4, 7—9):

> Gedenke doch: wer ging je schuldlos unter,
> wo wurden jemals Redliche vertilgt?
> Soviel ich sah: die Unheil unterpflügten
> und Mühsal säten, ernteten es auch;
> vom Odem Gottes gingen sie zugrunde
> und endeten durch seines Zornes Hauch.

Was hier aus eigener Erfahrung vorgetragen wird, leitet Bildad aus der Forschung der Väter ab (8, 11):

> Wächst, wo kein Sumpf ist, die Papyrusstaude?
> Kommt Seggendickicht ohne Wasser hoch?

Auf Hiob angewandt meint das Gleichnis: Wo keine Verfehlung vorliegt, gibt es auch kein Unglück. Und Sophar verweist auf Gottes überlegenes Wissen (11, 11):

> Ja, er kennt schon die Leute eitlen Wertes,
> er sieht den Argen, auch wenn er's nicht merkt.

Die Freunde wollen an sich Hiob mit dieser Feststellung, daß sein Unglück doch auf eine Verfehlung seinerseits hinweise, gar nicht angreifen — sie wollen ihm nur zurechthelfen. Die rhetorische Frage des Eliphas in seiner I. Rede (4, 17):

> Ist wohl ein Mensch entgegen Gott im Recht,
> ist gegen seinen Schöpfer rein ein Mann?

die er selbst in seiner II. Rede und Bildad in seiner kurzen III. Rede aufnimmt — Texte, die bei dem Thema der sogenannten „Erbsünde" (besser: „Grundsünde") eine wichtige Rolle spielen — diese rhetorische Frage, die doch einfach die Aussage betonen will: „Es ist eben *kein* Mensch vor Gott gerecht", müßte nach Meinung der Freunde doch Hiob zur Zustimmung veranlassen und ihn damit von seinem Hader mit Gott abbringen können. Aber sie erreichen damit bei Hiob nichts. Ihr Bemühen muß vergeblich sein; denn an einem entscheidenden Punkt besteht für Hiob eine Voraussetzung, die die Freunde nicht teilen: daß er selbst „gottesfürchtig und dem Bösen fern" ist. So reden sich die Freunde und Hiob im Dialog in zunehmendem Maße auseinander, bis Hiob — nach dem Satz (27, 5):

> Ferne sei es von mir, daß ich euch recht gebe:
> bis ich verscheide, beharre ich auf meiner Unschuld —

sich in seiner Schlußrede (29—31) allein noch an Gott wendet. Hiob weiß sich als Frommen und ergo als zu Unrecht Leidenden, die Freunde aber —

diese! — sehen in ihm nicht den leidenden Frommen, sondern einfach den leidenden Menschen.

Allerdings wollen wir nicht übersehen, daß auch in seinen eigenen Darlegungen Hiob nicht nur als der leidende Fromme, sondern auch einfach als ein leidender Mensch erscheint. Das ist dort der Fall, wo er seine Klage laut werden läßt, wenn er klagt über die ihm auferlegte Mühsal und Not (7,3—5), über das schnelle Dahingehen seiner Lebenstage (7,6; 9,25), über das Versagen der Freunde (6,14—23), darüber, daß er von allen verlassen ist (19,13—17). Und zur Klage tritt die Bitte, allerdings nicht wie im Klagelied des einzelnen die Bitte um Errettung aus der Not[22], sondern allenfalls die Bitte um eine kurze Gnadenfrist (10,20f.), der Ruhe vor dem Tode (7,9), vor allem aber der Wunsch zu sterben (6,9), der Wunsch, nie geboren zu sein (3,3ff.). Wie sehr dabei das einfach Menschliche in den Blick treten kann, unterstreichen jene Stellen, an denen er das eigene Leid mit dem allgemeinen Menschenleid in Zusammenhang bringt (z. B. 7,3 ff. neben V.1 f.). Aber eben diese Klage mündet bei Hiob immer wieder in die Wendung *gegen* Gott, der nach seiner Meinung nicht aus Recht, sondern in maßlosem Zorn ihn plagt; und Hiobs entscheidender Wunsch ist, Gott gegenüberzutreten zu können, um von ihm Klarheit über die gegen ihn erhobenen Vorwürfe, ja um Rechtfertigung zu erlangen (13,3; 23,3 f.). Solche Klage, solcher Wunsch aber resultieren eben aus dem Wissen, daß Hiob als Frommer — und also unschuldig, zu Unrecht leiden muß.

So sind es im Hiobbuch gerade die Freunde Hiobs, die in ihm — einfach — den leidenden Menschen sehen. Und nun können wir beobachten, wie sie sich um ihn, den seine Krankheit entstellt (2,12) und — wie die Septuaginta (zu 2,8[23]) noch unterstreicht — in die Vereinsamung getrieben, bemühen. Sie sind — so berichtet die Rahmenerzählung in 2,11 — gekommen, um ihm ihr Mitgefühl kundzutun und ihn zu trösten. Das erste, was sie tun, ist, daß sie sich — wie es in 2,13 heißt — sieben Tage und sieben Nächte zu Hiob setzen, schweigend, ohne ein Wort zu sagen. Dieses Schweigen ist nicht etwa — wie wiederholt in Kommentaren behauptet wird[24] — Ausdruck der Unfähigkeit, Trost zu spenden, und bedeutet nicht für Hiob ungeheure Belastung. Noch in diesem Jahrhundert verharren im Vorderen Orient Besucher vor Kranken in Schweigen, bis der Kranke sie anspricht[25]. Dieses Schweigen ist durchaus fürsorglich gemeint (man könnte auch sagen: „seelsorgerlich"); es gibt dem Gefühl des Mit-Leidens Ausdruck — auch die Freunde wissen sich, wie ihre Handlungen (Gewand zerreißen, Staub über

---

[22] Vgl. z.B. Ps 6,3; Jer 17,14: „Heile mich!", Ps 119,116: „Stütze mich, daß ich lebe!", Ps 31,16: „Errette mich aus der Hand meiner Feinde und Verfolger!"

[23] S. dazu oben S. 202 Anm. 7.

[24] So etwa N. Peters, Das Buch Job (Exegetisches Handbuch zum Alten Testament 21), 1928, S. 33; P. Szczygiel, Das Buch Job (Die Heilige Schrift des Alten Testamentes V, 1), 1931, S. 45; A. Weiser, Das Buch Hiob (ATD 13), 1951, S. 36; H. Junker, Das Buch Job (Echter-Bibel 13. Lfg.), ³1954, S. 12; Fohrer a.a.O. S.107.

[25] Fohrer a.a.O. S.106 Anm. 9.

das Haupt gen Himmel streuen) dartun, „gemindert"[26] — und überläßt dem Betroffenen den Zeitpunkt, an dem er seine Klage vernehmlich machen und ein Gespräch beginnen will.

Seelsorgerliches Bemühen äußert sich bei den Freunden aber auch in ihren Reden. Sie sehen in Hiob den Menschen, der von Unglück und Krankheit betroffen ist und also sich einer Verfehlung schuldig gemacht haben muß. Das Unheil liegt vor, seine Ursache ist zwingend zu erschließen. Was kann helfen — was rät der „Seelsorger"? *Hinwendung zu Gott, Ablassen von den Sünden — Gott wird dann das Geschick wenden.* Alle drei Freunde bringen in ihrem jeweils ersten Beitrag diesen Rat; so Eliphas (in 5, 8. 17—26; daraus V. 8. 17 f. 24):

> Ich würde meinerseits an Gott mich wenden
> und legte meinen Fall dem Herrgott dar...
> O selig ist ein Mensch, den Gott zurechtweist!
> so lehne des Allmächt'gen Zucht nicht ab!
> Denn er bringt Schmerz, doch er verbindet auch,
> er schlägt wohl, aber seine Hände heilen...
> Erfahren darfst du, daß dein Zelt in Frieden;
> du musterst deinen Ort und missest nichts.

Bildad faßt sich hier — wie auch sonst — kürzer (8, 20 f.). Am deutlichsten formuliert (in der Dichtung) Sophar (11, 13—19; daraus V. 13 bis 16 a. 18 a):

> Wenn aber du dein Herz gefestigt hattest,
> so breite deine Hände zu ihm aus;
> wenn Arges ist in deiner Hand, tu's weg
> und laß in deinem Zelt kein Unrecht wohnen.
> Dann wirst dein Antlitz ohne Fehl du heben,
> stehst fest gegossen da und fürchtest nichts.
> Ja du vergissest also dann der Mühsal,
> wie hingegang'nes Wasser denkst du dran...
> Du kannst vertrauen, denn es gibt nun Hoffnung,
> kannst Ausschau halten, dabei sorglos schlafen.

Angesichts der abweisenden Haltung Hiobs tritt dieser Rat in den weiteren Freundesreden bis auf eine Wiederholung in der III. Eliphas-Rede in 22, 11—30 zurück; der II. Redegang wird statt dessen davon beherrscht, daß die Freunde — was schon in 8, 13—19 (Bildad I) und 11, 20 (Sophar I) anklang — dem Hiob aus ihrer Erfahrung das böse Schicksal des Gottlosen vor Augen halten zur drohenden Warnung (15, 20—35; 18, 5—21; 20, 5 bis 29). Daß Hiob dem wiederum mit *seiner* Erfahrung begegnet und auf das herrliche Leben, das die Gottlosen bis zu einem friedlichen Tod genießen, hinweist (21), ist hier nur noch kurz zu erwähnen.

Von Freundes Seite kommt aber noch eine andere Stellungnahme zu Hiobs Unglück und Krankheit: Es wird nicht nur nach dem Grund und Anlaß von Leiden gefragt — die Lehre vom Tun-Ergehen-Zusammenhang gibt hier die Erklärung —, sondern auch nach seinem *Sinn und Zweck.* Die Rahmen-

---

[26] Vgl. dazu Kutsch a.a.O. S. 27 ff.

erzählung hatte in ihrer II. Schicht in Unglück und Krankheit Mittel gesehen, die Uneigennützigkeit von Hiobs Frommsein zu prüfen. Die Hiobdichtung bringt auch hier Neues gegenüber der Rahmenerzählung. Bei Eliphas hatte das schon angeklungen (5, 17):

> O selig ist ein Mensch, den Gott zurechtweist!
> So lehne des Allmächt'gen Zucht nicht ab!

Vor allem aber ist es Elihu, ein vierter Freund Hiobs, dessen Gestalt und Reden erst sekundär in die Hiobdichtung eingeführt worden sind, der den Hiob die Leiden als *göttliche Erziehungsmaßnahme* verstehen lehren will (33, 14—25):

> Denn durch eines redet Gott
> und durch zwei — man achtet's nicht:
> im Traum, im Nachtgesicht,
> wenn auf Menschen Tiefschlaf fällt,
> im Schlummer auf dem Lager,
> eröffnet er das Ohr des Menschen
> und erschreckt sie durch seine Verwarnung,
> den Menschen abzubringen vom Unrecht
> und den Hochmut aus dem Mann zu tilgen,
> seine Seele vor der Grube zu bewahren,
> und sein Leben vor dem Gang zum Totenreich.
> Auch wird er gemahnt durch Schmerz auf seinem Lager,
> wenn der Kampf in seinem Gebein gewaltig tobt.
> Da wird durch sein Leben ihm das Brot verleidet,
> durch seine Unlust die Lieblingsspeise.
> Hier schwindet sein Fleisch, daß man es nicht mehr sieht,
> und bloß wird sein Gebein, das man (zuvor) nicht sah;
> seine Seele naht der Grube
> und sein Leben dem Todesboten.
> Ist dann ein Engel für ihn da,
> ein Mittler, einer aus den Tausend,
> und der erklärt dem Menschen seine Züchtigung,
> und er erbarmt sich sein und er spricht:
> „Laß ihn los, daß er nicht hinab zur Grube fahre;
> ich habe ein Lösegeld gefunden,"
> so schwillt sein Fleisch von Jugendkraft,
> er kehrt zurück zu den Tagen der Jugend.

Wo Leiden als Prüfung oder Erziehungsmaßnahme, Zuchtmittel gedeutet wird, erscheint es als Durchgangsstadium. Ist der Zweck des Leidens, das Ziel des hinter dem Leiden stehenden göttlichen Handelns erreicht, dann — darauf möge Hiob vertrauen — wird das Leiden, das Unglück ein Ende finden.

Auch dieser Gesichtspunkt — soweit er im Dialog schon anklingt — macht auf Hiob keinen Eindruck[27]. Die Freunde und Hiob können nicht zusammenkommen — der Graben ist viel zu tief.

Hier liegt ein ganz wichtiges Problem — und ein Problem nicht nur des Hiobbuches. Auf der einen Seite stehen die Freunde. Sie haben ihre Theolo-

---
[27] Auf die Elihu-Reden bringt das Hiobbuch keine Antwort des Hiob mehr.

gie — sagen wir einmal: ihre Theologie, wie sie sie gelernt haben, ihre Schultheologie. Diese Theologie vertreten sie auch; und im Rahmen dieser Theologie können sie auch (seelsorgerliche) Ratschläge erteilen — etwa einem Leidenden, einem Menschen, der in Not, Unglück, Krankheit geraten ist. Auf der anderen Seite steht Hiob. Er kann nicht *über* die Krankheit reden — er ist selbst von ihr betroffen, an seinem Leib, an seiner Haut. Die Freunde kommen mit ihrer Lehrmeinung — der andere kommt mit der existenziellen Erfahrung, Betroffenheit. Das Problem, auf das wir hier treffen, geht jeden Seelsorger an.

Bei Hiob tritt aber noch ein wesentliches Element hinzu: der Unterschied in der Auffassung über den Wandel, das Verhalten des Betroffenen — und damit verbunden ein Unterschied in der Auffassung darüber, ob Gott gerecht verfährt oder nicht. *Hiob* geht von sich aus, er muß geradezu von sich aus gehen. Da er sich keiner schwerwiegenden Verfehlung bewußt ist, mehr noch: da er weiß, daß er keine solche begangen hat, muß er zu dem Schluß gelangen, daß Gott an ihm nicht mehr im Recht, sondern im Zorn handelt. Die *Freunde* — wohl gemerkt: als die nicht selbst Betroffenen! — gehen davon aus, daß Gott gerecht ist und nur gerecht handeln kann. Für sie bleibt nur die Folgerung, daß Hiob sich verfehlt haben *muß*, wenn Gott ihn so mit Unglück und Krankheit belastet.

Auf der einen Seite vorgetragene Lehre — auf der anderen Seite erlebtes, gelebtes Leiden. Aber eben von einem paradigmatisch Frommen erlebtes Leiden.

An einem Punkt noch sind sich allerdings Hiob und seine Freunde einig: *Sie wissen sich vor Gott stehend.* Gott ist jedenfalls als Dritter dabei. Bisher war nur davon die Rede, wie Hiob und wie die Freunde Gott sehen. Beide urteilen im Blick auf Hiobs Leiden: Die Freunde sehen dahinter den gerechten Gott — Hiob den zornigen. Wie aber — so ist nun noch zu fragen — sieht nach dem Hiobbuch Gott den Hiob? Und vielleicht auch die Freunde? In der I. Schicht der Rahmenerzählung erkennt Gott dadurch, daß er hernach dem Hiob Restitution widerfahren läßt und ihm dabei nicht nur die frühere Anzahl Kinder, sondern auch das Doppelte des früheren Besitzes zukommen läßt, Hiobs Frömmigkeit und ihre Bewährung an. Nach der II. Schicht ist Gott von der uneigennützigen Frömmigkeit Hiobs so überzeugt, daß er es auf eine Erprobung des Frommen durch den Satan ankommen läßt. Und immerhin hat nach der II. Schicht im „Epilog" nach Gottes Meinung Hiob „Rechtes" über Gott geredet, die Freunde aber „nicht Rechtes" (42,7f.). Und in der Dichtung? Gehen wir von der „Lösung" des Hiobproblems aus — sofern man das als „Lösung" bezeichnen kann. Gott willfährt dem Wunsch Hiobs — er begegnet ihm, erscheint ihm im Sturmwind, und er spricht zu ihm[28]. Dem Hiob wird Gottes Allmacht und All-

---

[28] Hiobs Unterwerfung erfolgt auf Grund des Inhaltes der Gottesreden, nicht aber auf Grund dessen, daß Jahwe ihm im Sturmwind „erschienen" wäre. Es kommt — jedenfalls nach dem jetzigen Text; vgl. die Einleitung zur ersten Gottesrede: „Und Jahwe antwortete

wissenheit sichtbar — und er unterwirft sich ihr, seinen Hader, seine Auflehnung einstellend (42, 5 f.):

> Vom Hörensagen habe ich von dir gehört;
> nun aber hat mein Auge dich gesehen.
> Darum widerrufe ich und bereue
> in Staub und Asche.

Hier ist Hiob einen großen Schritt weitergekommen: den Schritt „vom dogmatisch gelehrten Gott zum existentiell erfahrenen Gott"[29]. Gott aber — und hier kommen wir zu der Frage, von der wir eben ausgingen — Gott aber hat diesen aufrührerischen Hiob nicht vernichtet, sondern hat sich ihm zugewandt und hat ihn zu sich hin gewonnen. Gott nimmt auch den an, der nicht mit der „Normaltheologie" zurechtkommt.

Lassen Sie mich mit zwei Fragen schließen, die wir mit in die Diskussion hineinnehmen wollen.

1. Wir gingen aus von der alttestamentlichen Gestalt des Hiob und von dem Buch, das sich mit diesem beschäftigt. Wir fragen nun noch einmal: Was ist das für ein Gott, dem dieser Hiob sich unterwirft? Sicherlich: der Schöpfer und der Erhalter. Was bedeutet das für uns Christen, für uns evangelische Christen? Was können wir damit anfangen? Schon innerhalb der alttestamentlichen Theologie fällt diese Aussage deshalb auf, weil hier so gar nicht von dem Gott des Heils Israels die Rede ist. Müssen wir nicht den Zugang zu Gott auf ganz anderem Weg suchen — d. h. hier das Neue Testament einbeziehen?

2. Das Zweite ist die Frage nach der Haltung Hiobs. Wir kennen das Problem: Eine Frau, eine Witwe hat ihren Sohn, 19 Jahre, durch einen Unfall verloren. Und nun beginnt das Fragen: Warum geschieht das gerade mir, wo ich doch jeden Sonntag in die Kirche gehe? Wohlgemerkt: die Frage dessen, der fromm zu sein meint. Da ist wieder das „Lohndenken" da, letztlich die Erwartung, daß Tun und Ergehen zusammenhängen. Welche Hilfe gibt uns hier das Neue Testament?

---

dem Hiob aus dem Sturmwind und sprach" (38, 1) — auf die Reden an und nicht auf „Gottes Intervention als solche" (so nach anderen Kuhl a.a.O. S. 270), etwa durch eine (wortlose) Vision, die Jahwe im Sturmwind zeigte.

[29] Formulierung von wiss. Ass. Ludwig Hoffmann.

Unschuldsbekenntnis und Gottesbegegnung

Der Zusammenhang zwischen Hiob 31 und 38 ff.[1]

Zu dem Glaubensleben eines jeden Christen gehört es, daß wir uns im Gebet an Gott wenden. Wir tun dies in eigenen Formulierungen, in denen wir unsere Anliegen vor Gott bringen: unsere Bitten, aber auch Lob und Dank. Darüber hinaus ist uns allen gemeinsam das Gebet, das uns unser Herr gelehrt hat, das Vaterunser. Von den sieben Bitten dieses Gebetes haben vier unsere Versorgung mit Speise, die Vergebung unserer Schuld und die Bewahrung vor Versuchung und Bösem im Blick; die ersten drei aber sind auf Gott ausgerichtet: auf die Heiligung seines Namens, auf das Kommen seiner Herrschaft und auf seinen Willen. Bei dieser dritten Bitte – »dein Wille geschehe wie im Himmel so auf Erden« – werden wir uns fragen müssen, ob wir uns immer bewußt sind, worum wir hier bitten. Diese Bitte schließt doch auch den anderen Satz mit ein: »Herr, nicht mein, sondern dein Wille geschehe« – etwa dann, wenn Gott uns einen uns nahestehenden Menschen auch gegen unser inständiges Flehen nimmt.

In ähnlicher Weise findet sich der »Held« des Buches, mit dem wir es hier zu tun haben, Hiob, vor Gott, wenn er angesichts eines ihm unverständlichen Schicksals sich aufgrund der Erkenntnis von Gottes Allmacht und Allwissenheit Jahwe unterwirft.

Die letzten Abschnitte des Hiobbuches vor dieser Unterwerfung sollen uns in diesem Vortrag beschäftigen. Unser Thema hat die Frage im Blick, ob die Gottesreden – eher noch: die eine Gottesrede – in Kap. 38 ff. von der Konzeption her die Fortsetzung zu dem ursprünglich unmittelbar vorangehenden Kap. 31 waren – bzw.: war – und auf welchem Weg gegebenenfalls der Zusammenhang zwischen Kap. 31 und 38 ff. wahrscheinlich gemacht werden kann. Der Einleitung dient ein kurzer Blick auf den Inhalt des Hiobbuches und auf die Geschichte seiner Entstehung. Angesichts der Erkenntnis des komplexen literarischen Aufbaus des Buches ist sodann die Frage zu entscheiden, ob die jetzt vorliegenden Gottesreden beide ursprünglich sind oder ob nicht nur mit einer Gottesrede zu rechnen ist. Danach soll der Zusammenhang dieser Gottesrede(n) in Kap. 38 ff. mit Kap. 31 aufgezeigt werden. Bei alledem ist die bisherige Forschung gebührend heranzuziehen.

---

[1] Im Text und durch Anmerkungen erweiterter Vortrag, gehalten am 1. Okt. 1985 am Theologischen Seminar in Leipzig.

1.1. Schon ein oberflächliches Lesen des Buches Hiob führt zur Unterscheidung einer in gehobener Sprache gestalteten umfangreichen Dichtung in Kap. 3,1−42,6 und einer diese umrahmenden Prosaerzählung, die aus dem »Prolog« in 1,1−2,13 und dem »Epilog« in 42,7−17 besteht. Auch diese *Rahmenerzählung* ist nicht einheitlicher Text: Hier hat ein Grundbestand in 1,1−5.13−22 mit 42,11−15 eine Erweiterung erfahren, die in den Abschnitten 1,6−12; 2,1−13; 42,7−10 und 42,16−17 besteht[2]. Die Grundschicht bildet eine durchgehende, abgerundete Erzählung. Sie berichtet von einem reichen und besonders frommen Mann namens Hiob, der den Verlust aller Habe und seiner Kinder demütig von Jahwe annimmt und nach solcher Bewährung vollständige Restitution erfährt. Die zweite Schicht führt das Unglück und eine weitere Plage in Form von bösem Geschwür auf den »Satan« zurück und läßt drei Freunde Hiobs auftreten, die den Leidenden trösten wollen. Diese Erweiterung setzt in 42,7 voraus, daß zwischen 2,13 und 42,7 sowohl die Freunde als auch Hiob geredet haben; zuletzt habe Jahwe gesprochen. Mit diesen Angaben kann aber nicht die jetzige Dichtung in 3,1−42,6 gemeint sein. Denn erstens hat − gegen 42,7 − zuletzt (in 42,6) Hiob, nicht Jahwe gesprochen; und zweitens widerspricht die Aussage Jahwes, Hiob habe − im Gegensatz zu seinen Freunden − »Rechtes« geredet, dem Urteil Jahwes über Hiobs Reden nach dem Anfang der Gottesrede in 38,2, Hiob habe ohne Erkenntnis gesprochen. Auf der anderen Seite steht die Selbstverwünschung Hiobs am Beginn der Dichtung in Kap. 3 in eklatantem Widerspruch zu seiner geduldigen Unterwerfung unter sein Schicksal nicht nur in 1,21, sondern auch in der Erweiterung in 2,10a. Angesichts dieser Spannungen am Beginn und Ende der Dichtung gegenüber dem erweiterten Bestand der Rahmenerzählung ist der Schluß nicht zu umgehen, daß die jetzt in 3,1−42,6 überlieferte Dichtung einen älteren Text verdrängt hat.

Die (jetzige) *Dichtung* besteht aus zwei Teilen: aus einem in drei Redegängen gegliederten Dialog zwischen Hiob und den in 2,11−13 eingeführten drei Freunden in Kap. 4−27, der von zwei Monologen Hiobs in Kap. 3 und Kap. 29−31 gerahmt ist, sowie aus (jetzt) zwei Gottesreden mit je einer kurzen Antwort Hiobs in 38,1−42,6. − Ein Lied von der Weisheit in Kap. 28 und vier Reden eines weiteren Freundes namens Elihu in Kap. 32−37 sind sekundär in die Dichtung eingearbeitet worden[3].

Anders als der Hiob der Rahmenerzählung begehrt der Hiob der Dichtung auf mit seiner Selbstverwünschung in Kap. 3. Der sich daran anschließende Dialog kreist um die Frage der Ursache von Hiobs Leiden. Die weisheitliche Lehre, daß Rechttun Heil, Unrechttun aber Unheil nach sich ziehen, ja daß Jahwe diese Folgen bewirke, läßt die Freunde aus Hiobs leidvol-

---

[2] S. dazu E. Kutsch, Hiob: leidender Gerechter − leidender Mensch (KuD 19, 1973, S. 197−214), S. 200ff.
[3] So die überwiegende Mehrheit der Ausleger.

lem Ergehen schließen, daß er sich versündigt haben müsse. Sie raten ihm deshalb, seine Schuld vor Gott zu bekennen, um dessen Wohlwollen wieder zu erlangen (5,8; 11,13—20; 22,21—23.26—30). Hiob dagegen weiß sich — und hier ist eindeutig die Darstellung des Prologs vorausgesetzt[4] — keines Vergehens schuldig, dessentwegen ihn solch maßloses Leid hätte treffen müssen. Deshalb sieht er sich von Gott ungerecht behandelt und zweifelt daran, daß Gott gerecht ist (9,22—24.28b—33; 10,6f.; 16,9.12—17; 19,6f.). Die Freunde, zunächst um den Leidenden seelsorgerlich bemüht, beschuldigen Hiob schließlich konkreter Verfehlungen (22,4—11). Hiob dagegen wünscht mit wachsendem Ungestüm ein Gespräch mit Gott, einen Rechtsstreit, in dem er diesem seinen Rechtsfall vorbringen und von ihm den gegen ihn erhobenen Vorwurf erfahren will (10,2; 13,3.18—27; 23,3—6; 31,35—37). Schließlich redet Jahwe zu ihm aus dem Sturmwind. Mit Fragen über die Erschaffung der Welt und über ihren Schöpfer und mit der — ironischen — Aufforderung, Hiob möge Machttaten vollbringen, wie sie sonst nur ihm, Gott, zugeschrieben werden, führt er ihn dazu, daß er seine, Jahwes, Allmacht und Allwissenheit erkennt und sich angesichts seines eigenen Unvermögens und Nichtwissens unterwirft (38,1—42,6).

1.2. Auch Teile dieser Gottesreden erweisen sich als sekundäre Erweiterungen. Sie sind daran zu erkennen, daß sie aus dem Duktus der übrigen Jahwerede herausfallen.

Jahwes Antwort auf Hiob besteht zu einem großen Teil aus Fragen. Es sind rhetorische Fragen, die jeweils ihre Antwort, ihre Aussage in sich tragen. Diese Fragen gliedern sich in zwei Gruppen: in »wer«-Fragen und in mit »du« an Hiob gerichtete Fragen. Einige Beispiele mögen dies verdeutlichen:

'Wer schloß' das Meer mit Doppeltoren 'ein',
als sprudelnd es dem Mutterschoß entsprang? (38,8)

Oder 38,25:

Wer brach dem Regengusse eine Rinne
und der Gewitterwolke einen Weg?

Diese Fragen heischen als Antwort: »Jahwe« bzw. im Sinne des Redenden: »Ich selbst«. Dies wird noch dadurch verdeutlicht, daß in der Ausführung zu der Frage von v. 8 in v. 9 Jahwe von sich selbst bzw. von seinem eigenen Handeln spricht:

Als ich zu seinem Kleid die Wolken machte,
zu seinen Windeln des Gewölkes Dunkel.

---

[4] Hier zeigt sich, daß die Dichtung nie ohne den Prolog bestanden hat.

In der an Hiob gerichteten Rede bezieht die Antwort auf die Frage von v. 8: »Ich selbst habe das Meer mit Doppeltoren eingeschlossen«, die Negation ein: »(ich selbst —) aber nicht du, Hiob.«

Dazu zwei Beispiele für »du«-Fragen:

Gebotest du in deinem Leben je dem Morgen?
Hast du der Morgenröte ihren Platz gewiesen? (38,12)
Hast du denn Einsicht in den weiten Raum der Erde? (38,18a)

Derartige Fragen fordern ihre Verneinung: »du nicht«. Und wenn etwa in der Frage in v. 4a:

Wo warst du denn, als ich die Erde gründete?

Jahwe in der »du«-Frage sein eigenes Schöpfungshandeln anführt, dann ist deutlich, daß mit der verneinenden Antwort: »Du warst *nicht* da« nunmehr positiv die Fortsetzung eingeschlossen sein kann: »... aber *ich*, Jahwe«[5]. Daß mit diesen Fragen weisheitliche Redeformen aufgenommen sind, steht außer Frage[6]. Formulierungen wie: »Ich will dich fragen, du belehre mich« in v. 3 haben ihren Sitz im Leben in der weisheitlichen Rede. Klingt hier schon leise Ironie an, so tritt diese andernorts deutlich zutage, etwa wenn es heißt: »Sag an, wenn du so große Einsicht hast« (v. 4b), oder: »Wer setzte fest ihr (der Erde) Maß? Du weißt es ja« (v. 5a); vgl. weiter v. 18b.21.

Bis 38,38 sind Gegenstand der Fragen der Kosmos und seine Erschaffung. Der in 38,39—39,30 folgende Bereich hat speziell die Tierwelt und ihre Lebensweise im Blick. Auch hier gibt es vereinzelt »wer«-Fragen:

Wer gibt dem Raben seine Nahrung? (38,41a)

---

[5] Etwas aus der Reihe fallen in 38,19—21 und 24 zwei »wo«-Fragen. In v. 19—20 heißt es: »Wo ist der Weg zum Aufenthalt des Lichtes, die Finsternis — wo hat sie ihren Platz, damit du sie in ihr Gebiet geleitest und sie den Weg zu ihrem Hause führst?« Sollte der Passus sekundär sein? So G. Fohrer, Das Buch Hiob (KAT XVI), Gütersloh 1963, S. 492, für v. 19 und 20. Dann gehört aber v. 21 mit dem Anfang *jadāʿta* »du weißt (es)« eher zu v. 19f. als zu v. 18, der von Hiobs »Wissen«, »Kennen« nur bedingt spricht (ʾim-jadāʿta). In v. 24 steht die Frage: »Wo ist der Weg, da sich das Licht verteilt, wenn der Ostwind auf die Erde es ergießt?«

Sowohl in v. 19—20 (21) als auch in v. 24 fehlt ein inhaltlicher Bezug auf Jahwe; ob beide Stücke sekundär sind? Oder weisen sie auf den weisheitlichen Hintergrund der Gottesrede?

[6] Vgl. G. v. Rad, Hiob 38 und die altägyptische Weisheit (VT.S 3, 1955, S. 293—301 = G. von Rad, Gesammelte Studien zum Alten Testament [ThB 8], München 1958 [= ³1965], S. 262—271), S. 299f.= S. 268f.

und:

> Wer gab dem wilden Esel seine Freiheit,
> wer löste los des Steppenesels Fessel? (39,5)

Auch diese Fragen zielen auf Jahwe als Subjekt des genannten Handelns, wie wiederum 39,6 mit der Fortsetzung: »Die Steppe wies ich ihm zur Heimat an ...« verdeutlicht. Zumeist aber wird hier das »Du« Hiobs gefragt:

> Bist du es, der der Löwin jagt die Beute?
> Kannst du die Gier der jungen Löwen stillen?

So 38,39; vgl. 39,1f.9−11.19f.26f.

Auch in diesem Teil der Gottesrede weisen die Fragen vornehmlich darauf hin, daß Jahwe es ist, der den Tieren ihre Lebensart gibt (39,1−4.19−25.26−30) und ihre Lebensmöglichkeit verschafft (38, 39−41)[7].

Damit endet nach dem vorliegenden Text die erste Gottesrede. Mit 40,1 beginnt − formal − eine neue Rede Jahwes. Diese umfaßt aber nur einen einzigen Vers:

> Mit dem Allmächt'gen will der Tadler streiten?
> Wer Gott zurechtweist, der muß Antwort stehen!

Hier redet Jahwe von sich selbst in der dritten Person, von »Schaddaj« und »Gott«; das spricht − wie bei 39,17 und 40,19 − gegen die Ursprünglichkeit des Verses. In 40,2 liegt also die Randbemerkung eines Glossators vor, die deutlich im Sinne der drei Freunde formuliert ist. Von einem Späteren wurde sie vor die − hier schon als solche stehende − erste Erwiderung des Hiob in 40,3−5 eingeschaltet und dabei mit einer eigenen Einleitung (in v. 1[8]) versehen.

An 39,30 schloß also − wie wir sehen werden: in einem sekundären Stadium der Überlieferung − mit 40,3−5 eine erste Antwort Hiobs an. Darauf folgt mit 40,6 die Einleitung einer zweiten Jahwerede. Deren Wortlaut stimmt mit jener der ersten im wesentlichen überein; und auch der erste Satz dieser Rede in v. 7 hat mit der Aufforderung:

---

[7] Eine Ausnahme bildet dazu die den Wildochs betreffende Frage in 39,9−12: »Wird dir der Wildochs willig Dienste leisten ...?« Hier ist allein das Unvermögen des Angeredeten, des Hiob, im Blick.

[8] Es geht kaum an, den Vers 40,1 allein zu streichen (so mit vielen etwa Fohrer a.a.O. S. 491. 494; denn es ist kaum wahrscheinlich zu machen, wie diese Einleitung einer Jahwerede hier in den Text geraten sein kann.

Gürte doch deine Lenden wie ein Mann!
Ich will dich fragen, gib du mir Bescheid!

eine Entsprechung am Beginn der ersten Jahwerede in 38,3.

Diese zweite Rede schlägt zunächst in 40,8−14 ein neues Thema an. Auf die Frage, ob Hiob zu Unrecht Gott schuldig sprechen will und ob er Macht hat wie Gott (v. 8f.), folgt eine Aufforderung an Hiob, solche Machttaten zu vollbringen, wie sie sonst (allein) ihm, Jahwe, zugeschrieben werden (v. 10−14). Mit gängiger Formulierung gesprochen, ist, nachdem es bisher um Gottes Schöpferhandeln und um seine Schöpfung, die Tiere, ging, hier der geschichtliche Bereich im Blick. Um so mehr fällt es auf, wenn nun in 40,15−41,26 noch einmal das Thema »Tierwelt« aufgenommen wird. In diesem Abschnitt werden zwei Tiere vorgeführt, die das Hebräische mit $b^ehem\hat{o}t$ (40,15−24) und $liwjatan$ (40,25−41,26) bezeichnet und die man im allgemeinen mit dem Nilpferd und mit dem Krokodil identifiziert[9]. »Fast überall durchgesetzt«[10] hat sich der Verdacht, daß beide Abschnitte in der Hiobdichtung sekundär sind[11]. Hierfür sprechen folgende Argumente:

1. Man hat daraus, daß die beiden Abschnitte in derselben Weise wie die erste Gottesrede Fragen enthalten, geschlossen, daß die Abschnitte zusammen mit der ersten Gottesrede entstanden seien. Nun trifft es zwar zu, daß − formal gesehen − in 40,24 und 40,25−41,6 sowohl »wer«-Fragen als auch »du«-Fragen begegnen. Allerdings: diese Fragen zielen in eine andere Richtung als jene der Gottesrede in 38,4−39,30. Die Frage: »Wer setzte fest ihr (der Erde) Maß?« in 38,5a fordert die Antwort: Jahwe (und kein anderer). Die (scheinbar) entsprechende Frage: »Wer ist es, der ihm (dem Krokodil) widerstehen könnte,« in 41,2b dagegen meint nicht, daß Jahwe (und kein anderer) dies vermöge. Eine solche Aussage über Jahwe ist hinsichtlich der Erschaffung des Kosmos (38,5a!) sinnvoll, nicht aber hinsichtlich der Bändigung eines wilden Tieres. Diese Frage zielt vielmehr auf die Antwort »niemand«. Und während die auf die Schöpfung zu beziehende »du«-Frage in 38,12a: »Gebotest du in deinem Leben je dem Morgen?« meinte: »du, Hiob, nicht, aber ich, Jahwe,« ist ein solcher Bezug auf Jahwe

---

[9] Zu anderen Deutungen vergleiche etwa Fohrer a.a.O. S. 523; A. de Wilde, Das Buch Hiob (OTS XXII), Leiden 1981, S. 380f.
[10] R. Smend, Die Entstehung des Alten Testaments (ThW 1), Stuttgart usw. 1978, S. 204.
[11] Zu den Arbeiten von O. Keel, Jahwes Entgegnung an Ijob. Eine Deutung von Ijob 38−41 vor dem Hintergrund der zeitgenössischen Bildkunst (FRLANT 121), Göttingen 1978, und Veronika Kubina, Die Gottesreden im Buche Hiob. Ein Beitrag zur Diskussion um die Einheit von Hiob 38,1−42,6 (FThSt 115), Freiburg−Basel−Wien 1979, die unabhängig voneinander die Ursprünglichkeit beider Textstücke nachzuweisen suchen, s. unten S. 321−323.

in der Frage von 40,26: »Ziehst einen Schilfhalm du durch seine Nase?« nicht sinnvoll; diese Frage ist nur zu verneinen. Wenn aber sowohl in den »wer«-Fragen als auch in den »du«-Fragen in 40,24−41,6 keine Beziehung auf Jahwe herzustellen ist, dann redet hier nicht Jahwe, sondern ein menschlicher Weiser. Dasselbe gilt aber dann auch von dem übrigen Text sowohl über den Behemot (das Nilpferd) in 40,15−24 als auch über den Leviathan (das Krokodil) in 40,25−41,26.

2. In Entsprechung zu dem hier Festgestellten kann auch Hiobs Erklärung in 42,2:

Ich weiß es nun, daß alles du vermagst
und kein Gedanke dir unmöglich ist,

sich nur auf Jahwes Schöpferhandeln (38,4−39,30) und sein Vermögen im Bereich der Geschichte (40,8−14) beziehen, nicht aber auf die Bändigung von Nilpferd und Krokodil.

3. Der Abschnitt über den Behemot ist in 40,15 eingeleitet mit dem Satz:

Siehe den Behemot doch, den ich geschaffen habe, neben dir.
Von Gras ernährt er sich gleich wie ein Rind.

In v. 15a spricht zwar Jahwe von seinem eigenen Schöpfungshandeln. Jedoch ist gerade hier der Text deutlich überfüllt; und es genügt nicht, »mit der metrischen Unregelmäßigkeit vorlieb(zu)nehmen«[12]. Der Überschuß besteht in den Worten ^{a}šär ʿaśîtî »den ich gemacht habe«. Er verrät die Hand des Interpolators, der den folgenden Abschnitt bzw. die beiden folgenden Abschnitte in den Text eingefügt und der mit diesem Einschub den rein weisheitlichen Text dem Duktus der Jahwerede angepaßt hat[13]. Der verbleibende Text: »Sieh doch das Nilpferd (neben =) im Vergleich zu dir«[14] ist die passende Einführung etwa zu v. 16a:

Betrachte doch die Kraft in seinen Hüften[15].

4. So zeigt sich auch in dem über die Fragesätze hinausgehenden Text kein Hinweis darauf, daß hier (nicht ein Mensch, sondern) Jahwe redet.

5. Auch daß die Abschnitte über das Nilpferd und das Krokodil mit 10 bzw. gar 34 Versen erheblich länger sind als diejenigen über die anderen

---

[12] So de Wilde a.a.O. S. 380.
[13] Vgl. etwa Fohrer a.a.O. S. 521f.
[14] Zu ʿim »mit, neben« im Sinn von »im Vergleich zu« s. HAL S. 794b und Qoh 7,11; 2 Chr 14,10; 20,6.
[15] In der LXX sind die Wörter ^{a}šär ʿaśîtî nicht wiedergegeben; bei Aquila und Theodotion stehen sie unter Asteriskus. Allerdings fehlt in LXX auch eine Übersetzung von ʿimmak »neben dir«. Möglicherweise konnte der Übersetzer damit nichts anfangen.

Tiere in 38,39—39,30[16], erregt Zweifel daran, daß diese beiden Texte ursprünglich mitgeplant waren.

6. Daß in 40,19 — der Behemot (das Nilpferd) ist »der Erstling (der Wege =) der Werke[17] Gottes (Els)« — von Gott in 3. Person geredet ist, paßt wiederum schlecht in eine Jahwerede[18]. Die Abschnitte 40,15—24 und 40,25—41,26 bieten so nichts anderes als ausführliche weishaftlich-naturkundliche Darlegungen über die beiden Tiere Nilpferd und Krokodil. Was den Text von 38,4—39,30 als Jahwerede kennzeichnet, fehlt hier gänzlich. So haben diese beiden Abschnitte mit überwiegender Wahrscheinlichkeit ursprünglich nicht zur Hiobdichtung gehört, sondern sind erst sekundär eingefügt worden[19].

Wenn nun aber 40,15—41,26 nicht ursprünglich sind, bleibt für eine zweite Gottesrede nur das Stück 40,8—14. Diesen relativ kleinen Absatz als eigene Gottesrede anzusehen, könnte eine Berechtigung dadurch haben, daß es sich hier um ein anderes Thema als in der ersten Gottesrede handelt: »Geschichte« statt »Schöpfung«. Trotzdem bleibt der gegenüber der ersten Jahwerede geringe Umfang dieser Rede bzw. dieses Rederestes durchaus verdächtig.

Ein weiteres Problem kommt hinzu. Im jetzigen Text gibt es nicht nur zwei Gottesreden, sondern auch zwei jeweils mit einer Einleitung versehene Antworten Hiobs: 40,3—5 und 42,1—6. Nun bietet die erste Hiobantwort in 40,4f. — nach dem Eingeständnis: »Sieh, ich bin zu gering; was soll ich dir erwidern? Ich lege meine Hand auf meinen Mund« (v. 4) — die Aussage:

Einmal redete ich, antworte nicht mehr,
ein zweites Mal und fahre nicht mehr fort.

Ein solcher Satz schließt — genau besehen — eine zweite Hiobrede (wie sie jetzt in 42,1—6 auf die zweite Gottesrede folgt) aus; auch bedarf es danach kaum noch einer weiteren Gottesrede. Andererseits enthält die zweite Antwort für Hiobs Unterwerfung wesentliche Aussagen:

---

[16] Hier meist 4—5 Verse; nur über das Roß (39,19—25) 7 Verse.
[17] Zu *däräk* im Sinn von »Maßnahme, Werk« vgl. Hi 26,14 und Dtn 32,4; Ez 18,25.29; Hos 14,10.
[18] Vgl. dazu auch Hi 39,17; 40,2.
[19] So etwa B. Duhm, Das Buch Hiob (KHC XVI), Freiburg—Leipzig—Tübingen 1897, S. 195; G. Hölscher, Das Buch Hiob (HAT I, 17), Tübingen ²1952, S. 91; Fohrer a.a.O. S. 37ff.; H. H. Rowley, Job (NCeB), 1970, S. 15; F. Hesse, Hiob (ZBK), Zürich 1978, S. 12. — Da dieselben Beobachtungen auch auf den Abschnitt über das Straußenweibchen in 39,13—18 zutreffen, dürfte auch dieser Text nachträglich eingeschoben sein. So z.B. Duhm a.a.O. S. 190; Hölscher a.a.O. S. 91; Hesse a.a.O. S. 12. Fohrer a.a.O. S. 39f. hält dieses Stück (ohne v. 15. 17) für ursprünglich. Für die Echtheit im ganzen etwa Keel a.a.O. S. 37.

(2) Ich weiß es nun, daß alles du vermagst
und nichts, was du ersinnst, ist dir unmöglich.
(3 aβ.b) So hab' ich denn geredet ohne Einsicht,
was mir zu wunderbar — ohne Verstand.
(5) Gerüchteweis' hab' ich von dir vernommen.
Nun aber hat mein Auge dich geschaut.
(6) Drum widerrufe ich nun und bereue
in Staub und Asche.

Daß 40,4f. Hiobs letzte Rede sei, andererseits aber 42,2.3 aβ.b.5 f. nicht fehlen dürften, läßt folgern, daß beide Stücke einmal zusammen eine einzige Hiobantwort gebildet haben — die dann auf das Reden Jahwes gefolgt sein muß, also den Abschluß der Dichtung gebildet hat. Wenn es aber ursprünglich zwischen 39,30 und 40,8ff. keine Hiobrede gab, war auch kein Anlaß gegeben, in 40,6f. eine neue Jahwerede einzuleiten.

Mit anderen Worten: Hiob 38,2—39,30 mit 40,8—14 haben einmal eine einzige Jahwerede gebildet. Darauf ist mit dem Text von 40,3—5 mit 42,2.3 aβ.b.5 f. *eine* Hiobantwort gefolgt. Durch die Einfügung der Abschnitte über Nilpferd und Krokodil[20] war die Gottesrede wohl zu lang geworden, so daß man (der Interpolator selbst?) sie in zwei Reden aufspaltete, die nun zweite Gottesrede in 40,6f. mit Formulierungen aus 38,1 und 3 neu einführte und auch die Hiobrede aufteilte, um so zwei Antworten — in 40,3—5 und 42,2—6 — zu erhalten. Dieses Ergebnis entspricht dem Sachverhalt, daß »der Aufbau des Buches nur eine Gottesrede und eine Antwort Ijobs erwarten« läßt[21].

2.0. Wir haben bisher die wichtigen literarkritischen Probleme des Hiobbuches behandelt und dabei bereits auch den Aufbau und Inhalt der einen ursprünglichen Gottesrede in 38,2—39,30 + 40,8—14 mit der einen Hiobantwort in 40,3—5 + 42,2.3 aβ.b.5 f. in den Blick bekommen. Wir *fragen nun*: In welchem Verhältnis steht die Gottesrede zu der Rede Hiobs in Kap. 29—31? Und: wie ist gegebenenfalls der Zusammenhang zwischen diesen Teilen der Hiobdichtung formkritisch und vom Inhalt her deutlich und verstehbar zu machen?

2.1. Die Gottesrede in Kap. 38ff. erscheint in der Dichtung als Antwort auf die den Dialog mit den Freunden abschließende monologische Rede des Hiob in Kap. 29—31. Auf diese gehen wir nun ein.

Dieser Monolog besteht deutlich erkennbar aus drei unterschiedlichen Teilen; die Kapiteleinteilung des Stephan Langton von ca. 1205 hat hier den Text sachgemäß gegliedert.

Im ersten Teil, in Kap. 29, verleiht Hiob dem Wunsch beredten Ausdruck, daß es ihm wieder ergehen möge wie in früheren Tagen, gemeint ist:

---

[20] Und wohl gleichzeitig auch von 39,13—18; s. die vorige Anmerkung.
[21] Smend a.a.O. S. 204.

wie in der Zeit vor seinem Unglück. Der Wunsch selbst macht nur einen Vers aus (29,2):

Ach wäre ich doch wie in früh'ren Monden,
wie in den Tagen, da mich Gott bewahrte.

Alles Folgende (v. 3–10.21–25.11–20[22]) dient der Darstellung von Hiobs Wohlbefinden und von seinem eigenen Verhalten in dieser Zeit. Wie v. 2b stellen auch noch die nächsten Verse, v. 3–6, heraus, wie Hiobs Glück durch Gottes Fürsorge gefördert und behütet war. Ein längerer Abschnitt (7–10.21–25.11) schildert sodann anschaulich Hiobs hervorragende Bedeutung unter den Bewohnern der Stadt, in der er lebte[23]. Dieser fast herrscherlichen Funktion (vgl. besonders v. 25!) entsprach auch sein soziales Verhalten, das durch Hilfe für die personae miserae und Einsatz für Gerechtigkeit ausgezeichnet war (v. 12–17). So durfte Hiob – wie er in v. 18–20 in bildhafter Sprache ausführt – mit der Fortdauer solchen Lebens und Waltens bis zu seinem Tode rechnen. Aus diesem Zustand des Glücks wurde Hiob herausgerissen durch das Unheil, das nach dem Prolog über ihn gekommen ist, das nun in der ganzen Dichtung vorausgesetzt ist und dessentwegen er sich bereits in dem Monolog in Kap. 3 selbst verwünscht hat. Die Situation dieses Elends enthält das nächste Stück des Hiobmonologs, die große Klage in Kap. 30. An die Stelle der Ehrung ist nun – $w^e\breve{a}tt\bar{a}$ v. 1 und v. 9 – die Schmähung (v. 1.9f.12–14) durch diejenigen getreten, deren Unwürdigkeit in v. 2–8 noch einmal herausgestellt wird. Das elende Ergehen wird beklagt (v. 15–17. 24–31), aber auch das als Feindhandeln empfundene Verhalten Gottes (v. 11. 18f.), den er teilweise direkt anredet (v. 20–23).

Angesichts dieser Not bleibt Hiob nur der Aufschrei – und die endgültige Herausforderung Gottes (31,35–37):

(35) O wenn doch einer auf mich hören wollte!
Mein Zeichen hier – mir antworte der Allmächtige!
(36) 'Er zeige mir die Rolle mit der Anklage'[24],
die Schrift, die mein Streitgegner hat geschrieben.

---

[22] Zur Umstellung der Verse vgl. K. Budde, Das Buch Hiob (HK II, 1), Göttingen ²1913, S. 173. Danach die meisten Ausleger.

[23] Es sollte nicht übersehen werden, daß bereits nach der Grundschicht der Rahmenerzählung Hiob selbst ein Haus besaß (42,11a), ebenso auch seine Söhne (1,4a.13b.19a; vgl. auch LXX zu 2,8b). Auch hier ist also Hiob kaum als Nomadenscheich angesehen, sondern als Bürger in einer festen Siedlung.

[24] Ergänzt mit de Wilde a.a.O. S. 304. Der durch Kopula mit dem vorhergehenden Text verbundene Satz »(und) die Schrift, die mein Streitgegner hat geschrieben« in v. 35b kann sich vom Inhalt her nicht auf das $h\ddot{a}n$- »siehe« in v. 35aβ beziehen, da Hiob (neben seinem

(37) Ich wollte meine Schritte all' ihm kundtun;
gleich wie ein Fürst, so trät' ich vor ihn hin.

Diesem letzten Schritt läßt Hiob aber nach dem Verfasser der Dichtung noch eine andere Aussage vorangehen: ein ausführliches Bekenntnis seiner Unschuld (31,1—34). Dieses beides zusammen bildet den 3. Teil des Hiobmonologs. In diesem Unschuldsbekenntnis bestreitet Hiob,

daß er (lüstern) nach einer Jungfrau geschaut habe (v. 1—4),
daß er Lüge und Betrug geübt habe (v. 5—6),
daß er begehrlich gewesen sei (v. 7—8),
daß er die Ehe seines Nächsten gebrochen habe (v. 9—12),
daß er das Recht von Knecht und Magd mißachtet habe (v. 13—15),
daß er den Armen, der Witwe und den Waisen die Hilfe versagt habe (v. 16—18),
daß er Bedürftige nicht mit Kleidung und Decke versorgt habe (v. 19—20),
daß er — in der Erwartung, im Rechtsverfahren (unrechte) Beihilfe zu erlangen — gegen den Rechtschaffenen vorgegangen sei (v. 21—23),
daß er auf Gold sein Vertrauen gesetzt habe (v. 24) und daß er auf seine Reichtümer stolz gewesen sei (v. 25),
daß er gegenüber Sonne und Mond Götzendienst betrieben habe (v. 26—28),
daß er Freude am Unglück seines Feindes gehabt und ihn mit einem Fluch geschädigt habe (v. 29—30),
daß er nicht gastfrei gewesen sei (v. 31—32),
daß er seine Verfehlungen verdeckt habe (v. 33—34).

Diese Aufstellungen zeigen ein besonders hohes Ethos. »Es berücksichtigt nicht nur die Tat, sondern vor allem die Gesinnung; es wird getragen von einem starken Verantwortungsgefühl Gott und dem Nächsten gegenüber, ebenso aber auch gegenüber dem Sklaven, dem Fremdling, dem Feind«[25]. Formal handelt es sich fast durchweg um Schwursätze, eingeleitet mit der Konjunktion 'im »wenn«[26]. Nur die erste Aussage, in v. 1—4, ist nicht in Schwurform gefaßt, sondern in eine einfache Aussage:

»Zeichen«) nicht die Anklageschrift vorweisen kann, die er erst anfordert. Offenbar ist ein Stichos ausgefallen. Vgl. etwa auch Hölscher und Fohrer z. St.

[25] So de Wilde a. a. O. S. 297. — Vgl. auch E. Oßwald, Hiob 31 im Rahmen der alttestamentlichen Ethik (J. Rogge—G. Schille [Hrsg.], Theologische Versuche II, Berlin (Ost) 1970, S. 9—26).

[26] So 13 mal: 31,5.7.9.13.16.19.21.24.25.26.29.31.33. Dazu 'im-lo' mit positiver Aussage in v. 20 und 31.

Versprochen habe²⁷ ich es meinen Augen:
Ich werde nicht nach einer Jungfrau²⁸ schauen.

Der Eid schließt eine bedingte Selbstverfluchung mit ein. In Kap. 31 enthält er meist allein die (eidliche) Bestreitung einer Tat (»wenn ich dies getan habe« = »ich habe dies gewiß nicht getan«) – so in v. 16–18 und 19–20 (Hartherzigkeit). v. 24 und 25 (Vertrauen auf Besitz). 29–30 (Feindeshaß). 31–32 (Ungastlichkeit). 33–34 (Heuchelei). Teilweise wird auch eine Fluchfolge angegeben; so in v. 8 (Begehrlichkeit). 10 (Ehebruch). 22 (Rechtsbeugung). Wiederholt wird das bestrittene Verhalten als Verfehlung, Sünde gekennzeichnet; so in v. 3 (Lüsternheit). 11–12 (Ehebruch). 28 (Verehrung von Sonne und Mond). Auch kann das Eingreifen Gottes im Fall einer Verfehlung in den Blick treten; so in v. 2.4 (Lüsternheit). 14 und 23 (Rechtsbeugung)²⁹.

Da in 31,1–34 die Form des Eides vorherrscht, hat sich dafür die Bezeichnung »*Reinigungseid*« eingebürgert³⁰. Dieser Terminus ist für Hiob 31 aber rechtsgeschichtlich nicht korrekt. Als »Reinigungseid« wird jener Eid bezeichnet, den in einem sakralen Rechtsverfahren ein Beklagter oder Angeklagter dann leistet, wenn weder ihm die ihm vorgeworfene Tat nachgewiesen werden noch er selbst seine Schuldlosigkeit auf andere Weise beweisen kann. Ein solcher Eid beendet, ob er geleistet oder verweigert wird, den anstehenden Prozeß³¹. In Hiob 31 geht es aber – erstens – nicht um ein solches Rechtsverfahren. Hiob ist nicht Beklagter, der sich durch einen Reinigungseid von einem gegen ihn gerichteten Verdacht oder von einer ge-

---

²⁷ Zu *karăt b^erît* in diesem Sinn hier sowie in Num. r.s. 234ᵈ vgl. E. Kutsch, Verheißung und Gesetz. Untersuchungen zum sogenannten »Bund« im Alten Testament (BZAW 131), Berlin–New York 1973, S. 94ff.

²⁸ Der Änderung von *b^etûlā* »Jungfrau« in *n^ebalā* »Gottloses« (so de Wilde a.a.O. S. 283. 298 nach S. R. Driver–G. B. Gray, A Critical and Exegetical Commentary on the book of Job [ICC], Edinburgh 1921 [³1964], I, S. 262f.; M. H. Pope, Job [AncB], New York ³1980, S. 224. 228 [»folly«]) bedarf es nicht.

²⁹ Die Verse 38–40a haben Bestreitung von Vergehen gegen den Acker und was zu ihm gehört (Frucht, Ackerleute) im Blick – wiederum in Schwurform (*'im* in v. 38 und 39) mit »Tatfolge« in v. 40a. Nach der Herausforderung Gottes durch Hiob in v. 35–37 hat dieser Eid aber keinen Platz mehr. Eine Umstellung an eine andere, in unterschiedlicher Weise bestimmte Stelle in Kap. 31 empfiehlt sich nicht: Es handelt sich um einen Nachtrag, der vielleicht zusammen mit der Schlußnotiz in v. 40b – »zu Ende sind die Worte Hiobs« – hierher gelangt ist, als – oder: nachdem – die Elihureden in die Dichtung eingefügt wurden.

³⁰ Vgl. besonders Fohrer a.a.O. S. 429.

³¹ Vgl. dazu im Alten Testament Ex 22,7.10; Lev. 5,21ff.; 1 Kön 8,31; 18,10 sowie F. Horst, Der Eid im Alten Testament (EvTh 17, 1957, S. 366–384 = ders., Gottes Recht. Gesammelte Studien zum Recht im Alten Testament [ThB 12], München 1961, S. 292–314), S. 368f. = S. 294f.

gen ihn erhobenen Beschuldigung »reinigen« muß. Einem Verfahren, das einen Reinigungseid erfordert, liegt — zweitens — jeweils nur *ein* bestimmtes Vergehen zugrunde. Hiobs Unschuldsbeteuerung bestreitet aber nicht weniger als 14 unterschiedliche Verfehlungen. Diese beiden Gesichtspunkte schließen es aus, daß Hintergrund dieser Unschuldsbeteuerung ein sakrales Rechtsverfahren ist und daß die in ihr gebrauchte Form des Eides einen Reinigungseid zum Vorbild hat[32]. Aus dem römischen Recht bietet sich der Terminus »abiuratio« an[33]. Indes ist dieser Begriff heute bereits kirchenrechtlich belegt als »Abschwörung 1. der Häresien bei der Wiederaufnahme in die kirchliche Gemeinschaft und 2. der Irrlehre bei Konversionen«[34]; der »Eid« richtet sich hier also auf die Zukunft, nicht auf die Vergangenheit wie bei Hiob. Berücksichtigt man den Sachverhalt, daß der erste Punkt der Erklärung Hiobs in 31,1—4 nicht als Eid gestaltet ist, wird man den Inhalt von Hiob 31,1—34 sachgemäß als »umfassendes Unschuldsbekenntnis zumeist in Eidesform« zu bezeichnen haben.

Hiobs in dieser Form vorgetragene Unschuldserklärung hat im Rahmen der Hiobdichtung eine doppelte Funktion.

1. Mit ihr ist Hiobs Dialog mit seinen drei Freunden zu seinem Ende gekommen[35]. Die Form des Eides, mit der — zumeist — Hiob bestreitet, sich der aufgeführten Vergehen schuldig gemacht zu haben, läßt bei den Freunden nur zwei Reaktionen möglich erscheinen: Entweder sie akzeptieren den Eid — dann müssen sie von seiner Unschuld überzeugt sein; ihr Widerspruch gegen Hiob erübrigt sich also. Oder sie sehen den Eid als falschen an — dann müssen für ihre Meinung den Hiob alle Fluchfolgen treffen; zu diskutieren gibt es aber nichts mehr.

2. — und das ist hier zunächst thetisch festzustellen —: Das umfassende Unschuldsbekenntnis bereitet die — von Hiob gewünschte — Begegnung mit Gott vor[36].

2.2. Bevor wir uns diesem zweiten Thema zuwenden, ist noch auf das Problem einzugehen, daß in der Vergangenheit nicht alle Autoren darüber einig waren, daß die Gottesreden zum ursprünglichen Bestand der Dichtung gehört haben. Manche Ausleger haben sie insgesamt einem Ergänzer zugeschrieben[37]. Nur eine Variante dazu ist die Annahme, der Verfasser der Dichtung habe die Gottesreden selbst später eingefügt[38].

---

[32] So schon Horst a.a.O. S. 369f. = 295f.
[33] So Horst a.a.O. S. 369 = S. 295. Vgl. Thesaurus linguae latinae I, Lipsiae MCCCC, Sp. 102.
[34] A. Erler, Artikel »abiuratio« (RGG³ I, 1957 Sp. 64).
[35] Das gilt trotz der (nicht begründeten) Bestreitung durch Fohrer a.a.O. S. 36.
[36] Dazu, daß die Elihureden in Kap. 32—37 im Kontext sekundär sind, siehe oben S. 309.
[37] So u.a. besonders J. Hempel, Das theologische Problem des Hiob (ZSTh 6, 1929, S. 621—689 = ders., Apoxysmata. Vorarbeiten zu einer Religionsgeschichte und Theologie des Alten Testaments [BZAW 81], Berlin 1961, S. 114—173), vor allem S. 685 =

Die Gottesreden werden auch dann als sekundär erklärt, wenn man — unter Hinweis auf Hiobs Wort in 42,5: »Nun aber hat mein Auge dich geschaut« — als Abschluß des Dialogs lediglich eine Vision annimmt, also mit 38,1 eine Erscheinung Gottes im Sturmwind[39].

Solchen Erklärungen widerspricht aber bereits der Text des Dialogs. Hiob hat immer wieder seinen Wunsch nicht nur nach einer Erscheinung Gottes, sondern nach einem Gespräch mit ihm herausgestellt:

Laß wissen mich, um was du mit mir streitest (10,2);
Hingegen ich will zum Allmächt'gen reden
und will an Gott mein Rechtsbegehren richten (13,3);
Dann rufe nur, so will ich Antwort geben,
doch soll ich reden, gib du mir Bescheid (13,22)[40].

So ist als Abschluß der Dichtung nicht nur eine Vision, sondern ein Wort Jahwes gefordert. Dieses findet sich eben in den Gottesreden bzw. — wie sich uns ergeben hat [41] — in der einen Gottesrede. Das gilt auch dann, wenn — wie oft festgestellt wird — die Rede Gottes anders ausfällt, als Hiob erwartet und gewünscht hat[42]. Mit einer Gottesrede als Abschluß der Dichtung ist um so eher zu rechnen, als bereits der ursprüngliche Dialog zwischen Hiob und seinen Freunden, wie er für die zweite Schicht der Rahmenerzählung vorauszusetzen ist, nach 42,7 an seinem Ende eine Jahwerede gebracht hat[43].

Den hier geforderten Zusammenhang zwischen Gottesrede(n) und Dialog suchen die beiden Untersuchungen von Keel und Kubina auf literarischem Wege aufzuzeigen und zu bestätigen; dabei wird in beiden Fällen vorausgesetzt und zu erweisen versucht, daß die Doppelung von Gottesrede und Hiobantwort, wie sie heute vorliegt, von Anfang an gegeben war[44].

Keel registriert in den Hiobreden des Dialogs drei schwere Vorwürfe, die sich gegen Gott richten: »Verbrecher würden besser gedeihen als Ge-

---

S. 168 f. Auch F. Baumgärtel, Der Hiobdialog. Aufriß und Deutung (BWANT 61), Stuttgart 1933, spricht der Dichtung die Gottesreden ab (S. 1), läßt aber auch von Kap. (26) 29—31 nur 31,35.37 als ursprünglich gelten (S. 126; vgl. S. 147f. 189). — Vgl. weiter C. Kuhl, Neuere Literarkritik des Buches Hiob (ThR 21, 1953, S. 163—205. 257—317, S. 264—266).

[38] So E. Sellin, Das Problem des Hiobbuches, Leipzig 1919, S. 32 f. 46; P. Dhorme, Le livre de Job (ÉtB), Paris 1926, S. LXXV.

[39] So H. Schmidt, Hiob, Tübingen 1931, S. 2; Kuhl a.a.O. S. 270 (mit weiterer Literatur); zuletzt wieder Hesse a.a.O. S. 175.

[40] Vgl. weiter 23,3—7 und vor allem 31,35—37.

[41] S. o. S. 316.

[42] Vgl. z.B. S. Terrien, Job (CAT XIII), Neuchâtel 1963, S. 27f.; de Wilde a.a.O. S. 8f.

[43] S. dazu oben S. 309; sowie Fohrer a.a.O. S. 37.

[44] Keel a.a.O.; Kubina a.a.O.

rechte (21,6—34), ja die Welt sei in der Gewalt eines Verbrechers (9,22—24) und würde in ihrer Sinnlosigkeit besser ins Chaos zurückfallen« (so Kap. 3)[45].

»Gegen diese massiven Anschuldigungen setzt sich Gott in zwei Streitreden zur Wehr«[46]. Dabei nimmt »die erste Gottesrede ... mit dem« in 38,2 geäußerten »Vorwurf, Ijob verdunkle den Weltplan ohne Sachverstand, vor allem auf Kap. 3 Bezug«, »auf den Vorwurf Ijobs, die Welt sei chaotisch und sollte ins Chaos zurückkehren. Die zweite Gottesrede zielt hingegen« — mit der Frage Gottes: »Willst du mich schuldig sprechen *(rašă hi.)*, damit du gerecht bist *(ṣdq qal)*?« in 40,8 — »auf den massivsten der Vorwürfe Ijobs ab, auf den Vorwurf, der in Kap. 9,24 erhoben wurde, Gott sei ein *rāšāʿ*«, ein Verbrecher[47].

Mit diesen Feststellungen sind indes die herangezogenen Texte falsch bzw. überinterpretiert. Selbst die ungenaue Wiedergabe von 3,4.5.9, Hiob habe »seine eigene und alle leidvolle Existenz in das Dunkel vor der Schöpfung zurückgewünscht«[48], ergibt doch noch nicht die Aussage (im Munde Hiobs), »die Welt sei chaotisch und sollte ins Chaos zurückkehren«[49]. Und selbst wenn in 9,24: »Das Land ist in die Hand eines Verbrechers *(rašaʿ)* gegeben«, mit dem *rašaʿ* Gott gemeint wäre[50], so meint doch in 40,8 das hi. des Verbums *rašaʿ* nicht »zum Verbrecher erklären«, sondern — wie das Gegenüber zu *ṣdq* »gerecht sein« belegt — »schuldig sprechen«; d. h. 40,8 hat Hiobs gegen Gott geäußerte Vorwürfe allgemein im Blick, nicht aber speziell 9,24. Im übrigen würde ein Rückbezug von 38,2 und 40,8 auf Aussagen des Dialogs noch nicht die Ursprünglichkeit der Gottesrede(n) beweisen; er könnte auch bei einer sekundären Anfügung der Gottesrede(n) hergestellt worden sein.

Kann sich aber weder 38,2 auf Kap. 3 noch 40,8 auf 9,24 beziehen, ist die Argumentation von Keel unhaltbar.

Für Kubina steht die Zusammengehörigkeit von Dialog und Gottesrede(n) allein unter dem Aspekt des Nachweises, daß auch die zweite Gottesrede — und damit auch eine selbständige zweite Hiobantwort — genauer: Kap. 40,1—42,6 — von dem Verfasser der Dichtung stammen. Deshalb heißt es: »Läßt sich ein — wie immer gearteter — Zusammenhang zwischen dem Hiobdialog sowie dem ersten Teil der Rede einerseits (Kap. 38 f.) und deren Fortsetzung in 40,15 ff. andererseits aufzeigen, dann entfällt das ge-

---

[45] A. a. O. S. 44.
[46] Ebenda.
[47] A. a. O. S. 126; vgl. schon S. 42 Anm. 123.
[48] A. a. O. S. 54.
[49] A. a. O. S. 126; oder einfach: »Die Welt ist ein Chaos«; a. a. O. S. 42 Anm. 123.
[50] So z. B. Fohrer a. a. O. z. St. Doch sehen andere in dem *rašaʿ* einen menschlichen Tyrannen; z. B. F. Horst, Hiob. 1. Teilband: Hiob 1—19 (BK XVI/1), Neukirchen—Vluyn 1968 = ⁴1983, S. 150 f.; de Wilde a. a. O. S. 148 f.

wichtigste Argument gegen die Authentizität des M-Textes«.[51] Im Laufe ihrer Untersuchungen notiert die Verfasserin dann zwar einige Übereinstimmungen im Wortgebrauch zwischen den beiden Gottesreden des masoretischen Textes und dem Dialog[52] und stellt auch sachliche Beziehungen zwischen den Gottesreden und dem Dialog fest[53]. Aber nicht ein einziges dieser Beispiele leitet zwingend die Abhängigkeit einer Aussage in den Gottesreden oder gar einer ganzen Gottesrede oder aller beider von einer Aussage im Dialog ab. So ist auch hier nichts Neues und Sicheres darüber zu gewinnen, daß die Gottesrede (oder auch beide Gottesreden) bereits von dem Verfasser des Dialogs konzipiert waren.

3.0. Nun gilt es, die oben getroffene Feststellung, daß das umfassende Unschuldsbekenntnis zumeist in Eidesform die Gottesbegegnung und in Verbindung damit die Gottesrede vorbereitet, zu verifizieren. Diesem Vorhaben dient es, wenn wir jetzt dem strukturellen Zusammenhang zwischen Unschuldsbekenntnis und Gottesbegegnung (mit Gottesrede) nachgehen. Wir nehmen dafür zunächst die Forschung auf. Hier liegen mehrere Versuche vor, für diesen Zusammenhang formgeschichtliche Vorbilder zu ermitteln. Diese liegen 1. im psalmistischen Bereich, 2. im juridischen Bereich, 3. in einer Kombination beider Bereiche.

3.1. Den Aufbau im wesentlichen der ganzen Dichtung hat C. Westermann mit einer Psalmengattung verglichen: mit dem »Klagelied eines Einzelnen«[54].

1. Danach entspricht Hiobs Dialog mit den Freunden im Klagelied des Einzelnen der Klage; genauer: Es handelt sich hier um »dramatisierte Klage«[55].

2. Die Unschuldsbeteuerung, wie sie in Hi 31 vorliegt, ist in den Klageliedern des Einzelnen »ein fester, häufig begegnender Bestandteil«: »Sie gehört zu den Beweggründen, die Gott zum Eingreifen bewegen sollen«[56].

3. »Die Beweggründe in den K(lageliedern des) E(inzelnen) sind immer mit der Bitte verbunden. Dasselbe ist hier der Fall: 31,35–37. V. 35 ist zwar nicht Bitte, sondern Wunsch. Aber das entspricht der Dichtung im Ganzen, in der die indirekte Bitte vor dem direkten Wunsch meist zurücktritt«[57].

---

[51] A.a.O. S. 17f.
[52] A.a.O. S. 78. 80; besonders S. 115f.
[53] Z.B. S. 77. 81. 122.
[54] C. Westermann, Der Aufbau des Buches Hiob (BHTh 23), Tübingen 1956 = 2. erweiterte Auflage (CThM A/6), Stuttgart 1977, S. 27ff. (hier geht eine »Einführung in die neuere Hiobforschung« von J. Kegler voran).
[55] A.a.O. S. 11 = S. 37.
[56] A.a.O. S. 33 = S. 59; vgl. auch S. 78 = S. 104.
[57] A.a.O. S. 34 = S. 60.

4. Mit den Gottesreden ist »in der Klage ... der Punkt erreicht, an dem in den Klagepsalmen die Antwort Gottes erwartet wird«. Die »Antwort Gottes an Hiob« »steht an der Stelle der Gottesantwort in den Klagepsalmen« – wobei mit »Gottesantwort« das »Heilsorakel« gemeint ist[58]. Die Gottesreden stehen demnach an der Stelle des Heilsorakels in den Klageliedern.

5. Die Antworten Hiobs entsprechen offenbar nach Westermann der »Antwort des Flehenden« auf das Heilsorakel; das wird daraus erschlossen, daß wie in Hi 42 auch in einigen Psalmen diese Antwort mit »(nun) weiß ich ...« beginnt[59].

Überprüfen wir diesen formkritischen Vergleich, so ergibt sich:

1. Ein formkritischer Vergleich zweier Texte hat nur dann einen Sinn, wenn auch ihr Inhalt berücksichtigt wird[60]. Beachten wir den Inhalt der hier herangezogenen Texte, dann liegt eine Übereinstimmung zwischen den beiden »Formen« – der Hiobdichtung und des Klageliedes eines Einzelnen – bei der Unschuldsbeteuerung vor. Das ist aber auch alles – und das gilt auch nur für jene Klagelieder, die man als »Gebetslieder Angeklagter und Verfolgter«[61] bezeichnen kann. Nur in diesen versichert der Beter seine Unschuld. Aber schon die Intentionen dieser Unschuldsbeteuerungen sind verschieden: Der Psalmist will damit die »Gerechtsprechung« durch Gott erreichen; bei Hiob dient sie dem Abschluß des Dialogs und der Vorbereitung der Gottesbegegnung, in der der Dulder von Gott eine Begründung für sein unheilvolles Geschick erwartet.

---

[58] A.a.O. S. 83 = S. 109.

[59] A.a.O. S. 100 = S. 126. Westermann verweist auf Ps 20,7; 56,10; 140,13; 41,12 sowie auf eine weitere Parallele in Ps 135,5f. Von diesen Belegen setzt aber allenfalls Ps 20,7 ein Heilsorakel voraus.

[60] H.-P. Müller, Das Hiobproblem (Erträge der Forschung 84), Darmstadt 1978, S. 85, beobachtet zutreffend zu Westermann: »Die Frage nach der Funktion der gattungsgebundenen Teilelemente im Ablauf des 'Hiobdramas' tritt so an die Stelle der Frage nach einem Gedankenfortschritt.« Aber eben dieses Verfahren wird den Aussagen der Texte nicht gerecht. – Das gilt auch zu Fohrer, der in seinem Aufsatz »Form und Funktion in der Hiobdichtung« (ZDMG 109, 1959, S. 31–49 = ders., Studien zum Buche Hiob, Gütersloh 1963, S. 68–86 = ders., Studien zum Buche Hiob [1956–1979], 2., erweiterte und bearbeitete Auflage [BZAW 159], Berlin–New York 1983, S. 60–77) feststellt: »Die Annahme, daß die verwendete Form dem Inhalt entsprechen müsse oder auf ihn schließen lasse, erweist sich demnach in dieser verallgemeinernden Art als irrtümlich. Gewiß trifft sie häufig zu. Aber die Form kann ebenso einem ganz anderen Inhalt dienen, als es ihrem Sitz im Leben entspricht, und also eine andere Funktion erhalten« (Studien¹ S. 86 = Studien² S. 76f.).

[61] So W. Beyerlin, Die Rettung der Bedrängten in den Feindpsalmen der Einzelnen auf institutionelle Zusammenhänge untersucht (FRLANT 99), Göttingen 1970; vgl. schon H. Schmidt, Das Gebet der Angeklagten im Alten Testament (BZAW 49), Gießen 1928; weiter: H.-J. Kraus, Psalmen. 1. Teilband: Psalmen 1–59 (BK XV/1), Neukirchen–Vluyn ⁵1978, S. 57f.

2. Die Beschreibung des Dialogteiles als »dramatisierte Klage« trifft den Inhalt von Kap. 4—27 nur sehr ungenau; der Tenor der Freundesreden, die ja einen nicht unerheblichen Teil des Dialogs ausmachen, tritt dabei überhaupt nicht in den Blick[62]. Hier geht es eben nicht nur um »Klage«.

3. Daß in Hi 31,35(—37) nicht eine Bitte vorliegt (wie die Entsprechung zum Klagelied erwarten ließe), sondern ein Wunsch, hat Westermann selbst festgestellt[63]. Aber auch hier liegt der Unterschied tiefer. Während im Klagelied die Bitte des Beters auf Abhilfe von Not oder Bedrohung zielt, enthält der Wunsch Hiobs eine Forderung an Gott: Er will von Gott wissen, was gegen ihn vorliegt.

4. Inhaltlich haben die Gottesreden im Hiobbuch und das Heilsorakel im Kult (das in bestimmten Psalmen — z.B. in Ps 22 — wohl vorauszusetzen ist) — zwei Größen, die Westermann formkritisch einander parallel stellt — nichts miteinander zu tun. Im Heilsorakel sagt ein Priester (oder Kultprophet) im Namen Gottes dem Beter Abhilfe aus seiner Notsituation zu; in der Gottesrede — oder auch in den Gottesreden — aber macht Gott gegenüber Hiob seine Allwissenheit und Allmacht deutlich.

5. Der formale Aufbau, von dem Westermann ausgeht, setzt voraus, daß im Klagelied eines Einzelnen auf eine Unschuldsbeteuerung ein Heilsorakel folgt. Demgegenüber ist festzustellen, daß es im Alten Testament nicht einen einzigen Psalm gibt, in dem dies der Fall ist — oder umgekehrt formuliert: in dem einem Heilsorakel eine Unschuldserklärung vorangeht. Beide — Unschuldsbeteuerung und Heilsorakel — gehören unterschiedlichen Arten von »Klageliedern« an![64]

3.2. Für Westermann tritt im Hiobdialog neben die Klage ein zweiter »Grundvorgang«[65]: der »Rechtsvorgang«. Im Rechtsvorgang ruft Hiob, der von den Freunden beschuldigt war, ein Frevler zu sein (22), die höhere Instanz an, die aber gleichzeitig sein Gegner ist, den er zum Rechtsstreit herausfordert[66].

Was hier eher am Rande notiert wird, tritt andernorts in den Mittelpunkt des Interesses und führt dort zu einer juridischen Interpretation des Hiobbuchs. So stellt Richter in seiner 1959 veröffentlichten Dissertation anhand der Besprechung eines Aufsatzes von Hertzberg[67] fest, »daß im Hiobbuche die Gattungen, die aus dem Rechtsverfahren erwachsen sind,

---

[62] Kann man Kap. 3 allenfalls auch als »Klage« bezeichnen — weithin liegt »Selbstverwünschung« vor —, so enthalten Kap. 29—31 nur teilweise »Klage«: in Kap. 30. So mit Westermann a.a.O. S. 33 = S. 59 gegen S. 11 = S. 37.

[63] A.a.O. S. 34 = S. 60.

[64] Vgl. zu Westermann auch Keel a.a.O. S. 25.

[65] Vgl. a.a.O. S. 34 = S. 60.

[66] A.a.O. S. 83 = S. 109; vgl. schon S. 5. 34 = S. 31. 60.

[67] H. W. Hertzberg, Der Aufbau des Buches Hiob (Festschrift für Alfred Bertholet, Tübingen 1950, S. 233—258).

eine, wenn nicht *die* entscheidende Rolle spielen«[68]. Uns interessieren nur die Ausführungen Richters, die sich auf Hiob (29—)31 und 38,1—42,6 beziehen.

Für Richter erweist sich der — auch von ihm angenommene — »Reinigungseid« als Schaltstelle zwischen zwei verschiedenen Rechtsverfahren: zwischen Hiob und seinen Freunden und zwischen Hiob und Gott. Einerseits beendet der Reinigungseid ein — von Richter erschlossenes — gerichtliches Schlichtungsverfahren zwischen den drei Freunden und Hiob in Kap. 15—31. Aufgrund seines Unschuldsbeweises ziehen die Freunde ihre Anklage gegen Hiob zurück[69], wie sich aus ihrem Schweigen ergibt[70]. Andererseits löst dieser Eid »das Rechtsverfahren mit Gott« — oder wie es anderen Ortes heißen kann: das »Gottesurteilsverfahren«[71] — aus, »das dann, ganz dem Wunsche Hiobs entsprechend, in der Form eines weltlichen Prozeßverfahrens in Rede und Gegenrede beider Parteien verläuft«[72]. Dieses zweite »Rechtsverfahren« ergebe sich daraus, daß — wenn Hiob unschuldig ist — Gott schuldig sei und Hiobs Anklage gegen Gott (wie sie sich in den Hiobreden findet) zu Recht bestehe[73]. In 38,4 und 40,2.8—14 gebe Jahwe dem Hiob die Möglichkeit, »seinen Anspruch« auf einen Rechtsstreit »unter Beweis zu stellen«[74]. Mit 38,4:

Wo bist Du gewesen, als ich die Erde gründete?
Gib Bericht, wenn du Einsicht besitzt!

soll Jahwe geradezu »die Form der Beweisführung vor(schreiben)«[75]. Den Beweis für die Berechtigung seines Anspruches müsse Hiob durch die Beantwortung der in 38,5 ff. folgenden Fragen sowie durch Vollbringen der in 40,8—14 geforderten Taten erbringen. Sei Hiob dazu nicht in der Lage, so bestehe sein Anspruch zu Unrecht. »Damit wäre auch der Rechtsstreit beendet, ohne daß Gott als Richter ein Urteil sprechen müßte, in dem Hiob für schuldig erklärt wird«[76]. Da Hiob den Beweis nicht erbringen kann, wird er »im Rechtsstreit mit Gott durch Gott ... so sehr besiegt, daß es gar nicht zu einem rechtskräftigen Urteil gekommen ist«. So sieht Richter schließlich in Hiobs Unterwerfungserklärung in 40,4—5; 42,2—6[77] eine

---

[68] H. Richter, Studien zu Hiob. Der Aufbau des Hiobbuches, dargestellt an den Gattungen des Rechtslebens, Berlin (Ost) 1959, S. 13; vgl. ders., Erwägungen zum Hiobproblem (EvTh 18, 1958, S. 302—324).
[69] Studien S. 102 f.
[70] A.a.O. S. 108.
[71] So a.a.O. S. 119.
[72] A.a.O. S. 99.
[73] A.a.O. S. 110.
[74] A.a.O. S. 122.
[75] A.a.O. S. 122.
[76] A.a.O. S. 125. Hier auch das nachfolgende Zitat.
[77] Richter versetzt 40,4—5 vor 42,2 ff.; a.a.O. S. 123 f.

»Streitverzichterklärung Hiobs«, in der er verspricht, »nie wieder einen Rechtsstreit mit Gott zu führen«[78].

Zu diesen Ergebnissen ist von unserer Fragestellung her zweierlei zu sagen.

1. Es steht außer Zweifel, daß das Hiobbuch und besonders die Hiobdichtung Begriffe und Modelle des israelitischen Rechtslebens aufgenommen hat[79]. Und ebenso deutlich sprechen die Herausforderungsreden Hiobs in 10,2; 13,3.18—27; 23,3—6 und vor allem 31,35—37 die Sprache eines Rechtsvorganges[80]. Was aber Richter für den Dialog und für die Gottesrede an Gattungen des Rechtslebens, an »Rechtsvorgängen«, im Hiobbuch ermitteln zu können glaubt, geht weit über das hinaus, was die Texte hergeben.

Grundsätzlich ist auch hier festzustellen: Eine für einen Text postulierte Form muß der Aussage des Textes adäquat sein; und umgekehrt: Die Aussage eines Textes muß zu der Form, die für diesen Text postuliert wird, passen. Das bedeutet: Wenn die Aussage eines Textes nicht zu der für ihn postulierten Form paßt, ist die Form falsch bestimmt. Wendet man diesen Grundsatz auf die Thesen von Richter an, so ergibt sich: Was Richter aus dem Hiobbuch an »Rechtsvorgängen« ableitet, wird — zumeist — dem Wortlaut der Texte nicht gerecht. Der Frage, ob der Dialog in Kap. 4—27 nicht einen »Rechtsstreit« zwischen Hiob und seinen Freunden widerspiegelt oder nach dem Modell eines Rechtsstreites gestaltet ist, brauchen wir hier nicht nachzugehen. In unserem Zusammenhang interessiert die Erklärung der Gottesrede. Hier findet Richter in 38,2—3 »die Vorladung Hiobs durch Jahwe«; Jahwe trete hier »als Richter in den von Hiob geforderten Rechtsstreit ein«[81]. Aber was ist das für ein »Richter«, der von dem »Beklagten«[82] »Belehrung« anfordert:

Ich will dich fragen, dann belehre mich *(weḥôdî'eni)* (38,3).

Hier liegt nicht Rechtssprache vor, sondern weisheitliche Redeweise. Kap. 38 enthält noch weitere derartige Wendungen aus dem Streit von Weisen:

Gebotest du in deinem Leben je dem Morgen? (v. 12a);
Hast du denn Einsicht in der Erde Weite?
So tu doch kund, ob du sie ganz begreifest! (v. 18);
Du weißt es — damals bist du ja geboren
und deiner Lebenstage Zahl ist groß (v. 21).

---

[78] A.a.O. S. 125.
[79] Vgl. vor allem Horst, Hiob, und daraus die Belege, die H.-P. Müller a.a.O. S. 97 zusammengestellt hat. — Vgl. H. J. Boecker, Redeformen des Rechtslebens im Alten Testament (WMANT 14), Neukirchen–Vluyn ²1970, Register der Hiobstellen.
[80] Westermann a.a.O. S. 5 = S. 31.
[81] A.a.O. S. 122.   [82] A.a.O. S. 125.

Das alles hat mit Rechtssprache nichts zu tun. Die Gottesrede ist also nicht juridisch, sondern weisheitlich geprägt[83]. Genauer: Es handelt sich um eine weisheitliche Streitrede[84, 85].

2. Den formalen Zusammenhang zwischen Hiob 31 und 38ff. sieht Richter darin, daß der »Reinigungseid« in Kap. 31 das »Rechtsverfahren« Hiobs mit Gott[86], anders gesagt: das »Gottesurteilverfahren«[87], auslöst[88]. Indes: daß ein Reinigungseid ein weiteres Rechtsverfahren, gar ein Gottesurteilverfahren »auslösen« kann, ist rechtsgeschichtlich — nicht nur für Israel — unmöglich.[89]

So ergibt sich: Mit Hilfe eines juridischen Formmodelles kann die Zusammengehörigkeit von Kap. 31 und 38ff. nicht wahrscheinlich gemacht werden.

---

[83] Zur weisheitlichen Deutung der Gottesrede vgl. auch O. Kaiser, Leid und Gott. Ein Beitrag zur Theologie des Buches Hiob (Sichtbare Kirche. Festschrift Heinrich Laag, Gütersloh 1973, S. 13–21); H. D. Preuß, Jahwes Antwort an Hiob und die sogenannte Hiobliteratur des alten Orients (Beiträge zur alttestamentlichen Theologie. Festschrift für Walther Zimmerli, Göttingen 1977, S. 323–343).

[84] Keel a. a. O. S. 27 zu Richter: »Statt das fällige Urteil zu sprechen, streitet Gott mit Ijob.«

[85] Das hier vorgetragene Argument gilt auch gegen den Versuch von Kubina, beide Gottesreden in Hiob 38ff. aus juridischen Strukturen zu erklären: »Die bei Dt Jes aufgezeigte Struktur des Rechtsstreites läßt sich auch in der Gottesrede nachweisen. Die Vorladung findet sich in 38,3 (40,2) und 40,7, wobei die charakteristischen Wurzeln *rîb* und *jkḥ* auftauchen« (NB: dies nur in dem — (für uns) sekundären — Vers 40,2!). »Die Verhandlung enthält die Gegenklage Gottes (38,2; 40,8ff.). Diese geschieht durchgehend in Form rhetorischer Fragen; sie umfaßt in größtmöglicher Breite das Theologoumenon 'Heilshandeln Gottes'. Das Urteil ergeht indirekt, ohne ausdrücklichen Entscheidungsspruch, innerhalb der Verteidigung (rhetorische Fragen); besonders deutlich tritt es in 41,2b–4 hervor. Auf diese zugespitzten Fragen (*mj* ...) gibt es nur eine Antwort: Niemand! Der Dialog (31,35f.!) sowie die Gegenklage Gottes setzen aber voraus, daß Hiob es wagte, Gott 'vortreten zu lassen'. Dieser Sache wird er nun überführt; das Urteil ist eindeutig« (a. a. O. S. 137). Zur »Vorladung« s. oben; 38,2; 40,8–14 sind nicht »Gegenklage Gottes« (vgl. nur Jahwes Wort in 40,14: »Dann will sogar auch ich dein Lob anstimmen, weil deine Rechte Hilfe dir gebracht«); und der Text von 41,2–4 (v. 2a kann man nicht einfach weglassen!) ist unsicher (vgl. etwa Fohrer, Das Buch Hiob, S. 525. 527), die Fragen sind kaum auf Jahwe zu beziehen: Nicht Jahwe, sondern das Krokodil (der Leviathan) ist so furchtbar, daß niemand ihm entgegenzutreten wagt (hier einmal davon abgesehen, daß dieser Textteil zu einem sekundären Abschnitt gehört).

[86] A. a. O. S. 99.

[87] A. a. O. S. 107. 119.

[88] Vgl. Richter, Erwägungen, S. 318: »Kap. 38,1–42,6 enthalten nun das Gottesurteilverfahren, das sich aber nicht in der im Kultus üblichen Weise abwickelt, sondern sich analog dem weltlichen Rechtsverfahren vollzieht.«

[89] S. dazu oben S. 319.

3.3. Beide im Vorhergehenden behandelten Erklärungen, die psalmistische (3.1) und die juridische (3.2), nimmt Fohrer auf und stellt sie als alternative Möglichkeiten nebeneinander[90]. Die drei Textgruppen

1. die Herausforderungsreden Hiobs (29—31),
2. die Antwort Gottes (38,1—40,2.6—14),
3. das abschließende Wort Hiobs (40,3—5; 42,1—6)

folgen nach Fohrer in ihrem formgeschichtlichen Zusammenhang einerseits »dem Vorbild der Klagepsalmen«[91] mit der Gliederung

1. a) »Erzählung der Not« und »eidliche Beteuerung der Unschuld«,
2. a) das »anschließend ergehende Jahweorakel« (Heilsorakel),
3. a) die »Schlußworte der Psalmbeter, die dem Dank oder der Gewißheit der Erhörung Ausdruck geben«,

andererseits dem Aufbau eines Rechtsverfahrens:

1. b) Reinigungseid und Herausforderung Gottes,
2. b) das Gottesurteil,
3. b) die Aneignung des Urteils durch den Rechtsuchenden im Gerichtsverfahren[92].

Diesen Aufstellungen über einen doppelten formgeschichtlichen Zusammenhang zwischen Kapitel 29—31 und 38ff. widersprechen die oben unter 3.2. und 3.3. dargelegten Argumente. Viererlei ist besonders hervorzuheben:

1. Nach 31,36 will Hiob die von ihm geforderte Schrift, die die Vorwürfe Gottes gegen ihn enthalten soll, »auf seine Schultern heben« und sich »als Diadem umwinden«. Daß diesem Vorgang »die Vorstellung eines Fluchordals« zugrunde liege, »wobei man die mit Flüchen geladene Anklageschrift mit sich in engste Berührung« bringe[93], läßt — anders als vergleichsweise etwa Num 5—Hi 31,36 nicht erkennen und ist ganz unwahrscheinlich.

2. Daß auf einen Reinigungseid ein Gottesurteil als »Gegenprobe« folge[94], ist für israelitische Verhältnisse rechtsgeschichtlich unmöglich; beide Vorgänge — der Reinigungseid wie das Gottesurteilverfahren — entschei-

---

[90] Form und Funktion (s. Anm. 60); Gottes Antwort aus dem Sturmwind (Hi 38—41) (ThZ 18, 1962, S. 1—24 = Studien¹ S. 108—129 = Studien² S. 114—134); Das Buch Hiob S. 427ff. u.ö.
[91] Studien¹ S. 109 = Studien² S. 115.
[92] Studien¹ S. 84f. 109f. = Studien² S. 75f. 115f.
[93] So Fohrer, Das Buch Hiob, S. 444. — Diese Stelle nicht bei R. Preß, Das Ordal im alten Israel (ZAW 51, 1933, S. 121—140. 227—255).
[94] So Fohrer, Studien¹ S. 84 = Studien² S. 75; Das Buch Hiob S. 444.

den das je anstehende Rechtsverfahren für sich, je nachdem welcher Vorgang vorgeschrieben ist[95].

3. Hiobs Unterwerfung unter Gott und sein Handeln in 40,3−5 + 42,2.3 aβ.b.5.6 ist inhaltlich und damit auch formal nicht mit dem »Dank für Rettung oder Erhörung« gleichzusetzen.

4. Für die Erklärung eines Textzusammenhangs gleich zwei verschiedene formale »Vorbilder« anzubieten, entwertet die Beweiskraft von beiden.

4.0. Die hier behandelten Versuche, den Zusammenhang zwischen Hi 31 und 38 ff. durch formkritische Vergleiche wahrscheinlich zu machen, werden also ihrer Aufgabe nicht gerecht. Nicht von der formalen Struktur, sondern allein vom Inhalt der Texte her ist zu erklären, weshalb und wie Kap. 31 und Kap. 38 ff. von der Konzeption der Dichtung her zusammengehören. Dies ist nun aufzuzeigen.

4.1. Zum Vergleich ziehen wir zunächst den Spruch 125 des sogenannten »Totenbuches« aus Ägypten heran[96]. Er enthält die umfangreichste Zusammenstellung von schlechten, falschen Handlungen, die ein Mensch versichert, nicht begangen zu haben.[97] In dem Spruch folgen auf eine Einleitung drei Teile der Rede eines Verstorbenen. Die Einleitung nennt die Situation[98]:

> »Was zu sagen ist beim Eintreten in die Halle der Vollständigen Wahrheit[99], beim Trennen des N.N. von allem Bösen, das er getan hat, beim Schauen der Gesichter der Götter; N.N. spricht.«

Die Rede des Verstorbenen beginnt mit einem Gruß an Osiris, den Totengott und Herrn des Totengerichtes, den der Tote beim Betreten der Halle des Totengerichts spricht[100]:

---

[95] Zum »Gottesurteil in Israel« vgl. Preß a.a.O.; E. Kutsch in RGG³ II, 1958, Sp. 1808 f.

[96] Übersetzungen: H. Brunner, Das negative Sündenbekenntnis (Totenbuch Spruch 125) (RTAT Text Nr. A, 31 = S. 89−93); E. Hornung, Das Totenbuch der Ägypter (Die Bibliothek der alten Welt), Zürich und München 1979, S. 233−245. Abbildungen: E. Rossiter, Die ägyptischen Totenbücher, Berlin−Darmstadt−Wien 1978, S. 62 f. − Vgl. auch R. Grieshammer, Zum »Sitz im Leben« des negativen Sündenbekenntnisses (ZDMG Suppl. 2, 1974, S. 19−25).

[97] Der Spruch 125 des Totenbuches wurde zur Erklärung von Hi 31 herangezogen von P. Humbert, Recherches sur les sources égyptiennes de la littérature sapientiale d'Israël (Mémoires de l'Université de Neuchâtel VII), Neuchâtel 1929, S. 91 ff.

[98] Die Wiedergabe folgt der Übersetzung von Brunner a.a.O., gelegentlich auch der von Hornung a.a.O.

[99] So nach Hornung a.a.O. S. 233. 492 f. Wörtlich: »der beiden Wahrheiten«; vgl. Brunner a.a.O. S. 90 bei und mit Anm. 325.

[100] Brunner a.a.O. S. 89.

»Gegrüßet seist du, großer Gott, Herr der Vollständigen Wahrheit. Ich bin zu dir gekommen, mein Herr, ich bin zu dir gebracht worden, um deine Vollkommenheit zu schauen. Ich kenne dich, ich kenne den Namen der 42 Götter, die bei dir sind in der Halle der Vollständigen Wahrheit ... Ich bin zu dir gekommen, nachdem ich dir die Maat[101] gebracht habe und dir das Unrecht vertrieben habe.«

Der Verstorbene legt sodann das »negative Sündenbekenntnis« ab. Einen dritten Teil, eine Schlußrede, hat der Tote wohl beim Verlassen der Gerichtshalle gesprochen[102].

In dem »negativen Sündenbekenntnis« versichert der Tote, eine lange Reihe von Vergehen, die er aufzählt – 42 an der Zahl – nicht begangen zu haben. Hier heißt es etwa:

»Ich habe kein Unrecht gegen Menschen begangen ... Ich habe keine Unzucht getrieben ... Ich habe nicht Gott gelästert ... Ich habe mich nicht an einem Armen vergriffen ... Ich habe nicht getötet. Ich habe nicht zu töten geheißen ... Ich habe nicht die Opferbrote der Götter geschädigt ... Ich habe nicht den Zeitpunkt für die Opfer überschritten ...«

Am Schluß der »negativen Beichte« betont der Verstorbene durch viermaliges Sprechen: »Ich bin rein.«[103] Die 42 Totenrichter überprüfen je eine Aussage, indem sie das Herz des Toten gegen die »Maat«, die Ordnung, das Recht, abwiegen, wobei »der Waagbalken, an dem die beiden Waagschalen hängen, dann in Ruhe bleibt, wenn die Aussage stimmt, die genannte Sünde also nicht begangen ist«[104].

Es ist deutlich, daß diese Unschuldsbeteuerung stark an die des Hiob in Hi 31 erinnert. Allerdings lehnt Fohrer einen Vergleich beider Größen ab, in dem er auf bestehende Unterschiede hinweist. So »sind die ägyptischen Konfessionen stilistisch anders gebaut als die Bedingungssätze des israelitischen Eides, suchen die kultische Reinheit in gleichem Maße wie die ethische zu erweisen und weichen naturgemäß in allerlei Einzelheiten ab«[105]. Diese Beobachtungen sind zwar richtig, aber sie gehen am Kern der Sache vorbei. Die inhaltlichen Differenzen resultieren aus der jeweils vorausgesetzten Situation. Die stilistischen Unterschiede gleichen sich aus. Im Totenbuch ergibt sich die Richtigkeit der Beteuerung aus der Überprüfung durch

---

[101] = das Recht (so Hornung a.a.O. S. 233).
[102] Brunner a.a.O. S. 89. Vollständiger Text dieses Teiles mit einer der »Einleitung« entsprechenden »Nachschrift« mit rituellen Anweisungen bei Hornung a.a.O. S. 239–245.
[103] Brunner a.a.O. S. 90f.
[104] Brunner a.a.O. S. 89.
[105] Das Buch Hiob, S. 429.

die Totenrichter, bei Hiob aus der (vorwiegend vorliegenden) Form des Eides.

Es kommt aber noch ein wichtiger Gesichtspunkt hinzu. Hiob fordert die Begegnung mit Gott; geht es nach seinem Wunsch, steht nach 31,35—37 diese Gottesbegegnung bevor. In dem ägyptischen Text ist der Verstorbene in die Halle des Totengerichts gekommen, um »die Vollkommenheit« des von ihm angeredeten Totengottes Osiris »zu schauen«; und nach der Feststellung seiner Unschuld durch die Totenrichter »kann er endlich als ein voll Gerechtfertigter vor Osiris geführt werden«[106]. In beiden Fällen setzt die Gottesbegegnung die Feststellung der Untadeligkeit der betreffenden Person voraus. Sie erfolgt in der Hiobdichtung in dem umfassenden Unschuldsbekenntnis zumeist in Eidesform in Kap. 31, in dem ägyptischen Text in der »negativen Beichte« im zweiten Teil der Rede des Verstorbenen. Umgekehrt zielt im Totenbuch die »negative Beichte« auf die Begegnung des Toten mit dem Gott Osiris. Gilt dieses aber ebenfalls für die Hiobdichtung, zielt also auch die Unschuldserklärung Hiobs auf die (von ihm ja gewünschte) Gottesbegegnung, dann ist die im jetzigen Text in Kap. 38 ff. berichtete Begegnung mit Gott samt der Gottesrede nicht erst sekundär in die Dichtung eingefügt, sondern bereits von dem Hiobdichter selbst vorgegeben und konzipiert.

Mit anderen Worten: Der Spruch 125 des ägyptischen Totenbuches liefert für die Hiobdichtung nicht nur die Parallele hinsichtlich des Unschuldsbekenntnisses in Hi 31, sondern auch eine Entsprechung für den Zusammenhang zwischen Unschuldserklärung und Gottesbegegnung (Hi 31 + 38 ff.).

4.2. Nun gibt es aber auch im Alten Testament selbst mehrere Texte, die einen Zusammenhang zwischen Untadeligkeit und Gottesbegegnung aufzeigen. Wir nennen zunächst die als »Torliturgien« zusammengehörenden *Psalmen 15 und 24* sowie *Jes 33,10—16*[107]. In Ps 15 und 24 wird gefragt, wer »hinaufsteigen darf auf Jahwes Berg« (Ps 24,3), wer »auf seinem

---

[106] Hornung a.a.O. S. 492.
[107] Diese drei Texte wurden zusammengestellt von H. Gunkel, Jesaia 33, eine prophetische Liturgie (ZAW 42, 1924, S. 177 ff. — 208), besonders S. 192 ff. zu Jes 33,14b—16; K. Koch, Tempeleinlaßliturgien und Dekaloge (Studien zur Theologie der alttestamentlichen Überlieferung, hrsg. von R. Rendtorff und K. Koch, Neukirchen 1961, S. 45—60) (hier auch Mi 6,6—8; s. unten S. 333 f.). Mit Hi hat bereits J. Hempel Jes 33; Ps 15; 24 in Verbindung gebracht: Die israelitischen Anschauungen von Segen und Fluch im Lichte altorientalischer Parallelen (ZDMG 79, 1925, S. 20—110 = Apoxysmata. Vorarbeiten zu einer Religionsgeschichte und Theologie des Alten Testaments [BZAW 81], Berlin 1961, S. 30—113), S. 97 = S. 102. — Die in RTAT S. 89 neben Hi 31 genannten Texte Dtn 26,13—14; 1 Sam 12,3; Ps 26,4—5 bieten zwar auch Unschuldsbekenntnisse. Da dort aber keine Gottesbegegnung im Blick ist, ergeben diese Texte für unseren Zusammenhang nichts.

heiligen Berg wohnen« darf (Ps 15,1), das heißt: wer in die Nähe der Gottheit, Jahwes, gelangen darf. Als Voraussetzung dafür werden untadeliges Leben (Ps 15,2), reine Hände und ein lauteres Herz (Ps 24,4a) gefordert. Dazu werden einige Vergehen aufgezählt, deren ein solcher sich nicht schuldig gemacht haben darf: »Wer nicht mit der Zunge Verleumdung verbreitet, seinem Nächsten nichts Böses antut und nicht Schmach auf den Nachbar lädt ...« (Ps 15,3—5a); »wer 'seine' Seele nicht nach Eitlem richtet und nicht trügerisch schwört« (Ps 24,4b). In derselben Weise wird in »Verfremdung« solcher Torliturgien[108] in Jes 33,10—16 für den Zeitpunkt, an dem Jahwe den Menschen begegnen wird, indem er zur Bestrafung der Übeltäter aufsteht, die Frage: »Wer kann denn Schutz finden bei verzehrendem Feuer« (v. 14), nämlich des göttlichen Zornes, beantwortet mit dem Hinweis auf den, »der in Gerechtigkeit wandelt und die Wahrheit spricht, wer erpreßten Gewinn verschmäht ...« (v. 15).

Solch rechtes Verhalten an Stelle des »Nichttuns« von Bösem, Sünde, der Un-tadeligkeit, wird in *Mi* 6,6—8 expresso verbo mit der Begegnung Gottes in Verbindung gebracht. Hier heißt es:

(6) Womit soll ich vor Jahwe hintreten,
mich niederbeugen vor dem Gott der Höhe?
Soll ich vor ihn hintreten mit Brandopfern,
mit einjährigen Kälbern?
(7) Hat Jahwe Gefallen an Tausenden von Widdern,
an Zehntausenden von Bächen Öls?
Soll ich meinen Erstgeborenen hingeben für meine Auflehnung,
mein eigenes Kind[109] für die Sünde meines Lebens?
(8) Es ist dir mitgeteilt, o Mensch, was gut ist
und was Jahwe von dir fordert:
nichts als Recht tun und Huld lieben
und gehorsam wandeln[110] mit deinem Gott.

---

[108] Vgl. H. Wildberger, Jesaja. 3. Teilband: Jesaja 28—39. Das Buch, der Prophet und seine Botschaft (BK X/3), Neukirchen—Vluyn 1982, S. 1296f. 1307.

[109] So H. W. Wolff, Dodekapropheton 4. Micha (BK XIV/4), Neukirchen—Vluyn 1982, S. 137; wörtlich: »Meine Frucht des Mutterschoßes«.

[110] Zur Übersetzung der Wendung $haṣne^{a'}$ $läkät$ s. Wolff a.a.O. S. 155f. mit der dort verarbeiteten Literatur sowie HAL 3. Lfg., 1983, S. 972f. Für den als Adverb verwendeten absoluten Infinitiv $haṣne^{a'}$ erwägt Wolff a.a.O. S. 156 — im Vergleich mit Dtn 10,12—22 — die Bedeutungen »besonnen«, »aufmerksam« (so die Übersetzung a.a.O. S. 137), »wachsam«. Aber die Momente des »Abwägens«, »Aufpassens«, »Wachsamseins« passen gerade im Blick auf den »wichtigsten Vergleichstext« (a.a.O. S. 155) Dtn 10,12 nicht, wo »Jahwefurcht« gefordert ist und in Verbindung damit das »Wandeln auf seinen Wegen«, »Jahwe Lieben«, ihm »Dienen«. Von dort aus wird man eher an »angemessen«, »bereitwillig« (vgl. das ἕτοιμον εἶναι der LXX für $haṣne^{a'}$ in Mi 6,8) und das heißt im Gegenüber zu Gott »gehorsam« zu denken haben.

Hier ist die »Untadeligkeit« positiv umschrieben mit »Recht tun«, »Huld, Freundlichkeit lieben« und »mit Gott (angemessen, d. h.) gehorsam wandeln«. Nicht Opfer welcher Art und welchen Wertes auch immer, sondern allein solches Verhalten bildet die Voraussetzung dafür, daß der Mensch — im Kult — vor Gott treten, Gott begegnen kann.

In diesen Zusammenhang gehört auch der Bericht über die »Berufung« des Propheten Jesaja in *Jes 6*. Hier wird der Prophet einer Gottesschau gewürdigt. Im Tempel oder in seiner unmittelbaren Umgebung, etwa im Vorhof, »sieht« er Jahwe (v. 1), genauer den Saum seines Gewandes. Er weiß sich also der Gottheit gegenüber stehend. So ruft er aus:

Wehe mir, ich bin verloren;
denn ich bin ein Mensch mit unreinen Lippen
und wohne in einem Volk, das unreine Lippen hat.
Denn den König Jahwe Zebaoth haben meine Augen gesehen (v. 5).

Jesaja ist sich bewußt, daß er — mit seinem Volk — »unreine Lippen« hat. Das meint nicht, daß er — bzw. sein Volk — Böses geredet hätte[111], sondern daß er mit Schuld und Sünde behaftet ist. In solchem Zustand der Gottheit begegnen (v. 5 b!), bedeutet aber nicht nur, daß der Mensch »verstummen« muß, sondern daß er vernichtet wird, daß er verloren ist.[112] Dazu, daß der Prophet vor dem ihm erschienenen Gott am Leben bleiben, bestehen kann, bedarf es einer »Entsündigung«, die einer der zu Jahwes Hofstaat gehörenden Seraphen durch Berührung seiner Lippen mit einer Glühkohle vornimmt. Auch hier ist also die Vorstellung vorausgesetzt, daß der Mensch Gott nur im Zustand der »Untadeligkeit«, der »Reinheit« begegnen kann.

5. Wir halten fest:

1. Zu den literarkritischen Problemen des Hiobbuches gehört auch die Frage, ob die jetzt überlieferten zwei Gottesreden beide ursprünglich sind oder ob mit zunächst nur einer Gottesrede zu rechnen ist. Diese Frage ist mit aller Wahrscheinlichkeit dahingehend zu beantworten, daß die Hiobdichtung nur *eine* Gottesrede enthalten hat, die die Abschnitte 38,1—39,12. 19—30; 40,8—14 umfaßt hat. Hi 40,6—7.15—32; 41,1—26 sowie 40,1.2 und wohl auch 39,13—18 sind sekundäre Einfügungen.

---

[111] Daß er jetzt also »verstummen« müßte; s. die folgende Anmerkung.
[112] Das *nidmêtî* wird heute zumeist als »ich muß verstummen« (von *dmh* II) verstanden; so L. Köhler, Kleine Lichter, Zürich 1945, S. 32—34; KBL$^{1.2}$; so z.B. Wildberger a.a.O. 1. Teilband: Jesaja 1—12 (BK X/1), 1972 = ^{2}1980, S. 231. 251; vgl. schon Aquila, Symmachus, Theodotion (ἐσιώπα), Vulgata (tacui). Ich ziehe die »traditionelle« Übersetzung »ich werde vernichtet«, »ich bin verloren« vor (von *dmh* III), z.B. mit HAL 1. Lfg., 1967, S. 266, aber auch schon mit LXX.

Der einen Gottesrede ist auch nur eine Hiobantwort gefolgt, deren Text aus 40,3−5 + 42,2.3 aβ.b.5.6 bestanden hat.

2. Am Schluß seiner letzten Rede fordert in 31,35−37 Hiob Gott auf, ihm kundzutun, welche Vorwürfe gegen ihn vorliegen, was also der Grund für sein schweres Leiden ist. Dieser Herausforderung geht unmittelbar voran Hiobs umfassendes Unschuldsbekenntnis zumeist in Eidesform in 31,1−34. Es hat den doppelten Zweck, den Dialog Hiobs mit seinen Freunden zu Ende zu bringen und die von Hiob gewünschte Begegnung mit Gott vorzubereiten. Zwischen der Unschuldserklärung, der Feststellung seiner Untadeligkeit, und der von ihm gewünschten und ihm schließlich auch widerfahrenden Gottesbegegnung besteht also ein enger Zusammenhang. Daß Hiob eine Gottesbegegnung unbeschadet erleben kann, setzt voraus, daß er »unschuldig« ist, untadelig gelebt hat. Und umgekehrt: wenn Hiob eine solche Gottesbegegnung herausfordert, dann zielt eben sein Unschuldsbekenntnis darauf, daß die von ihm gewünschte Begegnung mit Gott für ihn möglich wird. Diesen Zusammenhang zwischen Untadeligkeit und (wie auch immer gedachter) Gottesbegegnung belegen als Vergleichstexte der Spruch 125 des ägyptischen Totenbuches und im Alten Testament Ps 15; 24; Jes 33,10−16; Mi 6,6−8 und Jes 6.

Die Antwort, die Hiob von Gott erfährt, fällt ganz anders aus, als Hiob es gewünscht und erwartet hat. Gott rechtfertigt sich nicht; Gott gibt dem Hiob keine Begründung dafür, daß er − gegen das gängige Weltverständnis, nach dem es dem Frommen gut, dem Gottlosen aber schlecht ergeht − auch als Frommer, »Gerechter« leiden muß. Vielmehr manifestiert Jahwe gegenüber Hiob seine Allmacht und seine Allwissenheit. Und Hiob unterwirft sich. Bedeutet das, daß Gott den Hiob »aus dem Wettersturm . . . niederschmettert«?[113] Damit wäre die Intention des Hiobdichters mißverstanden. Für diesen ist ganz offensichtlich die »Selbstdarstellung« Jahwes die »Lösung« des Problems, daß ein »Gerechter« leiden muß. Es ist doch wohl so, daß das Problem Hiobs sein eigenes Problem war. Eine logische Lösung stand ihm nicht zur Verfügung. Seine, des Dichters, Lösung bedeutet, daß er − mit Hiob − am Ende sich nicht von Gott trennt, sondern bei Gott bleibt. So hat der Dichter etwas von der erweiterten dritten Bitte des Vaterunsers vorweggenommen, von der wir am Anfang gesprochen haben: »(Nicht mein, sondern) dein Wille geschehe . . .« Und insofern ist diese Lösung auch heute − für den christlichen Glauben − nicht unmöglich. Gott »tut« auch heute nicht nur »über Bitten und Verstehen«[114], sondern auch gegen unser Verstehen. Solche Rätsel sollen aber uns so wenig wie am Ende Hiob an Gott irre werden lassen.

---

[113] So E. Bloch, Atheismus im Christentum. Zur Religion des Exodus und des Reichs, Frankfurt am Main 1968, S. 161.
[114] So Evangelisches Kirchengesangbuch Nr. 216,9.

Von Grund und Sinn des Leidens nach dem Alten Testament

I

Vor einiger Zeit sagte in einer Diskussion ein Student: »Wir schaffen das Leid ab.« Dieser Satz erweckt im Hörer zwiespältige Erwägungen. Auf der einen Seite sollten wir uns über jeden Menschen freuen, der seine Aufgabe darin sieht, »Leid abzuschaffen«. Darüber besteht kein Zweifel — es wird uns fast jeden Tag im Fernsehen eindrücklich vor Augen geführt: Es gibt in unserer Welt genügend Leid, dem mit geeigneten Mitteln zu begegnen wäre, das also »abgeschafft« werden kann: Krankheit, wirtschaftliche Not bis hin zur Unterschreitung dessen, was man als »Existenzminimum« bezeichnet; Leid, das durch politische Verhältnisse hervorgerufen ist: Druck auf den Menschen, Trennung von Menschen, die sich zusammengehörend betrachten; Ausbeutung u. a. Dazu gehört ganz sicher auch manche heute noch gefährliche Krankheit, die bei Bereitstellung größerer Mittel mit Erfolg bekämpft, eingeschränkt, entschärft werden könnte. Auf der anderen Seite fragen wir uns aber doch: Wird es je gelingen, aus dem Leben eines Menschen, aus dem Leben aller Menschen alles Leid — und damit alle Leiden — »abzuschaffen«? Es bleibt auf jeden Fall der Tod, den zudem viele Menschen durch schweres Leiden hindurch erreichen, und es bleibt uns die Bedeutung, die der Tod eines geliebten Menschen für einen anderen hat: Leid und — seelischer Schmerz. Darüber hinaus aber wird dem Menschen auch sonst Leiden nicht erspart bleiben: Leiden gehört zur Existenz des Menschen.
Ganz sicher hat sich gegenüber früheren Zeiten das Maß des Leidens, das einem Menschen widerfährt, verringert. Das menschliche Leben ist im Durchschnitt wesentlich verlängert worden; wie viele Heilungschancen gewährt etwa die Medizin heute, noch gegenüber vor wenigen Jahren, im physischen wie im psychischen Bereich. Wie viel mehr an Leid und Leiden hat es für die Menschen in der Zeit gegeben, der wir uns hier zuwenden: in der Zeit des Alten Testaments. Das gilt für Leiden des einzelnen Menschen. Die Lebenszeit der Menschen war erheblich kürzer be-

messen; bedenken wir nur: ein entzündeter Blinddarm — heute bei rechtzeitiger Behandlung kein großes Problem — führte unabänderlich zum Tode. Dazu kamen für alle die häufigen Kriege mit ihren verheerenden Folgen: Vernichtung der Habe, Verletzung, Schändung, Sklaverei, Mord. Daraus resultiert ein weiterer Unterschied gegenüber unserer Zeit: Dem Menschen der damaligen Zeit war das Leid und das Leiden sehr viel vertrauter, als es uns heute hier in Mitteleuropa ist.
Das Interesse der hier zu dem Thema »der leidende Mensch« anzustellenden Erwägungen zielt in erster Linie auf das Ergehen des einzelnen Menschen. Deshalb richten wir unser Augenmerk vornehmlich auf das Leiden des einzelnen — was nicht ausschließt, daß wir gelegentlich auch auf Aussagen zurückgreifen, die das ganze Volk betreffen.
Bevor wir uns dem Alten Testament zuwenden, ist eine kurze Reflexion darüber angebracht, warum wir hier das Alte Testament zu Rate ziehen. Ohne Zweifel haben »medizinische« Erwägungen im Alten Testament für unsere Beurteilung einer Krankheit und ihrer Heilung keine Bedeutung. Auch nicht jede aus dem Glauben Israels erwachsene Aussage kann für uns verbindlich sein, bedenken wir die Unterschiede in den weltanschaulichen Voraussetzungen. Aber die Menschen des Alten Testaments wußten sich in Krankheit und Not vor Gott gestellt, so wie das christlicher Glaube auch tut. Insofern sind wir in derselben Lage wie die Israeliten. Dazu kommt, daß das Alte Testament, vornehmlich in seinen jüngeren Teilen, Fragen und Antworten darauf entwickelt hat, die das Christentum übernommen hat und die zum Teil noch heute im christlichen Glauben ihre Rolle spielen. Wir treiben hier also ein Stück Theologiegeschichte, sofern und weil Alttestamentliche Theologie »Vor-Geschichte« christlicher Theologiegeschichte ist.
Unter dieser Voraussetzung also befragen wir das Alte Testament nach seinen Aussagen über den leidenden Menschen. Dabei verstehen wir »Leiden« sowohl im Sinne des körperlichen Leidens als auch im Sinne des »Leidens«, das einem Menschen etwa im Verlust eines Angehörigen widerfährt.

II

Auch in Israel hat man sich Gedanken um die *Entstehung einer Krankheit* gemacht. Das Alte Testament zeigt, daß man Krankheiten auf Dämonen und böse Geister zurückführen konnte. Die Frage ist nur, in welchem Maße das geschehen ist. Eine Anzahl Dämonen oder Geister werden im Alten Testament namentlich genannt, allerdings zumeist in jüngeren

Texten. Nur wenige davon sind mit Krankheiten in Verbindung gebracht. So wird in 1Sam 16, 14 eine psychische Erkrankung Sauls auf eine rûᵃḥ raʿā, einen »bösen Geist«, zurückgeführt. Eine Seuche, in Dtn 32, 24; Jes 28, 2; Hos 13, 14; Ps 91, 6 genannt, trägt die Bezeichnung qäṭäb, die im späteren Judentum Namen eines Dämons ist. Neben Dämonen konnten auch Zauberer als Urheber von Krankheit (und Unglück) gelten. Inwieweit die »Feinde des Individuums« in einigen Psalmen als solche Zauberer anzusehen sind, ist umstritten und kann hier offenbleiben. In erster Linie aber ist es Jahwe, der als Urheber von Krankheit wie auch von Unglück angesehen wird. Der »Verderber« Ex. 12, 23 wie der »Bote des Verderbens« 2Sam 24, 16 handeln in Jahwes Auftrag. Auch der »böse Geist«, der Saul heimsucht, kommt »von Jahwe« 1Sam 16, 14. Nach 2Kön 19, 35 ist es der »Bote Jahwes«, der das assyrische Heer vor Jerusalem in der Nacht »schlägt«, daß am nächsten Morgen 185 000 Mann tot im Lager liegen.

III

Wesentlich wichtiger war den Israeliten die Frage, *warum* Menschen — sei es das Volk, sei es der einzelne — leiden müssen. Ihre Beantwortung hatte weitreichende Folgen. Man sah in Israel — wie in seiner Umwelt — einen Zusammenhang zwischen der Krankheit oder dem Unglück, unter denen Menschen zu leiden hatten, und ihrem Handeln. Ausgangspunkt für diese Auffassung war die im Vorderen Orient weitverbreitete — und dort noch in unserem Jahrhundert begegnende — Vorstellung, daß zwischen dem Tun eines Menschen (oder eines Volkes) und seinem Ergehen in der Weise ein enger Zusammenhang besteht, daß Guttat ein gutes Ergehen, böse Tat ein schlechtes Ergehen, also Unheil, Krankheit, nach sich ziehe, genauer noch: daß jede Tat das ihr entsprechende Ergehen gewissermaßen automatisch bewirke. Wir sprechen deshalb von »schicksalwirkender Tatsphäre«[1] oder auch von »synthetischer Lebensanschauung«[2], weil hier Tat und Tatfolge in »engstmöglichem Korrespondenzverhältnis«[3] gesehen werden. Tat und Ergehen sind so eng miteinander verbunden, daß dasselbe Wort die böse Tat und das daraus resultierende

---

1 Vgl. K. Koch, Gibt es ein Vergeltungsdogma im Alten Testament?, Zeitschrift für Theologie und Kirche 52, 1955, S. 1–42.
2 Vgl. K. H. Fahlgren, ṣᵉdāḳā nahestehende und entgegengesetzte Begriffe im Alten Testament, Uppsala 1932.
3 G. v. Rad, Theologie des Alten Testaments, I, München ⁶1969, S. 278.

Unheil bezeichnen kann[4]. Die Weisheit gibt diesem Sachverhalt Ausdruck; z. B.:

Frucht des ‹ Rechttuns › ist ein Baum des Lebens,
  ‹ Unrechttun › aber nimmt das Leben (Prov 11, 30).
Dem Frommen widerfährt kein Leid,
  den Gottlosen aber Unheils die Fülle (12, 21).

Für den Jahweglauben ist es, ob ausgesprochen oder nicht, Jahwe, der den Zusammenhang zwischen Tatfolge und Tat bewirkt; er ist es, der dem Menschen das seinem Tun entsprechende Ergehen zuwendet. Insbesondere kann die Folge einer bösen Tat sachlich deren Inhalt entsprechen — so etwa in 2Sam 12, 9—12, wo dem David von dem Propheten Nathan für die Schuld an dem Tode des Hethiters Uria (der Text sagt: den Uria »hast du mit dem Schwert getötet«, V. 9aα) für immer »Mord und Totschlag« in seiner Familie angekündigt wird (»das Schwert wird niemals aus deinem Hause weichen«) und dafür, daß er dem Uria die Frau genommen hat, die Wegnahme seiner Frauen. Die Vorstellung von der »schicksalwirkenden Tatsphäre« geht auf entsprechende Erfahrungen zurück, etwa daß eine böse Tat in der — wir würden sagen: — »Strafe« auf den Täter zurückfällt. Aber sie entspricht auch einem Grundbedürfnis des Menschen, das auch noch im 20. Jh. vorliegt und das sich z. B. in solchen Filmen niederschlägt, in denen — fast schablonenhaft — das Gute siegt, der Gute belohnt wird, das Böse aber bzw. die Bösen vernichtet werden.

Verhängnisvoll aber wurde für den leidenden Menschen, daß man den Satz, das Ergehen des Menschen hänge von seinem Verhalten ab, auch umgekehrt hat. Aus der Tatsache, daß es einem Menschen übel erging, daß Krankheit und Unglück ihn getroffen hatte, schloß man, daß er gesündigt haben mußte. Folgendes Beispiel mag das demonstrieren. Nach 2Kön 15, 5 »schlug Jahwe den König (Ussia), daß er aussätzig wurde bis zum Tage seines Todes«. Hier wird die Tatsache der Erkrankung des Königs überliefert; Krankheit wird auf ein »Schlagen« Jahwes zurückgeführt. Die Frage, warum Jahwe ihm dieses Schicksal zugeteilt hat, ist hier (noch) nicht gestellt. Anders in der Aufnahme dieser Notiz in dem chronistischen Paralleltext in 2Chr 26, 20 f. Dort wird aus der Tatsache der Krankheit des Ussia auf eine Verfehlung geschlossen; und eben eine solche Verfehlung wird nun zuvor in V. 16—19 erzählt: Der König wollte aus Hybris im Tempel Räucheropfer darbringen, was ihm nicht zustand. Auch die Freunde Hiobs sind angesichts des Unglücks und der Krankheit,

---

4 Vgl. *ra'ā* 1. Böses, Missetat, 2. Unheil; *'awôn* 1. Sünde, Schuld, 2. Strafe.

von denen Hiob betroffen ist, der Meinung, daß Hiob nicht ohne Schuld sein kann. Eliphas eröffnet seine erste Rede mit diesem Argument (Hi 4, 7—9):

Gedenke doch: wer ging je schuldlos unter,
    wo wurden jemals Redliche vertilgt?
Soviel ich sah: die Unheil unterpflügten
    und Mühsal säten, ernteten es auch;
vom Odem Gottes gingen sie zugrunde
    und endeten durch seines Zornes Hauch[5].

Dieser Anschauung entspricht dann der Rat des Eliphas an Hiob, sich an Gott zu wenden und von seinen Sünden abzulassen; er wird dann Hiobs Geschick wenden (Hi 5, 8. 17 f. 25):

Ich würde meinerseits an Gott mich wenden
    und legte meinen Fall dem Herrgott dar ...
O selig ist ein Mensch, den Gott zurechtweist!
    So lehne des Allmächt'gen Zucht nicht ab!
Denn er bringt Schmerz, doch er verbindet auch,
    er schlägt wohl, aber seine Hände heilen ...
Du darfst erfahren, daß sich mehrt dein Same,
    daß deine Sprossen sind wie Kraut der Erde[6].

In zweifacher Hinsicht mußte die Lehre, daß das Ergehen des Menschen durch seine Taten bestimmt werde, für einen Leidenden zur Anfechtung werden und seinen Widerspruch erwecken.

a) Die Erfahrung, die zur Begründung dieser Lehre angeführt werden kann, gibt auch den Anlaß, sie zu bestreiten. Wenn es Gottes Gerechtigkeit entsprach, daß dem »Frommen«, dem »Gerechten« Glück, dem Gottlosen aber Unglück zuteil werde, wie kam es dann, daß »Gottlose« — also Menschen, die sich nicht um Gottes Willen kümmern, die ihm abgesagt haben — in Glück, Gesundheit und Wohlstand lebten? Man konnte dieser Frage mit dem Einwand begegnen, daß das Glück des Gottlosen nicht lange währe — so Ps 37, 10. 35 f, so Sophar in seiner zweiten Rede an Hiob (Hi 20, 5); wenigstens ihr Ende werde ihren Taten entsprechen — so der Verfasser von Ps 73, der über das Problem, daß es dem Gottlosen doch gut gehe im Leben, grübelte, bis er »erfaßte Gottes heiliges Walten und acht hatte auf ihr Ende« (V. 17). Aber Hiob, selbst von Leiden

---

5 Übersetzung nach F. Horst, Hiob. 1. Teilband, BK XVI/1, Neukirchen 1968, S. 58.
6 Übersetzung nach Horst, a. a. O., S. 59 f.

niedergebeugt, hält dem Sophar weiter die Erfahrung entgegen (Hi 21, 7. 13):

Warum denn bleiben Frevler noch am Leben?
    Sie werden alt, sind rüstig und gesund ...
Sie bringen ihre Tage hin im Glück,
    in Frieden steigen ab sie zur Scheol.

b) Dem Problem des »glücklichen Gottlosen« entspricht auf der anderen Seite der offenkundige Sachverhalt, daß eben nicht nur Frevler Leiden zu ertragen haben, sondern auch »Fromme«, »Gerechte«. Das klassische Beispiel dafür ist im Alten Testament die Gestalt des Hiob der Hiobdichtung in 3, 1 — 42, 6. Hiob weiß, daß er »fromm und aufrecht, gottesfürchtig und dem Bösen fern« (vgl. Hi 1, 1. 8; 2, 3), kurz: daß er »gerecht« ist. Und der Leser des Hiobbuches, der von der Rahmenerzählung herkommt, in die die Hiobdichtung eingebettet ist (Hi 1, 1 — 2, 13; 42, 7—17), kann dem Hiob in seiner Selbsteinschätzung zustimmen. Von diesem Wissen her muß Hiob der Auffassung der Freunde widersprechen, sein Unglück zeige Schuld bei ihm an. So wendet er sich von den Freunden weg Gott zu und fordert ihn in die Schranken, nicht um eine restitutio, eine Wiederherstellung seines Glückes, sondern um seine Rechtfertigung von ihm zu erreichen (Hi 23; 29—31). Das Problem wird dadurch »gelöst«, daß Hiob sich unterwirft; die Erscheinung Gottes und die Erkenntnis seiner Allmächtigkeit und Allwissenheit läßt ihn das Fragen und Hadern aufgeben.

Wo das Leiden von Menschen mit dem Zusammenhang von Tun und Ergehen in Verbindung gebracht ist, wird nach dem Grund des Leidens gefragt. Die Antwort, die das Alte Testament hier gibt, kann aber nicht überzeugen. Dem Leidenden selbst hilft weiter erst ein anderer Aspekt: die Frage nach dem *Zweck oder Ziel* seines Leidens. Auch diese Frage steht hinter manchen Aussagen des Alten Testaments, wenn sie auch seltener in den Blick tritt.

So konnte man in dem Leiden ein Mittel zur Prüfung, Läuterung oder Erziehung des Menschen sehen. *Prüfung* sind die Schicksalsschläge — Verlust des Besitzes, Verlust aller Kinder —, die nach der ältesten uns greifbaren Hioberzählung im Alten Testament in Hi 1, 1—5. 13—22; 42, 11—15[7] den frommen Hiob treffen. Hiob bewährt sich und erhält die frü-

---

[7] Zur Entstehung der »Rahmenerzählung« des Hiobbuches in Hi 1, 1 — 2, 13; 42, 7—17 vgl. C. Kuhl, Neuere Literarkritik des Buches Hiob, Theologische Rundschau 21, 1953, S. 163—205. 257—317, S. 195—205; davon abweichend z. B. G. Fohrer, Zur Vorgeschichte und Komposition des Buches Hiob, Vetus Testamentum 6, 1956, S. 249—267 = Studien zum Buch Hiob, Gütersloh 1963, S. 26—43.

here Zahl an Kindern und die doppelte Menge an Besitz (42, 12 f). Aber auch die Erweiterung in 1, 6—12; 2, 1—13; 42, 7—10 will Hiobs Unglück, zu dem nun auch seine Erkrankung gehört, in diesem Sinn verstanden wissen (vgl. 1, 11 f; 2, 5 f sowie 2, 10). Prüfung des Menschen durch Leid dient aber nicht nur der Feststellung seiner Frömmigkeit, sondern auch seiner *Läuterung*. Mehrfach wird dafür das Bild von der Reinigung des Silbers im Schmelzofen gebraucht, z. B. Ps 66, 10—12:

Du hast uns geprüft, o Gott,
    hast uns geläutert, wie man das Silber (durch Schmelzen) läutert.
Du hast uns in schwierige Lage geführt,
    hast Bedrängnis (?) um unsere Hüften gelegt.
Menschen ließest du über unser Haupt fahren,
    wir gingen durch Feuer und Wasser,
doch du führtest uns hinaus in die Errettung.

Steht bei der »Läuterung« die Vorstellung, daß das Schlechte, Böse im Menschen entfernt wird, im Vordergrund, so ist es das Moment der Hinführung auf einen guten Weg, zu richtigem, vor Gott rechtem Handeln bei dem Gedanken der *Erziehung*. Gott schickt das Leiden, um den Menschen zu erziehen. In diesem Sinn hat der Psalmist in Ps 118, 17 f die ihm widerfahrene Not verstanden:

Ich werde nicht sterben, ich werde leben
    und die Taten Jahwes verkünden.
Gezüchtigt hat mich Jahwe,
    aber dem Tod mich nicht preisgegeben.

Insbesondere Elihu, Hiobs vierter Freund, dessen Gestalt und Reden erst sekundär in die Hiobdichtung eingeführt worden sind, will den Hiob die Leiden als göttliche Erziehungsmaßnahme verstehen lehren (Hi 33, 14—25):

(14) Denn durch eines redet Gott
        und durch zwei — man achtet's nicht:
(15) im Traum, im Nachtgesicht,
        wenn auf Menschen Tiefschlaf fällt,
        im Schlummer auf dem Lager
(16) eröffnet er das Ohr der Menschen
        und erschreckt sie durch seine Verwarnung,
(17) den Menschen abzubringen vom Unrecht
        und den Hochmut aus dem Manne zu tilgen,
(18) seine Seele vor der Grube zu bewahren
        und sein Leben vor dem Gang zum Totenreich.

(19) Auch wird er gemahnt durch Schmerz auf seinem Lager,
   wenn der Kampf in seinem Gebein gewaltig tobt,
(20) Da wird durch sein Leben ihm das Brot verleidet,
   durch seine Unlust die Lieblingsspeise.
(21) Hin schwindet sein Fleisch, daß man es nicht mehr sieht,
   und bloß wird sein Gebein, das man (zuvor) nicht sah;
(22) Seine Seele naht der Grube
   und sein Leben dem Todesboten.
(23) Ist dann ein Engel für ihn da,
   ein Mittler, einer aus den Tausend
   und der erklärt dem Menschen seine Züchtigung,
(24) und er erbarmt sich sein und spricht:
   »Laß ihn los, daß er nicht hinab zur Grube fahre;
   ich habe ein Lösegeld gefunden«,
(25) so schwillt sein Fleisch von Jugendkraft,
   er kehrt zurück zu den Tagen der Jugend.

Wo Leiden als Prüfung, Läuterung oder Erziehung gedeutet wird, erscheint es als Durchgangsstadium. Ist der Zweck des Leidens, das Ziel des hinter dem Leiden stehenden göttlichen Handelns erreicht, dann — darauf möge der Leidende bauen — wird das Leiden, das Unglück ein Ende finden. Mit dem Bekenntnis von Ps 119, 71:

Es ist gut für mich, daß ich gebeugt wurde,
   auf daß ich deine Satzungen lerne

stellt sich der »Gebeugte« unter das Leiden — die Krankheit oder auch die Not, die ihn getroffen hat — als unter eine hilfreiche Zucht seines Gottes.
Was aber geschieht, wenn das Leiden andauert, wenn ein Mensch durch unheilbare Krankheit langsam dem Tode zugeht, wenn ein anderer aus Not und Unglück nicht herauskommt? Es ist verständlich, daß hier Verzweiflung oder auch Auflehnung gegen Gott Platz greifen konnten (vgl. etwa Ps 88; Hiob).
Auch in Israel hat man sich Befreiung vom Leiden, also die »Abschaffung des Leides« gewünscht. So gehören Heilung von Krankheit und Befreiung aus Not — wie die Bändigung oder Vernichtung der wilden Tiere, vor allem die Zerstörung aller Kriegswaffen (vgl. Lev 26, 6; Ez 34, 25; Hos 2, 20) — zu den für die Heilszeit erhofften Ereignissen. Dementsprechend wird dem Gottesknecht in Jes 42, 6 f gesagt:

Ich bilde dich und mache dich zur Verheißung für das Volk (Israel)[8],
   zum Licht für die Völker,
blinde Augen aufzutun,
   Gefangene aus dem Kerker zu führen,
aus dem Gefängnis, die im Finstern wohnen.

Und nach Jes 61, 1 ff ist der Prophet von Jahwe gesandt, »den Gebeugten frohe Botschaft zu bringen, zu heilen, die zerbrochenen Herzens sind, den Gefangenen Freilassung zu verkünden . . ., zu trösten alle Trauernden«. Allen Völkern gilt die Ankündigung von Jes 25, 8, daß der Allherr Jahwe in der Endzeit »die Tränen von allen Gesichtern abwischen« wird. Der hier voranstehende Satz — »er vernichtet den Tod für immer« —, vielleicht ein jüngerer Zusatz (vgl. dazu 4Esr 8, 53; syrBar 21, 22; Test Levi 18, 10 f; 1Kor 15, 25 f. 55), wird präzisiert durch Jes 26, 19:

Deine Toten werden leben!
   Meine Leichen werden aufstehen!
‹ Aufwachen und jauchzen werden › die Bewohner des Staubes.

Den weiteren Weg dieser Erwartung markiert Dan 12, 2 f: »Und die vielen, die in staubiger Erde schlafen, werden erwachen, die einen zu ewigem Leben, die anderen zu Schmach und ewiger Abscheu.« Er führt — und dabei wird wieder der Tun-Ergehen-Zusammenhang aufgenommen — zu der Erwartung, daß die Gestorbenen aus ihren Gräbern hervorgehen werden — »die Gutes getan haben, zur Auferstehung des Lebens, die aber Übles getan haben, zur Auferstehung des Gerichts« (Joh 5, 28. 29). Hier ist ein Trost bereitet für alle die, die im irdischen Leben bei aller Rechtschaffenheit von Leiden verschiedenster Art geplagt worden sind. Aber damit ist bereits der Boden des Alten Testaments verlassen.

---

8 Hebräisch: *berît ʿām. berît* bedeutet die »Bestimmung, Verpflichtung«: 1. als Selbstverpflichtung, Zusage, 2. als Verpflichtung eines anderen, 3. als gegenseitige Verpflichtung (hier dann auch als »Bund«); vgl. E. Kutsch, Artikel »*berît* Verpflichtung« (Theologisches Handwörterbuch zum Alten Testament, hrsg. von E. Jenni und C. Westermann, I, München/Zürich 1971, Sp. 339–352); ders., Verheißung und Gesetz. Untersuchungen zum sogenannten »Bund« im Alten Testament, Beiheft zur Zeitschrift für die alttestamentliche Wissenschaft 131, Berlin 1973. Zu *berît ʿām* in Jes 42, 6; 49, 8 als »Verheißung für das Volk« vgl. J. J. Stamm, *berît ʿām* bei Deuterojesaja (Probleme biblischer Theologie. Gerhard von Rad zum 70. Geburtstag, München 1971, S. 510–524); Kutsch, Verheißung und Gesetz, S. 133 f.

IV

Wenn wir hier von dem leidenden Menschen im Alten Testament zu handeln haben, können wir an zwei besonderen Gestalten bzw. Typen nicht vorbeigehen. Der eine ist der Prophet, der unter dem ihm von Jahwe gegebenen Auftrag zu leiden hat. Hier ist Hosea zu nennen, der zur Demonstrierung seiner Botschaft als Zeichenhandlung erst eine Dirne, dann eine Ehebrecherin heiraten mußte (Hos 1, 2 ff; 3, 1 ff), aber auch Jeremia, der um seiner Botschaft willen nicht heiraten durfte (Jer 16, 2 ff). Daneben steht der Prophet, der wegen der durch ihn auszurichtenden Botschaft an der Anfeindung seiner Mitmenschen, aber auch an Gott selbst leidet: Jeremia. Die Bewohner seines Heimatortes, Anatot, drohen ihm mit dem Tod, wenn er nicht das »Prophezeien im Namen Jahwes« unterläßt (Jer 11, 18—23), und der Prophet klagt: »Bedenke, um deinetwillen erdulde ich Schmach ... dein Wort ward mir zur Wonne und zur Herzensfreude; dein Name war ja über mir ausgerufen ... nicht sitze ich heiter im Kreise der Frohen, von deiner Hand gebeugt, sitze ich einsam« (15, 15—18). Noch deutlicher tritt das Leiden an Gott zutage in Jer 20, 7 ff: »Du hast mich betört, Jahwe, und ich habe mich betören lassen; du bist mir zu stark geworden und hast mich überwältigt. Nun bin ich zum Gelächter geworden den ganzen Tag; jeder spottet meiner.« Jeremia versucht, sich von seinem Auftrag zu lösen, aber er kann es nicht. Hier ist das Leiden mit dem göttlichen Auftrag verbunden. Ob der Prophet sich hineinschickt oder sich dagegen auflehnt — eine Befreiung davon, ein Ausbrechen ist nicht möglich.

Die andere Gestalt ist der *leidende Gottesknecht* von Jes 52, 13 — 53, 12. Unter den Aussagen über leidende Menschen und hinsichtlich der Wertung von Leiden nimmt Jes 53 im Alten Testament eine besondere Stellung ein. Wenn wir nach Grund oder Zweck des menschlichen Leidens fragen, interessiert in erster Linie die Relation des Leidens zu dem, der davon betroffen ist. Wo das Leiden von dem Tun-Ergehen-Zusammenhang her gedeutet wird, ist eine Verbindung zu dem Verhalten, dem Tun und Handeln des Leidenden in der Vergangenheit hergestellt. Wo Zweck und Ziel des Leidens im Blick sind, wo also Läuterung und Erziehung als beabsichtigt angesehen sind, ist der Blick auf das zukünftige Schicksal und Tun des Betroffenen gerichtet (Ps 119, 71!). In Jes 53 dagegen dient das Leiden nicht dem, der es erduldet, sondern es kommt anderen Menschen zugute, Menschen, die ihrerseits solches Leiden als »Strafe« verwirkt gehabt hätten. Hier liegt also *stellvertretendes Sühneleiden* vor.

Man hat die Anschauung von solchem Leiden, das ein Mensch zugunsten anderer auf sich nimmt, noch an zwei weiteren Stellen im Alten Testament finden wollen, in Ex 32, 32 und in 1Sam 14, 45. In Ex 32, 32 erbittet Mose von Jahwe für das Volk, das sich mit der Herstellung und Verehrung eines Goldenen Stierkalbes gegen seinen Gott aufgelehnt hat, Vergebung mit den Worten: »Und nun, wenn du ihnen doch ihre Sünde vergeben wolltest! Wenn aber nicht, so tilge mich aus dem Buch, das du geschrieben hast.« Die Redeweise von dem Buch, das Jahwe geschrieben hat, setzt die Vorstellung voraus, daß »Gott ein Verzeichnis der Lebenden hat und daß er in diesem Verzeichnis jeweils diejenigen streicht, die sterben sollen«[9]. Mose will also, wenn Jahwe dem Volk nicht vergibt, sterben. Da Mose nicht um Sühnung, sondern um Vergebung bittet, ist sein Wunsch zu sterben kaum als Angebot, sein Leben für das Volk hinzugeben, zu verstehen[10]. Nach 1Sam 14, 45 hat das Volk Sauls Sohn Jonathan, der zwar einen Sieg über die Philister errungen, jedoch wegen des Bruches eines von Saul den Israeliten auferlegten Enthaltungsgelübdes sein Leben verwirkt hatte, »ausgelöst«, so daß er nicht sterben mußte. Das »Auslösen« (hebr. *padā*) verstehen manche Ausleger dahin, daß ein anderer Israelit anstelle des Jonathan sein Leben hingegeben, daß also ein (in dieser Sache) Unschuldiger für den Schuldigen den Tod erlitten habe[11]. Aber so wie der nach Ex 13, 13b; 34, 20b »auszulösende« Erstgeborene nicht durch einen anderen Menschen, sondern durch ein Tier ausgelöst worden ist, ist auch in 1Sam 14, 45 wohl nur an Auslösung durch ein Tier zu denken. So ist Jes 53 der einzige alttestamentliche Beleg für stellvertretendes Sühneleiden.

Auch die Vorstellung vom stellvertretenden Sühneleiden geht davon aus, daß Leiden zwangsläufige Folge, »Strafe« ist für von den Betroffenen begangene Frevel, Sünde. Die Vielen (52, 14), die Verschuldungen auf sich geladen hatten (vgl. 53, 11), hätten als Folge davon »Krankheiten«, »Schmerzen« (vgl. 53, 4) zu tragen gehabt. Auf der anderen Seite ergibt es sich, daß ein »Gerechter« (53, 11), ein »Knecht Jahwes« (52, 13), der selbst unschuldig ist (53, 9), Krankheit, Schmerzen, ja den Tod erleidet. Das Leiden dieses Gerechten wird nun so verstanden, daß dieser eben mit seinem Leiden das Leiden getragen, freiwillig auf sich genommen hat, das die Vielen verwirkt hatten. Jahwe hat die Verschuldung der Vielen dem Gerechten auferlegt (53, 6), dadurch erfahren die Schuldigen »Heilung« (V. 5), macht der Unschuldige sie »gerecht« (V. 11). Möglich ist dieser »selige Tausch« dadurch, daß Gott das die Strafe umfassende Leiden und Sterben des Knechtes als *'ašam*, als Sühneleistung annimmt.

9 M. Noth, Das zweite Buch Mose. Exodus, ATD 5, Göttingen 1959, S. 207.
10 Cf. J. J. Stamm, Das Leiden des Unschuldigen in Babylon und Israel, Abhandlungen zur Theologie des Alten und Neuen Testaments 10, Zürich 1946, S. 71.
11 So z. B. auch Stamm, a. a. O., S. 70.

Die Anschauung, daß ein Gerechter die Strafe erleidet, die andere verwirkt haben, und auf der anderen Seite diese, die Schuldigen, durch dieses Leiden »gerecht« werden, stellt die Kombination von zwei Lösungen ein und desselben Problems dar: ob einzelne (oder ein einzelner) Gerechte(r) die Vielzahl der »Ungerechten«, »Gottlosen« retten können[12]. Nach dem zweiten Teil von Gen 18 (V. 17. 20—32) sowie nach Jer 5, 1 würden zehn Gerechte, ja ein einziger Gerechter allein durch ihre bzw. seine Anwesenheit die große Zahl der Frevler in Sodom und Gomorrha bzw. in Jerusalem retten; die verwirkte Strafe würde in beiden Fällen nicht vollstreckt. Andererseits würden nach Ez 14, 13 ff und Zeph 2, 1—3 »Gerechte« (Noah, Daniel, Hiob bei Ez) bzw. die »Demütigen« (bei Zeph) nur sich selbst retten, die Strafe dagegen wird an den Gottlosen vollzogen. In Jes 53 nun werden die Schuldigen durch den Gerechten gerettet — wie in Gen 18; Jer 5 —, aber die Strafe, die sie verwirkt haben, wird auch vollstreckt — wie in Ez 14; Zeph 2 —, nun aber nicht an dem Schuldigen, sondern an dem Gerechten, kraft der Anrechnung von dessen Leiden und Tod als »Sühneleistung« zugunsten der Gottlosen. Aber auch der Gerechte erhält, was seinem Rechttun entspricht, »Lohn«: »Er wird Nachkommen sehen, wird lange leben« (53, 10), Gott wird ihm eben wegen seines Eintretens für die Frevler »Anteil mit den Vielen geben« (V. 12a). Die Spannung, die zwischen den beiden Aussagen besteht, daß der Knecht tot ist, daß er aber auch Nachkommen haben und lange leben, daß er mit irdischen Gütern versorgt wird, resultiert daraus, daß hier verschiedene Vorstellungen kombiniert, aber nicht ausgeglichen worden sind: einerseits die Vorstellung vom stellvertretenden Sühneleiden, dessen Höhepunkt im Tod des Gottesknechts liegt, andererseits die Vorstellung, daß gute Tat — hier: Gehorsam gegenüber Gottes Willen — auch ein heilvolles Ergehen nach sich zieht[13]. In Jes 53 — und nur hier im Alten Testament — hat das Leiden eines einzelnen Menschen eine über die Person des Betroffenen hinausreichende Bedeutung erlangt: es ist zugunsten anderer Menschen erfolgt. Diese Deutung des Leidens des »Gottesknechts« hat über das Alte Testament hinaus gewirkt dadurch, daß christlicher Glaube Leiden und Tod Jesu Christi in Analogie zu Leiden und Tod des Gottesknechts von Jes 53 versteht als Gottes Heilstat — nun für alle Menschen.

---

12 Vgl. dazu E. Kutsch, Sein Leiden und Tod — unser Heil, Biblische Studien 52, Neukirchen 1967, S. 42 ff.
13 Vgl. dazu Kutsch, a. a. O., S. 40 f.

Deus humiliat et exaltat

Zu Luthers Übersetzung von Psalm 118, 21 und Psalm 18, 36

Wilhelm Jannasch in herzlicher Verehrung zum 75. Geburtstag

I

Martin Luther hat den Psalter besonders hoch geschätzt. Als Gebet- und Trostbuch war er ihm vertraut, und die zahlreichen Drucke des Psalters in Sonderausgaben, Bibelteilen und Vollbibeln lassen erkennen, wie die Übertragung dieses Buches der Bibel ins Deutsche ihn immer wieder beschäftigt hat und wie er ständig bemüht war, zu einem noch besseren Verständnis des Psalmentextes vorzudringen. Das gilt besonders auch von dem 118. Psalm (nach der Zählung der hebräischen Bibel[1]), dem er im Sommer des Jahres 1530, als er zur Zeit des Augsburger Reichstages auf der Coburg weilte, unter dem Titel »Das schöne Confitemini, an der zal der CXVIII Psalm«[2] eine gesonderte Auslegung gewidmet hat und der nach seiner Widmung an Friedrich Pistorius in Nürnberg sein Lieblingspsalm war[3]. An einer Stelle dieses Psalms – nach der späteren Zählung V. 21 – wollen wir in der folgenden Untersuchung Luthers Übersetzungs- und Auslegungstätigkeit näher verfolgen.

In der Ausgabe der deutschen Bibel von 1545, die für diesen Teil als Ausgabe letzter Hand zu gelten hat[4], lautet Luthers Übersetzung dieses Verses folgendermaßen:

Ich dancke dir, das du mich demütigest, Vnd hilffest mir[5].

In dieser Form ist der Text – von Unterschieden in der Rechtschreibung abgesehen – in den verschiedenen Ausgaben der Luther-Bibel bis ins 20. Jahrhundert, bis hin zu dem »Probetestament« von 1955[6], beibehal-

---

[1] Im Folgenden sind die Psalmen durchweg nach der hebräischen Bibel gezählt.
[2] WA 31/I, 65–182.
[3] WA 31/I, 65 Z. 9 (Handschrift) bzw. 26 (Druck) und 66 Z. 1 bzw. 17.
[4] Vgl. H. Volz, Artikel »Bibelübersetzungen: IV. Deutsche Bibelübersetzungen« (RGG³ I, 1201–1207), 1204.
[5] WADB 10/I, 495.
[6] Das Alte Testament nach der deutschen Übersetzung D. Martin Luthers.

ten worden. Nicht unerheblich unterscheidet sich dieser Text von Luthers Übersetzung in der ersten gedruckten Fassung des Psalters in der Wittenberger Psalterausgabe aus dem Jahre 1524:

Ich dancke dyr das du mich erhörist, Vnd bist meyn heyl[7].

Die Änderung im zweiten Teil des Verses – »Vnd bist meyn heyl« in »Vnd hilffest mir« – betrifft nur die Formulierung, nicht aber den Inhalt. Anders dagegen liegen die Dinge im ersten Teil von V. 21. An die Stelle von »das du mich erhörist« – so 1524 – ist hier der Text »das du mich demütigest« (1545) getreten. Damit ist nicht nur der Wortlaut des Textes abgewandelt, sondern auch sein Sinn verändert. Nach der ersten Formulierung dankt der Beter Gott dafür, daß er ihn erhört hat und ihm dadurch zum »Heil« geworden ist, ihn gerettet hat; im zweiten Fall ist der Anlaß zum Danken darin gegeben, daß Gott den Beter gedemütigt hat, ihm also offenbar gerade nicht durch Erhören willfährig gewesen ist, sondern mit ihm in einer Weise verfahren ist, die dem Beter als Demütigung, Züchtigung erscheinen mußte.

Wie ist Luther zu dieser einschneidenden Änderung in der Übersetzung von Ps 118, 21 gekommen? Das hier zu behandelnde Problem hat zwei Seiten: eine philologische und eine theologische.

Für die Beantwortung der oben aufgeworfenen Frage verfolgen wir zunächst, wie sich Luthers Auffassung von unserem Vers entwickelt hat; dabei beginnen wir mit den gedruckten Ausgaben seiner deutschen Psalterübersetzung[8]. Den Text des Urdrucks im Rahmen seiner Übersetzung des Dritten Teiles des Alten Testaments (d. h. der poetischen Bücher) von 1524[9] – »Ich dancke dyr, das du mich erhörist, Vnd bist meyn heyl« – hat Luther zunächst unverändert beibehalten, und zwar in einer Sonderausgabe des deutschen Psalters von demselben Jahr[10], in einem Psalterdruck von 1525, von dem zwar kein Exemplar erhalten zu sein scheint, dessen Text aber (vor allem aus einer nach ihm angefertigten niederdeutschen Psalmenübersetzung) rekonstruiert werden kann[11], in einer weiteren Separatausgabe des Psalters und in einer Sonderausgabe des Dritten Teiles des Alten Testaments von demselben Jahr (1525)[12]. Die Änderung der Übersetzung des zweiten Teiles des Verses zeichnet sich

---

Durchgesehen im Auftrag des Rates der EKD und des Verbandes der Ev. Bibelgesellschaften in Deutschland. Probetestament, 1955.

[7] WADB 10/I, 494.
[8] Vgl. dazu die Übersicht in WADB 10/I, 494f.
[9] Vgl. zu diesem H. Volz in WADB 10/II, XVff.
[10] Vgl. Volz, aaO XXXIIIff.
[11] Vgl. Volz, aaO XXXIXff.
[12] Zu diesen beiden vgl. Volz, aaO Lff.

während der Revision ab, in der Luther zusammen mit Philipp Melanchthon, Matthäus Aurigallus, Caspar Cruciger d. Ä. und Justus Jonas im Jahr 1531 seine Psalmenübersetzung gründlich überarbeitete. Das Protokoll dieser Revision verzeichnet für Ps 118, 21 u. a.: »Und bist mein heil – Und hilffst mir«[13]. Die erste Fassung nimmt den bisherigen Wortlaut auf; er findet sich zuletzt in der Übersetzung, die im »schönen Confitemini« der Auslegung vorangestellt ist[14]. Die zweite Formulierung – »Und hilffst mir« – klingt zuerst in einer die Auslegung im »schönen Confitemini« abschließenden zweiten Übersetzung von V. 21 an[15]; sie ist dann von dem auf die Revision folgenden Psalterdruck 1531 an in alle Ausgaben übernommen worden. Die Änderung im ersten Versteil hat Luther aber schon vorher vorgenommen.

Nachdem die drei Psalterdrucke von 1524 und 1525 wie auch die Psalmenübersetzungen in den beiden Ausgaben des Dritten Teiles des Alten Testaments in denselben Jahren rasch aufeinander gefolgt waren, sind fast drei Jahre vergangen, bis Luther im Jahre 1528 die nächste Psalterausgabe erscheinen ließ. Dieser Ausgabe ging eine tiefergreifende Überarbeitung voran, die sowohl den Text der Psalmen als auch die Randglossen betraf; ihr lief auch eine Neufassung der Vorrede zum Psalter parallel, deren Text dann in alle folgenden Psalter- und Vollbibeldrucke aufgenommen wurde. Die Tatsache, daß Luther die Psalmenübersetzung in dem Druck von 1528 stärker umgearbeitet hat, findet ihren Ausdruck in dem Titel dieses Druckes: »New deudsch Psalter«[16]. Die Änderungen in der Übersetzung gegenüber den früheren Drucken haben, wie die Aufstellung in WADB 10/I, 490–495 deutlich macht, auch den 118. Psalm betroffen. Dies ist nun auch der erste Druck, in dem sich die Textform »(Ich dancke dyr,) das du mich demütigest« findet[17]. Der Wechsel in der Übersetzung gegenüber den bisherigen Drucken kommt aber nicht unvermittelt; er hat vielmehr seine Vorgeschichte. Luther hat die neue Übersetzung schon früher erwogen. Zeugnis dafür ist seine eigene handschriftliche Niederschrift aus den Jahren 1523/24, auf Grund derer die

---

[13] WADB 3, 147.
[14] WA 31/I, 169.
[15] WA 31/I, 171. – Siehe auch bei Anm. 129.
[16] Volz, aaO LIV f.
[17] WADB 10/I, 494. Während der neue Text in den weiteren Drucken des deutschen Psalters beibehalten wurde, hat Luther bei seiner Revision des Psalters der Vulgata von 1529 und 1537 (s. dazu WADB 10/II, 158 ff) den bisherigen lateinischen Text beibehalten: »quoniam exaudisti me« (aaO 261). Dies hat seinen Grund darin, daß Luther – im Unterschied zur Arbeit an der übrigen Vulgata – sich beim Psalter darauf beschränkt hat, im Laufe der Zeit in den Text eingedrungene Schreib- und Druckfehler zu verbessern (vgl. aaO 188, 42 f; 162 bei Anm. 17).

deutsche Übersetzung des Dritten Teiles des Alten Testaments 1524 zum erstenmal gedruckt wurde[18]. Dort finden wir für unseren Vers folgende Übersetzung[19]:

Ich dancke dyr das du mich demutigest erhorist und bist meyn heyl.

Hier können wir Luthers Erwägungen zur Übersetzung des ihm im hebräischen Urtext vorliegenden Wortes עֲנִיתָנִי ein Stück verfolgen. Der Reformator sieht zwei Möglichkeiten, das Wort wiederzugeben: »du demütigst mich« oder »du erhörst mich«. Er schreibt beide Möglichkeiten, wie der Druck in WADB 1 zeigt, übereinander, und zwar so, daß »demutigest« oberhalb, »erhorist« unterhalb der Zeile steht. Dadurch ist ganz offensichtlich, daß er nicht ein Wort durch das andere ersetzen will, wie es z. B. bei der Übersetzung von V. 26 der Fall ist; dort hat Luther in dem Text »wyr loben euch« das auf der Zeile stehende Wort »loben« mit roter Tinte durchgestrichen und – ebenfalls mit roter Tinte – das Wort »segenen« oberhalb des getilgten Wortes niedergeschrieben. In V. 21 dagegen stehen beide Wörter in schwarzer Tinte übereinander – eben zur Auswahl. Daß Luther die Übersetzung »demutigest« oben und also zuerst geschrieben hat, läßt vermuten, daß ihm bei der Niederschrift diese Übersetzung näherlag. Indes hat sich Luther hier in der Handschrift noch einmal für die Wiedergabe »erhorist« entschieden (indem er »demutigest« rot durchstrich) und diese in den Drucken von 1524 und 1525 beibehalten. Erst bei der Überarbeitung seiner Psalterübersetzung von 1528 hat er die Wiedergabe durch »demütigest« vorgezogen und den deutschen Text geändert. – Für die Zeit vor 1524 können wir nur noch feststellen, daß Luther in den Dictata super Psalterium von 1513–1515 – wie nicht anders zu erwarten – dem Text der Vulgata folgt (Luthers erläuternde Zusätze zu deren Text sind im Folgenden kursiv gesetzt): »Confitebor tibi quoniam exaudisti me *in tribulationibus:* et factus es *tu ipse per incarnationem* mihi in salutem.«[20]

Der Unterschied der beiden Übersetzungen bei Luther ist philologisch unschwer zu erklären. Der hebräische Text von Ps 118, 21 lautet:

אוֹדְךָ כִּי עֲנִיתָנִי וַתְּהִי־לִי לִישׁוּעָה

Das hier interessierende Wort עֲנִיתָנִי ist 2. sing. masc. perf. qal mit suff. 1. sing. (Pausa) von einem Stamm ענה. Nun gibt es im Hebräischen nach

---

[18] Die sog. »Berliner Handschrift« mit der Übersetzung von Hiob; Ps 1 – 48, 2; 80, 9 – 95, 4; 109, 2 – 150; Spr 1 – 20, 19a; 21, 16b – 31, 31; Pred; Hhld, abgedruckt in WADB 1. Infolge des 2. Weltkrieges ist diese Handschrift untergegangen; vgl. WADB 10/II, XIX Anm. 19 oberster Absatz.

[19] WADB 1, 530. [20] WA 4, 276, 15f.

den Wörterbüchern, etwa von Gesenius-Buhl[21] oder Koehler(-Baumgartner)[22], vier Stämme mit den Radikalen ענה mit folgenden Bedeutungen (jeweils für das qal): I anheben (zu sprechen), antworten, erhören; II sich beugen, sich ducken; III sich abmühen; IV singen. Von diesen ist III wohl (relativ spät) von II abgespalten; auch könnte IV ursprünglich mit I zusammenhängen. Dagegen haben I und II der Herkunft nach nichts miteinander zu tun[23]. Da nun ענה II und III im qal intransitiv sind – im Deutschen werden sie reflexiv wiedergegeben – und also in dieser Stammform kein Akkusativobjekt bei sich haben können und da andererseits ענה IV »singen« keinen Sinn ergibt, kann – nach dem Verständnis der Masoreten – in Ps 118, 21 nur ענה I gemeint sein, so daß der Vers zu übersetzen ist:

> Ich bekenne dich, denn du hast mich erhört und bist mir zur Rettung geworden.

An ענה I »erhören« haben nach einheitlicher Textüberlieferung auch die Übersetzer der LXX und der Vulgata gedacht: ὅτι ἐπήκουσάς με bzw. quoniam exaudisti me. Wenn Luther demgegenüber das Wort עניתני mit »(daß) du mich demütigst« wiedergibt, hat er es als עִנִּיתָֽנִי, also als 2. sing. masc. perf. pi. von ענה II gedeutet; er hat dabei also die Punktation geändert. Mit dieser Emendation sind ihm auch einzelne neuere Ausleger gefolgt[24]. Sie hat aber nicht nur die einhellige Textüberlieferung gegen sich[25], sondern auch den Zusammenhang des Psalmentextes. Das Lob dieses Psalms gilt der Errettung, und schon in V. 5 ist von der Erhörung die Rede. Zwar heißt es in V. 18: »Gezüchtigt, gezüchtigt hat mich Jah, doch nicht dem Tode mich übergeben«; doch diese Aussage schließt wohl den Dank für die Bewahrung vor dem Tode, nicht aber auch einen Dank

---

[21] W. GESENIUS – F. BUHL, Hebräisches und aramäisches Handwörterbuch über das AT, 1921[17], 605 ff.

[22] L. KOEHLER – W. BAUMGARTNER, Lexicon in Veteris Testamenti Libros, Leiden 1953, 718 ff.

[23] Versuche, ענה I und II auf eine gemeinsame Wurzel zurückzuführen, finden sich bei H. BIRKELAND, עָנִי und עָנָו in den Psalmen, Oslo 1933, 10 ff, und daran anschließend bei E. BAMMEL in dem Artikel πτωχός (ThW VI, 888, 11 ff), sind jedoch kaum haltbar. Vgl. E. KUTSCH, עֲנָוָה (»Demut«). Ein Beitrag zum Thema »Gott und Mensch im AT« (Habil.-Schr. Mainz), 1960 (Masch.), 132 Anm. 170.

[24] So u. a. FRZ. DELITZSCH, Commentar über den Psalter II, 1860, 182; H. GUNKEL, Die Psalmen (HK II/2[4]), 1926, 508; G. BERTRAM in ThW V, 605 Anm. 51 (ohne Hinweis auf die Textänderung).

[25] Vermerkt sei, daß – um ein Beispiel aus der jüdischen Überlieferung zu nennen – auch David Kimchi bei עניתני in Ps 118, 21 an ענה = exaudire gedacht hat, wenn er das Wort kommentiert: בקראי אליך מן המצר »(du hast mich erhört,) wenn ich zu dir rief aus der Bedrängnis« (J. BOSNIAK, The Commentary of David Kimchi on the fifth book of the Psalms. CVII–CL, New York 1954, 104).

für die Züchtigung in sich ein. Luther weicht also mit seiner Änderung von der ursprünglichen Meinung des Textes ab.

Wie aber ist der Reformator zu seinem abweichenden Verständnis gekommen? Hat er in diesem Punkt aus einer ihm vorliegenden Tradition geschöpft, oder resultiert die Änderung aus eigenen Erwägungen? Wäre das letztere der Fall, so ist weiter zu fragen, ob philologische Gründe ihn dazu veranlaßt haben oder Gründe anderer Art[26].

II

Bei der Herstellung der Psalterübersetzung von 1524 lagen Luther zunächst wie schon bei der Übertragung einzelner Psalmen vor 1524 die Vulgata und das Psalterium in Hebraeos des Hieronymus vor. Allerdings hatten beide lateinischen Psalter »für Luther schon lange an Quellenwert verloren; ihre Benutzung war also stark zurückgegangen«[27]. Bei Ps 118, 21 können beide Luther nicht zu einer Textänderung angeregt haben, da sie beide den Text »quoniam exaudisti me« bieten[28]. – Gegenüber diesen Psalterversionen gewinnt 1524 bei Luther sonst das Psalterium ex hebreo diligentissime ad verbum fere tralatum an Einfluß, eine auf dem hebräischen Urtext basierende lateinische Psalmenübersetzung mit Randglossen, die der Augustinereremit Felix a Prato (Pratensis)[29] zunächst 1515 in Venedig, dann 1522 in einem unveränderten Abdruck in Hagenau hatte erscheinen lassen. Diese Übersetzung hatte Luther schon im Jahre 1517 bei seiner Auslegung der Bußpsalmen[30] zu Rate gezogen[31]. Daß

---

[26] Zur Beantwortung des ersten Teiles der Frage stützen wir uns in erster Linie auf die Untersuchung von TH. PAHL, Quellenstudien zu Luthers Psalmenübersetzung, 1931. – Literatur zu Luthers Psalmenübersetzung hat auch H. VOLZ in WADB 10/II, XXI Anm. 21 zusammengestellt. – Die Arbeiten von G. KEYSSNER, Die drei Psalterbearbeitungen Luthers von 1524, 1528 und 1531 (Diss. München), 1890, E. H. LAUER, Luther's Translation of the Psalms in 1523/24 (The Journal of English and Germanic Philology 14, 1915, 1–34), M. FREIER, Luthers Bußpsalmen und Psalter. Kritische Untersuchung nach jüd. und lat. Quellen, 1918, H. VOLLMER, Die Psalmenverdeutschung von den ersten Anfängen bis Luther I. II, 1932/33, ergeben für unseren Vers (und auch für die weiteren hier zu behandelnden Psalmstellen) nichts. – A. RISCH, Luther als Bibelübersetzer in dem Deutschen Psalter von 1524–1545 (ThStKr 90, 1917, 273–322), stellt u. a. die Änderungen von 1528 und 1531 für die Verse 12–15 von Ps 118 zusammen, behandelt aber unseren Vers nicht. – PAHL hat im Zusammenhang seiner Ausführungen über die Psalterausgabe von 1528 aaO 97 auch auf die Textänderung in Ps 118, 21 hingewiesen, ohne jedoch im Rahmen seiner Arbeit auf die hier liegenden Probleme näher eingehen zu können.

[27] PAHL, aaO 25. [28] PAHL, aaO 97.
[29] Zu Felix Pratensis vgl. RGG³ V, 510. [30] WA 1, 158ff.
[31] VOLLMER, aaO I, 57–59; II, 69; DERS., Die Bibel im deutschen Kulturleben, 1938, 134f; VOLZ in WADB 10/II, 304 Anm. 49.

Luther dieses Psalterium 1524 vermehrt benutzt hat, ergibt sich aus einer Reihe von wörtlichen Zitaten bzw. von Anklängen in der Übersetzung[32]. – Auch an Nikolaus von Lyra könnte man denken, den Luther in seinen Dictata super Psalterium[33], gelegentlich auch in seinen Adnotationes Quincuplici Fabri Stapulensis Psalterio adscriptae (1513ff)[34] benutzt hat[35]. Aber diese beiden kommen als Quelle für Luthers neue Übersetzung von Ps 118, 21 ebenfalls nicht in Betracht: Sie folgen hier einhellig dem Text der Vulgata[36]. – Daß Luther an dieser Stelle von einer älteren Tradition abhängig wäre, ist also nicht zu erweisen.

Nun ist bekannt, daß Luther schon recht früh begonnen hat, sich Kenntnisse in der hebräischen Sprache zu erwerben. Im Jahre 1506 war in Pforzheim Johannes Reuchlins Werk De Rudimentis linguae Hebraicae erschienen, das in drei Teile gegliedert ist – Unterweisung im Hebräischlesen (pg. 5–31), nach Wurzeln geordnetes Lexikon (pg. 32–545), Grammatik (pg. 546–620) – und das für die christliche Wissenschaft von bahnbrechender Bedeutung war. Aller Wahrscheinlichkeit nach hat Luther ein Exemplar davon schon früh besessen. Wenn er am 29. Mai 1522 an Johann Lang schreibt: »Lexicon Hebraicon remitto, sed illud primum, quod olim Erfordiae emeram ab initio«[37], so sind damit wohl die Rudimenta gemeint (kaum das Lexikon des David Kimchi); fraglich ist nur, bei welchem Aufenthalt in Erfurt Luther das Werk erworben hat: in der Anfangszeit (»ab initio«) seines ganzen Studiums im Jahre 1506 oder bei Beginn seines nächsten Aufenthaltes im Jahre 1509[38]. Bereits bei der Vorbereitung des (lateinischen) Psalterdruckes von 1513 und erst recht in den Dictata 1513–1515 läßt sich die Benutzung der Rudimenta nachweisen[39]. Bei der Übersetzung der drei Psalmen 68, 119 und 37 im Jahre 1521 hat Luther dann eindeutig nicht nur die Rudimenta des Reuchlin, sondern

---

[32] PAHL, aaO 41ff; vgl. auch 29ff. 65ff.

[33] WA 3 und 4, 1–462 mit Ergänzungen in ThStKr 90, 1917, 521–526 und WA 9, 116–121.

[34] WA 4, 463–526.

[35] S. RAEDER, Das Hebräische bei Luther, untersucht bis zum Ende der ersten Psalmenvorlesung (BHTh 31), 1961, 351–354.

[36] Für Felix Pratensis vgl. die Exemplare der genannten Drucke in der Landesbibliothek Stuttgart (auch in den Drucken von 1524 und 1526 [je ein Exemplar in der Landesbibliothek Stuttgart] hat Felix den Text nicht geändert); für Nikolaus von Lyra vgl. Biblia latina cum glossulis tam marginalibus quam interlinearibus ordinariis una cum Nicolai de Lyra postillis etc., Basel 1501/02, pars III, fol. 261a.

[37] WAB 2, 547 (sic) Nr. 501, 2f.

[38] J. KÖSTLIN – G. KAWERAU, Martin Luther. Sein Leben und seine Schriften I, 1903⁵, 75f; WAB 2, 548 Anm. 2 (: 1506); RAEDER, aaO 169 bei und mit Anm. 2.

[39] G. KAWERAU in RE XVI, 1905, 683; RAEDER, aaO 67ff. 169ff mit erschöpfendem Nachweis.

auch den hebräischen Urtext verwandt[40]. Und nachdem er zuvor weite Teile des Alten Testaments aus dem Hebräischen ins Deutsche übertragen hatte, darunter unmittelbar vor dem Psalter das schwierige Buch Hiob[41], ist es nur natürlich, daß er 1524 auch bei den Psalmen – neben der Verwendung des Psalteriums des Felix Pratensis – immer wieder auf den Urtext zurückgreift[42]. Dabei sind es auch hier besonders die Rudimenta, die ihm als Hilfsmittel zu einem »rechten« Verständnis des hebräischen Textes dienen[43].

Daß man ענה je nach dem Zusammenhang eines Textes entweder mit exaudire oder – im piʿel, der »secunda conjugatio« – mit humiliare wiedergeben kann und muß, hat Luther natürlich gewußt; so übersetzt er z. B. in Ps 13, 4 עֲנֵנִי mit »erhöre mich«, in Ps 102, 24 aber עָנָּה mit »er demütigt«[44]. Zu fragen ist aber, ob etwa die Rudimenta des Reuchlin als die bedeutendste (gedruckte) Quelle für Luthers Hebräischkenntnisse dem Reformator, eventuell an einem konkreten Beispiel, Anlaß dafür gegeben haben können, in der Wiedergabe von ענה in Ps 118, 21 von (ex-)audire zu humiliare zu wechseln. Auf pg. 398 und 399 (im Druck fälschlich 389) gibt Reuchlin folgende Bedeutungen für den Stamm ענה an, wobei er jeweils in der hier wiedergegebenen Weise das hebräische Wort wiederholt (die Schreib- bzw. Druckfehler bei Reuchlin sind beibehalten):

- »עָנָה Exaudiuit. respondit« – mit 1Sam 23, 4 und anderen Belegen
- »עָנָה Testificatus est. locutus est. asseruit« – mit Ex 20, 6 und anderen Belegen
- »עָנָה Alternis cecinit. responsorie cantavit. praecinuit« – mit Ps 147, 7 und anderen Belegen
- »עָנָה Afflixit. humiliauit«. Hier nennt Reuchlin zunächst Ps 35, 13 als Beleg für das piʿel; es folgen dann aber gleich vier Stellen, an denen das qal (von ענה II) steht: Ps 116, 10; Sach 10, 2; Jes 31, 4; Ps 119, 67, ohne daß auf den Wechsel der »Stammform«, der »conjugatio«, hingewiesen wird.

---

[40] Pahl, aaO 12.
[41] Vgl. dazu Luther in einem Brief an seinen Freund Georg Spalatin vom 23. Febr. 1524: WAB 3, 249, 15–19 = WADB 10/II, XV.
[42] Pahl, aaO 46ff. 65ff. Vgl. auch J. Ficker, Hebräische Handpsalter Luthers (SAH 1919, 5), 14.
[43] Pahl, aaO 46ff. – Neben den Rudimenta hat Luther sicher die hebräische Grammatik des Wittenberger Hebraisten Matthäus Aurigallus von 1523 (Compendium hebraeae grammatices per Matthaeum Aurigallum. Vuittembergae) gekannt; ob ihm diejenige des Sebastian Münster aus Ingelheim (Epitome hebraicae Grammaticae per Fratrem Sebastianum Munsterum minoritam, Basileae [1520]) vorgelegen hat, kann hier offen bleiben. Keine von beiden jedoch enthält Angaben, die Luther zu seiner Änderung der Übersetzung von Ps 118, 21 veranlaßt haben könnten.
[44] Vgl. WADB 10/I, 136f bzw. 434f.

Auffällig ist die Einteilung in vier Abschnitte. Will Reuchlin damit zum Ausdruck bringen, daß es sich um vier verschiedene, wenn auch gleichlautende Stämme handelt? Die hier gegebene Aufteilung entspricht nicht ganz, aber doch in wesentlichen Punkten der in der heutigen Lexikographie üblichen[45]. Auch bei anderen Stämmen gibt Reuchlin eine derartige Unterteilung. So behandelt er z. B. die Wurzel בצר, die man heute auf drei[46] bzw. gar vier Stämme[47] dieser Form aufteilt[48], in drei selbständigen Abschnitten[49]:

»בָּצַר Indicit arbores. vindemiauit«

»בִּצֵּר Miniuit«

»בָּצַר Destitit. uitauit. prohibitus est«.

Andererseits bietet Reuchlin für den Stamm קרא nur einen Abschnitt, während hier mit Sicherheit zwei Wurzeln zu unterscheiden sind[50]:

»קָרָא Vocauit. appellauit. nominauit [Gen 1, 5] ... significat et clamare [Ps 34, 7]. significat etiam occurrere uel obuiare [Jes 34, 14] ... Item aliud significatur. contigit. accidit. euenit [Gen 42, 4] ...«

Wenn Reuchlin am Ende des ersten ענה-Abschnittes feststellt: »significat autem quandoque sine interrogatione respondere siue loqui« und dann unmittelbar nach der Zitierung von 1Sam 9, 17 als Beleg einen zweiten Absatz beginnt: »עָנָה Testificatus est. locutus est...«, dann möchte man bezweifeln, daß er an zwei verschiedene Stämme denkt; denn die Bedeutungen »antworten« (oft = »anheben«!) und »reden« stehen sich so nahe, daß man bei ihrem Gebrauch kaum auf zwei verschiedene Stämme im Hebräischen schließen muß. Wenn Reuchlin indes – nachdem er bei den ersten drei Abschnitten das qal angeführt hat – bei dem vierten Abschnitt das piʻel – עִנָּה (richtig: עִנָּה) – an den Anfang stellt und dann erst hierunter auch die hierher gehörenden Stellen mit qal-Formen subsumiert, dann scheint das doch zu zeigen, daß er hier an eine andere Wurzel denkt. Reuchlin dürfte also doch viererlei ענה unterschieden haben[51].

---

[45] Vgl. dazu oben S. 197.   [46] KBL s. v.   [47] Ges.-Buhl s. v.
[48] Ob diese Aufteilung sachlich berechtigt ist, kann hier dahingestellt bleiben.
[49] AaO pg. 88f.
[50] »Rufen« sowie »begegnen«; vgl. Ges.-Buhl und KBL s. v.
[51] Zum Vergleich sei hier das hebräische Lexikon des Sebastian Münster angeführt (nach der 2. Aufl.: Dictionarium hebraicum, et ex Rabinis, praesertim ex Radicibus Dauid Kimchi, auctum et locupletum, Basel 1539; die 1. Aufl. von 1523 ist mir nicht zugänglich). Münster bietet nur einen Abschnitt ענה, unterteilt ihn aber in fünf Absätze. In den vier ersten (»primo«, »secundo« usw.) gibt er die Bedeutungen des Verbums an: 1. respondere; 2. laudauit, resonauit, cantauit; 3. humiliatus est; 4. occupare [Pred 5, 19]; davon עִנְיָן occupatio, labor u. a.; unter »quinto« sind die Subst. מַעֲנֶה und מַעֲנִית aufgeführt.

Beachtlich ist nun seine Ausführung zu Ps 119, 67 in dem vierten Abschnitt, also unter עָנָה. Er stellt einander gegenüber die lateinische Übersetzung des LXX-Textes: »Antequam humiliarer ego deliqui«[52] und die Wiedergabe des Hieronymus: »Antequam audirem ego ignoravi«, wobei er – mit Recht – dem Verständnis, das die LXX von אֱעֶנֶה hat, den Vorrang gibt. Hier sind also für עָנָה die beiden Bedeutungen audire (statt meist exaudire) und humiliari, also nach der heutigen Einordnung עָנָה I und עָנָה II nebeneinandergestellt.

Wenn nun Luther in seiner handschriftlichen Übersetzung von Ps 118, 21[53] diese beiden Möglichkeiten für die Wiedergabe von עֲנִיתָנִי in Erwägung zieht, so könnte man vermuten, daß gerade dieses Nebeneinander beider Übersetzungsmöglichkeiten von Ps 119, 67 bei Reuchlin ihn dazu angeregt hat. Dabei ist aber dreierlei zu beachten.

a) Daß in Ps 119, 67 die Vulgata »humiliarer«, Hieronymus dafür aber »audirem« bietet, wußte Luther schon früher. So stellt er in den Dictata super Psalterium (1513–1515) der dem Verständnis der LXX folgenden Vulgatafassung – »priusquam humiliarer, ego deliqui« – die Version des Hieronymus gegenüber[54]. Daß Luther damals schon bei dieser Gegenüberstellung von »humiliarer« und »audirem« an das Hebräische gedacht hat, ist kaum anzunehmen. Denn zu dieser Zeit waren seine Hebräischkenntnisse noch so gering, daß er auch sonst in den Dictata kaum einmal auf die Ursprache zurückgegriffen hat, sondern nur auf Übersetzungen, die unmittelbar darauf zurückgingen[55]. Das wird zudem noch durch Luthers Auslegung dieses Verses in den Dictata unterstrichen. Luther zieht – wie auch sonst noch in dieser Vorlesung – die veritas Hebraica (in der Wiedergabe des Hieronymus) heran, um mit ihrer Hilfe den Text der »nostra translatio«, d.h. der Vulgata, zu erklären. Dabei nimmt Luther nicht auf den philologischen Sachverhalt Bezug, daß nämlich die hebräischen Äquivalente für »humiliarer« und »audirem« gleich lauten, sondern er setzt allein die lateinischen Wörter inhaltlich-sachlich zueinander in Beziehung: Das »humiliari« bestehe eben in dem »audire« und dieses wiederum erkläre jenes. Denn »nolle audire verbum dei est non humiliari, sed superbe ex sensu proprio, cui fit verbum stultitia, refutare«[56]. Bei der Übersetzung von Ps 119, 67 ist Luther trotz des

---

[52] LXX: πρὸ τοῦ με ταπεινωθῆναι ἐγὼ ἐπλημμέλησα; MT: טֶרֶם אֶעֱנֶה אֲנִי שֹׁגֵג.
[53] WADB 1, 530.
[54] Wenn Luther hier den Text »antequam audirem« mit »Hebr.« einführt, besagt das nicht, daß er hier selbst auf das Hebräische zurückgegriffen hätte, sondern er meint damit die Übersetzung des Hieronymus, in der er eine auf dem Urtext fußende Wiedergabe sah. Vgl. RAEDER, aaO 5.
[55] RAEDER, aaO 3ff.   [56] WA 4, 339, 16–18.

Wissens um des Hieronymus Wiedergabe »audire« auch späterhin nicht von dem ihm durch die Vulgata geläufigen »humiliari« abgegangen; das zeigen die Übersetzung in seiner Auslegung des 119. Psalms von 1521[57], die Handschrift seiner Übersetzung aus dem Frühjahr 1524, die – im Unterschied zu Ps 118, 21 und anderen, noch zu nennenden Stellen – keinerlei Schwanken bei der Wiedergabe von Ps 119, 67 erkennen läßt[58], und alle Drucke[59]. Kennt also Luther die Abweichung in der Übersetzung von Ps 119, 67 zwischen Vulgata/LXX[60] einerseits und Hieronymus andererseits, dann ist die Möglichkeit, daß er im Jahr 1524 zu einer Änderung in Ps 118, 21 durch die Rudimenta angeregt worden ist, kaum durch den Hinweis darauf, daß dort die verschiedenen Übersetzungen von ענה in Ps 119, 67 zitiert sind, zu stützen.

b) Wichtiger noch ist ein weiterer Punkt. In Ps 119, 67 ist bei אֱעֶנֶה in jedem Fall eine qal-Form vorausgesetzt, ob man nun an »humiliari« (ענה II) oder an »audire« (ענה I) denkt. In Ps 118, 21 aber meint MT mit עֲנִיתָנִי die 2. sing. perf. des qal; Luthers Wiedergabe mit »demütigen« setzt dagegen das piʿel voraus. Für solche Alternative bietet allerdings Reuchlin kein Beispiel. Hinzu kommt, daß Luther an den Stellen, an denen sich das qal von ענה II = »sich beugen«, »humiliari« findet, dieses nicht in das piʿel ändert, sondern es stets in angemessener Weise passivisch oder intransitiv übersetzt: Jes 31, 4: »vnd ist jm auch nicht leide (fur jrer menge)«[61]; Sach 10, 2: »Und sind elende«[62]; Ps 116, 10: »ich byn aber seer gedemutiget«[63]; Ps 119, 67 siehe oben[64]. Um so mehr muß es auffallen und bedarf einer Erklärung, wenn er in Ps 118, 21 statt des von MT gebotenen qal von ענה = exaudire das piʿel von ענה = humiliari wiedergibt.

c) Schließlich konnte Luther nicht nur bei Reuchlin ein Beispiel dafür, daß man an einzelnen Stellen über die Bedeutung von ענה verschiedener Meinung sein kann, finden, sondern etwa auch bei Felix Pratensis.

---

[57] »Der Hundertt und achtzehend Psalm«; WA 8, 193.
[58] WADB 1, 534.   [59] WADB 10/I, 506f.
[60] Daß der Psalmentext der Vulgata auf die LXX zurückgeht, wußte Luther; es war dem Vorwort des Hieronymus zu dem Psalterium Gallicanum zu entnehmen, das in dem auch sonst von Luther benutzten Quincuplex Psalterium des Faber Stapulensis von 1509 abgedruckt war (RAEDER, aaO 5).
[61] D. Martin Luthers Bibelübersetzung kritisch bearbeitet von H. E. BINDSEIL und H. A. NIEMEYER, IV. Teil, 1850, 49. – Noch nicht in WA.
[62] Der Prophet Sacharja ausgelegt, 1527: WA 23, 625.
[63] WADB 1, 528; entsprechend im Psalter 1524–1528 (WADB 10/I, 488); von 1531 an: »Ich werde aber seer geplagt« (ebd. 489; vgl. das Revisionsprotokoll, WADB 3, 145).
[64] Zu עֵר וְעֹנֶה in Mal 2, 12 s. KUTSCH, aaO 5ff.

Einmal im Alten Testament, in Ps 22, 25, steht das Substantiv עֱנוּת: »Denn er (Jahwe) verachtet nicht und verabscheut nicht die עֱנוּת des Armen.« Das Substantiv עֱנוּת ist von ענה II abzuleiten und bedeutet »Not«[65]. Auch Reuchlin ordnet es unter עָנָה ein[66]; für besser als die Wiedergabe der Vulgata »deprecationem (pauperis)« hält er die Übersetzung »afflictionem« oder »humilitatem«[67]. Statt dem den Dictata zugrunde liegenden »deprecationem« der Vulgata[68] setzt Luther in der Handschrift von 1524 »das elend (des armen)«. Das könnte immerhin durch Reuchlin inauguriert sein. Aber er fügt dort am Rande noch eine Notiz hinzu: »orationem[69] afflictionem responsionem«. Und die Zusammenstellung dieser drei Wörter findet sich, nur in etwas anderer Reihenfolge, auch bei Felix Pratensis: »Nota: Afflictionem, orationem, responsionem«[70]. Von dort hat Luther sie übernommen; und da Felix das Wort עֱנוּת in seiner Übersetzung mit »humilitatem« wiedergibt, wird Luther auch sein »elend« dort gewonnen haben. Gerade die Zusammenstellung von afflictio einerseits und oratio, responsio andererseits zeigt, daß auch dem Felix Pratensis die Verschiedenwertigkeit des ענה und seiner Substantive bekannt war und daß er gelegentlich Erwägungen darüber angestellt hat, welche Bedeutung an einer Stelle gemeint sei.

Eine bestimmte Quelle, die Luther philologische Argumente an die Hand gegeben hätte, seine Übersetzung von Ps 118, 21 zu ändern, ist also nicht nachzuweisen. Dafür, daß an einzelnen alttestamentlichen Stellen zweifelhaft sein könne, ob eine Form von ענה (oder ein von dieser Wurzel gebildetes Substantiv) von ענה = exaudire oder von ענה = humiliari abzuleiten sei, lieferten etwa Reuchlins Rudimenta, aber auch die Psalmenübersetzung des Felix Pratensis Beispiele; zudem ist, wie wir gleich sehen werden, das Problem Luther auch an einzelnen weiteren Psalmenstellen noch entgegengetreten. Dafür aber, statt des qal von ענה = exaudire das pi'el von ענה = humiliari zu lesen und also den hebräischen Text abzuändern, gibt es – soweit ich sehe – kein Beispiel. So wird man zu dem Schluß genötigt, daß Luther in Ps 118, 21 auf Grund eigener Erwägungen – ohne Vorbild oder fremde Anregung – die Übersetzung gewechselt hat. Ein solches Verfahren ist bei Luther immerhin nicht ohne Parallele; ähnlich geht er bei der Wiedergabe von Ps 10, 10 vor, wo der hebräische

---

[65] Vgl. die Wörterbücher sowie KUTSCH, aaO 74.
[66] Rudimenta pg. 399.
[67] Hieronymus denkt mit der Übersetzung »modestiam (pauperis)« statt an עֱנוּת an das ebenfalls von ענה II abgeleitete עֲנָוָה »Demut« bzw. an den st. cstr. עֲנְוַת.
[68] Siehe WA 3, 138.
[69] So PAHL, aaO 42. – WADB 1, 475 Anm. zu Ps 22, 25: »orbem« (?).
[70] PAHL, aaO 42.

Text וְדִכָּה יָשֹׁחַ וְנָפַל בַּעֲצוּמָיו חֵלְכָּאִים wörtlich zu übersetzen wäre mit »er schlägt[71], er duckt sich, und gefallen ist (sind) durch seine Starken (?) die Armen«. In den Dictata hat Luther für die Formen יָשֹׁחַ וְנָפַל den ihnen entsprechenden Vulgatatext: »inclinabit se et cadet«[72]. Doch schon in seiner Übersetzung des 10. Psalms im »Betbüchlein« von 1522 übersetzt er beide Verben transitiv: »(Und er tzubricht) und krümmet Und tzufellet«[73]; dem entspricht dann von der Handschrift 1524 an: »(Er zuschlecht) vnd krumpt vnd fellet [= krümmt und fällt] (den armen hauffen)«[74] und noch deutlicher von 1531 an: »Vnd druckt nider vnd stösst zu boden«[75]. In diesem Fall hat Luther ein Vorbild wenigstens für das erste der beiden Wörter (יָשֹׁחַ) bei Hieronymus; dieser übersetzt es mit »subiciet« »er wird unterwerfen«. Der Grund für die Umdeutung bei Luther liegt zu Tage: Anders als der hebräische Text bezieht Luther *alle* Verben des Verses auf das frevelhafte Tun des Gottlosen[76]. Eine gewisse Vorstufe zu dem bei Ps 118, 21 und 10, 10 beobachteten Vorgehen Luthers wird man darin sehen können, daß er schon bei den Dictata im Scholion zu Ps 2 – allein auf der Grundlage des lateinischen Textes – intransitive Verben dreier Psalmstellen kausativ gedeutet hat, z. B. Ps 67, 1: »›Exurge deus‹ i. e. fac me vel nos exurgere.«[77]

III

Die Schwierigkeit, welche Bedeutung eine Form von ענה habe, begegnete nun Luther nicht nur etwa bei Reuchlin oder Felix Pratensis, sondern auch noch an weiteren Stellen im Psalter selbst, so in Ps 22, 22; 88, 1; 45, 5 und 18, 36. An keiner dieser Stellen hat Luther aber eine Textänderung wie bei Ps 118, 21 vorgenommen.

Als ein Problem vorgegeben war ihm bereits Ps 22, 22, der nach MT zu übersetzen ist: »Errette mich vor dem Rachen des Löwen, und vor den Hörnern der Wildstiere hast du mich erhört (עֲנִיתָנִי).« LXX (τὴν ταπείνωσίν μου) und Vulgata (humilitatem meam) verstehen das letzte Wort als עֲנִיֵּי (oder עֱנוּתִי) »meine Not« und ziehen es als zweites Objekt zu »errette mich«[78]. Der Vulgata folgt Reuchlin[79]. Hieronymus dagegen übersetzt »exaudi me«[80]. In den Dictata stellt Luther den Text der Vulgata und den des Hieronymus einfach nebeneinander, entscheidet sich dann

---

[71] Mit Q יְדַכֶּה.   [72] WA 3, 87.   [73] WA 10/II, 424.
[74] WADB 10/I, 130.   [75] Ebd. 131.
[76] Die Stelle ist behandelt bei Pahl, aaO 72.
[77] WA 3, 35; Raeder, aaO 33ff.   [78] Vgl. Pahl, aaO 61.
[79] Rudimenta pg. 399 s. v. עָנָה.   [80] Pahl, aaO 61.

aber 1524 – im Blick auf MT mit Recht – für »erhöre mich«[81]; im Coburger Psalter 1530 folgt er mit »responde mihi«[82] der (genaueren) Wiedergabe des Felix Pratensis »respondisti mihi«[83], um schließlich von 1531 an bei »rette (bzw. errette) mich« zu bleiben[84].

In der Überschrift von Ps 88, in V. 1, ist לְעַנּוֹת wohl als inf. cstr. piʿel von ענה IV (wie in Jes 27, 2) abzuleiten und in derselben Bedeutung wie das qal dieses Verbums zu fassen: »zu singen«. Luther denkt auch hier zunächst an ענה II humiliari, wenn er in seiner Übersetzung von 1524 erst für dieses Wort und den vorangehenden (bis heute nicht gedeuteten musikalisch-technischen) Ausdruck עַל־מָחֲלַת niederschreibt: »von dem erbe[85] zu demutigen«. Im Unterschied zu Ps 118, 21 ist ihm hier allerdings die Stammform des piʿel im MT vorgegeben. Er hat diese Wiedergabe dann aber rot durchgestrichen und ersetzt durch »ym Chor vmbeynander zu singen«[86], was auch von 1524–1528 gedruckt wurde[87]. Von der Psalmenrevision 1531 an kehrt Luther wieder zu der Wurzel ענה (II) humiliari zurück, indem er על־מחלת לענות mit »von der schwacheit des[88] elenden« übersetzt, den hebräischen Text also als עַל־מַחֲלַת עָנִי (?) deutet.

Im Unterschied zu diesen beiden Stellen bezieht sich das Schwanken Luthers bei der Übersetzung von Ps 45, 5 (צֶדֶק-)וְעַנְוָה[89] lediglich auf die richtige Ableitung vom Stamm ענה II (humiliari). So wechselt Luther in erster Linie zwischen »die elenden« (so, rot durchgestrichen, in der Handschrift von 1524[90] und in den Drucken ab 1531[91]) und »sanfftmuet« (so, rot korrigiert, in der Handschrift aaO und in den Drucken 1524–1528)[92]. In dem Revisionsprotokoll von 1531 erscheint neben »elenden« auch noch »armut«[93]. Dieser Übersetzung entspricht in der Praelectio in psalmum 45 von 1532[94] die Angabe: »›Anva‹ pro afflicta, misera, oppressione«[95].

---

[81] Handschrift: WADB 1, 475; Druck: WADB 10/I, 166.
[82] WA 31/I, 360.   [83] Nach Pahl, aaO 61.   [84] WADB 10/I, 167.
[85] Hier dachte Luther an נַחֲלָה – aber mit נ!   [86] WADB 1, 511.
[87] WADB 10/I, 388.
[88] In den Drucken dann: »der«; ebd. 389.
[89] In seiner Predigt über Ps 45, 5 (nach der Verseinteilung der Vulgata!) vom 4. Dez. 1517 oder eher noch einem früheren Jahr (WA 4, 639 ff) behandelt Luther nur den Anfang des Verses, nicht aber das hier interessierende Wort.
[90] WADB 1, 502.
[91] WADB 10/I, 247. Vgl. auch das Protokoll der Revision von 1539–1541 zu V. 5: »salvare adflictos«, WADB 3, 542.
[92] WADB 10/II, 246.   [93] WADB 3, 44.   [94] WA 40/II, 472 ff.
[95] So die Nachschrift Rörers (WA 40/II, 503 f); im Druck von 1534 heißt es (ebd.): »Vocabulum, quo hic utitur Propheta, significat afflictam, miseram, oppressam« (nämlich: iustitiam). Hier ist offenbar (צֶדֶק-)עַנְוָה als Adjektiv gefaßt, während die Nachschrift sowohl eine adjektivische als auch eine substantivische Übersetzung offen läßt. – Sowohl in der Nachschrift als auch im Druck schließt Luther ausdrück-

Während in Ps 22, 22 und 88, 1 Luther offenbar von philologischen Erwägungen geleitet wurde, tritt an der hier abschließend heranzuziehenden Stelle Ps 18, 36 sein theologisches Interesse zutage. An dieser Stelle ist – ebenfalls wie bei Ps 45, 5 – Ausgangspunkt seiner unterschiedlichen Deutungen allein der Stamm ענה II = humiliari; aber die theologische Intention berührt sich hier eng mit der von Ps 118, 21. In Ps 18, 36 wäre der MT zu übersetzen:

> Du gabst mir deinen heilvollen Schild (den Schild deines Heils),
> und deine Rechte stützte mich,
> und deine (Jahwes!) Demut (עֲנְוָתְךָ) machte mich groß.

Da das üblicherweise mit »Demut« wiedergegebene Wort עֲנָוָה das gehorsame Sichbeugen des Niedrigeren vor dem Höheren bedeutet[96] und dementsprechend sonst nie Jahwe zugeschrieben wird, ist mit עֲנֹותְךָ trotz der masoretischen Punktation hier sicher nicht dieses Substantiv gemeint, sondern, wie der Text an der zweiten Stelle, an der sich dieser Psalm im Alten Testament findet, 2Sam 22, 36, lehrt, der inf. cstr. qal וַעֲנֹתְךָ, wobei ענה = exaudire gemeint ist: »dein Erhören [d. h. daß du (mich) erhörst] (macht mich groß)«. Das Schwanken in dem Verständnis dieses Wortes setzt schon bei den griechischen Übersetzern des Alten Testaments ein, indem bei Ps 18, 36 Aquila und die Quinta mit πραότης bzw. πραΰτης σου, LXX und Theodotion mit παιδεία σου an עֲנָוָה (von ענה II) denken, Symmachus aber mit τὸ ὑπακούειν (σοι) an den inf. cstr. qal von ענה I; dagegen hat LXX bei 2Sam 22, 36 mit ἡ ὑπακοή σου »deine Antwort«[97] eindeutig und mit Recht ענה I im Blick. Hinsichtlich des Textumfanges weicht die LXX zu Ps 18, 36 von MT ab: Für die Wörter וענותך תרבני hat sie zwei Sätze:

> καὶ ἡ παιδεία σου ἀνώρθωσέν με εἰς τέλος,
> καὶ ἡ παιδεία σου, αὐτή με διδάξει.

Dadurch hat der Vers, der im Hebräischen dreireihig ist (in 2Sam 22, 36 fehlt die mittlere Reihe!), im Griechischen zwei Perioden zu je zwei Reihen erhalten[98]. Die Vulgata folgt hier wörtlich der LXX[99].

---

lich die Übersetzung des Hieronymus (»[propter veritatem et] mansuetudinem [iustitiae]«) aus, der er selbst früher mit der Wiedergabe »Sanftmut« gefolgt war (vgl. auch Vulgata: »propter ... mansuetudinem et iustitiam« und WA 3, 250: Dictata z. St.). – Zur Deutung von Ps 45, 5 vgl. KUTSCH, aaO 117 ff.

[96] KUTSCH, aaO 76 ff.   [97] Cf. ὑπακοή in PetrEv 10, 42.

[98] Als weitere Abweichung bietet die LXX »Schild meines (statt MT: deines) Heils«.

[99] Hinsichtlich »salutis tuae« oder »salutis meae« schwankt die Textüberlieferung. Vgl. Biblia Sacra iuxta latinam Vulgatam versionem. X. Liber psalmorum, Rom 1953, 72.

Bei diesem Psalmvers nun können wir wiederum das Fortschreiten in
Luthers exegetischer Arbeit verfolgen. In der Wiedergabe der Wörter
וְעַנְוָתְךָ תַרְבֵּנִי folgt er in den Dictata ganz dem Text der Vulgata: »Et disciplina tua ... correxit me ... in finem: et disciplina tua ipsa me docebit
...«[100] Schon hier notiert er dazu den Wortlaut von 2Sam 22, 36: »Et
mansuetudo tua multiplicavit me«, und in der Glosse vermerkt er zu
dem Schluß von Ps 18, 36: »Hoc non est in Hebraico nec Graeco nec Ro-
mano.« Wenige Jahre später, in den Operationes in psalmos (1519–1521),
zitiert er zwar noch den Vulgatatext, verwirft ihn aber sofort rundweg
zugunsten der Übersetzung des Hieronymus: »Nihil hic de disciplina, de
correctione, de fine, de doctrina dicitur.«[101] In dieser Auslegung liegt
Luther besonders an der mansuetudo (für [ךָ] עֲנוֹת). Dabei geht es nicht
etwa um »mansuetudo mea«, wie man »vitio scriptoris« an der Parallelstelle in 2Sam 22 lesen kann[102], sondern um »mansuetudo tua« – nämlich Gottes[103]; denn: »Mansuetudinis divinae est servari et augeri, non
nostrae praesumptionis, ut stet gloria soli deo.«[104] Im Jahre 1524 tritt
dann eine Wende ein, die wir in Luthers Handschrift beobachten können[105]. Zunächst sieht Luther als Übersetzung vor: »vnd deyne sanfftmut
macht mich gros.« Damit ist die frühere Wiedergabe »mansuetudo«
aufgenommen. Über »sanfftmut« ist dann aber das Wort »oppressio« geschrieben. Da in der deutschen Übersetzung ein lateinisches Wort keinen
Platz hat, kann dieses »oppressio« nur als eine Erwägung gedacht sein.
Daß die Entscheidung zwischen beiden zunächst offen war, zeigt eine
Randnotiz, die wiederum »mansuetudo« und »humiliatio« nebeneinan-
derstellt. Schon in der Übersetzung von 2Sam 22, 36 hatte Luther über
den ursprünglichen Text »deyne sanfftmutickeyt« notiert: »oppressio«.
Das Nebeneinander der beiden in Erwägung gezogenen Wiedergaben
läßt erkennen, daß Luther in dieser Zeit zu zweifeln begonnen hat, ob
die Übersetzung »mansuetudo«, »sanfftmut« für עֲנָוָה richtig sei – philologisch richtig, d. h. bei einer Ableitung des Substantivs von ענה = humiliari bzw. dem piʿel, der conjugatio secunda, humiliare, überhaupt
möglich. Aber während er bei 2Sam 22, 36 in seiner handschriftlichen
Übersetzung das über den Text geschriebene »oppressio« wieder rot ge-
tilgt und auch in dem ersten Bibeldruck 1524 die Fassung »deyne sanfft-

---

[100] WA 3, 118.   [101] WA 5, 531, 16f; vgl. 532, 6–10.
[102] Die mittelalterliche Vulgata las in 2Sam 22, 36 »mansuetudo mea«. Aber
schon Nikolaus von Lyra machte auf den Unterschied zum hebräischen Text (=
mansuetudo tua) aufmerksam; vgl. Biblia Latina ... (s. oben Anm. 36) pars II fol.
Q 5. Zur Textgeschichte von 2Sam 22, 36 vgl. auch Biblia Sacra iuxta latinam
Vulgatam versionem. V. Liber Samuelis, Rom 1944, 350.
[103] WA 5, 531, 18f.   [104] WA 5, 532, 4f.   [105] WADB 1, 470.

mutikeyt« beibehalten hat[106], hat er sich bei Ps 18, 36 anders entschieden. Er strich (mit roter Tinte) »deyne sanfftmut« und natürlich auch »oppressio«[107] und ersetzte – sachlich das letztere aufnehmend – beides (in roter Schrift) durch »du mich demütigest«, wobei er wohl auch »machst« in »machstu« änderte, aber das nun notwendige »wenn« einzusetzen vergaß. In der Fassung »vnd wenn du mich demutigest machstu mich gros« ist dann der Text in allen Psalterdrucken beibehalten worden. Und auch das Wort »humiliatio«, das in der Handschrift am Rande notiert war, taucht wieder auf: In seiner im Jahr 1530 auf der Coburg niedergeschriebenen Auslegung der ersten 25 Psalmen legt Luther seinen Ausführungen zu Ps 18, 36 die (von ihm stammende) lateinische Übersetzung zugrunde: »Humiliatione tua multiplicasti me.«[108]

Hatte Luther bei der Wiedergabe von Ps 18, 36 zunächst in Gottes »Sanftmut«, also seiner Freundlichkeit, sein hilfreiches und dem Menschen in mannigfacher Hinsicht »Mehrung« verschaffendes Tun gesehen, so trat an deren Stelle auf Grund eines neuen Verständnisses des hebräischen Textes geradezu das Gegenteil: Gottes den Menschen bedrückendes, beugendes, erniedrigendes Handeln. Mit dem Wechsel in der philologischen Deutung ging eine theologische Neuinterpretierung Hand in Hand. Wie vorher die Sanftmut, so steht jetzt auch die oppressio, die durch Gott erfolgende humiliatio in einer Reihe mit der Aussage, daß Gott den Schild seines Heils gibt, daß er die Rechte des Beters stärkt. Und wie zuvor die Sanftmut, so ist es nun eben Gottes bedrückendes Tun, das den Menschen »groß macht«. Wie ist das zu verstehen? Liegt darin nicht ein Widerspruch? Daß Gottes »Sanftmut« den Menschen »groß macht«, ist einzusehen – wie aber kann man das von Gottes »opprimere«, seinem »humiliare« sagen? In seiner Auslegung im Coburger Psalter von 1530 gibt Luther die Erklärung dazu. Einerseits exemplifiziert er es dort an David, dem V. 1 – und damit Luther[109] – den Psalm zuschreibt. Zunächst paraphrasiert Luther, nach dem Zitat in lateinischer Sprache: »humiliatione tua multiplicasti me«, den Text: »Du hast mich [David!] in manche pericula gesteckt, als mit dem Absalom, (hic enim transit ad domestica

---

[106] WADB 9/I, 376. Der Wortlaut »vnd deyne sanfftmutikeyt wirt mich mehren« in 2Sam 22, 36 blieb bis zum Druck von 1527; erst in der Vollbibel von 1534 wird er ersetzt durch die Formulierung (nach Ps 18, 36): »Vnd wenn du mich demütigest, machst du mich gros.« Das Aufgeben der Übersetzung »Sanftmut« an dieser Stelle fällt offenbar mit dem Wechsel des Verständnisses von ענוה in Ps 45, 5 zusammen.

[107] Auch die Randglosse »mansuetudo humiliatio tua« ist rot durchgestrichen.

[108] WA 31/I, 336.

[109] Vgl. auch die Einordnung des Psalms in 2Sam 22.

bella), hast mich seer geplaget, bin aber da durch gros worden.«[110] Etwas weiter fährt er dann fort: »Hoc se Dauid quoque expertum dicit: Du liessest mich ein stucklein sehen[111] durch den Absolon. Ibi vere humiliabar.«[112] Aber David zu erniedrigen war gar nicht Gottes letztes Ziel: »Sic tamen factum est, ut me multiplicaveris.«[113] Das zeigt sich an der weiteren Geschichte Davids: »Sie wolten sich darnach nur umb yhn zureissen, Juda und Israel, ein iglichs wolt yhn allein gantz haben.«[114] Von diesem Beispiel aus abstrahiert Luther auf der anderen Seite den allgemein gültigen theologischen Satz: »Das mus man mercken, das unser herr Gott einen zuuorn klein macht, ehe denn er yhn gros macht.«[115] Wie wichtig und wie tröstlich diese Aussage für Luther war, lehrt das Revisionsprotokoll von 1531; hier ist als seine Stellungnahme zu Ps 18, 36 vermerkt: »Optima sententia, kostlich: ›quando me humilias, anges‹.«[116]

Die eben behandelte Auslegung von Ps 18, 36 stammt aus dem Jahre 1530. Daß Luther aber auch schon im Jahre 1524, als er sich für die Übersetzung »wenn du mich demütigst« entschied, dieselbe Auffassung von dieser Stelle vertreten hat, zeigt zunächst eine zweite Randglosse zu dem Vers in der Handschrift von 1524: »virtus infirmitate perficitur«[117]. Wohl ist der Satz rot durchgestrichen. Aber das hat Luther mit der Mehrzahl der Randnotizen in dieser Handschrift getan, so z. B. auch mit der Glosse »solo verbi auditu non visu«[118], mit der er die Aussage von V. 45 »er gehorchet myr mit dem horen des oren« theologisch kommentierte. So besagt diese Streichung nicht, daß Luther eine andere Auffassung gewonnen hätte, sondern nur, daß der Gegenstand für die Übersetzung erledigt war. Darüber hinaus aber liegt die Aussage, daß Gott den Menschen »klein macht«, ehe er ihn »groß macht«, in einer schon vor 1524 nachweisbaren Linie seiner Theologie. Darauf ist am Schluß der Untersuchung noch einzugehen.

IV

Die Feststellung des theologischen Gehaltes der neuen Übersetzung Luthers von Ps 18, 36 führt nun zu unserem Ausgangspunkt, zu Ps 118, 21, zurück. Bei der Übersetzung dieses Verses hat Luther, wie wir sahen, im Frühjahr 1524 erwogen, von der hergebrachten (und sprachlich richtigen) Wiedergabe: »ich danke dir, daß du mich erhörst« abzugehen zu-

---

[110] WA 31/I, 336, 9–11.
[111] D.h. du ließest mich etwas erleben; WA 31/I, 336 z. St.
[112] AaO Z. 12–14.   [113] AaO Z. 14f.
[114] AaO Z. 15f. Cf. 2Sam 19, 14f. 40b–43.
[115] AaO Z. 11f.   [116] WADB 3, 8.
[117] WADB 1, 470.   [118] WADB 1, 470.

gunsten der Übersetzung: »ich danke dir, daß du mich demütigst.« Zu dieser Änderung lag weder philologisch noch sachlich, d.h. aus dem Zusammenhang des Psalms heraus, noch traditionsgeschichtlich, d.h. von den Luther vorliegenden Übersetzungen und Auslegungen aus, ein zwingender Anlaß vor. Um so mehr muß man eine theologische Erwägung als Grund dafür annehmen. Wir finden diese nun in unmittelbarer Nähe zu dem theologischen Gedanken, der mit der Textänderung von Ps 18, 36 verbunden war. Gott demütigt den Menschen, aber nicht um ihm bleibenden Schaden zuzufügen, sondern um ihn um so höher zu erheben. Ist das erkannt, dann ist es nur selbstverständlich, daß der Mensch nicht nur für die Erhöhung, sondern auch schon für die vorangehende Erniedrigung danken kann. In Ps 118, 21 dankt der Beter Gott. Im zweiten Teil des Verses gilt der Dank Gottes heilvollem Handeln: »Vnd bist meyn heyl« (nach Luthers damaliger Wiedergabe). Der Dank konnte – und sollte! – aber auch das opprimere einschließen. Dieses suchte Luther im ersten Teil des Verses; zu gewinnen war es im hebräischen Text aber nur durch eine Umdeutung, die mit einer, wenn auch geringen, Textänderung (piʿel statt qal) verbunden war. Die Erwägung zu dieser Änderung und Umdeutung zeigt die Handschrift. Aber während Luther sich bei Ps 18, 36 für das opprimere entschied, blieb er für Ps 118, 21 im Jahre 1524 noch bei der hergebrachten Übersetzung. Der Anlaß für diese Inkonsequenz ist schwer zu erkennen. Sind es philologische Bedenken gewesen? Bei Ps 18, 36 konnte der hebräische Text beibehalten werden; die Änderung bezog sich nur auf das Verständnis des – mit MT vorausgesetzten – Wortes עֲנָתְךָ. In Ps 118, 21 dagegen mußte Luther die secunda conjugatio statt des qal von dem Stamm ענה lesen. Immerhin läßt die Änderung von Ps 10, 10 derartige Bedenken vermissen. Jedenfalls beließ es Luther in Ps 118, 21 bei dem alten Verständnis des Textes und strich die Erwägung »(das du mich) demutigest«. Erst bei der erneuten Durcharbeitung des Psaltertextes 1528 ist es so weit, daß Luther der theologischen Aussage den Vorrang gibt und den Text im Sinne der Erwägung von 1524 ändert. Gott führt in die Erniedrigung, aber dadurch zur Erhöhung. Darum kann und soll der Mensch nicht nur für die Erhöhung, sondern auch schon für die Erniedrigung danken. Deshalb versteht Luther Ps 118, 21 nun: »Ich dancke dyr das du mich demütigest, Vnd bist meyn heyl.«

Ähnlich wie im Coburger Psalter die Aussage von Ps 18, 36 erfährt auch Luthers neues Verständnis von Ps 118, 21 in der Folgezeit eine breitere Darstellung. Im Zusammenhang mit seiner Revision des lateinischen Psalters hatte sich Luther im Jahre 1529, also gerade ein Jahr nach jener Änderung von Ps 118, 21, erneut mit einigen Psalmen gründlicher beschäftigt, darunter auch mit Ps 118. Um auch dem poetischen Gehalt dieses Psalms einmal Rechnung zu tragen, schickte er am 13. Dezember 1529 seine Scholien zu diesem Psalm an Eoban Heß, der sich schon zuvor durch eine von Melanchthon veranlaßte Übertragung einzelner Psalmen in lateinische Verse als glänzender Stilist ausgewiesen hatte, nach Nürnberg. Heß hat bis Februar 1530 Luthers Text in freier Paraphrase in lateinische Verse übersetzt. Von ihm gelangten die Scholien an Luthers Freund Wenzeslaus Linck, der sie, um sie weiteren Kreisen zugänglich zu machen, in gutes Deutsch übertrug. Die dritte Stufe in dieser Entwicklung ist schließlich die ausführliche Auslegung von Ps 118 unter dem Titel »Das schöne Confitemini, an der zal der CXVIII Psalm«, die Luther im Juni 1530 auf Grund seiner Scholien, aber wohl ohne Kenntnis der Linckschen Übersetzung angefertigt hat[119].

In dem Scholion zu Ps 118, 21[120] gibt Luther zunächst eine eigene Übersetzung des Textes: »Gratias ago tibi quod humilias me et tamen es mea victoria.«[121] Auf die Einleitung: »Laetissimo affectu fertur hoc versu velut admirabundus super isto mirabili opere dei experto, Epiphonema ponens« folgt die Erläuterung: »Quasi dicat: bistu nicht ein wunderlicher lieblicher Gott, der die kunst kan, quod humiliando exaltas, quod victos facis victores, perditos facis salvos, peccatores facis iustos. Idem humilias et victoriam simul confers.« Gottes »kunst« besteht nach Luthers Verständnis des Verses darin, daß er »humiliando exaltat«: Indem Gott den Menschen erniedrigt, erhöht er ihn. Das humiliare Gottes steht nicht allein. Der Beter – und wie oft hat gerade Luther diesen Psalm gebetet! – darf und soll wissen: Auch wenn Gott mich demütigt, ja: obwohl Gott mich demütigt, ist er – dennoch – »mea victoria«[122].

Ein Unterschied zwischen dieser Auffassung und der Auslegung von Ps 18, 36 soll nicht übersehen werden. Nach Luthers Ausführung zu Ps 118, 21 fallen humiliari und exaltari zusammen. Indem Gott den Menschen demütigt (humiliando!), erhöht er ihn. Der letzte Satz – »idem humilias et victoriam simul confers« – unterstreicht die Gleichzeitigkeit durch »idem« und »simul«. Hier versteht Luther den Satz: »...daß du mich demütigst und bist mein Heil« nicht als ein Eins-zum-andern (das Zweite zum Ersten), sondern als ein Eins-im-andern (das Zweite im

---

[119] Vgl. dazu WA 31/I, 34 f.   [120] WA 31/I, 60, 3–8.

[121] Soweit ich sehe, hat Luther nur hier und in der nachfolgenden Auslegung das Wort יְשׁוּעָה in Ps 118, 21 mit »victoria«, »Sieg«, wiedergegeben. Doch vgl. auch seine Bemerkung zu מָגֵן יִשְׁעֶךָ (»Schild deines Heils«) in 2Sam 22, 36 in dem Protokoll von 1539–1541: »›schild heils‹, siegs wäre besser« (WADB 3, 409). Die Übersetzung »siegs« ist aber nicht in den Druck übernommen worden.

[122] Daß Luther hier in der lateinischen Übersetzung das »tamen« einfügt – im hebräischen Text steht kein Äquivalent –, ist nur die folgerichtige Konsequenz seines Verständnisses von עִנִּית.

Ersten – nicht umgekehrt!). Bei Ps 18, 36 hätte er den Satz »wenn du mich demütigst, machst du mich groß« genauso interpretieren können; »humiliando exaltas (me)« wäre hierfür eine adäquate lateinische Wiedergabe. Der Unterschied in der Auslegung entsteht dadurch, daß Luther Ps 18, 36 auf David hin auslegt und an dessen Person das Nacheinander von Demütigung und Erhöhung durch Gott findet.

Dem bisher behandelten Teil des Scholions scheinen nun die dazwischenstehenden Worte »quod victos facis victores, perditos facis salvos, peccatores facis iustos« nicht ganz zu entsprechen. Daß die »Besiegten«, »Verlorenen«, »Sünder« *von Gott* in diesen Zustand versetzt sind, daß Gott es ist, der den Menschen »besiegt« und doch – tamen! – zum Sieger macht, der den Menschen untergehen läßt und doch rettet, der den Menschen zum Sünder macht und doch gerecht macht – das wäre die dem »humiliando exaltas« entsprechende weitere Aussage. Das steht aber zum mindesten nicht da. In der vorliegenden Form besagen die Worte nur soviel, daß Gott solche, die (von wem auch immer) besiegt sind, zu Siegern macht, daß Gott solche, die (aus welchen Gründen immer) untergingen, zu Geretteten macht, daß Gott – die Sünder gerecht macht. Man hat den Eindruck: diese dreigliedrige Reihe zielt auf den dritten Punkt als den Höhepunkt: »Du, Gott, bist der, der den Sünder gerecht macht.« Daß dieser Satz etwas anderes besagt als das »humiliando exaltas«, liegt auf der Hand; ihm würde eine einfache Aussage: »humiliatum exaltas« entsprechen. Damit sind wir aber nicht unerheblich von der Aussage von Ps 118, 21, wie Luther ihn versteht, entfernt. Der Dank gilt hier nur mehr dem exaltare, dem »und bist mein Heil«, aber nicht mehr, wie es der Text in Luthers Übersetzung ausdrücklich sagt, dem humiliare!

Daß mit diesen Erwägungen der Text nicht überinterpretiert ist, zeigt die deutsche Wiedergabe von Linck[123]. Dieser legt die Textform der Psalterausgabe von 1528 zugrunde: »Ich danke dir, das du mich demütigst, Und bist mein heyl«, übersetzt Luthers einleitenden Satz: »Mit verwunderunge, grossem lust, und frölichem mute beschleüst er von so wunderlichem wercke Gottes, gleych sam wolt er sprechen«, und bringt dann die Erläuterung in folgender Form: »Bistu nicht ein wunderlicher lieblicher Got, der die kunst kan, das du die unten und dar nider ligen machest obsiegen, die verlornen selig, die sünder gerecht, und herwiderumb verdampst die gerechten etc. Du alleine verderbest und nidrigest, und gibest sieg und heyl, dir sey lob und preyß, Amen.« Von »Bistu« bis »kan« folgt Linck wörtlich Luther; gleich danach aber fehlen die für Lu-

---

[123] WA 31/I, 60, 17–23.

ther entscheidenden Worte »quod humiliando exaltas«. Linck sieht nur die zweite, andere Linie, die in der Aussage »(quod) peccatores facis iustos« gipfelt. Ja, er unterstreicht noch die Bedeutung dieser Aussage gegenüber den beiden vorangehenden parallelen, indem er zu »(das du machst) die sünder gerecht« über die Vorlage hinaus hinzufügt: »und herwiderumb verdampst die gerechten.« Hier wird die Akzentverschiebung besonders deutlich: ein solcher Satz hat neben »humiliando exaltas« keinen Platz[124]. Schließlich deutet Linck auch den letzten Satz bei Luther zu V. 21 falsch. Daß humiliare und victoriam conferre zusammenfallen – idem, simul! –, ist ganz übersehen. So wird aus der Wiederaufnahme des »humiliando exaltas« in Luthers Schlußsatz die hymnische Aussage, daß Gott allein es ist, der Verderben und Erniedrigung, Sieg und Heil gibt, und wegen dieser Einzigartigkeit schließlich – nicht deswegen, weil Gott Verderben oder auch Sieg gibt – sind ihm Lob und Preis zu zollen[125].

Im »schönen Confitemini« schließlich hat Luther die für das Scholion aufgezeigte Spannung zugunsten des »humiliando exaltas« aufgehoben. Der die Auslegung dieses letzten Teiles von V. 21 einleitende Satz und der Beginn der Auslegung selbst schließen an das Scholion an: »So ist nu dieser vers frölich und singet mit aller lust daher: Bistu nicht ein wunderlicher, lieblicher Gott, der du uns so wunderlich[126] und so freundlich regierest.« Der übrige, lateinische Text des Scholions ist nun stark aufgeweitet: »Du erhöhest uns, wenn du uns niedrigest, Du machst uns gerecht, wenn du uns zu sündern machst, Du fürest uns gen himel, wenn du uns jnn die helle stössest, Du gibst uns sieg, wenn du uns unterligen lessest, Du machst uns lebendig, wenn du uns tödten lessest, Du tröstest uns, wenn du uns trauren lessest, Du machst uns frölich, wenn du uns heulen lessest, Du machst uns singen, wenn du uns weinen lessest, Du machst uns starck, wenn wir leiden, Du machst uns weise, wenn du uns zu narren machst, Du machst uns reich, wenn du uns armut zuschickest,

---

[124] In diesem Punkt geht Eoban Heß besser auf Luthers Gedanken ein, wenn auch im übrigen ein großer Teil seines Textes freie Ausgestaltung der Vorlage ist (WA 31/I, 47, 19–24):
  Gratia salvator tibi sit, quia sternis inermem,
    Prostratumque nova vincere laude facis.
  O pater immensae pietatis, et una salutis
    Gloria, qua salvus glorior esse tibi.
  Quam tua maiestas virtute est praedita mira,
    Quam tua sperando gloria fine caret.

[125] Man kann immerhin fragen, ob nicht Lincks Schluß »dir sey lob und preyß, Amen«, der ja bei Luther keine Vorlage hat, durch die dichterische Ausgestaltung bei Heß angeregt ist.

[126] Hier = wunderbar.

Du machst uns herren, wenn du uns dienen lessest, Und dergleichen unzeligen wunder mehr, die alle jnn diesem vers begriffen sind und jnn der Christenheit auff ein hauffen gerhümet werden, mit diesen kurtzen worten: ›Ich dancke dir, das du mich demütigest, aber hilffest mir auch widderumb‹.«[127] Es liegt auf der Hand, daß diese authentische Interpretation des Scholions, eben durch Luther selbst, den Akzent anders setzt als die Lincksche. Der erste Satz: »Du erhörest uns, wenn du uns niedrigest« entspricht genau dem »humiliando exaltas« des Scholions. Das »wenn« = »gleichzeitig wenn« (simul!) schließt im Sinne des humiliando ein »indem« ein: »Gleichzeitig wenn und indem du demütigst...« Dieser erste Satz, gewissermaßen als Obersatz, wird nun in elf weiteren, parallel gebauten Sätzen immer neu exemplifiziert. An zweiter und vierter Stelle (der Zwölfzahl) sind der dritte und erste der drei gleichgebauten Sätze aus dem Scholion aufgenommen: Du machst uns gerecht, wenn du uns zu sündern machst – vgl. »peccatores facis iustos«; Du gibst uns sieg, wenn du uns unterliegen lessest – vgl. »victos facis victores«. Der dazwischenstehende Satz »Du fürest uns jnn himel, wenn du uns jnn die helle stössest« könnte die im Scholion dazwischenstehende Aussage »perditos facis salvos« präzisieren. Die übrigen acht Sätze sind neu hinzugefügt. Aber während die Dialektik aller übrigen Sätze verständlich ist, könnte die Aussage, daß Gott den Menschen zum Sünder macht, überraschen; ihre Erklärung ergibt sich erst später.

Von dem »humiliando exaltas« aus ist dann auch die Schlußzusammenfassung zu verstehen, mit der Luther den Vers noch einmal neu übersetzt[128]: »Ich dancke dir, das du mich demütigest, aber hilffest mir auch widderumb.« Der Demütigung des Menschen durch Gott ist die Hilfe Gottes zugeordnet.

Auch bei der Revision des Psalters 1531 schneidet Luther dieses für ihn so wichtige Thema an. Das Protokoll hat zu Ps 118, 21 notiert: »Und bist mein heil, Und hilffst mir« – hier ist die neue Übersetzung des zweiten Teiles vorbereitet[129] – »Deus humiliat et exaltat etc. Ist ein guter Theologisch sententz Humilemus ecclesiam.«[130] Der Satz »Deus humiliat et exaltat« läßt eine doppelte Auslegung zu. Im Sinne von Luthers Verständnis von Ps 18, 36 würde er besagen: Gott demütigt, er erhöht danach aber auch wieder; ja: er demütigt, um danach wieder zu erhöhen. Da der Satz aber zu Ps 118, 21 gesprochen ist, hat Luther ihn sicher im Sinne seiner Auslegung dieses Verses gemeint: »humiliando exaltat« – wenn und indem Gott uns erniedrigt, erhöht er uns.

---

[127] WA 31/I, 171, 13–26.
[128] Der Auslegung des Verses hat er die Fassung von 1528 vorangestellt.
[129] S. oben S. 195.   [130] WADB 3, 147, 26–28.

V

Bisher haben wir Luthers Auslegung von Ps 118, 21 und 18, 36 für sich betrachtet. Seine Aussagen zu diesen Psalmenstellen wollen wir zum Schluß noch kurz an ihren Ort in seiner Theologie einordnen.

Was wir bisher aus Luthers Auslegung zu Ps 118, 21 im »schönen Confitemini« zitiert haben, ist nur deren dritter Abschnitt, mit dem Luther die beiden vorangehenden zusammenfaßt. Die beiden ersten Abschnitte behandeln die zwei Teile des Verses – »Ich dancke dir, das du mich demütigest« und »ich dancke dir, das du mein heil, helffer vnd heiland bist« – für sich, wobei jeweils der Dank als Opfer gegenüber Gott verstanden ist (vgl. Ps 51, 19 und 50, 14f)[131]. Im ersten Teil nun entfaltet Luther, worin er Gottes »Demütigen« sieht: »Wenn uns Gott durch sein wort strafft jnn allen unsern wercken und lesst unser heiligkeit, weisheit, krafft nichts sein, das wir müssen fur yhm schüldig und sünder sein, zun Römern am dritten, Und dem Wort nach drückt[132], und das gewissen erschreckt, und mit allerley trübsal wol plaget, das wir mürb und gar werden, nach dem alten sündlichen Adam, bis unser stoltz, trost und zuversicht auff unser thun und wissen gantz tod sey, welchs am ende des lebens volendet wird.«[133] Luther deutet hier das »Demütigen«, das Gott am Menschen vollzieht, von seiner Rechtfertigungslehre her. Gottes Wort, sein Gesetz, demütigt den Menschen, indem es ihm klar macht, daß seine Werke vor Gott »nichts sind«, daß all sein Tun Sünde ist. Solches Handeln Gottes hat aber noch eine zweite Seite. Das Gesetz bringt den Menschen dazu, daß er seine Sünde erkennt; aber die durch das Gesetz gewirkte Erkenntnis der Sünde führt auch dazu, daß der Mensch nach der Gnade Christi verlangt, durch die allein er gerettet, »gerecht« wird. Nicht der gelangt zur Gnade, der tut »quod in se est« – ein solcher »fügt Sünde zu Sünde«[134]; vielmehr dem, der durch Gottes Gesetz gezüchtigt, gedemütigt ist, dem läßt Gott dann seine Gnade in Christus zuteil werden: »Sic sic humilibus dat gratiam, et qui humiliatur, exaltatur.«[135] So ergibt sich – mit dem Ausgangspunkt in Röm 3, 20 – die Reihe: »Per Legem enim cognitio peccati, per cognitionem autem peccati humilitas, per humilitatem gratia acquiritur.«[136] Die beiden Seiten des göttlichen Handelns am Menschen stehen aber nicht nur nebeneinander – »lex humiliat, gratia exaltat«[137] –, sie sind auch final miteinander ver-

---

[131] WA 31/I, 169–171.
[132] = Nachdruck verleiht; WA 31/I, 169 z. St.
[133] WA 31/I, 169, 30–34; 170, 18f.
[134] WA 1, 360, 25f: These 16.
[135] AaO 360, 38 – 361, 1 zu These 16.
[136] AaO 361, 2f.   [137] AaO 361, 1.

bunden; das zweite ist das eigentliche Ziel des ersten: »nos humiliat ... ut exaltet...«[138]. Luther faßt diese beiden Seiten des göttlichen Tuns – in Anlehnung an den lateinischen Text von Jes 28, 21 – als opus alienum und opus suum bzw. proprium, als Gottes »fremdes Werk« und sein »eigentliches Werk«. Gottes opus alienum ist es, den Menschen durch das Gesetz zu züchtigen, zu demütigen; sein opus proprium aber ist die Gnade, deren Zuwendung durch das »fremde Werk« erst ermöglicht wird. Dem Wortlaut von Jes 28, 21 entnimmt Luther aber auch das finale »ut«: »opus alienum Dei, ut operetur opus suum«[139]. Schon in den Dictata hatte Luther Jes 28, 21 in derselben Weise verwandt; dort erläutert er bei der Behandlung von Ps 44 (43), 10 das Jesaja-Zitat (»Alienum est opus eius, ut operetur opus suum«): »quia perdit ut salvet«[140]. Und in den Operationes in psalmos dient es ihm dann zur Erklärung von Ps 18, 10b »et caligo sub pedibus eius«: »id est quod opera et viae eius cognosci non possunt. Hoc fit, dum alienum opus operatur, ut operetur opus suum«, wiederum mit der Anwendung auf die Rechtfertigung: »dum damnat, ut salvet, dum conscientiam conturbat, ut pacificet.«[141] Der Mensch sieht, infolge der »Dunkelheit unter seinen (Gottes) Füßen«, nur das opus alienum, das ihn im »humiliari et in nihilum redigi per virtutem legis« trifft, versteht aber nicht, »quam bene secum agatur«: daß das opus alienum als Ziel das opus suum mit einschließt[142].

Von hier aus können wir nun Luthers neues Verständnis von Ps 118, 21 in seiner ganzen Tiefe erfassen. Den Satz: »ich danke dir, daß du mich demütigst« versteht er in erster Linie von seiner Rechtfertigungslehre her. Das »Deus humiliat et exaltat« – oder, mit der logischen Zueinanderordnung der beiden Prädikate: »humiliando exaltat« – gilt für mancherlei Nöte des Lebens: »Du machst uns lebendig, wenn du uns töten lässest,

---

[138] AaO 357, 7f zu These 4.
[139] AaO 357, 6f. – Jes 28, 21 lautet nach der Vulgata:

Sicut enim in monte divisionum stabit Dominus:
   sicut in valle quae est in Gabaon irascetur,
ut faciat opus suum, alienum opus eius:
   ut operetur opus suum, peregrinum est opus eius ab eo.

Entsprechend dem hebräischen Urtext redet diese Stelle nur von Gottes opus als seinem opus alienum bzw. opus peregrinum. Der Gegensatz opus alienum – opus suum bzw. opus proprium ist von Luther ebenso in den Text hineingelesen, wie der von ihm benutzte Textausschnitt – alienum opus eius ut operetur opus suum – dem Text ohne Rücksicht auf dessen rhythmischen Aufbau (zwei Perioden zu je zwei parallelen Reihen) entnommen ist.

[140] WA 3, 246, 19f.
[141] WA 5, 503, 24–27.   [142] Vgl. aaO 503, 27–30.

du tröstest uns, wenn du uns trauern lässest, ... du machst uns reich, wenn du uns Armut zuschickst«; und in der Fassung »wenn du mich demütigst, machst du mich groß« in Ps 18, 36 konnte es auf Davids Not auf der Flucht vor seinem Sohn und auf die nachfolgende Wiederherstellung und Vergrößerung seiner Macht gedeutet werden. An erster Stelle aber steht für Luther die Not, daß Gott den Menschen dadurch demütigt, daß er ihn in die humilitas stürzt, eine humilitas, die nicht die mönchische Tugend der Demut meint, sondern die »vollendete Selbsterkenntnis«, die Erkenntnis, daß auch das beste Werk eines Menschen nicht zu seiner Rechtfertigung vor Gott helfen kann[143]. Auch diese durch Gottes humiliatio gewirkte humilitas ist nicht Gottes letztes und eigentliches Wollen, ist nur Dei opus alienum: es schließt als zugeordnet und bezweckt mit ein die in der Zuwendung der Gnade erfolgende exaltatio des Menschen. So ist es nur folgerichtig, daß in dem dritten Abschnitt der Auslegung zu V. 21 im »schönen Confitemini« auf den Obersatz »du erhöhst uns, wenn du uns erniedrigst« als erste Anwendung der Satz folgt: »Du machst uns gerecht, wenn du uns zu Sündern machst.«

Diese Zuspitzung, daß Gott den Menschen zum Sünder mache, (um ihn gerecht zu machen,) ist schließlich ebenfalls in früheren Aussagen Luthers zur Rechtfertigungslehre vorbereitet. Im Anschluß an den oben bei Anm. 136 zitierten Satz beendet Luther seine Ausführungen zur 16. These der Heidelberger Disputation mit den Worten: »Sic opus alienum Dei inducit tandem opus eius proprium, dum facit peccatorem, ut iustum faciat.«[144] Daß Gott den Menschen zum Sünder macht in dem Sinne, daß er ihn veranlaßt zu sündigen, weil er will, daß es Sünde gibt, wäre für Luther – wenn ich recht sehe – ein kaum vollziehbarer Gedanke. Nach anderen Äußerungen Luthers läßt Gott zwar zu, daß der Mensch sündigt, aber er veranlaßt ihn nicht dazu. »Juda et Thamar fiunt peccatores, non iubente Deo, sed permittente.«[145] Will man den Satz: »(Deus) facit peccatorem« recht verstehen, dann darf man ihn nicht isoliert betrachten. Er hat Geltung nur in Verbindung mit der Fortsetzung: »ut iustum faciat«, nicht aber für sich allein. Das heißt: Von dem facere peccatorem Gottes

---

[143] Vgl. dazu W. v. LOEWENICH, Luthers theologia crucis, 1954[4], 176f.

[144] WA 1, 361, 4f.

[145] Genesisvorlesung 1535–1545 zu Gen 38 (WA 44, 322, 21); vgl. dazu R. SEEBERG, Lehrbuch der Dogmengeschichte IV/I, 1953[5], 176f. – Siehe weiter WA 18, 708, 31: »(Licet enim) Deus peccatum non faciat...« (in De servo arbitrio) sowie WATR 1 Nr. 74 und vor allem 2 Nr. 2026: »Effective enim Deus non est causa mali, licet det impios in reprobum sensum, sed secundum id: Et dimisi eos secundum desideria cordis eorum.« – Zu Luthers Widerstreben, Gott und das Böse in einen Kausalzusammenhang zu bringen, vgl. auch E. SEEBERG, Luthers Theologie I, 1929, 179.

kann man nur reden, wenn man es als das opus alienum ansieht, das bereits auf das opus proprium, das iustum facere hinzielt – genauer: das überhaupt nur dazu da ist, das opus proprium herbeizuführen (... ut ... !).

Fassen wir das Erarbeitete kurz zusammen.

Bei der Vorbereitung seiner deutschen Übersetzung der Psalmen für den ersten Druck des Dritten Teiles des Alten Testamentes im Frühjahr 1524 hat Luther – wie seine für den Druck verwendete Handschrift zeigt – erwogen, wie Ps 118, 21 zu übersetzen sei: »Ich dancke dyr das du mich demutigest – oder: erhorist (so richtig nach MT עֲנִיתָנִי) – und bist meyn heyl.« Eine ähnliche Überlegung finden wir bei Ps 18, 36. Aber während Luther hier den ursprünglichen Entwurf »deyne sanfftmut macht mich gros« in dem nachfolgenden Druck – seiner in der Handschrift durch »oppressio« über »sanfftmut« ausgedrückten Erwägung folgend – durch »wenn du mich demutigest (, machstu mich gros)« ersetzt hat, hat er in Ps 118, 21 die der überlieferten Auffassung entsprechende Übersetzung »erhörist« in den Drucken von 1524 und 1525 beibehalten und erst 1528 den Text im Sinne der Alternative von 1524 (»das du mich demütigest«) geändert. Im Gegensatz zu Ps 18, 36, wo die Textänderung, philologisch gesehen, nur auf einem anderen Verständnis des von MT gebotenen Wortes עֲנֹתְךָ basiert, bedeutete der Wechsel der Übersetzung bei Ps 118, 21 mit dem Übergang vom qal des Verbums ענה (I) = exaudire zu dem piʿel von ענה (II) = humiliari eine Änderung des hebräischen Textes. Für diese Änderung war Luther weder in der Text- noch in der Auslegungsüberlieferung ein Vorbild gegeben, noch enthielten die ihm für die Übersetzung aus dem Hebräischen zur Verfügung stehenden Hilfsmittel eine Angabe, die ihn dazu veranlaßt haben könnte. Nicht ein philologischer, sondern ein theologischer Gesichtspunkt war der Grund für den Wechsel in der Übersetzung von Ps 118, 21. Daß die Bedrängnis, die Erniedrigung, die Demütigung, in die Gott den Menschen führt, nicht Gottes letztes Wort ist, sondern vielmehr durch eine »Erhöhung« abgelöst wird, ja daß die Erniedrigung bereits auf die Erhöhung hinzielt, das lehrte – wie Jes 28, 21 nach dem lateinischen Text – z. B. Ps 18, 36 nach dem neuen Verständnis. Diesen Gedanken fand Luther mit Hilfe der neuen Übersetzung auch in Ps 118, 21: »Deus humiliat et exaltat«. Konkreter noch: Bereits wenn und indem Gott den Menschen demütigt, erhöht er ihn: »humiliando exaltat«. Weil in der Erniedrigung bereits die Erhöhung enthalten oder doch angelegt ist, dankt der Beter in Ps 118, 21 Gott auch schon für das humiliari. Für die humiliatio durch Gott hat das menschliche Leben manche Beispiele; Ps 18, 36 läßt an eines aus Davids Geschichte denken. Eine besondere, ja die wichtigste Demütigung des Menschen durch Gott sieht Luther darin, daß Gott den Menschen durch das Gesetz erfahren läßt, daß auch nicht eines seiner (des Menschen) Werke ihn vor Gott gerecht macht. Aber selbst diese humiliatio zielt bereits auf die exaltatio, indem sie den Menschen veranlaßt, im Glauben Gottes Gnade in Christus, die allein ihn gerecht macht, zu suchen und zu empfangen. Von diesem Gedanken aus der Rechtfertigungslehre her erhält für Luther auch die neue Übersetzung von Ps 118, 21 erst ihr volles Gewicht, indem er hier das »Demütigen« in erster Linie auf jenes humiliare Gottes bezieht. *Dafür* dankt der Beter Gott; denn »humiliando exaltas«, »Du machst uns gerecht, wenn du uns zu Sündern machst«.

Bibliographie Ernst Kutsch

Abkürzungen nach S. Schwertner, TRE, 1976

I. Monographien

1. Das Herbstfest in Israel (Diss. theol. Mainz), 1955 (Masch.), 178 S; (Referat: ThLZ 81, 1956, Sp. 493–495).
2. ʿanāwāh (»Demut«). Ein Beitrag zum Thema »Gott und Mensch« im Alten Testament (Hab.-Schr. Mainz), 1960 (Masch.), 163 S.
3. Salbung als Rechtsakt im Alten Testament und im Alten Orient, BZAW 87, Berlin 1963, 78 S.
4. Sein Leiden und Tod – unser Heil. Eine Exegese von Jesaja 52,13–53,12, BSt 52, Neukirchen–Vluyn 1967, 46 S.
5. Verheißung und Gesetz. Untersuchungen zum sogenannten »Bund« im Alten Testament, BZAW 131, Berlin 1973, XI + 230 S.
6. Neues Testament – Neuer Bund? Eine Fehlübersetzung wird korrigiert, Neukirchen–Vluyn 1978, X + 179 S.
7. Die chronologischen Daten des Ezechielbuches, OBO 62, Freiburg/Schweiz–Göttingen 1985, 82 S.

II. Aufsätze

1. Die Wurzel עצר im Hebräischen, VT 2, 1952, S. 57–69.
2. מקרא ZAW 65, 1953, S. 247–253.
3. Gideons Berufung und Altarbau Jdc 6,11–24, ThLZ 81, 1956, Sp. 75–84.
4. Der Eid der Essener. Ein Beitrag zu dem Problem des Textes von Josephus bell. jud. 2,8,7 (§ 142), ThLZ 81, 1956, Sp. 495–498.
5. Erwägungen zur Geschichte der Passafeier und des Massotfestes, ZThK 55, 1958, S. 1–35.
6. Zur Chronologie der letzten judäischen Könige (Josia bis Zedekia), ZAW 71, 1959, S. 270–274.
7. »Eure Rede aber sei ja ja, nein nein«, EvTh 20, 1960, S. 206–218.
8. Der Kalender des Jubiläenbuches und das Alte und das Neue Testament, VT 11, 1961, S. 39–47.
9. Die Dynastie von Gottes Gnaden. Probleme der Nathanweissagung in 2. Samuel 7, ZThK 58, 1961, S. 137–153.
10. Bibliographie Friedrich Horst, in: Friedrich Horst, Gottes Recht. Studien zum Recht im Alten Testament, TB 12, München 1961, S. 315–320.
11. Heuschreckenplage und Tag Jahwes in Joel 1 und 2, ThZ 18, 1962, S. 81–94.
12. Die Solstitien im Kalender des Jubiläenbuches und in äth Hen 72, VT 12, 1962, S. 205–207.

13. The Wadi Kufrinği, in: A. Kuschke, New Contributions to the Historical Topographie of Jordan (ADAJ 6/7, 1962, S. 90–95), S. 92–93.
14. Archäologische Bemerkungen zu Etam. B. Eine Kelteranlage (?), ZDPV 79, 1963, S. 116–126; Taf. 9 u. 10.
15. Nachtrag zu Bibliographie Friedrich Horst, ThLZ 88, 1963, Sp. 317f.
16. Evangelischer Theologen-Kongreß in Wien, Amt und Gemeinde 14, 1963, S. 84–85 (Bericht).
17. »Deus humiliat et exaltat«. Zu Luthers Übersetzung von Psalm 118,21 und Psalm 18,36, ZThK 61, 1964, S. 193–220.
18. Beiträge zur Siedlungsgeschichte des Wādi Kufrinği, ZDPV 81, 1965, S. 113–131.
19. Ein Stück eines römischen Meilensteines in ʿanğara, ebd. S. 132–137.
20. »Trauerbräuche« und »Selbstminderungsriten« im Alten Testament, in: Kurt Lüthi–Ernst Kutsch–Wilhelm Dantine, Drei Wiener Antrittsreden, ThSt (B) 78, Zürich 1965, S. 23–42.
21. Altes Testament. Einleitung (zum Katalog: Jubiläumsausstellung, 600 Jahre Universität Wien 1365–1965), o. J. (1965), S. 28–30.
22. Gesetz und Gnade. Probleme des alttestamentlichen Bundesbegriffs, ZAW 79, 1967, S. 18–35.
23. Der Begriff בְּרִית in vordeuteronomischer Zeit, in: Das ferne und nahe Wort. Festschrift L. Rost, BZAW 105, Berlin 1967, S. 133–143.
24. Eine römische Inschrift in Verditz/Einöde, Kärnten, Carinthia I, Mitteilungen des Geschichtsvereins für Kärnten 157, 1967, S. 206–209.
25. Zu der römischen Inschrift in Verditz/Einöde, Kärnten, ebd. S. 529.
26. Von בְּרִית zu »Bund«, KuD 14, 1968, S. 159–182.
27. Die Etymologie von בְּרִית (Kurzfassung), ZDMG Suppl. I/1, 1969, S. 356–361.
28. Sehen und Bestimmen. Die Etymologie von בְּרִית, in: Archäologie und Altes Testament. Festschrift für K. Galling, Tübingen 1970, S. 165–178.
29. »Bund« und Fest. Zu Gegenstand und Terminologie einer Forschungsrichtung, ThQ 150, 1970, S. 299–320.
30. »... am Ende des Jahres«. Zur Datierung des israelitischen Herbstfestes in Ex 23,16, ZAW 83, 1971, S. 15–21.
31. Zur Theologie des Jonabuches, Korrespondenzblatt, hg. vom Pfarrerverein in der Evang.-Lutherischen Kirche in Bayern, 88, 1973, S. 2–3.
32. Das sog. »Bundesblut« in Ex xxiv 8 und Sach ix 11, VT 23, 1973, S. 25–30.
33. *Karăt bᵉrît* »eine Verpflichtung festsetzen«, in: Wort und Geschichte. Festschrift für Karl Elliger, AOAT 18, 1973, S. 121–127.
34. Hiob: leidender Gerechter – leidender Mensch, KuD 19, 1973, S. 197–214.
35. »I will be your God«. *Bᵉrît* in the Priestly Code, Sixth World Congress of Jewish Studies. Abstracts. (Jerusalem 1973), S. A 14.
36. Der sechste Weltkongreß für jüdische Studien in Jerusalem, Evangelische Gemeinde in Jerusalem, Gemeindebrief Nr. 10/Oktober 1973, S. 6 (Bericht).
37. Von Grund und Sinn des Leidens nach dem Alten Testament, in: Der leidende Mensch. Beiträge zu einem unbewältigten Thema, hg. v. H. Schulze, Neukirchen–Vluyn 1974, S. 73–84.
38. Gottes Zuspruch und Anspruch. *bᵉrît* in der alttestamentlichen Theologie, in: C. Brekelmans (éd.), Questions disputées d'Ancien Testament. Méthode et Théologie, EThL.B XXXIII, 1974, S. 71–90.
39. Von den israelitisch-jüdischen Hauptfesten, Im Lande der Bibel, 1974, Nr. 2, S. 22–26.
40. »Ich will euer Gott sein«. *bᵉrît* in der Priesterschrift, ZThK 71, 1974, S. 361–388.

41. Das Jahr der Katastrophe: 587 v. Chr. Kritische Erwägungen zu neueren chronologischen Versuchen, Bib. 55, 1974, S. 520–545.
42. Der Epilog des Hiobbuches und 11Qtg Job, ZDMG Suppl. III, 1, 1977, S. 139–148.
43. Von der Aktualität alttestamentlicher Aussagen für das Verständnis des Neuen Testaments, ZThK 74, 1977, S. 273–290.
44. »Ich will euer Gott sein«. b'rit in der Priesterschrift (Kurzfassung), Proceedings of the Sixth World Congress of Jewish Studies. Vol. I, Jerusalem 1977, S. 245–254.
45. Die Paradieserzählung Gen 2–3 und ihr Verfasser, in: Studien zum Pentateuch. Festschrift W. Kornfeld, Wien 1977, S. 9–24.
46. Die Fresken der Kirche in Kriegenbrunn, Erlanger Bausteine zur fränkischen Heimatforschung 24, 1977, S. 78–98.
47. Wie David König wurde. Beobachtungen zu 2. Sam 2,4a und 5,3, in: Textgemäß, Festschrift für E. Würthwein, Göttingen 1979, S. 75–93.
48. Das irdische und das himmlische Jerusalem, in: Hauptstädte. Entstehung, Struktur und Funktion, Schriftenreihe des Zentralinstituts für Fränkische Landeskunde und allgemeine Regionalforschung an der Universität Erlangen–Nürnberg 18, Neustadt an der Aisch 1979, S. 1–8.
49. Der sogenannte »Blutbräutigam«. Erwägungen zu Ex 4,24–26 (XX. Deutscher Orientalistentag, Erlangen 1977), ZDMG Suppl. IV, 1980, S. 122–123.
50. Bild und Aussage. Zum rechten Verständnis von Jes 44,1–5, X. Kongreß der International Organisation for the Study of the Old Testament, Wien 1980, Short Communications: 1–62. Abstracts, S. 17–18.
51. Die Bedeutung von Luthers Bibelübersetzung. Anmerkungen zu Remigius Bäumer, MdKI 32, 1981, 44–46.
52. »Ich will meinen Geist ausgießen auf deine Kinder«. Jes 44,1–5: Zu Auslegung und Predigt, in: Das Wort, das weiterwirkt. Aufsätze zur Praktischen Theologie in memoriam K. Frör, hg. v. R. Riess und D. Stollberg, München 1981, S. 122–133.
53. Weisheitsspruch und Prophetenwort. Zur Traditionsgeschichte des Spruches Jer 9,22–23, BZ NF 25, 1981, S. 161–179.
54. Freude aus der Vergebung (Predigt über Psalm 51,3–7.9–14), in: Befreit zur Freude. Lob- und Dankpsalmen in Predigten ausgelegt, hg. v. G. Heckel, München 1981, S. 49–54.
55. »... denn Jahwe vernichtet die Philister«. Erwägungen zu Jer 47,1–7, in: Die Botschaft und die Boten. Festschrift für H. W. Wolff, Neukirchen–Vluyn 1981, S. 253–267.
56. »Wir wollen miteinander rechten«. Zu Form und Aussage von Jes 1,18–20, in: Künder des Wortes. Festschrift J. Schreiner, Würzburg 1982, S. 23–33.
57. Text und Textgeschichte in Hiob XIX. Zu Problemen in v. 14–15, 20, 23–24, VT 32, 1982, S. 464–484.
58. Die Textgliederung im hebräischen Ijobbuch sowie in 4QTgJob und in 11QTgJob, BZ NF 27, 1983, S. 221–228.
59. Menschliche Weisung – Gesetz Gottes. Beobachtungen zu einem aktuellen Thema, in: Gott ohne Eigenschaften?, hg. v. S. Heine–E. Heintel, Wien 1983, 77–106.

III. Artikel in Lexika
1. RGG, 3. Auflage

1. Abkürzungsverzeichnis
2. Transkriptionsverzeichnis

I, 1957

3. Abrenuntiatio diaboli, Sp. 73.
4. Armenpflege in Israel, Sp. 617–619.
5. Armut, biblisch, Sp. 622–624.
6. Astruc, Jean, Sp. 666.
7. Beerseba, Sp. 956.
8. Begrich, Joachim, Sp. 968.
9. Bertholet, Alfred, Sp. 1071.
10. Budde, Karl, Sp. 1468 f.
11. Caesarea Palestinae, Sp. 1580 f.
12. Caesarea Philippi, Sp. 1581.
13. Calmet, Augustin, Sp. 1587.
14. de Chantal, Johanna F. Frémyot, Sp. 1639.
15. Chronologie, israelitisch-jüdische, Sp. 1812–1814.
16. Cölestin (II.), Papst, Sp. 1845.

II, 1958:

17. Delitzsch, Franz, Sp. 74 f.
18. Demut, biblisch, Sp. 77 f.
19. Duhm, Bernhard, Sp. 281 f.
20. Eichhorn, Johann Gottfried, Sp. 345.
21. Erlaßjahr, Sp. 568.
22. Ewald, Heinrich Georg August, Sp. 798.
23. Ezechiel, Apokryphon, Sp. 844.
24. Feste und Feiern in Israel, Sp. 910–917.
25. Gesenius, Wilhelm, Sp. 1511.
26. Gideon, Sp. 1570.
27. Gottesurteil in Israel, Sp. 1808 f.
28. Graf, Karl-Heinrich, Sp. 1822.

III, 1959:

29. Ilgen, Karl David, Sp. 676 f.
30. Jobeljahr, Sp. 799 f.
31. Israel: Chronologie der Könige von Israel und Juda, Sp. 942–944.
32. Kapitel- und Verseinteilung in der Bibel, Sp. 1141 f.
33. Kittel, Rudolf, Sp. 1626 f.

IV, 1960:

34. Kuenen, Abraham, Sp. 85.
35. Lade Jahwes, Sp. 197–199.
36. Leusden, Johann, Sp. 334.
37. Lowth, Robert, Sp. 459f.
38. Melchisedek, Sp. 843.
39. Michaelis, Johann David, Sp. 934f.
40. Michaelis, Johann Heinrich, Sp. 935.
41. Mowinckel, Sigmund, Sp. 1154.

V, 1961:

42. Pratensis, Felix, Sp. 510.
43. Reuß, Eduard, Sp. 1076.
44. Robinson, Henry Wheeler, Sp. 1131.
45. Rosenmüller, E. F. K., Sp. 1186.
46. Sabbat, Sp. 1258–1260.
47. Salbung, religionsgeschichtlich, Sp. 1330f.
48. Salbung im AT, Sp. 1331f.
49. Schmidt, Hans, Sp. 1457f.
50. Selden, John, Sp. 1685.

VI, 1962:

51. Sichem, Sp. 15.
52. Silo, Sp. 35.
53. Sündenbock, Sp. 506f.
54. Tabor, Sp. 598.
55. Tekoa, Sp. 673.
56. Vatke, Wilhelm, Sp. 1245.
57. Witter, Henning Bernhard, Sp. 1785.
58. Zelt, Sp. 1893f.

2. BHH II, 1964

1. Inkubation, Sp. 762.

3. NDB VI, 1964

1. Gabler, Johann Philipp, S. 8
2. Graf, Karl Heinrich, S. 723f.

4. Der Kleine Pauly. Lexikon der Antike: I, 1964:

1. Chus, Sp. 1173.
2. Coabis, Sp. 1236.
3. Dagon, Sp. 1359.
4. Damaskus I vorhellen. Zeit, Sp. 1371f.
5. Dan, Sp. 1378.
6. Daphne 3, Sp. 1383.
7. Dibon, Sp. 1518.

II, 1967:

8. Dok, Sp. 112.
9. Dora, Sp. 141.
10. Dothan, Sp. 155.
11. Eduma, Sp. 201.
12. Gaba 1–8, Sp. 649–651.
13. Gabaon, Sp. 651.
14. Galaad 1. 2, Sp. 663 f.
15. Galgala 1. 2, Sp. 677.
16. Gazara, Sp. 706 f.
17. Gerara, Sp. 759.
18. Geth 1–5, Sp. 789 f.
19. Gomorrha, Sp. 844.
20. Ham, Sp. 927 f.
21. Hebron, Sp. 962.
22. Hermon 1., Sp. 1085 f.
23. Hierosolyma I. bis zur hell. Zeit, Sp. 1141 f.
24. Holophernes, Sp. 1200.

III, 1969:

25. Karmel 1. 2, Sp. 123.
26. Karnaim, Sp. 124.
27. Kedron, Sp. 174.
28. Maacha, Sp. 848.
29. Mahanaim, Sp. 892.
30. Makeda, Sp. 910.
31. Manasse 1–3, Sp. 941 f.
32. Maon 1. 2, Sp. 984 f.
33. Mara 1, Sp. 986.
34. Moab, Sp. 1375 f.
35. Moloch, Sp. 1399 f.
36. Masoreten, Sp. 1584.

5. THAT

I, 1971:

1. $b^e r\hat{\imath} t$ Verpflichtung, Sp. 339–352.
2. krt abschneiden, Sp. 857–860.

II, 1976:

3. prr hi. brechen, Sp. 486–488

6. EJ

13, 1971:

1. Passover: Critical View, Sp. 169–172.

15, 1971:

2. Sukkoth: In the Bible. Critical Theories Concerning Origin, Sp. 497f.

7. ThWAT

II, 1977:

1. *hôn,* Sp. 388–393.

III, 1982:

2. *ḫrp* I, Sp. 217–223.
3. *ḫrp* II, Sp. 223–229.
4. *ḥtn,* Sp. 288–296.
5. *jbm,* Sp. 393–400.

8. TRE

VII, 1981:

1. Bund
   I. Altes Testament, S. 397–403.
   II. Frühes Judentum, S. 403–405.
   III. Neues Testament und frühe Kirche, S. 406–410.

9. EKL, 2. Auflage

II

1. Hiob (im Druck).

IV. Rezensionen:

1. W. Eichrodt, Der Heilige in Israel. Jesaja 1–12 übersetzt und ausgelegt, BAT 17,1, Stuttgart 1960.
   G. Fohrer, Das Buch Jesaja 1. Kapitel 1–23, ZBK, Zürich 1960.
   O. Kaiser, Der Prophet Jesaja. Kapitel 1–12 übersetzt und erklärt, ATD 17, Göttingen 1960.
   zusammen besprochen in: ThZ 17, 1961, S. 287–290.
2. G. Fohrer, Das Buch Jesaja 2. Kapitel 24–39, ZBK, Zürich–Stuttgart 1962, ThZ 19, 1963, S. 143.
3. P. Lamarche, Zacharie IX–XIV, Structure littéraire et messianisme, Paris 1961, ThLZ 90, 1965, Sp. 341–345.
4. G. Fohrer, Das Buch Jesaja 3. Kapitel 40–66, ZBK, Zürich–Stuttgart 1964, ThZ 22, 1966, S. 213f.
5. R. Hentschke, Satzung und Setzender. Ein Beitrag zur israelitischen Rechtsterminologie (BWANT V, 3), Stuttgart 1963, OLZ 62, 1967, Sp. 469–471.
6. Biblia Hebraica Stuttgartensia. 7. Liber Jesaiae, praep. D. W. Thomas. Stuttgart 1968, ZAW 81, 1969, S. 126f.
7. Biblia Hebraica Stuttgartensia. 11. Liber Psalmorum, praep. H. Bardtke. Stuttgart 1969, ZAW 81, 1969, S. 411f.

8. W. Eichrodt, Der Herr der Geschichte. Jesaja 13—23 und 28—39 übersetzt und ausgelegt, BAT 17,2, Stuttgart 1967, ThZ 26, 1970, S. 437—439.
9. Biblia Hebraica Stuttgartensia. 1. Liber Genesis, praep. O. Eißfeldt, Stuttgart 1969. 10. Liber XII Prophetarum, praep. K. Elliger, Stuttgart 1970, ZAW 83, 1971, S. 289—291.
10. S. Mittmann, Beiträge zur Siedlungs- und Territorialgeschichte des nördlichen Ostjordanlandes (ADPV), Wiesbaden 1970, Eras. 24, 1972, S. 656—659.
11. Biblia Hebraica Stuttgartensia. 8. Liber Jeremiae, praep. W. Rudolph, Stuttgart 1970. 9. Liber Ezechiel, praep. K. Elliger, Stuttgart 1971, ZAW 85, 1973, S. 260f.
12. Biblia Hebraica Stuttgartensia. 2. Exodus et Leviticus, praep. G. Quell, Stuttgart 1973. 3. Numeri et Deuteronomium, praep. Librum Numerorum W. Rudolph, Librum Deuteronomii J. Hempel †, Stuttgart 1972. 4. Josua et Judices, praep. R. Meyer, Stuttgart 1972, ZAW 86, 1974, S. 376f.
13. J. M. Oesch, Petucha und Setuma. Untersuchungen zu einer überlieferten Gliederung im hebräischen Text des Alten Testaments, OBO 27, Freiburg/Schweiz—Göttingen 1979, BZ NF 27, 1983, S. 246—248.
14. H. Mölle, Der sogenannte Landtag zu Sichem, FzB 42, Würzburg 1980, BZ NF 27, 1983, S. 251—254.
15. The Book of Job. A New Translation to the Traditional Hebrew Text, with Introductions by M. Greenberg, J. C. Greenfield, N. M. Sarna, Philadelphia 1980, BZ NF 27, 1983, S. 258—260.
16. G. Fohrer, Studien zum Buche Hiob (1956—1979). Zweite, erweiterte und bearbeitete Auflage, BZAW 159, Berlin—New York 1983, ThRv 80, 1984, Sp. 112—115.
17. P. Kalluveettil, Declaration and Covenant. A Comprehensive Review of Covenant Formulae from the Old Testament and the Ancient Near East, AnBib 88, Rom 1982, BOH, Sp. 680—686.
18. O. Loretz, Habiru-Hebräer. Eine sozio-linguistische Studie über die Herkunft des Gentiliziums ʿibrî vom Appellativum ḫabiru, BZAW 160, Berlin—New York 1984, AfO (im Druck).

V. Nachrufe

1. Professor D. Dr. Leonhard Rost, Uni-Kurier. Zeitschrift der Friedrich-Alexander-Universität Erlangen—Nürnberg Nr. 28/29, 6. Jahrgang, Februar 1980, S. 58—59.
2. Leonhard Rost (1896—1979), ZAW 92, 1980, S. I—II.
3. Prof. D. Friedrich Baumgärtel, Erlanger Nachrichten vom 15. Juni 1981.
4. Prof. F. Baumgärtel †, Uni-Kurier. Zeitschrift der Friedrich-Alexander-Universität Erlangen—Nürnberg Nr. 37/38, 7. Jahrgang, September 1981, S. 105—106 (mit Georg Künzel).

VI. Mitherausgeber

1. Archäologie und Altes Testament. Festschrift für K. Galling, Tübingen 1970, hg. v. A. Kuschke und E. Kutsch.

Stellenregister (in Auswahl)

Genesis

1,26−30	284
2 f.	274 ff.
2,4 b.5.7.18−24	282 ff.
2,4 b	284
2,8	282 A 37
2,9	280 f.
2,10−14	275 f.
2,16 f.	280 f.; 286 f.
3	196
3,1−19	280 f.
3,8	282
3,9−11	287
3,22−24	276 ff.; 282; 287
4,1	287
4,3 ff.	281
6,5	281; 288
6,8	288
7,1	288
8,21	272
13,10	282
18,1−16	109
18,2−5	106
18,17 ff.	193 ff.; 347
21,25	153
37,34	79; 89
49,8−12	142

Exodus

3,2 ff.	107
3,10−12	107; 193
3,12	193
12 f.	36
12	29; 58
12,14.15−20	46
12,15−17	76 A 19
12,21 ff.	32; 45
12,23	338
14,5	37
19−34	250
22,29	33
23,14−17	29; 57; 61; 73; 76
23,15 b	57
23,16	56; 64 ff.
23,17	61 f.
32,32	346
33,4	89
34,11−26	33 ff.; 57
34,18−25	29; 33
34,18	73; 76
34,21	44 f.
34,22	73; 75; 76
34,23	61 f.

Leviticus

6,18	266
7,15 f.	266 f.
10,6 f.	93 A 44
10,10 f.	263 f.
10,11	266
13 f.	183
13,45	84
19,27 f.	85
21,5	85
21,10	85
23	29; 38; 41 ff.; 57; 73; 75; 76
23,5−8	62
23,5	73
23,6	73; 76
23,10 ff.	72 ff.
23,11	75
23,15 f.	77
23,15	74; 75
23,42	59
23,43	58 f. A 4
25,1−7	54

Numeri

5	329
9,1–13	52
28 f.	29
28,17	76

Deuteronomium

1,5	249
4,8	249
5,1–26,16	249
6,5	270
10,12	333 A 110
11,1	270
11,26–28	148
13,4 f.	270
15,19	33
16,1–17	29; 38 ff.
16,1–15	73
16,1–3	73 A 10
16,1	46
16,8	45
16,9	58; 73; 75
16,13	59
16,16	57; 59; 61 f.
17,8–12	264 ff.
24,16	249
27,1	268
27,9 f.	250
27,26	252
28	249; 252
28,1–14	252
28,9	251
28,16–43	252
28,58	249
28,61	249
29,20	252
30,1–10	253
30,11–14	267 f.
30,11	270
30,15–18	148
31,11 f.	61; 268
32,47	252 f.
33,9 f.	265 f.

Josua

1,8	254
5,10–12	48 f.; 63
7,6	79; 87
8,31	249
8,32	249

Judicum

6,11–24	99 ff.
9,8–15	115
9,27	59; 60 A 1; 63
14,12	56
21,19–21	59 f.

I Samuel

1,3 ff.	60
2,10	206 ff.; 215
2,12 f.	201
4,12	79
6	186 f.
9,1–10,16	110 f.
10,1–7	104
10,1	111; 116
10,17–27	111
11,1 ff.	110 f.
11,12–14	111
11,12	151
13,13 f.	134
13,14	135 f.
14,45	346
16,1–13	115 ff.
16,14	338
20,5 f.	60
25	134
25,28	136
25,30	135; 136 A 3

II Samuel

1,2	79
1,11 f.	79
2,1	121
2,4	112 ff.; 137
2,7	114
2,11	113 A 12
3,9 f.	121
3,18	121

Stellenregister

5,1—3 .... 113 ff.; 134; 137
5,2 135
5,11 133
6 .... 134f.; 137f.; 139 A 3; 140
6,20—23 .... 135 A 1
7 .... 129 ff.
7,3 .... 130 A 1
8 f. 112
9 138
12,9—12 339
13,11 ff. 84; 87
15,25 62
22,36 .... 362 ff.; 367 A 121
24,16 338

I Könige

1 .... 114; 117 A 29; 130
2,1—9 254
3,4—15 145
6,37 f. .... 46 f.
9,25 .... 60 f.; 63
11,21 61
11,43 126
12,1 126
12,32 f. 51
20,26 ff. 83
21,17 ff. .... 82 f.

II Könige

4,23 71
10,31 249
11,1—3 .... 114 f.
14,6 249
15,5 .... 301; 339
19,35 338
21,8 254
23,10 .... 117 A 31
23,22 48
23,31 .... 5; 26
23,33 f. 13
23,36 .... 5; 6; 10; 17; 18
24,1 15
24,8 .... 5; 6; 9
24,10 ff. ...... 12; 18; 20; 22 f.; 25 f.; 28
24,14 20

24,16 .... 20; 21 A 4
24,18 .... 5; 7; 10; 17
25 21
25,2 .... 17; 25
25,8 .... 4; 6; 7; 12; 17; 20; 22; 25; 28

Jesaja

1,18—20 142
2,12—17 .... 239 f.
6,5 334
8,23—9,6 142
9,1 188
11,1—6 142
13,5—13 .... 240 ff.
14,28—32 229
25,8 344
26,19 344
28,21 372
31,4 358
33,10—16 .... 332 f.; 335
34,4 ff. 240
40,2 191
41,8 191
42,1—4 171
42,5—7 171
42,6 f. .... 343 f.
43,22—28 158
44,1—5 .... 157 ff.
44,6—8 158
45,23 f. 188
49,1—6 .... 171; 188
49,3 191
50,4—9 171
50,10 f. 171
51,3 282
52,13—53,12 .... 170 ff.; 345 ff.
55,10 f. 253
58,2 189
61,1 ff. 344

Jeremia

1,5—10 .... 104; 107
1,14 221
2,8 201
2,22 .... 155 A 17

4,22	201
5,1	194f.; 347
5,3	180
6,19	250
9,2	201
9,3–5	201
9,5	201
9,22–23	197ff.
11,19	181
15,15–18	345
16,2ff.	345
17,1–4	212f.
17,5–11	212f.
17,7f.	162ff.
18,18	262
20,7ff.	345
21,8	148
22,16	201
24,1–10	203f.
24,7	203
25,1	18; 19; 22; 26; 28
30,14	179f.
31,31–34	201; 268
31,33f.	270
31,34	201; 256f.
32,1	18; 22; 26; 28
36,2	15; 16; 19; 25; 28
46,20	221
47,1–7	216ff.; 228f.
47,1	218ff.
47,2–4	221ff.
47,5–7	228
47,5	226f.
47,6f.	227f.
48,42	230
49,2	230
49,34	23
52,5	25
52,12	4; 6; 7; 12; 17; 25; 28
52,28ff.	12; 20f.; 26
52,29	4; 12; 17

Ezechiel

7,8f.	243
7,26	262
14,13ff.	194f.; 347
14,14	297
14,20	297
18	205
22,26	263ff.
25,15–17	229
28,13	282; 282 A 38
33	205
34,23	192
36,27	159f.; 164
37,24	192
39,9f.	55
44,23f.	262; 264; 266
45,17	72
45,21	46
45,21–24	62
45,21–25	76 A 19

Hosea

1,2ff.	345
2,10	199
2,13	72
2,21f.	199f.; 205
3,1ff.	345
4,2	200
4,3	200
4,6	200; 265
5,4	189; 200
6,6	200
8,2f.	200
8,3	200
11,3	199
13,4f.	199

Joel

1f.	231ff.
2,12–14	92 A 24
4,16	236

Amos

1,2	88
1,6–8	229
2,4	250
3,8	161
5,18–20	240

Obadja

V. 12–14 240

Micha

5,1 142
6,6–8 .... 333 f.; 335

Habakuk

3,17 183

Zephanja

1,7 240
1,8 f. 243
1,18 240
2,1–3 .... 194 f.; 347
2,4–7 229

Haggai

2,11–14 .... 262 f.

Sacharja

1,7 298
3,1 298
9,5–7 229
10,2 358

Maleachi

2,1–9 265
2,6 267
3,14 .... 95 A 69

Psalmen

1 268
1,2 f. .... 161 ff.
2,7 143
10,10 .... 359 f.; 366
13,4 355
15 .... 332 f.; 335
18,10 372
18,36 .... 348 ff.
19,8–15 268
22,22 .... 360; 362
22,25 359
24 .... 332 f.
24,6 61
37,10.35 f. 340
37,31 270
45,5 .... 361; 364 A 106
50,14 f. 371
51,9 149
51,19 371
66,10–12 342
67,1 360
73,14 178
73,17 340
88,1 .... 361 f.
88,6 183
97,10 270
102,24 355
107,39 .... 87 f.
116,10 358
118,17 f. 342
118,21 .... 348 ff.
119 .... 268 ff.; 273
119,67 .... 357 f.
119,71 343
132,5 140

Hiob

1,1–5 .... 294 ff.
1,1 293
1,2 f. 293
1,4 293
1,5 293
1,6–12 .... 294 ff.
1,12 294
1,13–22 .... 294 ff.
1,13–19 294
1,18 f. 293
1,20 87
1,21 .... 294; 309
1,22 294

2,1–13	296
2,1–7a	295
2,1–6	294
2,7f.	295
2,7	294
2,8	295 A 7
2,9f.	295
2,11–13	295; 303f.; 309
3–27	296
3	300; 309; 322
3,4ff.	322
3,23	300 A 17
4,7–9	302; 340
4,17	302
5,8ff.	340
5,8.17–26	304
5,11	95 A 69
5,17	305
7,3–5	303
7,12	300
7,20	300
8,11	302
9,22–24	322
10,2	300; 310; 321
11,11	302
13,3	303; 321
13,22	321
13,23–27	300
15,20–35	304
16,18ff.	300
18,21	201
19,23ff.	300
20,5	340
21,6–34	321f.
21,7	341
21,13	341f.
22,4–11	310
27,5	302
28	297; 309
29–31	296; 302; 309; 316; 326; 329
29	162
29,2	317
29,3ff.	317
29,19	162f.
30	317
31	308ff.; 323; 328; 330ff.
31,3–34	318ff.
31,35–37	301; 317f.; 323; 325; 327; 332; 335
31,36	329
32–37	297; 309
33,14–25	305; 342f.
38ff.	296; 308ff.; 316; 326; 328 A85; 328 A 88; 328ff.; 334
38,1	306f. A 28
38,2ff.	309; 316
38,2f.	327
38,2	322
38,4f.	326
38,5ff.	326
38,8f.	310f.
38,12	311; 313; 327
38,18	311; 327
38,19–21	311 A 5
38,21	327
38,24	311 A 5
38,25	310
38,39	312
38,41	311
39,5	312
39,9–12	312 A 7
39,13–18	315 A 19; 316 A 20
40,3–5	315f.; 329f.; 335
40,4f.	316; 326
40,6f.	312f.; 316
40,8–14	313; 315f.; 326
40,8	322
40,15ff.	313ff.
40,15	314
40,19	315
42	324
42,1–6	315f.; 325
42,2–6	316; 326; 330; 335
42,2	314
42,5f.	307
42,5	321
42,7–10	296
42,7–9	295
42,7	296; 309; 321
42,10–12	295f. A 9
42,10	295; 295 A 8
42,11–15	295f.
42,11	295 A 7; 297; 317 A 23
42,12	191; 295
42,12–17	187; 192
42,16f.	296; 296 A 10

Proverbia

2,5	202
3,1f.	261
3,5–7	202
3,18	279
4,1–4	260f.
4,2	271 A 78
4,10	261
6,20ff.	260
6,23	271 A 78
11,20	211
11,30	339
12,21	339
12,22	211
13,12	279
13,14	260; 271 A 78
15,4	279
16,19	190
21,21	261
22,4	193
28,4	271 A 78
28,7	271 A 78
28,9	271 A 78
29,18	271 A 78

Esther

4,2	85

Daniel

1,1	15; 16
10,1ff.	82
10,2	89
12,2f.	344

Esra

6,19–22	50
7,12–26	258

Nehemia

8,14.17	59

I Chronik

17,19	135 A 4
21,1	298
21,30	61
28,9	202

II Chronik

8,21	51 A 1
15,10–15	50
20,4–19	243
26,16ff.	301f.; 339
26,21	301
30	50; 51; 52
35,11–19	50
36,9	9
36,10	7; 8; 12

Markus

16,1ff.	71

Lukas

1,13–20.28–37	104 A 25

Johannes

5,28f.	344

Acta

8,26ff.	195
8,34	170

Römer

3,9ff.	272
3,20	371
5,14	196
10,3	272
10,4	273

I Korinther

1,26—28 214
1,29 214
1,31 .... 214f.

II Korinther

5,19 273
10,17 .... 214f.

Galater

1,14 272
1,15f. 272

Philipper

3,6 272
3,9 272

BEIHEFTE ZUR ZEITSCHRIFT FÜR DIE ALTTESTAMENTLICHE WISSENSCHAFT

CLAUS PETERSEN

Mythos im Alten Testament

Bestimmung des Mythosbegriffs und Untersuchung der mythischen Elemente in den Psalmen

Groß-Oktav. XVIII, 280 Seiten. 3 Tabellen. 1982. Ganzleinen DM 88,—
ISBN 3 11 008813 4 (Band 157)

PHILIP J. NEL

The Structure and Ethos of the Wisdom Admonitions in Proverbs

Large-octavo. XII, 142 pages. 1982. Cloth DM 74,—
ISBN 3 11 008750 2 (Volume 158)

GEORG FOHRER

Studien zum Buche Hiob (1956—1979)

Zweite, erweiterte und bearbeitete Auflage
Groß-Oktav. XII, 146 Seiten. 1983. Ganzleinen DM 72,—
ISBN 3 11 008967 X (Band 159)

OSWALD LORETZ

Habiru-Hebräer

Eine sozio-linguistische Studie über die Herkunft des Gentilizismus 'ibri' vom Appellativum ḫabirū

Groß-Oktav. XV, 314 Seiten. 1984. Ganzleinen DM 106,—
ISBN 3 11 009730 3 (Band 160)

OTTO KAISER

Der Mensch unter dem Schicksal

Studien zur Geschichte, Theologie und Gegenwartsbedeutung der Weisheit

Groß-Oktav. X, 292 Seiten. 1985. Ganzleinen DM 98,—
ISBN 3 11 010095 9 (Band 161)

Preisänderungen vorbehalten

Walter de Gruyter  Berlin · New York

BEIHEFTE ZUR ZEITSCHRIFT FÜR DIE ALTTESTAMENTLICHE WISSENSCHAFT

Bibel und Alter Orient
Altorientalische Beiträge zum Alten Testament
von Wolfram von Soden

Herausgegeben von Hans-Peter Müller
Groß-Oktav. X, 320 Seiten. 1985. Ganzleinen DM 96,—
ISBN 3 11 010091 6 (Band 162)

WILLEM S. PRINSLOO
The Theology of the Book of Joel
Large-octavo. VIII, 136 pages. 1985. Cloth DM 74,—
ISBN 3 11 010301 X (Volume 163)

BEAT ZUBER
Das Tempussystem des biblischen Hebräisch
Eine Untersuchung am Text

Groß-Oktav. XII, 198 Seiten. 1985. Ganzleinen DM 84,—
ISBN 3 11 010402 4 (Band 164)

ANDERS JØRGEN BJØRNDALEN
Untersuchungen zur allegorischen Rede der Propheten Amos und Jesaja
Groß-Oktav. XII, 398 Seiten. 1986. Ganzleinen DM 168,—
ISBN 3 11 010105 X (Band 165)

FUJIKO KOHATA
Jahwist und Priesterschrift in Exodus 3—14
Groß-Oktav. XII, 372 Seiten. 1986. Ganzleinen DM 94,—
ISBN 3 11 010649 3 (Band 166)

Preisänderungen vorbehalten

Walter de Gruyter  Berlin · New York